心理学译丛

教材系列

Essentials of Statistics for the Behavioral Sciences, 8e

行为科学统计精要

（第8版）

[美] 弗雷德里克·J·格雷维特
拉里·B·瓦尔诺 著

刘红云　骆方　译

Frederick J. Gravetter
Larry B. Wallnau

中国人民大学出版社
·北京·

心理学译丛·教材系列
出版说明

我国心理学事业近年来取得了长足的发展。在我国经济、文化建设及社会活动的各个领域，心理学的服务性能和指导作用愈发重要。社会对心理学人才的需求愈发迫切，对心理学人才的质量和规格要求也越来越高。为了使我国心理学教学更好地与国际接轨，缩小我国在心理学教学上与国际先进水平的差距，培养具有国际竞争力的高水平心理学人才，中国人民大学出版社特别组织引进“心理学译丛·教材系列”。这套教材是中国人民大学出版社邀请国内心理学界的专家队伍，从国外众多的心理学精品教材中，优中选优，精选而出的。它与我国心理学专业所开设的必修课、选修课相配套，对我国心理学的教学和研究将大有裨益。

入选教材均为欧美等国心理学界有影响的知名学者所著，内容涵盖了心理学各个领域，真实反映了国外心理学领域的理论研究和实践探索水平，因而受到了欧美乃至世界各地的心理学专业师生、心理学从业人员的普遍欢迎。其中大部分教材多次再版，影响深远，历久不衰，成为心理学的经典教材。

本套教材以下特点尤为突出：

● 权威性。本套教材的每一本都是从很多相关版本中反复遴选而确定的。最终确定的版本，其作者在该领域的知名度高，影响力大，而且该版本教材的使用范围广，口碑好。对于每一本教材的译者，我们也进行了反复甄选。

● 系统性。本套教材注重突出教材的系统性，便于读者更好地理解各知识层次的关系，深入把握各章节内容。

● 前沿性。本套教材不断地与时俱进，将心理学研究和实践的新成果和新理论不断地补充进来，及时进行版次更新。

● 操作性。本套教材不仅具备逻辑严密、深入浅出的理论表述、论证，还列举了大量案例、图片、图表，对理论的学习和实践的指导非常详尽、具体、可行。其中多数教材还在章后附有关键词、思考题、练习题、相关参考资料等，便于读者的巩固和提高。

这套教材的出版，对我国心理学的教学和研究当有极大的参考价值和借鉴意义。

中国人民大学出版社

译 者 序

国内外都有很多学生讨厌学习统计学，他们对与数学相关的课程感到无法胜任，只好死记公式，一知半解；而有些对统计学感兴趣的学生，由于教师很难把统计学原理讲解透彻，或者缺少适合的参考资料，一直徘徊在统计学的大门之外。本书的两位作者弗雷德里克·J·格雷维特和拉里·B·瓦尔诺均为纽约州立大学布鲁克波特学院教授，几十年来一直从事应用统计和实验设计的一线教学工作。他们深知统计教学的困境以及学生理解上的盲点，为此编写了这本应用统计学教材，旨在解决广大师生在统计的教与学中存在的各种问题。

该书很适合那些对数学有点怕的学生，也适合对统计学很感兴趣，希望深究统计学后面科学哲学的学生。作者使用通俗的语言描述统计过程，却深刻地揭示了统计学原理。通过一步一步的逻辑推演，向读者展示每个统计概念的意义，帮助读者理解为什么要使用某种统计方法，以及这个统计方法的“命脉”在哪里。全书既有深刻的内涵，又全然没有枯燥乏味的感觉，书中还提供了生动的例子和大量课后练习，帮助数学基础薄弱的学生真正理解统计思想，掌握统计分析的技能。

本书自出版以来一直是美国心理学、社会学、经济学等领域中使用最广的应用统计学教材，作者根据读者和教学的反馈，追踪应用统计的最新发展，不断更新和修订教材的内容，已出至第8版，可见其影响力和受欢迎的程度。7年前当我们应约翻译本书第5版的时候，就为作者深厚的统计学功底和卓越的语言表达能力所折服，我们希望这本书能够带给对学习统计学感到头疼的学生一些乐趣和希望，带领他们进行深刻的统计思辨之旅，理解统计学的精髓，掌握统计分析的技能。自2010年第5版的中文译著出版以来，读者反响极其热烈，正如我们所愿，这本书帮助了很多的读者，既有高校的统计学老师，也有在校的本科生和研究生，还有在社会科学领域耕耘的研究和实践人员，让他们重拾对教授和学习统计学的信心，能够正确使用统计分析方法来避免种种研究谬误。同时，我们也收到不少的读者来信，他们热情地指出了翻译中的一些错误之处，并且言辞恳切地希望我们能够继续翻译该书的最新版本。读者的鼓励和帮助是我们最大的动力，接到中国人民大学出版社的再次邀约时我们欣然应允，历时2年再次译出该书的第8版本以飨读者，希望能够帮助到更多的读者。

本书的翻译过程是由我和骆方老师的团队共同完成的。我们的硕士生陈楠、宋晓娟、刘亚南、潘逸沁参与了翻译工作。由于本书的第5版是她们所学的第一本统计学教材，她们对这本堪称自身专业引路石的教材非常有感情，投入了极大的热情和精力。她们在这两年中先后担任我们所教授的心理统计课程的助教，为北京师范大学心理学院本科的同学批改作业和答疑解惑，这种解决实际教学问题的历练，对她们精准地翻译该书帮助很大。初稿完成后，我们的硕士生李辉、肖悦、马洁、王秋惠、任岩、刘明鑫、孙大伟、戚春燕、乔丽娟作为第一批读者认真地校对了本书，减少了书中的错误和疏漏。我和骆方老师全程指导翻译工作，并最终完成统稿和审校工作，以确保专业名词的正确使用和统计学知识正确无误。

本书的翻译与出版得到了中国人民大学出版社的大力支持，张宏学编辑为本书的策划做了大量工作，骆骁编辑为本书的编辑付出了辛勤劳动，在此一并表示衷心的感谢！

翻译统计教材并不是一件轻松的工作，尽管我们非常努力和小心谨慎，很想奉献给读者一本令人满意的教材，但错误和问题难免，恳请各位批评指正！

刘红云

2016年3月10日

前言

很多行为科学专业的学生都将专业要求的统计课程视为置于其他一堆有趣课程中的一个可怕的障碍。他们想要学习和了解人类行为——而非数学和科学。因此，统计课程被认为与他们的教育和职业目标毫不相关。然而，只要行为科学建立在科学的基础上，对统计知识的掌握就将是必需的。统计的流程给研究者们提供了描述和解释他们的研究结果的目标和系统性的方法。我们使用科学研究这一系统收集信息，而统计这一工具则帮助我们从这些信息中提取出明智且合理的结论。这本书不仅要教授统计方法，而且会传授客观性和逻辑性的基本准则，它们对于科学和日常决策都是非常重要且有价值的。

熟悉《行为科学统计精要》先前版本的读者将会注意到此版本的一些变化。“写给教师的话”对这些变化进行了总结。在对此教材进行修订时，我们的学生在我们心中是最重要的。这些年来，他们提供了坦诚、有用的反馈。他们辛苦的工作和坚持不懈的精神使得我们的写作和教学更有价值。我们真诚地感谢他们。使用本版本教材的学生请阅读前言中的“写给学生的话”这一部分的内容。

本书的章节是按照我们统计课程的框架和顺序进行组织的。首先是描述统计，然后介绍各种重点为样本均值和方差的统计流程，最后介绍相关性的方法和非参数统计。喜欢不同的组织方式的读者可以参考“写给教师的话”部分中关于调整顺序的相关信息。本书每章都包含了许多例子（很多是基于实际研究）、学习检查、总结及关键术语列表和 20 至 30 道练习题。

一、写给教师的话

熟悉《行为科学统计精要》先前版本的读者会注意到此版本的一些变化。我们对整书的研究示例进行了更新，并在此基础上增加了真实的示例，同时也对每章最后的问题进行了大范围的修改。为了强调各种统计方法之间的关联性或相似性，我们将本书分为五个部分。每个部分都包含两到四章，且均以“引言”开始，以“总结”结束。本版主要的修订包括：

● 先前的关于“估计”的第 12 章被删除。作为替代，在讲述 t 检验的三章里都加入了关于置信区间的部分。

● 增加了一个名为“统计的组织结构：为你的数据选择合适的统计方法”的新附录，讨论了为不同类型的数据选择和使用正确统计方法的过程，以此替换先前版本中的附录——“统计的组织结构”。

其他比较具体且值得指出的修订还包括：

第 1 章：专门增加了一部分解释怎样使用对数据结果和研究方法进行分组的方法对统计方法进行分类。

第 2 章：对关于柱状图的内容进行了修订以对离散变量和连续变量进行区分。

第 3 章：对中位数的定义进行了修正，中位数不再纯粹用代数方法确定，在确定中位数时有时候是有一定主观性的，特别是针对离散变量时。

第 4 章：为了使内容更清晰，进行了较小的调整。简化了有关方差和推论统计的部分。

第 5 章：进行了细微调整以使内容更清晰。

第 6 章：使用了不同的定义区分了随机抽样和独立随机抽样的概念。新增了一张图，展现了使用标准正态分布表查找负的 z 分数对应比例的过程。

第 7 章：进行了细微调整以使内容更清晰。

第 8 章：对章节进行缩减，减少了一些非必要的文字，特别是在关于错误（第一类和第二类）及检验力的部分。

第 9 章：对描述样本量和样本变异是如何影响假设检验的结果这一部分内容的位置进行了调整，令其紧接着假设检验的示例之后出现。在描述效应量的内容后增加了一个新的部分来介绍置信区间，介绍了在文献中应该如何报告置信区间，并且对影响置信区间宽度的因素进行了讨论。

第10章： 使用了更多的篇幅讨论样本变异性和样本容量对重复测量假设检验结果和效应量大小的影响。新增了一个部分介绍了置信区间用来描述效应量，并讨论置信区间和假设检验之间的关系。

第11章： 对重复测量及匹配被试设计的描述进行了梳理。为了突出概念，在进行相关样本检验时，都使用差值分数进行计算。同样也新增了一个部分介绍了置信区间用来描述效应量，并讨论置信区间和假设检验之间的关系。

第12章：（原先的第13章，介绍了ANOVA）将关于检验 α 水平和实验 α 水平的部分从方框中挪到正文中，并且增加了这两个术语的定义。为了强调ANOVA的概念而非公式，在介绍 $SS_{处理间}$ 时摈弃了直接计算的方式，转而采取在方差分解的框架下介绍。两种计算 $SS_{处理间}$ 的方程被从正文挪到了方框中。

第13章：（原先的第14章，介绍重复测量和双因素方差分析）当重复测量的处理条件只有两种时，重复测量方差分析和 t 检验之间是存在一定的关联的，本版本新增加了一个部分介绍了二者之间的关联。

第14章：（原来的第15章，介绍相关和回归）增加了使用 t 检验对皮尔逊相关的假设进行检验的部分，并且解释了用于相关检验的 t 检验和用于回归的 F 比是如何等同起来的。

第15章：（原来的第16章，介绍卡方检验）进行了细微调整，缩减了本章的篇幅。

匹配教材与课程安排表 我们试图使每一章甚至每章的每个部分都完全独立，这样授课老师就可以根据自己的课程安排对内容进行删除或重新组织。下面是一些常见的例子：

- 老师常常会从方差分析（第12章和13章）和相关/回归（第14章）中选择一个重点讲述。很少有老师会在为期一个学期的课程中完整地讲授这两个部分的内容。
- 尽管我们选择将关于均值和均值差异的假设检验的内容全部放在相关（第14章）之前，但是很多老师可能希望将相关这一章的内容往前放。为了满足这个需求，可以将14.1、14.2和14.3这三个计算和解释皮尔逊相关的部分放在第4章（变异性）之后进行介绍。14章的其他部分与假设检验有关，所以应该放到假设检验之后（第8章）。
- 也有老师希望将卡方检验（第15章）的内容提前。第15章介绍的是与比例相关的假设检验，可以将它调整到第8章之后，即在介绍完假设检验的过程之后呈现。如果作这样的调整，我们建议同时将介绍皮尔逊相关的内容（14.1、14.2和14.3三个部分）往前放，以便给卡方检验相关的内容做铺垫。

二、写给学生的话

本书的一个基本目标是为了让学习统计这一任务尽可能变得简单、不痛苦。除了别的之外，你将会注意到本书给你提供了大量练习你即将学习的统计技术的机会，形式包括学习检查、例子、示范和每章后面的习题。我们鼓励你好好利用这些机会。你需要认真地阅读教材而不是仅仅机械地记住公式。我们争取将统计的程序和概念结合起来，解释为什么要发展出这个程序以及在什么时候使用它。如果你通过阅读这些材料理解了统计公式背后的基本概念，那么你会发现学习公式以及学会怎么使用它将变得更简单。在接下来的“学习提示”部分，我们给出了我们对自己学生的建议。请你也征求你自己的指导老师的建议，我们相信其他的指导老师也都会有他们自己独到的看法。

这些年来，我们自己课堂的学生和其他使用我们教材的学生都给予了我们很多有价值的反馈。如果你有任何关于这本书的建议或评论都可以给Frederick Gravetter和Larry Wallnau荣誉教授写信（地址：the Department of Psychology，SUNY College at Brockport，350 New Campus Drive，Brockport，New York 14420）。当然也可以直接给Gravetter荣誉教授写邮件（fgravett@brockport. edu）。

学习提示 根据我们自己学生的反馈和报告，你可能会发现有些提示对你来说是有帮助的。

- 学好一门统计课程的关键在于持续地掌握好教学材料。每一个新的主题都建立在之前主题的基础上。如果你学习过之前的知识，那么新的主题或知识只是在原有的基础上更往前了一小步。但是，如果你没有相应的背景知识，那么新的主题将是完全未知的谜。如果你发现自己跟不上课程了，请立即寻求帮助。
- 比起一次学习很长的时间，每周学习多次、每次一小段时间这种方式能让你学习（且记住）更多的知识。例如，比起每周只进行一次3.5小时的学习，每周每天晚上学习半个小时更有效。我们在写教材的时候也是需要经常停下来休息的。
- 课前预习。要走在老师的前面，在老师上课之前要先阅读教材相应部分的内容。尽管你可能不能完全理解所读内容，但是这可以让你对要讲的主题形成大概的认识，这将帮助你更好地理解课程内容。此外，你还可以事先整理好教材上自己不懂的地方，然后在课堂上重点关注是否理解了这些内容。

● 在课堂上要集中注意力并认真思考。尽管这个建议貌似非常简单，但是实际却很难做到。很多学生把大部分时间花在记录老师讲的每个例子或每句话上，却没有真正地理解和加工老师所讲的内容。你可以询问你的老师——你并不需要将课上的每个例子都记下来，特别是很多与教材的例子相似的例子。有时候，我们让我们的学生暂时放下手中的纸笔，专心听讲。

● 经常进行自测。不要等到整个章节结束或一星期结束后才检查自己的知识掌握情况。在每节课后，你都应该做一些章末习题和学习小测。复习例题，确保掌握关键术语的定义。如果有问题，请立即寻求答案（重新阅读这个部分，请求老师的帮助，或者在课堂上提问）。这样做之后，你才能继续学习新的教学材料。

● 不要欺骗自己！避免否认。很多学生看到老师在课上解答问题可能会想，“这看起来太简单了——我已经明白了”。但是你真的明白了吗？如果不去翻阅教材，你可以独立地解答习题吗？尽管以教材上的示例为参照来解决问题也无可厚非，但是你更应该把书本合起来，尝试独立地解决一个问题以此来考察自己对所学知识的掌握水平。

● 我们意识到很多学生都羞于求助。作为老师来说，这是我们最大的挑战。你必须找到一种克服这种羞怯的方法。如果在课堂上问问题让你很焦虑，或许直接联系老师会是一个好的开始。你会惊喜地发现你的老师并不会大声呵斥你或斥责你。此外，你的老师可能还知道哪些可以给你提供帮助。同学的帮助会非常有用。

三、致谢

一本教材的诞生离不开很多优秀、勤奋的人的辛苦工作。我们在 Wadsworth/Cengage Learning 的朋友为这本教材贡献了很多力量。感谢出版商 Jon-David Hague、策划编辑 Tim Matray、助理编辑 Paige Leeds、编辑助理 Nicole Richards、内容项目经理 Charlene M. Carpentier、媒体编辑 Jasmin Tokatlian 和艺术主管 Pam Galbreath。特别感谢我们的发展编辑 Liana Sarkisian 和 Arwen Petty，以及在 Graphic World 帮助我们的 Mike Ederer。

审稿人在原稿的完善过程中扮演了非常重要的角色。因此，在这里，我们还要感谢以下同事在本版教材的编写过程中提供的帮助：Patricia Tomich（肯特州立大学）、Robert E. Wickham（休斯敦大学）、Jessica Urschel（西密歇根大学）、Wilson Chu（加州州立大学长滩分校）、Melissa Platt（俄勒冈大学）、Brian Detweiler-Bedell（刘易斯克拉克学院）。

目 录

第一部分 入门和描述统计

第二部分 推论统计基础

第四部分 方差分析：检验两个或多个总体均值的差异

第五部分 相关和非参数检验

第一部分　入门和描述统计

第 1 章　统计学入门
第 2 章　频数分布
第 3 章　集中趋势的测量
第 4 章　变异性

我们把这本书分成了五个部分，每个部分都有一个共同的话题。第一部分包括第 1—4 章，概述了统计方法并为描述统计做了一些铺垫。

在完成了这部分的四章的学习之后，你应该对统计的目标有总体的理解，也熟悉了一些基本的术语和符号。你还应该熟悉描述统计的技术，这些技术是用来帮助研究者组织以及总结研究结果的。需要强调的是，你应该能在图表中完整而清晰地呈现一系列数据。而且，你应该学会用一两个值（如平均数）来描述整个数据集。

本部分的最后有小结以及练习题，这些能够帮助你对每章内容有整体的理解。

第 1 章

统计学入门

章节概览

1.1 统计、科学和观察

概览

在我们开始讨论统计之前，请你阅读下面的内容，这是《Wrong Shui》的处世哲学：

> 在《Wrong Shui》中，生活可以被看作一场宇宙旅行，你需要与看不见的意料之外的障碍抗争，最后得到启发与光明。在家里你可以通过把开关从门口挪到每个房间的另一边来实现这个目标。*

为什么我们要用一个哲学问题来开始一本统计书呢？事实上，这段话是本书目标的一个非常好的反例。需要强调的是，我们的目标是在黑暗中为你提供一些简单易得的亮光以帮助你更好地漫游在统计世界中。为了达到这个目标，在介绍每一个新的统计程序时，我们都提供了充足的背景介绍以及对目标的清晰的陈述。要谨记所有的统计过程都服务于同一个目标。当你知道一个过程的必要性之后，在学习的时候就会更容易。

在学习后续章节的过程中，请记住统计的主题是有很强的组织性和逻辑性的，这个体系将基本的概念和定义与复杂的技术连接起来。因此，本书中前几章的内容是为后面的内容打基础的。例如，前九章的内容为第 10 章的统计方法提供了背景和基础。如果缺少了前九章的背景直接学习第 10 章的内容，你会觉得这一章的内容难以理解。你要知道从掌握简单易懂的基础概念到复杂的统计技术需要一步一步脚踏实地。在学习基础概念的过程中，你会形成一个理解、概括新知识、高难度技能的框架，这样能帮助你更好地学习统计。

第一章的目标是向大家介绍统计学的入门知识，以及本书其余内容的背景。我们将讨论统计学在一般科学调查领域中的角色，介绍一些与统计学方法有关的术语和符号。

统计学的定义

一种定义是，统计学包括事实和数据，例如，平均收入、犯罪率、出生率、平均降雪量等等。因为统计量将大量的信息浓缩到少量简单的数据中，所以这些统计量通常是能提供信息和节约时间的。在本章的后面我们将回到计算统计量（事实和数据）的符号，但现在我们将集中于更广泛的统计定义。需要明确的是，我们将用统计学这一名词来指代一套数学过程。例如，你很有可能用这本书来学习一门统计课程，在这门课程中你将学到用于行为科学研究的统计技术。

心理学（或是其他领域）的研究都包括收集信息这一过程。例如，对于电视中的暴力镜头是否会影响儿童的行为这一问题，你首先需要收集关于儿童行为的信息。当研究者完成了收集信息的工作时，他们通常发现自己得到了很多的测量结果，例如 IQ 分数、人格测验分数、反应时分数等等。统计学的角色就是帮助研究者理解这些信息。更重要的是统计服务于两个主要目标：

1. 统计是用来组织和总结信息的，所以，研究者可以看到在研究中发生了什么，同时可以与其他人交流研究结果。

2. 统计通过确定得到的结果中哪些结论是合理的，来帮助研究者回答想要研究的主要问题。

定义

统计学指的是一套组织、总结和解释信息的数学过程。

统计过程帮助研究者确定信息或观测值是以一种准确的、信息丰富的方式呈现和解释的。从宏观上来看，统计帮助研究者从混乱中找出规律。另外，统计为整个科学团体提供了一套标准的技术来相互辨认和理解。因此，一个研究者和其他研究者所用的统计方法是相似的，这样一来，研究者们就可以通过完整地理解分析过程了解研究结果的意义，进而对数据分析作出准确的解释。

1.2 总体和样本

典型的行为科学研究通常以一个概括的、关于个体所处的某个特定群体（或团体）的问题开始。例如，一个研究者可能想要了解和大学生学术欺骗相关的因素。或者，一个研究在可能想检

* Candappa, R. (2000). *The little book of wrong shui*. Kansas City: Andrews McMeel Publishing. Reprinted by permission.

验男性和女性在浴室所花费的时间是否有差异。在第一个例子中，研究者感兴趣的是大学生这个群体。在第二个例子中，研究者想比较男性与女性这两个群体的差异。在统计术语中，总体指的是研究者想要研究的整个群体。

定义

总体是特定研究中所关注的所有个体的集合。

通常，总体都是非常大的，比如，地球上女性的数量。一个研究者可能会更细致地定义，将总体范围缩小为美国退休男性。也许，调查人会希望研究的总体包括男性职业篮球手。总体的大小由研究者如何定义而决定，因此在大小上会有明显的差异，从极大到很小都有。被研究的总体通常都是由研究者确定的。另外，这个总体不一定是由人构成的，它可以是老鼠、公司、工厂生产的零件，也可以是其他任何研究者想要研究的东西。实际上，总体通常非常大，例如美国的大学二年级学生或者小型企业里的所有人。

由于总体通常是非常大的，所以要测试总体中每一个单独的个体往往是不可能的。因此，研究者的典型做法是从总体中选择一个较小的、更容易掌握的群体，并且将他们的研究局限在这个选出的群体中。在统计学中，从总体中选出的这些个体被称做样本。样本被用来作为总体的代表，同时，也应该通过总体来定义样本。

定义

样本是指那些从总体中选出的个体，通常在研究中是被用来代表总体的。

正如我们在总体中看到的情况一样，样本量的大小也是变化的。例如，一个研究可能调查一个 10 个孤独症儿童的样本，另一个研究可能会用一个 1 000多人组成的某种胆固醇药物服用者样本。

到目前为止，我们已经谈到了样本是从总体中选出来的。但是，这只是样本与总体整个关系中的一半。很显然，当一个研究者完成一个样本的调查时，他的目标是将结论推及整个总体。要记住，研究是从关于总体的一个概括的问题开始的。为了回答这个问题，一个研究者需要研究样本，然后再将结果从样本推及总体。样本和总体的整体关系如图 1—1 所示。

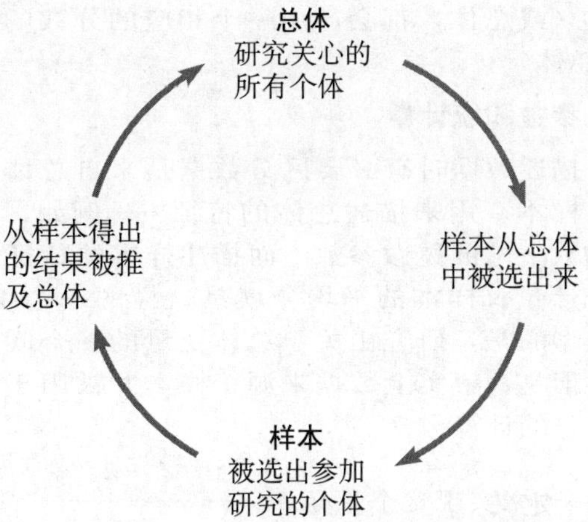

图 1—1　样本和总体的关系。

变量和数据

研究者通常对总体中（和样本中）个体的某一个具体特征感兴趣，或者对可能影响个体的外部因素感兴趣。例如，一个研究者可能对天气对人们情绪的影响感兴趣。随着天气变化，人们的情绪是否也发生改变？会发生变化或有不同数值的东西就是变量。

定义

变量是对于不同个体会变化或有不同值的特征或情况。

再次说明，变量可以是个体间有所不同的特征属性，例如高度、重量、性别或者人格特征。变量也可以是变化的环境变量，例如气温、一天中的时间点，或者是进行研究的空间的大小。

为了说明变量的变化，有必要测量需要检测的变量。从每个个体获得的测量结果被称为数据，更通俗地说，就是分数或原始分数。完整的一系列的分数被称为数据集或者数据。

定义

数据是测量或观察所得的结果。一个数据集是一系列的测量或观察结果。一个数据是一个单独测量或观察的结果，同时它常常被叫做分数或原始分数。

在继续之前，我们还需要提到关于样本、总体和数据的另外一点。到此为止，我们已经用个体定义了总体和样本。例如，我们已经讨论了一个大学生的总体和一个孤独症儿童的样本。尽管已经有预先警告，但是我们还是要提及以分数作为总体或是样本的情况。从个体到分数的转变通常是很直接的，因为典型的研究总是包括测量每个个体和记录个体的分数（测量值）。因此，每个样本（或总体）都会产生一个相应的分数的样本（或总体）。

参数和统计量

描述数据时有必要区分数据是来自总体还是来自样本。用来描述总体的特征——例如，总体平均数——被称做参数。而描述样本的特征被称做统计量。样本的平均分就是这样的一个例子。很典型的是，研究由关于总体变量的一个问题开始。但是，事实上数据来源于样本并被用于样本统计量的计算。

> **定义**
>
> 参数是一个值，通常是一个描述总体的数值。参数可能是通过某种单一的测量得到的，也可能来源于一系列对总体的测量。
>
> 统计量是一个值，通常是一个描述样本的数值。统计量可能是通过某种单一的测量得到的，也可能来源于一系列对样本的测量。

每一个参数有一个相应的统计样本，而且大部分研究使用由样本得到的统计结果作为回答总体参数的基础。因此，大部分书考虑到了样本统计结果和相应的总体参数的关系。例如，在第7章中，我们检验了从样本获得的平均数和从相应总体获得的平均数的关系。

描述统计和推论统计

研究者发展出了许多不同种类的统计程序来整理和描述这些数据，这些不同的统计程序可以被分为两大类。第一类是描述统计，包括那些可以简化和总结数据信息的统计程序。

> **定义**
>
> 描述统计是那些用来总结、整理和简化数据的统计方法。

描述统计是整理或总结原始分数，使这些数据更便于管理的技术。通常分数会被整理到一个表格或图形中，这样一来我们就可以看到分数的整体情况。另一个常用的技术是通过计算平均数来总结所有的数据。即使数据集中有几百个分数，平均数也可以给全体数据提供一个单一的描述值。

第二种统计方法是推论统计。推论统计是一种利用样本得到对总体的描述的技术。

> **定义**
>
> 推论统计包括能够用于研究样本并对样本所来自的总体作出推论的技术。

测量总体中的每个人通常不可能。总体通常都很大，所以我们选出样本来代表它。通过分析由样本所得出的结果，我们希望得到关于总体更广泛的结果。典型的情况是，研究者用样本统计量作为得出总体参数结论的基础。

但是，使用样本的一个问题是，样本只能提供关于总体有限的信息。尽管总的来说样本能代表总体，但样本并不能完美、准确地描绘出总体的情况。通常，一个样本的统计量和相应的总体参数之间是有差异的。这个差异被称做抽样误差，同时这也引出了另一个由推论统计造成的问题（见专栏1—1）。

> **定义**
>
> 抽样误差是一种差异，或者是一些存在于样本统计量和相应的总体参数间的误差。

抽样误差的定义表述在图1—2中。此表展示了一个1 000名大学生的总体和两个样本，这两个样本各包含5名从总体中选出的学生。需要注意的是，每个样本中的个体是不同的，都有各自的特点。因为样本中的人是不同的，两个样本的统计量也不相同。例如，样本1中的五个学生的平均年龄为19.8岁，而样本2中的平均年龄为20.4岁。

另外，两个样本的统计量也都不是总体参数的准确值。例如，在图1—2中，没有一个样本的统计量和总体参数完全相同。图1—2中展示的样本只是数以百计的可能形成的样本中的两个。每个样本包含的可能是不同的个体，因此可能产生不同的统计量。这样就使得样本的统计量各不相同，并且任何一个样本的统计量都与总体的参数不一致。这些不同就被称做抽样误差。

专栏1—1　统计量和变量间的误差幅度（margin）

关于抽样误差的一个常见例子就是与样本比例相关的误差。例如，在新闻报道中会提到，在政治选举中我们也常常看到这样的言论：

侯选人布朗得到了 51%的选票，侯选人琼斯得到了 42%的支持，仍有 7%的人未表明态度。这个调查出自一个从登记的投票人中选出的样本，这个结果的误差幅度为正负 4%。

误差幅度就是抽样误差。在这种情况下，这个百分比是从一个样本中获得的，然后被推及整体。通常你不会期望一个样本的统计量会是完美的。用样本统计量代表总体变量时通常会出现误差幅度。

从样本中获得的数据不太可能和总体参数完全相同。例如在图 1—2 中，没有一个样本的统计结果和总体参数一样。你也应该注意到，图 1—2 只显示了上百个可能的样本中的两个。每个样本都包括了不同的个体，并且将产生不同的统计结果。这就是样本误差的基本概念：从各个样本中获得的统计结果各不相同，通常也和相应的总体参数不同。

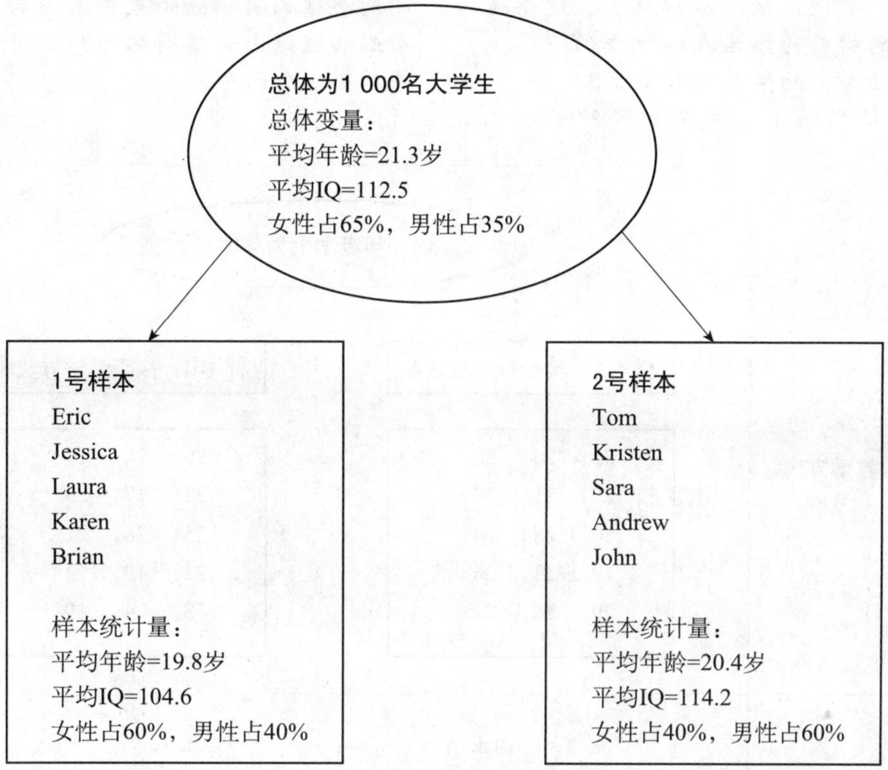

图 1—2 抽样误差。两个样本都选自同一个总体。每个样本的统计量都各不相同，所有的样本统计量都与相应的总体参数不同。样本统计量和总体参数间本来就存在的随机差异被称做抽样误差。

让我们来进一步说明样本误差，想象用一条由前到后的线从中间将你的统计课堂分为两个部分。现在，想象你计算每一个部分的平均年龄（或高度、IQ）。这两个部分的平均年龄会一样吗？它们当然不一样。不论你测量的是什么，你都有可能在两部分之间找到一些差别。

但是，你得到的差异并不一定说明两组之间有系统的差异。举例来说，如果教室右侧的学生的平均年龄比左侧的高，这不太可能是因为某种神秘的力量将年纪较大的学生集中在了教室右侧。实际上，这种差异可能是随机因素的结果，比如几率。这些样本间的不能预测的、非系统性的差异就是样本误差的一个例子。

研究中的统计

下面的例子将为我们展示研究的主要步骤，同时也将展示如何使用描述统计和推论统计来整理、解释数据。在例子的最后，我们可以看到抽样误差是怎样影响对实验结果的描述的，同时可以思考，为什么需要用推论统计的方法来处理这个问题。

例 1.1

图 1—3 简略地展示了一个研究的整体情况以及描述统计和推论统计的作用。研究目的是解决我们之前提出的“使用纸质课本学习的大学生是否比使用电脑屏幕学习的大学生学得更好？”这个

问题。两个样本都是从大学生的总体中选出的。样本 A 中的学生使用纸质的课本学习 30 分钟，样本 B 中的学生在电脑上学习同样的内容。然后，所有的学生都参加一个多选测试，由此检验他们在材料中学得的知识。这时，研究者获得了两组数据：样本 A 的得分和样本 B 的得分（见图 1—3）。现在，我们开始使用这些数据。

第一，描述统计是用来简化这几页的数据的。例如，研究者会绘制一幅图来表现每个样本的得分或计算每个样本的平均分。注意，描述性的方法提供了简化的、整理过的得分描述。在这个例子中，学习纸质的材料的学生在测试中的平均分为 26，而在电脑上学习的学生平均分为 22。

研究者描述结果的下一步是解释结果，也就是推论统计需要扮演的角色。在这个例子中，研究者发现在两个样本之间有 4 分的差距（样本 A 平均分为 26，样本 B 平均分为 22）。推论统计的任务是帮助研究者在下面两种解释中作出认定：

1. 两种学习方法间没有差异，样本间 4 分的差异仅仅是由抽样误差造成的（例如图 1—2 所示）。

2. 两种教学方法间有差异，样本间 4 分的差异是由不同的学习方法造成的。

简而言之，是否可以提供可信服的证据，表明两个样本间 4 分的差异是由两种不同学习方法引起的还是由误差引起的？推论统计的目的就是要回答这个问题。

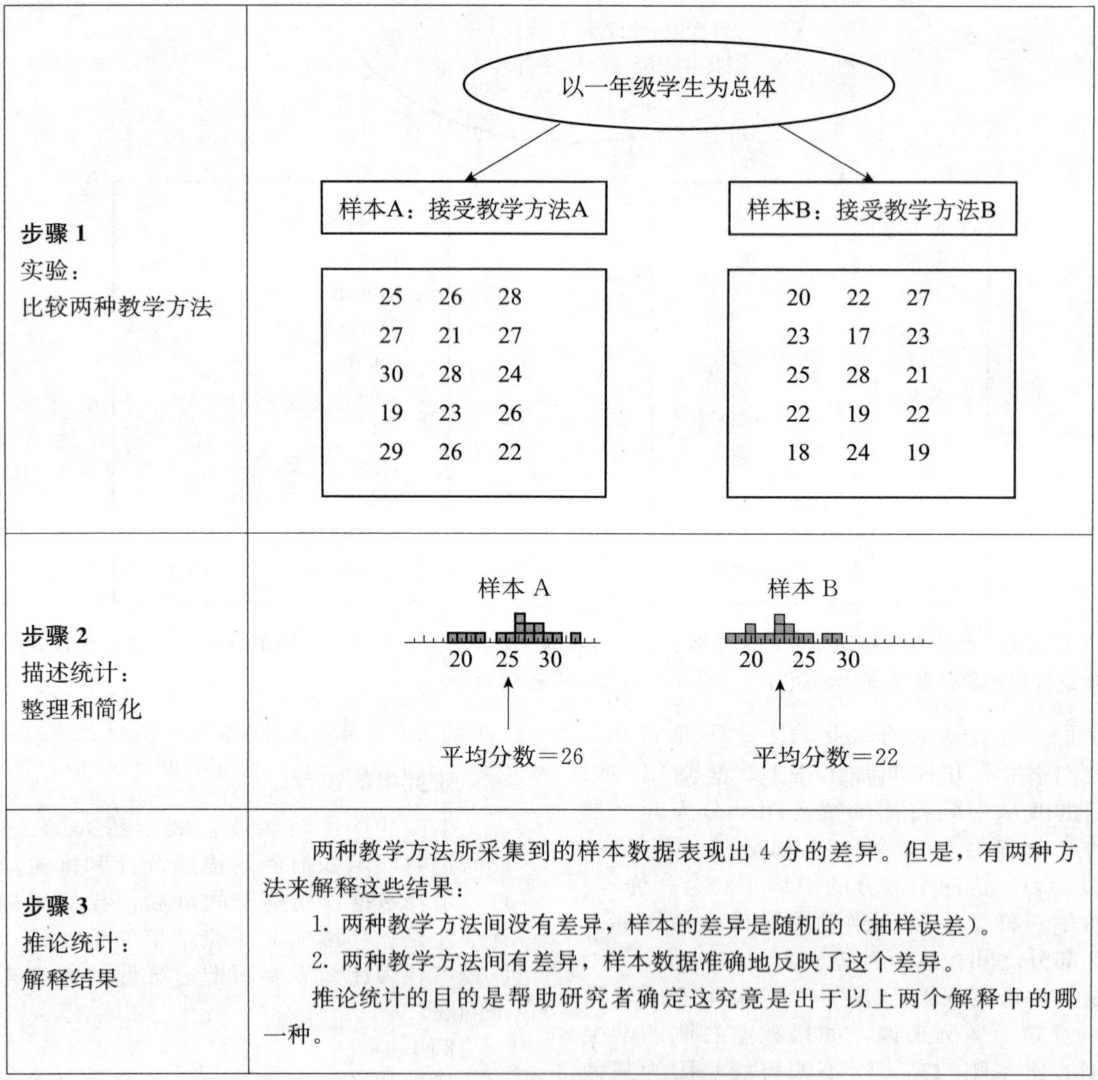

图 1—3　统计方法在实验研究中的作用。

学习检查

1. 一位研究者对美国高中学生发短信的习惯感兴趣。假设研究者测量了每个人每天发送的短信数量并计算了整个高中生组的平均数量。这个平均数将是________。

2. 一位研究者感兴趣的事情是，以时尚模特为主的电视真人秀对13岁女生饮食习惯的影响。

a. 选择30位13岁女生参与研究。这30位13岁女生是________。

b. 这个研究测量了每个女生一天进食的数量并计算了这30位13岁女生的平均分数。这个平均分数是________。

3. 统计技术主要分为两类。这两类分别称为什么，每类技术的主要目的是什么？

4. 描述抽样误差的一般概念。

答案

1. 参数

2. a. 样本 b. 统计量。

3. 描述统计和推断统计。描述统计的目的是整理和总结一系列数据。推论技术是以样本、数据作为基础来得出关于总体的结论。

4. 抽样误差是样本统计量和总体参数之间的误差或差异。

1.3 数据结构、研究方法和统计方法

个体变量

一些研究仅仅按照个体自然存在的状态描述个体变量。例如，一个大学机构可能进行一个描述一群大学生吃、睡和学习习惯的研究。当这个结果由许多分数组成，例如每天用来学习的时间，可以使用第3、4章中的统计方法来描述这个结果。非数值分数常常通过各种比例或百分比来描述结果。例如，最近一篇新闻报道显示，在美国61%的成人喝酒。

变量间的关系

然而，大多数的研究倾向检测两个或更多变量之间的关系。例如，儿童在电视上看到暴力行为的数量和他们表现出来的攻击性行为是否相关？早餐的质量和小学生的课业表现水平是否相关？睡眠时间和大学生的课业平均分是否相关？为了建立一种相关关系，研究者必须获得观察结果，即两个变量的测量结果。测量结果可以被分成两种数据结构，这也有助于分成不同的研究方法和不同的统计方法。在接下来的章节，我们将定义并讨论两种数据结构。

数据结构I：测量每个个体的两个变量：相关法 一种寻找两个变量间关系的方法是，观察自然存在于一些个体之上的这两个变量。也就是一个个体仅仅测量两个变量。例如，研究者已经证明了睡眠习惯，尤其是起床时间，和大学生学业表现有联系（Trockel, Barnes, and Egget, 2000）。研究者通过调查测量起床时间，通过学校记录测量每个学生的学业表现。图1—4是这项研究中所获得的一类数据的例子。然后研究者寻找数据中一致的模式，以此为变量关系提供证据。例如，随着学生的起床时间的变化，学业成绩是否也有变化的趋势？

当分数以图的方式呈现时，数据中的模式更容易被识别出来。图1—4是八个学生分数的散点图。在散点图中，每一个个体是一点，所以横轴表现的是学生的起床时间，纵轴是学生的学业表现。散点图表现了起床时间和学业表现之间的清晰的关系：起床时间越晚，学业表现越差。

仅仅测量每个个体的两个变量、产生类似图1—4中的数据的研究，就是相关方法，或相关研究方法的例子。

定义

使用相关法，可以观察两个变量并考察它们是否有关联。

(a)

学生	起床时间	学业表现
A	11	2.4
B	9	3.6
C	9	3.2
D	12	2.2
E	7	3.8
F	10	2.2
G	10	3.0
H	8	3.0

(b)

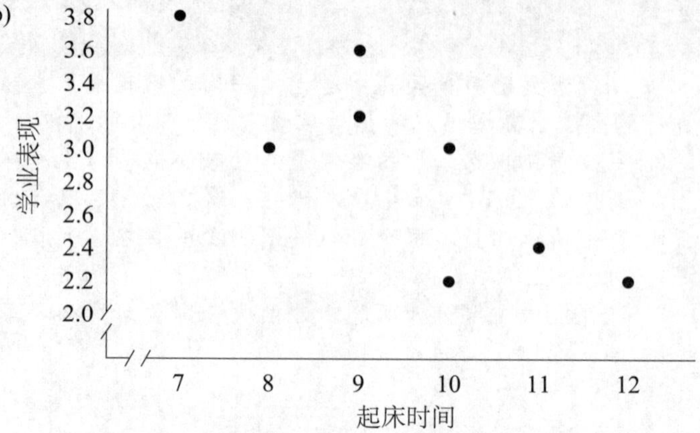

图 1—4　评估变量间关系的两个数据结构之一。注意，对每个被试有两次测量（起床时间和学业表现）。表（a）和图（b）表示的是相同的分数。

相关法的限制　相关研究的结果可以说明两个变量之间存在关系，但是不能为这种关系提供解释。特别是，相关研究不能说明因果关系。举例来说，图 1—4 中的数据表现了起床时间和大学生学业表现的系统性关系；那些起床较早的学生比起床较晚的学生有较好的学业表现。然而，可以对这种关系提出很多种解释，而我们并不知道哪一个或哪一些因素是起床晚的学生分数低的原因。特别是，我们不能得出，把学生较早叫醒能够使他们的学业成绩提高，或者学得越多导致学生起床越早，这样的结论。为了说明变量间的因果关系，研究者必须使用实验法，也就是我们即将讨论的内容。

数据结构 II：比较两组或多组的成绩：实验法和非实验法　第二种检验两个变量关系的方法包括比较两组或多组的成绩。在这种情况下，变量间关系的测量方法是，用一个变量定义组别，然后按照组分别测量另一个变量，由此获得分数。举例来说，给一组小学生观看 30 分钟包含大量暴力内容的动作/冒险片，给另一组观看没有暴力内容的喜剧片。然后在操场上观察两组学生的行为，由研究者记录每一个学生发起侵略性行为的次数。图 1—5 是结果数据的一个例子。研究者比较了暴力组的分数和非暴力组的分数。两组间系统性的差异为观看暴力电视和小学生侵略性行为的关系提供了证据。

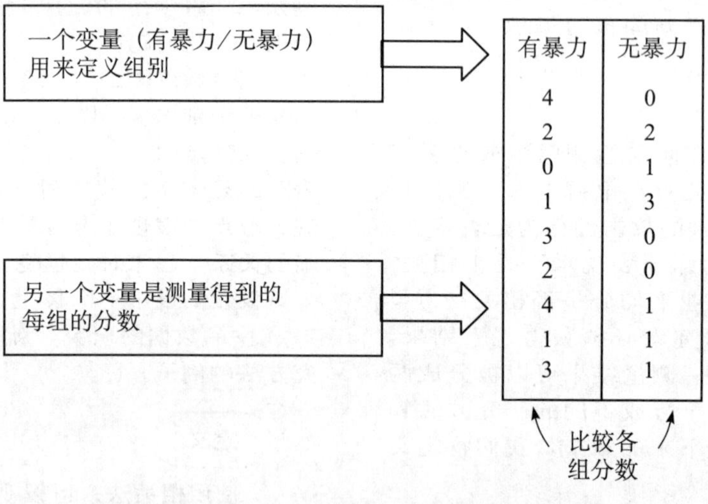

图 1—5　评估变量间关系的第二个数据结构。注意，一个变量用于定义群体，另一个变量是测量得到的每组的分数。

实验方法

实验法或实验性研究策略是一种特殊的比较多组分数的方法。

实验法的目的是建立两个变量之间的因果关系。即尝试证明一个变量的改变是由其他变量的改变引起的。为了达到这个目的，实验法有两个显著的特点：

1. 操纵　研究者通过操纵一个变量，改变其值的水平，观察第二个变量来确定是否是操纵导致了变化。

2. 控制 研究者必须控制研究情境来保证其他额外变量不影响考察的关系。①

我们通过一个实验来进一步说明这两个特征。这是一个关于手拿着钱有止痛效应的实验（Zhou & Vohs，2009）。在这个实验中，一群大学生被告知他们正在参加一个手的灵巧度的研究。然后研究者通过操纵参与者需掌握的实验材料的材质，产生两种处理情境。一半的学生数一叠的钱，另一半的学生数一叠白纸。在完成数数任务后，要求被试将他们的手伸入一个装满水［122 华氏度（50 摄氏度。——译者注）］的碗里，并对他们的疼痛感评定等级。那些数钱的参与者的疼痛感显著低于数纸张的。图 1—6 展现了实验结构。

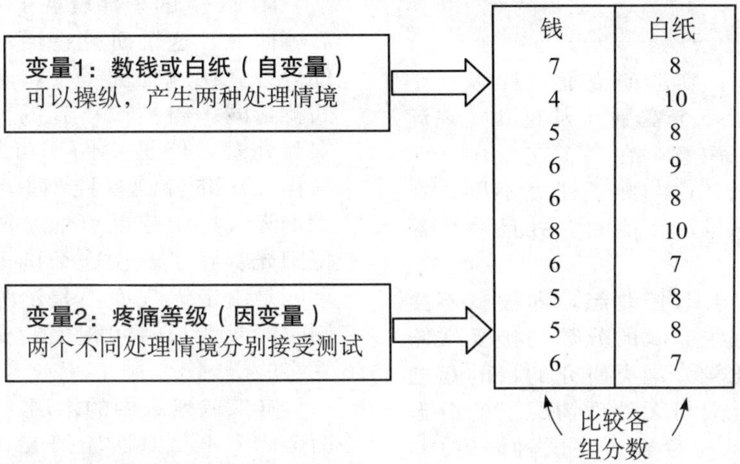

图 1—6 实验结构。参与者被随机分配到不同处理情境中：数钱或数白纸。然后，被试将手放入装满水（122 华氏度）的碗里，并测定疼痛等级。疼痛等级的差异源于两组不同的处理。

为了说明痛感的区别是由钱造成的，研究者必须排除其他可能的解释。即研究者必须控制其他所有可能影响痛感忍受度的变量。通常，研究者必须考虑两种变量：

1. 被试变量。指一些因人而异的特征，诸如年龄、性别和智力。

在数钱实验中，举例来说，假设在数钱情境中的参与者主要为女性，而在数纸情境中的主要为男性。在这种情况下，两组痛感的差异就有了其他的解释。更明确地说，这种差异可能是由钱造成的，也有可能是由参与者的性别造成的（女性比男性更能忍受疼痛）。不论何时，研究结果如果允许多种解释，这个研究就是混淆的研究，因为它不可能得到一个清楚的结论。

2. 环境变量。指一些环境特征，例如光线、时间和天气情况。

以数钱实验（见图 1—6）为例，假设在数钱情境中，个体都是在早上完成实验，而在数纸情境中，个体都是在晚上完成实验。这个实验也是一个混淆的实验，因为研究者不能知道疼痛等级的区别是由钱造成的还是由时间造成的。

研究者主要用三种基本的技术来控制其他变量。首先，研究者可以随机分配，即每个被试有同等的机会被分配到每个实验处理中。随机分配的目的是在两组之间平均被试特征，所以没有一组与其他组有显著差别。随机分配也能被用来控制环境变量。例如，被试可以被随机分配在上午或者下午施测。其次，研究者可以用匹配法来保证相等的组或者环境。例如，研究者可以测量每个被试的智商，然后分配到每组去，可以保证每个组的平均智商相等。最后，研究者可以用保持常量的方法来控制变量。例如，一个实验只用了 10 岁的孩子作为被试（把年龄作为常量），这样研究者就能确定两组之间年龄差别不显著。

> **定义**
>
> 在实验法中，研究者控制一个变量，然后观察并测量另一个变量。为了在两个变量间建立因果关系，实验要试着控制所有其他变量以避免它们影响结果。

实验法中的术语 实验法所研究的变量有特殊的名称。被实验者操纵的变量叫做自变量。它可以被定义为被分配的被试所接受的处理条件。例如在图 1—6 中，材料是钱或纸是自变量。因变量是被观察的变量，用于评估可能的处理效应。

① 在更复杂的实验中，研究者可能会系统操纵并观察超过 1 个变量。在这里我们考虑的是最简单的情况，即只操纵并观察 1 个变量。

例如在图1—6中，疼痛等级是因变量。

定义

自变量是由研究者操纵的变量。在行为研究中，自变量经常由两种（或多种）被试接受的处理条件组成。

因变量是观察得到的，用以评估处理效应的变量。

实验中的控制条件 实验研究通过操纵一个变量（自变量）和测量一个变量（因变量）来评估两个变量间的关系。注意，在一个实验中，实际上只测量了一个变量。这与相关研究不同，在相关研究中，要同时测量两个变量，并且一个被试有两个不同的分数。

通常，一个研究会含有控制组，即被试不接受任何处理的情况。这些被试的分数与接受实验处理的被试的分数相比较。这类研究的目的是通过考察处理情况下的分数与无处理情况下的分数显著不同来证明处理效应存在。在这种研究中，不接受处理的组被叫做控制组，接受处理的组被叫做实验组。

定义

在控制组中的被试不接受实验处理。但是会接受一个中性的或者安慰剂的处理。控制组的作用是提供比较实验处理的基线。

实验组中的被试接受实验处理。

注意，自变量至少由两个值组成（一个量必须至少有两个不同的值，你才可以说它是“变量”）。在数钱实验中（图1—6），自变量是材料，钱或纸。对于一个有实验组和控制组的实验，自变量是处理和无处理。

非实验法：非等效组研究和前后测研究

在非正式的对话中，人们常常使用“实验”这个词指代任何一种研究。你需要意识到，这个词只能用于满足我们之前列出的要求的实验。特别是，一个真正的实验必须包括操纵一个自变量并严格控制其他的外部变量。因此，有许多研究设计虽然比较了多组分数，但并不是真正的实验。图1—7给出了两个例子，并在下面的段落进行讨论。这种研究被归为非实验研究。

图1—7的上部展现了一个非等效组研究，比较的两组由被试变量区别（在这个例子中是性别）。被试变量，例如年龄或者性别是预先存在的特质，并且因人而异。注意这个研究比较了两组分数（就像实验）。但是，你也应当发现，研究者没有操纵性别来形成两个组。特别是研究者不能将被试分为两组，然后定义一组为女性，一组为男性。因为在分配组的时候没有通过操纵和控制来形成相等组，所以这不是一个真实验研究。[①]

图1—7的下部展现了一个比较两组分数的前后测研究。这个研究在治疗前后测量了被试的抑郁分数。在这个例子中，两组分数是由在不同时间测量同一组被试得到的。尽管研究者做了一个实验处理，但是我们不可能操纵或者控制时间。同样，研究者没有控制其他随着时间变化的量。例如天气在治疗前可能是阴沉的，但是治疗后变得阳光明媚了。在这个例子中，抑郁分数的变化可能是由于天气而不是治疗。因为研究者不能控制时间或者与时间相关的变量，所以这不是一个真实验研究。

非实验研究中的术语 尽管图1—7中展示的两个研究不是真实验研究，但是它们产生的数据与实验中产生的数据相同（见图1—6）。在每个例子中，一个变量用来分组，另一个变量用来测量以得到每组的分数。在一个实验中，用自变量的不同值来进行分组，参与者的分数是因变量。同样的术语常常被用于定义非实验研究中的两个变量。定义分组的变量被叫做自变量，分数被叫做因变量。例如，在图1—7的上部分，性别（男孩/女孩）是自变量，口语分数是因变量。不过，你需要意识到，性别（男孩/女孩）不是一个真正的自变量，因为它不能被操控。因此，在非实验研究中，自变量常常被称为准自变量。

定义

在非实验研究中，用于分组的自变量是准自变量。

数据结构和统计方法

我们用来将研究方法分类的两种主要的数据结构也可以被用来对统计方法进行分类。

Ⅰ. 在一个群体中对每一个个体测量两个变量

回忆在相关研究中的由两个分数组成的数据，它们分别代表两个不同的变量。分数可以被列在一个表中，或以图1—4b这样的散点图呈现。两个变量之间的关系常常使用一种叫做相关的统计方法进行测量和描述。在第14章将对相关和相关

① 相关研究也是非实验研究的例子。但在本小节，我们只讨论比较两组或多组分数的非实验研究。

方法进行详细讨论。

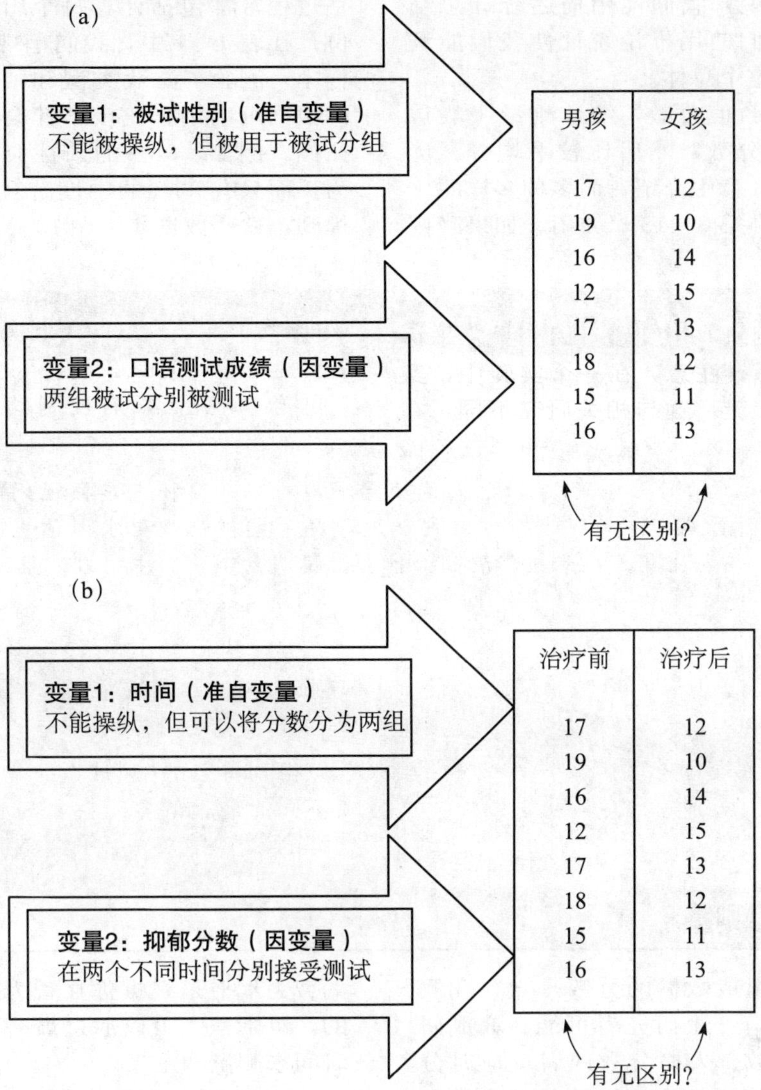

图 1—7　两个非实验法的例子。在图 a 中，一个被试变量（性别）被用于对被试分组，每一组都测量了因变量（口语分数）。在图 b 中，时间作为自变量被用于对被试分组，两次都测量了因变量（抑郁）。

通常，相关研究将个体分成几个与数值不相关的类别。例如，Greitemeyer 和 Osswald（2010）检验了亲社会的视频游戏对亲社会行为的影响。一组被试玩一个亲社会的游戏，另一组被试玩中性游戏。在游戏结束后，实验者“意外”将一盒铅笔撞到地上，记录是否有被试会帮忙捡起来。注意，每个个体将有两个分数（游戏类型和帮助行为），但是没有一个分数是数值的。这种类型的数据在一个表中作为典型总结，呈现了有多少个体被归类至每一个可能的类型。表 1—1 呈现了这种总结表的例子。这个表显示，18 个玩亲社会游戏的被试中有 12 个会帮忙捡铅笔。这类数据可以用数字编码（例如，中性＝0 和亲社会＝1），所以也可以计算相关。但是，非数值数据变量间的关系，例如表 1—1 中的数据，常常使用叫做卡方检验的统计方法来评估。卡方检验在第 15 章介绍。

表 1—1　由非数值分数组成的相关数据。注意，这里每个个体有两种测量：游戏的类型和帮助行为。这些数字说明了每种类别中有多少人。例如，在 18 位玩亲社会游戏的被试中，有 12 位帮助了研究者。

	游戏类型	
	亲社会的游戏	中性游戏
帮忙	12	6
不帮忙	6	12

Ⅱ. 比较两组或多组分数　在本书中呈现的大多数统计过程是为了比较两组分数的调查研究设

计的，例如，图 1—6 中的实验研究和图 1—7 中的非实验研究。具体来说，我们使用描述统计总结和描述每组分数，我们使用推论统计使我们能利用组别或样本去归纳整个总体。

当测量过程产生数值分数，统计测量一般包括计算每个组的平均分数，然后比较平均分。计算平均分的过程在第 3 章中介绍，而多种多样的比较平均数的统计方法在第 8—13 章介绍。如果测量过程仅仅将个体分类至非数值类别，这个统计评估过程常常包括计算每个组的比例并比较这些比例。在表 1—1 中，我们呈现了一个非数值数据的样本，测验了游戏类型和帮助行为的关系。同样的数据可以用于比较亲社会游戏和中性游戏者的比例。例如，67%的亲社会游戏者会采取帮助行为，而只有 33%的中性游戏者会这样。之前已经提到，这些数据使用在 15 章介绍的卡方检验评估。

学习检查

1. 一个研究者观察发现，在高中生中，在年幼时观看教育性节目的学生比他们不观看教育性节目的同伴有更好的学业成绩。这是一个实验的例子吗？说明是或不是的原因。

2. 哪两个条件是一个研究能成为实验研究的必要成分？

3. Loftus 和 Palmer（1974）进行了一个被试被要求观看一个摩托车车祸视频的实验。在观看视频后，一些被试被要求估计当车“撞”上对方时的速度，另一些被试被要求评估当车“碰”上对方时的速度。“撞”上组比“碰”上组产生了显著更高的估计。说明这个研究中的自变量和因变量。

答案

1. 这是一个相关或非实验研究，但是这不是一个真正的实验的例子。这个研究只是简单地观察了变量——教育性的电视节目，没有操纵。

2. 首先，研究者必须操纵被研究的两个变量中的一个。其次，其他所有可能影响结果的变量必须被控制。

3. 自变量是问题表达方法，因变量是每个被试评估的速度。

1.4 变量和测量

在一个研究中，组成数据的分数是观察和测量变量的结果。例如，一个研究者可能在完成研究后得到一些 IQ 分数、人格分数或者反应时分数。在这部分，我们将详细介绍被测量的变量和测量的过程。

构建和操作定义

一些变量，例如高度、重量和眼睛颜色，都是可以简单地定义的、具体的实体，是能够被直接观察、测量的。但是，行为科学家研究的许多变量实际上是不能被直接观察、测量的内在特征。例如，我们说一个孩子在学校表现得好是因为他聪明，或者说一个人在社会情境中焦虑，或一些人看起来饿了。“智力”、“焦虑”和“饿”这样的变量不能被直接观察，常常被称为假设构建。

尽管如智力这样的构建是内部特质，不能被直接观察到，但我们可以观察并测量那些代表构建的行为。例如，我们不能“看到”智力，但是我们能看到与智力相关的一些行为。这些外部行为可以构造关于构建的操作定义。操作定义根据可观察和测量的行为来定义一个构建。例如，你的智力水平是根据你在智力测验上的表现来定义的，饥饿程度可以通过最后一次进餐距离现在的时间来测量和定义。

定义

构建：又称假设构建，不能被直接观察到的内部特质，但是对描述和解释行为有用。

操作定义：定义一个测量过程（一系列操作）来测量一个外部的行为，并将测量结果作为一个构建的定义和测量。注意，一个操作定义有两个要素：第一，它描述了一系列测量构建的操作；第二，它根据测量结果定义了构建。

离散和连续变量

研究中的变量可以它们所包含的数值的类型来分类。离散型变量由分离的、不能分割的数值组成。对于这种变量，两个相邻的种类间没有中间值。就像掷骰子得到的数值，在邻近的数值——例如 5 点和 6 点之间，没有其他可以被观察到的数值。

定义

离散变量：由分离的、不能分割的数值组成，相邻的种类间没有其他值存在。

离散变量通常是可计数的数值，例如，一个家庭中的孩子数目或者班级中的学生数。如果你每天观察上课的学生，你可能第一天数出18个学生，第二天数出19个学生。但是，不可能观察到一个在18和19之间的数值。离散变量也可以由品质上不同的观察结果组成。例如，人可以依据性别（男性或女性）、工作类型（护士、老师、律师等）分类，大学生可以依据专业（艺术、生物、化学等）分类。这些变量都是离散变量，因为它们由可观察到的截然不同且有限的种类组成。

另外，有许多变量不是离散的。例如时间、高度、重量，并没有限制在一系列固定的离散的不可分割的种类上。例如，你能够以小时、分钟、秒或者秒的片段为单位测量时间。这些变量被叫做连续变量，因为它们可以被分割成无限多的小片段。

定义

连续变量：在任意两个观察值之间有无限多的可能值。一个连续变量可以被分割成无限多的小片段。

注意，连续和离散是用来形容变量的，而不是通过测量得到的分数。例如，人们的身高可以通过测量分为三个类别：高、中等、矮。我们看起来测量了一个离散变量。不过，这个潜在的变量，身高，是连续变量。在这个例子中，我们选择将测量尺度限制为三类。我们也可以将身高测量单位限制为1英寸或半英寸等。决定一个变量是连续变量或离散变量的关键是，一个连续变量可以被划分为任何数量片段。高度的测量单位可以是1英寸、0.1英寸或0.01英寸（1英寸≈2.54厘米。——译者注）。类似的，一个教授可以用及格或不及格来评价学生的知识，将学生分为两类。教授也可以使用10分测验将学生分成11类，从0到10分。或者这个教授也可以使用100分测验，将学生的知识水平分为101类，从0分到100分。在测量变量时，当变量为连续变量，你可以任意选择精度水平或者类别数量。

测量连续变量　任何一个连续变量，例如体重，可以通过一条连续的线描绘出来（见图1—8）。注意，在线上有无数个可能的点，在相邻的点之间没有任何间隙或间隔。在线上的任何两点之间都可以找到第三点。

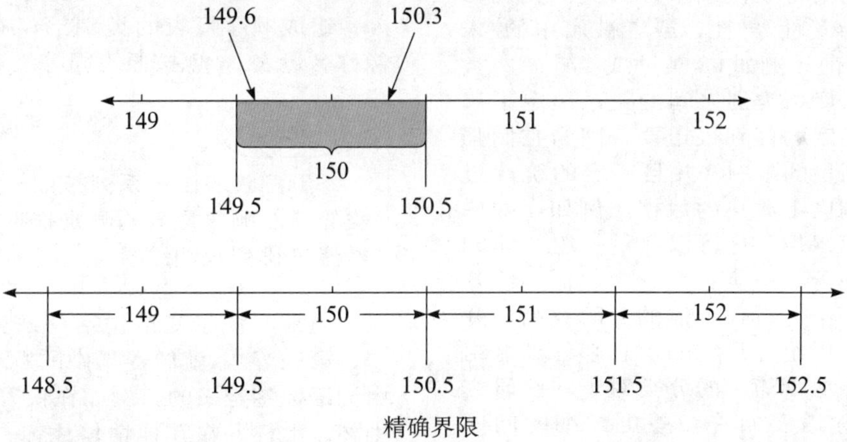

图1—8　当测量的体重取最接近整数值时，149.6和150.3都被认定为150（上图），任何在149.5到150.5区间的值都记为150。

应用于连续变量的两个要点：

1. 测量一个连续变量，很少有两个不同的个体得到相同值的情况。因为连续变量有无穷多可能的值，两个人得到完全相等的分数是几乎不可能的。如果数据显示有一些相同的分数，那么你应当怀疑测量过程是很粗糙的，或者这个变量不是真正的连续变量。

2. 测量一个连续变量，每个测量种类实际上是一个必须由边界定义的间隔。例如，两个体重都是150磅的人可能不是完全体重相同，只是他们都在150磅左右。一个人可能实际上重149.6磅，而另一个人重150.3磅。因此，150在刻度上不是一个特别的点，而是一段间隔（见图1—8）。为了区别150和149、151，我们必须在测量的刻度上设立边界。这些边界被叫做精确界限，并且位于相邻分数中间。因此，一个150磅的值实际上是一个由精确下限149.5到精确上限150.5组成的区间。如果一个人的体重在精确界限之间，将被记为150磅。

定义

精确界限：在连续数轴上的分数间隔的界限。精确界限分开了两个相邻的分数，并且位于相邻分数中间。每个分数有两个精确界限，精确上限在间隔上部，精确下限在间隔下部。

精确界限的概念适用于任何连续变量的测量，甚至当分数种类不是整数时。例如你测量时间，精确到1/10秒，得到的值可能是31.0、31.1、31.2，等等。每个数值代表了数轴上的一段间隔，它是由精确界限界定的。例如一个31.1秒的数值代表实际得到的值是在精确下限为31.05到精确上限为31.15界定的间隔内。记住，精确界限总是位于相邻分数的中间。

在本书的后面，精确界限将被用来作图和进行连续变量的各种计算。现在你应当意识到，精确界限是你任何时候测量连续变量必须用到的。

测量尺度

显然，收集的数据需要我们对被观察的对象进行测量。测量包括将个体或事件分类。类别可以被简单地命名为女性/男性，或者被雇用的/未被雇用的，或者数值，例如68英寸或175磅。类别组成了测量的尺度，类别之间的关系决定了尺度的类别。这些刻度的区别很重要，因为它们强调了特定种类的测量的限制，并且一定的统计过程只适用于同种刻度上收集的数据。例如，如果你对人们的身高感兴趣，你可以测量一组个体的身高，将其简单地分为三类：高、中、低。但是这些简单的分类不会告诉你个体的实际身高，并且这种测量没有提供给你足够的信息来计算这组人身高的平均数。尽管简单的分类对于一些研究足够了，但是当你需要回答一些更详细的问题时，你要做更复杂的测量。在这部分，我们将考察四种测量刻度，从最简单的开始，逐步变得复杂。

称名量表

“称名”这个词表示“与名称有关”。这个量表上的测量将个体分类，每种类别有不同的名字，不过他们并不系统性地互相联系。例如，如果你在测量一群学生的专业，这个分类可能是艺术、生物、商科、化学等。根据学生的专业，每一个学生都将被归至某一类别。

如果用一个称名量表来测量两个个体，我们可以判定这两个个体的测量是否相同；但是，如果它们的测量是不同的，我们不能判定差异的方向，也不能判定区别有多大。如果一个学生的专业是艺术，另一个学生的专业是生物，我们可以说他们是不同的，但是我们不能说，艺术比生物“多”或者“少”，也不能详细说明艺术和生物之间的差异有多大。通过人种、性别、职业将人们分类也是称名量表的例子。

尽管称名量表上的种类没有数量值，但它们有时能用数字代表。例如一幢大楼里的两个房间或办公室可以用数字区别，这只是简单的名字，不反映任何数量的信息。109号房间不一定比100号房间大，当然也不会大9点。将数据输入计算机程序时，用数值编码称名类别是很常见的。例如，一个问卷的数据可能将男性编码为0，女性编码为1。同样，数值只是简单的名称，不代表任何数量区别。后面的量表反映了表示数量区别的尝试。

定义

一个称名量表包括一些不同名称的种类。称名量表的测量对观察对象进行标注和分类，但是不做任何数量的区别。

顺序量表

组成顺序量表的类别不仅有不同的名称（就像称名量表），也按照不同等级对应的顺序排列。

定义

顺序量表由一系列按照一定顺序组织的种类组成。顺序量表的测量根据事物的大小或者数量来排列观测结果。

通常，顺序变量包括一系列等级（第一、第二、第三等），就像赛马中的顺序。有时，种类是由词语标签定义的，例如在快餐店中饮料的小杯、中杯、大杯。在其他情境中，一个序列中的种类意味着类别之间有方向性的关系。通过一个顺序量表中的测量，你能确定两个个体是否有差别，以及这个差别的方向。但是，顺序测量不允许你确定两个个体间差别的大小。例如，如果比利位于低阅读能力组，提姆位于高阅读能力组，你知道提姆是一个更好的阅读者，但是你不知道好多少。另外一些顺序量表的例子包括社会经济等级（上等、中等、下等）和T恤衫大小（小、中、大）。此外，顺序量表常常用来测量难以分配分数的变量。例如，人们将他们的食物偏好排序，但是难以解释，和牛排相比，他们有多更爱巧克力冰淇淋。

等距量表和等比量表

等距量表和等比量表都包括一系列有顺序的分类（类似于顺序量表），这些分类来自一些相等大小的间距。因此，这些量表的测量是由一系列相等的间距组成的，例如在尺子上面的英寸。另外一些等距和等比量表的例子是时间秒数、重量磅数和温度华氏度数的测量。注意，在每一个例子中，一个间距（1英寸、1秒、1磅、1度），不论它在量表的何处，都是一样大小的。所有间距都是相同大小的事实使判断两次测量间差异的大小和方向变成可能。例如，你知道80华氏度高于60华氏度，而且你知道正好高20华氏度。

使等距量表和等比量表不同的因素是其零点的特性。一个等距量表具有相对零点。即简单地出于方便和参照的考虑，数值0在量表上代表一个特定的位置。需要特别说明的是，0不代表没有测量到数值。例如，温度为0华氏度并不表示没有温度，而且这也不妨碍温度变得更低。具有相对零度的等距量表相对稀少。两个常见的例子是华氏度和摄氏度温度尺度。其他的例子也包括高尔夫分数（高于和低于标准）和相对性的测量，比如高于和低于平均降雨量。

一个等比量表被绝对零点锚定，绝对零点不是任意的但是相对来说是一个有意义的值，代表没有测量值（完全没有）。绝对、非任意零点的存在说明我们可以测量变量的绝对数量，即我们可以从0开始测量距离。这使我们有可能比较等比的测量结果。例如，一个需要10秒解决一个问题（比0多10）的个体，和一个只需要5秒（比0多5）的个体相比，花费了两倍的时间。通过等比量表，我们可以判定两次测量结果之间的差异方向和大小，而且我们可以描述两次差异的比率。等比量表十分常见，包括高度、重量等物理测量和反应时、测试错误次数等变量。等比量表和等距量表的差异在例1.2中说明。

定义

一个等距量表由间距大小相等的有顺序的类别组成。量表中数值相等的差异反映了大小相等的差异。但是，等距量表的零点是任意的，不能说明测量值的量为0。

等比量表是有绝对零点的等距量表。在等比量表中，数值的比例反映了大小的比例。

例1.2

研究者对一组8岁的孩子进行了身高测量。起初，研究者只是用厘米简单记录了孩子们的身高，得到的值是44、51、49，等等。这个测量是一个等比量表。0值代表没有高度（绝对零点）。同样，也可以用测量到的数值得到比例。例如，一个60英寸高的孩子的身高是40英寸高的孩子的1.5倍。

现在，假设研究者要通过计算每个孩子实际身高的区别和这个年龄组的平均身高，来把起初的测量转换到一个新的量表上。一个比平均身高高1英寸的孩子现在得到的分数是+1；一个比平均身高高4英寸的孩子得到的分数是+4。类似地，一个比平均身高矮2英寸的孩子得到的分数是−2。在这个量表中，0分代表平均身高。因为0不再说明没有高度，新的分数组成了一个等距量表。

注意，两种分数都包括英寸的测量，你也能计算区别和间距。例如，在第一个量表上，两个孩子身高分别为57英寸和51英寸，他们之间有6英寸的差距。同样，在第二个量表上得分为+3和+9的孩子身高的差距也是6英寸。但是，你会注意到比例的比较在第二个量表上是不允许的。例如，一个身高得分为+9的孩子不比得分为+3的孩子高3倍。

统计和测量尺度

对于我们的目的来说，测量尺度是很重要的，因为它们反映了能够使用的统计的种类。例如，如果你测量一组学生的智力分数，就可以计算整组学生的平均分。但是，如果你测量的是每个学生的专业，你就不能计算它们的平均值。（例如这样的问题：英语专业、化学专业和心理学专业它们三个的平均专业是什么？）这本书介绍的主要统计方法是为等距量表和等比量表中的数值设计的。对于绝大部分统计方法来说，它们两者的区别并不重要，因为两种量表都产生了数值，这些数值允许我们求差、求和、计算平均数。但是，称名量表和顺序量表的测量结果主要不是数值，不能进行很多基本的数值运算。因此，一些替代的统计方法被用做称名量表和顺序量表的计算（例如第3章介绍的中数和众数，第14章介绍的斯皮尔曼相关和第15章介绍的卡方检验）。

学习检查

1. 一个研究调查人们的年龄、年收入和婚姻状态（单身、已婚、离婚等）。对于这三个变量，说明使用的量表类型，变量是连续的还是离散的。

2. 一个英语教授使用字母等级（A、B、C、D 和 F）来评价学生的文章。应哪一种量表来评价文章的质量？

3. 一个老师在课上要求学生说出他们最喜欢的电视真人秀。不同的电视秀组成了一个________量表。

4. 研究者做了一个影响夫妻决定生养孩子数量的因素的研究。孩子的数量这个变量是一个________（离散/连续）变量。

5. a. 当用最接近的英寸来测量高度的时候，68 英寸的精确界限是多少？b. 当用最接近的半英寸来测量高度的时候，68 英寸的精确界限是多少？

答案

1. 年龄和年收入是通过等比量表来测量，都是连续变量。婚姻状态是通过称名量表来测量，是离散变量。

2. 顺序。

3. 称名。

4. 离散。

5. a. 67.5 和 68.5。
b. 67.75 和 68.25。

1.5 统计符号

在调查研究中获得的测量结果提供统计分析的数据。大多数统计分析使用同样的常规的数学运算、符号和你在学校前几年学习的基本代数。如果你对你的数学技能感到没把握，在书后的附录 A 中有一个数学复习章节。这个附录也包括一个技能评估测验（p. 335），帮助你判断你是否需要复习基本数学。在这个章节，我们介绍一些统计计算中的特殊符号。在之后的章节，另外的统计符号在需要时会另作介绍。

分数

在研究中对因变量进行观测一般会得到每个被试的数值或分数。原始分数是研究中原始的、没有经过转换的分数。一个特定变量的分数用字母 X 代表。例如，你在统计课程上的表现用测验来衡量，你在第一个测验上得了 35 分，你可以得到 $X=35$。X 作为排头，可以有一系列分数在这一列中。例如，课堂提问分数也可能列在边缘（在左侧单独的一列）。

X
37
35
35
30
25
17
16

X	Y
72	165
68	151
67	160
67	160
68	146
70	160
66	133

当有两个变量得到观测结果时，每个个体将有两个分数。数据可以展现为由 X 和 Y 引导的两列。例如，人们的身高以英寸为单位进行测量（变量 X），体重以磅为单位测量（变量 Y），它们能够用类似上面的双列表来表示。每对 X 和 Y 代表了一个被试的观测结果。

确定每个系列分数的数量也很有用。我们用大写字母 N 来代表一个总体中分数的数量，用小写字母 n 来代表一个样本中的分数数量。在本书的其他部分，你将看到我们经常利用符号的差别来区分样本和总体。对于上表中的身高和体重数据，两个变量的 $n=7$。注意，小写字母 n 暗示我们数据来自一个样本。

求和符号

许多统计中需要的计算包括对一系列分数求和。因为这一过程非常频繁地使用，一个特别的符号被用来代表对分数求和。希腊字母 Σ（sigma）被用来代表求和。$\sum X$ 表示对变量 X 的所有分数求和。求和符号 $\sum$ 可以被读做“对……求和”。对于以下4个数：

10，6，7，4

$$\sum X = 27, N = 4$$

为了能正确使用求和符号，请记住以下两点：

1. 求和符号 $\sum$ 后一般都跟一些符号或者数学表达式。这些符号或数学表达式明确定义了求和的数值。例如，为了计算 $\sum X$，跟在求和符号后面的是 X，任务是找到 X 数值的和。另外，计算 $\sum (X-1)^2$，求和符号后面是一个相对复杂的数学表达式。所以你需要首先计算所有的 $(X-1)^2$ 的值，再对它们求和。

2. 求和的过程经常包括一些其他的数学计算，例如乘法或者平方。为了得到正确的结果，按照正确的顺序进行不同的运算是很重要的。下面列出了在数学计算中正确的计算顺序。你应当很熟悉它们中的大部分，但是你应当注意，我们把求和的过程作为其中的第四步。

数学计算的顺序

1. 最先计算的是括号里的式子。
2. 第二步计算平方（或者其他的幂计算）。
3. 第三步计算的是乘法或者除法。连乘或者连除按照从左到右的顺序计算。
4. 然后计算有求和符号$\sum$的部分。
5. 最后计算其他部分的加法和减法。①

下面的例子演示了如何在本书涉及的计算和公式中使用求和符号。

例 1.3

一组分数有4个值3，1，7，4。我们将计算这4个分数的 $\sum X$、$\sum X^2$ 和 $(\sum X)^2$。为了展现计算的过程，我们制作了一个表格，第一列是原始分数（X 值）。其他列用来展现计算中需要进行的步骤。你应该注意到，在表中的前三个运算（括号、平方和乘法）都产生了一列新的值。但是，最后两种运算只产生一个单独的值对应总和。

下面的计算表展现了原始分数（X 值）和为计算 $\sum X^2$ 所需要的平方分数（X^2）。

X	X^2
3	9
1	1
7	49
4	16

第一个计算 $\sum X$，不包括任何的括号、平方和乘法，所以我们直接进行求和计算。X 的值在表的第一列，所以我们只需要简单地将第一列的值相加。

$$\sum X = 3+1+7+4 = 15$$

为了计算 $\sum X^2$，正确的计算顺序是先将每个分数平方，然后求出平方值的和。计算表列出了原始数据和平方得到的值（计算的第一步）。第二步是求出平方值的和，所以我们将 X^2 这一列的数值相加。

$$\sum X^2 = 9+1+49+16 = 75$$

后一个计算 $(\sum X)^2$ 包括了括号，所以第一步是计算括号里的值。因此，我们第一步要求出 $\sum X$，然后将它平方。刚才我们计算出 $\sum X = 15$，所以

$$(\sum X)^2 = 15^2 = 225$$

例 1.4

我们将用例1.3中同样的四个数值来计算 $\sum (X-1)$ 和 $\sum (X-1)^2$。以下的计算表将帮助我们证明计算的过程。

X	$(X-1)$	$(X-1)^2$
3	2	4
1	0	0
7	6	36
4	3	9

第一列列出了原始分数，第二列列出了 $(X-1)$ 值，第三列为 $(X-1)^2$ 值。

计算 $\sum (X-1)$，第一步是计算括号内的部分。因此我们首先将每个 X 的值减1。得到的结果列在表中间的那一列中。第二步是对 $(X-1)$ 的值求和。

$$\sum (X-1) = 2+0+6+3 = 11$$

计算 $\sum (X-1)^2$ 需要三步。第一步（括号内）是将每个 X 的值减1。得到的结果列在计算表中间的那一列中。第二步是将每个 $(X-1)$ 的值平方。第二步的结果在表的第三列中。最后一步是将 $(X-1)^2$ 的值求和。

$$\sum (X-1)^2 = 4+0+36+9 = 49$$

注意，这个计算需要在求和之前平方。一个普

① 更多关于数学计算顺序的信息在数学回顾附录中。

遍的错误是先对（$X-1$）求和再平方。小心计算！

例 1.5

在前两个例子和大多数情况下，求和都是计算的最后一步。根据计算顺序，括号、幂、乘法都在求和之前。但是，在一些情况下，加法和减法是在求和之后进行的。在这个例子中，我们将用前面两个例子中同样的数值来计算 $\sum X-1$。

没有括号、幂、乘法，第一步计算就是求和。因此，我们首先计算 $\sum X$。先前，我们已经得到 $\sum X=15$。第二步是在总和中减去1。对于这些数值来说：

$$\sum X-1=15-1=14$$

例 1.6

在这个例子里，每个个体有两个分数。第一个分数定义为 X，第二个分数是 Y。通过下面的计算表，我们将计算 $\sum X$、$\sum Y$ 和 $\sum XY$。

Person	X	Y	XY
A	3	5	15
B	1	3	3
C	7	4	28
D	4	2	8

对 X 求和得到了 $\sum X$。

$$\sum X=3+1+7+4=15$$

同样，对 Y 求和得到了 $\sum Y$。

$$\sum Y=5+3+4+2=14$$

计算 $\sum XY$，第一步是对每个人计算出 X 乘以 Y。答案（XY 的值）列在表的最后一列中。最后，将这些值求和得到：

$$\sum XY=15+3+28+8=54$$

学习检查

1. 对下列分数计算每一个要求的值：6，2，4，2。

a. $\sum X$　　b. $\sum X^2$

c. $(\sum X)^2$　　d. $\sum(X-2)$

e. $\sum(X-2)^2$

2. 说出下列计算的第一步。

a. $\sum X^2$　　b. $(\sum X)^2$　　c. $\sum(X-2)^2$

3. 使用求和符号表示下面的陈述：

a. 每个分数加4，然后将结果相加

b. 将分数相加，然后将总数平方

c. 将每个分数平方，然后将平方值相加

答案

1. a. 14　b. 60　c. 196　d. 6　e. 20

2. a. 将每个分数平方　b. 将分数相加　c. 每个分数减2

3. a. $\sum(X+4)$　b. $(\sum X)^2$　c. $\sum X^2$

▼ 小结

1. 统计是用来表示组织、总结和解释数据的方法。

2. 科学问题通常关注一个总体，这个总体是人们希望研究的。通常，这个总体太大了，我们不可能考察每一个个体，所以大多数研究都利用样本进行。样本是根据研究目的而从总体中选出的一个组。

3. 描述一个样本的特征叫做统计量，描述一个总体的特征叫做参数。尽管样本统计量通常代表了相应的总体参数，但是在统计量和参数之间还是有一些差异。统计量和参数之间自然存在的差异叫做抽样误差。

4. 统计方法被分为两个大类：组织和总结数据的描述统计，以及通过样本数据来推论总体的推论统计。

5. 相关法通过对每个个体测量两个不同变量检验了两个变量的关系。这个方法使研究者能够测量和描述关系，但是不能对关系进行因果解释。

6. 在实验法中，通过操纵自变量产生不同的处理情境，然后测量因变量获得在每种情境中的一组分数，检验两个变量之间的关系。比较不同组的分数。组间系统的差异为情境间自变量变化导致了因变量变化提供了证据。所有其他变量都被控制，由此防止它们影响这种关系。实验的目的是为了说明两个变量之间的因果关系。

7. 非实验研究也通过比较各组分数检验变量间关系，不过他们不是真正的实验，不能产生因果解释。与操纵变量产生不同组不同，一个非实验研究使用一个既有的被试特征（例如男/女）或者时间变化（之前/之后）产生比较的组。

8. 在离散变量中，任意两个数值之间数值的个数是有限的。组成它的所有数值能做可数次数的变化。连续变量中，任意两个数值之间有无数个数值，每个分数与量表上的一段间距对应。分离边界的界限叫做精确界限。精确界限准确地位于两个相邻分数的中间。

9. 测量的量表包括了一系列将个体分类的种类。称名量表由一些只在名称上不同的种类组成，它们不根据数量或者方向有所不同。在顺序量表里，种类根据方向有所区别，组成了一个有顺序的序列。等距量表由一系列有顺序的种类组成，类别都是大小相等的间距。等距量表能区别类别之间的方向和数量（距离）。最后，等比量表是0表示没有测量到变量的等距量表。在等比量表中，测量的比例反映了数量的比例。

10. 字母 X 代表一个变量的分数。如果有了第二个变量，就用 Y 来代表。字母 N 代表总体中分数的数量；n 代表样本中的分数数量。

11. 希腊字母 $\sum$（sigma）被用来代表求和。因此，表达式 $\sum X$ 读做“分数的和”。求和是一种数学运算（就像加法或者乘法），而且必须在整个运算式中按照正确的顺序计算。在括号、幂、乘法/除法运算之后进行求和计算。

▼关键术语

统计	总体	样本	变量	数据	数据集	资料
原始分数参数	统计量	描述统计	推论统计	样本误	相关方法	实验方法
自变量	因变量	控制条件	实验条件	非等效组研究		前后测研究
准自变量	构建	操作定义	离散变量	连续变量	精确界限	精确上限
精确下限	称名量表	顺序量表	等距量表	等比量表		

▼资源

➢SPSS

SPSS（社会科学统计软件包）是一个可以进行本书中介绍的大多数统计计算的计算机程序，通常可以在学院和大学的计算机系统中得到。附录D包括对SPSS的大致的介绍。在每一章的资源部分，可以找到SPSS的分析，我们将分步介绍如何用SPSS软件进行该章节所讲到的统计计算。

➢关注问题解决

如果你观察到加法常常跟随着一个标志或标志性的表达，这可能有助于简化加法符号。举例来说，$\sum X$ 或 $\sum(X+3)$。这个标志指定了你要将哪些值相加。如果你使用这个标志作为列标题并将所有的适当的值列在列中，你的任务就是将列中的所有数值相加。以计算 $\sum(X+3)$ 为例子，在X值的列的一侧建立以(X+3)为标题的一列。列出所有 $(X+3)$ 的值，然后算出这一列的总和。通常，求和是需要很多步计算的复杂数学表达式的一部分。这些步骤必须根据数学运算的顺序进行。最好的办法是用一个计算表，在表中，原始的 X 值列在第一列。然后计算中的每一步都产生了一列新的值。例如，计算 $\sum(X+1)^2$ 需要三步，它产生了一个有3列的计算表。最后一步是将第三列中所有的值相加（见例1.4）。

➢示例1.1

求和符号

一系列数据包括以下分数：

7，3，9，5，4

对这些数据求出以下的值：

a. $\sum X$　　b. $(\sum X)^2$　　c. $\sum X^2$

d. $\sum X+5$　　e. $\sum(X-2)$

a. 计算 $\sum X$。为了计算 $\sum X$，我们简单地

对这组所有数据求和，我们得到：

$$\sum X = 7+3+9+5+4=28$$

X	X^2
7	49
3	9
9	81
5	25
4	16

b. 计算 $(\sum X)^2$。决定 $(\sum X)^2$ 的值的关键是这个式子中有一个括号。按照法则，先计算括号里的内容。

第一步：求出分数的和 $\sum X$。

第二步：将和平方。

我们已经计算出 $\sum X$ 是28。将和平方，我们得到：

$$(\sum X)^2 = 28^2 = 784$$

c. 计算 $\sum X^2$。计算平方和 $\sum X^2$，包括两个步骤。

第一步：将每个分数平方。

第二步：对平方值求和。

用计算表可以最简单地进行这些步骤。第一列有 X 和一列分数。第二列是 X^2 的值，表示每个分数的平方值。下表是这个例子的计算。

为了找到 $\sum X^2$ 的值，我们将 X^2 这一列相加。

$$\sum X^2 = 49+9+81+25+16=180$$

d. 计算 $\sum X+5$。在这个表达式中没有括号，因此求和符号只应用于 X 值。

第一步：得到 $\sum X$ 的值。

第二步：将第一步的结果加上5。

之前我们得到分数的和是28。对于 $\sum X+5$，我们做以下计算。

$$\sum X + 5 = 28+5=33$$

e. 计算 $\sum(X-2)$。求和符号后面跟着一个括号。在这种情况下，$X-2$ 被看做一个单独的表达式，求和符号应用于（$X-2$）的值。

第一步：对每个分数减去2。

第二步：对新的值求和。

X	$X-2$
7	5
3	1
9	7
5	3
4	2

这个问题可以通过一个两列的计算表解决，分别是 X 和 $X-2$。为了得到 $\sum(X-2)$ 的值，我们将 $X-2$ 这一列加起来。

$$\sum(X-2) = 5+1+7+3+2 = 18$$

➤练习题

1. 一位研究者想测试服用抗抑郁药物的青春期男生的治疗效果。他选择了有30位男生的组，其中一半在他们的药物外接受了新治疗，另一半继续服用他们的药物，没有任何其他治疗。在这个研究中。

 a. 描述这个研究中的总体。

 b. 描述这个研究中的样本。

2. 定义以下术语：总体、样本、参数和统计量。

3. 统计方法主要分为两大类：描述统计和推论统计。描述每一个类别统计方法的主要目的。

4. 定义抽样误差并解释为什么抽样误差会给推论统计带来问题。

5. 描述相关研究的数据。解释从实验和非实验研究中获得的测量两个变量关系的数据的差异。

6. 实验研究的目的是什么？定义一个实验达成目标所必需的两个要素。

7. Knight和Haslam（2010）发现，相比于办公室完全由领导设计的员工而言，对办公室房间设计有贡献的员工更有生产力。对于这个研究，定义自变量和因变量。

8. Judge和Cable（2010）发现，较瘦女性比较重的女性收入高。这是一个实验研究还是一个非实验研究？

9. 两位研究者都对大剂量的维生素C能否抵御流感感兴趣。两个人都获得了一个 $n=20$ 的大学生样本。

 a. 第一位研究访问了每一个大学生以确定他们是否定期补充维生素C。然后记录了每个学生冬天感冒的次数。这是一个实验研究还是非实验研究？解释你的回答。

 b. 第二位研究者将大学生分为大致相等的两组。一组大学生每天服用一种富含维生素C的复合维生素，另一组服用不含维生素C的复合维生素。然后，研究者记录了每个学生冬天感冒的次数。这是一个实验研究还是非实验研究？解释你的回答。

10. Weinstein、McDermott和Roediger（2010）进行了一个研究，探究不同的研究策略的影响。其中一部分研究要求学生阅读一篇文章来准备测试。一部分学生在阅读文章之后回答问题；另部分学生只是读了两遍文章。之后，所有学生参与一个关于文章内容的测试，研究者记录下学生答对题目的数量。

 a. 定义这个研究的因变量。

 b. 因变量是离散的还是连续的？

 c. 用哪种测量量表描述因变量（称名、顺序、等距、等比）？

11. 一个研究发现州立大学的学生的酒精消耗

量显著高于宗教学校（Wells，2010）。这个研究是一个实验研究吗？请解释原因。

12. 催产素是一种大脑自然分泌的化学物质，它也被称作“爱情荷尔蒙”，因为它看起来在社会关系信息，例如配偶和亲子关系之中有重要作用。近期，一个研究表明，催产素会加强人们信任他人的倾向（Kosfeld，Heinrichs，Zak，Fischbacher，& Fehr，2005）。通过一个调查游戏，这个研究表明，相比于吸入安慰剂的人，吸入催产素的人更可能将他们的钱给予托管人。对于这个实验研究，定义自变量和因变量。

13. 对下列每题，说出被测量的变量是离散的还是连续的，并解释你的回答。

a. 社会网络（在Facebook上每天花费的分钟数）

b. 家庭规模（亲属数量）

c. 对电子表或石英表的偏好

d. 在统计测验中正确回答的数量

14. 本章介绍了四种测量量表：称名、顺序、等距、等比。

a. 顺序量表比称名量表可以多提供些什么信息？

b. 等距量表比称名量表可以多提供些什么信息？

c. 等比量表比等距量表可以多提供些什么信息？

15. 一个实验探究了太极拳对关节痛的影响，Callahan（2009）选取了大量被诊断为关节痛的样本。其中一半被试立即开始打太极拳，另一半被试（控制组）在8周之后开始。8周之后，第一组被试的关节痛有所减轻。

a. 定义实验中的自变量。

b. 自变量的测量使用哪一种量表？

c. 定义实验中的因变量。

d. 因变量的测量使用哪一种量表？

16. 解释为什么害羞是一个假设构建而不是一个离散变量。描述害羞应当如何测量，并使用一个操作定义来定义。

17. Ford和Torok（2008）发现，激励性的口号能增加校园里的体育活动。例如将“走近更健康的生活模式”和“爬一分钟楼梯平均每人燃烧10卡路里”粘贴在学校大楼的电梯和楼梯侧。相比于没有口号的时候，学生和教工人员在粘贴口号后增加了对楼梯的使用。

a. 定义实验中的自变量和因变量。

b. 自变量的测量使用哪一种量表？

18. 对于下面的分数，计算每个表达式的值：

a. $\sum X$

b. $\sum X^2$

c. $\sum X+1$

d. $\sum (X+1)$

X
3
5
0
2

19. 对于下面的分数，计算每个表达式的值：

a. $\sum X$

b. $(\sum X)^2$

c. $\sum (X-1)$

d. $\sum (X-1)^2$

X
3
2
5
1
3

20. 对于下面的分数，计算每个表达式的值：

a. $\sum X$

b. $\sum X^2$

c. $\sum (X+3)$

X
6
−2
0
−3
−1

21. 对4个被试收集到两个分数，X 和 Y。对这些分数，计算每个表达式的值：

a. $\sum X$

b. $\sum Y$

c. $\sum XY$

被试	X	Y
A	3	4
B	0	7
C	−1	5
D	2	2

22. 用求和符号表示以下计算：

a. 每个分数加1，然后求和。

b. 每个分数加1，然后平方。将平方后的结果求和。

c. 求和，然后平方，然后将平方值减去3。

23. 对于下面的分数，计算每个表达式的值：

a. $\sum X^2$

b. $(\sum X)^2$

c. $\sum (X-3)$

d. $\sum (X-3)^2$

X
1
6
2
3

第 2 章

频数分布

章节概览

学习本章需要使用的相关知识

下列术语是学好本章的关键背景知识。如果对这些知识有不明白之处，应复习先前学过的相关章节。

- 比例（数学复习，附录 A）：

分数；

小数；

百分数。

- 测量尺度（第 1 章）：称名、顺序、等距、等比。
- 连续和离散变量（第 1 章）。
- 精确界限（第 1 章）。

2.1 概述

当研究者完成实验数据的收集后，结果往往包括繁杂的数据。随之而来的问题是如何将数据整理成易理解的形式。这就是描述统计阶段：简化数据的组织和呈现形式。在组织数据时最普遍的程序之一就是将分数放在频数分布里。

定义

频数分布就是每个分数区间包含的观测分数的个数或者每个观测分数出现的次数的整理表。

频数分布将一组无秩序的数据进行从小到大的排列，将相同的分数值分为一组。例如，如果最大值 $X=10$，那么频数分布组就是 10 分、9 分、8 分等。频数分布可以方便研究者浏览所有数据，并且显示了分数是高还是低，数据是集中还是离散，还可以提供一个有秩序的数据图。频数分布也可以使研究者注意到每个分数值相对于总体中其他分数值的位置。

频数分布可以表示成表的形式或者是图的形式，但是不管哪种形式，分布都会呈现两种成分：

1. 原始测量数据的范围。
2. 频数或者每个分数区间被试的个数。

因为频数分布呈现了被试分数如何在测量尺度上分布的图像，所以被称为“频数分布”。

2.2 频数分布表

简单的频数分布表通过列出从小到大的测量分数（X 值）来表示测量尺度。除了 X 值之外，还有频数，即数据中该分数值的个数。习惯用 X 表示分数值，用 f 表示频数。以下是一个频数分布表的例子。①

例 2.1

下面是来自 10 分统计测验的 20 个被试的分数。对这组数据建立频数分布表如下：

8，9，8，7，10，9，6，4，9，8，
7，8，10，9，8，6，9，7，8，9

X	f
10	2
9	5
8	7
7	3
6	2
5	0
4	1

1. 最高分 $X=10$，最低分 $X=4$。表格中的第一列是由高到低排列的测量变量 X 的值。注意：表格中列出了 X 所有可能的取值，例如，没有被试的 X 取值为 5，但是此值列于表格中。在顺序量表、等距量表、等比量表中，类别按顺序列出（通常是以最高到最低）。称名量表中的类别可以按照任意顺序列出。

2. 第二列是每个 X 取值对应的频数，例如，两个被试的 X 取值为 10，所以在表格的第二列频数中 $f=2$。

表格对分数的整理使总体结果一览无余。例如，只有两个满分，但是有许多人取得了较好的分数（8 分和 9 分），只有一个例外（$X=4$），结果表明被试对材料的学习结果普遍不错。

注意：频数分布表中的 X 值代表测量尺度，而不是真实分数值。例如，第一列仅有一个 $X=10$，但是第二列表示实际上有两个 $X=10$。第一列有 $X=5$，但是实际上却没有人得 5 分。

除此之外，频数可以计算出分布中的 X 的总分。频数的总和实际上就是被试的总数。

$$\sum f = N$$

频数分布表中 $\sum X$ 的计算

计算分数的总和 $\sum X$ 或者进行频数分布表中其他计算都需要时间。为了正确地计算，你必须使用表中所有的信息。应用两列数据计算总分是很必要的。

当必须呈现频数分布表中的分数的计算过程时，最快的方法是在计算之前先把数据列于表外。下面的例子阐明了这一点。

例 2.2

下面的频数分布表列出了一个 5 分，两个 4 分，三个 3 分，三个 2 分和一个 1 分。如果列出所有的十个分数，你可以安全地计算，例如计算 $\sum X$，$\sum X^2$。举例来说，为了计算 $\sum X$，你必

① 通常将分数由高到低排列，但是，这是一种随意的安排，许多计算机程序通常将分数由低到高排列。

须把所有的十个成绩加在一起：

$$\sum X = 5+4+4+3+3+3+2+2+2+1$$

根据表中的分布，你可以知道 $\sum X = 29$。你可以自己尝试一下。相似地，为了计算 $\sum X^2$，你要把十个分数都平方，然后将这些值相加：

$$\sum X^2 = 5^2 + 4^2 + 4^2 + 3^2 + 3^2 + 3^2 + 2^2 + 2^2 + 2^2 + 1^2$$

现在你可以知道，$\sum X^2 = 97$。

计算 $\sum X$ 的另外一种方法就是将 X 值与它对应的频数相乘，然后再将它们加总，符号为 $\sum fX$。下面是对例 2.2 数据的频数计算：

X	f	fX	
5	1	5	（一个 5 的和是 5）
4	2	8	（两个 4 的和是 8）
3	3	9	（三个 3 的和是 9）
2	3	6	（三个 2 的和是 6）
1	1	1	（一个 1 的和是 1）
	$\sum X = 29$ ①		

无论采用哪种方法计算 $\sum X$，最重要的是必须应用频数栏和 X 栏中的信息。

比例和百分比

除了频数分布表的两个基础列之外，还有其他的描述数据分布的方法。最常用的是比例和百分比。

比例主要测量总体中取得每个分数的人数所占的比例。例 2.2 中，两个被试的 X 得分为 4，即十个人中有两个人的得分为 4，因此，比例为 2/10＝0.20。从总体上看，每个分数的比例是：

$$比例 = p = f/N$$

因为比例描述频数 f 和总体 N 的关系，所以经常也称为相关频数。虽然比例的表达方式可以是分数（例如，2/10），但是经常也以小数的形式出现。频数分布表中也可以包括以 p 为列名称的比例列（见例 2.3）。

除了频数（f）和比例（p），研究者也经常使用百分比描述分数的分布。例如，一位教师常常这样描述考试结果：班级中 15％的同学获得 A，23％的同学获得 B。计算百分比，首先必须计算比例，然后乘以 100：

$$百分比 = p\ (100) = f/N\ (100)$$

频数分布表中也可以包括以％为列名称的百分比列（见例 2.3）。

例 2.3

频数分布表与例 2.2 相同，添加了比例和百分比：

X	f	$p=f/N$	百分比＝p (100)
5	1	1/10＝0.10	10％
4	2	2/10＝0.20	20％
3	3	3/10＝0.30	30％
2	3	3/10＝0.30	30％
1	1	1/10＝0.10	10％

学习检查

1. 为下面这组成绩构建一个频数分布表

成绩：3，2，3，2，4，1，3，3，5

2. 通过频数分布表计算下面这些值

a. n

b. $\sum X$

c. $\sum X^2$

X	f
5	1
4	2
3	2
2	4
1	1

① 注意：在表格中进行 $\sum X$ 的计算比较方便，但是对于复杂的方程容易出现错误。

答案

1.

X	f
5	1
4	1
3	4
2	2
1	1

2. a. $n=10$　b. $\sum X=28$　c. $\sum X^2=92$（将 10 个分数平方后相加）

分组频数分布表

当一组数据的全距较大时，将每个分数值列于频数分数表中是没有必要的。例如，一组考试分数，最高分为 $X=96$，最低分为 $X=41$。这组分数跨越了 50 个分数点。

如果将每个分数都列于频数分布表中，则需要 56 行才能完成计算。记住：建立分布表的目的是将数据呈现于简单、有组织的表中。因此，可以将分数分区间，用分组区间代替分布中的每个分数值。例如，表中列有 90 分段的人数和 80 分段的人数等。这个表常被称为分组频数分布表。组别或组段常被叫做"分组区间"。

下面介绍几个分组频数分布表的规则，这几个规则能够帮助你理解频数分布表的结果。要知道这些规则是简单的指导而不是绝对的要求，但是它们可以帮助我们建立简单、有组织、易懂的表格。

当已知分数个数时，通过计算最高分和最低分的差值加 1 获得频数分布表的行数：

行数＝最高分－最低分＋1

规则 1　分组频数分布表应该包括大约 10 个分组区间。如果一个分布表中的分组区间大于 10，就会显得烦琐，并且违反了分布表的目的。如果分组区间很少，则会缺少很多信息。在极端情况下，只有 1 个分组区间，分布表不会显示任何分数分布的信息。记住：频数分布表的目的是帮助研究者观测数据。如果分组区间过多或过少，分布表都不能提供清晰的展示。10 个分组区间是一般规则。如果在黑板上建立分布表，则需要 5 个或 6 个分组区间，但是如果在科学报告中建立分布表，则需要 12 个或 15 个分组区间。下面每个案例的目的就是呈现一个易懂、易理解的表格。

规则 2　每个分组区间的间距应该简单。例如 2、5、10、20，对于分组区间来说是较好的选择。注意：5 分或 10 分容易计算。这些数值易理解、易观察分组区间的间距。

规则 3　每个分组区间的下限值是组距的倍数。例如，分组区间的组距是 10，每个分组区间的下限值就是 10 的倍数。因此，最低组的下限值为 10，以此类推，20、30、40 等。这也使他人更容易理解这个表是如何建立的。

规则 4　所有的分组区间应该有相同的组距，并且涵盖所有数据值。所以，一个特定的数据属于某个分组区间。

例 2.4 呈现了此规则的应用。

例 2.4

一位教师获得了一组 $N=25$ 的考试成绩。为了整理这些数据，将它们列于频数分布表中。这些分数是：

82，75，88，93，53，84，87，58，72，94，69，84，61，

91，64，87，84，70，76，89，75，80，73，78，60。

第一步计算分数的全距。这组数据中，最小值 $X=53$，最大值 $X=94$，所以如果在分布表中列出每个分数，则需要 42 行（注意：行数＝最大值－最小值＋1）。因为 42 行的分布表过于烦琐，所以将分数进行分组。

选择最佳组距的方法是运用规则 1 和规则 2 反复试验。根据规则 1，则需要大约 10 个分组区间；根据规则 2，则需要分组区间的间距为简单数值。下表中是各个组距所需要的分组区间数：

组距	分组区间的个数
2	21（太多）
5	9（正好）
10	5（太少）

为了计算分数区间的个数，将全距除以组距，得到以上各种结果。因为分数区间的下限往往低于最低分，分数区间的上限往往高于最高分，因此在计算区间个数时需要适当地扩大范围。注意：组距为 5 将会有大约 10 个分组区间，正是研究者需要的结果。

下一步就是确定分组区间值。因为最小值为 53，所以最小的区间应该包含这个值。因为每个分组区间的下限为 5 的倍数，所以该分组区间的下限为 50。区间宽度为 5，所以最小的区间应该包括 5 个值：50、51、52、53 和 54。所以，最小的区间是 50～54。下一个分组区间下限为 55，上限为 59。要记住分数区间的下限是 5 的倍数，且每个区间包括 5 个分数（55、56、57、58 和 59）。表 2—1 描述了所有分组区间的频数分布。

一旦你列出了分组区间值，那么再添加一列频数就完成了该表。频数列的数值表示落在该分组区间的分数的个数。对于本例，有 3 个学生的分数落在 60～64 的组区间。所以该组区间的频数 $f=3$（见表 2—1）。在这个表的基础之上还可以添加比例和百分比的值。

表 2—1　该分组频数分布表呈现了例 2.4 的数据分布情况，原始数据的最高分为 94，最低分为 53。将全距分为 9 个分组区间，组距为 5。频数栏（f）中列出了每个分组区间分数的数目。

X	f
90～94	3
85～89	4
80～84	5
75～79	4
70～74	3
65～69	1
60～64	3
55～59	1
50～54	1

最后，注意数据分组将会丢失特定的被试分数值。例如，表 2—1 显示在 65～69 分数区间有一个值，但是分布表却不能呈现其具体值。总体上讲，组距越大，信息丢失越多。在表 2—1 中，60 低分段有 3 个被试，而 60 高分段有 1 个被试。但是如果组距改为 10，60 分段的被试数变为 4，则丢失了上面的一些信息。当组距为 10 时，所有 60 分段的被试会被归到 60～69 这个分数区间。这个表会显示有 4 个人在 60～69 这个区间，但是不会显示这些分数是属于 60 分段中的高分段，还是 60 分段中的低分段。

区间界限和频数分布

回忆第 1 章，一个连续变量有无数的可能的值，可以以一条连续的有无数点的数字线的方式呈现。但是，当测量连续变量时，这个测量结果和数字线上的区间而不是单独的点相对应。例如，当你以秒为单位测量时间时，一个 $X=8$ 秒的分数实际上代表一个区间，区间的界限是 7.5 秒和 8.5 秒。因此，一个频数分布表中频数 $f=3$ 的个体都分布在 $X=8$ 这个分数上，这并不表示所有的 3 个个体都是完全一样的测量结果。实际上，你要发现，这三个测量结果仅仅是分布在同一个区间 7.5 至 8.5 之间。

这个区间的概念也可以用于分组频数分布表里的分类。例如，一个分组区间是 40～49，它包括了 $X=40$ 到 $X=49$ 的分数。这些值被称为区间的理论界限，因为看起来它们组成了区间的上下限。然而，如果测量一个连续变量，一个 $X=40$ 的分数实际上是一个从 39.5 至 40.5 的区间。类似的，$X=49$ 也是一个从 48.5 到 49.5 的区间。因此，这个区间界限是 39.5（区间下限）和 49.5（区间上限）。注意，下一个更高的区间是 50～59，它的区间下限是 49.5. 因此这两个区间在 49.5 这个界限相遇，两个尺度间没有间隙。你也应该发现，当你考虑区间的区间界限的时候，区间宽度更容易被理解了。例如，区间 50～59 的区间界限是 49.5 和 59.5。两个界限之间的距离（10 点）是区间宽度。

学习检查

1. 使用区间为 10 的频数分布表整理下列分数：

39　41　37　16　44　20　34　39　42

24　51　22　35　18　46　53　19　26

2. 如果使用区间为 5 的频数分布表整理上面的分数，那么最小区间的理论范围和实际范围是什么？

3. 根据第 1 题中的频数分布表，多少名被试的分数为 $X=53$？

答案

1.

X	f
50~59	2
40~49	4
30~39	5
20~29	4
10~19	3

2. 理论范围是 15~19，实际范围是 14.5~19.5。

3. 在分组频数分布表中，不能计算每个数据的频数（但是可以回答最多有两个被试得分为 X=53）。

2.3　频数分布图

频数分布图就是频数分布表的信息图。本节将会介绍几种不同类型的分布图，但是任何一种分布图都开始于两条相互垂直的轴。水平直线叫做 X 轴或者横轴，垂直直线叫做 Y 轴或者纵轴。X 分数值沿 X 轴从左到右逐渐增大。频数则沿 Y 轴从下到上逐渐增大。一般来讲，坐标轴相交点的 X 分数值和频数都为 0。还有一个规则就是在画分布图时，Y 轴的高度大概是 X 轴长度的 2/3～3/4。如果不满足这些规则，可能会形成误导性分布图（见专栏 2—1）。

等距或等比数据的频数分布图

当由分数组成的数据是等距数据或者等比数据时，有两种频数分布图：直方图和多边形图。

直方图　首先沿 X 轴列出所有的 X 值。然后画出每个 X 值对应的矩形。

a. 条形的高度对应数据的频数。

b. 条形的宽度代表 X 值的实际限定范围。

不论是连续变量还是离散变量，因为矩形涉及每个 X 取值的限定范围，所以两个条形之间没有空隙和间隔。图 2—1 就是一个直方图。

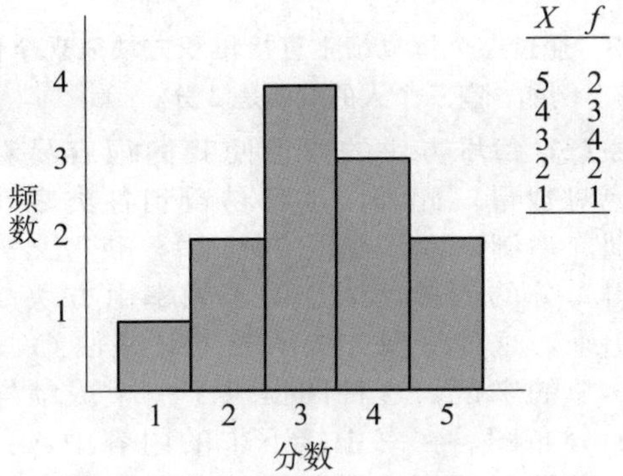

图 2—1　频数分布直方图的实例。频数分布表和直方图呈现的是同一组数据。

当数据被分组到组区间后，就可以构造一个频数分布直方图。在每个区间上画一个矩形，矩形的宽度为区间的实际界限（最低分数的精确下限和最高分数的精确上限）。图 2—2 演示了该过程。

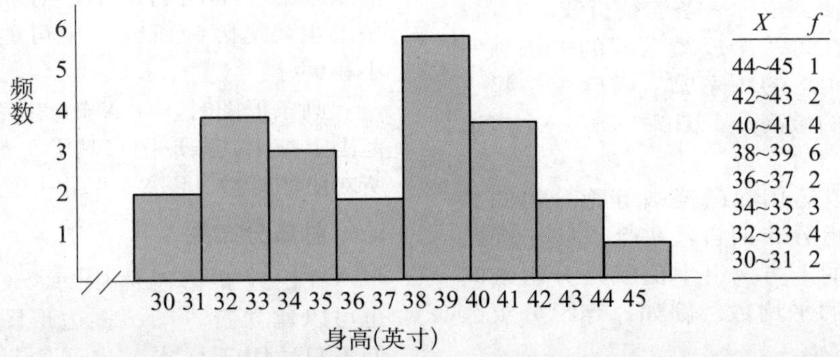

图 2—2　分组数据频数分布直方图的实例。频数分布表和直方图呈现同一组数据。

对于直方图2—1和直方图2—2，请注意：横轴和纵轴上的数值要清晰地标定，且横纵轴上都要标明其所代表的变量。在这些例子中，通常水平轴的变量为分数。但是，特定的测量有特定的单位，比如，图2—2表示一个样本被试高度（测量单位是英寸）的频数分布。注意：图2—2并没有列出从0到48英寸的所有可能的高度，而是清晰地表现出0～30之间的跳跃，表明在该图中省略了一些数据。

修改后的直方图　对传统直方图稍做修改，会产生一个较易绘制和理解的频率分布图。修改后的直方图用一堆方块代替每个分数上面的长条。每一个方块都代表一个个体，所以每个分数上面方块的数量代表这个成绩出现的频率。参见图2—3。

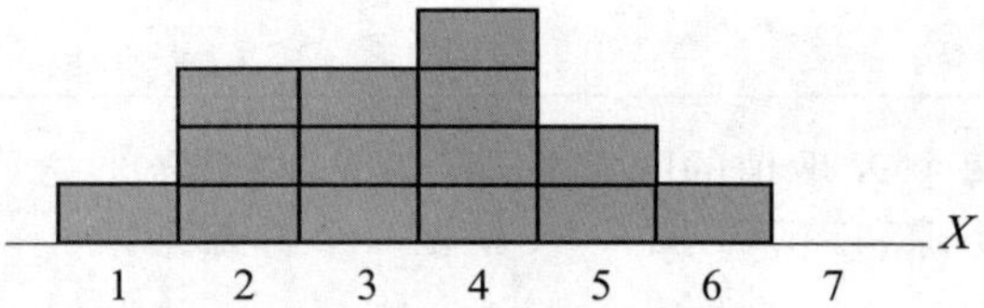

图2—3　通过在个体成绩上直接堆积方块表现个体的频数分布。例如，有三个人的成绩是2分。

注意，每堆方块的数量使我们很容易看出每类的绝对数量。此外，也容易看到各类之间的准确区别。举例来说，在图2—3中，获得2分的人比获得1分的人多两人。由于频率由方块清晰地呈现出来，这种呈现方法削弱了对纵轴（Y轴）的需求。总的来说，这种图提供了一个成绩样本的具体的分布图。在书中接下来的内容中，我们常常用这种图展现样本数据。你还需注意，这种呈现方法仅仅提供了分布图，但并不能替代由坐标轴组成的准确的直方图。

多边形图　第二种描述等距数据或者等比数据的图形就是多边形图。做一个多边形图，首先要沿X轴列出数值分数（测量范围），然后：

a. 每个点位于每个分数值的上方，并且每个点的垂直位置对应该数值或范围的频数。

b. 连接各点，使其成为一条连续折线。

c. 这幅图通过在每一个成绩区间的末端画一条到X轴（频率为0）的线完成。该折线左起X的最低分，右到X的最高分。图2—4是一个多边形图的例子。

多边形图还可以运用在已经被等距分组的数据中，对于一个分组分布而言，每个点位于等距分组区间的组中值的上方。组中值就是分组区间的最大值和最小值的平均数。例如，等距分组区间20～29的组中值为：

$$组中值=(20+29)/2=49/2=24.5$$

图2—5是分组数据的频数分布折线图的例子。

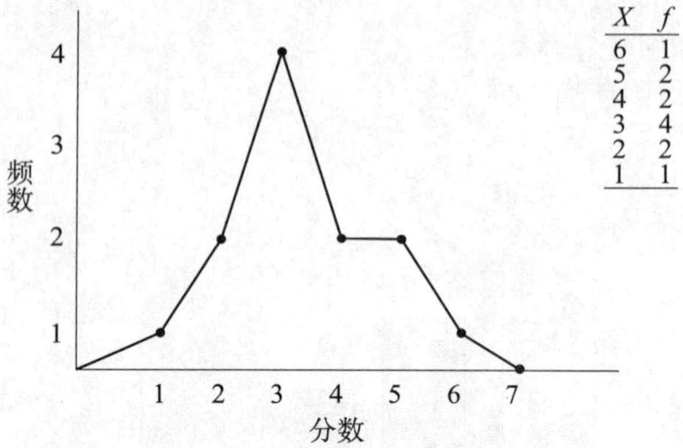

图2—4　频数分布多边形图。多边形图和频数分布表呈现了同一组数据。

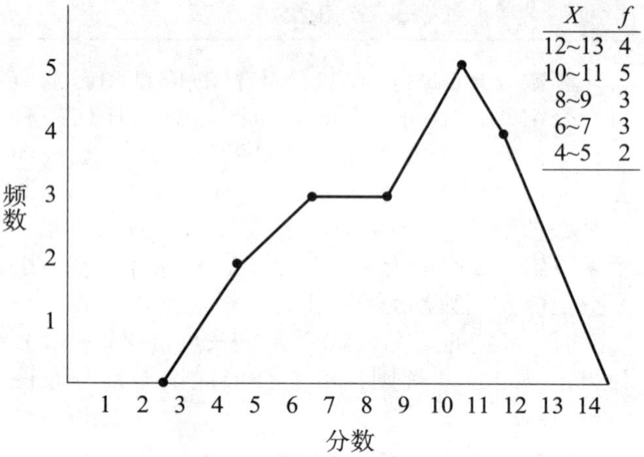

图2—5　分组数据的频数分布多边形图。多边形图和频数分布表呈现了同一组数据。

称名数据和顺序数据的频数分布图

当分数值为称名数据或者顺序数据时，条形图可以表示其频数分布。

条形图　条形图本质上与直方图是相同的，不同的是条形图的条形之间是有间隔和空隙的。对于称名数据，条形之间的间隔强调测量尺度包括单独的、不同的范围。对顺序数据使用独立的条形主要是因为研究者不可能假设研究对象的大小相同。

画条形图时，在X轴列出测量范围，每个测量范围上画出其条形图，其中Y轴代表每个测量范围所对应的频数。图2—6是一个条形图的例子。

总体分布图

在已经获得总体中每个分数的精确频数后，也可以建立直方图、多边形图和条形图，因为它们不只适用于样本，也适用于总体。例如，一个特定的总体，被试数$N=50$，很容易就可以计算出有多少被试的 IQ＝110。但是，如果研究者对美国的整个成年人总体感兴趣，那么得到精确的 IQ＝110 的成年人数是不可能的。虽然可以建立一个分布图来表示大的总体的频数分布，但是这个分布图往往有两个特征：相对频数和平滑曲线。

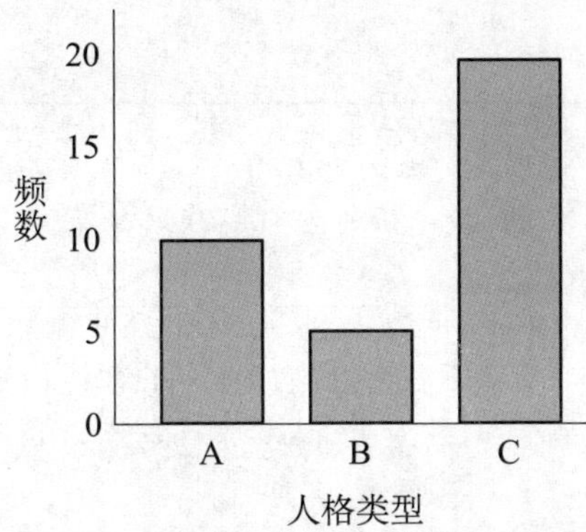

图 2—6　该条形图表示一个大学生样本的人格类型的频数分布。因为人格类型是一个称名量表所测的离散变量，所以在条形图上相互之间存在间隔。

相对频数　虽然很难获得总体中每个分数的精确频数，但是经常可以获得相对频数。例如，我们并不知道湖中有多少条鱼，但是几年的养殖之后，我们可以确定翻车鱼的数量是鲈鱼的两倍。在条形图中则通过使翻车鱼条形的高度是鲈鱼条形高度的两倍来表示相对频数（见图 2—7）。注意：该条形图不能表示鱼的精确数量，只能表示翻车鱼和鲈鱼的相对数量。

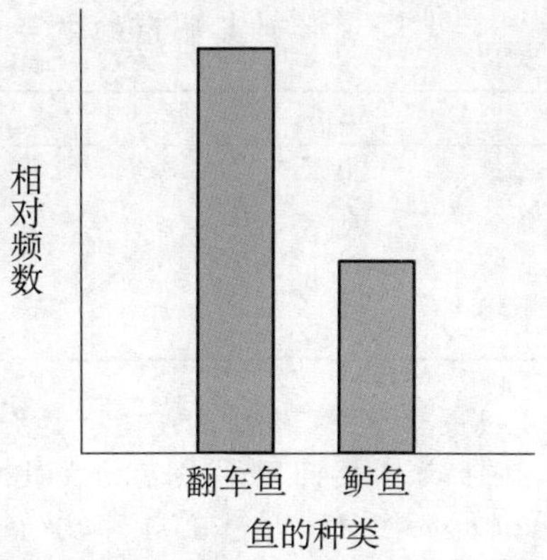

图 2—7　该频数分布图显示了两种鱼的相对频数。注意：每种鱼的精确数量没有列出，此图只是简单地告诉我们翻车鱼的数量是鲈鱼的两倍。

平滑曲线　当一个总体是等距量表或等比量表的数值分数时，用平滑曲线代替锯齿状曲线来表示频数分布。平滑曲线并不表示一系列点的连接（真实频数），而是一个分数到另一个分数的相对变化。比较普遍的总体分布图是正态分布。正态分布是对称的、中间频数最大、中间向两边逐渐减小的分布图。例如，图 2—8 是 IQ 总体分布的正态分布图。因为正态分布比较普遍，而且正态分布图在某种情况下有数学意义上的保证，所以本书对其给予较大的关注。

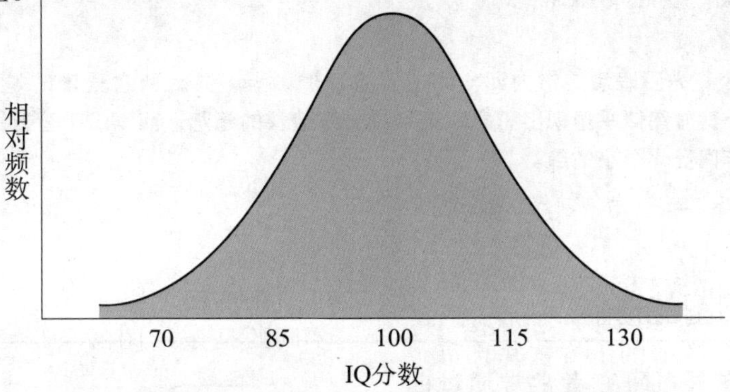

图 2—8　IQ 分数的总体分布图：正态分布的实例。

后面会涉及分数分布图。不论分布图如何呈现，你都应当想象出频数分布图。分布图主要描述被试分数的精确位置。为了将这个概念具体化，想象分布图中的一组数目较大的被试，例如，图 2—8 中 IQ＝100 左右的被试数目最大，因为有很多被试的 IQ 接近平均水平。而 IQ＝130 处的被试数仅有几个。在最高分组区间的被试数很少。

专栏 2—1　分布图的应用与误用

虽然分布图的目的是提供一组数据的精确图形，但是它可能会夸大或者错误地代表一组数据。错误代表主要是因为分布图的建立没有遵循基本原则。以下的例子说明如何通过操纵分布图的结构将一组数据用两种不同的方式表现出来。

过去几年，研究者对某城市的主要重罪的数量进行了记录，数据如下：

年份	主要重罪的数量
2007	42
2008	44
2009	47
2010	49

图2—9是用两种不同方式建立的分布图。第一个图夸大了高度，纵轴的起始值为40而不是0，结果导致从图上看四年间重罪数量的变化似乎很大。第二个图将纵轴的起始值定为0。结果是四年间重罪数量变化很小。

哪种分布图是正确的呢？答案是哪种都不好。注意：分布图的目的是提供一组数据的精确显示。图2—9中的第一个图夸大了四年间重罪数量的差异，第二个图却隐藏了它们的差异。注意：一些情况下，分布图并不是显示信息的最好方式。例如，对于这组数据来说，频数分布表优于二者中任何一个。

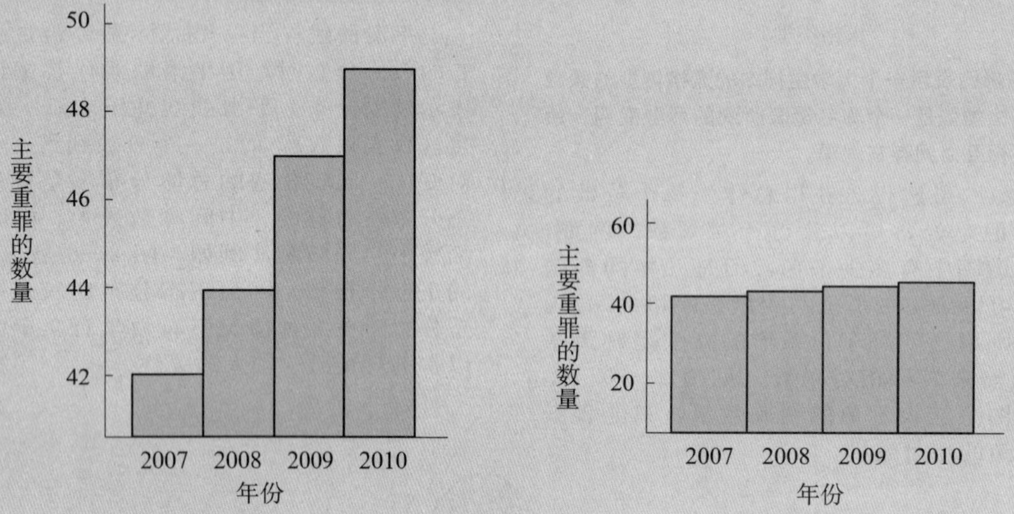

图2—9　两个直方图表示城市内四年间主要重罪的数量，并且两者呈现的是同一组数据，但是，第一个直方图似乎呈现出犯罪率高和增长率较快的趋势，而第二个直方图则呈现出犯罪率低和四年间变化很小的趋势。

2.4　频数分布图的形状

除了建立频数分布图外，研究者常常通过曲线特征来表示分布。描述分布的三种特征是：形状、分布集中性和变异性。简单来说，分布集中性可以确定分布中点的位置，变异性可以确定数据是离散分布还是集中分布。分布集中性和变异性在第3章和第4章将会具体介绍。从具体技术上讲，分布形状直接由表明分布图中的 X 和 Y 关系的方程来定义，但是，研究者也经常根据一些精确度较低的指标描述大多数分布的形状。

几乎所有分布都可归为对称分布或偏态分布。

定义

在对称分布中，通过中点的垂直直线将分布图分为对称的两半（见图2—10）。

在偏态分布中，分数堆积在分布图的一侧，而在分布图的另一侧逐渐减少（见图2—10）。

偏态分布图中分数堆积逐渐减少的那一侧被称为分布的尾端。

尾端位于右侧的偏态分布图叫做正偏态，因为尾端分布趋向于 X 轴的正值。尾端位于左侧的偏态分布图叫做负偏态，因为尾端分布趋向于 X 轴的负值（见图 2—10）。

一个难度较大的考试，许多分数都为低分，仅有几个高分。这个分数分布就是正偏态分布。而一个容易的考试，许多分数都为高分，仅有几个低分，这个分数分布就是负偏态分布。

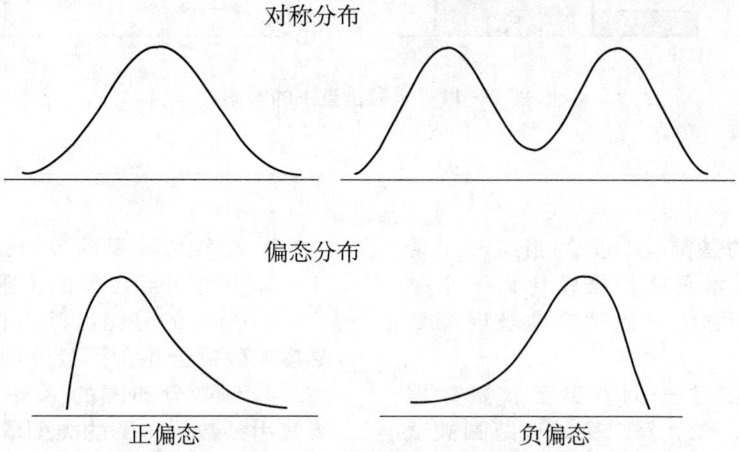

图 2—10　不同分布形态的例子。

学习检查

1. 根据下列数据画出频数分布直方图和频数分布多边形图。

X	f
5	4
4	6
3	3
2	1
1	1

2. 描述练习 1 分布的形状。

3. 一位研究者在一次大学篮球比赛中记录了每一位学生的性别和专业。哪种频数分布图适合用来描述专业的分布？

4. 如果一个研究的结果已经在频数分布直方图中呈现，它是否适合在多边形图中呈现？说明你的理由。

5 一个大学中，最年轻的学生是 17 岁，大部分学生都在 18～25 岁，10%的学生大于 30 岁，这个学校学生年龄的分布形态是什么样的？

答案

1. 见图 2—11。
2. 该分布是负偏态。
3. 条形图适合称名数据。
4. 是的。直方图和多边形图都适合等距和等比量表。
5. 这是正偏态分布，主要分布在 17～25，少数分布在等于或大于 30 处。

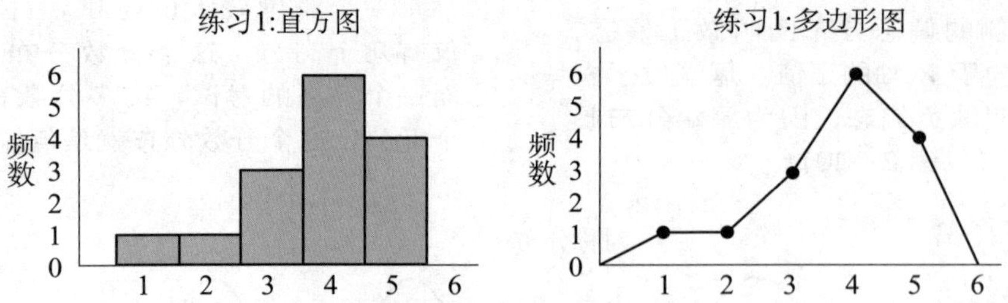

图 2—11　学习检查 1 的答案。

▼ 小结

1. 描述统计的目的是简化数据的组织和呈现形式。其中一个描述技术是将数据转化为一个频数分布表或者分布图，它们可以精确地表现测量数据或范围的数目。

2. 频数分布表的其中一列列出了测量数据（*X* 值）的范围。除了 *X* 值，第二列是该范围被试的数目或者频数。分布表可能包括一个表示每个数据的相对频数的比例栏：

比例 $= p = f/n$

分布表也可能包括表示每个 *X* 值的百分比栏。

百分比 $= p\ (100) = f/n\ (100)$

3. 建议频数分布表放 10～15 行数据，这时是最简单清晰的。如果数据的全距大于建议的最大值，就要将数据进行等距分组。这些分组区间列于频数分布表中，并且每个分组区间都列有相应的频数或者被试的数目。这种分布表被称为分组频数分布表。以下是建立分组频数分布表的几个规则：

a. 10 个左右的分组区间是最佳的。

b. 组距应该是简单的数字（例如 2、5、10）。

c. 每个分组区间的下限值是组距的倍数。

d. 所有的分组区间应该有相同的组距，不仅要覆盖数据全距，而且分组区间之间没有间隙。

4. 频数分布图的 *X* 轴是分数，*Y* 轴是频数。所使用频数分布图的类型取决于测量数据的类型。对于等距或等比数据，使用直方图或多边形图。直方图中对应每个分数的条形的高度代表该分数的频数。每个条形起始于下限终止于上限，所以条形都是连接的，没有间隙。多边形图的点位于每个分数或者等距分组的组中值上方，然后再用一条折线连接所有点。条形图则适用于称名数据或者顺序数据。条形图与直方图十分相似，区别就是条形图的条形之间存在间隙。

5. 形状常用来描述分数分布特征。分布形态多为对称或偏态。尾端位于右侧的偏态分布叫正偏态分布。尾端位于左侧的偏态分布叫负偏态分布。

▼ 关键术语

频数分布	全距	分组频数分布
组距	理论界限	坐标轴
直方图	多边形图	条形图
相对频数	分数分布	对称分布
分布的尾端	正偏态分布	负偏态分布

▼ 资源

➤SPSS

对 SPSS 的概要介绍见附录 D。统计软件包 SPSS 可以建立频数分布表，也可以画出表示频数分布的直方图和条形图。

【建立频数分布表】

数据输入

首先将数据引入数据编辑矩阵的一列中

数据分析

1. 在工具栏中点击 Analyze。接下来选择 Descriptive Statistics 和 Frequencies。

2. 选中分数栏中的标签，点击箭头将栏标签引入变量框中。

3. 选择频数分布表。

4. 单击 OK。

数据输出

频数分布表中从小到大列出分数值，并且列有每个分数值的百分比和累积百分比。不包括在分数值内的数据在分布表中是不存在的（频数为0)，而且该分布表并没有将数据进行等距分组(列有所有的被试分数值)。

【建立直方图或者条形图】

数据输入

首先将数据引入数据编辑矩阵的一列中。

数据分析

1. 首先在工具栏中点击 Analyze，然后选择 Descriptive Statistics 和 Frequencies。

2. 选中分数栏中的标签，点击箭头将栏标签引入变量框中。

3. 点击 Charts。

4. 根据数据类型选择直方图或者条形图。

5. 点击 Continue。

6. 点击 OK。

数据输出

在短暂延时后，SPSS 将呈现频数分布表和图。注意 SPSS 所生成的直方图的组距是不确定的。条形图常常是每个分数的实际频数。

➢关注问题解决

1. 建立频数分布图的目的是将没有秩序的一组数据整理为可理解的、有秩序的形式。因为不同类型的频数分布表和分布图都是可用的，所以问题就是决定哪一种最适合。分布表的优势是比较容易建立，但是一般情况下，分布图更易理解。

为了决定哪种频数分布是最佳的，可以考虑以下方面：

a. 分数的全距。如果全距较大，则使用等距分组法。

b. 测量数据的类型。如果是等距或等比数据，可以使用多边形图或者直方图。如果是称名数据或者顺序数据，则使用条形图。

2. 当使用分组频数分布表时，最常犯的错误是通过定义每个分组区间的最大值和最小值计算组距。例如，一些学生认为分组区间 20～24 的组距是 4。为了准确计算组距，需要注意以下几个方面：

a. 计算分组区间内的被试分数。例如，分数为 20、21、22、23、24，共 5 个值，因此组距是 5。

b. 利用限定范围决定组距。例如，分组区间 20～24 的下限为 19.5，上限为 24.5，则组距为：

$$24.5-19.5=5$$

➢示例 2.1

分组频数分布表

为下列 $N=20$ 的数据建立一个分组频数分布表，其中组距为 5。

14, 8, 27, 16, 10, 22, 9, 13, 16, 12

10, 9, 15, 17, 6, 14, 11, 18, 14, 11

步骤 1 建立等距分组。此分布中的最大值 $X=27$，最小值 $X=6$。因此，这组数据的频数分布表有 22 行，这个数值太大。使用分组频数分布表可能更好。如果组距定为 5，分布表有 5 行。

X
25～29
20～24
15～19
10～14
5～9

注意：分组区间的限定范围决定了组距。例如，等距分组区间 25～29 的上限值为 29.5，下限值为 24.5。这两个值的差异就是组距 5。

步骤 2 确定每个分组区间的频数。检查分数值，计算等距分组区间 25～29 中数据的个数。然后运用同样的方法计算每个等距分组数据的个数。记录这个等距分组的频数。结果如下：

X	f
25～29	1 ($X=27$)
20～24	1 ($X=22$)
15～19	5 ($X=16, 16, 15, 17, 18$)
10～14	9($X=14, 10, 13, 12, 10, 14, 11, 14, 11$)
5～9	4 ($X=8, 9, 9, 6$)

➢练习题

1. 为下列 $n=20$ 的数据建立频数分布表。

6, 2, 2, 1, 3, 2, 4, 7, 1, 2

5, 3, 1, 6, 2, 6, 3, 3, 7, 2

2. 为下列数据建立频数分布表，包括比例和百分比。

5, 7, 8, 4, 7, 9, 6, 6, 5, 3

9, 6, 4, 7, 7, 8, 6, 7, 8, 5

3. 根据表中的数据计算下列值。

a. n

b. $\sum X$

c. $\sum X^2$

X	f
5	2
4	3
3	5
2	1
1	1

4. 根据表中的数据计算下列值。

a. n

b. $\sum X$

c. $\sum X^2$

X	f
5	1
4	2
3	3
2	5
1	3

5. 在下面的数据中，最小值是 $X=17$，最大值是 $X=53$。为这些数据建立分组频数分布表。

a. 区间宽度为5

b. 区间宽度为10

44 19 23 17 25 47 32 26

25 30 18 24 49 51 24 19

43 27 34 18 52 18 36 25

6. 下面的数字是30位2008年在纽约被开超速罚单的司机的年龄。设定最适合的区间宽度，并为下列数据建立分组频数分布表。从你制作的表中，可以看出罚单在各年龄段是均匀分布的吗？

17 30 45 20 39 53 28 19

24 21 34 38 22 29 64

22 44 36 16 56 20 23 58

32 25 28 22 51 26 43

7. 为下列数据的分组频数分布表设定最适合的区间宽度，并计算区间数量。

a. 样本分数分布为 $X=8$ 至 $X=41$

b. 样本分数分布为 $X=16$ 至 $X=33$

c. 样本分数分布为 $X=26$ 至 $X=98$

8. 哪些信息在常规频数分布表中可以得到，而在分组频数分布表中则得不到？

9. 描述条形图和直方图的区别，并且描述各种分布图的使用条件。

10. 以下是一次测验分数：

8 5 9 6 7 7 4 10 6 7

9 7 9 9 5 8 8 6 7 10

a. 建立频数分布表。

b. 画出频数分布直方图。

11. 根据下列数据画出直方图和多边形图。

X	f
7	1
6	1
5	3
4	6
3	4
2	1

12. 用直方图表示如下频数分布表中的数据。

X	f
45—49	4
40—44	6
35—39	10
30—34	5
25—29	3
20—24	2

13. 对一个大学生样本进行问卷调查，问卷中包括下面这些问题，为每一个问题列出适合的图的类型（直方图、多边形图或条形图）

a. 兄弟姐妹的个数

b. 在兄弟姐妹中年龄的排名（最大＝1）

c. 性别（男/女）

d. 最近一年最喜欢的电视节目

14. 每年新生入学的时候，学校会给新生分发T恤衫。为了决定各个T恤衫型号需要预定的数量，学校办公室查看了去年的分布，下表是T恤衫型号的分布情况。

型号	f
S	27
M	48
L	136
XL	120
XXL	39

a. 确定哪一种图最适合上述分布

b. 画出频数分布图

15. Gaucher、Friesen 和 Kay（2011）研究发现，男性化的词（例如竞争、独立、分析、强壮）常被用在招聘材料中，尤其是男性主导领域的工作。在一个相似的研究中，研究者计算了不同工作领域的招聘材料中男性化词语的数量，数据如下表所示：

领域	男性化词语的数量
水管工	14
电工	12
保安	17
图书管理员	9
护士	6
幼教	7

确定使用何种图来表示上表中的数据并画出相应的频数分布图。

16. 根据下图计算下列值

a. n

b. $\sum X$

c. $\sum X^2$

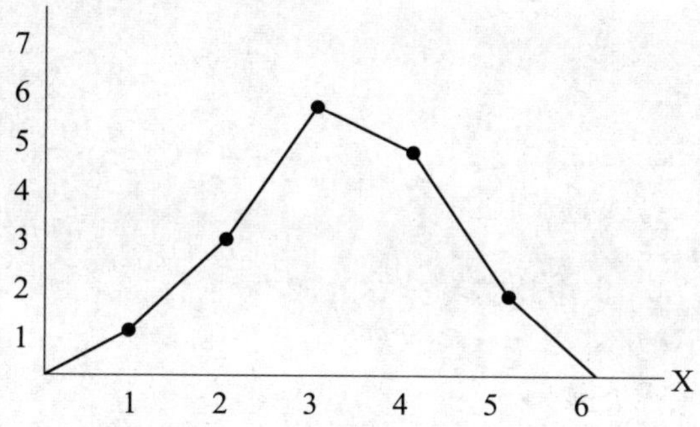

17. 下面是一系列的分数：

5　8　5　7　6　6　5　7　4　6

6　9　5　5　4　6　7　5　7　5

a. 将这些分数置于一张频数分布表中

b. 说明分布的形态

18. 将这些分数置于一张频数分布表中。基于频数，分布的形状是什么样的？

13　14　12　15　15　14　15　11　13　14

11　13　15　12　14　14　10　14　13　15

19. 下面是一系列的分数：

8　6　7　5　4　10　8　9　5　7　2　9

9　10　7　8　8　7　4　6　3　8　9　6

a. 建立频数分布表

b. 用多边形图表示分布

c. 通过下面的特征描述分布

(1) 分布的形状是什么？

(2) 哪一个分数最好地说明了分布的中心(平均)？

(3) 分数是集中在一起的，还是分散分布的？

20. Fowler 和 Christakis (2008) 报告称，个人的快乐感和社交网络中是否包含许多其他快乐的朋友相关。为了检验这个说法，一位研究者获得了一个包含 16 位成人的样本，其中每位都声称自己是一个快乐的人，另外还获得了一个相似的包含 16 位声称自己不快乐或无所谓快乐不快乐的成人样本。每个个体都被要求说出在他们的亲密的朋友中，他们认为是快乐的人的数量。下面是数据：

快乐

8　7　4　10　6　6　8　9　8　8

7　5　6　9　8　9

不快乐

5　8　4　6　6　7　9　6　2　8

5　6　4　7　5　6

用多边形图来表现快乐的人的频数分布。同时在这幅图里画出不快乐的人的多边形图。(使用两种不同的颜色，或一个多边形使用实线，另一个使用虚线)。其中一组有更多的快乐的朋友吗？

21. 最近的研究表明，父母讨论数字的时间对孩子的数学能力的发展有很大影响 (Levine, Suriyakham, Rowe, Huttenlocher & Gunderson, 2010)。在这个研究中，研究者观察了有 14～30 个月儿童的家庭并记录了其父母进行“数字谈话”的次数。之后在儿童 46 个月的时候，研究者测试了他们对数字的理解能力。下表中的数据与研究数据相似：

两组家庭中儿童的数字认知得分	
低频率组家庭	高频率组家庭
2　1　2　3　4	3　4　5　4　5
3　3　2　2　1	4　2　3　5　4
5　3　4　1　2	5　3　4　5　4

画出低频率组的多边形图。在同一个图中画出高频率组的分数分布情况（用两种颜色的笔来区分)。根据你所作的图，两组数据有差异吗？

第 3 章

集中趋势的测量

章节概览

学习本章需要使用的相关知识

下列术语是学好本章的关键背景知识。如果对这些知识有不明白之处，应复习先前学过的相关章节。

- 求和符号（第 1 章）。
- 频数分布（第 2 章）。

3.1　集中趋势的定义

描述统计的一般目标是对一组数据进行组织和总结。而其中最常用的方法可能就是概述和描述一个分布，并且找到数据的平均分作为整个分数分布的代表。在统计学中，平均分的概念或数据代表被称为集中趋势。对集中趋势进行测量的目标就是通过确定一个值，来确认数据分布中心，以描述整个分布情况。在理想情况下，中心值是数据分布中所有个体得分的最好代表。

定义

集中趋势是一种统计测量，通过使用一个值来确定一个分布的中心。或者说，集中趋势的目标是找一个值作为整个数据分布的最好或最典型的代表。

在日常语言中，集中趋势的目标是确定“平均的”或“典型的”个体。平均分可以提供对总体或样本的简单的描述。为了进一步描述总体分布，测量集中趋势对组间、个体间以及指标集合间的比较也是有用的。例如，气象数据表明，在西雅图、华盛顿，年平均气温在53华氏度（约12摄氏度。——译者注），年平均降水量为34英寸（86.36厘米。——译者注）。对比而言，在亚利桑那州的菲尼克斯，年平均气温为71华氏度（22摄氏度。——译者注），年降水量为7.4英寸（18.796厘米。——译者注）。使用上面的例子表明，使用单一的、具有代表性的值来描述一组数据十分方便。集中趋势描述了一组数据的典型情况，可以很容易地了解大量的数据。统计学家有时使用“数字运算”来说明这种数据描述。也就是说，我们使用一个值来描述一个包含很多数据的分布。

然而，没有一个标准化的方法来确定集中趋势。因为没有一种测量方法可以在每一种情境中产生同一个集中的、具有代表性的值。图3—1中的三种分布形式有助于阐明这种情况。在讨论这三种分布之前，我们先花一些时间来看一下这个图，并尽量找出每一种分布的“中心”或“最具代表性的值”。

1. 第一种分布是对称的（图3—1a），并且数据在$X=5$处形成了明显的堆积。对于这种类型的分布，很容易确定“中心”，大多数人会同意$X=5$是该分布的集中趋势的合适的测量。

2. 在第二种分布中（图3—1b），问题开始出现。现在数据呈现出负偏态分布。数据在高分$X=8$处堆积，但是向左端一直延伸至$X=1$处。在这种情况下，中心在哪里呢？一些人可能选择$X=8$作为中心，因为获得8分的个体要比获得其他分数的个体数量多。然而，$X=8$很明显不在分布的中心。实际上，大多数得分（16个中有10个）的值要小于8，故这样看起来，采用一个小于8的值来确定中心似乎是更加合适的。

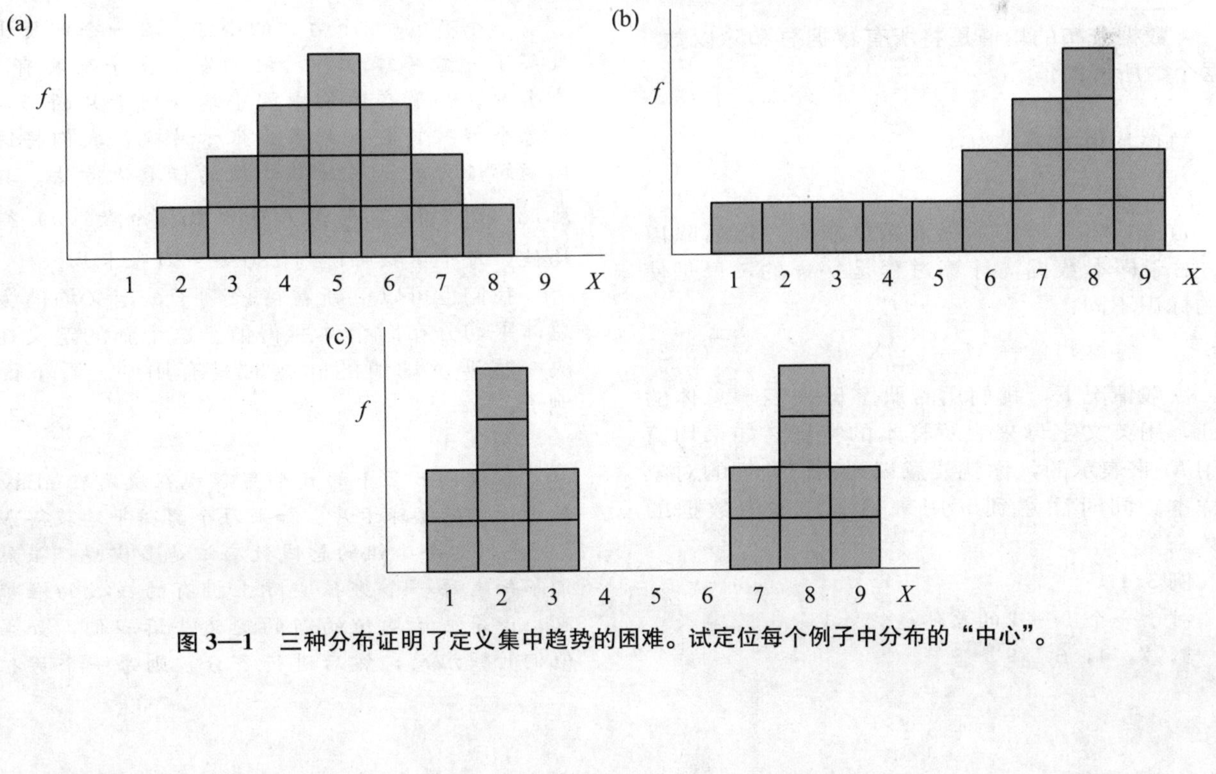

图3—1　三种分布证明了定义集中趋势的困难。试定位每个例子中分布的“中心”。

3. 现在来考察第三个分布（图3—1c）。该分布也是对称分布，但是存在两个不同的堆积中心。因为分布是对称的，并且 $X=5$ 是中点，有人可能选择 $X=5$ 作为“中心”。然而，并没有数据落在 $X=5$ 处（甚至靠近的地方也没有数据），故该数值作为数据代表是不合适的。另一方面，由于存在两个独立的堆积中心，一组集中于 $X=2$，另一组集中于 $X=8$，故此时人们倾向于认为该分布有两个中心。但是一个分布可以有两个“中心”吗？

测量集中趋势的三种方法

很明显，对数据分布定义“中心”会遇到问题。通常，我们会遇到一个良好的、均匀的分布，就像图3—1a中的情况，此时每个人对于中心的定位都会是一致的。然而，我们知道，存在其他分布形态的可能是有的，而这种情况下关于中心的定义将会有不同的意见。为了解决这个问题，统计学家发展出三种不同的方法来测量集中趋势：平均数、中数和众数。它们的计算方法不同，所具有的特征也不同。为了确认这三种测量方法中哪一种对于特定分布是有效的，我们要牢记测量集中趋势的目标，即找到最具有代表性的值。以上三种测量方法在特定的情境中各自都有最好的代表性。我们在对这三种测量方法进行定义后，会对它们进行更详细的考察。

3.2 平均值

平均值，通常认为是代数平均值，通过将数据分布中的所有分数相加，然后除以数据的个数得出。总体均值用希腊字母 μ 代表。样本均值用 M 或 $\overline{X}$（读作“x—bar”）表示。

在许多统计教科书中，均使用 $\overline{X}$ 来表示样本均值。然而，在原稿和出版的研究报告中，字母 M 才是样本均值的标准表示方法。鉴于你在阅读研究报告中将会遇到字母 M，在写作研究报告时会使用字母 M，我们决定在本书中使用同样的表示方法。不过你应该知道 $\overline{X}$ 仍旧是表示样本均值的一种方法，而且你将会时常看到它，尤其是在教科书中。

定义

数据分布的均值是将所有数据总和除以数据个数所得的值。

总体均值的公式为：

$$\mu=\sum X/N \tag{3.1}$$

首先，将总体中的所有数据求和，然后除以 N。对于样本数据，计算过程是一样的，只是使用的标识不同：

$$\text{样本均值}=M=\sum X/n \tag{3.2}$$

一般情况下，我们用希腊字母来表示总体的特征，用英文字母来表示样本的特征。如果均值是用 M 来表示的，你就要意识到我们处理的对象是样本。同时注意到 n 用来表示样本中数据的个数。

例3.1

对于一个 $N=4$ 的总体，

3，7，4，6

均值为：

$$\mu=\sum X/N=20/4=5$$

平均值的另一个定义

虽然将数据相加并且除以数据个数的方法提供了一个有用的对均值的定义，但是还有两个其他关于均值的定义，可以促使我们对集中趋势的测量有更好的理解。

将总体均分　第一种定义认为，如果总和（$\sum X$）在数据分布中的所有个体（N）间平均分配的话，则每个个体的分值就是均值。当我们在知道均值，并且必须求出总和的情况下，这种统计观点是十分有用的。看下面的例子。

例3.2

一个有 $n=6$ 个男孩的小组，在一个旧货出售处买了一盒棒球卡片，他们发现盒子里共有180个卡片。如果在他们中间平均分配卡片的话，那么每个男孩将会得到多少张卡片呢？我们将这种问题解读为表示了计算均值的标准化方法。具体地说，用总和（$\sum X$）除以数据个数（n）得出均值，每个男孩将得到 $180/6=30$ 张卡片。

我们也可以重新看待该例子，定义均值为当总体平均分布时个体所得值。这个新的定义在解决一些涉及均值的问题时是有用的。看下面的例子。

例3.3

假设例3.2中的6个男孩现在决定在eBay上贩卖他们的棒球卡片。如果每个男孩平均获得 $M=5$ 美元，这个小组的总钱数应该是多少呢？虽然我们不知道每一个男孩实际上拥有的钱数的准确信息，但是关于均值的新的定义告诉我们，如果将他们的钱汇总，然后进行平分，则每一个男孩将得到5美元。在$n=6$人的小组中，每个男孩得到5美元，则总和一定是$6\times5=30$（美元）。使用计算均值的公式来检查这个答案：

$$M=\sum X/n=30/6=5\text{ 美元}$$

平均值是平衡点　均值的第二个定义将均值描述为分布的一个平衡点。考察一个总体，有$N=5$个数据（1，2，6，6，10）。对于该总体，$\sum X=25$，$\mu=25/5=5$。图3—2用直方图的形式来描述总体分布，跷跷板上的每一个方块表示一个数据。如果跷跷板将基准点定位于等于均值的点上，则跷跷板将会保持平衡且静止不动。

当我们测量每一个方块（分数）到均值的距离时，跷跷板在均值上保持平衡的原因就很清晰了：

分数	远离均值的距离
$X=1$	均值以下4个值
$X=2$	均值以下3个值
$X=6$	均值以上1个值
$X=6$	均值以上1个值
$X=10$	均值以上5个值

注意：均值平衡了距离。也就是说，均值以下的总距离与均值以上的总距离是相同的。

均值以下：4个值＋3个值＝7个值

均值以上：1个值＋1个值＋5个值＝7个值

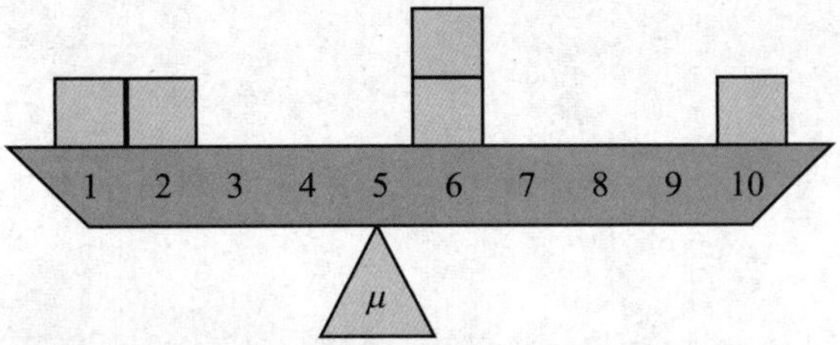

图3—2　频数分布显示跷跷板在均值上保持平衡。

基于 Weinberg，G. A.. Schumaker，J. A.，& Oltman，D. (1981). Statistics: An Intuitive Approach (p. 14). Belmont，CA：Wadsworth。

由于均值相当于一个平衡点，故均值经常定位于高分和低分之间。也就是说，均值永远不会超出分数分布的范围。如果在分布中最低分为$X=8$，最高分是$X=15$，那么均值一定处于8和15之间。如果你计算出的均值位于全距之外，那么你肯定出了错。

均值位于平衡点的跷跷板的图片也适用于以下情况：当一个新值加入时或去除一个已经存在的值时，分布会发生怎样的变化？对于图3—2中的分布，如果加入一个新值$X=10$，均值（平衡点）将会发生怎样的变化？

加权平均值

通常，对两组数据进行组合以得出总的均值是有必要的。假设我们对两个独立的组进行处理，第一个样本为$n=12$，$M=6$，第二个样本为$n=8$，$M=7$。如果将两个样本进行汇总，那么新的合成组的均值是多少呢？

为了计算总的平均值，我们需要两个值：

1. 关于合成组的数据的总和（$\sum X$）和
2. 合成组中数据的个数（n）。

合成组中总的数据个数是通过将第一个样本中的数据个数（n_1）和第二个样本中的数据个数（n_2）相加所得。在这个例子中，有$12+8=20$个分数。同样，我们简单计算出第一个样本的总和$\sum X_1$和第二个样本的总和$\sum X_2$，然后将两个总和相加。根据这两个值，我们使用基本公式来计算平均值。

$$\text{总的平均值}=M=\sum X(\text{两组总和})/n(\text{两组总数})=(\sum X_1+\sum X_2)/(n_1+n_2)$$

为了计算每个样本的总和，记住平均值可以定义为当总数（$\sum X$）平均分布时每个人获得的数量。第一个样本中$n=12$和$M=6$（用钱数而不是分数表示，当总数平均分配时，该例中有$n=12$人，每人获得6美元）。因此，12人中每人都获得$M=6$美元，此时的总和为$\sum X=12\times6=72$。同样，第二个样本为$n=8$和$M=7$。因此，此时的总和为$\sum X=8\times7=56$。根据这些值，我们可得总体均值为：

$$\text{总的平均值}=M=(\sum X_1+\sum X_2)/(n_1+n_2)=(72+56)/(12+8)=128/20=6.4$$

下面的表对结论进行了总结：

第一个样本	第二个样本	混合样本
$n=12$	$n=8$	$n=20=(12+8)$
$\sum X=72$	$\sum X=56$	$\sum X=128=(72+56)$
$M=6$	$M=7$	$M=6.4$

注意：总体均值不是两个样本原始均值的平均值。因为样本大小是不一样的，如果一个样本对合成组做出了更大的贡献，在确定总体均值的时候就占据了较大的权重。正因为如此，我们计算得出的总体均值才叫做加权平均值。在这个例

子中，总体均值 $M=6.4$ 接近于 $M=6$（大样本均值）而不是 $M=7$（小样本均值）。

根据频数分布表计算平均值

当一组数据以频数分布表的形式组织起来时，如果我们首先将单个数据从分布表中去除再计算平均值的话通常会容易些。表 3—1 呈现的就是以频数分布表形式组织起来的一次测验的得分分布。为了计算该分布的平均值，我们必须小心使用第一列的 X 值和第二列的分布频数。表中数据显示该分布包括一个 10、两个 9、四个 8 和一个 6，总共 $n=8$ 个得分。我们知道，我们通过将频数相加得到数据个数总和，$n=\sum f$。同时我们通过小心计算 8 个得分得到分数总和：

$$\sum X = 10+9+9+8+8+8+8+6$$
$$=66$$

同样可以通过计算 $\sum fX$ 计算总和，参见第 2 章。一旦我们计算得到 $\sum X$ 和 n，我们就可以像往常一样计算出平均值。对于本组数据来说：

$$M=\sum X/n = 66/8 = 8.25$$

表 3—1　　关于 $n=8$ 个学生的统计测验分数。

测验得分（X）	f	fX
10	1	10
9	2	18
8	4	32
7	0	0
6	1	6

学习检查

1. 对下列 $n=5$ 的样本计算平均数：1，8，7，5，9。

2. $n=6$ 的样本的平均数为 $M=8$，这个样本数据总和 $\sum X$ 的值是多少？

3. 一个包含 $n=5$ 个得分的样本，其平均值为 $M=4$，另一个样本包含 $n=3$ 个得分，其平均值为 $M=10$。如果将两个样本进行汇总，那么合成样本的平均值是多少？

4. 一个 $n=6$ 的样本其平均值为 $M=40$，如果一个被试得分为 $X=35$ 的数据被添加至样本中，那么新成绩的平均值有什么变化？

a. 样本平均值会大于 40。

b. 样本平均值会小于 40。

5. 下面的频数分布表是根据某样本的数据做出的，计算出它的样本个数 n、平均值 M 和总和 $\sum X$。

X	f
5	1
4	2
3	3
2	5
1	1

答案

1. $M=6$。
2. $\sum X=48$。
3. 合成样本的样本量为 $n=8$，其样本总和为 $\sum X=50$，此时合成样本平均值为 $M=6.25$。
4. b
5. 对于该样本来说，$n=12$，$\sum X=33$，平均值为 $M=33/12=2.75$。

平均值的特征

平均值有许多特征，其重要性在接下来的讨论中更加明显。一般来说，有这些特征是因为，分布中的每一个数据都对平均值产生了一定的影响。具体地说，在计算平均值的过程中，每一个数据都要相加以求出总和，每一个分数都对样本数量（n）有贡献。这两个值（$\sum X$ 和 n）决定了平均数的值。下面我们将讨论平均值的四个重要的特征。

改变一个数据　改变任何一个数据都将使平均值发生变化。例如，一个小样本取自心理学实验的测验得分，数据为 9、8、7、5、1。该样本总共有 $n=5$ 个得分，总和 $\sum X=30$。则该样本的平均值为：

$$M=\sum X/n=30/5=6.00$$

现在假设我们将得分 $X=1$ 换成 $X=8$，此时我们在该个体得分上增加了 7 分，这将使总和 $\sum X$ 增加 7 分。改变该数据之后，新的数据分布为：

9，8，7，5，8

仍旧是 $n=5$ 个得分，但是现在总和 $\sum X=37$，因此，新的平均值为：

$$M=\sum X/n=37/5=7.40$$

注意：改变样本中的一个数据就产生了一个新的平均值。我们注意到，改变任何数据都会改变数据总和 $\sum X$（所有得分的总和），因此平均值也将发生变化。

引入一个新的数据或去除一个原始数据　增加一个新的数据或去除一个原始数据将使平均值发生变化。例外的情况是增加的新数据（或去除的数据）恰好等于平均值。如果你还记得平均值等价于数据分布的平衡点的定义的话，增加或去除一个数据的效果很容易从视觉上表现出来。图 3—3 呈现了一个这样的数据分布，图中代表数据的方块围绕着平均值 $\mu=7$ 分布，在跷跷板上保持着平衡。想象一下，当我们增加一个新的数据（一个新方块），如 $X=10$ 时，将会发生什么情况。很明显，跷跷板将会倒向右边，而此时我们若要保持平衡，就需要将平均值向数值高的地方移动。图 3—3 $N=5$ 的分数分布在平均数 $\mu=7$ 处达到平衡。

想象一下，当我们去除一个数据（一个方块），如 $X=9$ 时，将会发生什么情况。这次跷跷板将会倒向左边，而此时我们若想保持平衡，就需要将平均值向数值较低的地方移动。

最后，想象一下，当我们增加一个新的数据（或去除一个原始数据），但是该数据等于平均值 $X=7$ 时，将会发生什么情况。很显然，这一次跷跷板将不倒向任何一方，故此时平均值保持不变。注意，如果将 $X=7$ 移除，这个跷跷板仍保持平衡，平均值没有变化。总的来说，增加一个新的数据或去除一个原始数据将使平均值发生变化，除非这个数据恰好等于平均值。

下面的例子系统地阐述了向一个现有样本中增加新数据时如何计算新的平均值。

例 3.4

不论原始数据是一个样本还是一个总体，增加一个数据（或减少一个数据）都会对平均数产生影响。为了说明计算新的平均数的方法，我们将使用图 3—3 中的数据。这次我们使用一个容量为 $n=5$，平均值为 $M=7$ 的样本。此时我们知道该样本总和一定是 $\sum X=35$。问题是当我们向该样本中增加一个新的数据 $X=13$ 后，样本平均值将发生什么样的变化。

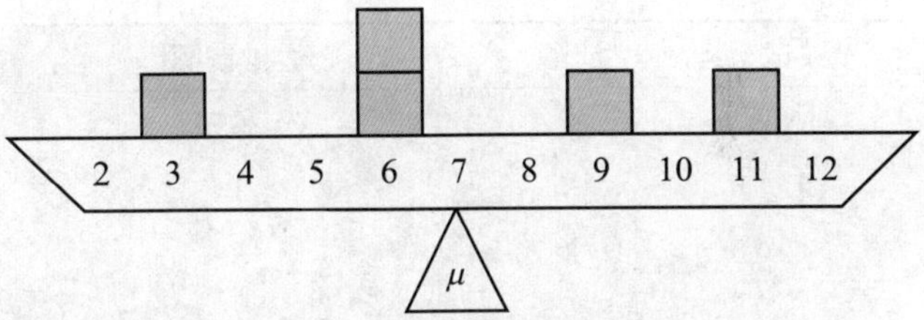

图 3—3　以均值 $\mu=7$ 保持平衡的 $N=5$ 的分布。

为了计算新的平均值，我们必须首先计算样本的总和 $\sum X$ 和样本量 n。在本例中，我们考察增加一个新的数据后对原始样本造成的影响。原始样本有 $n=5$ 个得分，故增加一个新的数据后样本量变为 $n=6$。同样地，原始样本总和为 $\sum X=35$，增加新的数据 $X=13$ 后，新样本的总和为 $\sum X=35+13=48$。最后，使用新的 n 和 $\sum X$ 值计算新的样本平均值为：

$$M=\sum X/n=48/6=8$$

全部计算过程可以总结如下表：

原始样本	新样本 增加 $X=13$
$n=5$	$n=6$
$\sum X=35$	$\sum X=48$
$M=35/5=7$	$M=48/6=8$

每个数据加上或减去一个常数　如果给分布中的每一个数据都加上一个常数，则平均值也将

增加同样的常数。同样地，当我们将每一个数据减去同一个常数时，新数据的平均值也是原始平均值减去同样的常数。

为了阐明均值的特性，我们使用一个研究来证实你的想法——酒精消耗量增加了对异性吸引力的评价（Jones，Jones，Thomas & Piper，2003）。给被试呈现男性和女性的面部图片，并要求被试评价面部的吸引力。表3—2展示了6名男性被试对一名女性的评分。第一列是被试清醒时的评分。注意这一列的分数总和是 $X=17$ 分，因而 $n=6$ 名被试的均值是 $M=17/6=2.83$。现在假设酒精能使吸引力评分增加2分。得到的结果如第三列所示，喝酒之后的总分是 $X=29$ 分，因而 $n=6$ 名被试的均值是 $M=29/6=4.83$。（值得注意的是，实验效应往往不是简单地加上或者减去一个常数。尽管如此，给每个分数加上一个常数这个概念非常重要，而且在后面计算均值差异的时候会再次出现。）

表3—2　样本量为 $n=6$ 的男性被试对女性面孔吸引力的评分。

被试	清醒	适量饮酒
A	4	6
B	2	4
C	3	5
D	3	5
E	2	4
F	3	5
	$\sum X=17$	$\sum X=29$
	$M=2.83$	$M=4.83$

每个数据乘以或除以一个常数　如果分布中的每一个数据都乘以（或除以）一个常数，那么平均值也将发生同样的变化。

将每个数据乘以（或除以）一个常数是改变测量单位经常使用的一种方法。例如，要将一组使用分钟为单位的数据转化为以秒为单位，我们可乘以60。如果从英寸转化到英尺，则是除以12。研究者常常要将度量单位和国际标准统一。例如，美国心理学会的出版指引要求当使用的是非十进制的度量方法时，在括号内标明，十进制的度量结果。表3—3呈现的是包含 $n=5$ 个得分的样本，原始测量以英寸为单位，转化为以厘米为单位（注意1英寸等于2.54厘米）。表的第一列表示原始数据总和 $\sum X=50$，平均值 $M=10$ 英寸。表中第二列表示每一个原始数据乘以2.54（从单位为英寸转化为单位为厘米），所得结果为 $\sum X=127$，平均值 $M=25.4$。每一个数据乘以2.54造成均值也乘以2.54。但是，我们要注意，虽然个体得分和样本平均值都发生变化，但是实际的测量没有变化。

表3—3　　测量从英寸到厘米的转化。

原始测量（英寸）	转化为厘米（乘以2.54）
10	25.40
9	22.86
12	30.48
8	20.32
11	27.94
$\sum X=50$	$\sum X=127.00$
$M=10$	$M=25.40$

学习检查

1. 在分布中增加一个新分数将改变平均数。（判断对错）
2. 改变分布中的一个分数总是改变平均数。（判断对错）
3. 一总体平均值为 $\mu=40$。
a. 如果每个数据增加5，新的平均值是多少？
b. 如果每个数据乘以3，新的平均值是多少？
4. 一个样本有 $n=4$ 个数据，平均值为 $M=9$。如果将 $X=3$ 从样本中剔除，那么新的平均值是多少？

答案

1. 错，因为如果这个分数和平均值相等，就不会改变平均值。
2. 对。
3. a. 新的平均值为45。b. 新的平均值为120。
4. 原始样本 $n=4$，$\sum X=36$。剔除数据后的样本为 $n=3$，$\sum X=33$，此时新的平均值为 $M=11$。

3.3 中数

第二种测量集中趋势的方法为中数。中数的目的是表示分布的中点。与平均数不同，没有专门的符号来表示中数，就用词语“中数”来表示。另外，对于总体和样本中数的定义和计算方法是一样的。

定义

中数是将分布恰好等分为两部分的数据。分布中恰好有 50% 的个体的得分高于或低于中数。

找到大多数分布的中数

中数是分布的中点，将分数分为相等规模的两组。我们不是在定位最大值和最小值之间的中点。为了找到中数，我们将数据从低到高依次排列。从最小值开始，沿着数列往上数。中数是你在分布中找到的大于 50%的第一个点。中数可以等于分数中的一个值，也可以是两个分数之间的一个值。注意，中数不是用代数的方法得到的(没有计算中数的公式)，这说明在寻找准确值的过程中有一定程度的主观性。下面的两个例子说明了在大多数情况下寻找中数的方法。

例 3.5

这个例子说明了当 N 是奇数的时候的计算方法。当数据个数是奇数的时候，我们将数据依次排列（从低到高)，则中数就是排列在数列中间的那个数据。让我们看下面 $N=5$ 个数据的排列，数据依次排列为：

3，5，8，10，11

处于中点的数据为 $X=8$，故中数就等于 8。使用数数的方法，$N=5$ 个分数中，50%这个点在第 2.5 个分数处。从最小的分数开始，在我们达到至少 50%的目标前，我们要数 3，5，8。再次说明，对于这个分布，中数就是中间的数，$X=8$。

例 3.6

这个例子说明了当 N 是偶数的时候的计算方法。当分布中的数据个数是偶数的时候，我们将数据依次排列（从低到高)，然后通过寻找中间两个数据的均值来计算中数。看下面的一个总体：

1，1，4，5，7，8

我们选取中间的一对数据（4 和 5)，然后相加并除以 2：

$$中数=(4+5)/2=9/2=4.5$$

使用数数的方法，在 $N=6$ 个分数中，50%这个点将是在第 3 个分数处。从最小的分数开始，在我们达到至少 50%的目标前，我们要数第一个 1、第二个 1 和 4。再次说明，在这个分布中，中数是 4.5，这是大于 $X=4$ 的第一个点。对于这个分布，准确地说，是有 3 个（50%）分数在 4.5 之前。注意，如果在中间两个分数之间有间隙，我们约定将中数设为两个分数之间的中点。例如，如果中间的两个分数是 $X=4$ 和 $X=6$，中数就是 5。

使用这种将分数列出然后数数的简单的方法可以在大部分分布中找到中数，适合离散变量。注意，这个技术常常产生一个整数或两个整数中间的数。但是，对于连续变量，我们不可能将分布精确地划分为两个部分，所以有大约 50%的分布在某个点之下（或之上)。接下来的一部分将讨论精确的中数的定位方法。

寻找连续变量中的精确的中数

回顾第 1 章，一个连续变量可以被分成无限个部分。例如，时间可以用秒、数十秒、数百秒等测量。当成绩是连续变量，我们可以将某一部分切割成小块，通过定位将分布的前 50%和后 50%分离的精确的点，找到中数。下面的示例说明了这个过程。

例 3.7

在这个例子中，你可以找到精确的中数，这是一个 $n=8$ 的样本：1，2，3，4，4，4，4，6。

这个样本的频数分布已经在图 3—4a 中呈现。当成绩是双数时，你可以用一般方法计算中间两个成绩的平均值，以此找到中数。这个过程找到了 $X=4$ 这个中数。对于离散变量，$X=4$ 是中数的正确值。回忆第 1 章，离散变量是由可分割的部分组成的，如一个家庭中孩子的数量。一些家庭有 4 个孩子，一些有 5 个，不过没有家庭有 4.31 个。对于离散变量，$X=4$ 是不能被分割的，$X=4$ 就是中数。

但是，如果观察直方图，$X=4$ 这个值不是一个准确的中点。这是因为我们将 $X=4$ 这个成绩的意义解释为 4.00。但是，如果这些成绩是一个连续变量，那么 $X=4$ 这个成绩实际上意味着受试者的得分在 3.5 到 4.5 这个区间，中数是这个区间中的一个点。

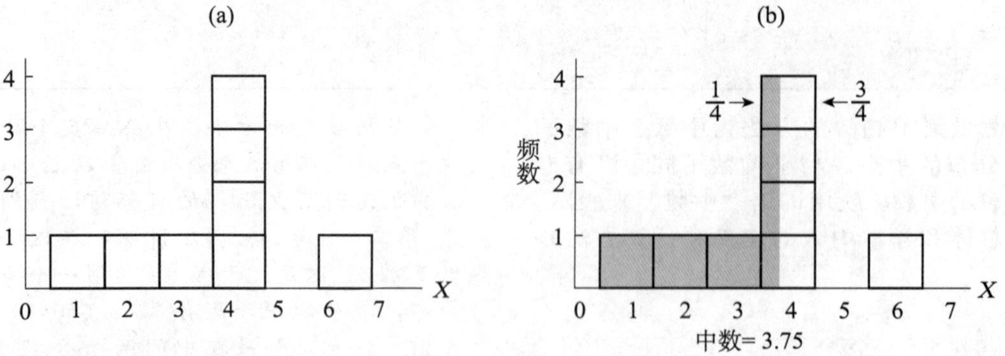

图 3—4　一个成绩集中在中数的分布。这个分布中的中数已经设定了位置，所以每个 $X=4$ 的方块被切割成了两部分，这些方块的$\frac{1}{4}$小于中数（在左侧），$\frac{3}{4}$大于中数（在右侧）。所以，这里有 4 个方块，分布的 50%，在中数的两侧。

为了找到这个精确的点，我们首先通过图中的 8 个方块观察这个 $n=8$ 的分布。中数所在的点的两边恰好各有 4 个方块（50%）。从左侧开始，沿着测量尺度向右移动，当我们在 X 轴上到达 3.5 这个值时，我们累积了一共 3 个方块（参见图 3 —4a）。我们需要另外一个方块来达到我们的目标——4 个方块（50%）。但问题是下一个区间有 4 个方块。解决方法是，取每一个方块的一部分，合成一个方块。在这个例子中，如果我们取每个方块的$\frac{1}{4}$，四个$\frac{1}{4}$可以组成一个完整的方块（如图 3—4b 所示）。切割部分是由达到 50%所需的方块数量和在区间中存在的方块数量决定的。

切割部分＝达到 50%所需的方块数量/区间中方块的数量

对于这个例子来说，在区间的 4 个方块中，我们需要一个方块，所以切割的部分是$\frac{1}{4}$。为了获得每个方块的$\frac{1}{4}$，中数所在的位置就是进入区间后的$\frac{1}{4}$处。$X=4$ 的区间从 3.5 扩展至 4.5。区间宽度是 1，所以区间的 1/4 是 0.25。区间下限加上 0.25，就得到一个值 3.50＋0.25＝3.75。这就是中数，在其两侧各有分布的 50%（4 个方块）。

记住，通过切割找到精确的中点的方法对连续变量十分适用，但是，不适合离散变量。例如，时间的中数 3.75 秒是合理的，但是家庭规模的中数 3.75 个孩子是不合理的。

中数、平均值和中点

之前，我们将平均数定义为分布的平衡点，大于均值的数据到均值的距离之和等于小于均值的数据到均值的距离之和。然而我们应该注意到，平衡点概念关注于距离而非数据。特定情况下，可能会存在这样一个分布，即大多数数据位于均值的一侧。图 3—5 呈现的是一个 $N=6$ 的数据的分布，其中 5 个数据的值都小于均值。在该图中，均值以上的距离总和是 8 个单位，均值以下的距离总和也是 8 个单位。如果使用距离的概念来定义“中间”的话，那么，说均值位于分布的中心是合适的，但是，我们应该意识到均值不一定位于数据分布的准确的中心。

中数从另一个方面定义了数据分布的中心的概念。即中数的位置是精确的，使得分布中恰好一半的数据位于中数之上，另一半位于中数之下。如对于图 3—5 来说，中数为 $X=2.5$，此时恰好有 3 个数据位于该中数之上，有 3 个数据位于该中数之下。因此，根据数据个数的“中间”定义，我们说中数位于数据分布的中心也是可以的。

总之，平均数和中数都是界定和测量集中趋势的方法。尽管二者都被定义为分布的中间，但是它们却对“中间”这个术语作了不同的阐释。

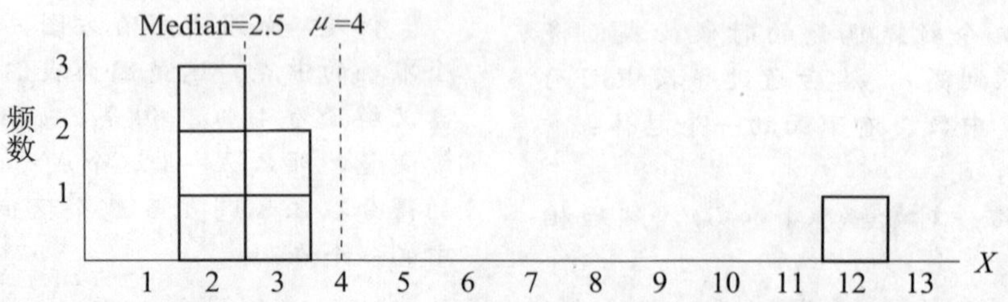

图 3—5　一个 $N=6$，$\mu=4$ 的总体。注意，平均数并不一定将数据分成两等的两组。在此例中，6 个分数中有 5 个分数的值小于平均数。

学习检查

1. 确定每个数据分布的中数：

a. 3，4，6，7，9，10，11

b. 8，10，11，12，14，15

2. 如果你在一个 80 分的测验中得了 52 分，那么你可以肯定自己的得分位于中数以上。（判断对错）

3. 下列是连续变量测量结果的分布，找到精确的将分布切割成两半的中数。

1，2，2，3，4，4，4，4，4，5

答案

1. a. 中数为 $X=7$。b. 中数为 $X=11.5$。

2. 错。中数的值依赖于该数据的分布。

3. 众数是 3.70（3.5 至 4.5 这个区间的前 1/5）。

3.4　众数

我们最后一个要考虑的集中趋势的测量方法是众数。在一般情况下，众数的意思是“习惯的样式”或“流行的类型”。众数的统计定义与此是相似的，即众数是一组观测数据中观测值最多的数据。

定义

在一个频数分布中，众数即是频数最多的数据或数据类别。

和中数一样，没有专门的符号用来表示众数，也没有符号来区分样本众数和总体众数。众数的定义对于样本分布和总体分布是相同的。

众数也是关于集中趋势的一种有用的测量。因为它可以用来确认任何测量水平的集中趋势，包括称名数据（见第 1 章），例如表 3—4 中的数据。这些数据来自 100 名学生提名的本城中自己最喜欢的餐馆的名字。

对于本组数据来说，众数是 Luigi's 餐馆，该餐馆（数据）被提名次数最多，即是最受欢迎的地方。虽然我们可以识别该组数据中最常见的反应，但是我们不可能计算出本组数据的平均值或中数。例如，我们不能将数据相加以求出一个平均值（5 个 College Grills 加上 42 个 Luigi's 餐馆等于多少呢?）。同时，餐馆之间没有任何顺序。例如，College Grills 没有比 Oasis Diner 多或少，它们只是两个不一样的餐馆。因此，不可能通过寻找中点的方法找到中数。通常，众数是唯一的可以用于称名数据的集中趋势的测量方法。

表 3—4　样本量 $n=100$ 的学生所喜欢的餐馆。注意：众数总是一个数字或者范围，而不是频数。在此例中，众数是 Luigi's，而不是 $f=42$。

餐馆	f
College Grill	5
George & Harry's	16
Luigi's	42
Oasis Diner	18
Roxbury Inn	7
Sutter's Mill	12

众数十分有用，因为这是集中趋势中唯一一个数据中的真实分数。通过定义可以发现，众数是最常见的分数。而平均数和中数是计算得到的值，常常是一个不等于分布中任何一个分数的值。例如，在图 3—5 中，我们呈现了一个平均数为 4、中数为 2.5 的分布。注意，没有一个分数等于 4，也没有分数等于 2.5。而这个分布的众数是 $X=2$，分布中有 3 个个体的分数是 $X=2$。

在频数分布图中，最高的频数是图片中的最高点。寻找众数时，我们仅需找到分布的最高点下面的分数。

虽然一个数据分布只有一个平均值和一个中数，它却可能存在多个众数。具体地说，两个或更多的分数具有相同的最高频数是可能的。在一个频数分布表中，不同的众数对应于不同的、等高的峰点。有两个众数的分布称为双峰式分布，有更多众数的分布称为多峰式分布。有时，有多个相同峰点的分布被认为没有众数。

双峰分布常常说明在总体（或样本）中有两个分开的不同的群体。举例来说，如果你测量 100

个大学生的身高，结果可能有两个众数，一个主要对应男生，一个主要对应女生。

从技术上来说，众数是具有最高频数分布的分数。然而，众数这个词常用来表示具有相对较高频数分布的数据——也就是说，众数对应于分布中的峰点，即使该峰点不是最高的峰点。例如，Athos等（2007）让人们识别纯音和钢琴音的音高。给被试呈现一系列音调和每个音调相应的音符。大约一半的被试（44%）有非凡的音高识别能力（绝对音高），能够正确地说出大部分音高。其他被试表现出随机水平，显然是随意猜测音高。图3—6呈现了与研究结果一致的分数分布。在分布中有两个高峰，一个位于 $X=2$（随机表现），另一个位于 $X=10$（完美表现）。两个值都是分布中的众数。注意，这两个众数没有相同的频数。8个人的分数为 $X=2$，只有7个人的分数是 $X=10$。但是，它们都叫做众数。当两个众数有不一样的频数时，研究者常常称较高的峰值为主要众数，较低的峰值为次要众数，以此区分两者。

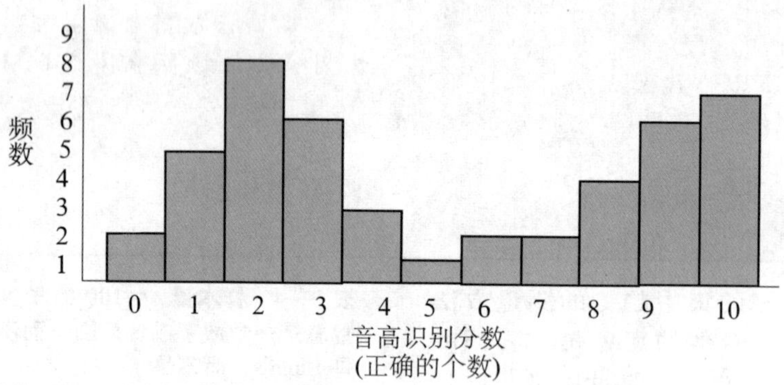

图3—6　音高识别分数分布。双峰分布的例子。

3.5　选择测量集中趋势的方法

在测量集中趋势时如何决定使用哪种方法呢？回答这个问题需要考虑几个方面的因素。在讨论这些影响因素之前，我们知道平均值是最常用的集中趋势的测量方法，因为平均值使用了分布中的每一个数据，它是一个很好的代表值。我们知道，寻找集中趋势的目标就是找到整个数据分布的一个最好的代表值。除了是一个最好的代表值，平均值还有其他的优势，如它与变异最常用的测量——方差与标准差（见第4章）的联系等。这种联系使得平均值被称为推断统计中一个很有价值的测量。由于这些原因以及其他的原因，平均值常被认为是集中趋势的三种测量方法中最好的一个。然而在一些特殊的情形中，是不可能计算出平均值的，或平均值不是最合适的代表值。在这些情形中，可以使用中数和众数。

学习检查

1. 一名辅导员记录下了有20名学生的课上10月份的缺课人数，下面呈现了该数据的频数分布。

a. 使用平均值来定义，该课平均缺课情况。

b. 使用中数来定义，该课平均缺课情况。

c. 使用众数来定义，该课平均缺课情况。

缺席人数（X）	f
5	1
4	2
3	7
2	5
1	3
0	2

答案

1.

a. 平均值是 47/20=2.35。

b. 中数是 2.5。

c. 众数是 3。

何时使用中数

我们将考虑四种情形，在这四种情形中，相比于平均值，中数将是更有价值的选择。在前三种情形中，数据包括了可以计算出平均值的数值型数据（等距或等比数据）。然而，每一种情形涉及一个特殊的问题，所以，我们无法计算出平均值，或者计算出的平均值不是分布的最好代表。第四种情形涉及顺序数据的集中趋势的测量问题。

极端值或偏态分布　当一个分布具有极端值，即该值与其他数据非常不同，此时平均值将不是分布中大多数数据的最好的代表。这是因为一个或两个极端值就可能产生很大的影响，进而使得平均值被误导。在这种情况下，平等地使用所有数据来计算平均值将会是一个不足。例如，在图 3—7 $n=10$ 的分布中，平均值为

$$M=\sum X/n=203/10=20.3$$

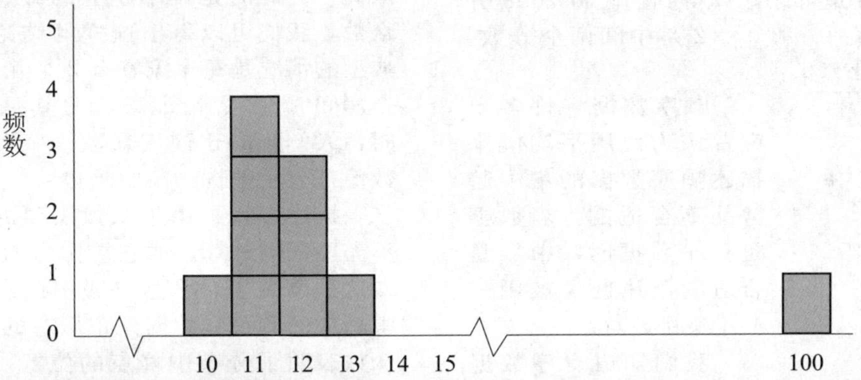

图 3—7　达到学习标准前所犯错误的频数分布。注意：图 3—7 在 *X* 轴上显示了两个间隔，而不是列出从 0 到 100 的所有数值。图中直接标注第一个数值，*X*=10，然后又直接跳过 *X*=15 到 *X*=100，*X* 轴上的间隔可以提示读者已经删去一些数值。

此时，平均值不再是分布中数据的最好代表。虽然大部分的数据集中在 10 至 13 之间，但极端值 $X=100$ 使得数据总和膨胀，进而扭曲了平均值。

从另一方面来说，中数受极端值的影响相对较小。对于该例来说，有 $n=10$ 个数据，故应该有 5 个数据位于中数左边，中数是 11.5。注意，这是一个具有代表性的值，即使最慢的学习者犯了 1 000 次错误而不是 100 次，中数仍然不会改变。由于中数不受极端值的影响，它常常用来报告偏态分布的集中趋势。例如，个人收入分布是偏态的，人群中一部分人的收入是庞大的，这些极端值使得平均值发生了扭曲，不再是人们中大多数真实收入的最好代表。因此，当一个涉及收入的统计量被报告时，我们常常看收入的中数而不是收入平均值。如前所述，当极端值存在时，我们选择中数。

不确定值　我们偶尔会遇到这样的情形，即分布中有一个未知的值或尚未确定的值。在心理学中，这样的情况常常发生在学习实验的研究中，如记录被试在处理特定问题时所犯错误的次数，或者被试解决问题所使用的时间。例如，假设实验者让一个 $N=6$ 的样本尽快完成一个木制拼图任务。实验者记录下了每个被试将所有拼图组合成功所花费的时间。表 3—5 呈现了该实验的结果。

表 3—5　完成拼图所使用的时间。

被试	时间（分钟）
1	8
2	11
3	12
4	13
5	17
6	未完成

注意，有一名被试没有完成任务。一个小时之后，该被试仍然没有完成任务的迹象，故实验者停止了对他的实验。该被试的得分就是一个不确定值。（有两点需要注意：首先，主试不能将该被试的得分去除。因为我们使用样本的目的就是获得关于总体的分布图，而该被试的表现告诉我们，总体中的部分个体是不能完成拼图任务的。其次，该被试不能被给予 $X=60$ 分钟的得分。即使主试在一个小时之后停止了该被试的任务操作，但这种情况下该被试依然是没有完成实验任务的，而被试的得分应该是他完成任务所使用的时间。对于这个被试来说，我们不知道他完成该任务需要多长时间。）

由于存在不确定值，该组数据不能计算出总和 $\sum X$，故也不能计算出平均值。然而，这种情况下却可以计算出中数。本组数据的中数是 12.5。有三个数据位于中数之下，三个数据（包括未确定值）位于中数之上。

空端分布 空端分布是指一组没有最高极限或者最低极限的数据分布。下面的表就是一个空端分布的例子，表中列出了 $n=20$ 个高中生一个月内所吃披萨的个数。此分布的最高范围显示有 3 个学生吃了 5 个或更多披萨。这就是一个开口组。注意：计算这组数据的平均值是不可能的，因为总数 $\sum X$（20 个学生吃的披萨总数）是不可能得到的。但是，中数是可以计算得到的。将 20 个分数按顺序列表，$X=1$ 和 $X=2$ 是中间两个分数。该数据中，中数是 1.5。

披萨数量（X）	f
5 或者以上	3
4	2
3	2
2	3
1	6
0	4

顺序数据 许多研究者认为使用平均值来描述顺序数据的集中趋势是不合适的。当数据是有序数据时，中数是合适的，并且常被用来测量集中趋势。

我们知道有序数据使我们可以确定方向（大于或小于），但是不能确定数据之间的距离。中数与此类测量是配套的，因为它以数据方向来定义；一半数据位于中数之下，一半数据位于中数之上。而平均值是根据数据之间的距离定义的。我们知道均值是分布的平衡点，均值之上的距离恰好和均值之下的距离保持平衡。由于均值是以距离来定义的，而有序数据却不是根据距离来测量的，故对于有序数据计算均值是不合适的。

何时使用众数

我们将考察使用众数来代替均值，或将均值和众数联合使用的三种情况。

称名数据 众数的主要优势就是它可以用来测量和描述类别数据的集中趋势。我们知道，称名量表的类别仅根据名字来区分彼此之间的差异。由于称名量表不是量（距离或方向）的测量，故对于称名数据是不能计算均值和中数的。因此，众数是描述称名数据集中趋势的唯一选择。

离散变量 我们知道，离散变量是作为整体存在的、不能再分的数据。离散数据通常是数值型数据，如家庭中儿童的个数或房子中房间的数量。当以数值型数据记录这些变量时，我们是无法计算均值的，因为此时计算出的均值通常是零碎的、不可能真实存在的数据。如果我们计算出均值，可能会得出这样的结论：如“每个家庭平均有 2.4 个儿童”或“每套房子有 5.33 个房间”。另一方面，由于众数通常确认的是最典型的类别，因此，它此时是集中趋势的最有效的测量。使用众数，我们可以得出这样的结论：如“一般的或典型的情况是每个家庭有 2 个儿童，一套房子有 5 个房间”。多数情况下，尤其是在处理离散变量时，人们倾向于使用众数这个理想的、整数型的数值来表示数据的集中趋势。

描述形状 由于众数需要的计算极少，甚至不需要任何计算，故它常作为均值或中数的补充。在这种情况下，众数（或多个众数）同时作为集中趋势的测量和数据分布形态的指标。我们知道，众数表明了分布中峰点的位置。例如，如果知道一组考试得分均值为 72，众数为 80，我们对于数据分布将有更加清晰的想象，比我们单独知道均值的情形要更好一些（见 3.6 节）。

在文献中

报告集中趋势的测量

集中趋势的测量常见于行为科学的研究报告中，用来描述研究结果。例如，研究者可能报告两种处理情况的样本均值或大样本情形下的中数。这些数值可能见于结果的口头报告中或图表中。

在报告这些结果时，许多行为科学期刊采用美国心理学会（APA）的指导性用法。这些可见于美国心理学会的《指导手册》(2010)。我们在科学文献中报告数据和研究结果时经常参考该《指导手册》。

APA 使用字母 M 表示样本均值。因此，一个研究可以表示如下：

处理组（M=2.56）比控制组（M=11.76）在任务执行中出错少。

当有许多均值需要报告时，带有标题的表是更加有组织的和易于理解的呈现方式。表 3—6 反映了这一点。

中数可以使用缩写 Mdn 来报告，即“Mdn=8.5 次错误”，或以叙述的形式来简单报告如下：

相对于控制组所犯错误次数的中数 13，处理组所犯错误次数的中数为 8.5。

没有特殊的符号用来报告众数。故众数经常以叙述的形式来报告。

表 3—6　　根据性别分类的处理组和控制组在实验中所犯错误次数的均值。

	实验组	控制组
女	1.45	8.36
男	3.83	14.77

在图中呈现平均数和中数

图同样可以用来报告和比较集中趋势的测量。图通常用来呈现所获得的样本均值，也经常同时报告样本中数（如前面的图所示，众数很少报告）。图的价值在于它可以同时报告数个均值（或中数），故可以对组别或处理情形进行快速比较。当使用图时，通常水平轴表示不同的组或处理情形。这些是自变量或准自变量的不同取值。因变量的值（得分）呈现在纵轴之上。平均值（或中数）可以根据自变量的测量水平以线形图、柱状图或条形图来表示。

图 3—8 呈现的是药物量（自变量）与食物消费（因变量）之间的关系。在本研究中，有五个不同的药物使用量（处理情形），它们呈现于水平轴上。五个均值在图中以五个点表示。在本图中，每个处理情形使用一个点来表示对应于纵轴上该处理的平均分。然后将每个点用线连接，这样形成的图就叫做线形图。当水平轴上的数据为等距或等比数据时，我们多使用线形图。另一种选择为直方图，对于本例，每种药物使用量采用一个条形表示，每个条形的高度对应于该组被试的平均食物消费量，同时相连的条形之间没有空隙。

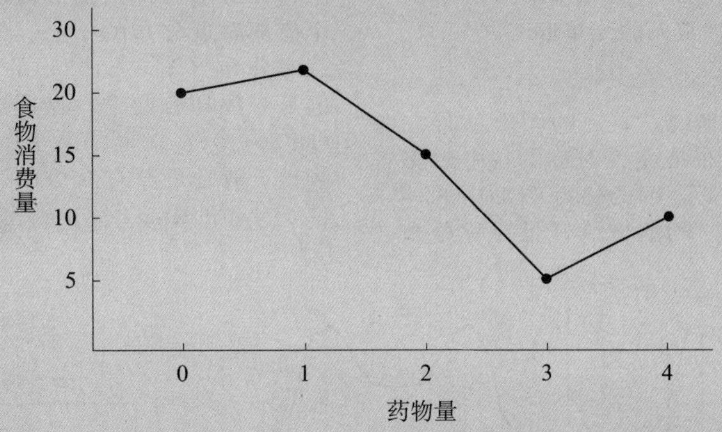

图 3—8　自变量（药物量）和因变量（食物消费量）的关系。药物量是一个连续变量，连续的直线用来连接不同的药物使用水平。

图 3—9 是一个条形图，呈现了美国不同区域家庭住房的销售价格的中数。条形图的 X 轴呈现了用类别或顺序测量的不同组或处理情形。我们对应于每组或每种处理情形画一个条形，每个条形的高度代表相应组或处理情形的平均值（或中数），通过这样的方法来构建一个条形图。对于条形图来说，相连接的条形之间留有空间，以表明测量尺度是类别还是顺序。

无论我们构建何种类型的图表，都必须注意第 2 章中介绍的基本原则：

1. 图的高度应该接近于它的长度的三分之二到四分之三。

2. 通常情况下，我们在 X 轴和 Y 轴交叉的地方均以零开始。然而，当零是数据的一部分时，通常需要将零点从交叉处转换到其他地方，以防止覆盖（图 3—8）。

这些原则将帮助我们做出效果较好的图，精确地呈现一组数据的相关信息。虽然图形可能歪曲一些研究结果（见专栏 2—1），但研究者有责任诚实地、精确地报告他们的研究结果。

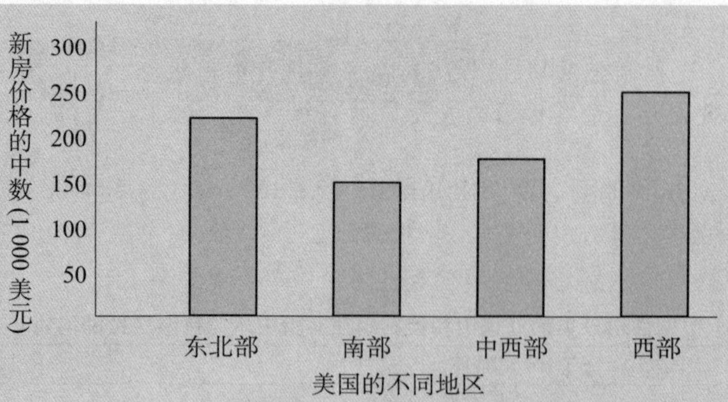

图 3—9 不同区域的家庭住房销售价格中数。

3.6 集中趋势和分布的形态

我们已经区分了三种不同的关于集中趋势的测量，研究者常常会对一组数据同时计算这三种集中趋势的测量。由于均值、中数和众数其实测量的是同一个事情（集中趋势），所以三者之间存在联系是很合理的。事实上，在三种集中趋势的测量方法上存在一致的和可预测的联系。具体地说，在某些情形下三种测量方法将得出同样的值，而有些情形下三种测量方法会得出不同的结果。均值、中数和众数之间的联系由分布的形态来决定，下面我们将考察两种常见的分布形态。

对称分布

对于一个对称分布来说，右边的图形就是左边图形的镜像。如果分布是完美对称的，中数将是对称分布的精确的中心，因为恰好图形中的一半区域位于中心的一边。均值也恰好是对称分布的中心，因为数据分布的左侧的数据恰好被中心右边对应的数据（镜像）所平衡。均值（平衡点）位于分布的中心。因此，对于任何对称分布来说，均值和中数是相同的（图 3—10）。如果一个分布只是大致对称，而不是完美对称，平均数和中数都靠近分布的中心。

如果一个对称分布只有一个众数，那么它也肯定位于分布中心，此时集中趋势的三种测量方法将会得出同样的值。对于大致对称分布，这三个值都靠近分布的中心。另一方面，一个对称的双峰分布（图 3—10b）的均值和中数只有一个，但是众数却有两个，且位于两边。对于矩形分布（图 3—10c）来说，由于所有 X 值都具有同样的频数，故它是没有众数的。此时，均值和中数仍位于分布的中心。

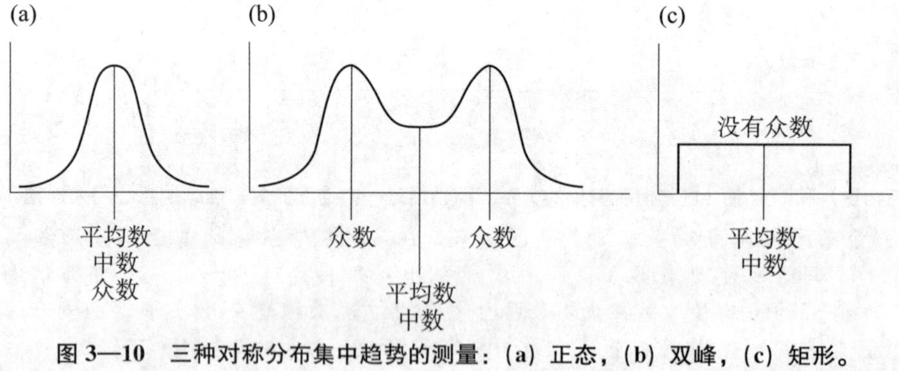

图 3—10 三种对称分布集中趋势的测量：(a) 正态，(b) 双峰，(c) 矩形。

偏态分布

对于偏态分布，尤其是连续变量的偏态分布，平均数、中数和众数很可能在不同的位置。[①]

例如，图 3—11a 就是一个正偏态分布。在该分布中，峰点（频数最多的数据）位于分布的左侧。这里是众数所在之处。如果我们仔细查看图

① 在离散变量的分布中，平均值、中位数和众数并不总是可预测的（见 Von Hippel，2005）。

3—11a将会发现，对应于众数的竖线并没有将分布等分为两部分。为了能使中数两边各有50%的数据，中数必须位于众数的右边。最后，由于受极端值的影响，均值位于中数的右边，并且向右边尾部较远处延伸。因此，在一个正偏态分布中，三个测量集中趋势的值从小到大（左到右）的顺序是众数、中数和平均数。

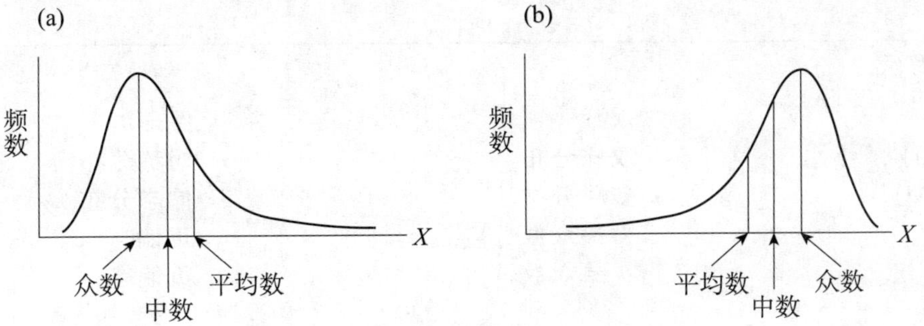

图 3—11 偏态分布的集中趋势的测量。

负偏态分布是在相反的方向不对称，即分数在分布右边堆积，同时尾部向左边延伸。如学生们在较容易的测验中的得分一般会形成负偏态分布（图3—11b）。对于负偏态分布来说，众数位于分布右边（峰点），由于极端值的影响，均值位于左边的尾部。如前所示，中数位于均值和众数的中间。从最小值到最大值排列（左到右），集中趋势的测量依次为均值、中数和众数。

学习检查

1. 哪种描述集中趋势的测量值最容易受一个或两个极端值的影响？（平均数、中数或众数）
2. 为什么通常认为顺序量表上的分数不适合计算平均值？（判断对错）
3. 在完美对称分布中，平均数、中数和众数有同样的值。（判断对错）
4. 一个数据分布的平均值是70，中数是75。该分布可能是正态分布。（判断对错）

答案

1. 平均数。
2. 平均数的定义基于距离（平均数平衡了距离），但顺序量表不测量距离。
3. 错，如果分布是双峰分布就不是。
4. 错，平均数位于左侧尾部。

▼ 小结

1. 对集中趋势进行测量的目标就是通过确定一个值来确定数据分布中心，以最好地描述整个分布情况。集中趋势的三种标准测量方式是众数、中数和平均数。

2. 平均值，通常被认为是代数平均值，通过将数据分布中的所有分数相加，然后除以数据的个数得出。从概念上讲，均值是将所有数据的总和（$\sum X$）除以数据个数（N或者n）所得的值。均值也可定义为分布的一个平衡点，即在均值以上的距离精确地与均值以下的距离相互平衡。虽然总体和样本均值的计算是相同的，但是总体均值用符号μ表示，样本均值用符号M表示。对于等距或等比量表的数据而言，均值是集中趋势的最佳代表。

3. 改变分布中的任何一个数据都将使平均值发生变化。如果分布中的每一个数据都增加一个常数，则平均值也将增加同样的常数。如果分布中的每一个数据都乘以一个常数，则这组数据的平均数也将乘以该常数。

4. 中数是将分布恰好等分为两部分的数据。当分布中有少数极端值时，均值将受影响，这时中数是描述集中趋势的最佳代表。中数也适于描述不能计算均值的空端分布的集中趋势。最后，中数也是顺序量表数据的最佳代表。

5. 众数是分布中出现频率最高的数据，在频数分布图中最容易得到。对于顺序量表中的数据，众数是描述集中趋势的最佳代表。分布中可能存在多个众数。

6. 对于对称分布，均值与中数是相等的。如果该组数据只有一个众数，那么其值与均值和中数都是相等的。

7. 对于偏态分布，众数位于数据分布的一侧，均值位于靠近尾部极端值处。中数则位于均值和众数之间。

▼关键术语

集中趋势	众数	线形图
总体均值（μ）	双峰分布	对称分布
样本均值（M）	多峰分布	偏态分布
加权平均数	主要众数	正偏态
中数	次要众数	负偏态

▼资源

➢SPSS

附录D有SPSS使用方法的简要介绍。下面是使用SPSS计算平均值和 $\sum X$ 的具体指导。

数据输入

首先将数据引入数据编辑矩阵的一列中。

数据分析

1. 点击工具栏中的Analyze，选择Descriptive Statistics，然后点击Descriptives。

2. 选中一组数据的栏标签，将其引入变量栏中。

3. 如果你想要计算 $\sum X$ 和平均数，点击Options，选择Sum。

4. 点击Continue。

5. 点击OK。

数据输出

SPSS运行结果包括列有分数数量（N）、最大值、最小值、总和（如果你选择了这个选项）、均值和标准差的总结表。标准差是第4章介绍的内容。

➢关注问题解决

虽然三种集中趋势的测量的计算看似都很简单，但是也很容易出现错误。以下是常见的错误类型。

X	f
4	1
3	4
2	3
1	2

a. 许多学生发现，对频数分布表中所呈现的数据计算均值是比较困难的，容易忽略表中的频数，而仅将列于 X 列的数值简单平均。注意，一定要使用频数和 X 值。还要注意，数据的个数 $N=\sum f$，N 个数据总和为 $\sum fX$。页面左侧的分布中，平均数是24/10=2.40。

b. 中数是将分布恰好等分为两部分的数据，并不是测量数据值的中点。例如，对于100分的测验，许多学生错误地认为中数是50。计算中数必须获得个体数值的数量，中数将个体数据分布等分为两部分。

c. 计算众数最容易出现的错误是报告分布中数据的最大频数，而不是最大频数所对应的数据。注意，集中趋势的目标是找到最佳代表值。因此，页面左侧的分布中，众数 $X=3$，而不是 $f=4$。

➢示例3.1

集中趋势的测量

计算下列数据的均值、中数和众数。数据如下：

5，6，9，11，5，11，8，14，2，11

计算均值

计算均值需要两个部分的内容，计算数据总和 $\sum X$ 和数量 n。

对于上列数据，$n=10$

$$\sum X = 5+6+9+11+5+11+8+14+2+11 = 82$$

因此该组数据的均值是：

$$M = \sum X/n = 82/10 = 8.2$$

计算中数

为了计算中数，首先按从小到大的顺序列出分数。数据数量是双数，中数是中间两个分数的平均数。将数据排序：

2，5，5，6，8，9，11，11，11，14

两个居中数据是 $X=8$ 和 $X=9$。中数就是8.5。

计算众数

在这个例子中，$X=11$ 众是频数最大的值，因此，$X=11$ 是该组数据的众数。

➤练习题

1. 为什么要有多种方法来测量集中趋势。
2. 计算下列数据的均值、中数和众数。
   5，4，5，2，7，1，3，5
3. 计算下列数据的均值、中数和众数。
   3，6，7，3，9，8，3，7，5
4. 计算下列数据的均值、中数和众数。

X	f
6	1
5	2
4	2
3	2
2	2
1	5

5. 计算下列数据的均值、中数和众数。

X	f
8	1
7	1
6	2
5	5
4	2
3	2

6. 根据下面的例子回答。

a. 假设这些数据是连续变量并且通过计算中数找到分布的中点。

b. 假设这些数据是离散变量，找出中数。

数据：1，2，3，3，3，4

7. 总体的 $N=15$，$\sum X=120$，计算该总体的均值。

8. 样本 $n=8$，均值 $M=12$，求 $\sum X$。

9. 总体均值 $\mu=8$，$\sum X=40$。该总体共有多少个数据?

10. 样本量为 $n=7$，得分均值 $M=9$。如果一个新的分数 $X=1$ 加入此样本，新的均值为多少?

11. 样本量为 $n=6$，得分均值 $M=13$。如果一个分数 $X=3$ 从此样本中剔除，新的均值为多少?

12. 样本量为 $n=15$，得分均值 $M=6$。如果一个分数 $X=22$ 加入此样本，新的均值为多少?

13. 样本量为 $n=10$，得分均值 $M=9$。如果一个分数 $X=0$ 从样本中剔除，新的均值为多少?

14. 一个总体 $n=15$ 的样本数据均值 $\mu=8$。如果其中的一个数据由 $X=20$ 变为 $X=5$，计算数据变化后的均值。

15. 样本量 $n=7$ 的样本，数据的均值 $M=16$。如果其中的一个数据由 $X=6$ 变为 $X=20$，计算数据变化后的均值。

16. 样本量 $n=7$ 的样本，数据的均值 $M=5$，加入一个数据后，均值变为 $M=6$，计算新的数据值。（提示：比较原始数据和新样本数据的 $\sum X$。）

17. 总体的 $N=8$，$\mu=16$。从样本中去掉一个数据后，均值变为 $\mu=15$。计算去掉的数据值。(提示：比较原始数据和新样本数据的 $\sum X$。)

18. 样本量 $n=9$ 的样本，数据的均值 $M=13$。添加一个数据到样本中后，均值变为 $M=12$，求新添加的数据值。

19. 样本量 $n=9$ 的样本，数据的均值 $M=20$。改变了样本中一个数据的值之后，均值变为 $M=22$，假设被改变的数据的原始值为 $X=7$，求新值。

20. 第一个样本样本量 $n=12$，均值 $M=7$。第二个样本样本量 $n=8$，均值 $M=12$。如果将两个样本合并，求新样本的均值。

21. 第一样本的均值 $M=8$，第二样本的均值 $M=16$。将两个样本混合。

a. 如果两个原始样本的样本量 $n=4$，计算混合样本的均值。

b. 如果第一样本的样本量 $n=3$，第二样本的样本量 $n=5$，计算混合样本的均值。

c. 如果第一样本的样本量 $n=5$，第二样本的样本量 $n=3$，计算混合样本的均值。

22. 第一样本的均值 $M=5$，第二样本的均值 $M=10$。将两个样本混合。

a. 如果两个样本的 $n=5$，求混合样本的均值。

b. 如果第一个样本 $n=4$，二个样本 $n=6$，求混合样本均值。

c. 如果第一个样本 $n=6$，二个样本 $n=4$，求混合样本均值。

23. 解释为什么均值不是偏态分布集中趋势的最佳代表。

24. 一个研究者对被试量均为 $n=16$ 的两组被试进行了对比研究，数据如下：

处理 1：6，7，11，4，19，17，2，5，9，13，6，23，11，4，6，1

处理 2：10，9，6，6，1，11，8，6，3，2，11，1，12，7，10，9

a. 计算每种处理的均值。根据两个均值，请问哪个处理的得分较高?

b. 计算每个处理的中数。根据两个中数，请问哪个处理的得分较高?

c. 计算每个处理的众数。根据两个众数，请问哪个处理的得分较高?

25. Schmidt（1994）设计了一系列实验以检验幽默对记忆的影响。在研究中，给被试呈现一些句子。给一半被试呈现幽默的句子，例如“如果你一开始没有成功，那么很可能你与老板无缘了”；给另一半被试呈现这些句子的非幽默版本，例如“那些注定成为老板的人一开始就会成功”。

然后 Schmidt 记录了每种句子被回忆起的数量，下面是与研究结果类似的数据：

回忆的句子数量	
幽默句子	非幽默句子
4 5 2 4	5 2 4 2
6 7 6 6	2 3 1 6
2 5 4 3	3 2 3 3
1 3 5 5	4 1 5 3

计算两种条件下回忆句子数的均值，结果是否证明幽默有助于记忆?

26. Stephens、Atlins 和 Kingston（2009）的研究发现骂人有助于减轻痛苦。在研究中，要求每个被试将一只手放进冰水中，在可忍受的范围内坚持尽量长的时间。在一种条件下，被试可以同时喊出自己最喜欢的咒骂人的话。在另外一种条件下，被试需要同时重复一些中性词语。下表呈现了与研究数据类似的数据。计算两种条件下被试坚持时间（单位：秒）的均值，结果是否证明骂人有助于减轻痛苦?

坚持时间（单位：秒）		
被试	骂人组	中性组
1	94	59
1	70	61
3	52	47
4	83	60
5	46	35
6	117	92
7	69	53
8	39	30
9	51	56
10	73	61

27. 本章曾经提到一个研究表明喝酒有助于增加对异性的吸引力的评价（Jones、Jones、Thomas 和 Piper，2003）。在实际研究中，在酒吧和学校附近找到了一些大学生年龄的被试，邀请他们参加一个“市场调查”的研究。在指导语中，要求他们报告当天的饮酒量并且告诉他们合理范围内的饮酒不会影响研究结果。之后给被试呈现一系列男性和女性的面孔图片，要求他们在 1－7 的 7 点量表上对每张面孔的吸引力进行评价。下表的数据与实际数据模式相同。表中的得分是两组男性被试对女性面孔的评分结果：一组被试未饮酒，一组被试喝了适量的酒。计算每组的均值，结果是否表明饮酒对吸引力的评价有影响?

第一组－未饮酒	第二组－适量饮酒
3 4 5 1 2	5 3 5 2 4
4 2 3 4 4	6 5 6 5 4
5 6 3 4 3	7 5 6 5 6

第 4 章

变异性

章节概览

学习本章需要使用的相关知识

下列术语是学好本章的关键背景知识。如果对这些知识有不明白之处，应复习先前学过的相关章节。

- 求和符号（第 1 章）。
- 集中趋势（第 3 章）：
  平均数；
  中数。

4.1　概述

统计学中的“变异性”与日常用语中的“变异性”有着大致相同的含义：事物的变异性意味着它们不总是一样的。在统计学中，我们的目标是测量一组特定分数（一个分布）的变异性的大小。简而言之，如果某分布中的分数全部相同，那么该分布没有变异性。如果分数之间的差距小，则变异性也小；如果分数之间的差距大，则变异性也大。

定义

变异性是分布中分数间差异的定量测量，它描述了分数分散或聚集的程度。

图 4—1 显示了成年男性总体的两种常见数值的分布：(a) 图显示了男性身高（单位：英寸）的分布，(b) 图显示了男性体重（单位：磅）的分布。应注意的是，两个分布的集中趋势是不同的。平均身高是 70 英寸（5 英尺 10 英寸），平均体重是 170 磅（1 磅≈0.45 千克。——译者注）。另外应注意这两种分布变异性的不同。例如，大多数身高集中分布在离平均数 5 或 6 英寸的范围之内。而体重分布则相对较分散。在体重分布中，常会发现离平均数超过 30 磅的个体值存在，同时两个个体之间的体重差超过 30 或 40 磅也不足为奇。测量这种差异的目的是客观地测量分数在分布中的分散程度。一般而言，对变异性的好的测量需达到以下两个目标。

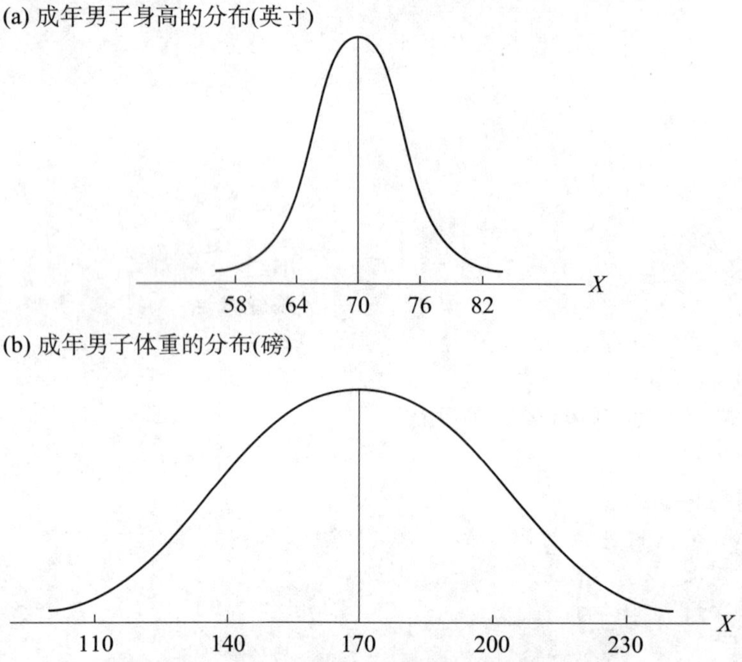

图 4—1　成年男子身高和体重的总体分布。

1. 变异性描述了分布。尤其是它展示了分数集中或在较大范围内分散分布。通常通过距离来确定变异性。它可以说明某分数与其他分数预期的距离有多大，或者某个分数与平均数预期的距离有多大。例如，我们知道大多数成年男子身高在离平均数 5～6 英寸的范围内集中，虽然极端值也存在，但很少。

2. 变异性测量了某个分数（或某组分数）代表整个分布的吻合程度。在用相对较小的样本来回答关于总体问题的推断统计中，变异性的这一点相当重要。例如，假设你要选择一个个体来代表整个总体。因为大多数成年男性身高分布在离总体平均身高几英寸的范围内（距离很小），所以你选取距离总体平均数 6 英寸内的个体身高概率很大。另一方面，体重分布中的分数分布较为分散（距离较大），因而你选取的个体体重很有可能不在距离平均体重 6 磅的范围之内。因此，当你使用某样本去代表总体时，变异性可提供预期误差有多大的信息。

在本章中，我们将考虑三种不同的测量变异

性的方法：全距、标准差和方差。在这三种方法中，标准差以及与之相关的方差是至今最为重要的测量方法。

4.2 全距

全距是指分布中全部分数覆盖的距离，从最小分数到最大分数。当分数是对连续变量的测量结果时，全距为最大值的精确上限和最小值的精确下限之差。公式为：

全距＝最大值（精确上限）－最小值（精确下限）

如果分数包含从 1 至 5 的值，全距是 5.5－0.5＝5。当分数都是整数，全距同样也是对测量类别的数量的测量。如果每个个体都被归类为 1、2、3、4 或 5，那么就有五种测量类别，全距是 5。

将全距定义为测量类别数量的做法对以数值分数表示的离散变量也同样适用。①

例如，如果你在测量家庭中孩子的数量，数据从 0 至 4 中产生，那么就有五个测量类别（0、1、2、3 和 4），全距是 5。根据这种定义，当分数都是整数时，全距可以通过下列公式获得：

全距＝最大值－最小值＋1

一个经常使用的全距的替代性定义是，全距简单地测量了最大值和最小值之间的差距，和精确界限无关。

全距＝最大值－最小值

根据这个定义，如果分数包含从 1 至 5 的值，其全距仅为 4。很多计算机程序，例如 SPSS，使用这个定义。对于没有精确界限的离散变量，这个定义往往被认为是更适合的。这个定义也适用于有精确上下限的变量。例如，如果你在测量一个物体的比例分配，比如披萨块，你可以获得 $\frac{1}{8}$、$\frac{1}{4}$、$\frac{1}{2}$、$\frac{3}{4}$ 等值。通过小数来表示，这个比例从 0 至 1 变化。你永远不能获得一个小于 0（没有披萨）的值，你也不可能获得一个大于 1（所有披萨）的值。因此，全部的比例值被包含在以 0 作为一端，1 作为另一端的边界内。因此，这些比例的全距是 1。

无论采用哪种定义，全距可能是描述数据离散程度的最为直观的指标——简单地找出最大值与最小值之间的差距。用全距作为测量变异性的方法时，其问题在于它完全由两个极端值来决定，忽视了分布中的其他分数。因此，当分布中有极大（小）的分数时，哪怕其余分数都很集中，其全距也会很大。

因为全距没有考虑到分布中的所有分数，常不能对整个分布的变异性给出精确的描述。因为这一原因，全距被认为是一种粗糙的、不可靠的变异性测量方法。也因此，在多数情况下，无论使用哪一种定义来计算全距都是可以的。

4.3 总体标准差与方差

标准差是最常用且最为重要的测量变异性的方法。标准差是用分布的平均数作为参照点，通过考虑每个分数到平均数的距离来测量其变异性。

简单地说，标准差提供了测量与平均数间标准的或平均的距离的方法，描述了分数是集中靠拢在平均数周围，还是广泛分散分布。样本和总体标准差的基本定义相同，不过计算稍有不同。我们首先来看总体标准差的计算，然后在章节 4.4 对样本标准差的计算进行讲解。

计算标准差的过程

虽然标准差的概念直接、易懂，然而其计算公式却比较复杂。因此，我们应该首先学习这些公式背后的逻辑。如果你记得我们的目的是测量到平均数的标准的或典型的距离，那么，以下逻辑和公式应该比较容易记忆。

步骤 1 确定与平均数之间的标准距离，第一步是确定离均差，也即每个分数与平均数之间的差距。根据定义，每个分数的离均差是该分数与平均数之差。

① 连续和离散变量在第 1 章有讨论。

定义

离均差是指偏离平均数的距离。[1]

$$\text{离均差} = X - \mu$$

假设某分布的平均数 $\mu=50$，如果你的分数是 $X=53$，那么离均差为：

$$X-\mu=53-50=3$$

如果你的分数是 $X=45$，那么离均差为：

$$X-\mu=45-50=-5$$

注意：每个离均差都是由两部分组成的，即符号（＋/－）和数字。符号告诉我们偏离平均数的方向，也就是该值高于还是低于平均数。数字表示到平均数的实际距离。例如，某一分数的离均差为－6，则意味着该分数低于平均数 6 分。

步骤 2 因为我们的目标是找偏离平均数的标准距离，很明显，接下来就是求各离均差的平均值。为此，首先应把各离均差加起来，然后除以 N。我们将通过下例给出示范。

例 4.1

我们以下列四个分数为例，这些分数加起来和为 12（$\sum X=12$），所以平均数 $\mu=12/4=3$。我们计算每个分数的离均差。

X	$X-\mu$
8	+5
1	−2
3	0
0	−3
	$0=\sum(X-\mu)$

注意：各离均差加起来和为 0。如果你还记得平均数是分布的一个平衡点，这将不会使你感到惊讶。位于平均数之上的距离之和刚好等于位于平均数之下的距离之和。因此，所有的正向偏离恰好等于所有的负向偏离，全部离均差之和总是为 0。

因为离均差的和总是为 0，其平均数也总是为 0，所以把它作为变异性的测量是没有意义的。具体来说，无论分数是集中靠拢还是广泛分散，它总是 0。然而应注意的是，值恒为 0 这一点在其他方面却很有用。无论何时处理离均差，你都可以通过确认离均差之和是否为 0 来检验你的计算。

步骤 3 把离均差的平均数作为变异性的测量行不通，因为该值总为 0。很明显，该问题是由分布中正负离均差相互抵消导致。解决此问题的办法是去掉数字前的符号（＋和－），完成此步的标准程序是给每个离均差分数取平方，然后用这些平方后的结果来计算平均数，该均值称为总体方差。

定义

总体方差等于均方差，方差是分数与平均数间的距离的平方的均值。

注意，计算离均差平方的过程并不只是简单地去掉加号或减号，它提供了一种以平方距离为基础的变异性测量方法。尽管方差在后来的一些推断统计方法中非常有用，但平方距离的概念并不是一个直观和容易理解的描述性的测量方法。举例来说，知道从纽约到波士顿的距离的平方是 26244 英里并没有什么特别的用处。但是，当你计算平方根的时候，这个平方值就变得有意义了。例如，从纽约到波士顿的距离是 $\sqrt{26\ 244}=162$ 英里。因此，我们将进行下一步计算。

步骤 4 记住，我们的目的是计算分数到平均数的标准距离。方差是离均差的平方的平均值，并不是我们所确切需要的。因此，最后一步就是通过简单地计算方差的平方根来得到标准差，测量分数到平均数的标准距离。

定义

标准差是方差的平方根，提供了到平均数的标准距离或平均距离的测量方法。

$$\text{标准差} = \sqrt{\text{方差}}$$

图 4—2 给出了计算方差和标准差的全部过程。记住，我们的目的是通过找出到平均数的标准距离来测量变异性。然而，我们不能简单地计算离均差的平均数，因为由此计算而来的结果总为 0。因此，我们给每个离均差取平方，然后找到各离均差的平方的平均数，最后开方，得到对标准距离的测量。从技术上来说，标准差是离均差的平方的平均数的平方根。从概念上来说，标准差提供了一种到平均数的平均距离的测量方法。

由于标准差和方差是指到平均数的距离，所以这种测量变异性的方法仅仅适用于在等距或等比量表中获得的数值型分数。回顾第 1 章，这两种量表是仅有的提供距离信息的量表，顺序和称名量表并不提供。同时，回顾第 3 章，顺序数据不适合计算平均数，称名数据不可能计算平均数。因为平均数是标准差和方差计算过程中关键的成

[1] 离均差常常用小写的 x 表示。

分，这两种数据在计算平均数方面的限制也延伸为计算这两种变异性的限制。总的来说，平均数、标准差和方差只适用于通过等距和等比量表测量得到的数值型分数。

尽管我们没有给出任何关于方差和标准差的公式，但你应当已能够通过这两个统计量的定义来计算它们。下例将示范该过程。

例 4.2

计算以下分数个数为 5 的总体的方差和标准差。

1，9，5，8，7

记住，标准差的目的是测量到平均数的标准距离，所以我们要从计算总体平均数开始。这 5 个分数之和为 30（$\sum X=30$），所以平均数为 30/5=6。然后，我们计算每个分数的离均差（到平均数的距离），接着取离均差的平方。使用总体平均数 $\mu=6$，这些计算见下表。

分数 X	离均差 $X-\mu$	离均差平方 $(X-\mu)^2$
1	−5	25
9	3	9
5	−1	1
8	2	4
7	1	1
		40=离均差的平方之和

在分数个数为 5 的总体分布中，其离均差的平方和为 40。离均差的平方的平均数，即方差，是 40/5=8，标准差为$\sqrt{8}=2.83$。

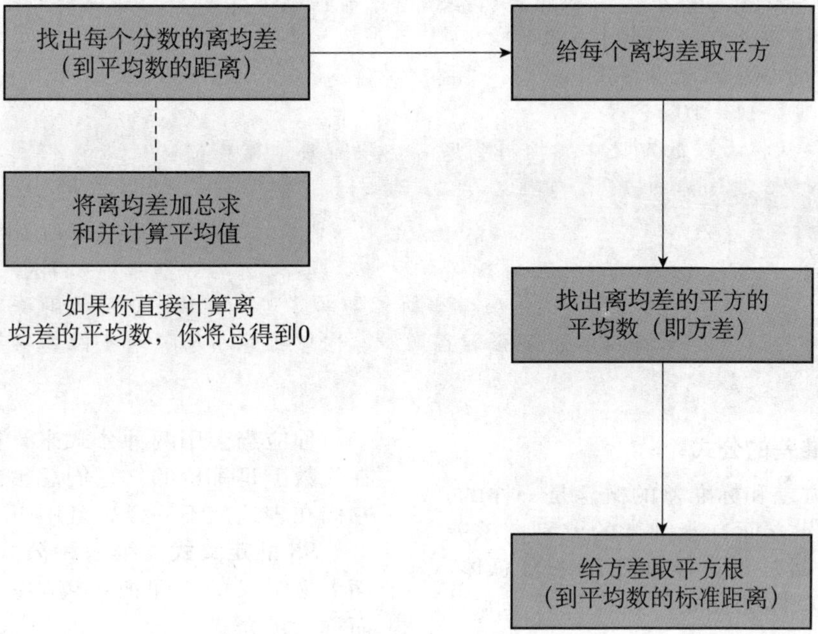

图 4—2　方差和标准差的计算。

你应该注意到，在这个分布中，标准差为 2.83 是一个合理的答案。这五个分数在图 4—3 中以直方图的形式展现，这样可以将它们之间的距离看得更清楚。注意，离平均数最近的分数与平均数的距离仅为 1，距平均数最远的分数与平均数的差距为 5。在此分布中，最大的离均差是 5，最小的离均差为 1。因此标准距离应在 1～5 之间的某个位置。这样来看的话，我们可以对标准差作大概的估计。在该例中，标准差应当在 1～5 之间，很有可能在 3 附近。我们计算的标准差的结果和这个估计完全贴合。

对标准差作初步的估计可帮你在计算中避免错误。例如，如果你计算图 4—3 中分数的标准差，得到的值为 12，你应当立即意识到自己错了。如果最大的离均差值仅为 5，那么标准差为 12 是不可能的。

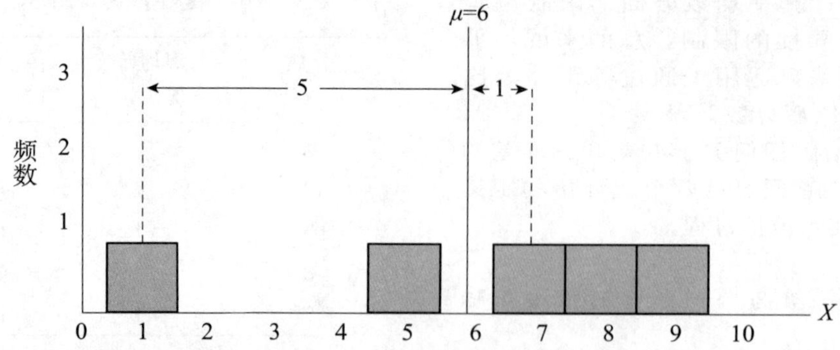

图4—3 这是一个 $N=5$ 的总体的频数分布直方图。总体平均数是6，到平均数的最小距离是1，最大距离是5，标准距离（或标准差）应当在1～5之间。

学习检查

1. 简要解释标准差和方差测量的是什么。

2. 在 $N=4$ 的总体中每个个体的离均差已经算出。前三个个体的离均差分别为+2、+4和−1。第四个个体的离均差是多少？

3. 下列 $N=5$ 的分数的标准差是多少？

   10，10，10，10，10

   （注意：你可以从标准差的定义中直接得到回答，不需要计算）

4. 计算下列 $N=5$ 的总体的方差：4，0，7，1，3。

答案

1. 标准差测量的是到平均数的标准距离，方差测量的是到平均数距离的平方的平均数。
2. 所有的离均差相加为0，前面4个个体的离均差和为+5，第五个为−5。
3. 由于没有变异性（所有的分数都一样），标准差是0。
4. 这些分数的离均差的平方和是30，方差是30/5=6。

总体方差和标准差的公式

样本和总体的方差和标准差的概念是一样的。然而，在计算的细节方面有着细微的差别。该差别依赖于处理的数据是来自样本还是来自总体。首先，我们来考虑总体的公式，然后再看4.4节的样本的公式。

回顾前面所学，方差是离均差的平方的平均数。与求其他的所有平均数一样，计算该平均数时，首先求和，然后除以分数的个数。

$$\text{方差}=\text{离均差的平方的平均数}=\frac{\text{各离均差的平方和}}{\text{分数的个数}}$$

离均差的平方和（*SS*） 上式的分子中，离均差的平方和是变异性的基本要素，也是我们学习的重点，为简化起见，用符号 SS 表示离均差的平方和，简称平方和。

> **定义**
>
> SS 或平方和是各分数的离均差的平方和。

你应当会用两种公式来计算 SS，这两种公式在代数上是等价的（它们总得出相同的答案），但它们在表达上不一样，且用于不同的条件。

***SS* 的定义式** 第一种公式叫定义式，是从字面上来定义的，即把各离均差的平方加起来，因而称为定义式。

$$\text{定义式：}SS=\sum(X-\mu)^2 \qquad (4—1)$$

为了得到均差的平方和，该公式会指导你做一连串的计算：

1. 找出每个分数的离均差。
2. 给每个离均差取平方。
3. 求离均差的平方的和。

求得的结果便是 SS，离均差的平方和，注意这正是我们在例4.2（未使用公式）中所进行的计算过程。下面举例对公式进行演示。

例 4.3

试求 $N=4$ 的数据的 SS。这些数据之和是 $\sum X=8$，所以平均数 $\mu=8/4=2$。下表给出了每个分值的离均差和离均差的平方，且各离均差的

平方和 $SS=22$。

X	$X-\mu$	$(X-\mu)^2$	
1	−1	1	$\sum X=8$
0	−2	4	$\mu=2$
6	+4	16	$\sum(X-\mu)^2=22$
1	−1	1	

SS 的计算式　尽管定义式是计算 SS 的直接方法，但不便于使用。特别是当平均数不是整数，离均差值包含有小数或分数时，计算将变得很困难。除此之外，带有小数的计算会产生循环错误，使结果不精确。因为这些原因，另一种计算 SS 的公式得以发展。这种公式称为计算式，它是采用原始分数（不是离均差）来计算的，因而可以降低小数和分数的复杂性。

$$\text{计算式：}SS=\sum X^2-\frac{(\sum X)^2}{N} \qquad (4—2)$$

公式的第一部分要求你给每个分数取平方，然后把各平方加起来（$\sum X^2$），公式的第二部分要求你先找出各分数的和（$\sum X$），然后给该和取平方，最后除以 N。该公式的使用在例 4.4 中给出。其分数和我们在定义式中采用的分数相同。

例 4.4

使用计算式用例 4.3 中的数据计算 SS。要注意的是，这个公式要求计算两部分的和：首先计算 $\sum X$，然后给每个分数取平方并计算 $\sum X^2$。下表给出了这些计算。在计算 SS 时这两个和会在公式中用到。

X	X^2
1	1
0	0
6	36
1	1
$\sum X=8$	$\sum X^2=38$

$$SS=\sum X^2-\frac{(\sum X)^2}{N}$$
$$=38-\frac{(8)^2}{4}$$
$$=38-\frac{64}{4}$$
$$=38-16$$
$$=22$$

注意，用两种公式求得的 SS 的值是一样的，尽管公式看起来不同，但事实上它们是等价的。定义式是 SS 的概念最为直接的表达式，然而，该公式使用起来较困难，尤其是平均数含有小数或分数时。如果分数较少，且平均数是整数，那么定义式是个不错的选择；否则计算式使用起来更为方便。

最终公式和符号

学习了 SS 的定义及计算后，方差与标准差的公式变得相对简单。记住，方差是离均差的平方的平均数。平均数是和除以总体个数 N，所以总体方差是①：

$$\text{方差}=\frac{SS}{N}$$

标准差是方差的平方根。所以总体标准差的公式为：

$$\text{标准差}=\sqrt{\frac{SS}{N}}$$

在完成 SS、方差和标准差的计算以后，还有一个值得注意的小问题。比如，平均数、方差和标准差都是总体参数，用希腊字母标识。我们用希腊字母 sigma 标识标准差（希腊字母 s 表示样本标准差），大写字母 $\sum$ 已被使用过了，所以我们现在用小写字母 σ 表示总体标准差。为了强调标准差和方差的关系，我们使用 σ^2 作为总体方差的符号（标准差是方差的平方根）。因此，

$$\text{总体标准差}=\sigma=\sqrt{\sigma^2}=\sqrt{\frac{SS}{N}} \qquad (4—3)$$

$$\text{总体方差}=\sigma^2=\frac{SS}{N} \qquad (4—4)$$

之前，在例 4.3 和 4.4 中，我们计算了 $N=4$ 的总体（1，0，6，1）的离均差平方和，得到 $SS=22$，对于这个总体，方差是

$$\sigma^2=\frac{SS}{N}=\frac{22}{4}=5.50$$

$$\text{标准差是 }\sigma=\sqrt{5.50}=2.345$$

学习检查

1. 计算下列每个总体的离均差的平方和，即 SS，注意，定义式适合其中一个总体而计算式适合另一个总体。

① 就像平方和或 SS 被用来指代离均差的平方和，术语均方或 MS 常被用来指代方差，也即离均差的平方的平均数。

总体1：3，1，5，1

总体2：6，4，2，0，9，3

2. a. 画出 $N=6$ 的总体（12，0，1，7，4，6）的频数分布直方图。在直方图中确定平均数的位置，并估计其标准差。

b. 计算上面这些分数的 SS、方差和标准差。与实际标准差相比，你的估计值多大程度上与它吻合？

答案

1. 总体1的平均数不是一个整数（$M=2.5$），计算式更加适合，$SS=11$。总体2的平均数是一个整数（$M=4$），定义式更加适合，$SS=50$。

2. a. 在勾勒出的图中，平均数应为5，离平均数最近的分数是4和6，它们和5的距离都是1。最远的分数是12，和5的距离是7。标准差应在1到7之间的某个位置，大约是4。

b. 在该总体中，$SS=96$，方差是 $96/6=16$，标准差 $\sigma=4$。

4.4　样本标准差与方差

推论统计的目的就是利用样本中有限的数据推出总体的大致情况。该过程的基本假设是来自总体的样本应当具有代表性，该假设也使变异性出现了问题，因为样本包含的变异性总是会比总体要少。图4—4就是显示这种大致趋势的一个例子。注意，总体中的少数极端值常常使总体的变异相对较大。但是，在抽取样本时，通常不会得到这些极端值，这意味着样本的变异性相对较小。样本的变异性小于总体说明样本的变异性是对总体变异性的有偏估计。这种偏差不是刚好等于而是低估了总体的价值。（章节4.5详细讨论了有偏统计）①

幸运的是，样本变异的偏差是恒定的，而且是可预测的，这说明它是可以被校正的。例如，如果你车上的速度表总是比你实际行车速度慢5英里，这不能说明你的速度表是没有用的。这仅仅说明你每次读取速度的时候要稍作调整才能得知准确的速度。同理，我们在计算样本变异性的时候要进行调整。调整的目的是使样本变异能更为精确无偏地代表总体变异。

样本方差和标准差的计算与总体变异方差和标准差的计算一样。第一，计算总的离均方（SS）。第二，计算方差。第三，将方差开方，得到标准差。

样本的离均差平方和　除了标注方面有细小的变化，样本计算过程与总体计算完全一样。也就是说，样本与总体的 SS 计算是一样的。标注方面细小的变化是用 M 代替 μ 来表示样本平均数，

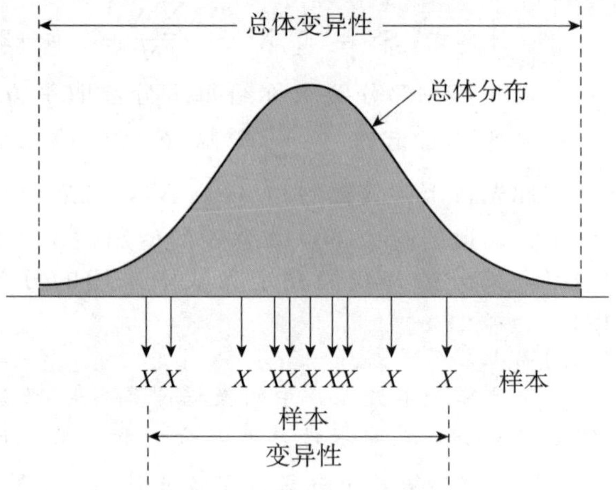

图4—4　成人身高的总体呈正态分布。如从该总体中选出一个样本，选出的个体有可能在高度上接近平均数。结果是样本的变异量会少于总体。

用 n 代替 N 表示样本分数的个数。例如，计算样本 SS 的定义式是：

$$\text{定义式：} SS=\sum(X-M)^2 \qquad (4—5)$$

注意，样本的公式与总体公式的结构完全相同，可以通过以下步骤来求出 SS。

1. 找出每个分数的离均差（到平均数的距离）：离均差 $=X-M$。

2. 给每个离均差取平方：离均差的平方 $=(X-M)^2$。

3. 求各离均差的平方和：$SS=\sum(X-M)^2$

① 如果一个样本统计量持续高估或低估相应的总体参数，就被认为是有偏的。

SS 也可以通过计算式求得。除了标注上细微的不同（用 n 替代 N），样本 *SS* 的计算公式和总体的计算公式是一样的（参见公式 4—2）。适用样本标注的公式是

$$计算式：SS=\sum X^2-\frac{(\sum X)^2}{n} \quad (4—6)$$

计算样本方差和标准差的公式 再次说明，对样本和对总体，*SS* 的计算是一样的，只有标注上有细微不同。然而，计算 *SS* 后，样本和总体间的区别是十分重要的。为了校正样本变异性的偏差，在样本方差和标准差中做适当的调整是很有必要的。据此，样本方差（用符号 s^2 表示）可定义为：

$$样本方差=s^2=\frac{SS}{(n-1)} \quad (4—7)$$

样本标准差（用 s 表示）可简单地理解为方差的平方根。

$$样本标准差=s=\sqrt{s^2}=\sqrt{\frac{SS}{(n-1)}} \quad (4—8)$$

注意，样本公式中是除以 $n-1$，而总体公式中是除以 N（参见公式 4—3 和 4—4）该调整在校正样本变异性的偏差方面是很有必要的，调整的结果是加大得到的值。除以较小的数字（用 $n-1$ 代替 n）可得到较大的结果，使样本方差成为总体精确、无偏差的估计。下面的例子阐明了样本标准差和方差的计算。①

例 4.5

从某总体中选出一个 $n=8$ 的样本，样本分数为 4、6、5、11、7、9、7、3。图 4—5 给出了该样本的频数分布直方图。我们在做计算之前，应当观察样本的分布，并对结果做初步的估计。记住，样本标准差是测量分数到平均数的标准距离。在该样本中，平均数是 $M=52/8=6.5$。离平均数最近的分数是 $X=6$ 和 $X=7$，这两个值与平均数的距离都刚好等于 0.5 个单位。离平均数最远的值是 $X=2$，距平均数 4.5 个单位，因此到平均数的最小距离为 0.5，最大距离为 4.5。因此我们可以估计标准差应在 0.5 到 4.5 之间的某个位置，大约为 2.5。

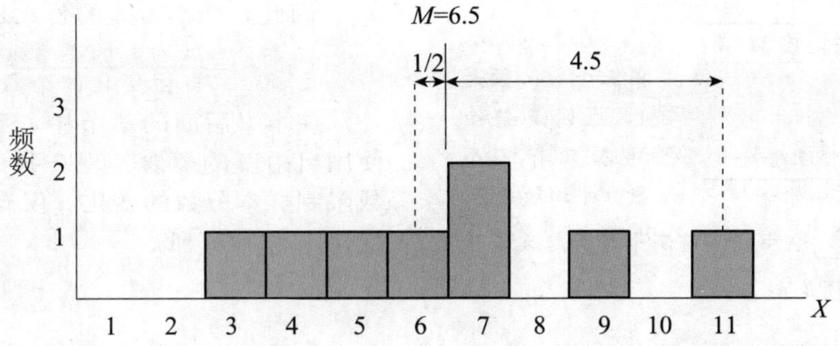

图 4—5 这是一个 $n=8$ 的样本的频数分布直方图。样本平均数 $M=6.5$，到平均数的最小距离是 0.5，最大距离是 4.5。标准距离（标准差）应在 0.5 到 4.5 之间，约为 2.5。

现在我们开始计算。首先，找出该样本的 SS 值。因为平均数不是整数（$M=6.5$），因而用计算式比较容易。下表呈现了分数、方差和标准差。

分数 X	分数的平方 X^2
4	16
6	36
5	25
11	121
7	49
9	81
7	49
3	9
$\sum X=52$	$\sum X^2=386$

由以上两个总和可知：

$$SS=\sum X^2-\frac{(\sum X)^2}{n}=386-\frac{(52)^2}{8}$$
$$=386-338$$
$$=48$$

也就是离均差平方的和 $SS=48$，那么：

$$样本方差=s^2=\frac{SS}{n-1}=\frac{48}{8-1}=6.86$$

最后，标准差为：

$$s=\sqrt{s^2}=\sqrt{6.86}=2.62$$

注意，我们计算得到的值与我们的初步预测值完美吻合（图 4—5）。

记住，样本方差和标准差的公式使得样本变

① 记住：除非做一些校正，否则样本变异性会低估总体变异性。

异性能较好地估计总体变异性。因此，样本方差常常被称为估计的总体方差，样本标准差被称为估计的总体标准差。当你只有一个样本时，样本方差和标准差可为总体变异性提供最佳估计。

样本变异性与自由度

尽管对于总体和样本来说，离均差的概念和 SS 的计算大体一致，但标注的细微差别非常重要，特别地，对于一个总体，我们是通过测量到平均数 μ 的距离来找出每个分数的离均差。另外，对于一个样本，μ 值未知，你必须测量到样本平均数的距离，不同的样本其均值也不同，这就要求在计算离均差前要计算 M 值。但是计算 M 值就限制了样本分数的变异性。下面的例子说明了这种限制。

例 4.6

例如，考虑 $n=3$、平均数是 5 的样本，对于样本的前两个数可以不加限制地选取，它们之间彼此独立，可以取任何值。在这里，我们假设第一个数是 2，第二个数是 9，然而在此基础上，样本中第三个数受到了限制。

X	$n=3$ 的样本，平均数 $M=5$
2	
9	
—	← 第三个数是多少？

也就是说，第三个数必须是 4，原因是整个样本只有三个数，平均数是 5，这就意味它们的和应是 $\sum X=15$。前两个数加起来等于 11（9+2），第三个数必须是 4。

在例 4.6 中，3 个分数中的前 2 个可以是任意值，不过最后一个分数依据前面两个值而定。一般而言，个数为 n 的样本，前 $n-1$ 个数可以自由变化，但最后一个数应是受限的。因此，样本有 $n-1$ 个自由度。

> **定义**
>
> 对于一个有 n 个分数的样本，样本变异的自由度或 df 可定义为：$df=n-1$。自由度决定了样本中独立、自由变化的分数数量。

样本中的 $n-1$ 个自由度与在样本方差和标准差公式中使用的 $n-1$ 相同。记住，方差是离均差的平方的平均数。通常平均数是求各平方和，然后除以分数的个数。

$$\text{平均数}=\frac{\text{和}}{\text{个数}}$$

为了计算样本的方差（离均差的平方的平均数），我们求出各离均差的平方之和（SS），再除以可自由变化的分数的个数。这个数是 $n-1=df$。因此，样本方差的公式是

$$s^2=\frac{\text{离均差的平方和}}{\text{自由变化的个数}}=\frac{SS}{df}=\frac{SS}{n-1}$$

在本书后面的章节中，我们将在其他情况下使用自由度的概念。现在我们只需知道样本平均数限制样本分数的变化。仅有 $n-1$ 个分数可自由变化，$df=n-1$。

学习检查

1. a. 勾勒出以下 $n=5$ 的样本的频数分布直方图：3，1，9，4，3。根据直方图中平均数的位置估计该样本的标准差。

b. 计算 SS、方差、标准差。你计算所得的值与估计值在多大程度上吻合？

2. 对于下面一列数据：1，5，7，3，4

a. 假设这是一个 $N=5$ 的总体的分数，计算 SS 和总体方差

b. 假设这是一个 $n=5$ 的样本的分数，计算 SS 和样本方差

3. 解释样本方差中 SS 除以的是 $n-1$ 而不是 n 的原因。

答案

1. a. 所画的图应显示出样本的平均数是 4，到平均数的最远分数是 $X=9$（距离是 5），最近的分数是 $X=3$（距离是 1），标准差的估计值应在 1 到 5 之间，大约是 3。

b. 该样本的 $SS=36$，样本方差是 $36/4=9$，样本标准差是 $\sqrt{9}=3$。

2. a. $SS=20$，总体方差是 $20/5=4$。

b. $SS=20$，样本方差是 $20/4=5$。

3. 没有校正的时候，样本方差持续低估了总体方差。除以一个较小的数（用 $n-1$ 替代 n）增加了样本方差的值，使其成为对总体方差的无偏估计。

4.5 更多关于方差与标准差的内容

在频数分布图中呈现平均数和标准差

在频数分布图中，我们往往可通过画一条垂线，并用 μ 或 M 标记此垂线来定位均值。因为标准差是测量到平均数的距离，所以可通过一个从平均数指向外的箭头或直线来表示，该直线的长度恰与标准差的长度相等，并用 σ 或 s 标记。图 4—6a 呈现了一个平均数 $\mu=80$，标准差 $\sigma=8$ 的总体分布的例子。图 4－6b 呈现了一个平均数 $M=16$，标准差 $s=2$ 的样本频数分布。在草图中，你可在分布的中央用一条垂线来表示平均数，标准差线约为平均数到极端值距离的 1/2 处。［注意：在图 4—6a 中，我们可以看到标准差线在平均数的右边。你应意识到我们也可在平均数的左边画一条标准差线或画两条直线（或箭头），一条在左边，一条在右边，如图 4－6b 所示。目的是找出到平均数的标准距离。］

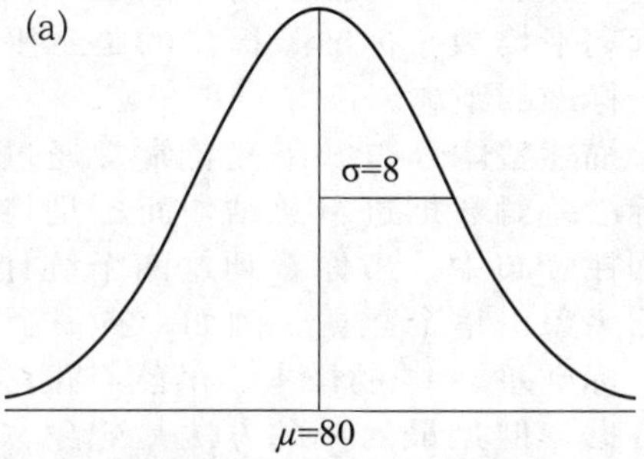

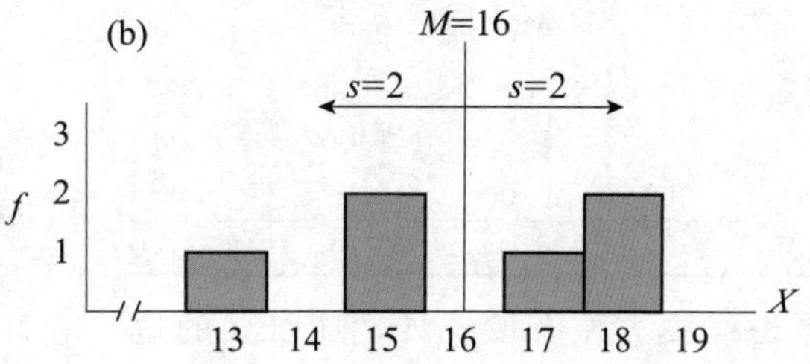

图 4—6 在频数分布图中呈现平均数和标准差。(a) 是平均数 $\mu=80$、标准差 $\sigma=8$ 的总体分布。(b) 是平均数 $M=16$，标准差 $s=2$ 的样本分布。

作为无偏估计的样本方差

之前我们注意到，样本变异性趋向于低估相应总体的变异性。为了解决这个问题，我们调整了样本方差的公式，除以 $n-1$ 而不是 n。这种调整的结果是，样本方差能够更准确地代表总体方差。可以明确的是，除以 $n-1$ 提供了一个对总体方差无偏估计的样本方差。这并不意味着每个样本方差和总体方差完全相等，事实上，一些样本方差高估了总体方差，一些又低估了总体方差；然而，所有样本方差的平均数即是对总体方差的精确估计。这就是无偏估计的含义。

定义

如果许多不同样本的样本统计量的平均数等于总体参数，那么该样本统计量是无偏差的（统计量的平均值来自样本大小为 n 的所有可能的样本）。

如果样本统计量的平均数低估或高估了相应的总体参数，那么该统计量是有偏差的。

接下来的例子阐释了有偏差和无偏差的概念。

例 4.7

某总体刚好包含 6 个数，它们是 0、0、3、3、9、9。通过简单地计算可以求得平均数 $\mu=4$，方差 $\sigma^2=14$。①

接下来我们将从该总体中选出 $n=2$ 的样本，事实上，我们得到了所有 $n=2$ 的样本，表 4—1 列出了这一系列的样本。注意：为确保每个可能的样本都被包括在内，我们系统地列出样本，先列出首个分数为 0 的样本，然后列出首个分数为 3 的所有样本等。该表给出了 9 个样本。

最后，我们算出每个样本的平均数和方差，注意，我们用两种不同的方法计算样本方差。第一种方法是没有校正而简单地用 SS 除以 n 得到的样本方差，第二种方法是使用正确的样本方差，也就是用 SS 除以 $n-1$ 得到的无偏方差。你可以计算其中的一个或两个值来证实我们的计算。表 4—1 列出了全部的样本平均数和样本方差。

① 我们通过这个例子模拟了有放回的抽样方案，这在第 6 章中有具体讨论。

表 4—1　从例 4.7 描述的总体中选出所有 $n=2$ 的样本，算出每个样本的平均数，并用两种不同的方法计算样本方差：(1) 直接除以 n，这种方法不正确，会产生统计偏差；(2) 除以 $n-1$，这种方法正确，得出无偏统计。

样本	第一次得分	第二次得分	样本统计量		
			平均数 M	有偏方差（使用 n）	无偏方差（使用 $n-1$）
1	0	0	0.00	0.00	0.00
2	0	3	1.50	2.25	4.50
3	0	9	4.50	20.25	40.50
4	3	0	1.50	2.25	4.50
5	3	3	3.00	0.00	0.00
6	3	9	6.00	9.00	18.00
7	9	0	4.50	20.25	40.50
8	9	3	6.00	9.00	18.00
9	9	9	9.00	0.00	0.00
合　计			36.00	63.00	126.00

首先，考虑样本方差有偏统计，除以 n 的这一列。在该列中，9 个样本方差加起来的和为 63，由此得出平均方差为 63/9=7。然而最初的总体方差是 $\sigma^2=14$。注意，这些样本方差的平均数与总体方差值不相等，如果除以 n 来计算样本方差，那么，其结果将不能精确地估计总体方差。一般情况下，这些样本方差低估了总体方差，因此这种方法是有偏统计。

然后，考虑用 $n-1$ 计算样本方差这一列。虽然总体方差等于 14，但是，样本方差中没有一个刚好等于总体方差。但如果你考虑到全部样本方差，你会发现，9 个值相加为 126，平均数为 126/9=14。因此，样本方差平均数恰等于原始总体方差。一般情况下，样本方差（用 $n-1$ 计算）可以得出总体方差的精确的无偏统计。

最后，直接把你的注意力集中到样本平均数这一列。在这个例子中，最初的总体平均数为 $\mu=4$，尽管样本中没有一个平均数刚好等于 4。如果你考虑到全部的样本平均数，你会发现，9 个样本的平均数加起来的和为 36，所以每个样本平均数的平均数是 36/9=4。注意，各样本平均数的平均数刚好等于总体平均数。再次说明，这就是无偏统计的含义。一般来说，样本统计量是总体参数的准确代表。在本例中，9 个样本的平均值恰好等于总体平均值。

总之，样本平均数和样本方差（用 $n-1$ 计算）两者都是无偏统计的例子，这使得样本平均数和样本方差在推断统计中极为重要，尽管单个样本的平均数和方差不大可能与总体刚好相等。但一般来说，样本平均数和样本方差可以精确地估计对应的总体参数。

标准差和描述统计

因为标准差需要复杂地计算，所以在计算标准差的时候就容易遗漏一些东西，忘记标准差是什么以及为什么它很重要。标准差主要是一个描述测量，它描述了分数在分布中的变化和分散状况。行为科学家必须研究人和动物的变异性。人并不都是一样的，他们有着不同的态度、见解、天赋、智商和个性。虽然可以计算这些变量的平均数，但描述其差异性一样重要。标准差是通过测量到平均数的距离来描述变异性的。在任一分布中，有些分数将会靠近平均数，其他的将相对地远离平均数，标准差提供的是到平均数的典型的、标准的距离。

描述整体分布　研究者常常通过报告平均数和标准差对数据进行总结，而不是将所有个体分数列在分布中。当你看到这两个统计量时，你应该能想象出整个数据。例如，有一个平均数 $M=36$，标准差 $s=4$ 的样本。虽然有很多方式呈现这些数据，但是最简单的方法是想象（或绘制）直方图，在图中用方块呈现每一个分数。例如，这些数据可以以一堆方块聚集在 $M=36$ 周围的方式呈现。个体的分数或者说方块分散在平均数的两侧，一些离平均数比较近，一些距离平均数较远。一般来说，在分布中大约 70％的分数距离平均数一个标准差之内，几乎所有的分数（大约 95％）距离平均数两个标准差之内。在这个例子中，到平均数的标准距离是 $s=4$，所以你的图中大部分方块到平均数的距离在 4 以内，几乎所有都在 8 以内。图 4—7 呈现了一个可能的图。

描述个体分数的位置　图 4—7 不仅显示了平均数和标准差，而且用这两个值重新构建了潜在的测量尺度（X 值沿着水平线）。测量尺度帮助我们完成了整个分布的样貌，并把每个分数与其他值联系起来。在本例中，你应当知道 $X=34$ 位于靠近分布的中心的地方，且仅略低于平均数。而 $X=45$ 是极端高分值，应位于分布右侧离平均数较远的地方。

注意，分数的相对位置部分取决于标准差大小。举例来说，图 4—6 呈现了一个平均数 $\mu=80$、标准差 $\sigma=8$ 的总体分布和一个平均数 $M=16$、标准差 $s=2$ 的样本分布。在总体分布中，一个比平均数大 4 的分数比平均数稍大，但是显然不是一个极端值。而在样本分布中，一个比平均数大 4 的分数是一个极端值。在每一个分布中，分数的相对位置依赖于标准差的大小。对于总体，和平均数有 4 分的偏差是相对较小的，相当于标准差的一半。然而对于样本，4 分的偏差是非常大的，是标准差的两倍。

该讨论的大体意思是平均数和标准差不是简单抽象的概念或数学公式；相反，它们是具体的、有意义的，尤其是在一系列分数的分布中。平均数和标准差是大多数统计方法的中心概念，在接下来的章节里还将列出。透彻地理解这两个统计量，对学习接下来的更为复杂的过程大有帮助（见专栏 4—1）。

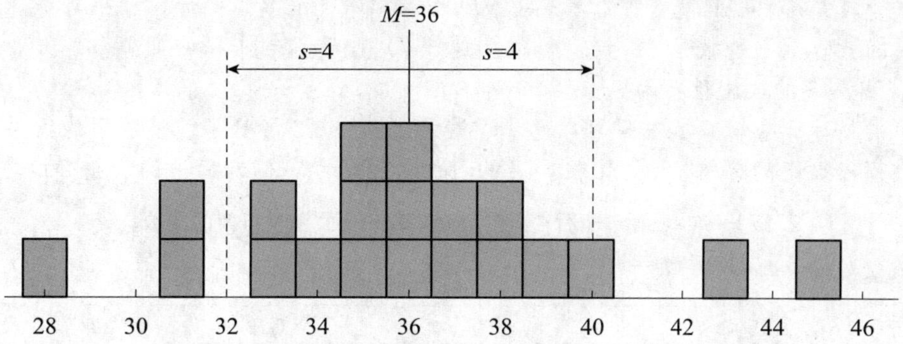

图 4—7　$n=20$、平均数 $M=36$、标准差 $s=4$ 的样本直方图。

专栏 4—1　平均数和标准差的类比

尽管平均数和标准差的基本概念不太复杂，但接下来的类比会使学生更为深刻透彻地理解这两个统计量。

在我们当地社区里，新高中选址于社区的中心地带。位于社区西部边界的另一块地也曾被考虑过，但最终被否决，原因是居住在社区东边的学生须坐较长时间的车。在该例中，高中的位置类似平均数的概念，正如高中位于社区的中心一样，平均数位于分布的中心。对于社区的每个学生，可以测量出居住地和新高中之间的距离，有些学生的居住地离新学校只有几站，其他的则有 3 英里（1 英里≈1.6 千米。—译者注）之远。每个学生去学校须行驶的平均距离是 0.80 英里，到学校的平均距离类似标准差的概念，就是说标准差测量的是单个分值到平均数的标准距离。

转换尺度

有时通过给一系列分数中的每一个数加一个常数值或乘以某个常数来转变分数。例如，给接受过某种处理的每位被试的分数增加一个固定的值，或改变测量的单位（给每个 X 乘以 60，把分转化为秒）。当把分值通过这种方式进行转换后，标准差将会发生些什么变化呢？

确定转换对标准差影响效果的最简单的方法是记住标准差是距离的测量。如果你选择了任意两个值，看看它们之间的距离发生了什么，你也会找到标准差发生了什么变化。

1. 给每个分值加上某个常数不改变标准差。 如果有一个分布，其平均数是 40，标准差是 10，你给每个分数加上 5，那么标准差发生了什么？考虑该分布中的任意两个分数 43 和 41 间的距离是 $43-41=2$。给每个分数加上常数后，一个分数变为 46，另一个分数变为 48，变化后的两个分值距离仍为 2。给每个分数加上某常数对它们之间的距离不会产生任何影响，也不会影响标准差。如果你把它想成频数分布直方图，这种情况会看得更清楚。例如，你给每个分数加上 5，那么图中的每个分数将向右移动 5 个单位，整个分布移动到比原分布多 5 个单位的位置。注意，平均数同分数一起移动，也增加 5 个单位。然而变异性并不因此而改变，原因是所有的离均差（$X-\mu$）没有发生变化。

2. 每个分数乘以某常数，其标准差也要乘以同样的常数。 考虑我们先前看到的考试分布，如果平均数等于 40，标准差是 10。如果每个分数乘以 2，那么标准差将发生什么变化呢？我们再看这两个分数，$X=41$ 和 $X=43$ 之间原来 2 分的差距变为 $X=82$ 和 $X=86$ 之间 4 分的差距，是原距离的 2 倍。每个分数乘以某常数，致使它们之间的距离也乘以某常数，所以标准差也要乘以相同的常数。

在文献中　报告标准差

在报告研究结果时，研究者常给出集中趋势和变异性的描述性信息。在心理研究中，因变量通常是来自等距表和等比表的数值型数据。因此平均数（集中趋势）和标准差（变异性）通常一起被报告。在很多杂志中，尤其是那些APA模式的，采用*SD*表示样本标准差。例如，结果可陈述为：

看暴力卡通的儿童（平均数是12.45，标准差是3.7）比看控制卡通的儿童（平均数是4.22，标准差是1.04）表现出更多的攻击性行为。

当报告多组的描述测量时，其结果可以总结在表中。表4—2展示了假设数据的结果。

有时表中也列出每组的样本量n。记住，表的目的是用组织好的、简洁的、精确的方式表现数据。

表4—2　观看卡通后，男孩与女孩表现出贡献性行为的次数。

	卡通的类型	
	暴力	控制
男孩	M=15.72	M=6.94
	SD=4.43	SD=2.26
女孩	M=3.47	M=2.61
	SD=1.12	SD=0.98

方差和推论统计

总的来说，推论统计的目的是在研究结果中找到有意义和显著的模式。基本问题是在样本数据中观察到的模式是否反映了相应总体中的模式，或者仅仅是随机的偶尔发生的起伏变化。变异在推论过程中扮演了一个重要的角色，因为数据中的变异影响了观察到模式的难度。总的来说，低变异性说明数据中存在的模式能被清晰地看到，然而高变异性使可能存在的任何模式模糊不清。接下来的例子说明了变异性如何影响模式的发现。

例4.8

在大部分的研究中，目标是比较两组（或更多组）数据的均值。

例如：

在治疗之后抑郁的平均水平是否低于治疗之前？

对男性的态度平均分和对女性的是否有所不同？

特殊班级的学生是否比常规班级的学生有更高的平均阅读成绩？

在上面的每一种情况中，研究者的目标是找到两组平均数的差异，说明在实验结果中的显著的有意义的模式。变异性在决定是否存在一个清晰的模式中扮演了重要角色。考虑下面两个实验假设结果的数据，每个结果都在对比两种处理情况。对于这两个实验，你的任务都是确定处理1的分数和处理2的分数之间是否有稳定的差异。

实验A		实验B	
处理1	处理2	处理1	处理2
35	39	31	46
34	40	15	21
36	41	57	61
35	40	37	32

我们构建了两个实验的数据，每个实验中两种处理的平均数之间都相差5分：一般情况下，处理2的分数比处理1的分数高5。这5分的区别在实验A中比较容易看到，这里的变异性比较小，不过同样的5分在变异性比较大的实验B中很难看到。这再次说明，高变异性会使数据中的模式模糊。这个现象在图中更有说服力。图4—8呈现了实验A和B中的两组数据。可以看到，实验A中的结果清晰展现了两个处理之间5分的差距。一组的分数在35处聚集，另一组的分数在40处聚集。而实验B中的分数（图4—8b）看起来两组处理没有显著差异，随机地混合在一起。

在推论统计中，样本数据的方差常常被定义为误差方差。这个术语说明了样本方差代表了分数间不能解释和控制的差异。当误差方差增加，在数据中可能存在的系统差异或模式更难被识别。变异就像无线电台出现的静电干扰或者当你进入信号较差区域时的手机。总之，变异使我们从数据中获得清晰信号的难度增加。高变异使我们难以或无法看到两组分数之间的平均数差异或在研究结果中其他有意义的模式。

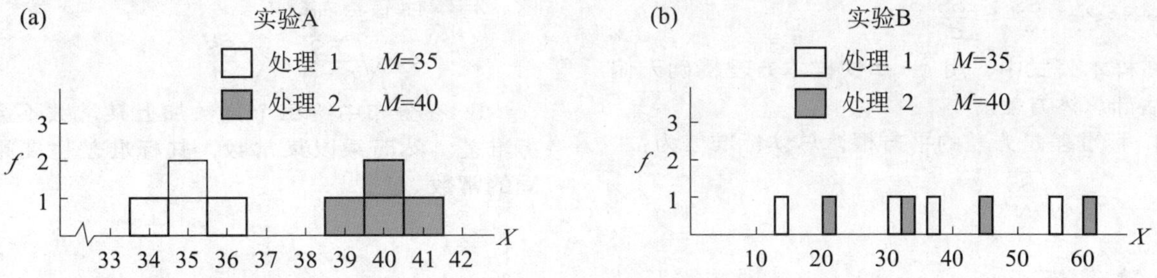

图 4—8　图中展示了两个实验的结果。在实验 A 中，变异性较小，可以看到两个处理间平均数 5 分的差异。而在实验 B 中，由于高变异性，两个处理间平均数 5 分的差异是模糊的。

学习检查

1. 解释有偏与无偏统计量的区别。

2. 在平均数是 50、标准差是 10 的总体中，分数 $X=58$ 会被认为是极端值（远离平均数而在分布的尾端）吗？当总体的标准差是 3 的时候呢？

3. 某总体平均数是 70，标准差是 5。

a. 如果总体中每个分数都加上 10，那么新总体的平均数和标准差是多少呢？

b. 如果总体中每个分数都乘以 2，那么新总体的平均数和标准差是多少呢？

答案

1. 一般情况下，有偏统计量意味着统计值不能精确地表示相应的总体参数。相反，统计量的平均值趋向于高估或低估了参数。一般来说，无偏统计量是相应总体参数的精确代表。

2. 标准差为 10 时，分数 $X=58$ 将位于分布的中央部分（在 1 个标准差之内）。当标准差是 3 时，分数 $X=58$ 是极端值，位于离平均数大于 2 个标准差的位置。

3. a. 新平均数是 80，标准差仍是 5。

b. 新平均数是 140，新标准差是 10。

▼ 小结

1. 变异性的目标是测量和描述分数在分布中的分散或聚集状况，有三种关于变异性的基本测量方法：全距、方差和标准差。

全距是指分布中全部分数，从最小分数到最大分数覆盖的距离。它完全由两个极端值来决定，是一种粗糙的、不可靠的变异性测量方法。

标准差和方差是测量变异性最常用的方法。这两种测量都是以这种观念为基础，即每个分数都可以通过它的离均差或到平均数的距离来描述。方差是离均差的平方的平均数。标准差是方差的平方根，是一种测量到平均数的标准距离的方法。

2. 为了计算方差或标准差，首先必须找出各离均差的平方和 SS，除了标注的微小差别，总体和样本的 SS 计算方法是完全相同的。计算 SS 有两种方法。

方法一，依定义，你可用以下步骤来求出 SS：

a. 找出每个分数的离均差（$X-\mu$）。

b. 给每个离均差取平方。

c. 求出各离均差的平方和。

该过程可用如下公式进行总结：

$$\text{定义式：} SS=\sum(X-\mu)^2$$

方法二，离均差的平方和也可以用计算式来求得，尤其是当平均数不是整数时，该方法更为重要。

$$\text{计算式：} SS=\sum X^2-\frac{(\sum X)^2}{N}$$

3. 方差是离均差的平方的平均数。可以通过找出离均差的平方的和，然后除以分数个数求得。总体方差为：

$$\sigma^2=\frac{SS}{N}$$

样本方差中仅有 $n-1$ 个分数可以自由变化（自由度 $df=n-1$），所以样本方差为：

$$s^2=\frac{SS}{n-1}=\frac{SS}{df}$$

在样本公式中，用 $n-1$ 使样本方差精确无偏差地估计总体方差。

4. 标准差是方差的平方根，总体标准差为：

$$\sigma=\sqrt{\frac{SS}{N}}$$

样本标准差为：

$$s=\sqrt{\frac{SS}{n-1}}=\sqrt{\frac{SS}{df}}$$

5. 在分布中给每个分数加上某常数不会改变标准差。然而乘以某常数，其标准差也要乘以相同的常数。

▼关键术语

离均差	样本标准差	变异性	离均差平方的均值
总体方差 σ^2	自由度 df	全距	总体标准差 σ
无偏差统计量	样本方差 s^2	误差方差	有偏统计量
平方和 SS	样本标准差 s		

▼资源

➢SPSS

附录 D 有 SPSS 使用方法的主要介绍。下面是使用 SPSS 计算全距、标准差和方差的细节指导。

数据输入

首先将数据引入数据编辑矩阵的一列中。

数据分析

1. 点击工具栏中的 Analyze，选择 Descrptive Statistics，然后点击 Descriptives。

2. 选中包含有分数的列标签，使用箭头把它移入变量框。

3. 如果你想要同时报告方差和/或全距和标准差，点击 Option，选择 Variance 和/或 Range，然后点击 Continue。

4. 点击 OK。

输出结果

SPSS 的输出结果见图 4—9。这个总结表列出了分数数量、最大值和最小值、平均数、全距、标准差和方差。注意，全距和方差也包括了是因为在数据分析中用 Options 选择了它们。注意，SPSS 用 $n-1$ 来计算标准差。如果你计算的分数源于总体，你必须用样本标准差乘以 $(n-1)/n$ 来求得总体标准差。

注意：如果你用 SPSS 显示分数的频数分布直方图，也可以得到样本的平均数和标准差（见第 2 章的 SPSS 部分），而且平均数和标准差都显示在图旁边。

➢关注问题解决

1. 变异性的目的是提供一种测量分数在分布中分散状况的方法。通常采用标准差来进行描述。计算标准差相对复杂，因而在进行计算之前先初步估计标准差是较为明智的。记住，标准差是一种测量到平均数的典型的、标准距离的方法。因此，标准差必定在离均差的最大值与最小值之间的某个位置。一般情况下，标准差是全距的四分之一。

2. 不要试图记住 SS、方差和标准差的所有公式，你应当着重记住这些指标的定义，以及它们之间的逻辑关联。

SS 是离均差的平方和。

方差是离均差的平方的平均数。

标准差是方差的平方根。

唯一须记住的公式是关于平方和 SS 的计算式。

3. 当分数源于样本时，常见错误是在 SS 计算公式中用 $n-1$。记住，SS 公式总是用 n 或 N。你必须在方差和标准差中用 $n-1$ 来校正样本偏差。

	N	全距	最小值	最大值	平均数	标准差	方差
变量名	8	8.00	3.00	11.00	6.500 0	2.618 61	6.857 14
有效值数量	8						

图 4—9　SPSS 中呈现的例 4.5 中 $n=8$ 的样本的描述测量的总结表。

➤示例 4.1

变异性的计算

计算下列数据的方差和标准差，分数为：

10，7，6，10，6，15

步骤 1　计算 SS，离均差平方和

我们将用计算式。在这个样本中，$n=6$

$$\sum X = 10+7+6+10+6+15 = 54$$

$$\sum X^2 = 10^2+7^2+6^2+10^2+6^2+15^2 = 546$$

$$SS = \sum X^2 - \frac{(\sum X)^2}{N} = 546 - \frac{(54)^2}{6}$$

$$=546-486$$

$$=60$$

步骤 2　计算样本方差

对于样本方差，SS 除以的是自由度，$df=n-1$

$$s^2 = \frac{SS}{n-1} = \frac{60}{5} = 12$$

第三步　计算样本标准差

标准差是方差的平方根

$$s=\sqrt{12}=3.46$$

➤练习题

1. 解释下列每个测量值：

a. SS

b. 方差

c. 标准差

2. SS 值可以小于零吗？为什么？

3. 会不会得到负的方差和标准差？

4. 样本标准差为 0，这意味着什么？描述该样本中的分数。

5. 为什么样本方差与总体方差的公式不同。

6. 总体平均数为 $\mu=80$，标准差为 $\sigma=20$。

a. $X=70$ 的值是否是样本极端值？

b. 如果标准差为 5，$X=70$ 是否为极端值？

7. 一次考试中 $M=78$，你得了 $X=84$。

a. 你更喜欢标准差是 $s=2$ 还是 $s=10$？（提示：画出分布并且找到你分数的位置。）

b. 如果你得了 $X=72$，你更喜欢标准差是 $s=2$还是 $s=10$？为什么？

8. 计算以下两个样本的均值和 SS。你可以根据均值来选择更方便的 SS 计算公式。

样本 A：1，4，8，5

样本 B：3，0，9，4

9. 对下列 $N=6$ 的总体：

3，1，4，3，3，4

a. 绘制总体分布直方图。

b. 在图中标出总体均值的位置，并估计标准差。

c. 计算总体的 SS、方差和标准差。（比较估计值与实际 σ 值）

10. 对下列 $n=7$ 的样本：

8，6，5，2，6，3，5

a. 绘制样本分布直方图。

b. 在图中标出样本均值的位置，并估计标准差。

c. 计算样本的 SS、方差和标准差。（比较估计值与实际 σ 值）

11. 对下列 $N=6$ 的总体：

11，0，2，9，9，5

a. 计算全距和标准差

b. 将每个分数加上 2 然后计算全距和标准差。解释加上常数对测量变异的影响。

12. 全距是由分布中两个极值所决定的。而标准差则用了所有的分数。

a. 计算下列 $n=5$ 的样本的全距（选择一个定义）和标准差。注意其中有三个分数集中在均值周围的中间区域，有两个为极端值。

分数：0，6，7，8，14

b. 现在我们将中心区域的数值移到极端区域，分布的集中性被破坏。计算全距和标准差。

新分数：0，0，7，14，14

c. 根据全距，两种样本变异性的比较结果如何？通过标准差比较呢？

13. 一个总体的均值为 $\mu=30$，标准差 $\sigma=5$。

a. 如果每个分数增加 5，那么新的均值与标准差为多少？

b. 如果总体中每个分数乘以 3，那么新值的均值与标准差为多少？

14. a. 样本中每个值加上 3 以后，均值 $M=83$，标准差 $s=8$。原来的均值和标准差为多少？

b. 将样本中每个值乘以 4，均值 $M=48$，标准差 $s=12$。原来的均值和标准差为多少？

15. 样本量为 4 的样本：82，88，82，86

a. 为了简化计算，将每个数字都减去 80，得到新样本：2，8，2，6，然后计算新样本的均值和标准差。

b. 使用 a 部分得到的值，原样本的均值和标准差是多少？

16. 以下 $n=8$ 的样本中分数为：0，1，1/2，0，3，1/2，0，1

a. 为了简化计算，将每个数字都乘以 2，得到新样本：0，2，1，0，6，1，0，2，然后计算新样本的均值和标准差。

b. 使用 a 部分得到的值，原样本的均值和标准差是多少？

17. 根据下面的数据：

8，1，5，1，5

a. 计算均值和标准差。

b. 将 $X=8$ 变为 $X=18$，计算新的均值和标准差。

c. 解释极端值如何影响均值和标准差。

18. 计算下列 $n=4$ 的样本的 SS、方差和标准差。分数：7，4，2，1（注：SS 计算式能够很好地计算这些数值。）

19. 计算下列 N=8 的总体的 SS、方差和标准差。分数：0，0，5，0，3，0，0，4（注：计算式能够很好地计算这些数值。）

20. 计算下列 N=6 的总体的 SS、方差和标准差。分数：1，6，10，9，4，6（注：定义式能够很好地计算这些数值。）

21. 计算下列 N=5 的总体的 SS、方差和标准差。分数：10，4，8，5，8（注：定义式能够很好地计算这些数值。）

22. 在一项对数千英国儿童的研究中，Arden 和 Plomin（2006）发现男性的智力分数变异性显著高于女性。以下为与实际结果很接近的假设数据。注意，这些分数并不是常规 IQ 分数，是被标准化的分数以便样本能够有均值 $M=10$ 与标准差 $s=2$。

女	男
9	8
11	10
10	11
13	12
8	6
9	10
11	14
9	9

a. 计算 $n=8$ 的女性样本与 $n=8$ 的男性样本的样本均值和标准差。

b. 根据均值和标准差，描述男女之间的智力分数差异。

23. 在一个总体中，个体间存在的差异称为多样性。研究者比较了年轻成年人和年长成年人的认知技能，发现年长组的差异（多样性）总是更大（Morse，1993）。以下为两组被试的问题解决分数。

年长成年人（平均年龄 72）	年轻成年人（平均年龄 31）
9 4 7 3 8	7 9 6 7 8
6 2 8 4 5	6 7 6 6 8
7 5 2 6 6	9 7 8 6 9

a. 计算每组的平均数、方差、标准差。

b. 是否有哪一组的多样性较另一组更大（更多变）？

24. 在上一个问题中我们发现年长者间的认知技能差异较年轻者之间的差异更大。这种差异常被称为多样性。与之类似，同一名被试不同试次间的成绩差异常被称为一致性。该领域的研究表明成绩的一致性倾向于随着年龄的增长而下降。Wegesin 和 Stern（2004）的研究发现相较于年轻女性，年长女性的记忆成绩一致性更低（变异性更高）。下列数据代表一位年轻女士与一位年老女士的一系列记忆试次的记忆分数。

a. 计算每位女士分数的方差。

b. 年轻女性是否具有较高一致性（变异更少）？

年轻	年老
8	7
6	5
6	8
7	5
8	7
7	6
8	8
8	5

第一部分　回顾

在学完这个部分之后，你应该能够理解并掌握下列基础的描述统计过程：

1. 熟悉统计术语和符号（第 1 章）

2. 使用频数分布表或者频数分布图来呈现一系列数据（第 2 章）

3. 使用集中趋势来描述总结一系列数据（第 3 章）

4. 使用变异性来描述总结一系列数据（第 4 章）

描述统计的目标是通过组织和总结来实现对大量数据的简化。频数分布表和频数分布图能够将所有数据组织起来，因此可以通过这两种方式来对数据的整体进行观察。对集中趋势的测量通过找到一个分布的中心来描述这个分布。集中趋势还能够把所有分数压缩为一个具有代表性的值。变异性能够描述一组数据是分散的还是聚集的，并能提供一个指标来表示离散或者聚集的程度。

在这个部分呈现的这些基本的方法中，最常用的是计算数值型数据的均值和标准差。下面的练习能够帮助你强化这些技能。

练习

1. a. 描述统计的目标是什么？
   b. 如何把分数放在频数分布中？
   c. 如何测量集中趋势？
   d. 如何测量变异性？

2. 在例 1.1 中，第一组被试使用打印在纸上的材料，第二组被试使用呈现在电脑屏幕上的材料。研究目标是比较这两组被试在考试成绩上的差异。实际上 Ackerman 和 Goldsmith 在 2011 年进行了这个研究。在研究中，控制学生学习的时间。下表呈现了与研究结果相似的数据。表中的数据是两种情况下的被试的考试成绩。

在 20 个单选题中答对的题目数					
复习材料为纸质材料			复习材料为电子材料		
16	17	18	16	14	17
18	19	15	13	18	17
19	14	18	10	17	12
18	18	19	16	15	18
14	17	17	15	19	16
20	15	19	14	12	15
16	17	13	11	13	17

a. 画一个描述复习材料为纸质材料的被试的成绩的多边形图。在同一张图上画出复习材料为电子材料的被试的成绩（用两种不同的颜色或者用实线和虚线来区分）。基于你画的图，描述两组数据的区别。

b. 计算每组被试得分的均值。均值的结果与你在 a 中对两组的描述一致吗？

c. 计算每组的方差和标准差。根据方差和标准差的结果，哪组的数据更分散？

第二部分　推论统计基础

第 5 章　z 分数：分数的位置及标准化分布
第 6 章　概率和正态分布
第 7 章　概率和样本：样本均值的分布
第 8 章　假设检验介绍

回顾第 1 章，你应该知道统计方法可以被分为两类：组织和总结数据的描述统计以及使用样本中的有限信息来回答关于总体的问题的推论统计。许多研究都会同时使用这两种统计方法，来得到关于研究结果的全面认识。在本书的第一部分中，我们介绍了描述统计的方法，下面我们要开始介绍推论统计了。

然而，在学习推论统计之前，我们还有必要了解更多关于样本的知识。我们知道我们可以从同一个总体中得到几百个甚至几千个不同的样本。我们需要判断不同样本之间的关联以及样本与总体之间的关系。最后，我们需要一个鉴别样本是否能代表总体的系统。

在接下来的四章中，我们介绍了一些推论统计的基础概念和技术。总的来说，这几章建立了样本与总体之间正式的数量关系，而且介绍了判断样本中的数据能否代表总体的过程。在学习了这些基础知识之后，我们开始学习推论统计。也就是说，我们可以开始学习使用从研究中得到的样本数据来回答关于总体的问题的技能了。

第 5 章

z 分数：分数的位置及标准化分布

章节概览

学习本章需要使用的相关知识

下列术语是学好本章的关键背景知识。如果对这些知识有不明白之处，应复习先前学过的相关章节：

- 平均数（第 3 章）；
- 标准差（第 4 章）；
- 基础代数知识（数学复习，可参考附录 A）。

5.1 z 分数的介绍

前两章我们介绍了用来描述某个整体分数分布的平均数和标准差的概念。现在我们将注意力转移到分布中个体的分数上。这一章将介绍一种统计技术，它运用平均数和标准差把原始分数（X 值）转化成为 z 分数或标准分数，z 分数或标准分数用于描述每个分数在分布中的确切位置。

下面的例子将示范为什么 z 分数有用，以及如何将 X 值转换成 z 分数。

例 5.1

假设在一次统计测验中，你的分数是 76，这说明你做得如何？很明显你需要更多的信息来预测你的等级，76 分可能是班中最高分，也可能是最低分。为找出你的分数的位置，你必须有关于分布中其他分数的信息。例如，知道平均数将很有用。如果平均数是 70，你在班中的位置会比平均数为 85 的时候要好。很显然，你的分数在班上的位置依赖于平均数。然而，平均数本身不足以告诉你的分数在班中的精确位置。假设你知道统计测验的平均数是 70，你的分数是 76，高出平均数 6 分，但你仍不知道你的分数的精确位置，6 分可能是相对大的距离，且你的分数有可能是班上的最高分，6 分也可能是相对小的距离，且你的分数仅比平均数高一点儿。图 5—1 显示了考试分数的两种可能的分布，两个分布的平均数都是 70，但一个分布的标准差是 3，另一个分布的标准差是 12。注意：分数 76 在这两个分布中相对位置的差异是相当大的。当标准差是 3 时，你的分数极端靠右，是分布中的最高分之一。然而，在另一个标准差是 12 的分布中，你的分数仅比平均数高一点。因此，你的实际分数在分布中的相对位置依赖于平均数和标准差。

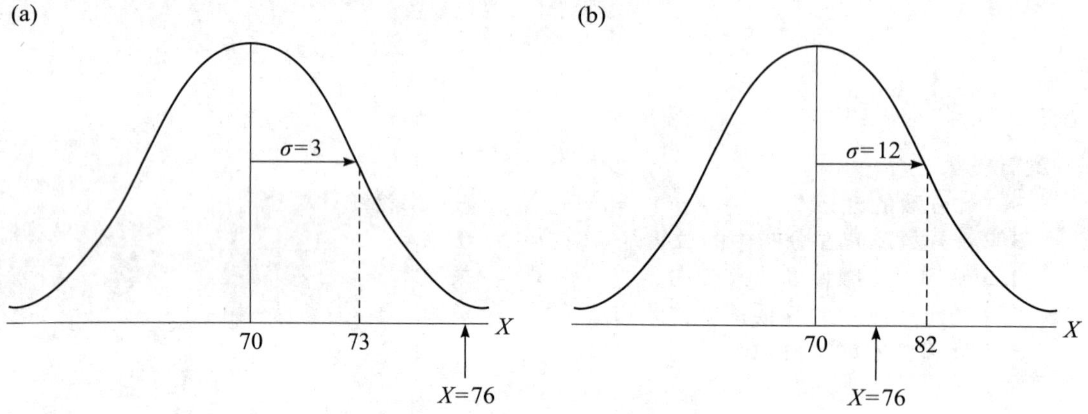

图 5—1　考试分数的两个分布。两个分布的平均数都是 70，但是一个分布的标准差是 3，另一个分布的标准差是 12，X=76 在这两个分布中的位置是不一样的。

例 5.1 的目的是演示分数本身没有提供更多的关于它在分布中的位置的信息。这些直接通过测量得到的、没有改变的分数称为原始分数（raw scores）。为了使它们更有意义，我们常把它们转化成包含有更多信息的新的值，这就是 z 分数的目的之一。特别是当我们把 X 值转化为 z 分数后，z 分数可以告诉我们原始分数在分布中的精确位置。

z 分数的第二个目的是使整个分数分布标准化，常用的标准化分布的例子是 IQ 分数的分布。尽管用来测量 IQ 的测验有很多种，这些测验分数常被标准化为平均数为 100，标准差为 15 的分布。因为所有不同的测验均被标准化，那么来自不同测验的分数就更易理解并可以进行比较。例如，无论使用哪一种 IQ 测验，我们都知道等于 95 的 IQ 值是略低于平均数的。同样，在任一种 IQ 测验中，IQ 为 145 的分值是相当高的分数。总之，标准化过程是考虑各种不同的分布并使它们相等，其优点是可以比较不同的分布，即使在标准化之前它们之间的差异相当大。

总体来说，把 X 值转化为 z 分数的过程有两大目的：

1. 每个 z 分数告诉我们原始分数在分布中的具体位置。

2. z 分数组成的标准化分布可直接同其他转化为 z 分数的分布相比较。

接下来将依次讨论这两个目的。

5.2　z 分数及其在分布中的位置

z 分数的主要目的是描述某分数在分布中的精确位置，z 分数通过把每个 X 值转化为带“+”或“−”的数字来完成此目的：

1. 正负号告诉我们分数位于平均数之上（“+”）还是之下（“−”）；

2. 数字告诉我们分数到平均数的距离等于几个标准差。

例如，在图 5—1a 中，分布的均值为 70，标准差为 3，那么原始分数 $X=76$ 可以被转化为 $z=+2.00$，它代表原始分数高于平均分（“+”），且距离等于 2 个标准差（6 分）。在图 5—1b 中，分布的均值为 70，标准差为 12，那么原始分数 $X=76$ 可以被转化为 $z=+0.50$，它代表原始分数高于平均分（“+”），但距离仅等于 1/2 个标准差（6 分）。

定义

z 分数能指出每个 X 值在分布中的具体位置。其中，z 分数的符号（+ 或 −）表示该分数在平均数之上还是之下，数字表示该分数到平均数的距离等于几个标准差。

注意，z 分数包含两部分：符号与数字。它们在完整地描述某原始分数在分布中的位置时都很必要。[①]

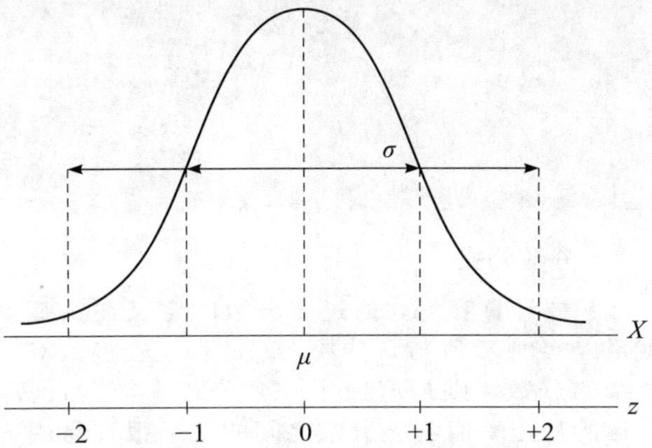

图 5—2　z 分数及其在总体中的位置。

图 5—2 显示了某总体分布，其中用 z 分数标出了不同的位置。大于平均数的所有分数的 z 分数都是正数，小于平均数的所有分数的 z 分数都是负数。z 分数的符号可立即告诉你该分数是大于平均数还是小于平均数。同时，z 分数 +1.00 表示该分数距平均数刚好一个标准差的距离，z 分数 +2.00 表示该分数距平均数刚好两个标准差的距离。z 分数的数字告诉我们该分数距离平均数的标准差数。最后要注意，图 5—2 没有给出关于总体平均数或标准差的具体值。对于所有分布来说，无论平均数和标准差是多少，由 z 分数表示的位置都是一样的。

学习检查

1. 表示分布中下列位置的 z 分数是多少？

a. 在平均数之下 2 个标准差处。

b. 在平均数之上 $\frac{1}{2}$ 个标准差处。

c. 在平均数之下 1.50 个标准差处。

2. 描述下列 z 分数所表示的原始分数在分布中的位置。（例如，$z=1.00$ 代表原始分数位于平均数之上 1 个标准差处。）

a. $z=-1.50$　b. $z=0.25$　c. $z=-2.50$　d. $z=0.50$

3. 总体平均数为 30、标准差为 8，找出下列每个分数的 z 分数：

a. $X=32$　b. $X=26$　c. $X=42$

4. 总体平均数为 50、标准差为 12，找出对应于下列 z 分数的 X 值：

a. $z=-0.25$　b. $z=2.00$　c. $z=0.50$

① 无论你在什么情况下处理 z 分数，你都应想象或画一幅与图 5—2 类似的图。尽管不是所有的分布都是正态的，但我们表示 z 分数值时可用正态图作为一个例子。

答案

1. a. $z=-2.00$　b. $z=+0.50$　c. $z=-1.50$
2. a. 在平均数之下1.50个标准差处
   b. 在平均数之上0.25个标准差处
   c. 在平均数之下2.50个标准差处
   d. 在平均数之上0.50个标准差处
3. a. $z=+0.25$　b. $z=-0.50$　c. $z=+1.50$
4. a. $X=47$　b. $X=74$　c. $X=56$

z 分数公式

只要计算容易，通过 z 分数的定义在头脑中就足以实现 X 值与 z 分数之间的相互转换。对于复杂的分数，则最好使用一个公式来辅助计算。幸运的是，X 值与 z 分数之间的关系很容易用一个公式来表达，把原始分数转换成 z 分数的公式为：

$$z=\frac{X-\mu}{\sigma} \qquad (5—1)$$

公式中的分子 $X-\mu$ 是离均差（见第4章），它测量的是 X 到平均数的距离，并表明 X 值是在平均数之上还是之下。用 X 与 μ 的差值除以 σ 是因为我们想用 z 分数以标准差为单位来衡量分数与平均数之间的距离。此公式与 z 分数定义中使用的计算是完全一样的。当数字难以计算时，结构化的公式更易用来组织计算，下面的例子示范了 z 分数公式的运用。

例 5.2

某分布平均数是100，标准差是10，那么 $X=130$ 在分布中的 z 分数是多少？

根据定义，因为130刚好在平均数之上3个标准差处，因此 z 分数是+3。使用 z 分数公式，可以得到：

$$z=\frac{X-\mu}{\sigma}=\frac{130-100}{10}=\frac{30}{10}=3.00$$

公式得到的结果与使用 z 分数定义得到的结果完全一样。

例 5.3

某分布平均数是86，标准差是7，那么 $X=95$ 在分布中的 z 分数是多少？

注意到这个问题可能不怎么容易，尤其是当你试图用 z 分数定义在头脑中进行计算时。然而，z 分数公式可组织好数字，并在计算器的帮助下使你完成最终的计算。使用公式可以得到：

$$z=\frac{X-\mu}{\sigma}=\frac{95-86}{7}=\frac{9}{7}=1.29$$

根据公式，$X=95$ 对应的 z 分数是1.29。z 分数指出该分数在平均数之上，略大于1个标准差。

使用 z 分数的公式会有助于理解其定义。例如，在例5.3中使用公式来计算 $X=95$ 对应的 z 分数，得到 $z=1.29$。若使用 z 分数的定义，$X=95$ 在平均数之上9分，略大于1个标准差（$\sigma=7$），因此断定 z 分数是正值且稍大于1。可以看到在这个例子中，z 分数的定义与公式计算得到的结果是完全一致的。但是，如果通过公式计算的结果与定义不一致（如得到了 $z=0.78$），即计算出了错误，你就需要再次检查你的计算。

根据 z 分数确定原始分数

尽管 z 分数公式（公式5—1）在把 X 值转换为 z 分数方面很方便，但当你想把 z 分数转换为 X 值时，使用该公式则有些吃力。一般来说，在把 z 分数转换为原始分数 X 时，使用 z 分数的定义比使用公式容易。但要牢记，z 分数是通过定义距平均数的方向和距离精确地描述原始分数的位置。因此，该转换可以通过公式来表现。我们从一个样本问题着手来展示如何创建这个公式。

某分布平均数是60，标准差是5，z 分数为−3.00，对应的 X 值是多少？

为了解决该问题，我们使用 z 分数定义仔细检验每步过程，该 z 分数表明 X 值在平均数之下3个标准差处。因此，计算的第一步是确定对应于3个标准差的距离，为 $3\times5=15$ 分。

下一步是找到低于平均数15分的 X 值，由于平均数为60，因此

$$X=\mu-15=60-15=45$$

两步可以合为一个公式：

$$X=\mu+z\sigma \qquad (5—2)$$

公式中，$z\sigma$ 是 X 的离均差，它决定了原始分数 X 距平均数的方向和距离大小。此处离均差是−15，或者说低于平均数15分。公式5—2简单地把平均数和离均差相结合得到 X 的精确值。

最后应注意，公式5—1和公式5—2其实是同一公式的不同表达。从它们中任一公式开始利用代数转换，可以很快求出另一个公式。这里我们把它作为练习，留给那些想做的人去完成。

z、X、μ 和 σ 间的关系

在大多数例子中，我们简单地将 X 值转换成 z 分数，或把 z 分数还原成 X 值。然而你应当记住，z 分数是建立在原始分数、平均数和标准差之间的相互关系上的。这种联系可以回答关于分数及其所在分布的很多不同的问题。下面的例子示范了它们之间的相互关系。

例 5.4

在某总体中，平均数是 65，某分数 $X=59$ 对应的 z 分数是 -2.00。总体的标准差是多少？

为了回答该问题，我们从 z 分数开始，z 分数表明该分数在平均数之下 2 个标准差处。通过简单的减法计算，你可以确定分数 $X=59$ 在平均数 65 之下 6 分处，因此 2 个标准差对应于 6 分的距离，也就是说标准差必须是 3。

例 5.5

某总体中标准差是 6，某分数是 33，对应的 z 分数是 $+1.50$，那么该总体的平均数是多少？

我们再次从 z 分数开始，该例中 z 分数 $+1.50$ 表明该分数在平均数之上，且到平均数的距离是 1.5 个标准差。因一个标准差是 6，那么这段距离应是 $1.50\times6=9$。因此该分数在平均数之上 9 分处。这个分数是 $X=33$，所以平均数必定是 24。

许多同学会发现对于像例 5.4 和例 5.5 中的问题，画一个能体现题目信息的分布图会更容易理解。在例 5.4 中，先画一个均值为 65 的分布（这里我们使用正态分布，如图 5—3 所示），分布的标准差未知，但你可以从均值的位置开始画一个代表 1 个标准差距离的箭头，然后用这个箭头来找到 $z=-2.00$ 的位置（低于均值 2 个标准差处），在此处标上 $X=59$。所有这些要素都表现在图 5—3 中，可以容易地看到 $X=59$ 位于平均数之下 6 分处，而 6 分对应着 2 个标准差的大小，因此得到标准差为 3。

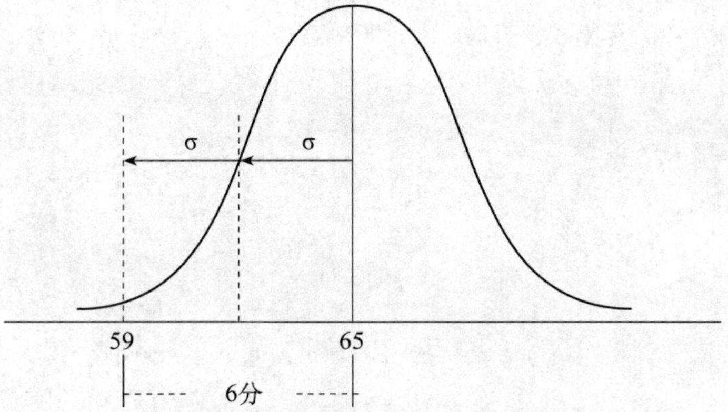

图 5—3 例 5.4 的分布图。如果 2 个标准差对应 6 分，那么标准差的大小必定为 3。

例 5.6

在一个总体分布中，分数 $X=54$ 对应 $z=+2.00$，分数 $X=42$ 对应 $z=-1.00$。那么该分布的均值和标准差各是多少？

解决该问题的关键是关注两个分数之间的距离。通过相减得到分数 $X=54$ 和 $X=42$ 之间的距离是 12 分。两个 z 分数亦提供了分数间距离的信息，即 $z=+2.00$ 说明 $X=52$ 位于平均数之上 2 个标准差处，$z=-1.00$ 说明 $X=42$ 位于平均数之下 1 个标准差处。因此，两个原始分数间的距离等于 $2+1=3$ 个标准差。即 12 分对应着 3 个标准差的距离，那么标准差为 4。那么下面可以通过任一原始分数和标准差来计算平均数。例如，$X=42$ 位于平均数之下 1 个标准差处，标准差为 4，那么平均数就等于 46。综上得到该分布的均值 $\mu=46$，标准差 $\sigma=4$。

可以再次看出，画一个分布图来解决类似例 5.6 这样的问题会更加容易。图 5—4 就是一个常见的分布图（与图 5—2 类似），其中的均值和标准差分别用线和箭头表示。我们在图中标出两个原始分数的位置，$X=42$ 标在平均数之下 1 个标准差处（$z=-1.00$），$X=54$ 标在平均数之上 2 个标准差处（$z=+2.00$）。此时可以看到两个分数之间的距离为 12 分，且对应着 3 个标准差。因此一个标准差为 $\sigma=4$。那么 $X=42$ 位于平均数之下 4 分处，因此均值为 $\mu=46$。同理，我们得到该分布的均值 $\mu=46$，标准差 $\sigma=4$。

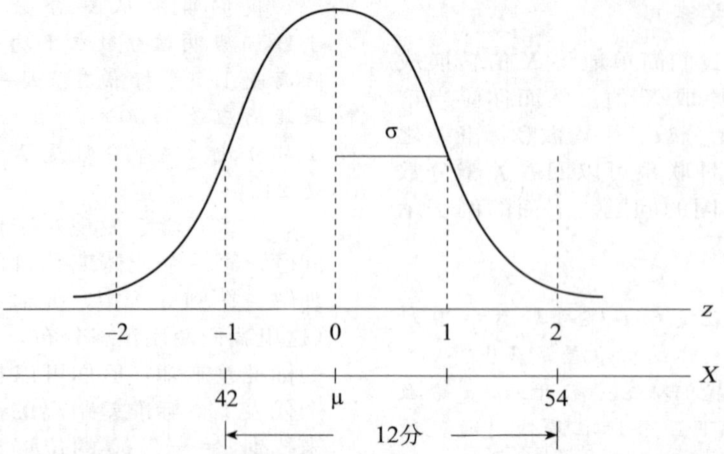

图5—4　例5.6的分布图。原始分数42与54之间的距离为12分，对应着3个标准差，因此标准差σ=4。X=42低于平均数1个标准差，因此平均数μ=46。

学习检查

1. 某分布的平均数是40，标准差是12，找出下列每个分数对应的 z 分数。

a. $X=36$　　b. $X=46$　　c. $X=56$

2. 某分布的平均数是40，标准差是12，找出下列每个 z 分数对应的 X 值。

a. $z=1.50$　　b. $z=-1.25$　　c. $z=\frac{1}{3}$

3. 某总体平均数是50，分数 $X=42$ 对应的 z 分数是 $z=-2.00$，那么该总体的标准差是多少？

4. 某总体的标准差是12，分数 $X=56$ 对应的 z 分数是 $z=-0.25$，那么该总体的平均数是多少？

答案

1. a. $z=-0.33$（或 $-\frac{1}{3}$）　b. $z=+0.50$　c. $z=1.33$（或 $1\frac{1}{3}$）

2. a. $X=58$　b. $X=25$　c. $X=44$

3. $\sigma=4$

4. $\mu=59$

5.3　使用 z 分数标准化某分布

可以把分布中的每一个 X 值都转化成对应的 z 分数，该过程的结果其实是把 X 的整个分布转换成 z 分数的分布（图5—5）。z 分数分布的特征使得 z 分数转换变得非常有用。如果每一个 X 值都被转换成 z 分数，那么 z 分数的分布具有以下特性。

1. 形状。z 分数分布与原始分数分布的形态相同，如果原分布是负偏态，那么 z 分数的分布也是负偏态；如果原分布是正态，那么 z 分数的分布也是正态。把原始分数转换成 z 分数并不改变它们在分布中的位置。例如，把任一个在平均数之上1个标准差处的原始分数转换成 z 分数+1.00，该 z 分数仍在平均数之上1个标准差处。从原始分数 X 到 z 分数的转换并不改变分数的位置，只是重新标记了每个分数（如图5—5所示）。正因为每个分数在分布中的位置不变，所以整个分布的形状没有发生改变。

2. 平均数。z 分布的平均数总为0。在图5—5中，原始分数 X 的分布的平均数是100，当把 X=100转换成 z 分数后，其结果是：

$$z=\frac{X-\mu}{\sigma}=\frac{100-100}{10}=0$$

因此，原始分布转换成 z 分数分布后，其平均数变成了0。事实上，z 分布的平均数是0，使得平均数成为一个更方便的参照点。从 z 分数的定义可知，所有正的 z 分数都在平均数之上，负的 z 分数都在平均数之下。简言之，对 z 分数来说，$\mu=0$。

3. 标准差。z 分布的标准差总是1。在图5—5

中，X 值的原始分布的平均数是 100，标准差是 10。在该分布中，$X=110$ 在平均数之上 10 分或者说 1 个标准差处。若被转换成 z 分数，得到 $z=+1.00$，位于 z 分数分布的平均数之上 1 分处。因此在原始分布中 10 分的距离被转化成了 z 分数分布中 1 分的距离。标准差为 1 的优点是，z 分数的数字刚好与距平均数的标准差数相同。例如，z 分数是 1.50，表明到平均数的距离刚好是 1.50 个标准差。

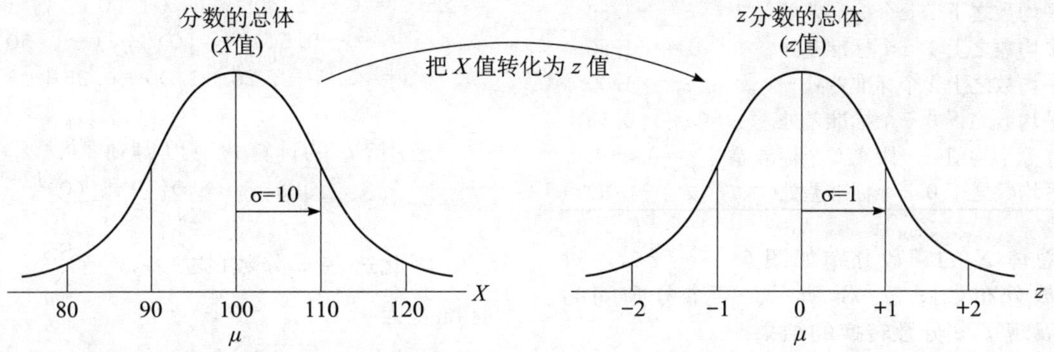

图 5—5　把原始分数的全部总体转换成 z 分数，转换过程并不改变总体分布的形状，但平均数转换为 0，标准差转换为 1。

图 5—5 显示了把原始分数 X 的分布转换成新的 z 分数分布的过程。事实上，没有必要创建整个分布，你可以把 z 转换简单地想成重新标记 X 值。也就是说，在 z 分数转换后你仍得到相同的分布，但现在每个值都是用 z 分数标记而不是用 X 值。图 5—6 示范了这个概念，该图是一个有两行标识符的分布，一行是 X 值，另一行是 z 分数。注意，z 分布的平均数是 0，标准差是 1。

当任意分布（其分布有任意平均数或标准差）被转换成 z 分数，其结果分布的平均数总为 0，标准差总为 1。因为所有的 z 分数分布的平均数和标准差均相同，因此 z 分数分布又被称为标准化分布。

定义

标准化分布是由一系列被转换的分数组成的，具有确定的平均数和标准差。标准化分布常被用来比较不同的分布。

z 分数分布就是一种标准化分布，其均值 $\mu=0$，标准差 $\sigma=1$。当任一分布（具有任意平均数和标准差）被转换为 z 分数分布后，这一转化后的分布均值总为 0，标准差总为 1。

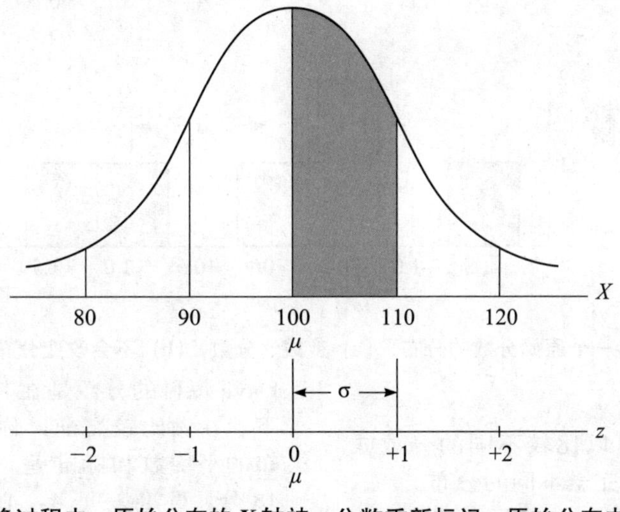

图 5—6　在 z 分数的转换过程中，原始分布的 X 轴被 z 分数重新标记。原始分布中 X 轴上一个标准差的距离（该例中为 10）相当于 z 分数分布中 1 分的距离。

z 分数转换的示范

前面已经阐述了 z 分数分布的基本特征，下面的例子给出了用 z 分数转换来创建一个新分布的过程，该分布的均值为 0，标准差为 1，且具有与原始分布相同的形态。

例 5.7

假设一个总体拥有 $N=6$ 个分数，分别为：

0，6，5，2，3，2。该总体的均值为 $\mu=\frac{18}{6}=3$，标准差为 $\sigma=2$（你可以自行验算）。

将原始分布中的每个 X 值转换为 z 分数，如下表所示：

$X=0$	在平均数之下 1.5 个标准差处	$z=-1.50$
$X=6$	在平均数之上 1.5 个标准差处	$z=+1.50$
$X=5$	在平均数之上 1 个标准差处	$z=+1.00$
$X=2$	在平均数之下 0.5 个标准差处	$z=-0.50$
$X=3$	恰好等于均值——距离 0 个标准差	$z=0$
$X=2$	在平均数之下 0.5 个标准差处	$z=-0.50$

原始总体 X 的频数分布如图 5—7a 所示，对应的 z 分数分布如图 5—7b 所示。两个分布间的简单比较展现了 z 分数转换的结果。

1. 两个分布具有相同的形态。每个个体在 X 的原始分布和 z 分数分布中具有相同的相对位置。

2. 进行 z 分数转换后，分布的均值变为了 0。对这些 z 分数来说，$N=6$，且 $\Sigma z=-1.50+1.50+1.00+-0.50+0+-0.50=0$。因此 z 分数分布的均值为 $\mu=\frac{\Sigma z}{N}=\frac{0}{6}=0$。

注意到分数 $X=3$ 位于原始分布的均值处，在进行 z 分数转换后对应 $z=0$，仍然位于 z 分数分布的均值处。

3. 进行 z 分数转换后，分布的标准差变为了 1。对这些 z 分数来说，$\Sigma z=0$，

$$\begin{aligned}\Sigma z^2 &= (-1.50)^2+(1.50)^2+(1.00)^2+(-0.50)^2+(0)^2+(-0.50)^2\\ &=2.25+2.25+1.00+0.25+0+0.25\\ &=6.00\end{aligned}$$

运用 SS 的计算式可以得到

$$SS=\Sigma z^2-\frac{(\Sigma z)^2}{N}=6-\frac{(0)^2}{6}=6.00$$

因此这些 z 分数的方差 $\sigma^2=\frac{SS}{N}=\frac{6}{6}=1.00$，标准差为

$$\sigma=\sqrt{1.00}=1.00$$

注意到分数 $X=5$ 在原始分布中高于平均数 2 分，位于原始分布平均数之上 1 个标准差处，在进行转换后对应的 z 分数高于平均数 1 分，亦位于 z 分数分布的平均数之上 1 个标准差处。

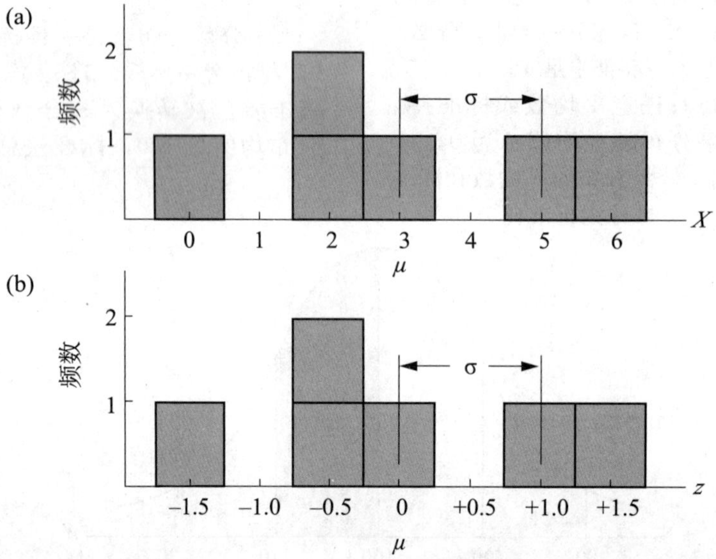

图 5—7 转换一个原始分数的分布，(a) 变成 z 分数，(b) 不会改变分布形状。

用 z 分数来比较

标准化的一个优点是可以比较不同的分数或不同的个体，即使它们来自完全不同的分布。

一般来说，当两个分数来自不同的分布时，不可能对它们进行直接的比较。例如，假设 Dave 在心理学考试中得 60 分，在生物测试中得 56 分，请问 Dave 在哪门课得到的成绩更好？

因为分数源于不同的分布，你不可能直接进行比较。若没有额外的信息，甚至不可能确定 Dave 每科的分数是在其平均数之上还是平均数之下。在做比较之前，你必须知道每个科目分数分布的平均数和标准差。假设生物测试的平均数是 48 分，标准差是 4，心理学考试的平均数是 50，标准差是 10。有了这些信息，你可以画出两个分布，并标出 Dave 的分数在分布中的位置，进而比较两个分数的位置。

另一种方法就是通过把两个分数转换成 z 分数来进行比较。Dave 的心理学课的 z 分数为：

$$z=\frac{X-\mu}{\sigma}=\frac{60-50}{10}=\frac{10}{10}=+1.00$$①

Dave 的生物课的 z 分数为：

$$z=\frac{56-48}{4}=\frac{8}{4}=+2.00$$

注意到 *Dave* 的生物课的 z 分数是＋2.00，表明该分数在平均分之上 2 个标准差处；心理学课的 z 分数是＋1.00，即在平均数之上 1 个标准差处。就分数在班级中的相对等级来看，*Dave* 在生物课上表现更好。需要注意的是，我们不能直接比较 *Dave* 在两门考试中的分数，因为这两个分数源于不同的分布，它们有不同的均值和标准差。但是，我们可以比较两个 z 分数，因为所有的 z 分数分布都有一样的均值（$\mu=0$）和标准差（$\sigma=1$）。

学习检查

1. 把平均数为 40、标准差为 8 的正态分布转化为 z 分数分布，描述其形状、平均数和标准差。

2. z 分数分布的平均数为 0，其优点是什么？

3. 某英语考试成绩的分布的平均数是 70，标准差是 4；某历史考试成绩的分布的平均数是 60，标准差是 20。问分数 X＝78 在哪一个考试中有更高的等级？

4. 某英语考试成绩的分布的平均数是 50，标准差是 12；某历史考试成绩的分布的平均数是 58，标准差是 4。问分数 X＝62 在哪一个考试中有更高的等级？

答案

1. z 分布是正态分布，且平均数是 0，标准差是 1。

2. 平均数为 0，你可以立即知道任一正数都在平均数之上，任一负数都在平均数之下。

3. 在英语考试中，78 的 z 分数是 2.00，在历史考试中，78 的 z 分数是 0.90，因而 78 在英语考试中的等级更高。

4. 在两个考试中，分数 62 对应的 z 分数都是＋1.00，因此该分数在两门考试中的等级相同。

5.4　基于 z 分数的其他标准化分布

把 z 分数转换成具有确定的平均数和标准差的分布

尽管 z 分数分布有明显的优势，但也有不足，因为它们包含有负号和小数。因此，通常的做法是把 z 分数转换成具有确定的平均数和标准差，且平均数和标准差都是整数的分布。目的是建立具有更“简单”的平均数和标准差的新（标准化）分布，但这并不改变任一分数在分布中的位置。这种类型的标准化分布常被用在心理和教育测试中。例如，学业能力测试（*SAT*）的原始分数被转换为平均数为 500、标准差为 100 的分布。智力测试的原始分数常被转换成平均数为 100、标准差为 15 的标准分数。因为 *IQ* 测试是标准化测试，故所有分布都有相同的平均数和标准差，所以 *IQ* 值之间可以进行比较，即使它们来自不同的测试。

为了创建新的平均数和标准差，标准化某分布的程序包含两个步骤：

1. 把原始分数转换成 z 分数。

2. 把 z 分数转换成新的 X 值，并使其具有特定的平均数和标准差。

该过程确定每个分数在新分布中的位置同在原 X 值分布中所处的位置一样，下例示范了这种标准化过程。

例 5.8

某测验的原始分数分布的平均数是 57，标准差是 14。教师想简化该分数分布，把所有的分数转换成一个新的标准化分布，使其平均数是 50，标准差是 10。为了示范这一过程，我们以两名学生的分数为例，看它们在转换过程中发生了什么变化：

Maria 的原始分数是 64；Joe 的原始分数是 43。

步骤 1　把每个原始分数转换成 z 分数

Maria 的原始分数是 64，那么她的 z 分数为：

---

① 这里使用的 μ 和 σ 是 X 所属分布的均值和标准差。

$$z=\frac{X-\mu}{\sigma}=\frac{64-57}{14}=+0.5$$

Joe 的原始分数是 $X=43$，则他的 z 分数为：

$$z=\frac{X-\mu}{\sigma}=\frac{43-57}{14}=-1.0$$

步骤 2　把 z 分数转换成标准化分数，使新分布的平均数为 50，标准差是 10。

Maria 的 z 分数表明她的分数比平均数高 0.5 个标准差，那么在新（标准化）的分布中，它所对应的分数是 $X=55$（在平均数之上 5 分处）。

Joe 的 z 分数表明它在平均数之下刚好 1 个标准差处，在新分布中，它所对应的位置是 $X=40$ 处（在平均数之下 10 分处）。

这两步转换过程的结果在表 5—1 中给出。注意，Joe 的分数在原始分布和新的标准化分布中的 z 分数都是 -1.00，这就意味着 Joe 在班中相对于其他同学的位置没有改变。

表 5—1　当总体标准化时两个个体分数的变化。

	原始分数 $\mu=57$，$\sigma=14$		z 分数位置		标准化分数 $\mu=50$，$\sigma=10$
Maria	$X=64$	→	$z=+0.50$	→	$X=55$
Joe	$X=43$	→	$z=-1.00$	→	$X=40$

图 5—8 给标准化某分布不改变单个分数在分布中的位置这一概念提供了另一种示范。该图呈现了来自例 5.8 的原始分数，其平均分数是 57，标准差是 14。在原始分布中，Joe 位于 $X=43$ 处。除原始分数外，我们还有第二种显示分布中每个位置的 z 分数。就 z 分数而言，Joe 的分数位于 -1.00 处。最后，我们在第三种分布中呈现平均数为 50 的标准化分数，在标准化分数中，Joe 位于 $X=40$ 处。注意 Joe 总在分布的相同位置，唯一发生改变的是指派给 Joe 的数字：在原始分数中 Joe 是在 43 处；而在 z 分数分布中，Joe 位于 -1.00 处；在标准化分布中，Joe 位于 40 处。

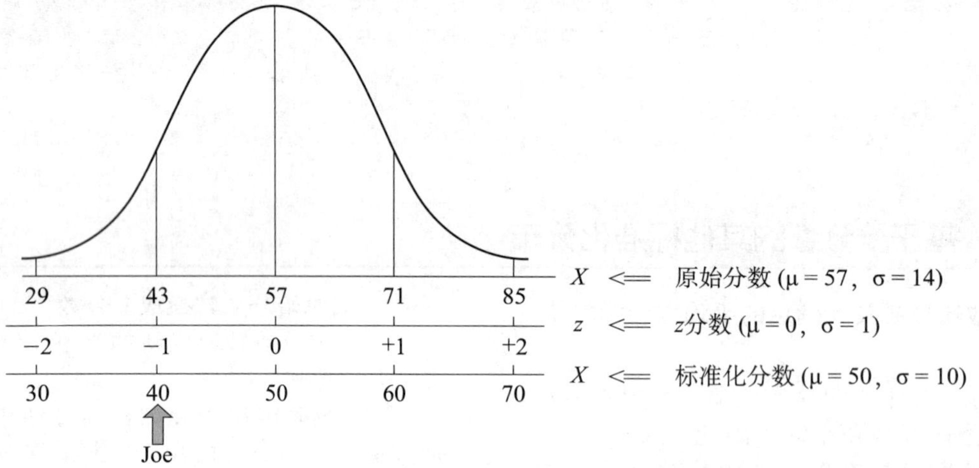

图 5—8　源自例 5.8 的考试分数分布图。原分布标准化后产生了一个新的分布，新分布的平均数是 50，标准差是 10。注意，每个个体的原始分数、z 分数及新的标准化分数的位置都是一样的。例如，Joe 得到的原始分数是 43，z 分数是 -1.00，标准化分数是 40。

学习检查

1. 某总体平均数是 73，标准差是 8。如果把该分布转换成平均数是 100，标准差是 20 的新分布，那么下列每个分数在新分布中对应的值是多少？

a. $X=65$　　b. $X=71$　　c. $X=81$　　d. $X=83$

2. 一个总体的均值是 44，标准差是 6，经标准化后转化为一个新的分布，其均值为 50，标准差为 10。

a. 原始分布中的分数 $X=47$ 在新分布中对应的值是多少？

b. 某个体在新分布中的分数是 $X=65$，那么他的原始分数是多少？

答案

1. a. $z=-1.00$，$X=80$　b. $z=-0.25$，$X=95$
c. $z=1.00$，$X=120$　d. $z=1.25$，$X=125$
2. a. $z=+0.50$，对应新分布中 $X=55$
b. $z=+1.50$，对应原始分布中 $X=53$

5.5　计算样本的 z 分数

上述 z 分数的计算都是在总体的背景下进行的，但是同样的规则也适用于样本的 z 分数计算。样本 z 分数的定义与总体 z 分数的定义是相同的，因此可以通过样本均值和样本标准差来计算样本的 z 分数。对于一个样本来说，每一个原始分数 X 都可以转化为 z 分数，这就使得：

1. z 分数的符号代表原始分数 X 高于（+）或低于（−）平均数。

2. z 分数的数字代表原始分数 X 与样本均值之间的距离等于多少个样本标准差。

用公式来表示，每一个 X 值对应的 z 分数为：

$$z=\frac{X-M}{s} \tag{5—3}$$

类似地，每一个 z 分数也可以转换为原始分数 X：

$$X=M+zs \tag{5—4}$$

例 5.9

某一个样本的均值为 $M=40$，标准差为 $s=10$，那么原始分数 $X=35$ 对应的 z 分数是多少？$z=+2.00$ 对应的原始分数又是多少？

原始分数 $X=35$ 位于平均数以下 5 分，即 0.5 个标准差的位置，因此其对应的 z 分数为−0.50。z 分数+2.00 对应的原始分数应位于平均数以上 2 个标准差的位置，即高于平均数 20 分，因此对应的 $X=60$。无论使用 z 分数的定义还是计算公式都能够得到这样的结果。

标准化样本分布

如果一个样本中的所有分数都被转化为 z 分数，那么结果就是得到了一个 z 分数的样本。这种转化而来的 z 分数的分布拥有与总体 z 分数分布同样的性质，即：

1. z 分数的样本分布的形状与原始分数的样本分布是相同的。

2. z 分数的样本分布的均值为 0。

3. z 分数的样本分布的标准差为 1。

注意，这里一系列的 z 分数仍被视为一个样本（就像是一系列的原始分数 X），所以在计算方差和标准差的时候要运用适用于样本的公式。下面的例子展示了将原始分数的一个样本转化为 z 分数的过程。

例 5.10

一个样本包含 5 个分数：0，2，4，4，5。经过计算可以得到样本均值 $M=3$，样本方差 $s^2=4$，样本标准差 $s=2$。利用样本均值和样本标准差可以将每个 X 转化为 z 分数。例如，$X=5$ 位于样本均值之上 2 分，即 1 个标准差处，那么它对应的 $z=+1.00$。整个样本对应的 z 分数见下表。

X	z
0	−1.50
2	−0.50
4	+0.50
4	+0.50
5	+1.00

经计算可以得到 z 分数的总和为 0，那么其均值 $M_z=0$。

因为 z 分数的均值为 0，每个 z 分数的值就代表了它与均值的距离，因此 z 分数的平方和就等于离均差平方和。对这组 z 分数来说，

$$\begin{aligned}SS=\Sigma z&=(-1.50)^2+(-0.50)^2+(+0.50)^2+(+0.50)^2+(+1.00)^2\\&=2.25+0.25+0.25+0.25+1.00\\&=4.00\end{aligned}$$

那么对于该 z 分数样本，其方差

$$s_z^2=\frac{SS}{n-1}=\frac{4}{4}=1.00①$$

标准差 $s_z=\sqrt{1.00}=1.00$。事实上，z 分数分布的均值总是 0，标准差总是 1。

5.6　推论统计展望

推论统计是一种利用样本信息来回答关于总体的问题的技术。在以后的章节里，我们将使用

① 注意，这一系列 z 分数是一个样本，因此计算方差和标准差时要使用样本的公式，其中 $df=n-1$。

推论统计帮助解释研究结果。在典型的研究中，研究问题往往是一种实验处理如何影响某个总体中的个体。由于研究整个总体往往是不可能的，因此研究者会抽取一个样本并对该样本进行处理。然后，研究者把样本同原始总体进行比较（见图5—9）。如果样本个体明显不同于总体，研究者有证据证明这种处理方法有效。如果样本个体与总体没有明显的不同，那么很可能该处理无效。

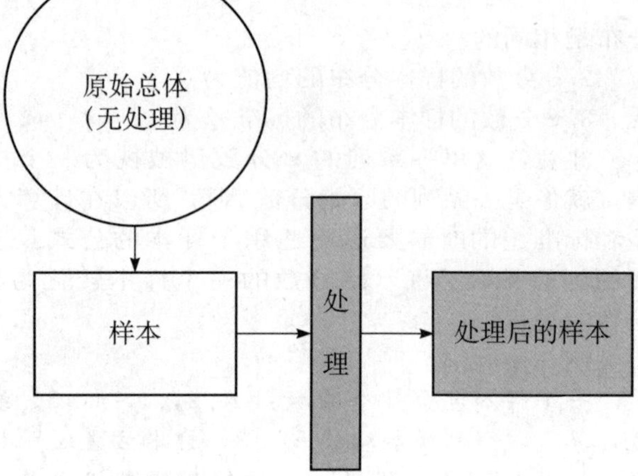

图5—9 研究流程图。研究目的是评估处理的效果，从总体中选出一个样本，并对该样本进行处理。如果在处理后，样本中的个体明显不同于总体中的个体，那么我们有足够的理由认为该处理有显著效果。

注意，对研究结果的解释依赖于该样本是否显著不同于总体。一种判断的方法就是利用 z 分数。例如，如果一个个体的 z 分数约为 0，距离总体均值很近，那么他会被视为一个具有代表性的或典型的个体。但是，如果一个个体的 z 分数很极端，如在 $+2.00$ 或 -2.00 以外的范围，那他就会被认为与总体中的大多数个体都不一样。因此，我们可以通过 z 分数来帮助确定实验处理是否会带来变化。具体而言，如果一个经过实验处理的个体拥有极端的 z 分数，那么我们可以推断该实验处理是有效的。下面的例子示范了这一判断过程。

例 5.11

某研究者在研究一种新的生长激素的作用。已知成年老鼠平均体重为 $\mu=400$ 克，每只老鼠的体重都不一样，且总体分布是正态分布，标准差是 $\sigma=20$ 克。图5—10显示了总体分布。研究者选择了一只新生的老鼠并给它注射这种激素，当这只老鼠成熟时，测量其体重，以判断这种激素是否有效。

假设该老鼠重418克，虽然它高于未受处理的老鼠体重的平均值（$\mu=400$），但是能证明这种激素是有效的吗？如果看图5—10的分布，你应当知道体重418克与没有注射激素的老鼠的体重没有明显的不同。事实上，这只被注射了激素的老鼠的体重位于普通老鼠的体重分布的中心位置，其 z 分数为

$$z=\frac{X-\mu}{\sigma}=\frac{418-400}{20}=\frac{18}{20}=0.90$$

由于这只被注射了生长激素的老鼠的体重与其他普通的没有被注射生长激素的老鼠看起来是一样的，因此可以推断激素没有明显的效果。

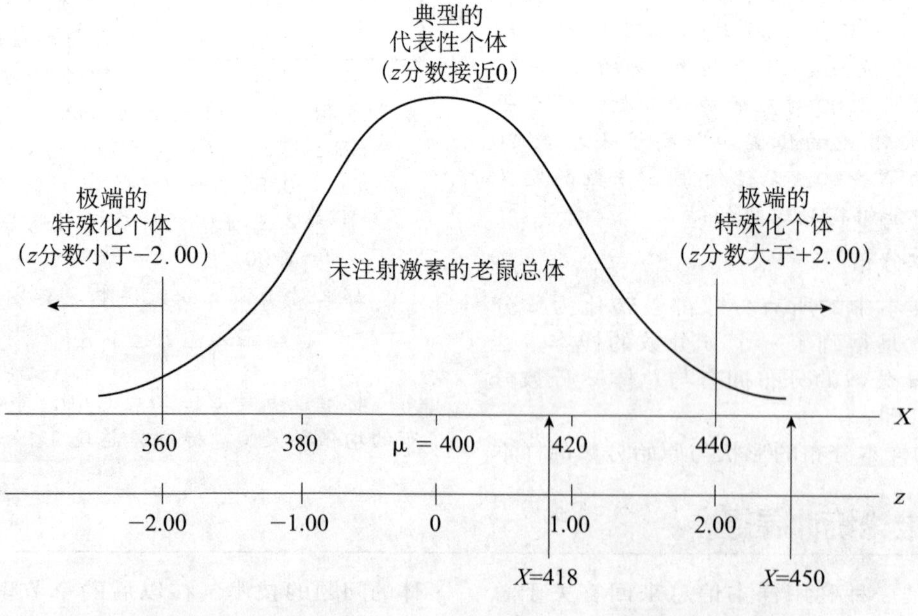

图5—10 成年老鼠的体重的总体分布。注意，在分布中，z 分数在0附近被认为是典型的、有代表性的个体。z 分数在 $+2.00$ 和 -2.00 之外的个体被认为是极端的、与总体分布中其他大多数个体不同的个体。

现假设注射后的成年老鼠体重为450克，那么在常规老鼠体重的分布中，这只老鼠的z分数为

$$z=\frac{X-\mu}{\sigma}=\frac{450-400}{20}=\frac{50}{20}=2.50$$

在该例中，这只被注射了生长激素的老鼠比大多数没有注射激素的老鼠重得多，因而有足够的理由推断这种生长激素明显影响体重。

在前面的例子中，我们运用z分数来帮助解释从一个样本中获得的结果。具体来说，如果接受了实验处理的个体与没有接受实验处理的个体相比拥有极端的z分数，那么我们可以推断这种实验处理是有效的。但是，这个例子运用了一个主观的标准来定义z分数是否显著不同，比如把z分数位于0附近的个体视为总体的“高度代表”，把z分数超出±2.00的个体视为“极端值”。尽管这是合理的，但你应该意识到这些z分数的界限不是由任何数学规则决定的。在下一章我们将介绍概率，它将就如何设定界限给我们一个理论依据。

学习检查

1. 一个样本的均值 $M=40$，标准差 $s=12$，找出下列原始分数 X 对应的 z 分数。

   $X=43$　　$X=58$　　$X=49$

   $X=34$　　$X=28$　　$X=16$

2. 一个样本的均值 $M=80$，标准差 $s=20$，找出下列 z 分数对应的原始分数 X。

   $z=-1.00$　　$z=-0.50$　　$z=-0.20$

   $z=1.50$　　$z=0.80$　　$z=1.40$

3. 一个样本的均值 $M=85$，原始分数 $X=80$ 对应的 $z=-0.50$，那么该样本的标准差是多少？
4. 一个样本的标准差 $s=12$，原始分数 $X=83$ 对应的 $z=0.50$，那么该样本的均值是多少？
5. 一个样本的均值 $M=30$，标准差 $s=8$。

a. 在这个样本分布中，原始分数 $X=36$ 会被视为一个靠近中心位置的分数还是一个极端分数？

b. 如果标准差 $s=2$，结果如何？

答案

1. $z=0.25$　　$z=1.50$　　$z=0.75$

   $z=-0.50$　　$z=-1.00$　　$z=-2.00$

2. $X=60$　　$X=70$　　$X=76$

   $X=110$　　$X=96$　　$X=108$

3. $s=10$
4. $M=77$
5. a. $z=0.75$，X 被视为一个靠近中心的分数。

b. $z=3.00$，X 被视为一个极端的分数。

▼ 小结

1. 每个 X 值都可以被转换成 z 分数，z 分数标明 X 值在分布中的精确位置。z 分数的符号表示该分数位于平均数之上（正值）或之下（负值），z 分数的数字表示 X 到平均数的标准差个数。

2. z 分数公式用来把 X 转换成 z 分数。对于一个总体，

$$z=\frac{X-\mu}{\sigma}$$

对于一个样本，

$$z=\frac{X-M}{s}$$

3. 把 z 分数转换成 X 值，运用 z 分数的定义通常比 z 分数公式更简单，但这一公式可以转化为一个新的公式：

对于一个总体，$X=\mu+z\sigma$

对于一个样本，$X=M+zs$

4. 当 X 值的整个分布被转换成 z 分数时，其结果便是 z 分数分布。z 分数分布同原分布形状相同，且总是平均数为0，标准差为1。

5. 当比较不同分布中的原始分数时，一种方法是用 z 分数转换为标准化分布。转换后的分布可以比较，因为它们有同样的参数（平均数为0，标准差为1）。在实际运用中，仅需转换参与比较

的原始分数。

6. 任一分布都可以进行标准化，首先把原始分数 X 转换为 z 分数，然把 z 分数转换成新的具有确定的均值和标准差的分布。

7. 在推论统计中，z 分数给特定分数在多大程度上代表它的总体提供了一种客观的判断方法。z 分数接近 0 表明该分数靠近平均数，因此具有代表性；z 分数大于 +2.00（或小于 −2.00）表明该分数是极端值，明显地不同于分布中的其他分数。

▼关键术语

原始分数　离均差分数　标准化分布　z 分数　z 分数转换　标准化分数

▼资源

➤SPSS

有关 SPSS 的基本介绍可参见附录 D。下面介绍如何用 SPSS 将一个样本的原始分数 X 转化为 z 分数。

数据输入

在数据编辑器中输入所有分数，比如其变量名为 VAR00001。

数据分析

1. 点击工具栏中的 Analyze，选择 Descriptive Statistics，然后点击 Descriptive。

2. 在左侧的框里选择这一系列数据的列标签（VAR00001），点击箭头将其移动到 Variable 框中。

3. 选中 Descriptive 窗口下方的 Save standardized values as variables 选项。

4. 点击 OK。

输出结果

SPSS 会输出样本量（N）、最大分数、最小分数、平均数和标准差。除此之外，如果你返回 SPSS 数据编辑器，你会发现 SPSS 生成了新的一列显示每一个 X 值对应的 z 分数。

注意：SPSS 是在假定这一系列分数是一个样本的情况下计算平均数和标准差的，因此是用样本标准差而不是总体标准差公式来计算 z 分数。然而，如果你用的这些分数是总体的，SPSS 会得出不正确的 z 分数，你可以通过把每个 z 分数乘以 $\frac{n}{(n-1)}$ 的平方根来把 SPSS 输出值转化为总体的 z 分数。

➤关注问题解决

1. 当你把 X 值转换为 z 分数（或 z 分数转换为 X 值）时，不能完全依靠公式。在你计算之前，用 z 分数（符号和数字）的定义对答案做初步的估计可以避免因粗心而产生的错误。例如，一个 $z=-0.85$ 的 z 分数表明该分数在平均数之下约一个标准差处。当计算 X 值的 z 分数时，应确定你的答案比平均数小并检查 X 到 μ 的距离应略小于标准差。

2. 当比较来自有不同标准差的分布的分数时，确定在 z 分数公式中 μ 和 σ 的正确值是很重要的。我们常使用原始分数所在的分布的参数。

3. 记住，z 分数特指分数在其分布中的相对位置，z 分数是相对值，不是绝对值。例如，z 分数 −2.00 并不一定表明原始分数非常小，它只简单地说明原始分数在其分布中所处的位置非常低。

➤示例 5.1

把 X 值转换成 z 分数

某分布平均数是 60，标准差是 12，找出 $X=75$ 的 z 分数。

步骤 1　确定 z 分数的符号。

首先确定 X 值是在平均数之上还是之下，这将决定 z 分数的符号。在该例中，X 值比平均数大，所以 z 分数应是正数。

步骤 2　找出 X 与 μ 之间的距离并转化为标准差数。

该距离可通过计算离均差数求得。

$$离均差 = X-\mu=75-60=15$$

因此分数 $X=75$ 比平均数大 15。

该距离对应于 $\frac{15}{12}=1.25$ 个标准差。

步骤 3　把步骤 1 求得的符号同步骤 2 求得的数字结合起来。

原分数在平均数之上，所以 z 分数必须是正数（步骤 1）。该数为：

$$z=+1.25$$

步骤 4　应用 z 分数计算公式检查答案。

例如，$X=75$，$\mu=60$，$\sigma=12$，

$$z=\frac{X-\mu}{\sigma}=\frac{75-60}{12}=\frac{+15}{12}=+1.25$$

➤示例 5.2

把 z 分数转化为 X 值

某总体平均数是 60，标准差是 12，对应 z 分数是 −0.50 的 X 值是多少？

步骤 1　确定 X 相对于平均数的位置。

z 分数为 -0.50 说明 X 在平均数之下半个标准差处。

步骤2 将标准差距离转化为分数的距离。

在该分布中，一个标准差是 12，因此 X 离平均数的标准差距为 $0.5\times 12=6$。

步骤3 确定 X 值。

所求 X 值比平均数低 6 分。因此，$X=60-6=54$。

➢练习题

1. 描述某 z 分数提供的精确信息。

2. 某分布的标准差是 10，找出位于下列每个位置上的 z 分数。

a. 比平均数大 5 的位置。

b. 比平均数大 2 的位置。

c. 比平均数小 20 的位置。

d. 比平均数小 15 的位置。

3. 某分布的标准差是 20，对于下列每个 z 分数，确定它们在平均数之上还是之下，离平均数多远。例如，z 分数 $+1.00$ 对应的位置是在平均数之上 20 的位置。

a. $z=+2.00$

b. $z=+0.50$

c. $z=-1.00$

d. $z=-0.25$

4. 某总体平均数为 80，标准差是 10。

a. 找出下列每个 X 值的 z 分数。注意，你应当能用 z 分数的定义求出这些值，而不需要用公式或做复杂的计算。

$X=75$　　$X=100$　　$X=60$

$X=95$　　$X=50$　　$X=85$

b. 找出下列每个 z 分数对应的 X 值。注意，你应当用 z 分数定义来求，而不是用公式或更为复杂的计算。

$z=1.00$　　$z=0.20$　　$z=1.50$

$z=-0.50$　　$z=-2.00$　　$z=-1.50$

5. 某总体平均数是 40，标准差是 11，找出下列每个 X 值对应的 z 分数，注意，可能需要用公式和计算器来找这些值。

$X=45$　　$X=52$　　$X=41$

$X=30$　　$X=25$　　$X=38$

6. 某总体平均数是 100，标准差是 20。

a. 在该总体中，找出下列每个分数对应的 z 分数。

$X=108$　　$X=115$　　$X=130$

$X=90$　　$X=88$　　$X=95$

b. 在同一总体中，找出下列每个 z 分数对应的 X 值。

$z=-0.40$　　$z=-0.50$　　$z=1.80$

$z=0.75$　　$z=1.50$　　$z=-1.25$

7. 某总体平均数是 60，标准差是 12。

a. 在该总体中，找出下列每个分数对应的 z 分数。

$X=69$　　$X=84$　　$X=63$

$X=54$　　$X=48$　　$X=45$

b. 在同一总体中，找出下列每个 z 分数对应的 X 值。

$z=0.50$　　$z=1.50$　　$z=-2.50$

$z=-0.25$　　$z=-0.50$　　$z=1.25$

8. 某样本平均数 $M=30$，标准差 $s=8$，找出该样本中下列每个 X 值对应的 z 分数。

$X=32$　　$X=34$　　$X=36$

$X=28$　　$X=20$　　$X=18$

9. 某样本平均数 $M=25$，标准差 $s=5$。找出下列每个 z 分数对应的 X 值。

$z=0.40$　　$z=1.20$　　$z=2.00$

$z=-0.80$　　$z=-0.60$　　$z=-1.40$

10. 找出 $X=45$ 在下列每个分布中对应的 z 分数。

a. $\mu=40$，$\sigma=20$

b. $\mu=40$，$\sigma=10$

c. $\mu=40$，$\sigma=5$

d. $\mu=40$，$\sigma=2$

11. 在下列每个分布中找出 $z=0.25$ 对应的 X 值。

a. $\mu=40$，$\sigma=4$

b. $\mu=40$，$\sigma=8$

c. $\mu=40$，$\sigma=16$

d. $\mu=40$，$\sigma=32$

12. 某分数比平均数小 6，它所对应的 z 分数是 -2.00，那么该总体的标准差是多少呢？

13. 某分数比平均数高 9，其对应的 z 分数是 1.50，那么该总体的标准差是多少呢？

14. 某总体标准差是 12，某分数 $X=44$ 对应的 z 分数是 -0.50，总体平均数是多少呢？

15. 某样本标准差是 8，某分数 $X=65$ 对应的 z 分数是 $+1.50$，样本平均数是多少呢？

16. 某样本平均数是 51，某分数 $X=59$ 对应的 z 分数是 2.00，样本标准差是多少？

17. 某总体平均数是 70，某分数是 64，其对应的 z 分数是 -1.50，总体标准差是多少？

18. 对于某测试分数总体，$X=28$ 对应的 z 分数是 -1.00，$X=34$ 对应的 z 分数是 -0.50。找出总体平均数和标准差。（提示：画出分布并标出这两个分数在图中的位置。）

19. 在某样本分布中，$X=56$ 对应的 z 分数是 $+1.00$，$X=47$ 对应的 z 分数是 -0.50。找出该

样本平均数和标准差。

20. 在下列每个总体中，$X=50$ 是中间值（靠近分布的中央）还是极端值（分布的边缘）?

a. $\mu=45$，$\sigma=10$

b. $\mu=45$，$\sigma=2$

c. $\mu=90$，$\sigma=20$

d. $\mu=60$，$\sigma=20$

21. 假设在某场考试中，平均数是78。

a. 如果你的分数是70，在以下哪个分布中你的等级更好，$\sigma=4$ 还是 $\sigma=8$?

b. 如果你的分数是80，在以下哪个分布中你的等级更好，$\sigma=4$ 还是 $\sigma=8$?

22. 下列每种情况中获得较高等级的考试分数是哪一个？解释你的答案。

a. 分数 $X=74$，考试成绩均值 $\mu=82$，标准差 $\sigma=8$；或分数 $X=40$，考试成绩均值 $\mu=50$，标准差 $\sigma=20$。

b. 分数 $X=51$，考试成绩均值 $\mu=45$，标准差 $\sigma=2$；或分数 $X=90$，考试成绩均值 $\mu=70$，标准差 $\sigma=20$。

c. 分数 $X=62$，考试成绩均值 $\mu=50$，标准差 $\sigma=8$；或分数 $X=23$，考试成绩均值 $\mu=20$，标准差 $\sigma=2$。

23. 把平均数是38、标准差是5的分布转换成平均数是50、标准差是10的新标准化分布。找出下列原分布的每个值在新的标准化分布中对应的分数值。

a. $X=39$　b. $X=43$　c. $X=35$　d. $X=28$

24. 把平均数是76、标准差是12的分布转换成平均数是100、标准差是20的新标准化分布。找出下列原分布的每个 X 值在新的标准化分布中对应的分数值。

a. $X=61$　b. $X=70$　c. $X=85$　d. $X=94$

25. 某总体包含下列 $N=5$ 个分数：0，6，4，3，12。

a. 计算总体平均数和标准差。

b. 找出该总体中每个分数的 z 分数。

c. 把原总体分布转换为平均数是100，标准差是20的新的总体分布。

26. 某样本包含下列 $n=7$ 个分数：5，0，4，5，1，2，4。

a. 计算样本平均数和标准差。

b. 找出该样本中每个分数的 z 分数。

c. 把原样本分布转换为平均数是50，标准差是10的新的样本分布。

第 6 章

概率和正态分布

章节概览

学习本章需要使用的相关知识

下列术语是学好本章的关键背景知识。如果对这些知识有不明白之处，应复习先前学过的相关章节。

- 比例（数学复习，附录 A）：
  分数；
  小数；
  百分数。
- 基础代数（数学复习，附录 A）。
- z 分数（第 5 章）。

6.1 概率简介

在第1章，我们介绍了研究经常以关于总体的问题开始，但是实际的研究是通过样本进行的。在这种情况下，推论统计的作用是以样本数据作为基础来回答关于总体的问题。为了达到这个目的，推论的过程主要基于概率的概念。特别地，样本和总体的关系经常根据概率来定义。

例如，假设你从有50个白球、50个黑球的罐子里拿出一个球（在这个例子中，装球的罐子是总体，拿出的一个球是样本）。尽管你不能保证样本的确切结果，但是可以根据概率讨论可能的结果。在这个例子中，你拿到黑球和白球的概率是50∶50。现在考虑另外一个罐子（总体），其中有90个黑球和10个白球。同样，你不能确认样本的确切结果，但是你知道样本更可能是黑球。通过了解总体的组成，我们能确定得到一个特定样本的概率。基于这种方法，概率给了我们样本和总体的联系，并且这种联系是后面章节介绍的推论统计的基础。

你可能注意到，先前的例子是以总体开始的，然后用概率描述可能得到的样本。这恰好与我们想用推论统计做的相反。记住，推论统计的目的是从样本开始，然后回到关于总体的问题。我们将通过两个步骤达到这个目的。第一步，我们将概率作为总体到样本的桥梁。这一步确定可能来自特定总体的样本种类。一旦建立了这个桥梁，我们便可反向使用概率法则从样本推论总体（见图6—1）。将概率关系逆转的方法可以用先前罐子和球的例子证明。（第一个罐子有50个黑球，50个白球；第二个罐子有90个黑球，10个白球。）这一次，假设你抽取样本的时候被蒙住双眼，你的任务是根据样本确定你是从哪个罐子抽取的。如果你选择了一个$n=4$个球的样本，并且所有球是黑色的，这个样本来自哪个罐子？可以很清楚地说，它不太可能是从第一个罐子里抽取的。因为在4次抽取中，你至少应当拿到1个白球。另一方面，这个样本很可能来自第二个罐子，因为里面几乎所有的球都是黑色的。因此你的结论是样本很可能来自第二个罐子。注意，现在你就是在使用样本来推论总体信息。

概率的定义

概率是一个超出入门统计学范围的很大的概念，在这里我们不做过多的解释。但是，我们将介绍一些推论统计所需要的概念和定义。我们从相对简单的概率的定义开始。

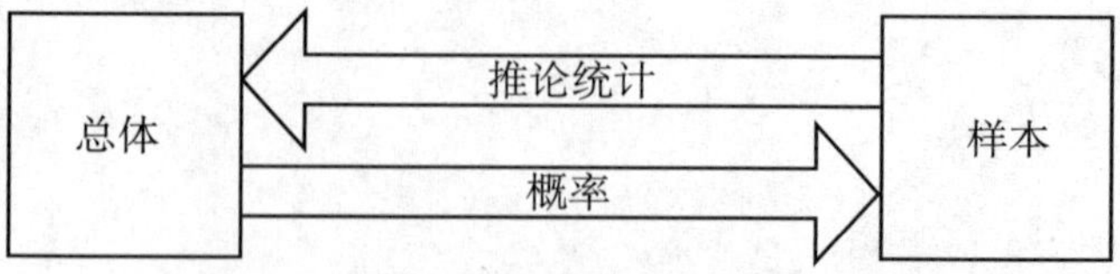

图6—1　概率在推论统计中的作用。概率被用来推断从总体中可能得到哪种样本。因此，概率建立了样本与总体间的联系。当推论统计用样本数据来得出总体的结论时，它依赖于这个联系。

> **定义**
>
> 在一种可能有不同结果的情境下，我们将概率定义为任何可能的结果的比例。如果可能的结果被定义为A、B、C、D等，那么：
>
> A的概率＝分类为A的结果的数量/所有可能结果的数量

例如，你从一副纸牌中抽取一张，有52种可能的结果。抽到红桃K的可能性为$p=1/52$。抽到A的可能是$p=4/52$，因为一副纸牌中有4个A。

为了简化关于概率的讨论，我们将使用一个简化语言的符号系统。一个特定结果的概率将被记做p（），后面的括号里注明特定的结果。例如，在一副纸牌中抽到K的概率为p（K）。扔硬币时得到头像的概率为p（头像）。

注意，概率被定义为比例，或总体的一部分。这个定义使我们能够将概率问题转化为比例问题。例如，概率问题“在一副纸牌中抽到K的概率是多少”可转述为“一副纸牌中有多大比例的K”。在每种情况下，答案是4/52。这种概率到比例的转化现在看起来可能很琐碎，但是当概率问题复杂的时候，它很有帮助。在大多数情况下，我们关注从总体中得到一个特定样本的概率。例如，一副牌可能被看做一个总体，我们选择的一张牌就是样本。

概率值　我们使用的定义将概率确定为一种分数或比例。如果你直接使用这个定义，你得到的概率值将会被表示成分数。例如，如果你随机选择一张牌：

p（黑桃）＝13/52＝1/4

如果你扔一枚硬币：

p（头像）＝1/2

你应当知道这些分数能被等值表示为小数或百分数：

$p=1/4=0.25=25\%$

$p=1/2=0.50=50\%$

通常，概率值被表示为小数，但是这三种形式都是可以的。

同时要注意，所有可能的概率值都有一个值域。在一个极端，如果一个事件永远不可能发生，概率为0或者0%；在另一个极端，如果事件总会发生，概率为1或者100%。例如，假设你有一个罐子，里面有10个白球。抽到黑球的概率为：

p（黑球）$=0/10=0$

抽到白球的概率为：

p（白球）$=10/10=1$

随机抽样

为了使下面关于概率的定义更加准确，结果必须通过一个叫做随机抽样的过程得到。

> **定义**
>
> 简单随机样本要求总体中的每个个体有相等的机会被选入样本。

对于许多统计方法来说，第二点需要满足的条件是如果样本的数量大于1，则每次选取个体被选中的概率不变。加上这第二点要求就产生了独立随机抽样的概念。“独立”表示选取任一个体的概率与之前已选过的个体的概率是相互独立的。比如，某个体被选取的概率是常数，并不会因为之前已选过的个体发生变化。

由于独立随机抽样是许多统计方法的基本要求，我们通常假设其为所用的抽样方法。为了简要地表达，我们通常省去“独立”一词而将这种抽样方法称为随机抽样。

> **定义**
>
> 随机抽样要求总体中的每个个体有相等的机会被选入样本，且如果样本的数量大于1，则每次选取个体被选中的概率不变。通过随机抽样得到的样本即为随机样本。

随机抽样的每个要求都有一些有趣的结果。第一条保证了在选择过程中没有偏差。对于一个有N个个体的总体，每个人有相同的概率被选中，$p=1/N$。比如，在抽取你所在的城市人口的样本时，如果仅从某帆船俱乐部的名单当中抽取，则得到的并不是一个随机样本。又如，在抽取某大学的学生样本时，如果仅从你所在的心理学班级中抽取，则得到的也不是一个随机样本。应该注意的是，随机抽样的第一条要求使得你在每个结果出现的可能性不相等的情况下无法使用概率的概念。例如，关于你是否会在明天的博彩中赢得100万美元的问题，只有两种可能的结果：[①]

1. 你会赢。
2. 你不会赢。

根据概率的简单定义，彩票中奖的概率是：$p=1/2$。但是，这两个结果的可能性不是相等的，因此，我们不能应用概率的概念。

第二个要求比你第一次听说的时候更加有趣。例如，从一副完整的纸牌中选择两张。第一次，得到方片J的概率为：

p（方片J）$=1/52$

现在，抽第二次，得到方片J的概率是多少呢？假设你已经抽取了一张牌，有两种可能：

p（方片J）$=1/51$（第一张牌不是方片J。）

或者

p（方片J）$=0$（第一张牌是方片J。）

在每种情况下，概率的值因为第一次抽取的情况而不同。这与随机抽样指出的概率必须保持不变的要求相矛盾。为了防止概率的变化，在你作下一个选择之前有必要放回样本。这个方法叫做放回抽样。对于随机样本的第二个要求（常概率），需要你有放回抽样。

（注意：我们使用以上概念定义了一种随机抽样，经常被叫做有放回的随机抽样。我们随后会遇到的许多统计方法都基于这种抽样。但是，也存在一些关于随机抽样的其他定义。特别地，我们通常不考虑常概率的要求来定义随机抽样，即没有放回。另外，当研究者选择个体进行研究时，有许多不同的选择样本的技术。）

概率和频率分布

我们关注概率的情况经常包括一个能用频数分布图呈现的总体分数。如果这个图代表了整个总体，图上的不同比例将代表总体中的不同比例。因为概率和比例是相等的，图上的一个特定比例与总体中的特定概率相联系。因此，当一个总体用一个频数分布图呈现时，图中的比例可能代表了概率。下面的例子证明了图和概率的关系。

例6.1

我们用很简单的例子，它只有$N=10$个分数，分数值为：1、1、2、3、3、4、4、4、5、6。这个总体在图6—2中以频数分布图的方式呈现。

---

① 如果你不确定如何将分数转化为小数或百分数，你应在附录A数学复习中复习比例部分。

如果你从中选择了一个 $n=1$ 的随机样本，得到的分数大于4的概率为多少？用概率符号表示：

$$p\ (X>4)\ =?$$

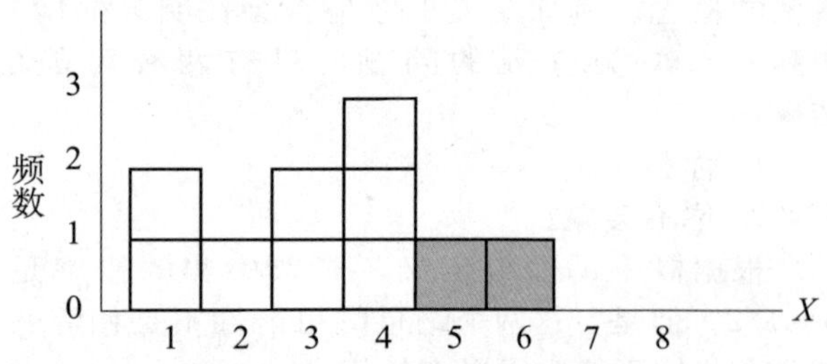

图6—2　总体 $N=10$ 的频数分布直方图。图的阴影部分指出了总体中与分数大于 $X=4$ 相关的部分。阴影部分占了总体分布的 $\frac{2}{10}$。

使用概率的定义，在 $N=10$ 的总体中，有2个分数达到了标准，所以答案是 $p=\frac{2}{10}$。如果你知道概率和比例代表相同的东西，那么这个答案可以从频数分布图中得到。通过看图6—2，得出总体中的哪部分由大于4的分数组成。答案是分布中阴影的部分，即分布中10格中的2格。注意，我们现在将概率定义为频数分布图中的比例部分。这为表示概率提供了一个具体的图像化的方法。再次使用相同的总体，确定选择一个小于5的分数的概率。用符号表示为：

$$p\ (X<5)\ =?$$

直接根据图6—2中的分布，我们现在想知道哪部分图没有阴影。没有阴影的比例包括了10格中的8格（图的面积的 $\frac{8}{10}$），所以答案是 $p=\frac{8}{10}$。

学习检查

1. 心理系某班级的学生中有8个男生和19个女生。19个女生中，有4人没有兄弟姐妹；8个男生中，3人是独生子女。假设你从这个群体中随机选择一人。

a. 抽取到一个男生的概率是多少？

b. 抽取到非独生子女的概率是多少？

c. 抽取到一个独生女生的概率是多少？

2. 一个罐子里装有10个红球和30个蓝球。

a. 如果你随机抽取一个球，抽中红球的概率是多少？

b. 如果你抽取一个样本量为3的随机样本，且前两个是蓝球，那么抽中第三个球是红球的概率是多少？

3. 假设你要在图6—2的分布中选择一个 $n=1$ 的随机样本，出现以下情况的概率有多大？

a. $p\ (X>2)$　b. $p\ (X>5)$　c. $p\ (X<3)$

答案

1. a. $p=8/27$　b. $p=20/27$

c. $p=4/27$

2. a. $p=10/40=0.25$

b. $p=10/40=0.25$ 需注意随机抽样需要放回样本。

3. a. $p=7/10=0.70$　b. $p=1/10=0.10$

c. $p=3/10=0.30$

6.2　概率和正态分布

第2章第一次介绍了正态分布的概念，它是总体分布最经常出现的情况。图6—3是正态分布的一个例子。

注意，正态分布是对称的，最高的频数在中心，当你向任一极端移动时，频数都将减小。尽管正态分布的确切形状是由公式决定的（见图6—3），但正态形状也能用分布的每部分比例来描述。统计学家经常用 z 分数来定义正态分布的各部分。回忆一下 z 分数，它根据分数到平均数的标准差来测量分数在一个分布中的位置。（因此，$z=+1$ 是大于平均数一个标准差，$z=+2$ 是大于平均数两个标准差，以此类推。）图 6—4 表示了落在每个部分的分数百分数。例如，平均数（$z=0$）到大于平均数一个标准差（$z=1$）的部分占了总分数的 34.13%。同样，总分数的 13.59%落在大于平均数 1 到 2 个标准差的区间里。用这个方法，我们可以根据比例定义正态分布，即当且仅当一个分布包含所有正确的比例时，这个分布是正态的。

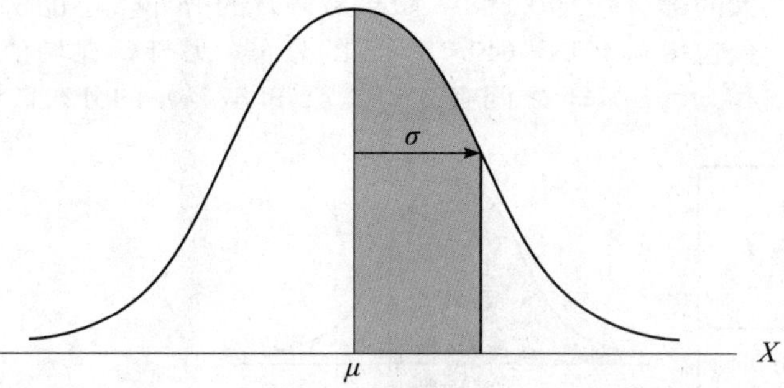

图 6—3　正态分布。正态分布的形状由一个等式将每个 X 的值（分数）与 Y 值（频数）相联系得到。等式为：

$$Y=\frac{1}{\sqrt{2\pi\sigma^2}}e-(X-\mu)^2/2\sigma^2$$

（π 和 e 是数学常数。）

用简单的术语来说，正态分布是对称的，中间有一个峰。如果从任何方向远离中心，频数都将减小。

图 6—4 的分布有两点需要注意。第一，分布左边的部分与右边相应的部分有相同的比例，因为正态分布是对称的。第二，因为分布中的位置由 z 分数定义，所以不管平均数和标准差的值是多少，图中的比例适用于任何正态分布。记住，当任何分布被转换成 z 分数时，平均数变成 0，标准差变成 1。

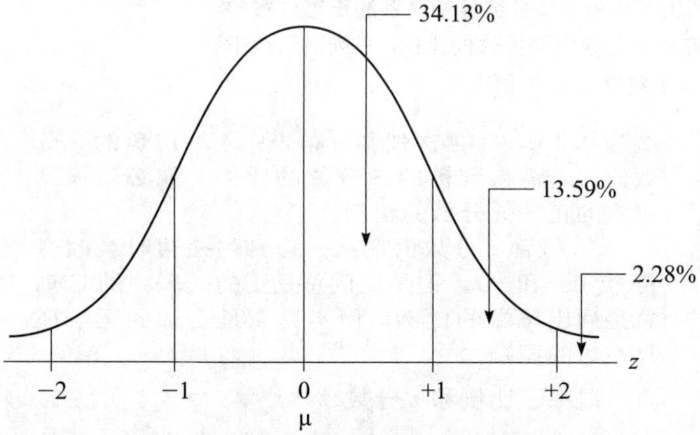

图 6—4　根据 z 分数转换的正态分布。

对很多自然产生的分布来说，正态分布是一个好的模型，而且这个形状在一些情况下能被保证（你将在第 7 章中看到），我们将特别注意研究这个分布。我们将在下面的例子中介绍如何用正态分布回答概率问题。

例 6.2

SAT 考试分数符合均值 $\mu=500$、标准差 $\sigma=100$ 的正态分布。给定这一总体的信息以及一个正态分布的已知比例（如图 6—4 所示），我们能够得到特定样本的概率。比如，从该总体中随机抽取样本，其 SAT 分数高于 700 的概率是多少？

将这个问题用概率符号表示，我们得到

$$p(X>700)=?$$

我们将用以下步骤来找到这个问题的答案。

1. 首先，概率问题被转换为比例问题：在所有可能的 SAT 分数中，哪部分比例对应于高于 700 分？

2. 我们知道“所有可能的 SAT 分数”意味着总体分布。这个总体在图 6—5 中呈现。平均数 $\mu=500$，所以分数 $X=700$ 在平均数的右边。因为我们对所有高于 700 的分数感兴趣，我们将 700 右边的区域涂黑。这部分代表我们要得到的比例。

3. 通过计算 z 分数来确定 $X=700$ 的位置。对于这个例子，

$$z=\frac{X-\mu}{\sigma}=\frac{700-500}{100}=\frac{200}{100}=2.00$$

即 SAT 分数 $X=700$ 高于平均数两个标准差，相应的 z 分数为 $z=+2.00$，见图 6—5。

4. 我们试图找到的比例现在可以用 z 分数表示：

$$p(z>2.00)=?$$

根据图 6—4 中的比例，所有的正态分布，不管 μ 和 σ 的值是多少，都将有 2.28%的分数在大于 $z=+2.00$ 的尾端。因此，对于 SAF 分数的总体，

$$p(X>700)=p(z>+2.00)=2.28\%$$

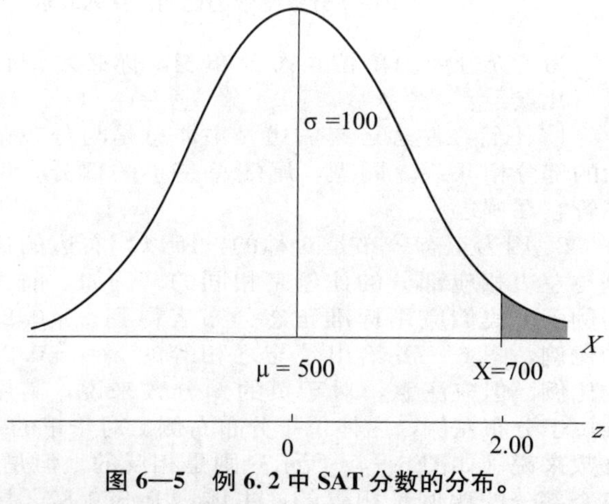

图 6—5　例 6.2 中 SAT 分数的分布。

单位正态分布表（标准正态分布表）

在我们研究更多的概率问题之前，我们要介绍一种比图6—4中的正态分布图更有用的东西。那张图只展示了一部分 z 分数值的比例。标准正态分布表列出了一组更完整的 z 分数和比例，即所有可能的 z 分数值的正态分布比例。

附录B的表B—1是完整的单位正态分布表，图6—6展示了表的一部分。这个表有四列。A列是与正态分布中不同位置相联系的 z 分数值。如果你假设在正态分布上有一条垂直线，那么这条线的确切位置可以由第一列中的 z 分数值表示。你也会发现，一条垂直线将把分布分成两个部分：大的部分叫做主体，小的部分叫做尾端。表中的B列和C列定义了每个部分的比例。B列表示主体的比例（大的部分），C列表示尾端的比例。最后，我们加了第四列，D列，它定义了均值和 z 分数之间分布的比例。

用图6—6中表的部分，你可以检验一条在正态分布中 $z=+0.25$ 处的垂直线将分布分为两部分，大的部分包括0.598 7（59.87%）的分布，小的部分包括0.401 3（40.13%）的分布。另外，在均值和 $z=+0.25$ 之间有0.098 7（9.87%）的分布。

(A) z	(B) 主体的比例	(C) 尾端的比例	(D) 平均数与 z 区间的比例
0.00	0.500 0	0.500 0	0.000 0
0.01	0.504 0	0.496 0	0.004 0
0.02	0.508 0	0.492 0	0.008 0
0.03	0.512 0	0.488 0	0.012 0
0.21	0.583 2	0.416 8	0.083 2
0.22	0.587 1	0.412 9	0.087 1
0.23	0.591 0	0.409 0	0.091 0
0.24	0.594 8	0.405 2	0.094 8
0.25	0.598 7	0.401 3	0.098 7
0.26	0.602 6	0.397 4	0.102 6
0.27	0.606 4	0.393 6	0.106 4
0.28	0.610 3	0.389 7	0.110 3
0.29	0.614 1	0.385 9	0.114 1
0.30	0.617 9	0.382 1	0.117 9
0.31	0.621 7	0.378 3	0.121 7
0.32	0.625 5	0.374 5	0.125 5
0.33	0.629 3	0.370 7	0.129 3
0.34	0.633 1	0.366 9	0.133 1

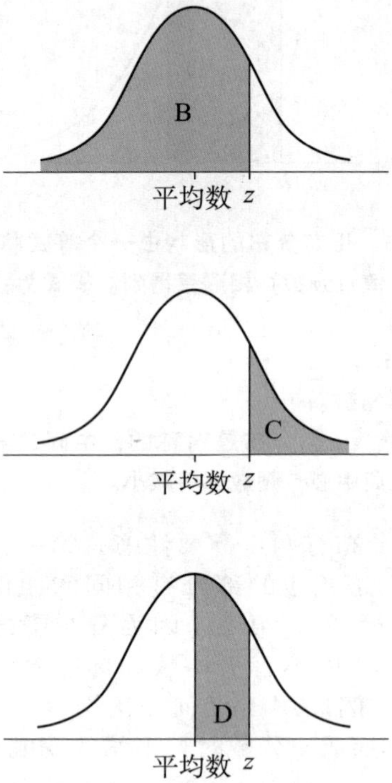

图6—6　单位正态分布表的部分。这个表列出了与每个 z 分数值相联系的正态分布的比例。A列表示 z 分数值。B列表示正态分布到 z 分数值的主体的比例。C列表示位于分布中 z 分数尾端的比例。D列表示均值和 z 分数值之间的比例。

为了充分使用单位正态分布表，你必须记住以下几点：

1. 不管在左边还是右边，主体总是与分布中大的部分相联系。同理，尾端总是小的部分，而不管它在哪边。

2. 因为正态分布是对称的，所以，右边的比例与左边相应部分的比例是相同的。例如，前面的例子中我们应用标准正态分布表得到 $z=0.25$ 的比例，图6—7b给出了与之相等的 $z=-0.25$ 的比例。但应注意，对于负的 z 分数来说，其尾端位于分布左侧，主体位于分布右侧。对于正的 z 分数来说（如图6—7a所示）则是相反的。但是，每个部分的比例是相等的，主体占0.559 87，尾端为0.401 3。再次强调分布表中不列出负的 z 分数值，若需得到负的 z 分数的比例，就必须找到对应的正的 z 分数的比例。

3. 尽管 z 分数值在从一边到另一边时会改变符号（+和−），但是比例总是正的。表中的C列总是列出尾端的比例，而不论它是右边的尾端还是左边的尾端。

概率、比例和 z 分数

标准正态分布表列出了正态分布中 z 分数的位置和比例的关系。对于任意 z 分数的位置，你可以使用这个表查到相关的比例。同样，如果你知道比例，你能用表查到特定的 z 分数位置。因为我们将概率定义为与比例等同，你也能用标准正态分布表来查找正态分布的概率。下面的例子展示了标准正态分布表的不同使用方法。

为特定的 z 分数值找到比例/概率 下面的每个例子，我们以一个特定的 z 分数值开始，然后使用标准正态分布表来找到与 z 分数相联系的概率或比例。

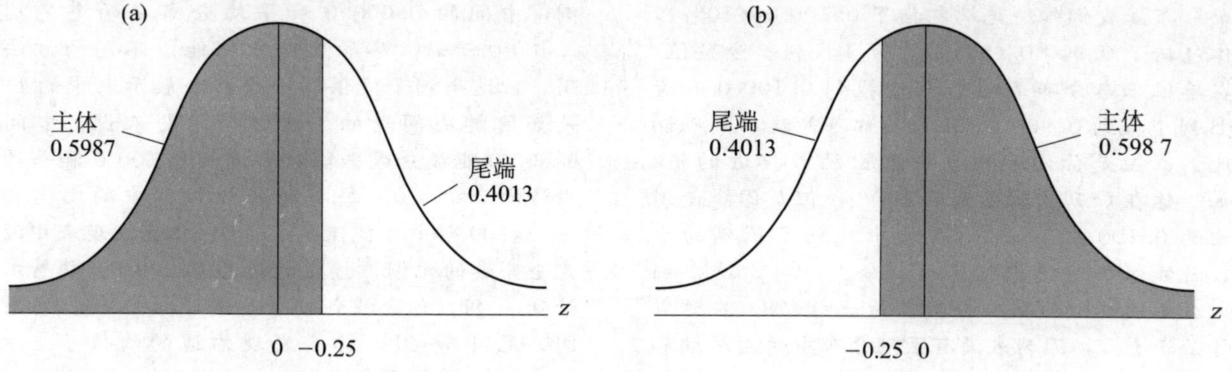

图 6—7 $z=+0.25$（a）和 $z=-0.25$（b）对应的正态分布比例。

例 6.3A

正态分布中多大的比例与 z 分数值大于 $z=1.00$ 相联系？首先，你应当画出分布的草图并将你要确定的区域涂黑。这是图 6—8a 表示的内容。在这个例子中，阴影的比例是 $z=1.00$ 的分布的尾端。要找到阴影区域，只需在单位正态表 A 列中找到 $z=1.00$。然后读出 C 列（尾端）的比例。使用附录 B 中的表，你可以得到答案是 0.1587。

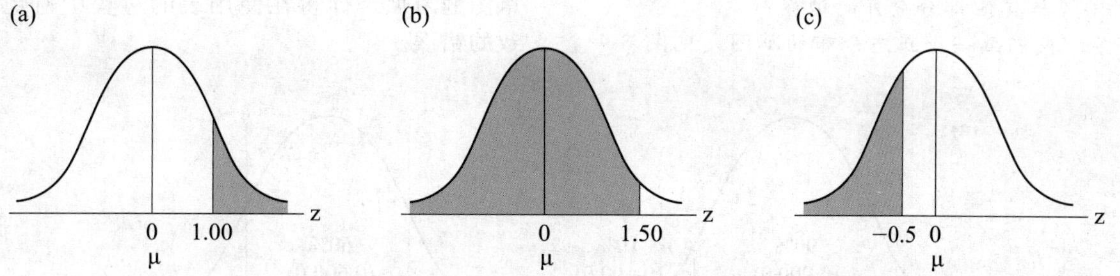

图 6—8 例 6.3A 到例 6.3C 的分布。

注意，同样的问题也能被表述为概率的问题。特别是，我们可能会问："对于一个正态分布，选到大于 1.00 的 z 分数值的概率是多少？"因为概率与比例是相同的，答案是 $p(z>1.00)=0.158\,7$（或者 15.87%）。

例 6.3B

对于一个正态分布，选到小于 1.50 的 z 分数的概率是多少？用符号表示，$p(z<1.50)=?$ 因为概率与比例是等同的，我们的目的是找出多大比例的 z 分数小于 1.50。图 6—8b 表示一个正态分布，并且 $z=1.50$ 标注在分布上。注意，我们将所有 $z=1.50$ 左边（小于）的区域用阴影表示。这是我们试着找到的比例。显然阴影部分大于 50%，所以它与分布的主体相关联。因此，我们在单位正态表中找到 $z=1.50$，然后读出 B 列中的比例。答案是 $p(z<1.50)=0.933\,2$（或 93.32%）。

例 6.3C

许多问题需要你找到负 z 分数值的比例。例如，正态分布有多大比例与小于 $z=-0.50$ 的尾端相对应，即 $p(z<-0.50)=?$ 这个比例在图 6—8c 中用阴影表示。为了回答负 z 分数值的问题，要记住正态分布是均值为 $z=0$ 的对称分布，正值在右边，负值在左边。左边小于 $z=-0.50$ 的尾端比例与右边大于 $z=0.50$ 的比例相等。为找到这个比例，在 A 列中查找 $z=0.50$，并找到 C 列（尾端）中的比例。你得到的答案应当为 0.308 5（30.85%）。[①]

找到与特定比例相应的 z 分数位置 之前的所有例子都是用 A 列中的 z 分数值查找 B 列或 C 列中的比例。但是，这个表也允许你从一个已知的比例开始查找相应的 z 分数值。

下面的例子展示了这一过程。

例 6.4A

对于一个正态分布，哪个 z 分数值将顶端的 10% 与剩下的部分分开？为了回答这个问题，我

---

① 移到 X 轴的左边，会得到较小的 X 值和 z 分数。因此，一个 z 分数 −3.00 反映了一个比 $z=-1.00$ 更小的值。

们画了一个正态分布的草图，见图 6—9a，并且画了一条垂直线将最高的 10%（大致的）和剩下的部分分开。问题是确切地为这条垂线定位。对于这个分布，我们知道尾端包括了 0.100 0（10%），主体包括了 0.900 0（90%）。为了找到 z 分数值，你在单位正态分布表的 C 列中找到 0.100 0 或者在 B 列中找到 0.900 0。注意，你可能找不到确切的比例，但是你能利用表中列出的最接近的值。例如，你在 C 列中找不到 0.100 0，但是你能使用列出的 0.100 3。一旦你在表中找到了正确的比例，就能简单地读出相应的 z 分数。对于这个例子，分割顶端 10% 的 z 分数值为 $z=1.28$。在这点上你必须小心，因为表没有区别分布中的左尾端和右尾端。特别地，最终的答案是 $z=+1.28$，它在右尾端分割了 10%；或者 $z=-1.28$，它在左尾端分割了 10%。对于这个问题，我们希望的是右尾端（最高的 10%），所以 z 分数值是 $z=+1.28$。

例 6.4B

对于一个正态分布，哪个 z 分数值形成了将中间的 60% 与其他部分分开的边界？

同样，我们画一个正态分布的草图，见图 6—9b，然后在大致位置画出垂直线以保证约 60% 的数据处于中间位置，剩下的部分平均地分布在两个尾端。为了找到 z 分数的值，我们从已知的比例，中间的 0.600 0 和平均分布在两个尾端的 0.400 0 开始。尽管这些比例能以不同的方法使用，但这个例子提供了一个机会展示表中的 D 列是如何解决问题的。就这个问题来说，中间的 0.600 0 能被分成平均数右边的 0.300 0 和平均数左边的 0.300 0。每个部分与 D 列中的比例相对应。在 D 列中查找值 0.300 0，你会发现表中没有完全一致的比例，接近的值为 0.299 5。顺着本行读到 A 列，你会找到一个 z 值，$z=0.84$。再看草图，见图 6—9b，你会发现右边的线位于 $z=+0.84$ 处，左边的线位于 $z=-0.84$ 处。

你可能注意到我们对之前的每个问题都做出了分布的草图。作为一个一般的规则，你应该先画一个草图，用一条垂直线标出均值，将你试图寻找的比例做成阴影。看你的草图，它将指出使用单位正态分布表中的哪一列。如果你养成了画草图的习惯，你将在使用表的过程中避免粗心导致的错误。

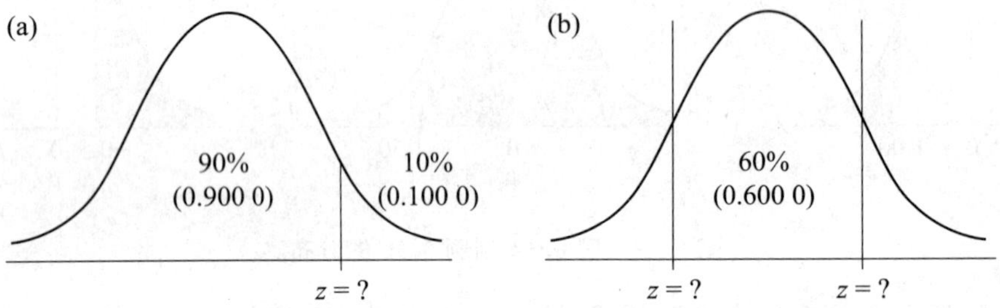

图 6—9　例 6.4A 和 6.4B 的分布。

学习检查

1. 找到正态分布中与下列部分相应的比例：
a. $z<0.25$　b. $z>0.80$　c. $z<-1.50$
d. $z>-0.75$
2. 对于一个正态分布，找到如下分割分布的 z 分数的位置：
a. 从剩下的分布中分割出最高的 20%
b. 从剩下的分布中分割出最高的 60%
c. 从剩下的分布中分割出中间的 70%
3. 对于任意正的 z 分数来说，其尾端总是位于分布的右侧。（是否正确？）

答案

1. a. 0.598 7　b. 0.211 9　c. 0.066 8.
d. 0.773 4.
2. a. z=0.84b. z=−0.25c. z=−1.04 和+1.04.
3. 正确

6.3　正态分布中分数的概率和比例

在前面的例子中，我们在单位正态分布表中找到与特定 z 分数值相联系的概率和比例。但是，在大多数情况下，有必要为特定的X值找到概率。考虑下面的例子：

已知一个IQ分数的正态分布，$\mu=100$，$\sigma=15$。根据已知条件，随机选到一个小于120的IQ分数的概率是多少？

这个问题是关于一个正态分布的特定概率或者比例的。但是，在我们用单位正态分布表查找答案之前，我们首先要将IQ分数（X 值）转换为 z 分数。因此，为了解决这个新问题，我们必须在整个过程中加入一个新的步骤。具体地，为了回答正态分布中关于分数（X 值）的概率问题，你应当使用下面两个步骤的程序：

1. 把 X 的值转换为 z 分数。
2. 使用单位正态分布表查找与 z 分数值相关联的比例。

这个过程将用以下例子证明。我们再一次建议你画出分布的草图并将你试图找到的部分涂成阴影，来避免错误。[①]

例 6.5

我们现在来回答刚才提出的关于IQ分数的概率问题。特别地，随机选到一个小于120的IQ分数的概率是多少？

$$p\ (X<120)\ =?$$

根据比例来转述题目，我们要找到与小于120分相联系的IQ分布的比例。这一分布画在图6—10中，我们要找到的部分用阴影表示。

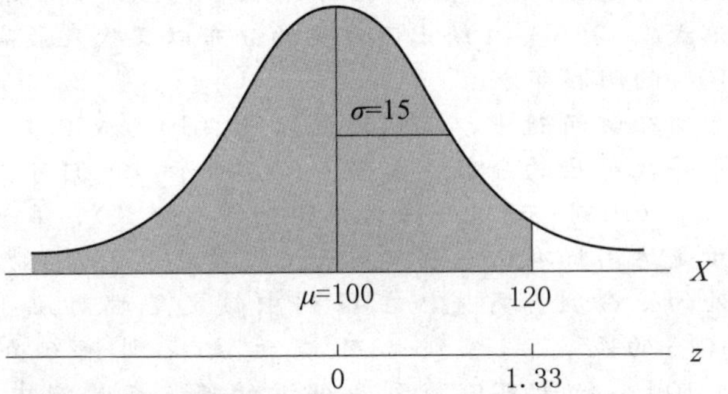

图6—10　IQ分数分布。问题是找到与小于120分相联系的IQ分布的概率或比例。

第一步是将 X 的值转换为 z 分数。$X=120$ 可以转换为：

$$z=(X-\mu)/8=(120-100)/15=20/15=1.33$$

第二步是在单位正态分布表中查找 z 分数值。因为我们想要找在 $X=120$ 左边的分布比例（见图6—10），答案将在B列中找到。参考该表，我们得到 z 分数1.33与比例0.908 2相联系。随机选到一个小于120的IQ分数的概率为0.908 2。

$$p(X<120)=0.908\ 2(\text{或 }90.82\%)$$

最后要注意，我们用概率来转述了这个问题。我们问："随机选到一个小于120的IQ分数的概率是多少？"但是，同样的问题能用比例转述："总体中多少比例的个体的IQ分数小于120？"两种形式实际上问的是相同的问题，并且得到了相同的答案。关于这个问题的第三种说法将在专栏6—1中介绍。

找到位于两个分数间的分数的概率/比例　下一个例子展示了得到一个位于两个特定值之间的分数的概率的过程。尽管这类问题能用B列和C列的比例解决（主体和尾端），但如果用D列的比例来解决将更简单。

例 6.6

公路部门进行了一项研究，测量了当地州际公路的驾驶速度。他们得到的平均速度是 $\mu=58$ 英里/小时，标准差是 $\sigma=10$，分布大致是正态的。根据已知条件，多少比例的汽车以55～65英里/小时的速度行驶？用概率符号，我们能把问题表示为：

$$p(55<X<65)=?$$

驾驶速度的分布在图6—11中表示，要得到的是阴影部分。第一步是确定与间距两端的 X 值相联系的 z 分数。

对于 $X=55$：$z=(X-\mu)/8=(55-58)/10=-3/10=-0.30$

对于 $X=65$：$z=(X-\mu)/8=(65-58)/10=+7/10=+0.70$

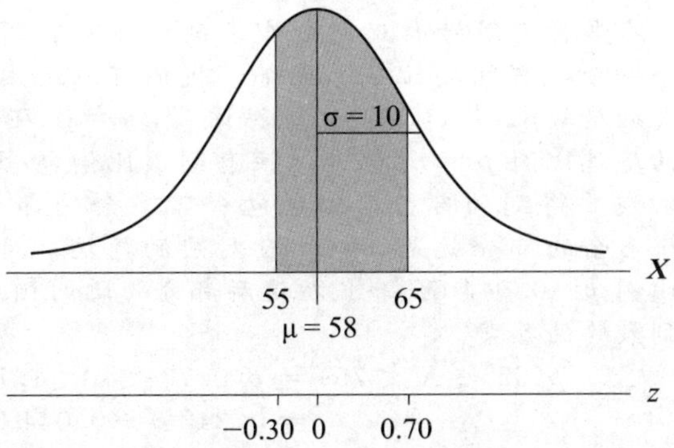

图6—11　例6.6的分布。

① 注意：单位正态分布表只适用于服从正态分布的数据。如果分布不是正态的，将原始数据转化成 z 分数并不能使其变为正态。

再看图6—11，我们发现，要寻找的比例可以被分成两个部分：左侧到均值的部分；均值右侧的部分。第一个区域是均值到 $z=-0.30$ 的比例，第二个区域是均值到 $z=+0.70$ 的比例。在单位正态表的D列，这两个比例是0.117 9和0.258 0。整个比例通过将两部分相加得到

$$p(55<X<65)=p(-0.30<z<+0.70)$$
$$=0.1179+0.2580$$
$$=0.3759$$

例6.7

运用上题中的分布，多少比例的汽车以65～75英里/小时的速度行驶？

$$p(65<X<75)=?$$

驾驶速度的分布在图6—12中表示，要得到的是阴影部分。第一步是确定与间距两端的 X 值相联系的 z 分数。

$$\text{对于 } X=65:\ z=\frac{X-\mu}{\sigma}=\frac{65-58}{10}$$
$$=+7/10=+0.70$$
$$\text{对于 } X=75:\ z=\frac{X-\mu}{\sigma}=\frac{75-58}{10}$$
$$=17/10=1.70$$

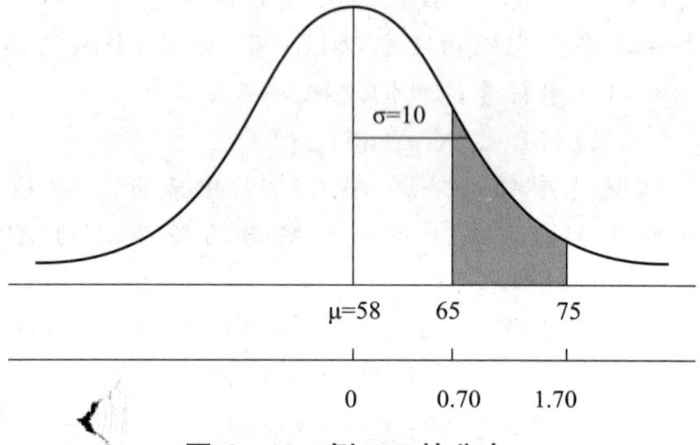

图6—12 例6.7的分布。

有多种运用标准正态分布表的方法可获得这两个 z 分数之间的比例。比如，我们可以运用分布表的尾端比例（C列）。根据该列，$z=0.70$ 对应的尾端比例 $p=0.2420$，注意到该比例包含了我们想要得到的部分，但也包含了多余的部分，这个多余的部分就是 $z=1.70$ 对应的尾端，对应的比例 $p=0.0446$。我们把这两部分的比例相减，得到最终的答案

$$p(65<X<75)=p(0.70<z<1.70)$$
$$=0.2420-0.0446$$
$$=0.1974$$

找到与特定比例或概率相联系的分数 在之前的两个例子中，问题是找到与特定 X 值相联系的比例或概率。找到这些比例的过程用图6—13表示。但是，我们只考察了图6—13三角形中顺时针方向的问题，即我们从一个 X 值转换为 z 分数开始，然后我们用单位正态分布表来查找适当的比例。但是，我们也可以倒转这个过程，在这个三角形中逆时针旋转。这个逆向的过程使我们能找到与分布中一个特定比例相联系的分数（X 值）。观察图6—13，我们从一个特定的比例开始，用单位正态表来查找相应的 z 分数，然后将 z 分数转换为 X 值。下面的例子将展示这个过程。

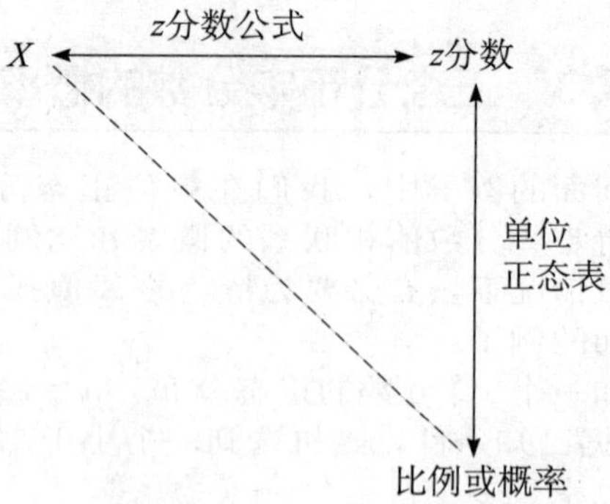

图6—13 确定一个正态分布的概率或比例，这是一个两步的过程，其中 z 分数相当于一个媒介。注意，你不能像虚线那样直接在 X 的值和概率或比例间移动。你必须跟着实线绕过 z 分数的一端。

例6.8

美国人口统计局（2005）报告显示，美国人每天上班花费的时间均值为 $\mu=24.3$ 分钟，假设该分布服从标准差 $\sigma=10$ 分钟的正态分布，那么你每天至少花费多长时间上班才能进入最高的10%的范围？（专栏6—1中给出了问题的另一种形式）。图6—14给出了对应的分布以及代表最高10%的阴影部分。

在该问题中，我们通过比例（10%或0.10）来寻找对应的分数。由图6—13所示，我们可以从 p（比例）通过 z 分数来得到 X（分数）。第一步是运用标准正态分布表来寻找对应于尾端10%处的 z 分数。首先，在C列中锁定尾端对应于10%的行，注意到你可能无法找到精确的0.100 0，但是可以找到最邻近的值。在此例中，最邻近的值为0.100 3，那么这一行对应的A列中的 z 分数则为 $z=1.28$。

下一步是确定 z 分数的正负。注意分布表中并没有给定 z 分数的正负，根据图6—14，分数高于平均数，因此 z 分数应为正，即 $z=+1.28$。

最后一步是将该 z 分数转化为 X 值。由定义可知 z 分数为 $+1.28$ 意味着该分数位于平均数之上1.28个标准差处。一个标准差为10，那么1.28个标准差则为

$$1.28\sigma = 1.28 \times 10 = 12.8$$

因此，所得分数位于平均数（$\mu = 24.3$）以上 12.8 分处，即

$$X = 24.3 + 12.8 = 37.1$$

那么最终的答案即为每天须至少花 37.1 分钟在上班路上才能属于最高的 10%范围。

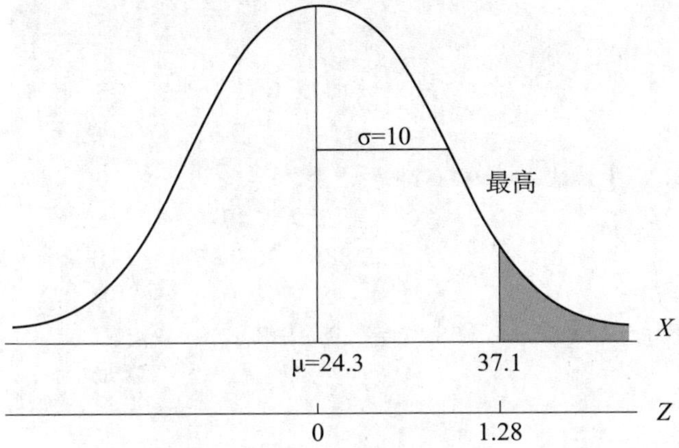

图 6—14　美国人上班时间分布图。问题是找到分割最高的 10%群体和剩余群体的分数。

例 6.9

使用同上例相同的分布。在该例中我们要寻找界定分布中部 90%范围的分数。整体分布如图 6—15 所示，中部 90%的范围以阴影表示。

分布中间的 90%可以划分为两个部分，即平均数两侧各 45%（0.450 0）。在标准正态分布表的 D 列寻找 0.450 0，你能够找到与之最相近的 0.449 5 和 0.450 5。理论上这两个值都可被接受，但是我们使用 0.450 5 以使得分布中间的区域至少达到 90%。该值对应的 A 列的 z 分数为 $z = 1.65$，因此右侧的 z 分数为 $z = +1.65$，左侧的 z 分数为 $z = -1.65$。它们都表示对应的分数距离平均数 1.65 个标准差。对于该分布，一个标准差为 10，那么 1.65 个标准差为

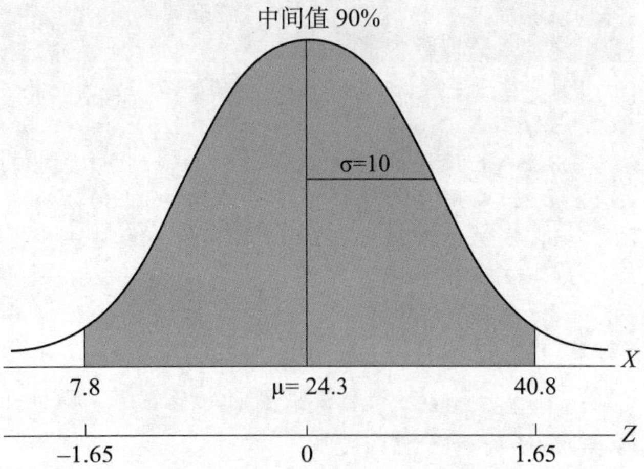

图 6—15　美国人上班时间分布图。问题是找到整个分布中间的 90%。

$$1.65\sigma = 1.65 \times 10 = 16.5$$

因此，右侧的分数位于平均数之上 16.5 分处，即 $X = 24.3 + 16.5 = 40.8$。同样地，左侧的分数位于平均数之下 16.5 分处，即 $X = 24.3 - 16.5 = 7.8$。那么该分布中间 90%的部分界于分数 7.8 至 40.8 之间。因此，90%的美国人每天上班花费的时间在 7.8 到 40.8 分钟之间。仅有 10%的人花费的时间少于或多于这个范围。

专栏 6—1　概率、比例和百分等级

到现在为止我们已经根据比例和概率讨论了分布的一部分。但是，还有一些表示这个概念的其他术语。特别地，一个特定分数的百分等级被定义为分布中小于或者等于这个特定分数的个体占多少百分比。例如，如果个体中的 70%有等于或者低于 $X=45$ 的分数，那么，45 分的百分等级是 70%。当一个分数用它的百分等级表示时，它叫做百分位数。例如，一个分数的百分等级是 70%，它被叫做第 70 百分位数。

我们可以使用新的术语重新表述之前研究的一些概率和比例问题。在例 6.5 中，问题是："随机选到一个小于 120 的 IQ 分数的概率是多少？"相同的问题可以被表述为："IQ 分数为 120 的百分等级是多少？"在例子中，我们找到与小于等于 120 分相联系的分布中的比例。相似地，例 6.8 中问："在美国人上班时间分布中达到最高的 10%的分数是多少？"因为这个分数将最高 10%与剩下的 90%分离开来，这个问题可以被重新表述为："上班时间分布的第 90 百分位数是多少？"

学习检查

1. 对于一个均值为 60、标准差为 12 的正态分布，找到下面的每个概率值。

a. $p(X>66)=?$ b. $p(X<75)=?$ c. $p(X<57)=?$ d. $p(48<X<72)=?$

2. SAT 推理测验中数学部分的成绩服从均值 $\mu=500$、标准差 $\sigma=100$ 的正态分布。

a. 如果州立学院只接受该测验中前 60%的学生，那么录取的最低分数是多少？

b. 能够达到该分布最高 10%的分数是多少？

c. 该分布中间 50%的分数范围是多少？

3. 在一个均值为 40、标准差为 10 的正偏态分布中选到一个大于 45 的分数的概率是多少？（请仔细计算。）

答案

1. a. $p=0.308\ 5$ b. $p=0.894\ 4$ c. $p=0.401\ 3$ d. $p=0.682\ 6$

2. a. $z=-0.25$；$X=475$

b. $z=1.28$；$X=628$

c. $z=\pm0.67$；界限是 433 和 567。

3. 你不能得到答案。单位正态分布表不能解答这个问题，因为分布不是正态的。

6.4 推论统计展望

概率的产生形成了样本和总体的直接联系。正如我们在本章开始提到的，这种联系将是后面推论统计的基础。下面的例子提供了一个关于概率如何应用于推论统计的简单介绍。

我们在第 5 章的最后展示了推论统计怎样解释一个研究的结果。图 5—9 表示一个一般的研究情境，在这里的图 6—16 中重复了这个情境。研究中的总体形成一个正态分布，均值为 400，标准差为 20。从总体中选择一个样本，并且对这个样本施测。研究的目的是评价实验处理。

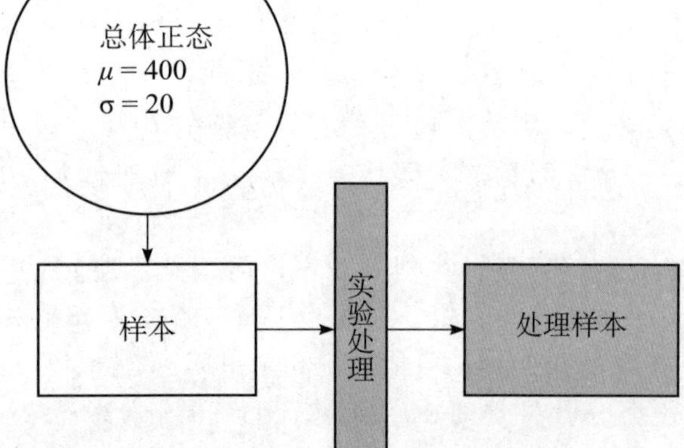

图 6—16　一个研究的示意图。从总体中选择一个样本，并且进行实验处理。目的是考察是否存在处理效应。

为了确定是否存在处理效应，研究者将简单地比较处理样本和原始总体。如果样本中的个体分数在 400 附近（原始总体均值），那么我们可以得出结论，处理似乎没有作用。相反，如果接受处理的个体分数显著不同于 400，那么研究者有证据证明处理效应存在。注意，这个研究使用了一个样本来回答关于总体的问题，这是推论统计的本质。

研究者的问题是确定什么叫做“显著不同”于 400。如果一个接受处理的个体得分为 $X=415$，我们可以说处理效应存在吗？$X=420$ 或者 $X=450$ 呢？在第 5 章，用 z 分数作为解决这个问题的一种方法。具体地，我们建议 z 分数值超过 $z=2.00$（或者 $z=-2.00$）是一个极端值，因此是有显著区别的。但是，$z=\pm2.00$ 的选择是武断的。现在我们有另外的工具——概率，来帮助我们确定边界的具体位置。比如，我们可以设定临界值分离分布中央最可能的 95%的样本以及分布尾端最不可能的 5%的样本。

图 6—17 表示我们假设研究的原始总体。注意，多数分数接近 $\mu=400$。还要注意，我们标注了将分布中间的 95%和尾端的 5%分开的边界。边界位于 $z=+1.96$ 和 $z=-1.96$ 处。（右边尾端 0.025 0 的边界是 $z=+1.96$，左边尾端 0.205 0 的边界是 $z=-1.96$。合起来，这两个尾端占了分布的 0.050 0，或者 5%。）

设置 $z=\pm1.96$ 的边界提供了确定接受处理的被试是否显著不同于原始总体的客观标准。具体地，如果不存在处理效应，一个在 $z=\pm1.96$

边界之外的分数不仅是极端的，它也是极不可能出现的（$p=0.05$ 或更小）。如果一个接受处理的被试在 $z=\pm1.96$ 边界之外，我们能有把握地说这个被试显著不同于原始总体，即它提供了实验存在处理效应的证据。

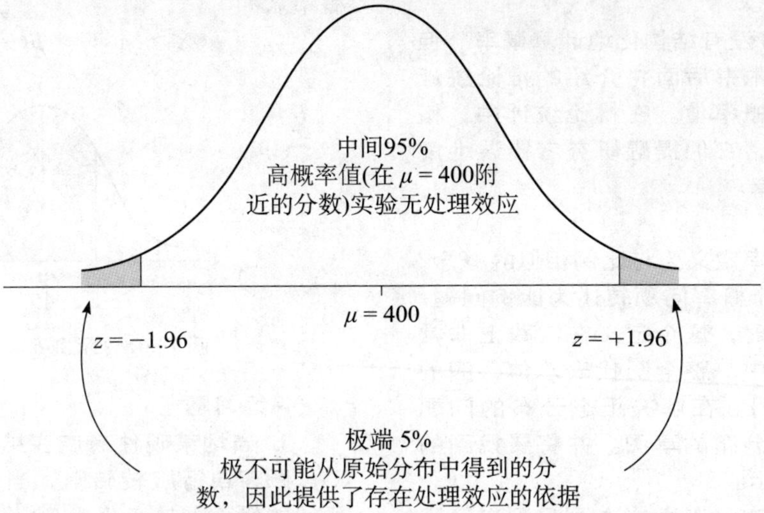

图 6—17　使用概率评价实验处理。极不可能从原始总体得到的分数被看做实验的处理效应。

▼ 小结

1. 一个特定事件 A 的概率被定义为一个比例：

p（A）＝分类为 A 的事件的数量/所有可能结果的数量

2. 这个定义只对随机样本成立。对于随机样本，必须满足两个要求：

a. 总体中的每个个体有相等的机会被选择。

b. 当多于一个个体被选择时，概率必须保持不变。这意味着必须有放回抽样。

3. 所有的概率问题能被转述为比例问题。"从一副牌中抽到 K 的概率"和"一副牌中包含 K 的比例"的说法等同。对于频数分布，确定所求区域的比例可以回答概率问题。"选到一个 IQ 大于 108 分的个体的概率"与"整个样本中 IQ 大于 108 分的人的比例"等同。

4. 对于正态分布，能在单位正态分布表中找到这些概率（比例）。这个表提供了一些正态分布中与每个 z 分数值相联系的比例。用这个表，我们可以使用一个两步的过程从 X 的值得到概率：

a. 你可以用 z 分数公式（第 5 章）来实现 X 值和 z 分数的转换。

b. 你可以使用单位正态分布表来查找与每个 z 分数值相联系的概率（比例）或者与每个概率相联系的 z 分数值。

5. 百分位数和百分等级测量了分数在分布中的相对位置（见专栏 6—1）。百分等级是指在一个分布中小于或者等于某特定数值的分数的个体占多少百分比。当一个分数用它的百分等级表示时，它叫做百分位数。百分等级通常对应于计算位于某分数左侧的比例的问题。

▼ 关键术语

概率	放回抽样	百分等级	独立随机样本
随机样本	单位正态分布表	百分位数	

▼资源

➢SPSS

统计软件包 SPSS 没有结构化地计算概率。但是，这个程序在报告本书后面将介绍的推论统计结果时，会同时报告概率值。在推论统计中，概率被叫做显著性水平，它们提醒研究者错误地解释他们研究结果的概率。

➢关注问题解决

1. 我们已经将概率定义为与比例相似的概念，这意味着你能够将每个概率问题转述为比例问题。当你使用频数分布图时，这个定义在实践上非常实用。在频数分布图中，整个图代表总体，图的部分表示概率（比例）。在解决正态分布的问题时，你应当首先做出分布的草图。并将要找到的部分在图中用阴影表示。

2. 要记住单位正态分布表的 A 列只列出了正的 z 分数。但是，因为正态分布是对称的，表中的比例可以同时应用于正的和负的 z 分数值。

3. 学生的常见错误是在正态分布的左侧使用负的比例值。比例（或者概率）总是正的：不管在分布的左尾端还是右尾端，10%始终是 10%。

4. 单位正态分布表中的比例只有对于正态分布是准确的。如果一个分布不是正态的，你不能使用这个表。

➢示例 6.1

从单位正态分布表中找到概率

一个正态分布的总体，均值为 45，标准差为 4。随机选到一个大于 43 的分数的概率是多少？换言之，哪部分分布包括了大于 43 的分数？

步骤 1 做出草图。

你首先应当做出分布图，确定均值和标准差（这个例子中分别为 45 和 4）。你应当找到这个特定分数的大致位置，然后在该分数处画一条垂直线。$X=43$ 比均值小，因此，它应当位于均值的左边。我们要找到大于 43 的分数。因此，我们将分布中这个分数右边的部分涂成阴影。图 6—18 呈现了这个草图。

步骤 2 将 X 值转换为 z 分数。

记住，要从一个单位正态分布表中得到一个概率，我们必须首先将 X 值转化为 z 分数。

$$z=\frac{X-\mu}{\sigma}=\frac{43-45}{4}=\frac{-2}{4}=-0.5$$

步骤 3 从单位正态分布表中确定比例。

在单位正态分布表中查找 z 分数。忽略 z 分数的符号在表中 A 列确定 $z=-0.50$ 的位置，在该例中，所求比例对应于 B 列给出的分布主体的概率。即

$$p(X>43)=p(z>-0.50)=0.6915$$

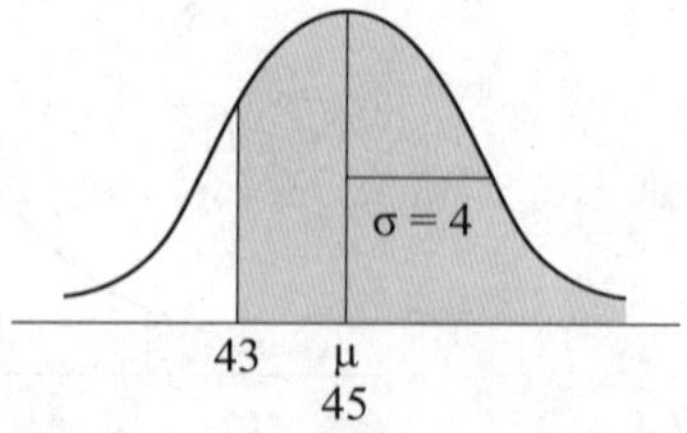

图 6—18 示例 6.1 的分布草图。

➢练习题

1. 当地某硬件商店在结算时有转盘优惠的活动。顾客自行旋转转盘，当其停止时，指针指向所得的优惠。转盘分为 50 个部分，在这些部分当中：10 个区域为 0%优惠，20 个区域为 10%优惠，10 个区域为 20%优惠，5 个区域为 30%优惠，3 个区域为 40%优惠，1 个区域为 50%优惠，1 个区域为 100%优惠。假设这 50 个区域可以被等概率指向，那么

a. 顾客可以免单（即 100%优惠）的概率是多少？

b. 顾客不能获得优惠（即 0%优惠）的概率是多少？

c. 顾客获得至少 20%优惠的概率是多少？

2. 某心理学班级有 14 名男生，36 名女生。如果一教授从名单当中随机抽样，那么

a. 抽中的第一个学生为女生的概率是多少？

b. 如果抽取样本量 $n=3$ 的随机样本，且前两名抽中的学生均为女生，那么第三个学生是男生的概率是多少？

3. 随机样本必须满足的条件是什么？

4. 对以下每个 z 分数值，画出正态分布的草图，并且在 z 分数的位置做一条垂直线。然后确定尾端在 z 分数值的左侧还是右侧，找到 z 分数尾端的比例。

a. $z=1.00$

b. $z=0.50$

c. $z=-1.25$

d. $z=-0.40$

5. 对以下每个 z 分数值，画出正态分布的草图，并且在 z 分数的位置画一条垂直线。然后确定主体在 z 分数的左侧还是右侧，并找到 z 分数值主体的比例。

a. $z=2.50$

b. $z=0.80$

c. $z=-0.50$

d. $z=-0.77$

6. 找到正态分布中以下每个概率值。

a. $p\ (z>1.25)$

b. $p\ (z>-0.60)$

c. $p\ (z<0.70)$

d. $p\ (z<-1.30)$

7. 分别求出正态分布中下列每两个 z 分数临界值之间的概率。

a. $z=-0.25$ 和 $z=+0.25$

b. $z=-0.67$ 和 $z=+0.67$

c. $z=-1.20$ 和 $z=+1.20$

8. 找到正态分布中以下每个概率值。

a. $p\ (-0.80<z<0.80)$

b. $p\ (-0.50<z<1.00)$

c. $p\ (0.20<z<1.50)$

d. $p\ (-1.20<z<-0.80)$

9. 对于一个正态分布，找出能将分布分割成以下部分的 z 分数值。

a. 5%在左尾端

b. 30%在右尾端

c. 65%在左主体

d. 80%在右主体

10. 对于一个正态分布，找出能将分布分割成以下部分的 z 分数临界值。

a. 30%在分布中央，70%在尾端

b. 40%在分布中央，60%在尾端

c. 50%在分布中央，50%在尾端

d. 60%在分布中央，40%在尾端

11. 一个正态分布的均值为 $\mu=70$，标准差为 $\sigma=8$。对下列各分数，确定尾端位于左侧还是右侧，并找出尾端的比例。

a. $X=72$

b. $X=76$

c. $X=66$

d. $X=60$

12. 一个正态分布的均值为 $\mu=30$，标准差为 $\sigma=12$。对下列各分数，确定主体位于左侧还是右侧，并找出主体的比例。

a. $X=33$

b. $X=18$

c. $X=24$

d. $X=39$

13. 一个正态分布的均值为 $\mu=60$，标准差为 $\sigma=10$。找到下列各分数范围对应的比例。

a. 分数高于 65

b. 分数低于 68

c. 分数位于 50 至 70 之间

14. IQ 测验分数被标准化后服从均值 $\mu=100$，标准差 $\sigma=15$ 的正态分布。找到下列各 IQ 分类对应的人口比例。

a. 天才或接近天才：IQ 大于 140

b. 超出常人的智商：IQ 位于 120 至 140 之间

c. 平均水平或常人的智商：IQ 位于 90 至 109 之间

15. SAT 分数服从均值 $\mu=500$，标准差 $\sigma=100$ 的正态分布。

a. SAT 分数达到多少分（X 值）可以分离出分布中最高的 15%的部分?

b. SAT 分数达到多少分（X 值）可以分离出分布中最高的 10%的部分?

c. SAT 分数达到多少分（X 值）可以分离出分布中最高的 2%的部分?

16. 根据近期的研究报告，人们每天微笑的次数平均为 $\mu=62$，假设这一分布服从标准差 $\sigma=18$ 的近似正态分布，那么

a. 每天微笑次数多于 80 次的人口比例是多少?

b. 每天微笑次数少于 50 次的人口比例是多少?

17. 近期一篇报纸文章报告了一次对郊区受过良好教育的家长的调查结果。其中一道题目的调查结果显示，2 周岁的儿童每天观看电视的时间平均为 $\mu=60$ 分钟。假设这一分布服从标准差 $\sigma=25$ 的正态分布，那么

a. 每天观看电视时间多于 90 分钟的 2 周岁儿童比例是多少?

b. 每天观看电视时间少于 20 分钟的 2 周岁儿童比例是多少?

18. 汽车部门的信息显示持驾照司机的平均年龄为 $\mu=45.7$ 岁，标准差为 $\sigma=12.5$。假设司机年龄服从近似正态分布，那么

a. 年龄大于 50 岁的司机比例是多少?

b. 年龄不满 30 岁的司机比例是多少?

19. 一个消费者调查指出，每个家庭每周平均花费 185 美元在食品上。消费总数大致呈正态分布，标准差为 25 美元。基于这个分布：

a. 总体中，每周在食品上花费大于 200 美元的人的比例是多少?

b. 随机选择一个家庭，其每周花费少于 150 美元的概率是多少?

c. 如果你要位于每周在食品上花费最高的 20%，每周至少要花费多少钱?

20. 一份 2010 年的报告显示，8 岁至 18 岁的美国人每天花费在电子设备（如智能手机、电脑、

平板等）上的时间平均为 $\mu=7.5$ 小时，假设这一分布服从标准差 $\sigma=2.5$ 的正态分布，那么

a. 如果随机抽取一个人，其每天花费在电子设备上的时间超过 12 小时的概率是多少？

b. 每天花费在电子设备上的时间为 5～10 小时的 8～18 岁的美国人口比例为多少？用式子表示为，$p(5<X<10)=?$

21. 纽约州罗契斯特市在 12 月份的降雪量平均为 $\mu=21.9$ 英寸。该分布近似服从标准差 $\sigma=6.5$ 的正态分布。今年，当地某珠宝店进行了一个 12 月份的优惠活动，如果该市在 12 月份的降雪量达到 3 英尺（36 英寸），那么购买任何商品均能享受 50%优惠。那么该珠宝店会实施该优惠的概率是多少呢？

第 7 章

概率和样本：样本均值的分布

章节概览

学习本章需要使用的相关知识

下列术语是学习本章的关键背景知识，如果对这些有不明白之处，在进一步学习之前，应复习先前学过的相关章节。

- 随机抽样（第 6 章）。
- 概率和正态分布（第 6 章）。
- z 分数（第 5 章）。

7.1 样本和总体

在之前的两章，我们介绍了 z 分数和概率。当你从总体中选择一个分数时，你应当能够计算确切描述分数在分布中位置的 z 分数。同样，如果总体是正态的，你应当能够确定得到每个分数的概率值。例如，在正态分布中，z 分数 $+2.00$ 与位于分布尾端的极端分数相联系，得到一个这么大的分数的概率只有 $p=0.0228$。

但是，我们迄今为止介绍的 z 分数和概率局限于只包含一个分数的样本的情形。而许多研究使用更大的样本，例如 $n=25$ 个学前儿童或者 $n=100$ 只实验鼠。在这一章，我们将 z 分数和概率的知识扩展到大样本的情境。因此，一个研究者将能够计算描述整个样本的 z 分数。一个接近 0 的 z 分数表示一个居中的、有代表性的样本；一个 z 分数超过 $+2.00$ 或者小于 -2.00 的样本表示一个极端样本。同样，不管样本包括了多少分数，我们也可以利用 z 分数确定样本的概率。

总的说来，研究样本的困难在于样本提供的是不完整的总体信息。例如，假设一个研究者从一个州立大学中选择了 $n=25$ 名学生的样本。即使样本应当代表整个学生总体，也会有一部分总体没有被包含于样本中。另外，任何对于样本的统计计算不能与总体参数等同。例如，25 名学生样本的 IQ 平均分不等于总体学生的 IQ 平均分。这个样本统计量与相关的总体参数的区别或者误差叫做抽样误差。

抽样误差的概念见图 1—2。

定义

抽样误差是样本统计量与相关的总体参数间的差异或者误差总和。

另外，样本作为变量，它们不都是相同的。如果你从同一个总体中选择两个独立样本，它们将会是不同的。它们会包括不同的个体、不同的分数、不同的样本均值。怎样才能确定哪个样本是对总体最好的描述？你能预测一个样本有多好地描述了总体吗？一旦我们建立了样本与总体联系的规则，这些问题就能被很好地回答了。

7.2 样本均值的分布

正如前面所说的，即使从同一总体中抽取的两个样本也可能不同。样本将会包含不同的个体、不同的分数、不同的均值等。在大多数情况下，我们可以从一个总体中得到成千上万的样本。对于所有这些来自相同总体的样本，可能很难在样本与总体之间找到简单的关系。幸运的是，数量众多的样本形成了一个相对简单的、有规律的、有预测性的模式，它可以在一定程度上准确地预测一个样本的特性。预测样本特性的能力基于样本均值的分布。

定义

样本均值的分布是所有来自总体的样本量为 n 的随机样本的样本均值的分布。

注意，样本均值的分布包括了所有可能的样本。我们有必要得到所有可能的值来计算概率。例如，如果整个系列包括 100 个样本，那么得到任何特定样本的概率是百分之一，$p=1/100$（详见专栏 7—1）。

同样要注意，样本均值的分布与我们之前考虑到的分布不同。直到现在，我们一直讨论的都是分数的分布，现在分布中的值不是分数，而是统计量（样本均值）。因为统计量是从样本中得到的，统计量的分布被称为抽样分布。

定义

抽样分布是通过从总体中选择一定大小的随机样本得到的统计量的分布。

专栏 7—1　概率及样本均值的分布

我的一个坏习惯就是会弄丢扑克牌。这又让我养成了保存旧牌，并希望在某一天找到丢失的牌的习惯。结果，我的抽屉里就放满了扑克牌的某个花色部分。假设我拿着这些近乎完整的牌，并仔细地洗牌，然后随机地抽出一张。那么我抽到 K 的概率是多少呢？

你应该意识到这是一个不可能回答的概率问题。为了得到抽到K的概率，你必须知道一共有多少张牌以及缺少哪些牌。（你必须知道是否缺少K。）这个简单的例子说明任何概率问题都要求你必须掌握总体的全部信息。在这个例子中，你必须在得到抽中任一特定牌的概率之前，了解所有可能被抽中的牌的信息。

在这一章里，我们审视概率和样本均值。为了得到某一特定样本均值的概率，你必须首先了解所有可能的样本均值。因此，我们首先定义和描述从特定总体中抽取的所有可能的样本均值。当我们获得了全部的样本均值（即样本均值的分布），我们就能够得到选取任一特定样本均值的概率。

因此，样本均值的分布是抽样分布的一个特例。事实上，它经常被叫做M的抽样分布。

如果你想要建立样本均值的分布，你首先要从总体中选择一个样本量为n的随机样本，计算样本均值，然后将它写在一张纸上。接着从总体中选择另一个样本量为n的随机样本，同样计算样本均值并将它写下来。重复以上的过程。最后，你将得到一系列可能的随机样本，你在纸上写下的均值将会形成样本均值的分布。

我们将在例7.1中展示这个过程，但是首先我们应用常识和逻辑来预测该分布的一般特征。

1. 样本均值围绕总体均值分布。样本并不能完全等同于总体，但是样本是能代表总体的。因此，大多数的样本均值大致等于总体均值。

2. 样本均值的分布大致是正态的。从逻辑上来看，大多数样本的均值都接近于μ，仅有少部分的样本均值明显偏离μ。因此，样本均值应围绕在总体分布的中心位置（μ附近），且其频数应随着与μ的距离增大而降低。这是一种正态形状的分布。

3. 一般来说，样本量越大，样本均值越接近总体均值μ。从逻辑上来看，大样本应比小样本更能代表总体。因此，大样本的样本均值应更向总体均值靠拢；而小样本的样本均值的分布应该更分散。

这三个基于常识的特征是对样本均值分布的精确描述，下例展示了通过从总体中重复抽样来构建样本均值分布的过程。

例7.1

考虑一个只包括4个分数的总体：2，4，6，8。这个总体在图7—1中用频数分布柱状图表示。

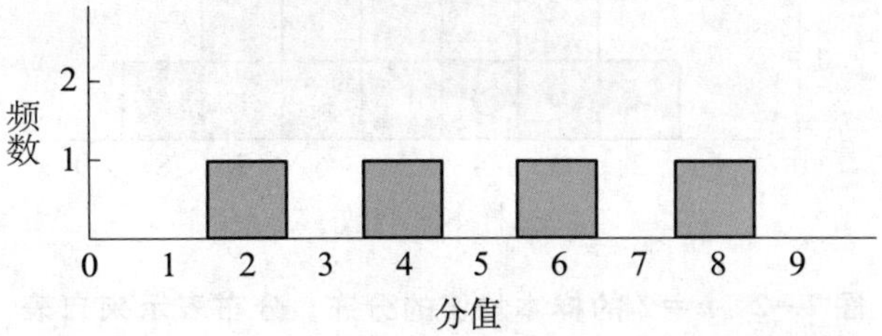

图7—1 一个包含4个分数2、4、6、8的频数分布柱状图。[①]

我们将用这个总体来建立$n=2$的样本均值的分布。记住，这个分布是从该总体中选择所有$n=2$的随机样本的均值的分布。首先，我们寻找所有可能的样本。对于这个例子，有16个不同的样本，它们列在表7—1中。注意，样本是对称排列的。我们先列出所有将$X=2$作为第一个分数的可能的样本。然后列出所有将$X=4$作为第一个分数的样本。以此类推。使用这个方法，我们能保证列出所有可能的随机样本。

表7—1 它表示从总体中选择的$n=2$的所有可能样本。注意，这个表列出的是随机样本。这需要放回抽样，我们能够选择同样的分数两次。

样本	分数		样本均值（M）
	第一个	第二个	
1	2	2	2
2	2	4	3
3	2	6	4
4	2	8	5
5	4	2	3
6	4	4	4
7	4	6	5
8	4	8	6
9	6	2	4
10	6	4	5
11	6	6	6
12	6	8	7
13	8	2	5
14	8	4	6
15	8	6	7
16	8	8	8

① 记住，随机抽样需要有放回抽样。

下面我们对这16个样本计算均值（见表7—1的最后一列）。这16个样本均值形成了样本均值的分布。图7—2是这16个值的频数分布柱状图。图中的分布展现了我们之前预测的样本均值的分布的两个特征。

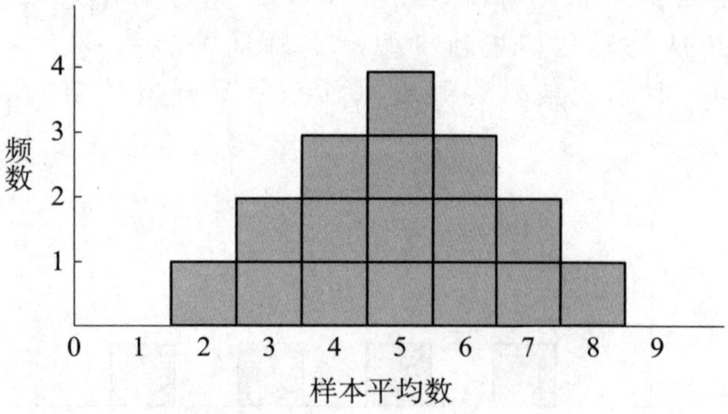

图7—2 $n=2$ 的样本均值的分布。分布表示来自表7—1的16个样本均值。

1. 样本均值围绕总体均值分布。对于这个例子，总体均值 $\mu=5$，样本均值分布在5周围。你不应当奇怪样本均值会大致等于总体均值。毕竟，样本被认为是能代表总体的。

2. 样本均值的分布大致是正态的。这个特性将在后面详细讨论，并且非常有用。因为你已经了解了很多关于正态分布和概率的知识（第6章）。

最后要注意，我们能用样本均值分布来回答关于样本均值的概率问题。例如，如果你从原始总体中选择了一个 $n=2$ 的样本，得到样本均值大于7的概率是多少？用符号表示，$p(M>7)=?$[①]

因为概率与比例相等，概率问题能被转述成以下形式：对于所有可能的样本均值，得到大于7的值的比例是多少？在这个形式下，简单地查找样本均值的分布能得到结果。所有可能的样本均值用图7—2表示，16个中只有1个的均值大于7。因此答案是十六分之一，即 $p=1/16$。

中心极限定理

例7.1用一个非常简单的总体和 $n=2$ 的样本来证明了建立样本均值的分布的过程。在更现实的情境下，对于更大的总体和样本，可能的样本数量会急剧增加，事实上不可能得到每个随机样本。幸运的是，我们可以不用选择成千上万样本的方法来确定样本均值的分布。因为一个叫做中心极限定理的数学命题提供了你可能选择的随机样本分布的精确描述，计算了每个样本均值，建立了样本均值分布。这个重要而有用的理论是许多推论统计的基础。下面是这个理论的本质。

中心极限定理 对于任何均值为 μ，标准差为 σ 的总体，样本大小为 n 的样本均值的分布的均值为 μ，标准差为 $\sigma/\sqrt{n}$，并且当 n 趋近于无穷大时，接近正态分布。

定理的价值来自两个简单的事实：第一，它描述了任何总体样本均值的分布，而不管总体的形状、均值、标准差。第二，样本均值分布非常接近正态分布。当样本大小达到 $n=30$ 时，分布几乎是很标准的正态了。

注意，中心极限定理通过定义分布的三个基本特性：形状、集中趋势和变异，来描述样本均值的分布。我们将考察其中的每一项。

样本均值的分布的形状

我们观察到，样本均值的分布趋近于正态分布。事实上，如果满足以下任一条件，这个分布将会是标准的正态分布。

1. 样本来自的总体是正态分布。

2. 样本大小 n 相对较大，大于或等于30。

（当 n 变大时，样本均值的分布将非常接近正态分布。在多数情况下，当 $n>30$ 时，不管原始总体的形状如何，分布已经几乎是标准的正态分布了。）

如前所述，样本均值的分布趋近于正态分布的事实并不奇怪。无论何时你从总体中选择一个样本，你都会希望样本均值接近总体均值。当你选择许多不同的样本时，你希望样本均值围绕 μ 分布，得到一个正态形状的分布。你可以在图7—2中看到这一趋势（虽然它还不是正态的）。

样本均值分布的均值：M 的期望值

你可能注意到，在例7.1中，样本均值的分布是围绕样本所在总体的均值分布的。事实上，所有样本均值的平均值等于总体均值。这个事实在直觉上是很有道理的，我们期望样本均值接近总体均值，围绕 μ 分布。关于这个现象的正式陈述是：样本均值的分布的均值总是等同于总体均值。这个均值被叫做 M 的期望值。就常识而言，样本均值被“期望”接近总体均值。当我们得到所有可能的样本均值时，其平均值将与 μ 等同。

---

① 记住，本章的目的是回答关于 $n>1$ 的样本的概率问题。

这个事实在第 4 章有偏与无偏的统计部分介绍过。样本均值是无偏统计量的例子，它意味着平均起来样本统计量的值与相关的总体参数等同。在这里，所有样本均值的平均数与 μ 等同。

定义

样本均值分布的均值与 μ 相等（总体均值），并且被叫做 M 的期望值。

M 的标准误

到现在为止，我们已经考察了样本均值分布的形状和集中趋势。为了完整地描述分布，我们需要另一个特性：变异。我们将用到的统计量是样本均值分布的标准差，它被叫做 M 的标准误（σ_M）。

第 4 章已经介绍过标准差的概念，我们知道对变异的测量有两个目的。第一，标准差描述了个体分数的分布是聚拢的还是分散的。第二，标准差通过测量个体分数与总体均值之间的距离是否合理，来测量个体分数能否较好地代表总体。样本均值的分布的标准误同样有这样两个作用。

1. 标准误描述了样本均值的分布。它提供了对各样本之间的变异的测量。当标准误很小时，说明所有的样本均值都很接近。当标准误很大时，说明样本均值的分布比较分散，各样本之间的变异很大。

2. 标准误测量了一个样本能否较好地代表整个分布。它提供了对样本均值和整个分布的均值之间距离的合理性的测量。但是，由于整个分布的均值等于 μ，标准误也能提供某样本均值（M）与总体均值（μ）之间的距离。

记住，我们不能期望一个样本完全准确地反映总体的情况。虽然一个样本均值可以是总体均值的代表，但是样本和总体间会存在一些误差。标准误测量了平均起来 μ 和 M 之间有多少误差。

定义

样本均值分布的标准差 σ_M 被称为 M 的标准误。标准误测量了偶然因素造成的 M 和 μ 之间差异的平均量。

σ_M 这个符号用来表示标准误。σ 表示我们测量的是到均值的标准偏差或者标准距离。下标 M 表示我们测量的是样本均值到总体均值的标准偏差或者标准距离。同样地，M 的期望值经常用符号 μ_M 表示。但是，μ_M 通常等同于 μ，而我们在推论统计中感兴趣的是比较样本均值 M 及其总体均值 μ。所以我们将简单地使用符号 μ 来代表总体均值和样本均值的分布的均值。

标准误非常有用，因为它说明了一个样本均值在多大程度上准确估计了总体均值，即平均起来，μ 和 M 之间有多少误差。记住，选择样本的一个基本理由是用样本数据来回答关于总体的问题。但是，你不能期望一个样本能够完全精确地代表总体。样本统计量和对应的总体参数之间总是存在一些差异或误差。现在我们能够精确地计算误差有多大。对于任意样本量（n），我们能够计算标准误，测量样本均值和总体均值之间的平均误差。

标准误的大小由两个因素决定：（1）样本量的大小；（2）样本所在总体的标准差。我们将讨论这两个因素。

样本量　我们从直觉上可以推测，样本大小将影响到样本代表总体的准确性。特别地，一个大样本应当比一个小样本更准确。总的来说，随着样本大小的增加，样本均值和总体均值之间的误差减小。这个规则被叫做大数法则。

定义

大数法则指出，样本量（n）越大，样本均值越可能接近总体均值。

总体标准差　正如我们之前提到的，随着样本量减小，标准误增加。在极端情况下，当样本包括 $n=1$ 个分数时，出现了最小的样本量和最大的标准误。在这个极端，样本是一个单独的分数 X；样本均值的分布等同于原始分数的分布。在这个例子里，标准误测量了 X 和 μ 之间的标准距离。另外，我们已经知道 X 和 μ 之间的标准距离是标准差。根据定义，σ 是 X 和 μ 之间的标准距离。那么，当 $n=1$ 时，标准误和标准差是相等的。

$$当\ n=1\ 时，标准误=\sigma_M=\sigma=标准差$$

你可以把标准差看做标准误的起始点。当 $n=1$ 时，σ_M 和 σ 是相等的。随着样本量增大，标准误减小。标准误的计算公式同时包括标准差和样本量：

$$标准误=\sigma_M=\sigma/\sqrt{n} \qquad (7—1)$$①

注意，这个公式满足了标准误概念的所有要求。特别地

a. 随着样本量（n）增加，标准误减小。（样本量越大越精确。）

① 这个公式包括在中心极限定理中。

b. 当 $n=1$ 时，标准误等于标准差。

在公式7—1和之前的许多讨论中，我们根据总体的标准差定义了标准误。因为总体标准差和总体方差是相关的。我们很容易将方差代入公式得到标准误。使用简单的等式 $\sigma=\sqrt{\sigma^2}$，标准误的等式能被改写为：

$$\text{标准误}=\sigma_M=\sigma/\sqrt{n}=\sqrt{\sigma^2}/\sqrt{n}=\sqrt{\frac{\sigma^2}{n}} \quad (7\text{—}2)$$

在本章的后半部分（和第8章），我们将继续根据标准差定义标准误（公式7—1）。但是，在后面的章节中（从第9章开始），这个基于方差的公式（公式7—2）将会更有用。

图7—3描绘了标准误和样本量之间的一般关系。（图7—3中的数据点的计算见表7—2。）可以看到，样本量越大，就越能够精确地代表总体。而且标准误是随着样本量的平方根的变大而减小。因此，研究者可以通过增加样本量到 $n=30$ 左右来减小标准误。但是，当样本量增加到30以上后，再增加样本量对于提高样本的代表性的作用就不是很大了。

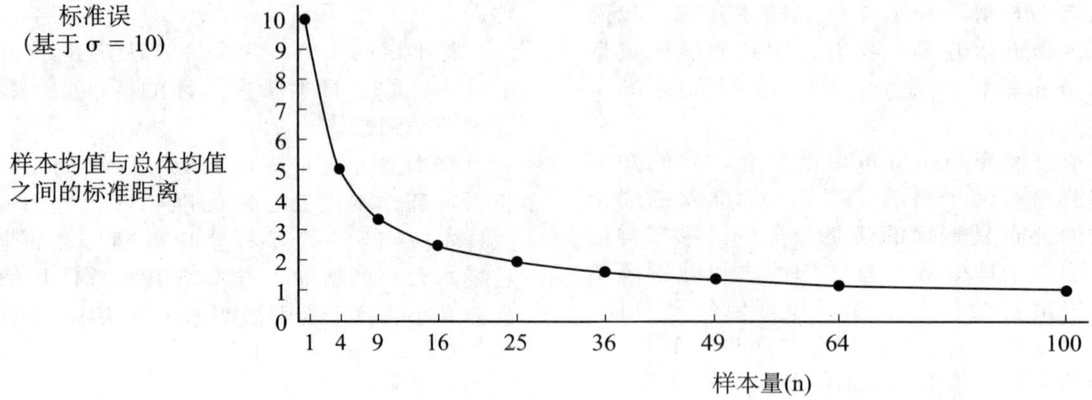

图7—3　标准误与样本量之间的关系。随着样本量增加，样本均值和总体均值之间的误差减小。

表7—2　图7—3中数据点的计算。标准误随着样本量的增加而减小。

样本量（n）	标准误	
1	$\sigma_M=\frac{10}{\sqrt{1}}$	$=10.00$
4	$\sigma_M=\frac{10}{\sqrt{4}}$	$=5.00$
9	$\sigma_M=\frac{10}{\sqrt{9}}$	$=3.33$
16	$\sigma_M=\frac{10}{\sqrt{16}}$	$=2.50$
25	$\sigma_M=\frac{10}{\sqrt{25}}$	$=2.00$
49	$\sigma_M=\frac{10}{\sqrt{49}}$	$=1.43$
64	$\sigma_M=\frac{10}{\sqrt{64}}$	$=1.25$
100	$\sigma_M=\frac{10}{\sqrt{100}}$	$=1.00$

三个不同的分布

在讨论样本均值的分布之前，我们首先阐明一个观点——我们现在正在使用三个不同但是相互关联的分布。

1. 首先，分数的原始分布。这个总体包含成千上万的个体数据，并拥有自己的形状、均值和标准差。例如，IQ分数的总体包含上百万个体的IQ分数，呈正态分布，均值为 $\mu=100$，标准差为 $\sigma=15$。总体分布的例子如图7—4a所示。

2. 其次，从该总体中抽取的样本分布。样本包含抽取到的用来代表总体的个体的分数。例如，我们抽取一个样本量 $n=25$ 的样本，所得到的25个IQ分数就构成了一个频数分布，我们能从中计算样本均值和样本标准差。注意，这个样本也有自己的形状、均值和标准差。样本分布的例子如图7—4b所示。

3. 第三个分布是样本均值的分布。这是对于某个特定样本量的所有可能的随机样本的样本均值的理论分布。例如，样本量 $n=25$ 的IQ分数的样本均值服从均值（期望）$\mu=100$，标准差（标准误）$\sigma_M=15/\sqrt{25}=3$ 的正态分布。该分布如图7—4c所示，它同样拥有自己的形状、均值和标准差。

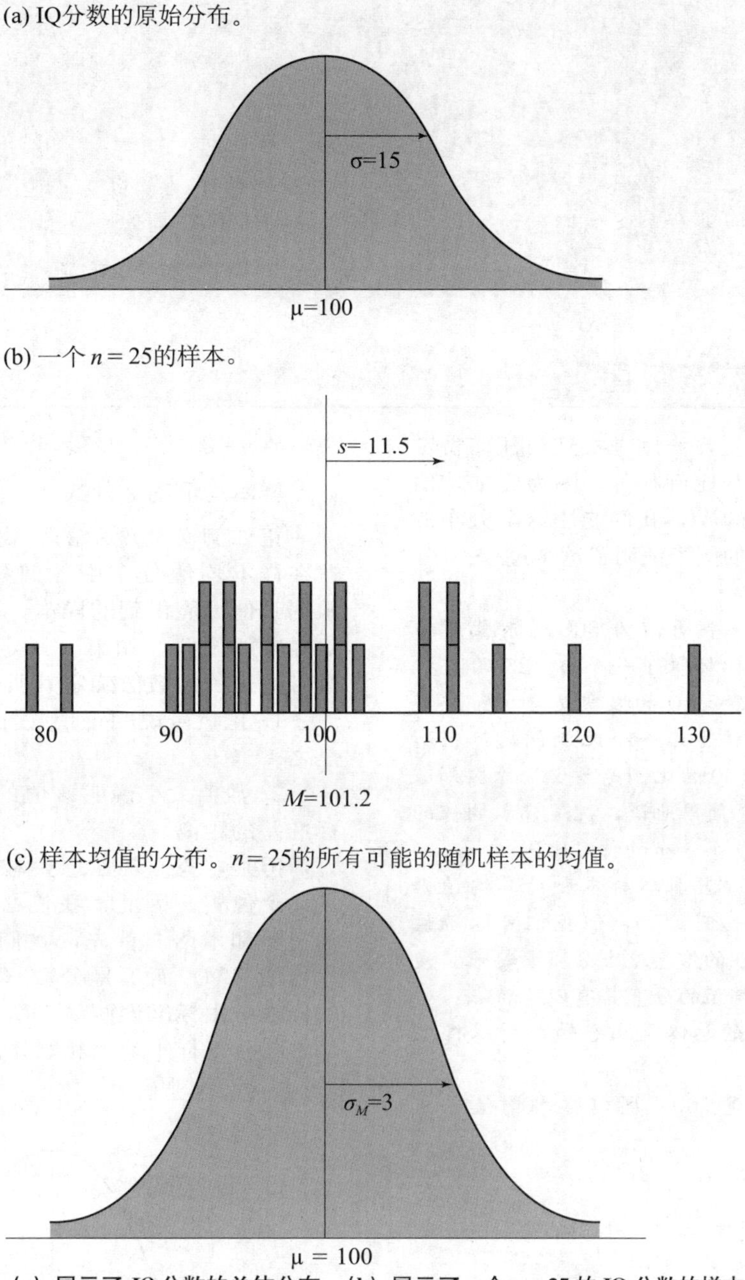

图 7—4　三个分布。(a) 展示了 *IQ* 分数的总体分布。(b) 展示了一个 n=25 的 IQ 分数的样本。(c) 展示了样本量 n=100的样本均值的分布。注意到，(b) 中的样本均值是 (c) 中上千个样本均值中的一个。

注意到，某个样本的分数（图 7—4b）是从总体分布（图 7—4a）中得到的，这一样本的均值是样本均值的分布（图 7—4c）中的一个值。因此，这三个分布是相互联系的，但又是不同的。

学习检查

1. 一个均值为 65，标准差为 16 的总体。

a. 描述来自该总体的 n=4 的样本均值的分布。(描述形状、集中趋势和分布的变异。)

b. 描述来自该总体的 n=64 的样本均值的分布。(描述形状、集中趋势和分布的变异。)

2. 描述样本量和 M 的标准误之间的关系。

3. 对于一个均值为 40、标准差为 8 的总体，其样本均值的标准误不可能大于 8。(判断正误)

答案

1. a. 样本均值分布的均值（期望值）$\mu=65$，标准误 $\sigma_M=16/\sqrt{4}=8$。分布的形状不能确定，因为样本量不足以保证其服从正态分布，而且总体分布形状也是未知的。

b. 样本均值分布的均值 $\mu=65$，标准误 $\sigma_M=16/\sqrt{64}=2$。样本量足够大，可以保证分布的形状是正态的。

2. 随着样本量增加，标准误会减小。

3. 正确。如果样本量 $n=1$，那么标准误等于8。对于任意样本量，得到的标准误都会小于8。

7.3 概率和样本均值的分布

样本均值的分布的主要作用是找到与任何特定样本联系的概率。概率与比例相等。因为样本均值的分布呈现了所有可能的 M，我们能用这个分布的比例来决定概率。下面的例子证明了这个过程。

例 7.2

SAT 分数形成了一个均值为 500，标准差为 100 的正态分布。如果你抽取了一个 $n=25$ 的随机样本，样本均值大于 $M=540$ 的概率是多少？

首先，将这个问题转述为一个比例问题：在所有可能的均值中，大于 540 的比例是多少？你应知道"所有可能的样本均值"，简单地说，就是样本均值的分布。这个问题是找到这个分布的特定比例。

尽管我们不能通过重复抽取样本和计算均值来构建样本均值的分布（如例 7.1），但我们可以确切地知道基于中心极限定理的信息这个分布看起来将是怎样的。特别地，样本均值的分布将有以下特点：

a. 因为 SAT 分数的总体是正态的，所以样本均值的分布也是正态的。

b. 因为总体均值是 500，所以样本均值分布的均值也是 500。

c. 分布的标准差是 20：

$$\sigma_M=\frac{\sigma}{\sqrt{n}}=\frac{100}{\sqrt{25}}=\frac{100}{5}=20$$

样本均值的分布在图 7—5 中表示。①

我们对样本均值大于 540 的部分感兴趣（图 7—5 中的阴影部分），所以下一步是用 z 分数在分布中确定 $M=540$ 的具体位置。540 大于平均数 40 个点，2 个标准差（在这个例子里，也是 2 个标准误）。因此，$M=540$ 的 z 分数是 $z=+2.00$。

因为该样本均值的分布是正态的，所以你能用单位正态分布表来找到与 $z=+2.00$ 相关的概率。该表指出，分布尾部的 0.022 8 超过了 $z=+2.00$。我们的结论是，有很小可能，即 $p=0.022\,8$（2.28%），得到的 $n=25$ 的随机样本的平均 SAT 分数大于 540。

样本均值的 z 分数

正如例 7.2 展示的，我们可以用 z 分数来描述在样本均值分布中任何特定样本均值的位置。根据其他可能得到的样本，z 分数告诉我们一个特定样本的位置。如第 5 章定义的，一个 z 分数通过带有正负的数值确定其所在的位置，其中

1. 正负号说明该值位于平均数之上（+）还是之下（−）。

2. 数值大小说明该值的位置距平均数有几个标准差的距离。

但是，我们现在想要在样本均值的分布中找到一个位置。因此，我们必须使用适于这个分布的符号和术语。首先，我们要定位的值是一个样本均值（M）而不是分数（X）。其次，这个分布的标准差由标准误测量，所以公式用 σ_M来代替 σ。那么与任意样本均值相联系的 z 分数值即为

$$z=\frac{M-\mu}{\sigma_M} \tag{7—3}$$

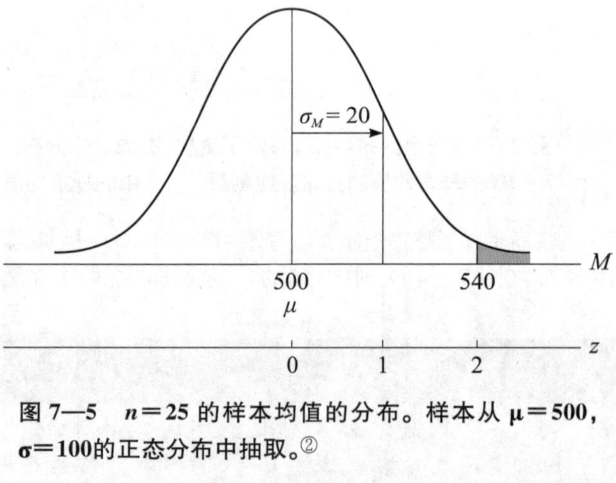

图 7—5　$n=25$ 的样本均值的分布。样本从 $\mu=500$，$\sigma=100$的正态分布中抽取。②

① 注意：当你遇到关于样本均值的概率问题时，你必须使用样本均值的分布。

② 注意：计算一个分数的 z 分数时，使用标准差 σ。计算一个样本均值的 z 分数时，必须使用标准误 σ_M（见专栏 7—2）。

每个样本均值有描述它在样本均值分布中的位置的 z 分数。使用 z 分数和单位正态分布表，可以找到与任何特定样本均值相联系的概率（如例 7.2）。例 7.3 证明了我们也能够对从任何总体中得到的各种样本做出数量上的预测。

例 7.3

同样，SAT 的分数形成了一个均值为 500，标准差为 100 的正态分布。对于这个例子，我们要确定在 SAT 分数中，如果抽取 $n=25$ 的随机样本，最有可能得到哪种样本均值。

首先，我们期望样本均值在 $\mu=500$ 周围。但是对于这个例子，我们将更加具体，确定样本均值 80%可能得到的值的范围。我们从样本均值的分布开始。记住，这个分布是所有可能的样本均值的集合，它表示哪个样本可能得到，哪个样本不可能得到。

正如例 7.2 证明的，$n=25$ 的样本均值的分布将会是正态的，期望值为 500，标准误为 20。样本均值的分布在图 7—6 中。看这个分布，很清楚的是，一个 $n=25$ 名学生的样本平均的 SAT 分数应当在 500 左右。更精确一些，我们能通过定位分布的中间 80%来确定 80%可能值的范围。因为分布是正态的，我们能使用单位正态分布表。中间的 80%按照均值左边 40%（0.400 0）和右边 40%（0.400 0）分开。在表的 D 列（均值和 z 之间的比例）查找 0.400 0，我们得到了一个相关的 z 分数值 $z=1.28$。因此，对于中间 80% z 分数的界限是 $z=+1.28$ 和 $z=-1.28$。根据定义，z 分数 1.28 代表距离均值 1.28 个标准差（或者标准误）的位置。对于这个例子，到均值的距离是 $1.28\times 20=25.6$ 分。均值是 500，所以在两个方向的 25.6 的距离产生了一个范围，从 474.4 到 525.6。

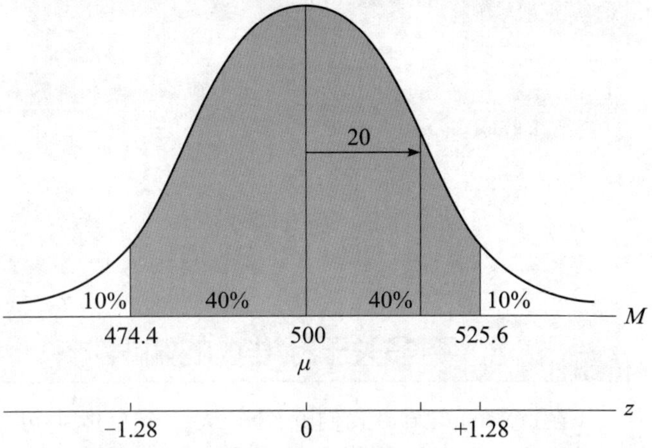

图 7—6 $n=25$ 的样本均值分布的中间 80%。样本从一个均值为 500，标准差为 100 的正态总体中得到。

专栏 7—2 标准差与标准误的区别

对于许多学生来说，一个普遍的困扰是标准差与标准误有何区别。对此，应当记住，标准差描述的是一个分数与总体均值之间的标准距离。如果你正在处理分数的分布，那么标准差则是对变异的合适的测量。另一方面，标准误测量的是一个样本均值和总体均值之间的标准距离，即 $M-\mu$。每当你考虑有关样本的问题时，标准误是对其变异的合适的测量。

如果你依然对两者的差别感到难以理解，这里给出一个简单的解决方案。即如果你总是使用标准误，那么你就总是正确的。考虑标准误的计算公式：

标准误 $=\sigma_M=\sigma/\sqrt{n}$

如果某个样本里只包含一个分数，即 $n=1$，那么

标准误 $=\sigma_M=\sigma/\sqrt{n}=\sigma/1=\sigma=$ 标准差

因此，标准误总是测量到总体均值的标准距离，无论样本量有多大，当然也包括 $n=1$。

因此，80%的所有可能的样本均值包含在 474.4 到 525.6 的范围内。如果我们选择一个 $n=25$ 名学生的样本，我们能有 80%的自信说，样本的平均分数在这个范围内。

例 7.3 的要点是，样本均值的分布使我们能够预测样本均值应该得到的值。我们知道，像一个 $n=25$ 的学生的样本，平均分应当在 500 附近。更具体地说，我们有 80%的自信说样本均值将会在 474.4 到 525.6 之间。用这种方法预测样本均值的能力对于后面的推论统计将是一个很有价值的工具。

学习检查

1. 有一个均值是90，标准差为15的总体。找到与下面每个样本均值相联系的 z 分数。

a. $M=100$，$n=9$

b. $M=89$，$n=25$

2. 从一个均值为65，标准差为20的正态总体中抽取一个 $n=16$ 的随机样本，获得的样本均值大于 $M=60$ 的概率是多少？

3. 从均值 $\mu=80$，标准差 $\sigma=10$ 的正态分布中抽取 $n=25$ 的所有可能的随机样本，分布中央50%对应的分数临界值是多少？

答案

1.a. 标准误是5，z 分数是2.00。

b. 标准误是3，z 分数是−0.33。

2. 标准误是5，$M=60$ 对应于 $z=-1.00$，$p(M>60)=p(z>-1.00)=0.8413$（或84.13%）。

3. 标准误为2，分布中央50%对应的 z 分数的临界值为 $z=-0.67$ 和 $z=+0.67$，因此分数的临界值为78.66和81.34。

7.4 更多关于标准误的知识

在这章的开始，我们介绍了从一个总体中可以得到成千上万不同样本的观点。每个样本都有它自己的个体、分数和均值。样本均值的分布提供了将所有不同样本均值组织到一张图中的方法，这张图表示了样本均值如何互相相关，以及它们如何与总体均值相联系。图7—7表示了一个样本均值分布。为了强调分布包括许多不同样本的事实，我们构造这个图，使得分布由很多小的柱形组成，每个柱形代表了一个单独的样本。同时要注意，样本均值倾向于列在总体均值周围，正如中心极限定理预测的，形成了一个正态分布。

图7—7中表示的分布提供了一个复习抽样误差和标准误概念的具体例子。下面的要点可能看起来很明显，它们可以提供给你对于这两个统计量更好的理解。

1. 抽样误差。抽样误差指一个样本不能提供关于它总体的精确描述。具体而言，样本的统计量和与之相联系的总体参数间会出现一些偏差（如图7—7所示）。注意，样本均值不是完全等于总体均值。事实上，50%的样本均值将小于 μ（整个分布的左边）。相似地，50%的样本均值将高估总体均值。总的来说，在样本均值和总体均值间，将会出现一些差异或者抽样误差。

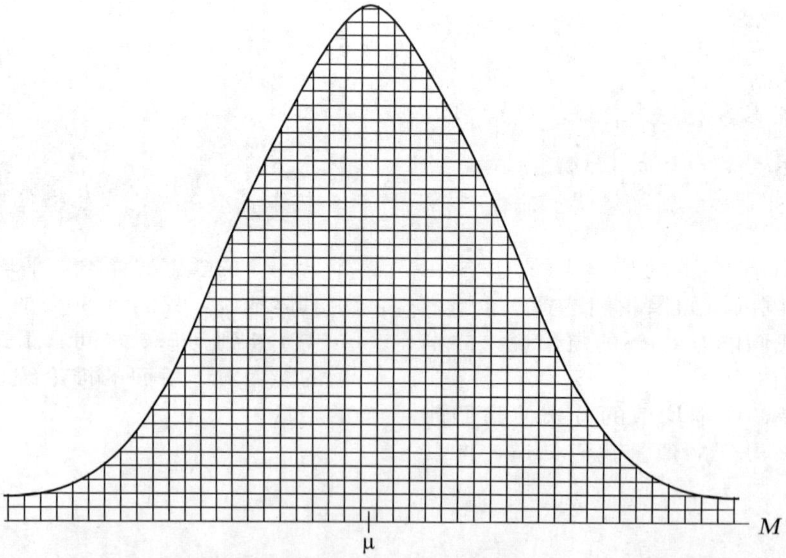

图7—7　一个样本均值主要分布的例子。每个小柱形代表一个样本的均值。

2. 标准误。如图7—7所示，大多数的样本均值相对来说分布在总体均值周围（在分布的中心）。这些样本较为准确地代表了总体。另一方面，一些样本的均值将在分布的尾端，相对远离总体均值。这些极端的样本均值没有准确地代表总体。对于每个样本，你能测量样本均值和总体均值的误差。对于一些样本，误差相对较小，但是对另外一些样本，误差相对较大。标准误提供了一种测量样本均值和总体均值之间平均或者标准距离的方法。

因此，标准误提供了一种定义和测量抽样误差的方法。标准误向研究者们解释了他们的样本数据有多准确地代表了所研究的总体。例如，在很多研究情境中，总体均值是未知的，研究者选择一个样本来得到关于未知总体的信息。样本均值提供了关于未知的总体均值的信息。我们并不期望样本均值是总体均值完全准确的代表；这里将会出现一些误差，标准误告诉我们，平均来说有多少误差存在于样本均值和未知的总体均值之间。下面的例子展示了标准误的应用，以及标准误和标准差之间的关系。

例7.4

近期对当地一所大学的学生所做的调查包含如下问题：你每天观看电子视频（网络、电视、手机、平板等）的时间是多少？得到的调查结果显示平均为$\mu=80$分钟，且该分布服从标准差$\sigma=20$的近似正态分布。我们从这一总体中抽取一个样本，并想要知道样本均值代表总体均值的准确性。具体来说，我们想知道下面三个不同样本量的样本代表总体的准确性分别如何：三个样本的样本量分别为$n=1$、$n=4$和$n=100$。

图7—8给出了基于这三个样本的样本均值的分布。每个分布都给出了以特定样本量从总体中抽取的所有可能的样本均值。注意到三个抽样分布都是正态的（因为总体分布是正态的），而且三个分布都有相等的均值，$\mu=80$，即M的期望值。但是，三个分布的变异程度不同。我们将分别考虑每一个分布。

首先是最小的样本量$n=1$。当样本只包含一个学生，其样本均值就等于学生的分数，即$M=X$。因此当$n=1$，样本均值的分布等同于原始总体的分布。这里样本均值的分布的标准误就等于原始总体分布的标准差。由公式7—1也能验证这一结论。

$$\sigma_M=\sigma/\sqrt{n}=20/\sqrt{1}=20$$

这种情况下，你可以期望样本均值和总体均值之间的平均差异为20分。就如前文所述，总体的标准差是标准误的"起点"，样本量最小，即$n=1$时，标准误就等于标准差（见图7—8a）。

但随着样本量增大，标准误会随之变小。对样本量$n=4$的样本，标准误为

$$\sigma_M=\sigma/\sqrt{n}=20/\sqrt{4}=10$$

也就是说，M和μ之间的标准距离为10分。图7—8b给出了这一分布。你会注意到，该分布的样本均值比起$n=1$时更接近总体均值。

当样本量$n=100$时，标准误会更小。

$$\sigma_M=\sigma/\sqrt{n}=20/\sqrt{100}=2$$

$n=100$的样本比起$n=4$或$n=1$的样本，其样本均值能够更准确地代表总体均值。如图7—8c所示，当$n=100$时，M与μ之间的误差非常小。具体来说，总体均值和样本均值之间的平均差距只有2分。

总的来说，这个例子说明了在最小的样本量（$n=1$）下，标准误和总体标准差是相同的。当样本量增大，标准误随之减小，样本均值就更接近μ。因此，标准误定义了样本量和M代表μ的精确性之间的关系。

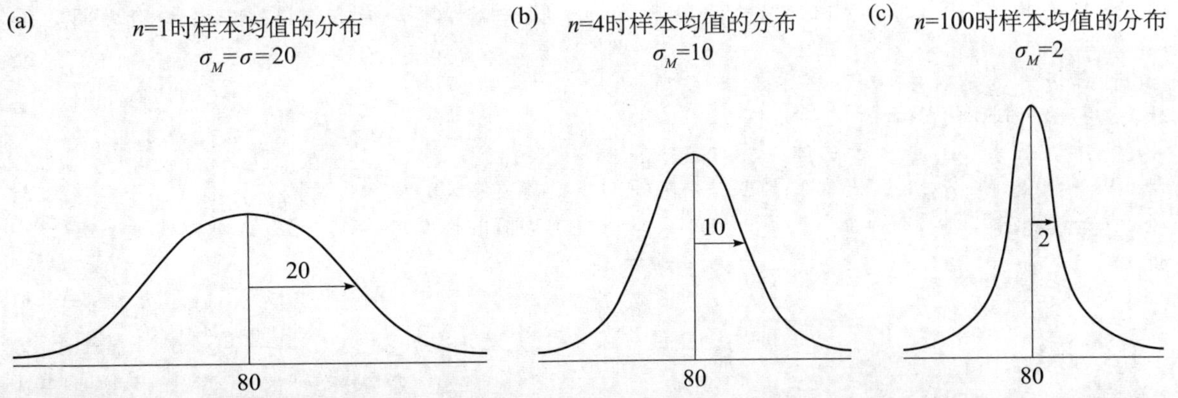

图7—8　从$\mu=80$，$\sigma=20$的正态总体中获得的（a）$n=1$，（b）$n=4$，（c）$n=100$三种样本量下的随机样本的样本均值的分布。注意，标准误随着样本量增大而减小。

在文献中　报告标准误

正如我们稍后将会看到的，标准误在推论统计中起到了很关键的作用。由于它的重要地位，在科学文献中，经常报告样本均值的标准误而不是标准差。科学杂志在提到标准误时有所区别，但是都使用符号 *SE* 和 *SEM*（均值的标准误）。我们用两种方法报告标准误。与标准差类似，它可与样本均值一起在表中报告（见表 7—3）。另外，标准差也能用图报告。

表 7—3　在和不在摄像机面前工作的被试的自我意识分数均值。

	n	均值	标准误
控制组	17	32.23	2.31
摄像机组	15	45.17	2.78

图 7—9 展示了用柱状图来呈现关于样本均值和标准误的信息。在这个实验中，两个样本（A 组和 B 组）被给予不同的实验处理，然后在因变量处记录下被试的分数。A 组的均值是 $M=15$，B 组是 30。对于两个样本，M 的标准误是 $\sigma_M=5$ 。注意，均值由柱形的高度代表，而标准误用每个柱形上方的线段代表。因此，这个图表示每个组的均值加减一个标准误（$M\pm SE$）。当你粗略地看图 7—9 时，你不仅得到了样本均值，你也能知道这些均值可能有的误差。

图 7—10 展示了样本均值和标准误如何用折线图描述。在这个研究中，两个样本（A 组和 B 组）接受了不同的处理，然后进行了 4 次试验的任务，记录下每个被试每次实验中的错误量。该图表示了每组被试在每个试验上的平均错误量（*M*）。线段表示每个样本均值的标准误。同样，线段扩展了均值上下一个标准误。

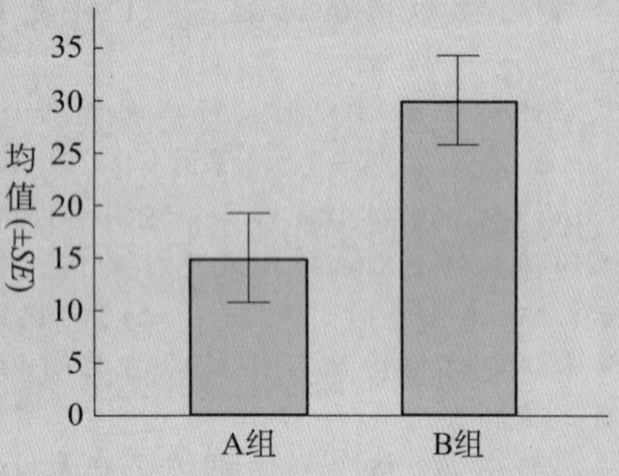

图 7—9　处理组 A 和 B 的均值（±*SE*）分数。

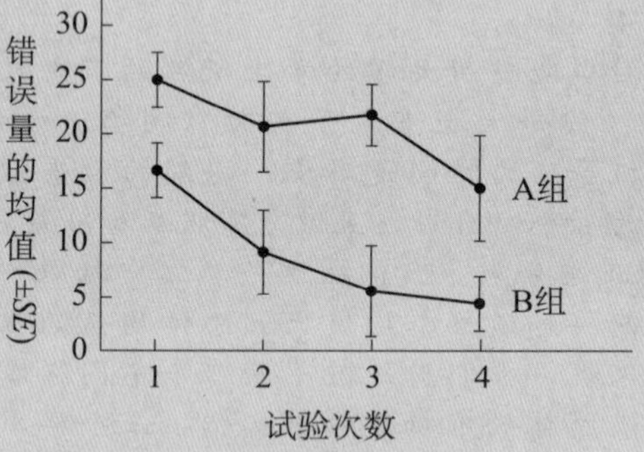

图 7—10　处理组 A 和 B 在每个试验上错误量的均值（±*SE*）分数。

学习检查

1. 从一个均值 $\mu=120$，标准差 $\sigma=20$ 的总体中抽取一个样本，样本均值和总体均值之间的平均差异有多大？

　a. 选择 $n=25$ 的样本

　b. 选择 $n=100$ 的样本

2. 标准误的大小可能大于总体的标准差吗？解释你的回答。

3. 从一个标准差 $\sigma=40$ 的总体中抽取一个随机样本，需要多大的样本量才能使标准误小于或等于 2?

4. 从一个总体中抽取样本量 $n=25$ 的样本，如果样本均值的标准误为 4，那么该总体的标准差是多少?

答案

1. a. 标准误是 4。b. 标准误是 2。

2. 不可能。因为 $\sigma_M=\sigma/\sqrt{n}$，所以标准误总是小于或等于标准差。

3. 样本量 $n=400$ 或更大。

4. $\sigma=20$

7.5　推论统计展望

推论统计是利用样本数据作为基础得到关于总体的结论的方法。但是，我们注意到一个样本不能给出对于总体完全准确的反映。在样本统计量和相联系的总体参数之间，会有一些误差或者偏差。在本章，我们已经观察到，一个样本均值不会准确地等于总体均值。M 的标准误指出平均来说样本均值和总体均值之间有多少差别。

样本和总体之间自然存在的差异使所有的推论统计过程引入了一定数量的不确定性和误差。例如，当一个研究者使用一个样本均值作为得到总体均值结论的基础时，总要考虑到一些边际误差。记住，样本均值不是完美的。在以后的章节中，我们将介绍多种统计方法，它们都用样本均值得到总体均值的结论。

在每种情况下，样本均值的分布和标准误将成为推论过程中的重要元素。在开始这些章节之前，我们将停下来简单地证明，样本均值的分布、z 分数和概率是如何帮助我们使用样本均值得到关于总体均值的结论的。

例 7.5

在第 5 章和第 6 章中我们说明了推论统计是如何帮助解释研究结果的。图 5—9 和图 6—16 给出了一般的研究情形，这里在图 7—11 中再次给出。该研究涉及的总体是一个均值 $\mu=400$，标准差 $\sigma=20$ 的正态分布。从该总体中随机抽取一个样本，并对其进行实验处理。研究的目的是评价实验处理是否有效。在前两章中，我们局限于使用 $n=1$ 的单一样本。现在我们将能够抽取任意的样本量，这里选择 $n=25$ 进行抽样。

研究者将通过比较原始总体中实验组的样本和未处理的样本，来确定实验处理的作用。如果样本中经过处理的样本显著不同于未处理的样本，那么，研究者就得到了实验处理有作用的证据。问题是确定我们认为样本显著不同时所需要的差异的大小。

样本均值的分布和标准误能帮助研究者作出这个决定。特别地，样本均值的分布能表示没有接受实验处理的样本组可能出现什么情况。这允许研究者在以下两者之间作出简单的比较：

a. 接受实验处理的样本（根据实验研究）。

b. 未接受处理的样本（根据样本均值的分布）。

如果处理组样本显著不同于未处理组，那么我们将有证据证明处理有作用。另外，如果我们的处理样本与未处理样本相似，那么我们会得出结论，处理看起来没有任何作用。

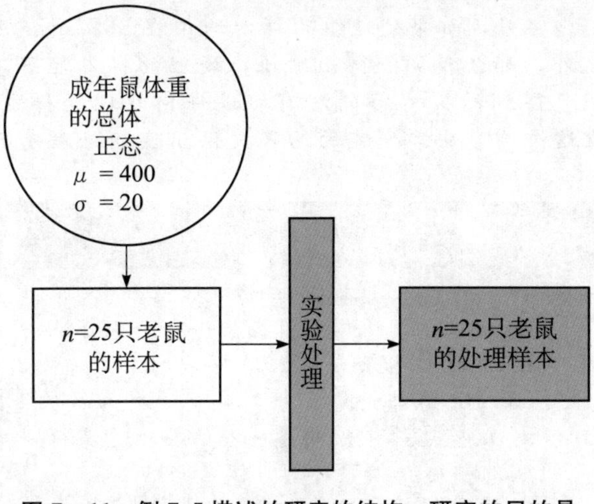

图 7—11　例 7.5 描述的研究的结构。研究的目的是确定实验处理对老鼠是否有作用。

对于这个例子，$n=25$ 只未处理样本的样本均值的分布将有以下特征：

1. 它是正态的，因为原始总体是正态的。

2. 它的期望值是 400，因为总体均值是 400。

3. 它的标准误是 $\sigma_M=20/\sqrt{25}=20/5=4$，因为总体标准差是 20，样本大小是 $n=25$。

样本均值的分布用图 7—12 表示。注意，$n=25$ 只未处理样本的平均体重应当在 400 附近。为了更加准确，我们可以用 z 分数来确定所有可能样本均值的中间 95%。正如第 6 章所证明的，正态分布的中间 95% 位于 z 分数临界值 $z=+1.96$ 和 $z=-1.96$ 之间（查看单位正态分布表）。这些 z 分数临界值在图 7—12 中表示，对应于样本均值 392.16 和 407.84。

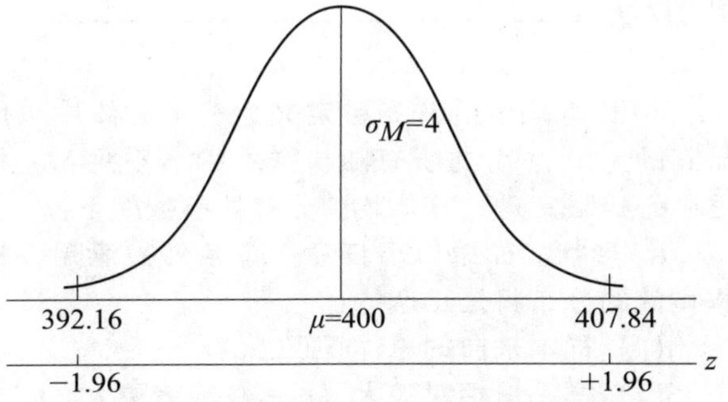

图 7—12　$n=25$ 只未处理老鼠的样本的样本均值分布（例 7.5）。

因此，未处理样本几乎保证了（95% 的可能）样本均值在 392.16～407.84。如果得到的样本均值在这个范围之内，那么我们可以得出结论，我们处理后的样本看起来与未处理的样本没有显著区别。在这个例子中，我们能得出结论：实验处理看起来没有任何作用。

另外，如果处理组的样本均值在 95%的范围之外，那么我们能得出结论，处理的样本显著不同于得到的 $n=25$ 的没有经过任何处理的样本。在这个例子中，研究的结果提供了实验处理有作用的证据。

在例 7.5 中我们同时运用样本均值的分布、z 分数和概率来提供对未处理样本的合理期望值的描述。然后，我们通过处理组样本是否显著不同于未处理组样本来评价实验处理是否有效。这个过程构成了假设检验这一推论统计方法的基础，假设检验在第 8 章会有所介绍，并贯穿于教材余下的内容中。

学习检查

1. 一个总体是均值为 80，标准差为 20 的正态分布。

a. 从这个总体中随机抽取一个分数，它与总体均值之间的平均距离是多少？

b. 如果样本量 $n=100$，样本均值与总体均值之间的平均距离是多少？

2. 一个总体是均值为 40，标准差为 8 的正态分布。

a. 从该总体中抽取 $n=16$ 的样本，其样本均值为 $M=36$。那么这是一个相对典型的样本，还是一个极端的样本？解释你的答案。

b. 如果样本量 $n=4$，那么结果如何？

3. 当地一所大学的新生入学 SAT 分数服从均值 $\mu=530$，标准差 $\sigma=80$ 的正态分布。

a. 从中抽取一个 $n=16$ 的随机样本，有 95%的可能得到的样本均值的范围是多少？

b. 如果样本量 $n=100$，那么结果如何？

4. 从一个均值 $\mu=50$，标准差 $\sigma=12$ 的正态分布中抽取一个 $n=16$ 的样本。该样本经实验处理后的样本均值为 $M=57$。这个样本均值能否说明实验处理的有效性？特别地，该样本均值处在 95%的可能范围内吗？

答案

1. a. 对于一个单一的分数，与均值之间的标准距离是标准差，$\sigma=20$。

b. 对于 $n=100$ 的样本，样本均值与总体均值之间的平均距离是标准误，$\sigma_m=20/\sqrt{100}=2$。

2. a. 对 $n=16$，标准误为 2，样本均值对应的 $z=-2.00$。因此为极端值。

b. 对 $n=4$，标准误为 4，样本均值对应的 $z=-1.00$。因此为一个相对典型的值。

3. a. 对 $n=16$，标准误为 20，$z=\pm1.96$，95%的区间为 490.8～569.2。

b. 对 $n=100$，标准误仅为 8，95%的区间为 514.32～545.68。

4. 对 $n=16$，标准误为 3。如果实验处理无效，总体均值仍为 $\mu=50$，样本均值的 95%的区间应该位于距离 $\mu=50$ 的 1.96（3）=5.88 之内。这一范围为 44.12～55.88。这里的样本均值不在这一范围内，因此这个样本可以支持实验处理有效的结论。

▼ 小结

1. 样本均值的分布被定义为一个总体中可能得到的大小为 n 的所有随机样本的一系列 M。根据中心极限定理，样本均值分布的参数如下：

a. 形状。如果以下任意一个条件被满足，样本均值的分布将是正态的：

（1）样本来自的总体是正态的。

（2）样本量相对较大（$n=30$ 或者更大）。

b. 集中趋势。样本均值分布的均值将等同于样本来自的总体的均值。样本均值分布的均值被叫做 M 的期望值。

c. 变异。样本均值分布的标准差被叫做 M 的标准误，并由这个公式定义

$$\sigma_M=\frac{\sigma}{\sqrt{n}} \text{或} \sigma_M=\sqrt{\frac{\sigma^2}{n}}$$

标准误测量了样本均值（M）和总体均值（μ）之间的标准距离。

2. 本章一个重要的概念是标准误。标准误是样本均值分布的标准差。它测量了样本均值（M）和总体均值（μ）之间的标准距离。标准误告诉我们如果你用一个样本均值来估计总体均值可能有多大的误差。

3. 每个 M 在样本均值分布中的位置能用 z 分数定义：

$$z=\frac{M-\mu}{\sigma_M}$$

因为样本均值的分布趋近于正态，我们能用这些 z 分数和单位正态分布表来找到特定样本均值的概率。特别地，我们能确定哪些样本均值更可能来自给定的总体。这个得到样本概率的能力是后面章节中介绍的推论统计的基础。

4. 总的来说，标准误测量了样本统计量和总体参数间的差异量的期望值。统计推论是用样本统计量来得出一个关于总体参数大致结论的过程。因此，标准误在推论统计中起到了重要作用。

▼关键术语

抽样误差　　中心极限定理　　M 的标准误
样本均值的分布　　M 的期望值　　大数法则
抽样分布

▼资源

➢SPSS

统计软件 SPSS 没有结构化地计算样本均值的标准误和 z 分数。但在后续的章节中，我们会介绍 SPSS 中包含的一些新的推论统计方法。当计算这些新的统计量时，SPSS 会输出一个标准误的报告，用来描述样本代表总体的准确性。

➢关注问题解决

1. 当你处理关于样本均值的概率问题时，你必须使用样本均值的分布。记住，每个概率问题都能被转述为一个比例问题。样本均值的概率与样本均值分布的比例等同。

2. 当计算样本均值的概率时，最常见的错误是在 z 分数的计算公式中使用标准差来代替标准误。标准差测量了一个分数与总体均值的差异（或误差）。标准误测量了一个样本均值与总体均值的差异（或误差）。记住，样本量越大，样本越准确地代表了总体，即样本量越大，误差越小。

$$\text{标准误} = \sigma_M = \frac{\sigma}{\sqrt{n}}$$

3. 尽管样本均值的分布通常是正态的，但它不总是正态分布。在你使用单位正态分布表来得到概率之前，首先要检查并确保分布是正态的。记住，如果你做出分布的草图并且将要求的部分用阴影表示，正态分布的概率问题将会变得简单。

➢示例 7.1

概率和样本均值的分布

对于一个均值为 60，标准差为 12 的正态分布总体，选择一个 $n=36$ 的随机样本，其均值大于 64 的概率是多少？

$$p\ (M>64)\ =?$$

步骤 1　将概率问题表述为比例问题。在所有可能的 $n=36$ 的样本均值中，多少比例可能有大于 64 的值？所有可能的样本均值构成了样本均值的分布，其均值 $\mu=60$，标准误为：

$$\sigma_M = \frac{\sigma}{\sqrt{n}} = \frac{12}{\sqrt{36}} = \frac{12}{6} = 2$$

图 7—13a 给出了这一分布。

我们寻找的是 $M=64$ 的区域，这一部分的比例用阴影在图 7—13b 中表示。

步骤 2　计算样本均值的 z 分数。样本均值 $M=64$ 对应的 z 分数为

$$z = \frac{M-\mu}{\sigma_M} = \frac{64-60}{2} = \frac{4}{2} = 2.00$$

因此，$p\ (M>64)\ = p\ (z>+2.00)$

步骤 3　查找单位正态分布表。在单位正态分布表的 A 列中查找 z 分数，对应的 C 列的值为 $p=0.0228$。这一结果见图 7—13c。

$$p\ (M>64)\ = p\ (z>+2.00)\ = 0.0228\ (\text{或}\ 2.28\%)$$

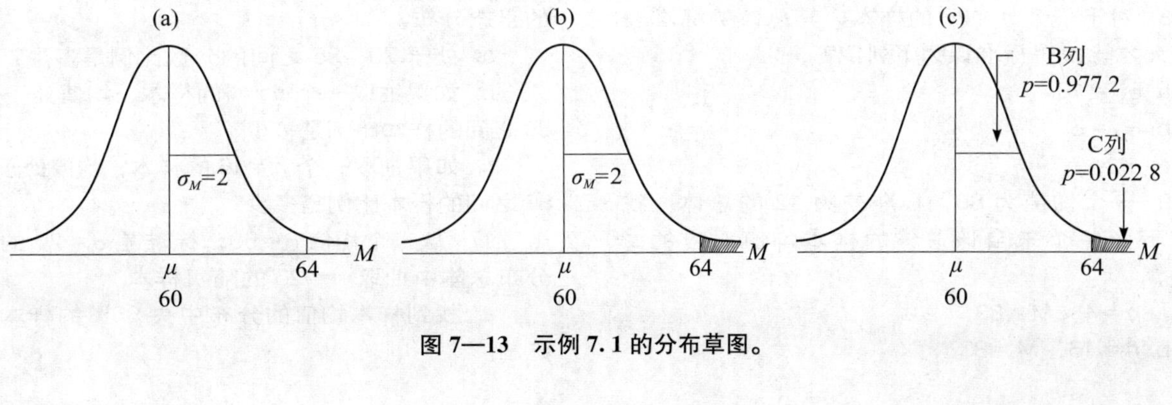

图 7—13　示例 7.1 的分布草图。

➢练习题

1. 对于一个从均值 $\mu=40$，标准差 $\sigma=10$ 的总体中抽取的 $n=100$ 的样本，描述样本均值的分布（形状、期望值和标准误）。

2. 对以下每项，假设样本来自一个均值为40，标准差为8的总体。

a. 对于 $n=4$ 的样本，M 的期望值和标准误是多少?

b. 对于 $n=16$ 的样本，M 的期望值和标准误是多少?

3. 样本均值的分布不总是正态的。在哪些情况下样本均值的分布不是正态的?

4. 一个总体标准差为24。

a. 如果你从总体中选择了一个 $n=4$ 的随机样本，在样本均值和总体均值之间可能有多少误差?

b. 如果你从总体中选择了一个 $n=9$ 的随机样本，在样本均值和总体均值之间可能有多少误差?

c. 对于 $n=16$ 的样本，可能有多少误差?

5. 一个总体均值为70，标准差为20。对于下列每种情况，样本均值和总体均值之间误差是多少?

a. 抽取 $n=4$ 的样本

b. 抽取 $n=16$ 的样本

c. 抽取 $n=25$ 的样本

6. 对于一个标准差为20的总体：

a. 要使得标准误等于或小于5，至少需要多大的样本量?

b. 要使得标准误等于或小于2，至少需要多大的样本量?

c. 要使得标准误等于或小于1，至少需要多大的样本量?

7. 对于一个标准差为12的总体：

a. 要使得标准误小于4，至少需要多大的样本量?

b. 要使得标准误小于3，至少需要多大的样本量?

c. 要使得标准误小于2，至少需要多大的样本量?

8. 对于一个 $n=25$ 的样本，其总体的标准差为多大才能使得标准误为下列值?

a. $\sigma_M=10$

b. $\sigma_M=5$

c. $\sigma_M=2$

9. 一个均值为80，标准差为12的总体。找到与下面每个来自该总体的样本均值对应的 z 分数。

a. $n=4$，$M=83$

b. $n=16$，$M=83$

c. $n=36$，$M=83$

10. 一个 $n=4$ 的样本，对下列每种情况，找到均值 $M=75$ 对应的 z 分数。

a. 该样本从 $\mu=80$，$\sigma=10$ 的总体中抽取

b. 该样本从 $\mu=80$，$\sigma=20$ 的总体中抽取

c. 该样本从 $\mu=80$，$\sigma=40$ 的总体中抽取

11. 一个正态分布的总体，均值为60，标准差为18。对于下列每个样本，计算样本均值的 z 分数，并说明该样本均值是一个典型的有代表性的值还是一个极端值?

a. $M=67$，$n=4$

b. $M=67$，$n=36$

12. 从一个均值为95，标准差为40的正态分布总体中抽取一个随机样本，样本均值 $M=86$。

a. 若 $n=16$，该样本均值是一个有代表性的值还是一个极端值?

b. 若 $n=100$，该样本均值是一个有代表性的值还是一个极端值?

13. IQ分数服从均值 $\mu=100$，标准差 $\sigma=15$ 的正态分布。对下列情况，得到一个样本均值大于 $M=97$ 的概率是多少?

a. $n=9$

b. $n=25$

14. 美国一个八年级标准化数学测验的分数服从均值 $\mu=70$，标准差 $\sigma=10$ 的正态分布。

a. 得分低于 $X=75$ 的学生比例是多少?

b. 如果从总体中抽取一个 $n=4$ 的样本，样本均值低于 $M=75$ 的比例是多少?

c. 如果从总体中抽取一个 $n=25$ 的样本，样本均值低于 $M=75$ 的比例是多少?

15. 一个正态分布的均值 $\mu=54$，标准差 $\sigma=6$。

a. 随机抽取一个分数低于 $X=51$ 的概率是多少?

b. 随机抽取一个 $n=4$ 的样本，其样本均值低于 $M=51$ 的概率是多少?

c. 随机抽取一个 $n=36$ 的样本，其样本均值低于 $M=51$ 的概率是多少?

16. 一个总体服从均值 $\mu=80$，标准差 $\sigma=10$ 的正态分布。

a. 处于75～85之间的分数比例是多少?

b. 如果抽取一个 $n=4$ 的样本，均值处于75～85之间的样本比例是多少?

c. 如果抽取一个 $n=16$ 的样本，均值处于75～85之间的样本比例是多少?

17. 从一个均值 $\mu=50$，标准差 $\sigma=20$ 的正态分布总体中抽取 $n=25$ 的随机样本。

a. 找到样本均值的分布中央95%的样本均值范围。

b. 找到样本均值的分布中央 99% 的样本均值范围。

18. 某州立大学学生的年龄服从均值 $\mu=21.5$，标准差 $\sigma=3$ 的正偏态分布。

a. 抽取一个 $n=4$ 的随机样本，其平均年龄大于 23 的概率是多少？（注意：这是一个存在陷阱的问题）

b. 抽取一个 $n=36$ 的随机样本，其平均年龄大于 23 的概率是多少？

c. 抽取一个 $n=36$ 的随机样本，其平均年龄在 21～22 之间的概率是多少？

19. 春季学期结束时学生教务部门在全部新生班级中进行了一次调查。其中一个问题是关于学生从学期开始增加或减少了多少体重。得到的结果的平均值为 $\mu=9$ 磅，标准差为 $\sigma=6$。该分布近似服从正态分布。从中选取一个 $n=4$ 的样本。

a. 样本均值大于 $M=10$ 的概率是多少？用符号 $p\ (M>10)$ 表示为多少？

b. 在所有可能的样本中，体重减少的样本比例为多少？即 $p\ (M<0)$ 为多少？

c. 样本均值位于 $M=9$ 和 $M=12$ 之间的概率是多少？即 $p\ (9<M<12)$ 为多少？

20. 大虾 1 磅 10～15 只。假设一袋重 1 磅的这种虾的个数平均为 $\mu=12.5$，标准差 $s=1$，且服从正态分布。那么在 $n=25$ 的 1 磅重的袋装虾中，随机抽到虾的个数超过 $M=13$ 的袋子的概率是多少？

21. 在一个国家有执照的驾驶员的平均年龄为 40.3 岁，标准差为 13.2。

a. 一个研究者得到了一个 $n=16$ 名驾驶员的样本。这些驾驶员的平均年龄是 $M=38.9$。计算该样本均值对应的 z 分数，并得出平均年龄小于或等于该年龄的概率。推断这个 $n=16$ 的样本是总体的一个代表性样本合理吗？

b. 同样的研究者如果抽取一个 $n=36$ 的样本，该样本的平均年龄是 $M=36.2$。计算该样本均值对应的 z 分数，并得出平均年龄小于或等于该年龄的概率。推断这个 $n=36$ 的样本是总体的一个代表性样本合理吗？

22. Callahan（2009）进行了一个评价体育运动项目对治疗慢性关节炎的有效性的研究。被医生诊断患有慢性关节炎的被试一部分立即开始上太极拳课，另一部分则作为控制组在八周后开始此课程。在第八周结束时，要求两组被试报告自我感受。与该研究获得的数据类似的结果如下表所示。

	疼痛感的自我评价水平	
	平均值	标准误
上太极拳课	3.7	1.2
不上太极拳课	7.6	1.7

a. 做出与表中内容相一致的柱状图。

b. 观察该图，你认为太极拳课程是否减轻了病人的关节疼痛？

23. Xu 和 Garcia（2008）进行了一项研究，证明了 8 个月大的婴儿能够识别某些样本是否来自一个总体。在这个研究中，婴儿观看从一个盒子中取出的 $n=5$ 个乒乓球。一种条件是，该样本包含 1 个红球和 4 个白球。在抽定样本后，移动盒子的前部面板来展示盒里的内容。盒子里主要是白球，和样本一致婴儿观看它们的时长为 $M=7.5$ 秒。若不符合婴儿期望，盒子里主要是红球，和样本不一致婴儿观看的时长为 $M=9.9$ 秒。研究者这样解释该结果：婴儿看到不符合自己期望的结果时会很惊讶，因此会有比看到期望内的结果更感兴趣的表现。假设这两个样本均值的标准误均为 $\sigma_M=1$ 秒。画出表示两个样本均值的柱状图，并在图中标出标准误的大小。

第 8 章

假设检验介绍

章节概览

学习本章需使用的相关知识

下列术语是学好本章的关键背景知识。如果对这些有不明白之处，应复习先前学过的相关章节。

- z 分数（第 5 章）；
- 样本均值的分布（第 7 章）；
- 期望值；
- 标准误；
- 概率和样本均值。

8.1 假设检验的逻辑

研究者观察总体中的每个个体通常是不现实的。因此，研究者经常从样本中搜集数据，然后根据样本数据回答关于总体的问题。假设检验是让研究者用样本数据来得出关于总体推论的统计过程。

假设检验是最常用的推论统计过程之一。事实上，本书剩下的大部分将在各种不同的情境和应用下考察假设检验。尽管假设检验的细节将会因情境不同而改变，但大致的过程将保持不变。在本章，我们将介绍假设检验的一般过程。我们将会综合前三章介绍的统计概念——z 分数、概率和样本均值分布，创建一个叫做假设检验的新的统计过程。

定义

假设检验是一种统计方法，它使用样本数据来评估一个关于总体参数的假设。

用非常简单的术语来说，假设检验过程的逻辑如下：

1. 首先，我们提出一个关于总体的假设。通常，假设关注于总体参数的值。例如，我们可能假设在每年的感恩节和新年期间，美国成年人的体重平均增加 $\mu=7$ 磅。

2. 在选择一个样本之前，我们利用假设来预测样本应当有的特质。例如，如果假设总体均值 $\mu=7$ 磅，那么，我们可以预测样本均值将在 7 磅左右。记住，样本应当与总体相似，但总会有一定的误差。

3. 接下来我们从总体中得到一个随机样本。例如，我们可以在美国成年人中选择一个 $n=200$ 的随机样本，计算他们体重变化的平均值。

4. 最后，我们比较得到的样本数据和做出的假设。如果样本均值与预测一致，我们将得出结论，假设是合理的。如果数据和预测之间有较大的差异，我们认为假设是错误的。

假设检验主要用于研究的前后。即一个研究者完成了一项研究，然后使用假设检验来评价结果。基于研究和数据的类型，假设检验的细节将根据研究情境的变化而变化。在后面的章节中，我们将考察用于不同研究的不同假设检验。但是现在，我们将关注适用于所有假设检验的基本要素。为了达到这个目标，我们将考察应用于最简单的研究的假设检验——使用一个样本均值来检验一个关于总体均值的假设。

接下来的 5 个章节主要介绍更复杂的研究情景中的假设检验，这些情景包含多个样本均值或均值差异。14 章主要介绍相关研究，关注如何用样本数据的相关关系来评估总体相关关系的假设。15 章中，我们主要介绍如何根据样本数据的比例来检验总体中相应比例的假设。

本章关注的假设检验过程是：使用一个样本均值来评估一个未知总体的均值的假设。

未知总体 图 8—1 呈现了我们用来介绍假设检验过程的一般研究情境。注意，研究者是从一个已知总体开始的。这是存在于处理之前的一系列个体。对于这个例子，我们假设原始的分数形成了一个正态分布，均值为 80，标准差为 20。研究的目的是确定总体中的个体接受处理的作用，即确定施测后总体的反应。

为了简化假设检验的情境，我们对处理效应作了一个基本假设：如果处理效应存在，每个个体的分数会增加一个常量（或者减少一个常量）。根据第 3 章和第 4 章，每个分数加（或减）一个常量仅仅会改变平均数，不会改变总体分布的形状，也不会改变标准差。因此，我们假设处理后的总体与原始总体有相同的形状和标准差。这个假设在图 8—1 中呈现。

注意，接受处理后的未知总体是研究问题的关注焦点。具体而言，研究的目的是确定对总体中每个个体进行处理后会发生什么。

研究中的样本 假设检验的目的是确定处理对于总体中的个体是否有效应（见图 8—1）。但是，我们通常不能对整个总体进行实验，所以实际的研究只使用了一个样本。图 8—2 从假设检验的角度呈现了研究的结构。左边是处理前的总体，右边是处理后的未知总体。这时未知总体实际上是假设性的（总体还没有接受处理）。我们需要探究的是总体在接受处理后会发生什么。研究包括从原始的总体中选择一个样本，对样本进行处理，然后记录接受处理后样本中的个体分数。这个过程中，研究会出现一个接受处理的样本。尽管这个样本不是直接得到的，但它和从处理后的未知总体中直接得到的样本是等价的。假设检验就是用右边的接受处理后的样本来检验图中处理后的未知总体的假设。

假设检验是一个规范的过程，它包括一系列标准化的操作。这样，研究者有一个标准的方法来评估他们的研究结果。其他研究者可以看出并理解其是如何检验数据并得出结论的。为了强调假设检验正规的结构，我们将假设检验过程分为四步，本书后面的部分就是这样用的。下面的例子将为介绍假设检验过程提供具体的基础。

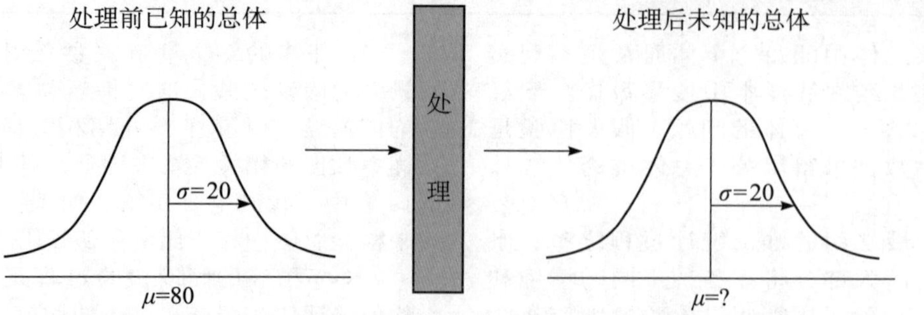

图 8—1　假设检验的基本实验情境。假设处理前的总体参数 μ 已知。实验目的是要确定处理对总体均值是否有影响。

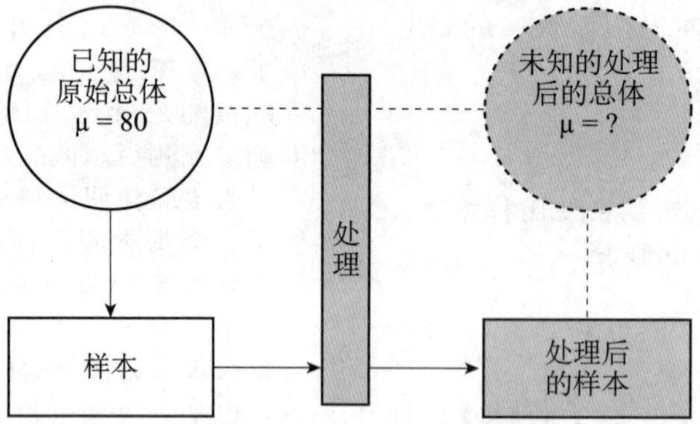

图 8—2　从假设检验的角度，整个总体接受处理，之后从处理后的总体中选出一个样本。而在实际研究中，样本是从原始总体中选出，处理是应用于样本的。不管哪一个角度，结果都是代表已处理总体的已处理样本。

例 8.1

研究者认为对大脑轻微的电刺激可能有助于提高数学能力（Kadosh，Soskic，Kanai，& Walsh，2010）。研究中，一组被试在学习人工编制的数字符号时，顶叶通过头骨接受轻微的电刺激，该区域对数学技巧的学习很重要。另一组被试学习同样的数字符号，而他们不同的大脑区域接受同样的电刺激。经过六个学习周期后，顶叶接受刺激组在数字符号测试中的表现显著优于另一组。

假设现有研究者想要检验同样的大脑刺激对学习标准化的数学测验的作用。已知学生总体在该测验得到的分数为正态分布，平均数为 $\mu=80$，标准差为 $\sigma=20$。研究者计划得到一个 $n=25$ 的样本，该学生样本在参加测试前，需要每天学习 30 分钟，同时顶叶接受电流刺激。4 周后，学生参加标准化测验。如果该样本的平均分显著不同于总体平均分，研究者就可以得出结论：电流刺激对数学技巧的学习有作用。相反的，如果样本均值在 80 左右（和总体均值相同），则研究者得出结论：电流刺激对数学技巧的学习没有作用。

图 8—2 描述了在之前的例子中叙述的研究情境。注意：处理后的总体平均分数是未知的。特别地，我们不知道如果整个总体在学习时大脑接受刺激，平均分数会有什么变化。但是，我们确实有一个 $n=25$ 的样本，他们得到了刺激。我们能用这个样本推及未知总体。下面的四个步骤列出了允许我们用样本数据回答关于未知总体问题的假设检验过程的方法。

第一步：提出假设①

正如标题所示，假设检验的过程从提出一个关于未知总体的假设开始。事实上，我们提出两个相反的假设。注意：两个假设是根据总体参数提出的。

两个假设中第一个也是最重要的一个叫做虚无假设。虚无假设提出处理没有效应。总的来说，虚无假设提出没有变化、没有作用、没有区别——没有什么发生，正如“虚无”这个名字。

① 推断统计的目的就是通过使用样本数据，对总体做出一般性的推断。因此，当检验假设时，我们是对总体参数作出预测。

虚无假设的符号是 H_0。（H 代表假设，0 代表零作用，即虚无）。例 8.1 中的研究的虚无假设是，大脑受到的电流刺激对学生总体的数学学习技巧没有影响。这个假设用符号表示是：

H_0：$\mu_{有刺激}=80$（即使有刺激，测验的平均成绩仍为 80。）

定义

虚无假设（H_0）指出，在总体中没有变化、没有区别或者没有关系。在一个实验中，H_0 预测自变量（处理）对因变量没有作用。

第二个假设是虚无假设的反面，它被叫做科学的假设或者备择假设（H_1）。这个假设指出处理对因变量有效应。

定义

备择假设（H_1）指出，总体存在变化、区别或者关系。在实验中，H_1 预测自变量（处理）对因变量有作用。①

对于这个例子，备择假设预测刺激影响学生总体数学技巧的学习，从而引起平均分的变化。用符号 H_1 表示为：

H_1：$\mu_{有刺激}\neq 80$（因为有刺激，平均分不等于 80。）

注意，备择假设仅仅是指出将会存在一些变化。它没有设定效应是会提高还是降低测验分数。在一些情况下，我们可以设定备择假设中作用的方向。例如，研究者可能假设，刺激会提高测验的平均分（$\mu>80$）。这种假设导致了有方向的假设检验，将在本章后面详细介绍。现在，我们将着重考虑无方向的检验。在这里，假设简单地指出处理有作用（H_1）或者没有作用（H_0）。

第二步：为下结论设立标准

研究者最后将使用样本的数据来评价虚无假设的可信性。数据可能支持虚无假设，也可能拒绝它。特别地，如果数据和假设间存在很大的差异，研究者将得出结论，虚无假设是错误的。

为了标准化决策的过程，我们将使用虚无假设来预测应当得到的样本均值。特别地，我们将确定哪些样本均值与虚无假设一致，哪些不一致。

对于我们的例子，零假设认为刺激没有作用，总体均值仍为 $\mu=80$。如果该假设为真，则样本的均值应在 80 左右，因此一个均值约为 80 的样本和虚无假设是一致的。另一方面，一个均值显然不同于 80 的样本和虚无假设是不一致的。为了确定哪些值是 80 左右，哪些值是显著不同于 80 的，我们可以检验虚无假设为真时可能得到的所有样本均值。在本例中，这是一个 $n=25$ 的样本均值分布。根据虚无假设，该分布的中心应为 $\mu=80$。然后样本均值的分布被分为两个部分：

1. H_0 为真时可能得到的样本均值，即接近虚无假设的均值；

2. H_0 为真时不可能得到的样本均值，即不同于虚无假设的均值。

样本均值的分布被分为两个部分，在图 8—3 中呈现。注意：高概率样本位于分布的中间，它

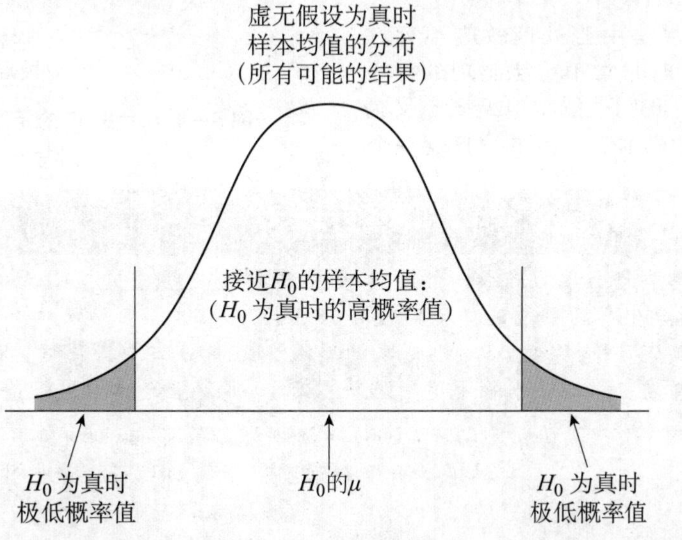

图 8—3 一系列潜在的样本被分为两部分，即虚无假设为真时，可能得到的和不可能得到的样本。

① 虚无假设和备择假设是互斥和绝对的。它们不能同时为真，并且其中一个一定是真的。数据决定了哪一个应该被拒绝。

们的样本均值接近虚无假设确定的值。另外，低概率的样本位于分布的两端。在分布用这种方式被分开之后，我们能在分布中比较样本均值。我们能确定样本均值是否与虚无假设一致（像分布中心的值一样）或者样本均值是否非常不同于虚无假设（像分布极端的值一样）。

α 水平[①] 为了找到区分高概率样本和低概率样本的界限，我们必须明确地定义低概率和高概率的意义。我们通过选择一个特别的概率值来达到，它被叫做假设检验的显著性水平或者 α 水平。α 值是一个小概率，它用来确定低概率的样本。根据惯例，经常使用的 α 水平是 $\alpha=0.05$（5%），$\alpha=0.01$（1%），$\alpha=0.001$（0.1%）。例如，当 $\alpha=0.05$ 时，我们可以分开最不可能的 5%的样本均值（极端值）和最可能的 95%的样本均值（中心的值）。

极端不可能的值，正如 α 水平定义的，组成了拒绝域。这些在分布尾端的极端值定义了与虚无假设不一致的结果，即如果虚无假设为真，它们极不可能发生。当研究数据产生的样本均值位于拒绝域时，我们将得出结论，数据与虚无假设不一致，从而拒绝虚无假设。

定义

α 水平或者显著性水平是一个用来定义虚无假设为真时极不可能的样本结果的概率值。

拒绝域是由虚无假设为真时极不可能得到的极端样本值组成的。拒绝域的界限由 α 水平决定。如果样本数据在拒绝域之中，则要拒绝虚无假设。

从技术上说，拒绝域是由当处理效应不存在（即如果虚无假设为真）时非常不可能出现的样本结果定义的。反过来说，我们也能将拒绝域定义为提供处理效应存在证据的样本值。例如，假设一个样本来自均值为 80 的总体，然后对样本中的每个个体进行处理（脑电刺激）。哪种样本均值将让你确定处理效应存在？很明显的是，最确定的证据是样本均值不同于总体均值 80。在假设检验中，拒绝域由确实不同于原始总体的样本值决定。

拒绝域的界限 为了确定拒绝域界限的确切位置，我们将使用 α 水平概率和单位正态分布表。在大多数情况下，样本均值的分布是正态的，单位正态分布表将为拒绝域界限提供精确的 z 分数值。例如，$\alpha=0.05$，我们必须找到分离极端 5%和中间 95%的界限。因为极端 5%分成了整个分布的两个尾端，每个尾端有 2.5%（或者 0.025 0）。在单位正态分布表中，在 C 列查找到 0.025 0 的比例，找到 z 分数的界限是 $z=1.96$。因此，对于任何正态分布，极端 5%是在分布尾端的 $z=1.96$ 和 $z=-1.96$之外。用 $\alpha=0.05$ 定义假设检验拒绝域的界限（见图 8—4）。

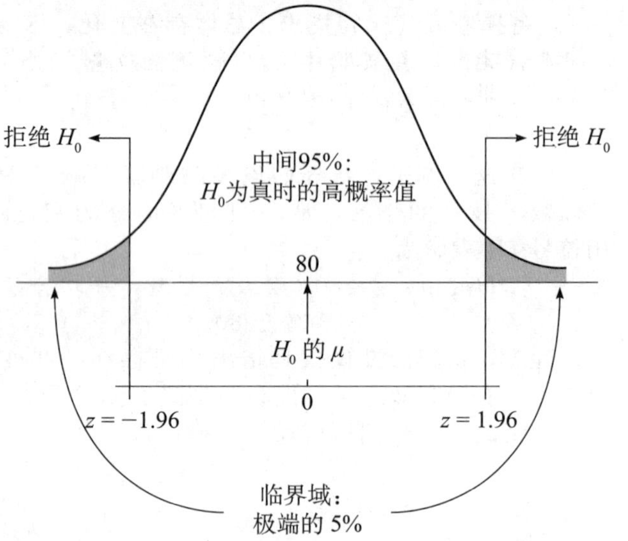

图 8—4 α=0.05 的拒绝域（非常不可能的结果）。

学习检查

1. 一些学区在考虑扩大小学的班级。然而学校董事会的一些成员担心大的班级对学生的学习有不好的影响。班级大小对学生学习影响的虚无假设是什么？

2. 如果 α 水平从 0.01 增大到 0.05，拒绝域的界限会距离分布中心更远。（判断对错）

3. 如果一个研究者在 $\alpha=0.02$ 水平下进行假设检验，那么拒绝域的界限值 z 等于多少？

答案

1. 虚无假设为班级大小对学生学习没有影响。

2. 错。一个较大的α水平会使拒绝域的界限距离分布中心更近。

3. 0.02 分成分布的两个尾端，每个尾端的比例为 0.01。z 的临界值为 $z=\pm 2.33$。

① 除去极少数例外，α 水平一般不能大于 0.05。

相似地，$\alpha=0.01$ 意味着 1%或者 0.0100 分成两个尾端。在这种情况下，每个尾端的比例是 0.005 0，相联系的 z 分数界限是 $z=\pm2.58$（±2.57 也一样）。对于 $\alpha=0.001$，界限位于 $z=\pm3.30$。你应当在单位正态分布表中查证这些值，确定你能真正明白它们是怎样得到的。

第三步：收集数据，计算样本统计量

这个时候我们会选择一个学生样本，然后每天在他们做数学测验的时候给予他们 30 分钟的脑电刺激。四周以后，学生参加标准化的数学测验。注意，在研究者提出假设和决策标准后才收集数据。这个步骤有助于确信研究者对数据作了诚实客观的评价，并且没有在实验结果出来之后篡改决策标准。

下面整理来自样本的原始数据，得到合适的统计量：对于这个例子，研究者将计算样本均值。现在，研究者可以比较样本均值（数据）和虚无假设。这是假设检验的核心：比较数据和假设。

通过计算样本均值相对于 H_0 假设的总体均值的位置，即 z 分数来完成比较。在第二步，我们建立了虚无假设为真时样本均值可能的分布，即如果处理效应不存在时可能得到的所有样本均值（见图 8—4）。现在我们要计算定义样本均值位于假设分布中的 z 分数。样本均值的 z 分数公式为：

$$z=\frac{M-\mu}{\sigma_M}$$

在这个公式中，样本均值（M）由样本数据得到，μ 的值由虚无假设得到。因此，z 分数公式能用文字表示如下：

$$z=\frac{\text{样本均值}-\text{假设的总体均值}}{M\text{ 和 }\mu\text{ 的标准误}}$$

注意，z 分数公式的分子测量数据和假设之间有多大的区别。公式的分母测量应当存在于样本均值和总体均值之间的标准距离。

第四步：下结论

在最后一步，研究者使用第三步中得到的 z 分数值并根据第二步中建立的标准来做出关于虚无假设的决定。有两个可能的结果：

1. 样本数据在拒绝域。根据定义，如果虚无假设为真，样本均值非常不可能在拒绝域中。

所以我们认为样本和 H_0 不一致，决定拒绝 H_0。虚无假设是没有处理效应，所以拒绝 H_0 意味着我们得到的结论是，处理对于样本中的个体确实存在作用。

对于我们考虑的这个例子，假设学生样本在学习时接受电刺激后的均值 $M=89$。零假设为总体均值 $\mu=80$，$n=25$，$\sigma=20$。样本均值的标准误为：

$$\sigma_M=\frac{\sigma}{\sqrt{n}}=\frac{20}{\sqrt{25}}=\frac{20}{5}=4$$

样本均值 $M=89$ 对应的 z 分数为：

$$z=\frac{M-\mu}{\sigma_M}=\frac{89-80}{4}=\frac{9}{4}=2.25$$

α 水平为 $\alpha=0.05$，这个 z 分数远超出了界限 1.96。因为样本 z 分数在拒绝域中，我们拒绝虚无假设，得到结论：对脑的电刺激对数学技巧的学习有作用。

2. 第二种可能是样本数据不在拒绝域。在这种情况下，数据合理地接近虚无假设（在分布中间）。因为数据没有提供虚无假设错误的很强的证据，我们的结论是不能拒绝虚无假设。这个结论意味着处理显得没有作用。

对于脑电刺激的研究，如果样本均值 $M=84$，我们可以得到 z 分数：

$$z=\frac{M-\mu}{\sigma_M}=\frac{84-80}{4}=\frac{4}{4}=1.00$$

1.00 不在拒绝域中。因此，我们不能拒绝虚无假设，得到结论：对脑的电刺激对数学技巧的学习没有作用。

一般来说，我们通过比较处理的样本和未处理的样本组成的样本均值分布做出决定。如果处理后的样本和没有接受脑电刺激的样本是一样的，我们可以得出结论处理没有作用。另一方面，如果处理后的样本明显不同于大部分未处理的样本，则我们认为处理有作用。

假设检验的类推 同时阐述关于拒绝虚无假设的两种可能的结果看起来似乎很蠢：要么拒绝 H_0，要么不拒绝 H_0。试想一个研究是试图找出处理有作用的证据，两种结果就很容易理解了。从这个角度来说，假设检验的过程类似于陪审团审判的过程。例如：

1. 假设检验最初的零假设是没有处理效应。审判最初的虚无假设是被告是无罪的（直到被证明有罪之前都是无罪的）。

2. 研究收集可以表明处理有作用的证据，而警察收集被告犯罪的证据。两者都是为了拒绝虚无假设。

3. 如果有充分的证据，研究者拒绝虚无假设，得出结论存在处理效应。同样的，如果有足够的证据，陪审团会拒绝虚无假设，认为被告是有罪的。

4. 如果没有充分的证据，研究者不能拒绝零假设。注意，这时研究者没有得出不存在处理效应的结论，只是认为没有充分的证据证明存在处理效应。相似的，没有足够证据的时候，陪审团不能判处被告有罪。这时，陪审团不认为被告是无罪的，只是没有充分的证据证明被告有罪。

学习检查

1. 研究者从一个 $\mu=40$，$\sigma=8$ 的正态总体中抽取一个 $n=16$ 的样本。对样本做处理后，样本均值 $M=43$。如果研究者用假设检验来评估处理效应，则该样本的 z 分数是多少？

2. 一个小的 z 分数（接近0）是样本数据与虚无假设一致的证据。（判断对错）

3. 一个在拒绝域中的 z 分数意味着应该拒绝虚无假设。（判断对错）

答案

1. 标准误是2，$z=\frac{3}{2}=1.50$。

2. 对。一个接近0的 z 分数表示数据支持虚无假设。

3. 对。一个在拒绝域中的 z 分数意味着样本和虚无假设不一致。

8.2 假设检验中的不确定性和误差

假设检验是一个推论过程，这意味着它使用有限的信息作为基础来得到一个总体的结论。特别地，一个样本只提供了关于总体有限的或者不完整的信息，而假设检验使用一个样本的信息来做出关于整个总体的决定。在这种情况下，总存在做出错误决定的可能性。即使样本数据通常代表了总体，也总是可能存在样本误导并且使研究者对研究结果做出错误决定。在一个假设检验中，可能会犯两种不同的错误。

第一类错误

当处理效应不存在时，数据可能让你拒绝虚无假设。记住，样本不等于它们的总体，一些极端的样本可能与它们假设代表的总体非常不同。如果一个研究者随机选择了其中一个极端样本，那么样本的数据可能在即使没有处理效应存在时，也显示出很强的处理效应。例如，在之前的部分中，我们考察增加脑部顶叶刺激影响新的数学技能学习的研究。假设研究者选择了一个 $n=25$ 的学生样本，这些学生在学习之前就已经有了高于平均水平的数学技能。即使刺激（处理）没有作用，这些学生仍会在标准化的测验中取得更高的分数。在这种情况下，研究者很可能得出结论，处理效应存在。而实际上它不存在。这就叫做第一类错误。

定义

当研究者在虚无假设为真时拒绝虚无假设，就发生了第一类错误。第一类错误意味着当处理效应不存在时，研究者得出结论，处理效应存在。

你应当意识到，第一类错误不是一个研究者在一些东西很明显时忽略它们。相反，研究者观测数据，数据显示出存在很明显的处理效应。然后，研究者基于可利用的信息做出慎重的决定。问题是样本的信息可能是错误的。

在多数研究情境中，第一类错误的后果可能很严重。因为研究者拒绝了虚无假设，相信处理效应真的存在，研究者就很可能要报告或者发表研究结果。但是，第一类错误意味着这是一个错误的报告。因此，第一类错误会导致科学文献中的错误报告。其他研究者可能试图基于错误的报告建立理论或者发展他们的实验。这将浪费许多宝贵的时间和资源。

第一类错误发生的概率 当研究者在不知情的情况下使用了一个极端的、没有代表性的样本的时候，就会犯第一类错误。幸运的是，假设检验的结构可以控制和减小发生第一类错误的概率。图8—4展示了研究中的样本均值分布和拒绝域。该分布包括了在虚无假设为真的情况下，所有样本量 $n=25$ 的样本均值。可以看出，大部分的样本均值均在假设总体均值（$\mu=80$）周围，这也意味着在拒绝域中的均值是很不可能发生的。

当 $\alpha=0.05$ 时，只有5%的样本均值落在拒绝域中。因此，只有5%（$p=0.05$）的概率可以得到这样的一个极端样本。因此，α 水平决定了当虚无假设为真时，得到一个均值落在拒绝域中的样本的概率。也就是说，α 水平决定了犯第一类错误的概率。

定义

假设检验的 α 水平是虚无假设为真时，导致第一类错误的概率。即 α 水平决定了没有处理效应时，样本数据落在拒绝域中的概率。

总的来说，当样本数据在拒绝域时，假设检验的合理决定是拒绝虚无假设。通常这是一个正确的决定，因为处理使样本不同于原始总体。这种情况下，假设检验正确识别了真的处理效应。但是，样本数据可能只因为随机因素而在拒绝域，而不是处理效应。当这种情况发生时，研究者会犯第一类错误，即当处理效应不存在时研究者得出结论，处理效应存在。幸运的是，犯第一类错误的概率很小，并且在研究者的控制中。具体来说，犯第一类错误的概率等于 α 水平。

第二类错误

当研究者拒绝虚无假设时，存在出现第一类错误的危险。相似地，当研究者不能拒绝虚无假设时，就有出现第二类错误的危险。根据定义，第二类错误是没能拒绝错误的虚无假设。更直接地说，第二类错误意味着处理效应确实存在，但是假设检验不能识别它。

定义

当研究者没有拒绝错误的虚无假设时，就发生了第二类错误。在典型的研究情境中，第二类错误意味着假设检验不能识别一个真正存在的处理效应。

即使处理对样本存在影响，但样本均值不在拒绝域时，也会发生第二类错误。当处理效应相对较小时，经常发生这类错误。在这种情况下，处理确实影响了样本，但是影响没有足够大到将样本均值移到拒绝域中。因为样本不是显著地不同于原始总体（它不在拒绝域中），统计结论不能拒绝虚无假设，得出的结论是不存在足够的证据证明处理效应存在。

第二类错误的后果通常不是很严重。第二类错误意味着研究数据没有显示出研究者希望得到的结果。研究者可以接受这个结果，得出结论说处理效应不存在或者是处理只有很小的效应，不值得研究。或者，研究者也可以重复实验（通常要经过改进，例如增加样本量），然后试着证明处理效应真的存在。

不像第一类错误，我们不能为第二类错误确定一个单独的确切的概率值。第二类错误的概率取决于许多因素，是一个函数，而不是一个特定的数值。虽然如此，第二类错误的概率也可以用希腊字母 β 表示。

总的来说，假设检验通常会导致两类决定：

1. 样本数据提供足够的证据拒绝虚无假设并得出结论，处理效应存在。

2. 样本数据没有提供足够的证据拒绝虚无假设。在这种情况下，你不能拒绝虚无假设，得出结论，处理效应不存在。

在两种情况下，可能数据是错误的，结论也是错误的。完整的结论和结果用表 8—1 表示。当所犯错误为第一类错误时，风险是很大的，因为这会导致一个错误的研究报告。幸运的是，α 水平完全在研究者的控制中，而它决定了虚无假设为真时第一类错误的概率。在假设检验最开始的时候，研究者就定义了假设并选择了 α 水平，也就是决定了犯第一类错误的风险。

表 8—1　　统计决定的可能结果。

		真实情境	
		没有效应，H_0 为真	效应存在，H_0 为假
实验者的决定	拒绝 H_0	第一类错误	决定正确
	接受 H_0	决定正确	第二类错误

选择一个 α 水平

正如你看到的，假设检验的 α 水平有两个非常重要的功能。第一，α 通过定义非常不可能的结果，帮助我们确定了拒绝域的界限。同时，α 决定了在虚无假设为真时第一类错误的概率。当你在假设检验开始的时候选择了一个 α 的值后，你的决定同时会影响这两个功能。

最主要的关注点是，通过选择 α 的值来减小第一类错误的概率。因此，α 水平应当是一个很小的值。根据惯例，最大的允许值是 $\alpha=0.05$。当不存在处理效应时，α 水平为 0.05 意味着有 5% 的危险，或者 1/20 的概率拒绝虚无假设，犯第一类错误。因为犯第一类错误的后果很严重，很多研究者和科学出版物要求更严格的 α 水平，例如 0.01 或者 0.001 来减小一个错误的报告被发表成为部分科学成果的风险。（要得到更多关于 0.05 显著性水平的信息，见 Cowles 和 Davis 1982 年的优秀短篇报告。）

在这点上，选择 α 水平最好的策略是选择最小的可能值来减小第一类错误发生的概率。但是，当 α 水平减小时，出现了另一个问题。具体来说，一个小的 α 水平意味着犯第一类错误的概率小，但是它也意味着假设检验需要更多来自研究结果的证据。

犯第一类错误的概率和检验的要求二者之间的一个妥协是控制拒绝域的界限。对于假设检验，要得出结论处理效应存在，样本数据必须在拒绝域中。如果处理效应确实存在，它应当使样本不同于原始总体；本质上，处理应当将样本移到拒绝域中。但是，随着 α 水平减小，拒绝域的界限向尾端移开变得更难达到。图 8—5 显示了当 α 水平减小时拒绝域的界限是如何移开的。注意，分布的中心 $z=0$，对应着虚无假设中的 μ。拒绝域的界限决定了拒绝虚无假设时所需要的样本均值和 μ 之间的距离。随着 α 水平变小，距离会变大。

因此，一个极小的 α 水平，如 0.000 001（百万分之一），意味着几乎没有犯第一类错误的可能，但是会使拒绝域变得很远，本质上变得不可能拒绝虚无假设，即需要一个很大的处理效应才能使样本数据达到拒绝域。

总的来说，研究者试着保持第一类错误和假设检验需要之间的平衡。α 水平为 0.05、0.01 和 0.001 被认为是很合理、很好的值，因为它们提供了一个相对小的错误概率并且没有对研究结果有过多严格的要求。

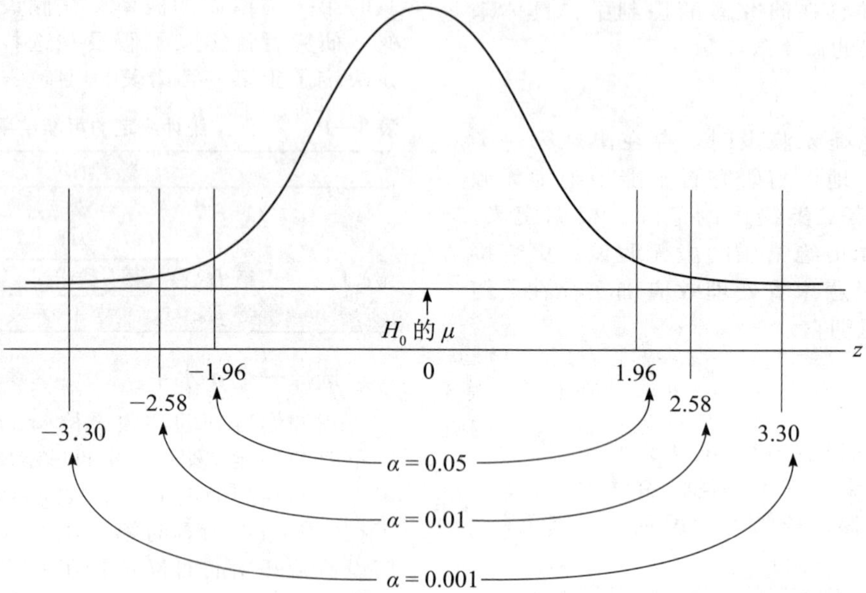

图 8—5　三种不同的显著性水平：$\alpha=0.05$、$\alpha=0.01$ 和 $\alpha=0.001$ 的拒绝域界限位置。

学习检查

1. 定义第一类错误。
2. 定义第二类错误。
3. 哪种研究情境可能引起第二类错误？
4. 在 0.05 水平下，样本均值在拒绝域中，那么在 0.01 水平下，该均值仍会在拒绝域中。（判断对错）
5. 在 0.01 水平下，样本均值在拒绝域中，那么在 0.05 水平下，该均值仍会在拒绝域中。（判断对错）

答案

1. 第一类错误是拒绝真的虚无假设，即当处理效应不存在时说它存在。
2. 第二类错误是没有拒绝错误的虚无假设。根据研究情境，当研究不能识别处理效应真的存在时，出现了第二类错误。
3. 第二类错误可能发生在处理效应较小的时候。在这种情况下，研究很可能不能识别处理效应。
4. 错误。0.01 水平下，拒绝域的界限会向分布的两端移动。0.05 水平下在拒绝域中的样本均值可能不在 0.01 水平下的拒绝域中。
5. 正确。0.01 水平下的拒绝域的界限相对于 0.05 水平下拒绝域的界限更接近尾端。0.01 水平下在拒绝域中的样本均值一定在 0.05 水平下的拒绝域中。

8.3 关于假设检验

假设检验小结

在 8.1 中，我们呈现了一个假设检验的完整例子，探究了脑部刺激对学生数学测验分数的影响。假设检验的 4 个步骤如下：

步骤 1 提出假设，选择 α 水平

对于这个例子，没有处理的总体的平均测验成绩为 $\mu=80$，$\sigma=20$。因此，假设如下：

H_0：$\mu_{有刺激}=80$（脑部刺激没有效果）

H_1：$\mu_{有刺激}\neq 80$（脑部刺激有效果）

我们设定 $\alpha=0.05$。

步骤 2 定位拒绝域

当 $\alpha=0.05$ 时，那些 z 分数值超过 ± 1.96 的样本均值形成了检验的拒绝域。

步骤 3 计算检验统计量（z 分数）

我们选择一个 $n=25$，均值 $M=89$ 的样本。标准误 $\sigma_M=4$，则

$$z=\frac{M-\mu}{\sigma_M}=\frac{89-80}{4}=\frac{9}{4}=2.25$$

步骤 4 做出决定

在步骤 3 中计算的 z 分数位于拒绝域中。这是虚无假设为真时不太可能出现的结果，所以我们的决定是拒绝虚无假设，得出结论，脑部刺激对学生的测验分数有作用。

在文献中　报告统计检验的结果

发表假设检验的结果有一个特别的术语和符号系统。例如，当你阅读一本科学杂志时，它不会明确地告诉你研究者用 z 分数和 α 水平为 0.05 的检验统计来评价数据，也不会告诉你“拒绝虚无假设”。你将看到与下面类似的表述：

对顶叶的电刺激对数学测验成绩有显著的作用，$z=2.25$，$p<0.05$。

让我们一点一点地来考察这个表述。首先，什么叫显著？在统计检验中，一个显著的结果意味着拒绝虚无假设，结果极不可能由于偶然因素而发生。对于这个例子，虚无假设指出，脑部的电刺激没有作用。具体来说，如果刺激没有作用，非常不可能得到一个 $M=89$ 的样本均值。

> **定义**
>
> 当虚无假设为真，极不可能的结果发生时，我们说一个结果显著，或者统计上显著。即结果足以拒绝虚无假设。因此，如果假设检验的结果是拒绝 H_0，那么处理效应显著。

接下来，$z=2.25$ 是什么意思？z 表示 z 分数作为检验统计量，被用来评价样本数据，它的值为 2.25。最后，$p<0.05$ 是什么意思？这部分描述是确定用做假设检验的α 水平的传统方法。它同样是犯第一类错误的可能性（概率）。更明确地说，研究者报告处理有效应时，也承认这可能是一个错误的报告。即尽管脑部刺激没有作用，样本均值也有可能落在拒绝域中。然而，如果处理没有效应，得到一个拒绝域中的样本均值的概率是极小的（小于 0.05）。

在统计结果不能拒绝 H_0时，报告可以这样表述：

样本数据没有提供足够的证据证明脑部刺激对数学测验成绩有作用，$z=1.30$，$p>0.05$。①

在这种情况下，我们说得到的结果 $z=1.30$ 不是特殊的（不在拒绝域中），而且当虚无假设为真，并且没有处理效应存在时，有相对高的概率发生（大于 0.05）。

一些学生在区别 $p<0.05$ 和 $p>0.05$ 时有些迷惑。记住，极端值、低概率值位于分布中尾端的拒绝域时，拒绝虚无假设。因此，与 $p<0.05$ 相联系的显著结果拒绝了虚无假设（见图 8—6）。

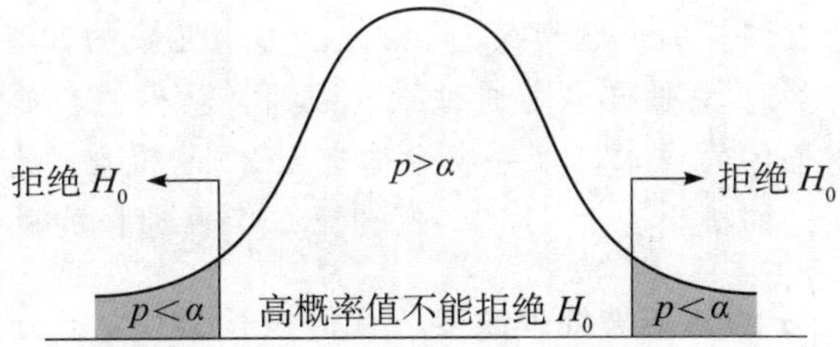

图 8—6 样本均值位于拒绝域（阴影部分）的概率小于 α（$p<\alpha$），应当拒绝 H_0。样本均值不在拒绝域中的概率大于 α（$p>\alpha$）。

① APA 格式在提到代表显著性水平的概率值时不会用 0 开头。

当用计算机程序来计算假设检验时，输出部分通常不只是包括 z 分数值，还包括确切的 p 值，这是没有处理效应时发生结果的概率。在这种情况下，我们鼓励研究者报告确定的 p 值，而不使用大于或者小于符号。例如，一个研究者的报告可能指出，处理效应显著，$z=2.45$，$p=0.142$。但是，使用确切的 p 值，也必须满足显著的传统标准，具体来说是 p 值必须小于 0.05 以达到统计显著。记住：p 值是当 H_0 为真，仅由于偶然因素，结果会发生的概率（没有任何处理作用），这也是第一类错误发生的概率。本质上，这个概率很小。

使用 z 分数的假设检验的前提

用于假设检验的数学知识基于一系列前提。当这些前提被满足时，你能确定产生的结果是合理的。但是，如果这些前提不能被满足，假设检验效果可能被折中。在实践中，研究者不会过于关注假设检验的前提，因为即使违背这些前提，检验也可以进行得很好。但是，你应当注意与每种统计检验相联系的基本条件以确保正确使用检验。使用 z 分数的假设检验的前提总结如下。

随机样本 假设得到样本数据的被试是随机选择的。记住，我们希望将样本得到的结果扩展到总体。当我们用一个样本数据来检验总体的假设时，我们就在完成这个任务。因此，样本应当能代表它来自的总体。随机样本帮助我们确定它是具有代表性的。

独立观察 样本的值必须是由独立的观察组成的。对每个个体来说，如果在第一个观察和第二个观察之间没有连续的可预测的关系，那么两个观察是独立的。更精确地，如果第一个事件的发生对第二个事件发生的概率没有影响，那么两个事件（或者两个观察）是独立的。独立和不独立的具体例子在专栏 8—1 中会有介绍。通常是通过使用随机样本来满足这个前提，这也能帮助我们确定样本是总体的代表，结果能被扩展到总体。

专栏 8—1　独立观察

独立观察是几乎所有假设检验的基本要求。这个严格的要求指每个观察和测量不被任何其他观察和测量所影响。一个独立观察的例子是在抛硬币时得到的一系列结果。假设硬币是均质的，每个硬币抛出有 50%的可能得到正面或反面。更重要的是，每次抛硬币都是独立的。例如，第五次抛出，不管前四次的结果如何，都有 50%的几率得到正面；硬币不会记住前面抛的结果，也不会被影响。（注意，许多人不相信独立事件。例如，在连续 4 次得到反面之后，很容易让人猜测得到正面的概率会增加，因为该轮到正面了。这是错的，被称做“赌徒谬论”。硬币不知道之前的投掷发生了什么，也不能被之前的结果影响。）

在多数研究情境中，独立观察的要求主要通过使用由随机的、独立不相关的个体组成的随机样本来满足。因此，对每个个体的测量不会被样本中的其他被试影响。下面的两个情境是不独立的观察的例子。

1. 一个研究者想考察儿童的电视偏好。为了得到一个 $n=20$ 名儿童的样本，研究者选择了 A 家庭中 4 名儿童，B 家庭中 3 名儿童，C 家庭中 5 名儿童，D 家庭中 2 名儿童，E 家庭中 6 名儿童。

很明显，研究者没有得到 20 个独立的观察。在每个家庭中，儿童可能有同样的电视偏好（至少他们看同样的电视节目）。因此，每个儿童的回答可能与他们的兄弟姐妹相关。

2. 如果样本是通过不放回抽样获得的，那么就违背了独立观察的原则。例如，如果你选择一个 20 个个体的样本，第一个个体有 1/20 的机会被选择。当第一个个体被选择后，只剩 19 个个体，这时，被选择的概率变为 1/19。因为第二个被选择的概率依赖于第一个的概率，两次选择不是相互独立的。

σ 的值不被处理改变 在假设检验中，z 分数公式严格的部分是标准误 σ_M。为了计算标准误的值，我们需要知道样本量 n 和总体标准差 σ。但是，在假设检验中，样本来自一个未知总体（见图 8—2）。如果总体未知，我们可能不知道标准差，因此，我们不能计算标准误。为了解决这个问题，我们必须做出假设。具体来说，我们假设未知总体的标准差（处理后）与处理前的总体相同。

事实上，这个假设是许多统计过程中一个更一般的假设的结果。这个一般假设指出，处理效应在总体每个分数上都加（或减）了一个常量。你应当记得，加（或减）一个常量会改变均值，但是不会影响标准差。你也应该注意这个假设是理想的。在真实实验中，处理不会总表现出完美的、连续的附加效应。

正态样本分布　为了用 z 分数评价假设，我们已经使用单位正态分布表来确定拒绝域。只有样本均值的分布是正态时，才能使用这个表。

进一步研究 z 分数

用于假设检验的 z 分数统计量是检验统计量的第一个具体的例子。检验统计量这个术语就是指把样本数据转换成某个具体的统计量，用来检验假设。在后面的章节中，我们将介绍一些用于多种不同研究情境的检验统计量。但是，大多数新的检验统计量与 z 分数有同样的基础结构且满足的是相同的目的。我们已经将 z 分数公式描述为一种比较样本数据和总体假设的标准方法。在这部分，我们将从两个不同的方面来讨论 z 分数，它可以帮助你更好地理解假设检验和 z 分数在推论统计中的重要作用。在每种情况下，都要记住 z 分数将作为以后章节中介绍的其他检验统计量的一般模型。

作为方子的 z 分数公式　z 分数公式，像其他公式一样，能被看做一个方子。如果你遵照指示，使用所有正确的要素，公式将产生一个 z 分数。但是，在假设检验的情境中，你没有所有必需的要素。具体来说，你不知道总体均值，而它是这个公式中的一个要素。

这个情境与试着找到制作蛋糕的方法，而其中一个配料未知的情形相似。例如，方子需要面粉，但有一个油点弄脏了你的方子，因此看不清楚需要多少面粉。在这种情况下，你可能需要尝试以下步骤：

1. 假设需要的面粉量。例如，假设正确的量是 2 杯。

2. 为了验证假设，使用假设的面粉量和其余配料制作蛋糕。

3. 如果蛋糕不错，可以得到合理的结论认为假设是正确的。如果蛋糕很糟糕，则认为假设是错误的。

在用 z 分数进行假设检验时，本质上你在做同样的事情。我们有 z 分数的公式（方子），但是总体均值（一个成分）未知。因此，我们尝试以下步骤：

1. 作出关于未知的总体均值的假设。也就是虚无假设。

2. 将它和其他值（成分）加在公式中。

3. 如果公式产生了接近 0 的 z 分数（假设的 z 分数），那么你可以得出结论，假设是正确的。另外，如果公式产生了一个极端值（一个不太可能的结果），那么你可以确定你的假设是错误的。

作为比例的 z 分数公式　在假设检验中，z 分数公式有下面的结构。

$$z=\frac{M-\mu}{\sigma_M}=\frac{\text{样本均值}-\text{假设的总体均值}}{M\text{和}\mu\text{的标准误}}$$

注意，这个公式的分子测量了样本均值和假设总体均值之间的差异。公式分母的标准误测量了不存在处理效应的情况下应当存在于样本均值和总体均值之间的标准差异。因此，z 分数公式（以及大量其他检验统计量）形成了一个比例：

$$z=\frac{\text{实际得到的样本与假设之间的差异}}{\text{不存在处理效应时应当得到的差异}}$$

因此，比如一个 z 分数 $z=3.00$，意味着样本和假设之间得到的差异是随机得到的差异的 3 倍。这样强烈差异意味着假设很可能是错的。

影响假设检验的因素

假设检验的结论是由 z 分数统计量的值决定的。如果 z 分数的值足够大落在拒绝域，我们会拒绝虚无假设得出结论有显著的处理效应。否则，我们不能拒绝 H_0，得出结论，处理没有显著效应。影响 z 分数的最主要的因素是样本均值和 H_0 假设的总体均值的差异。一个较大的均值差异意味着处理的样本显著不同于未处理的总体，通常会支持处理效应显著的结论。除了均值差异外，还有其他因素影响拒绝 H_0 的 z 分数的界限。在本部分中，我们检验了影响检验结果的两个因素。

1. 分数的变异性，用标准差或方差来测量。变异性影响 z 分数分母的标准误的大小。

2. 样本中分数的个数。这个值也会影响分母中标准误的大小。

我们用 8.1 中的例子来检验这些因素。该研究使用了 $n=25$ 的样本，测验的平均分数为 $M=89$。基于上述结果，假设检验结果认为脑部顶叶的电刺激对新的数学技巧的学习有显著作用。

分数的变异性　在第 4 章中，较高的变异性使我们不能从研究结果中看出清楚的模式。在假设检验中，较高的变异性不利于发现显著的处理效应。例 8.1 的研究，标准差 $\sigma=20$。使用 $n=25$ 的样本时，标准误 $\sigma_M=4$，显著的 z 分数为 2.25。试想标准差增大到 $\sigma=30$ 会发生什么？因为变异性增加，标准误 $\sigma_M=30/\sqrt{25}=6$。使用同样的样本均值，新的 z 分数为

$$z=\frac{M-\mu}{\sigma_M}=\frac{89-80}{6}=\frac{9}{6}=1.50$$

z 分数不再在 1.96 的界限之外，所以统计结论不能拒绝虚无假设。较大的变异性意味着样本数据不再能有效证明处理有效应。一般来说，分数变异性的增大会得到较大的标准误和较小（接近 0）的 z 分数。如果保持其他因素不变，变异性

越大，得到存在显著的处理效应的可能性越小。

样本中分数的个数 影响假设检验结果的第二个因素是样本中分数的个数。例8.1的研究，使用 $n=25$ 个学生样本时，标准误 $\sigma_M=4$，显著的 z 分数为2.25。试想如果样本量增大到 $n=100$。这时，标准误 $\sigma_M=20/\sqrt{100}=2$，新的 z 分数为

$$z=\frac{M-\mu}{\sigma_M}=\frac{89-80}{2}=\frac{9}{2}=4.50$$

样本量从 $n=25$ 增加到 $n=100$ 时，z 分数增大了一倍。一般地，样本中分数个数的增加会得到一个更小的标准误和更大的 z 值。当其他因素保持不变，样本量越大，得到存在显著的处理效应的可能性越大。简单来说，使用一个较大的样本得到的9分的处理效应比使用一个小样本得到的9分的处理效应更有说服力。

学习检查

1. 一个研究者在 $\alpha=0.05$ 水平下进行假设检验来评估处理效应。假设使用样本均值得到的 z 分数为2.17。

   a. 数据是否意味着有显著的处理效应？

   b. 使用研究报告的形式描述假设检验的结果。

2. 在一个研究报告中，效应显著这个术语被用在拒绝虚无假设时。（判断对错）

3. 在一个研究报告中，假设检验的结果包括“$z=1.63$，$p>0.05$”。这意味着检验不能拒绝虚无假设。（判断对错）

4. 如果其他因素不变，增大样本量会增大拒绝虚无假设的可能性。

5. 如果其他因素不变，$\sigma=2$ 和 $\sigma=10$，哪种情况下更可能拒绝虚无假设？

答案

1. a. $\alpha=0.05$ 时，拒绝域由分布在尾端 $z=\pm1.96$ 之外的 z 分数组成。因此，拒绝虚无假设。

   b. 数据意味着处理效应显著，$z=2.17$，$p<0.05$。

2. 对。

3. 对。概率大于0.05，0.05意味着没有处理效应时结果合理的可能性。

4. 对。大的样本量会得到小的标准误，进而得到一个大的 z 分数。

5. $\sigma=2$。小的标准差会得到小的标准误，大的 z 分数。

8.4 有方向的假设检验（单侧检验）

在8.1节中描述的假设检验的过程是标准化的，或者是双侧检验。称之为双侧检验是因为拒绝域分布在分布的两端。双侧检验是目前为止应用最广泛的。然而，本部分将讨论另一种选择。

通常，研究者在实验开始的时候作出关于处理效应方向的具体预测。例如，我们期望一个训练项目能提高学生的表现，或者酒精摄入会增加反应时。在这些情境中，我们可能在提出虚无假设和备择假设时加入一些有方向的预测。结果是一个有方向的检验，或者我们通常称之为单侧检验。

定义

在有方向的假设检验或者单侧检验中，统计假设（虚无假设和备择假设）定义了总体均值的增加或者减少。即它们做出了关于效应方向的陈述。

下面的例子描述了单侧检验的要素。

例8.2

在之前的例8.1中，我们讨论了一个研究，来检验对顶叶的电刺激对学生数学技巧的学习的作用。$n=25$ 的样本中的每一个个体每天在做标准化数学测验时，顶叶接受30分钟的电刺激。对一般的学生总体（不接受脑电刺激）来说，测验分数形成了一个平均值 $\mu=80$，标准差 $\sigma=20$ 的正态分布。对于这个例子，预期的效应是对顶叶的刺激可以提高测验成绩。如果研究得到一个 $n=25$，$M=87$ 的样本，结果可以证明刺激有效果吗？

一个有方向检验的假设

因为我们期望处理效应有一个特定的方向，研究者可以做一个有方向的检验。第一个（也是最严格的）步骤是提出统计假设。记住，虚无假设提出处理效应不存在，备择假设提出处理效应

存在。对于这个例子，预测的效应是电刺激可以提高测验成绩。因此，两个假设将指出：

H_0：测验分数没有提高。（处理没有效应）

H_1：测验分数会提高。（处理有效应）

为了用符号表示有方向的假设，从备择假设开始比较简单。同样，我们知道没有接受处理的总体的平均测验成绩 $\mu=80$，H_1 指出由于脑部刺激，测验分数提高。因此，用符号表示 H_1 为：

H_1：$\mu>80$（加以刺激后，平均分数高于 80）

虚无假设指出刺激没有提高测验成绩，用符号表示为：

H_0：$\mu\leqslant 80$（加以刺激后，平均成绩不高于 80）

注意，两个假设是互斥且包含了所有可能性的。

有方向检验的拒绝域①

拒绝域是由虚无假设为真时（即处理效应不存在时）不可能产生的样本结果来定义的。之前，我们注意到拒绝域也能根据证明处理效应存在的样本值来定义。对于一个有方向的检验，“证明处理效应存在的证据”是确定拒绝域最简单的方法。从虚无假设为真时得到的可能的样本均值开始。这就是样本均值的分布，且该分布是正态分布（因为测验分数的整体是正态分布），预测其均值 $\mu=80$（根据 H_0），对一个 $n=25$ 的样本来说，标准误为 $\sigma_M=20/\sqrt{25}=4$。分布如图 8—7 所示。

在这个例子中，处理被期望是可以提高测验分数的。如果未处理的学生的测验均值 $\mu=80$，那么一个显著大于 80 的样本均值为处理效应提供了足够的证据。因此，拒绝域位于分布的一个尾端（见图 8—7）。这也是有方向的检验被叫做单侧检验的原因。同样的，用 α 水平定义的比例不再分成尾端的两部分，而是完全包括在一端中。例如，当 α 水平为 0.05 时，5%都落在分布的一端。这种情况下，拒绝域的 z 分数界限为 $z=1.65$，该界限是从正态分布表中查询 0.05 所对应的 z 值得到的。

注意，一个有方向的检验（单侧检验）需要在假设检验的过程中做两个步骤的改变。

1. 在假设检验的第一步，在假设中加入有方向的预测。

2. 第二步，拒绝域由分布的一个尾端来定义。

在做出这两个改变之后，剩下的单侧检验部分与常规的双侧检验相同。具体来说是计算 z 分数统计量，然后根据 z 分数是否在拒绝域中做出关于 H_0 的决定。

对于这个例子来说，研究者得到一个 $n=25$ 的样本来接受刺激，均值 $M=87$。样本均值对应的 z 分数为

$$z=(M-\mu)/\sigma_M=(87-80)/4=7/4=1.75$$

$z=1.75$ 的 z 分数在单尾检验的拒绝域中（如图 8—7 所示）。如果 H_0 为真，这是非常不可能的结果。因此，我们拒绝虚无假设，得到结论，电刺激可以显著地提高数学测验成绩。在文献中，这个结果可以报告如下：

刺激可以显著地提高成绩，$z=1.75$，$p<0.05$，单尾检验。

注意，报告要注明使用的是单侧检验。

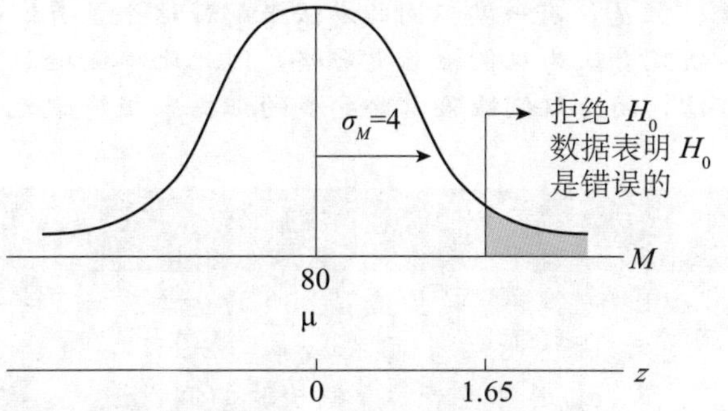

图 8—7　例 8.3 的拒绝域。

单侧检验和双侧检验的比较

假设检验的目标是确定一个特定的处理对于总体的作用是否存在。检验开始于选择一个样本，对这个样本施测，然后与原始总体比较结果。如果接受处理的样本显著不同于原始总体，那么我们得出结论，处理效应存在，拒绝虚无假设。如果处理样本仍然与原始总体相似，那么我们没有找到证明处理效应存在的证据，不能拒绝虚无假设。影响决定的一个重要的因素是处理样本和原始总体之间的差异大小。一个大的差异是处理效应存在的证据，一个小的差异不足以说明处理效应存在。

单侧检验和双侧检验的主要区别是它们拒绝虚无假设的标准。单侧检验在样本和总体差异相对较小时拒绝虚无假设，因为差异在特定的方向。而双侧检验需要与方向无关的较大的差异。这一点将在下面的例子中说明。

例 8.3

再次考虑顶叶刺激效应的单侧检验。如果我们使用标准的双侧检验，假设为：

① 如果预测处理会导致分数降低，那么拒绝域就完全落在分布的左尾。

H_0：$\mu=80$（刺激对测验分数没有作用）

H_1：$\mu\neq 80$（刺激对测验分数有作用）

当 $\alpha=0.05$ 时，双侧检验的拒绝域为 $z=\pm 1.96$ 界限以外的 z 分数。如果我们得到了同例 8.3 的样本数据，$M=87$，$z=1.75$，对双侧检验来说，z 分数不在拒绝域中，我们认为处理没有显著效应。

例 8.3 中使用双侧检验，样本均值和假设总体均值之间 7 分的差异不足以拒绝虚无假设。然而，使用单侧检验时，7 分的差异则可以拒绝虚无假设，得出结论处理有显著效应。

所有的研究者都同意单侧检验不同于双侧检验。但是，有一些不同的方法来解释这个差异。一些研究者认为双侧检验更严格，因此比单侧检验更可信。因为双侧检验需要更多的证据来拒绝虚无假设，因此提供了处理效应存在的更强的证明。

另一些研究者认为单侧检验更好，因为它们更敏感。即一个相对较小的处理效应可能单侧检验显著但是双侧检验不显著。当然，关于单侧检验更加精确的问题有些争议，因为它们检验的是一个具体的方向性的假设，而不是一个关于总体作用的不确定的假设。

总的来说，在没有明显期望的方向或者存在两个有竞争的预测时，通常使用双侧检验。例如，当研究中一个理论预测分数增加，另一个理论预测分数减小时，使用双侧检验较为合适。另外，只有当实验之前作出有方向性的预测，或者有正当的理由作出有方向的预测时，才能使用单侧检验。特别是当一个研究中双侧检验不能得到显著结果时，你不能使用单侧检验作为使其显著的补救方法。

学习检查

1. 一个研究从均值 $\mu=60$ 的总体选择了一个样本，并对样本中的个体进行处理。如果研究者预测处理可以提高分数，那么

   a. 用符号表示单侧检验的假设。

   b. 对于单侧检验，拒绝域是在分布的右侧尾端还是在左侧尾端？

2. 如果单侧检验中，样本可以拒绝虚无假设，那么同样的样本使用双侧检验也可以拒绝虚无假设。（判断对错）

3. 假设检验中研究者得到 $z=2.43$。在 $\alpha=0.01$ 的水平下，研究者可以在单侧检验时拒绝虚无假设，却不能在双尾检验时拒绝虚无假设。（判断对错）

答案

1. a. H_0：$\mu\leq 60$；H_1：$\mu>60$

   b. 一个在分布右侧尾端足够大的样本均值，可以说明处理如假设一样有效应。

2. 错。因为双侧检验要求一个大的均值差异，一个样本均值可能在单侧检验时显著但在双侧检验时不显著。

3. 对。单侧检验的临界值为 $z=2.33$，双侧检验的临界值是 2.58。

8.5 关注假设检验：测量效应的大小

假设检验是评价和解释研究数据最常用的方法，许多科学家表达了假设检验过程中多种值得关注的问题（例如，Loftus，1996；Hunter，1997；Killeen，2005）。

使用假设检验判定处理效应的显著性时存在两个较大的局限。首先，假设检验更多地关注数据而非假设。具体来说，当虚无假设被拒绝时，我们事实上是对样本数据而非虚无假设做出较强的概率叙述。一个显著的效应可以得到结论：“当假设检验为真时，该样本均值是非常不可能出现的（$p<0.05$）。”该结论并没有对虚无假设为真或假的概率做出具体陈述。事实上，样本非常不可能发生也意味着虚无假设很不可能发生，但是我们并没有确定的证据可以对虚无假设做出一个概率陈述。具体来说，你不能仅仅因为在 $\alpha=0.05$ 的水平上拒绝了虚无假设，就得出结论说虚无假设为真的概率小于 5%（见专栏 8—2）。

另一个局限是一个显著的处理效应并不意味着一个大的处理效应。事实上，统计显著并没有提供任何关于处理效应大小的真实信息。一个显著的结果只是意味着研究得到的结果在处理效应不存在时，不太可能发生。假设检验得到这个结论，是通过：（1）计算标准误，标准误测量 M 和 μ 之间应该有多大的合理的差异。（2）证明得到

的均值差异远大于标准误。

注意，检验是在作相对的比较：相对于偶然因素产生的差异来比较处理效应的大小。如果标准误非常小，那么处理效应可能很小，但也可能还是大于偶然因素产生的差异。因此，一个显著的效应不一定是很大的效应。假设检验评价效应的相对大小而不是绝对大小，这将在下面的例子中证明。

专栏 8—2 假设检验逻辑上的一个缺陷

假设你进行了一个假设检验的研究，并且在 $\alpha=0.05$ 的水平下拒绝了虚无假设。你可以得出犯第一类错误的概率为 5%的结论吗？或者得出你的决定正确，处理确实有效应的概率为 95%的结论吗？对以上两个问题，答案都是否定的。

问题是假设检验的概率只有在虚无假设为真时才会被准确定义。具体来说，在 $\alpha=0.05$ 水平下进行假设检验时，如果虚无假设为真，那么错误的概率 $p<0.05$，正确的概率 $p\geqslant 0.95$。但是如果 H_0 是假的，这些概率就不再成立。当处理效应存在时（H_0 为假），假设检验检验到处理效应并且拒绝 H_0 的概率会受到很多因素的影响。例如，处理效应很小时，假设检验是不太可能识别出处理效应的。当处理效应很大时，假设检验更可能识别出该效应，因而拒绝 H_0 的概率也会增加。因此，存在处理效应时（H_0 为假），拒绝虚无假设的概率是不能被准确定义的。

大多数研究者在开始的时候都相信虚无假设为假，即存在处理效应的可能性较大。他们希望研究可以提供处理有效应的证据，从而可以说服其他研究者。因此，多数研究使用的是虚无假设为假时的概率。为了方便论证，我们假设虚无假设为真的概率为 80%。

p（没有处理效应—H_0 为真）$=0.8$

p（存在处理效应—H_0 为假）$=0.2$

这种情况下，假设 125 名研究者都在 $\alpha=0.05$ 的水平下进行假设检验。在这些研究者中，80%($n=100$)的研究者会检验出 H_0 为真。对这些研究者来说，拒绝虚无假设（犯第一类错误）的概率为 $\alpha=0.05$。因此，平均来说，100 个检验中会有 5 个检验的结论为拒绝 H_0。

同时，其他 20%的研究者（$n=25$）会检验出虚无假设为假。对于该部分研究者来说，拒绝虚无假设的概率是未知的。为了便于讨论，我们假设，检验出处理效应并正确拒绝 H_0 的概率为 60%。这意味着 25 个检验中有 15 个（60%）检验能拒绝 H_0，但是有 10 个检验不能拒绝 H_0。

注意，本应该有 20 个（第一组中的 5 个，第二组中的 15 个）假设检验拒绝虚无假设。因此，会有 20 个研究者检验出统计上显著的效应。然而，在这 20 个显著的结果中，第一组的 5 个研究犯了第一类错误。因此，拒绝虚无假设时，犯第一类错误的概率其实是 $p=5/20=0.25$，是 α 水平 0.05 的五倍。

基于以上讨论，很多研究者认为很多期刊中发表的文章的结果与结论都是错误的。具体来说，发表的研究中犯第一类错误的概率比假设检验使用的 α 水平更高（Siegfried，2010）。

例 8.4

首先，我们得到一个总体的分数，它是正态分布，$\mu=50$，$\sigma=10$。从总体中选择一个样本并对它施测。处理之后，样本均值 $M=51$。这个样本提供了处理效应在统计上显著的证据吗？

尽管样本均值和原始总体均值之间只有 1 分的差距，但差异也可能很显著。特别是假设检验的结果依赖于样本量时。

例如，$n=25$ 的样本，标准误为：

$$\sigma_M=\frac{\sigma}{\sqrt{n}}=\frac{10}{\sqrt{25}}=\frac{10}{5}=2.00$$

$M=51$ 的 z 分数为：

$$z=(M-\mu)/\sigma_M=(51-50)/2=1/2=0.50$$

对于 α 水平 0.05，拒绝域在 $z=1.96$。我们的 z 分数没有达到拒绝域，所以我们不能拒绝虚无假设。在这种情况下，M 和 μ 之间 1 分的差距不显著，因为它是相对于 2 分的标准误来被评价的。

现在，考虑 $n=400$ 的样本。标准误为：

$$\sigma_M=\frac{\sigma}{\sqrt{n}}=\frac{10}{\sqrt{400}}=\frac{10}{20}=0.50$$

$M=51$ 的 z 分数为：

$$z=(M-\mu)/\sigma_M=(51-50)/0.5$$
$$=1/0.5=2.00$$

现在，z 分数超过了 1.96 的界限，所以我们拒绝了虚无假设，并且得出结论，存在显著的效应。在这种情况下，M 和 μ 之间 1 分的差距显著，因为它是相对于只有 0.5 分的标准误来被评价的。

例 8.4 的要点是，一个小的处理效应在统计上也可能显著。如果样本量足够大，任何处理效应，不管有多小，也足够拒绝虚无假设。

测量效应大小

正如之前提到的，假设检验的一个缺陷是，假设检验没有真正评价处理效应的具体大小。为了解决这个问题，我们建议当研究者报告统计显著的效应时，也应提供效应大小的报告（见 APA Task Force on Statistical Inference；Wilkinson，1999）。因此，当我们进行不同的假设检验时，我们要使用不同的方法来测量和报告效应大小。

定义

效应大小提供了对处理效应大小的具体测量，计算中使用独立的样本量大小。

测量效应大小的一种最简单和直接的方法是 Cohen's d 系数[①]。Cohen（1988）建议，效应大小能通过以标准差测量均值距离来标准化。测量效应大小的计算如下：

$$\text{Cohen's } d \text{ 系数}=\frac{\text{均值差异}}{\text{标准差}}=\frac{\mu_{\text{treatment}}-\mu_{\text{no treatment}}}{\sigma} \quad (8—1)$$

对于 z 分数假设检验，均值差异来源于处理之前的总体均值和处理之后的总体均值的差异。然而，处理后的总体均值是未知的。因此，我们需要用处理的样本来代替。我们期望样本均值可以代表总体均值，并为处理效应提供最好的测量。因此，估计 Cohen's d 系数时实际用到的计算公式如下：

$$\text{估计的 Cohen's } d \text{ 系数}=\frac{\text{均值差异}}{\text{标准差}}=\frac{M_{\text{treatment}}-M_{\text{no treatment}}}{\sigma} \quad (8—2)$$

标准化均值差异大小的计算中包括标准差，正如 z 分数在分布中的标准化距离一样。例如，15 分的均值差异在标准差不同时可以是相对大或相对小的效应。该现象在图 8—8 中可以证明。图 8—8a 表示了处理结果，在 SAT 分数上产生了 15 分的均值差异。处理之前，平均 SAT 分数为 $\mu=500$；处理之后，均值为 515。SAT 分数的标准差是 100，所以 15 分的差异看起来很小。对于这个例子，Cohen's d 系数为：

$$\text{Cohen's } d \text{ 系数}=\frac{\text{均值差异}}{\text{标准差}}=\frac{15}{100}=0.15$$

现在，根据标准差考虑图 8—8b 中的处理效应大小。这次，处理在 IQ 分数上产生了 15 分的均值差异。在处理前，平均 IQ 是 100；处理后，均值是 115。因为 IQ 分数的标准差是 $\sigma=15$，15 的均值差异现在显得很大。对于这个例子，Cohen's d 系数为：

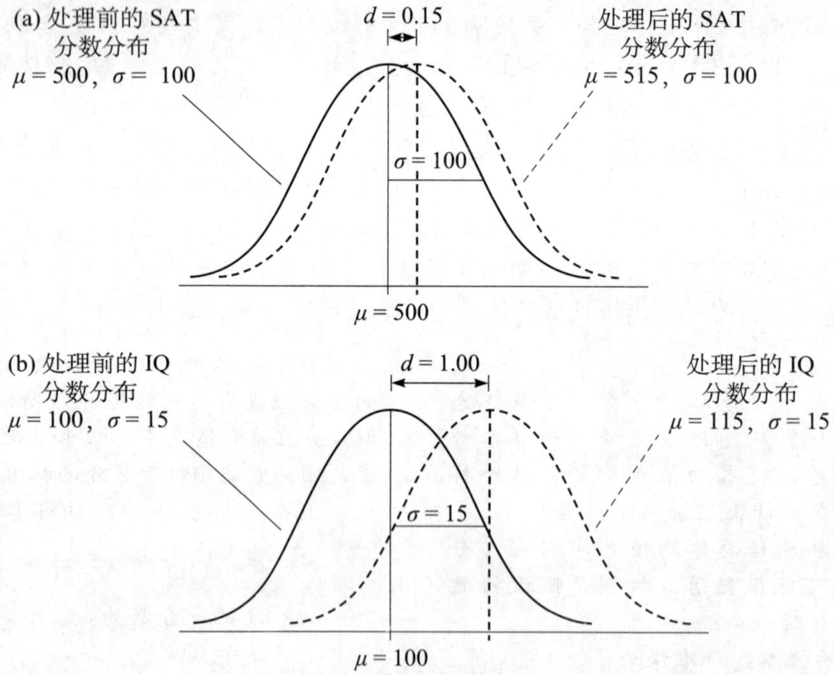

图 8—8　两个不同情境中 15 分的处理效应的表现。在 a 图中，标准差为 100，15 分的效应相对较小。在 b 图中，标准差为 15，15 分的作用相对较大。Cohen's d 系数使用标准差来测量效应大小。

① Cohen'd 系数测量了两个均值之间的差异，通常报告的是一个正数，即使计算公式得出的是负值。

$$\text{Cohen's } d \text{ 系数} = \frac{\text{均值差异}}{\text{标准差}} = \frac{15}{15} = 1.00$$

注意，Cohen's d 系数根据标准差测量了处理效应的大小。例如，一个 $d=0.50$ 的值指出，处理改变了均值 0.5 个标准差；相似地，一个 $d=1.00$ 的值指出，处理效应等于一个标准差。Cohen（1988）建议评价处理效应的标准如表 8—2 所示。

作为一个对 Cohen's d 系数的最终证明，考虑在例 8.4 中的两种假设检验。对于每个检验，原始总体均值 $\mu=50$，标准差 $\sigma=10$。对于每个检验，处理样本的均值 $M=51$。尽管一个检验使用了 $n=25$ 的样本，另一个检验的样本为 $n=400$，计算 Cohen's d 系数时不考虑样本量大小。因此，两个假设检验将产生同样的值：

$$\text{Cohen's } d \text{ 系数} = \frac{\text{均值差异}}{\text{标准差}} = \frac{1}{10} = 0.10$$

表 8—2　用 Cohen's d 系数评价处理效应。

d 的大小	对效应大小的评估
$d=0.2$	小效应（均值差异在 0.2 个标准差左右）
$d=0.5$	中等效应（均值差异在 0.5 个标准差左右）
$d=0.8$	大效应（均值差异在 0.8 个标准差左右）

注意，Cohen's d 系数简单描述了处理效应的大小，并且不受样本量的影响。对于两个假设检验，原始均值 $\mu=50$；处理后，均值 $M=51$。因此，处理看起来增加了 1 分，它等同于 1/10 的标准差（Cohen's d 系数$=0.1$）。

学习检查

1. 解释样本量是如何影响假设检验的结果和 Cohen's d 系数的。
2. 一个研究者选择了一个均值 $\mu=45$，标准差 $\sigma=8$ 的总体的样本。对样本施加处理，处理后，样本均值 $M=47$。计算 Cohen's d 系数代表的处理效应的大小。
3. 一个研究者选择了一个均值 $\mu=70$，标准差 $\sigma=12$ 的总体的样本。对样本中的个体施加处理后，研究者计算得出 Cohen's d 系数$=0.25$。求样本的均值。

答案

1. 增大样本量会增大拒绝虚无假设的概率，但对 Cohen's d 系数没有影响。
2. $d=2/8=0.25$
3. 样本均值和 $\mu=70$ 之间有 3 分的差异，所以样本均值是 73 或 67。

8.6　测量检验力

除了直接测量效应大小，另一个确定处理效应大小或者强度的替代方法是测量统计检验的检验力。一个检验的检验力被定义为处理效应存在时，统计检验拒绝虚无假设的能力。

定义

统计检验的检验力是检验正确拒绝一个错误的虚无假设的能力。即检验力是检验确定一个处理效应真实存在的概率。

当处理有效应时，假设检验有两个可能的结果：接受 H_0 或拒绝 H_0。因为只有两种结果，两种结果相加的概率应等于 1。当有处理效应时，接受 H_0 被定义为第二类错误，其概率 $p=\beta$。因此，第二种结果的概率为 $1-\beta$。效应真实存在时，拒绝 H_0 的概率即为检验力，即假设检验的检验力等于 $1-\beta$。在下面的例子中，我们计算了假设检验的检验力，也就是检验正确拒绝虚无假设的概率。同时，我们也计算了检验犯第二类错误的概率。例如，如果检验力为 70%（$1-\beta$），那么犯第二类错误的概率为 30%（β）。

研究者将检验力大小看做研究可能成功的概率。因此，研究者通常在进行研究前计算假设检验的检验力。这样，他们可以在向真正的研究投入时间和精力之前就决定结果显著（拒绝 H_0）的概率。但是，为了计算检验力，首先需要对影响假设检验的各个因素做出假设。例如样本量、效应值和假设检验使用的 α 水平。下面的例子展示了在具体的研究情境中如何计算检验力。

例 8.5

一个正态分布的总体，均值 $\mu=80$，标准差 $\sigma=10$。一个研究者想从该总体中选择一个 $n=25$ 的样本，并对样本中的个体施测。研究者预计处理会产生 8 分的效应，也就是说处理会使每个个体的分数提高 8 分。

图 8—9 展示了原始总体的分布和两个可能的结果：

1. 如果虚无假设为真，那么没有处理效应。

2. 如果研究者的预期是对的，那么会有 8 分的处理效应。

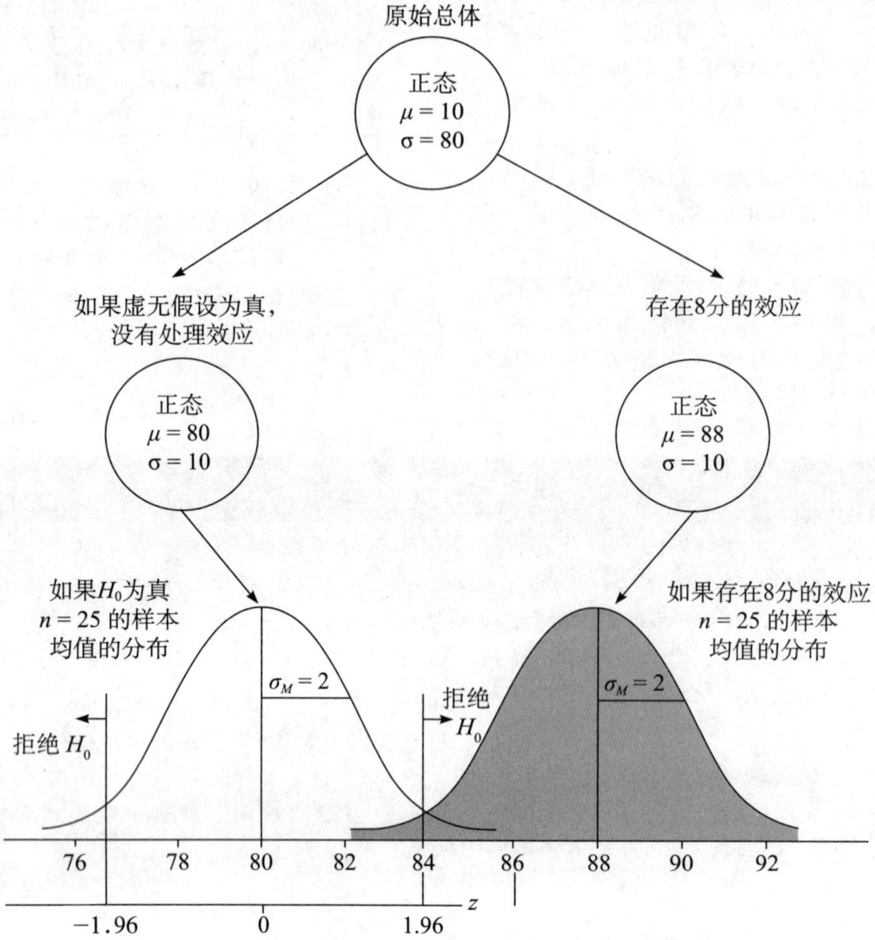

图 8—9　对测量一个假设检验的检验力的展示。左侧表示如果虚无假设为真时将会出现的样本均值的分布。拒绝域就是根据这个分布进行定义的。右侧表示如果有 8 分的处理效应时，将会得到的样本均值的分布。注意，如果有 8 分的效应，所有的样本均值都会在拒绝域内。因此，对于一个 8 分的处理效应，拒绝 H_0 的可能性（检验力）几乎是 100%。

在图的左边，我们呈现了虚无假设定义的结果。这时，处理效应不存在，总体均值仍为 $\mu=80$。在图的右边，我们呈现了处理效应为 8 分的结果。在这种情况下，处理后的总体均值为 $\mu=88$。

图 8—9 中，每一个总体下面是 $n=25$ 的样本均值分布。根据虚无假设，样本均值分布的中心是 $\mu=80$。当存在 8 分的处理效应时，样本均值分布的中心是 $\mu=88$。它们的标准误均为：

$$\sigma_M=\frac{\sigma}{\sqrt{n}}=\frac{10}{\sqrt{25}}=\frac{10}{5}=2$$

注意，分布的左边表示当虚无假设为真时所有可能的样本均值。这是假设检验中我们用来定义拒绝域的分布。使用 $\alpha=0.05$，假设检验的拒绝域包括分布中的极端值，特别是超过 $z=1.96$ 或者 $z=-1.96$ 的样本均值。这些值呈现在图 8—9 中，阴影部分为落在拒绝域中的样本均值。

现在将你的注意力转移到右边的分布，它表示有 8 分的处理效应时所有可能的样本均值分布。注意，几乎所有这些均值位于超过 $z=1.96$ 界限的地方。这意味着如果有 8 分的处理效应，几乎有 100%的概率会得到一个在拒绝域的样本均值。因此，存在 8 分的处理效应时，检验力（拒绝虚无假设的概率）几乎为 100%。

为了计算精确的检验力，我们需要确认分布右侧阴影部分面积的比例。因此，我们需要确定拒绝域的精确边界，然后在正态分布表中查找效应的概率。对于左边的分布，$z=+1.96$

的边界对应大于 $\mu=80$ 的均值，该均值和 80 的差距为：

$$1.96\sigma_M = 1.96\times 2 = 3.92$$

因此，$z=+1.96$ 的边界对应的样本均值为 $M=80+3.92=83.92$。任何大于 $M=83.92$ 的样本均值均在拒绝域中，可以拒绝虚无假设。然后，我们需要确定处理后的样本均值大于 83.92 的比例。对于处理后的分布，总体均值为 $\mu=88$，样本均值 $M=83.92$ 对应的 z 分数为

$$z=\frac{M-\mu}{\sigma_M}=\frac{83.92-88}{2}=\frac{-4.08}{2}$$
$$=-2.04$$

最后，在单位正态分布表中查询 $z=-2.04$ 时，阴影部分（$z>-2.04$）对应的比例 $p=0.9793$（97.93%）。因此，如果处理有 8 分的效应，97.93%的样本均值都会落在拒绝域中，使我们拒绝虚无假设。换句话说，检验力为 97.93%。这在实际研究中意味着研究一定会成功。如果研究者选择了一个 $n=25$ 的样本，处理引起了 8 分的效应，那么假设检验有 97.93%的机会会得出有显著效应的结论。

检验力和效应大小

逻辑上来说，检验力和效应值是相关联的。图 8—9 展示了有 8 分的处理效应时检验力的计算。现在考虑当处理效应只有 4 分时会发生什么。这时，右边的分布将会转移到左边，因此，中心位于 $\mu=84$ 处。在它的新位置，许多接受处理的样本均值将不再超过 $z=1.96$ 的界限。事实上，只有大概 50% 的处理后的样本均值会超过 $z=1.96$ 的界限。因此，当出现 4 分的处理效应时，你选择一个样本使你能够拒绝虚无假设的概率只有 50%。换言之，对于 4 分的处理效应，检验力只有 50%。在单位正态分布表中，我们可以根据 z 分数查询相应的拒绝域界限，也就可以查询检验力的概率值。例如，当 $z=-0.04$ 时，检验力的值为 $p=0.5160$（51.60%）。

总的来说，随着效应大小的增加，右边的样本均值将会离中心更远，因此它们中更多的值将会超过 $z=1.96$ 的界限。因此，随着效应大小的增加，拒绝虚无假设的概率也增加，这意味着检验力增加。因此，对效应的测量，例如 Cohen's d 系数和检验力的测量，都提供了处理效应大小和强度的测量。

影响检验力的其他因素

尽管假设检验的检验力受到处理效应大小的直接影响，但检验力并不仅仅是测量效应的大小。相反，检验力除了受到效应大小的影响，还受到其他因素的影响。这些因素在下面的部分中列出。

样本量　影响检验力的一个重要因素是样本量。在例 8.5 中，我们用一个 $n=25$ 的样本计算了效应值为 8 分时的检验力。如果研究者使用 $n=4$ 的样本进行研究，那么检验力会十分不同。$n=4$ 时，样本均值的标准误为

$$\sigma_M=\frac{\sigma}{\sqrt{n}}=\frac{10}{\sqrt{4}}=\frac{10}{2}=5$$

图 8—10 展示了 $n=4$，$\sigma_M=5$ 时两个样本均值的分布。左边的分布为 H_0 为真时，所有可能的样本均值的分布，中心为 $\mu=80$。同样的，该分布用来确定在假设检验中拒绝域的界限，即 $z=-1.96$和 $z=-1.96$。右边的分布包含了有 8 分的处理效应时所有可能的样本均值，分布中心是 $\mu=88$。注意，这时右边分布中只有少于一半的样本均值落在 1.96 之外。因此，对于一个 $n=4$ 的样本，尽管有 8 分的处理效应，拒绝 H_0 的概率仍小于 50%。在之前的例 8.5 中，$n=25$ 的样本的检验力为 97.93%。而当样本量减小到 $n=4$ 时，检验力减小到 50%。总的来说，较大的样本量会在假设检验中得到较大的检验力。

因为检验力和样本量有直接关系，计算检验力的一个重要原因是确定在一个成功的实验研究中得到一个合理的概率时需要的样本量。在进行实验研究前，研究者可以通过计算检验力来决定研究拒绝虚无假设的概率。如果概率（检验力）太小，就可以通过增大样本量的方法提高检验力。

α 水平　降低 α 水平也可以降低检验力。例如，α 水平从 0.05 变成 0.01 时，检验力就会降低。从图 8—10 中可以看出降低 α 水平对检验力的影响。图中展示的是 $\alpha=0.05$ 时的拒绝域界限，这时拒绝域界限为 $z=1.96$。如果 α 水平变为 0.01，界限将会向右移至 $z=2.58$。我们需要清楚界限右移意味着处理后的均值分布落在拒绝域中的比例变小。因此，拒绝虚无假设的概率降低，检验力也降低。

单侧检验和双侧检验　检验从双侧变为单侧时，假设检验的检验力增加。从图 8—10 可以看到该效应。图中呈现了 $\alpha=0.05$ 的双侧检验的拒绝域界限，右界限为 $z=1.96$。当变为单侧检验时，拒绝域界限将左移至 $z=1.65$。界限左移会导致处理后的样本均值分布落在拒绝域中的比例增加，因此会增大检验力。

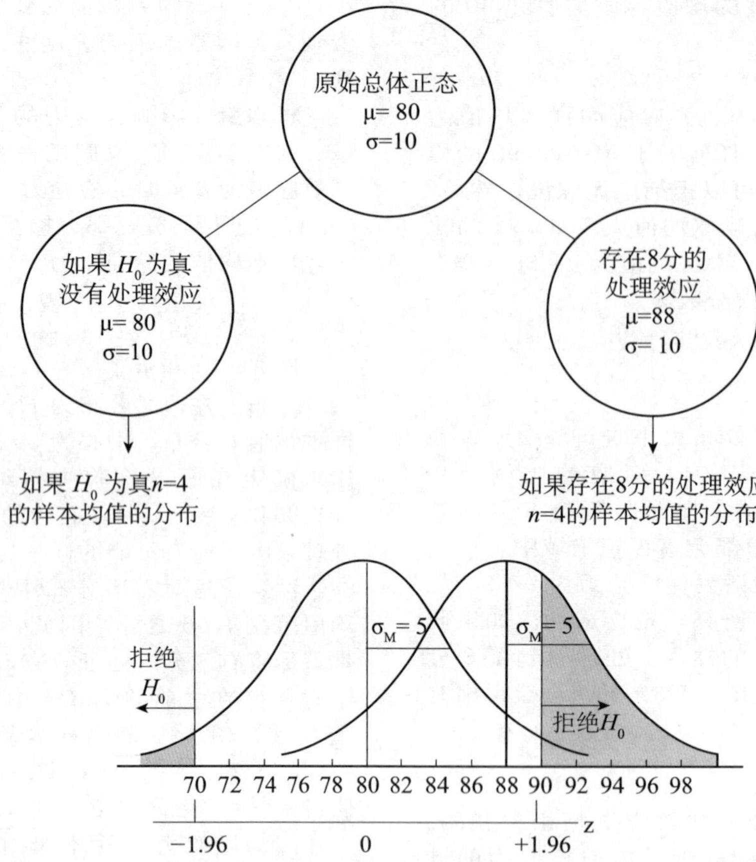

图 8—10　对样本量如何影响一个假设检验的检验力的证明。正如图 8—9，左侧表示如果虚无假设为真时的样本均值分布。拒绝域就定义在这个分布上。右侧表示如果有一个 8 分的处理效应时将会得到的样本均值分布。注意，将样本量减到 $n=4$，会将检验力削弱至低于 50%，而样本量为 $n=25$ 时，检验力几乎为 100%。

学习检查

1. 当检验力增加时，犯第二类错误的概率如何变化？
2. 对于一个 5 分的处理效应，研究者在 $\alpha=0.05$ 水平下进行双侧检验，得到检验力为 $p=0.50$。
   a. 当效应值变为 10 时，检验力会增大还是减小？
   b. 当 α 水平变为 0.01 时，检验力会增大还是减小？
   c. 如果研究者使用单侧检验，检验力会增大还是减小？
3. 样本量如何影响检验力？
4. 一个研究者从均值为 $\mu=60$，$\sigma=12$ 的正态总体中选择一个 $n=16$ 的样本，并对样本中的个体施测。假设处理可以增加 4 分，那么在 $\alpha=0.05$ 水平下的双侧检验的检验力是多少？

答案

1. 检验力增加，犯第二类错误的概率会减少。
2. a. 假设检验更容易检测出 10 分的效应，所以检验力会增加。
   b. 降低 α 水平会降低检验力。
   c. 转换为单侧检验时，检验力会增加。
3. 增大样本量会增大检验力。
4. 标准误为 3 时，拒绝域界限 $z=1.96$ 对应的样本均值为 $M=65.88$。效应值为 4 时，样本均值分布的均值为 $\mu=64$，$M=65.88$ 的样本均值对应的 $z=0.63$，检验力为 $p(z>0.63)=0.2643$。

▼小结

1. 假设检验是一个推论的过程，它使用来自样本的数据得出关于总体的结论。这个过程开始于一个关于未知总体的假设。然后，选择一个样本，样本数据提供的证据可能支持或者拒绝假设。

2. 在本章，我们介绍的假设检验是用样本均值来检验一个关于未知总体均值的假设。我们从一个未知总体开始，一般总体要接受一个处理。问题是确定处理对于总体均值是否有作用。(见图8—1)

3. 假设检验的四个步骤都将会在本书的后面被使用。

a. 提出虚无假设，选择一个 α 水平。虚无假设提出不存在效应或者改变。在这种情况下，虚无假设提出接受处理的总体的均值与处理之前相同。α 水平通常是 0.05 或者 0.01，它提供了关于“非常不可能”的定义，并且确定了犯第一类错误的概率；也提出了备择假设，它是虚无假设的反面。

b. 定位拒绝域。拒绝域被定义为虚无假设为真时极不可能出现的样本结果。α 水平定义了“非常不可能”的概念。

c. 收集数据，计算检验统计量。样本均值根据公式转化为 z 分数。

$$z=\frac{M-\mu}{\sigma_M}$$

μ 的值是通过虚无假设得到的。z 分数检验统计量定义了样本均值在样本均值分布中的位置。

d. 做出决定。如果得到的 z 分数在拒绝域，我们拒绝虚无假设，因为当虚无假设为真时，极不可能得到这些数据。这时，我们得出结论，处理改变了总体均值。如果 z 分数不在拒绝域，我们不能拒绝虚无假设，因为数据没有显著不同于虚无假设。这时，数据没有提供足够的证据证明存在处理效应。

4. 当假设检验作出一个决定时，总是有犯错误的可能。可能犯的错误有两种。

第一类错误是错误地拒绝虚无假设。这是一个严重的错误，因为它导致了错误地报告处理效应。第一类错误的概率由 α 水平决定，因此它可以被实验者控制。

第二类错误是没有拒绝错误的虚无假设。这时，实验不能找到证据证明存在处理效应。第二类错误的概率不能被定义为一个确切的值，它部分依赖于处理效应的大小。它由字母 β 表示。

5. 当研究者希望一个处理在特定的方向上改变分数（增加或者减小）时，我们会做一个有方向的或者单侧检验。这个过程的第一步是在假设中加入有方向的预测。例如，如果预测是处理将会增加分数，虚无假设指出没有增加，备择假设指出存在增加。为了定义拒绝域，你必须确定要证明处理效应像预测的那样，得到哪种数据可以拒绝虚无假设。这些结果都会被定义在分布的一个尾端，所以整个的拒绝域（α 为 5%、1%或者 0.1%）将在一个尾端。

6. 除了用假设检验来评价处理效应的显著性以外，我们推荐你同时测量和报告效应大小。一个关于效应大小的测量是 Cohen's d 系数，它是对均值差异的标准测量。它的计算公式为：

$$\text{Cohen's } d \text{ 系数}=\frac{\text{均值差异}}{\text{标准差}}$$

7. 假设检验的检验力被定义为当处理效应存在时，检验正确拒绝虚无假设的概率。随着处理效应的增加，检验力也增加。

8. 为了确定假设检验的检验力，你首先需要确定处理效应和虚无假设。同时，还需要确定处理效应的具体大小。接下来，你要画出虚无假设预测的样本均值分布和有处理效应时的样本均值分布。在虚无假设中确定拒绝域的位置，然后确定处理后的分布落在拒绝域中的比例，该比例即是假设检验的检验力。

9. 随着处理效应的增大，统计检验力会增大。此外，检验力还受其他几个控制因素的影响：

a. 大样本比小样本有更大的检验力。

b. 增大 α 水平会增加检验力。

c. 单侧检验的检验力比双侧检验大。

▼关键术语

假设检验	第一类错误	单侧检验	虚无假设	第二类错误
效应大小	备择假设	犯第二类错误的概率	Cohen's d 系数	显著水平
统计上显著	检验力	α 水平	检验统计量	拒绝域
有方向的检验				

▼资源

➢SPSS

SPSS没有用 z 分数进行假设检验的专门程序。事实上，本章介绍的 z 分数检验在实际研究中很少用。z 分数检验的问题是它需要知道总体标准差的值，这通常是不现实的。即研究者关于他们要研究总体的信息通常很少；相反，他们必须全部从样本中得到信息。在下面的章节中，我们将介绍一个新的假设检验统计量，它是全部基于样本数据的。新的统计量叫做 t 统计量。该检验方法包括在SPSS中。

➢关注问题解决

1. 假设检验包括了一系列逻辑过程和规则，使我们在得到样本数据后，能做出关于总体的预测。这个逻辑表现在贯彻本章的四个步骤中。

步骤1　提出假设，设定 α 水平。

步骤2　定位拒绝域。

步骤3　计算样本统计量的 z 分数。

步骤4　根据步骤3的结果做出关于虚无假设的决定。

2. 仔细考虑你做出的关于虚无假设的决定的含义。虚无假设指出不存在效应，因此，如果你的决定是拒绝虚无假设，你的样本数据应当给出处理效应存在的证据。但是，当你不能拒绝虚无假设时，情况就完全不同了。你最多可以指出，没有足够的证据证明存在处理效应。

3. 当你做一个有方向的假设检验时，请仔细地考察问题，注意关键词（例如增加或者减少），它们会告诉你研究者预测的是哪个方向。预测的方向将会确定备择假设和拒绝域。例如，如果期望处理能增加分数，备择假设将会包括一个大于号，拒绝域将在与高分相联系的尾端。

➢示例8.1

z 分数假设检验

一个研究者从一个已知总体开始——标准化测验的分数是正态分布的，均值是65，标准差是15。研究者假设，阅读技能的特殊训练会对总体中个体的分数造成改变。但是对总体中每个个体施测（特殊训练）是不可能的，所以选择了一个 $n=25$ 的样本，对它施测。处理之后，样本的平均分数是 $M=70$。有证据证明处理对测验分数有作用吗？

步骤1　提出假设，设定 α 水平。

虚无假设为：处理效应不存在。用符号表示为：

H_0：$\mu=65$（特殊处理后均值仍为65）

备择假设为：处理效应确实会引起总体均值的变化。用符号表示为：

H_1：$\mu\neq65$（特殊处理后均值不同于65）

这时，你也要选择 α 水平。对于这个示例，我们将 α 水平设置为0.05。因此，当拒绝虚无假设时，我们有5%的概率犯第一类错误。

步骤2　定位拒绝域。

当 $\alpha=0.05$ 时，拒绝域中的样本均值对应的 z 分数在 ±1.96 之外。

步骤3　得到样本数据，计算检验统计量。

对于这个例子，根据虚无假设，样本均值的分布是正态分布，假设其均值为 $\mu=65$，标准误为：

$$\sigma_M=\frac{\sigma}{\sqrt{n}}=\frac{15}{\sqrt{25}}=\frac{15}{5}=3$$

在这样一个分布中，样本均值 $M=70$ 对应的 z 分数为

$$z=\frac{M-\mu}{\sigma_M}=\frac{70-65}{3}=\frac{5}{3}=+1.67$$

步骤4　得出关于虚无假设的结论。

我们得到的 z 分数不在拒绝域中。这表示我们的样本均值 $M=70$ 不是 $\mu=65$ 中的一个极端值或者异常值，因此，我们的统计结论是不能拒绝虚无假设。这个研究的结论是：数据没有提供足够的证据证明特殊训练改变了分数。

➢示例8.2

使用Cohen's d 系数来评价效应大小

我们将使用示例8.1的数据和研究情境来计算Cohen's d 系数。同样，原始数据的总体均值是65，处理（特殊训练）后，样本均值 $M=70$。因此，有5分的均值差异。使用总体标准差15，我们得到了处理效应的大小为：

$$\text{Cohen's } d\text{ 系数}=\frac{\text{均值差异}}{\text{标准差}}=\frac{5}{15}=0.33$$

根据Cohen的评价标准（表8—2），这是一个中等的处理效应。

➢练习题

1. 假设检验得到的 z 分数值受到一些因素的影响。假定 z 分数的其他部分保持不变，下列情况下，z 分数如何变化？

a. 增加样本均值和虚无假设确定的总体均值之间的差异。

b. 增加总体标准差。

c. 增加样本量。

2. 定义 α 水平和拒绝域，并解释它们之间的关系。

3. 尽管一些研究者认为特定的草药可以改善健康成年人的学习和记忆功能，但是这些效应在控制较好的实验研究中并未被证实（Persson，Bringlov，Nilsson，& Nyberg，2004）。一个研究者选取了一个 $n=16$ 的样本，每个人每天摄取草药，持续 90 天。最后，对他们进行标准记忆测验。未受处理的总体在该测验中得到的分数是一个正态分布，均值 $\mu=50$，标准差 $\sigma=12$。研究样本的均值 $M=54$。

a. 假设使用双尾检验，用一句话提出这个检验的虚无假设。

b. 使用标准的四步法，在 $\alpha=0.05$ 水平下对处理效应进行双侧检验。

4. 儿童期在运动、文化社团和青年群体中的参与和少年期自尊的提高有关（McGee，Williams，Howden－Chapman，Martin，& Kawachi，2006）。在一个代表性的研究中，研究者选择了一个 $n=25$ 的有团体参与经历的青少年样本，使他们接受标准化的自尊量表测验。对一般的青少年总体来说，该问卷的得分形成了均值 $\mu=50$，标准差 $\sigma=15$ 的正态分布。有团体参与经历的青少年样本的得分均值 $M=53.8$。

a. 该样本是否提供了充分的证据说明这些青少年的自尊得分是显著不同于一般总体的。使用 $\alpha=0.05$ 的双侧检验。

b. 计算 Cohen's d 值来评估差异大小。

c. 按照研究报告的格式，用一句话来描述假设检验的结果。

5. 一所大学要求新生上论文写作课。今年他们想对该课程的网络版本进行评估。因此随机选择了一个 $n=16$ 的新生样本，这些学生上网络课程，在学期末的时候，所有的新生接受了同样的英文写作测试。样本的平均得分 $M=76$。对上传统课程的一般总体，测验得分形成正态分布，其均值 $\mu=80$。

a. 如果总体测验分布的标准差 $\sigma=12$，样本是否提供了充分的证据说明网络课程显著不同于传统课程。使用 $\alpha=0.05$ 的双侧检验。

b. 如果总体的标准差是 $\sigma=6$，样本是否能证明有显著差异？同样使用 $\alpha=0.05$ 的双侧检验。

c. 比较 a 和 b 中的结果，并说明标准差的大小是如何影响假设检验的结果的。

6. 从一个正态总体中选择一个均值 $\mu=30$，标准差 $\sigma=8$ 的随机样本。对样本中的个体进行处理，样本均值为 $M=33$。

a. 如果样本量 $n=16$，样本均值是否能说明处理有显著效应？使用 $\alpha=0.05$ 的双侧检验。

b. 如果样本量 $n=64$，样本均值是否能说明处理有显著效应？使用 $\alpha=0.05$ 的双侧检验。

c. 比较 a 和 b 中的结果，并说明样本量的大小是如何影响假设检验的结果的。

7. 从一个均值为 $\mu=40$ 的总体中选择一个 $n=25$ 的样本。对样本中的个体进行处理，得到样本均值为 $M=44$。

a. 如果总体的标准差 $\sigma=5$，样本均值是否能说明处理有显著效应？使用 $\alpha=0.05$ 的双侧检验。

b. 如果总体的标准差是 $\sigma=15$，样本均值是否能说明处理有显著效应？使用 $\alpha=0.05$ 的双侧检验。

c. 比较 a 和 b 中的结果，并说明标准差的大小是如何影响假设检验的结果的。

8. Brunt、Rhee 和 Zhong（2008）对 557 名大学生的体重、健康行为和饮食习惯进行了调查。研究者根据身体质量指数将学生分为四类：过轻、正常、超重和肥胖。研究者通过对学生饮食中不同食物类别的个数来测量饮食习惯。注意，研究者记录的不是食用的食物量，而是食物的类别数。结果惊奇地发现，虽然不同体重和多脂肪食物、甜点小吃相关，但四种人进食的食物类别数量没有明显差异。

假设研究者进行了一个后续研究，挑选了一个 $n=25$ 的正常体重的学生样本和一个 $n=36$ 的超重的学生样本。每一个学生都完成了关于食物种类数量的问卷，正常组的学生在多脂肪食物和甜点小吃方面得到的均值 $M=4.01$，而超重组的均值 $M=4.48$。Brunt、Rhee 和 Zhong 的研究中得到的学生总体的均值 $\mu=4.22$。假设分布近似为正态分布，标准差 $\sigma=0.6$。

a. $n=36$ 的超重学生样本均值是否显著不同于总体均值。使用 $\alpha=0.05$ 的双侧检验。

b. 基于 $n=25$ 的正常学生的样本数据，你是否能得出结论，健康的学生比总体学生食用的多脂肪食物和甜点小吃更少？使用 $\alpha=0.05$ 的单侧检验。

9. 从一个均值 $\mu=100$，标准差 $\sigma=20$ 的正态总体中选择一个随机样本。对样本中的个体进行施测后，得到的样本均值 $M=96$。

a. 如果该样本均值要达到统计显著，需要多大的样本量？使用 $\alpha=0.05$ 的双侧检验。

b. 如果样本均值 $M=98$，达到显著需要多大的样本量？使用 $\alpha=0.05$ 的双侧检验。

10. 在一个检验酒精对反应时的影响的研究中，Liguori 和 Robinson（2001）发现即使摄入中等水平的酒精也会显著地降低个体在模拟驾驶情境中的紧急情况下的反应速度。在一个相似的研究中，研究者在被试摄入 6 盎司酒精的 30 分钟后，测量了被试的反应时。他们使用的是标准化的驾驶模拟，总体的反应时均值 $\mu=400$ 毫秒。反应时分布近似正态分布，标准差 $\sigma=40$。假设研究者选择了一个 $n=25$ 的样本，得到的均值 $M=422$。

a. 样本数据可以说明酒精对反应时有显著影响吗？使用 $\alpha=0.01$ 的双侧检验。

b. 样本数据可以说明酒精会显著延长反应时吗？使用 $\alpha=0.05$ 的单侧检验。

c. 计算 Cohen's d 值来评估效应大小。

11. 上一题中的研究者也检验了咖啡因在模拟驾驶情境中对反应时的影响。在一个相似的研究中，研究者在被试摄入 6 盎司咖啡的 30 分钟后，对反应时进行了测量。在标准化的模拟驾驶情境中，反应时均值 $\mu=400$ms，标准差 $\sigma=40$。$n=36$ 的被试样本的均值 $M=392$。

a. 数据可以说明咖啡因对反应时有显著影响吗？使用 $\alpha=0.05$ 的双侧检验。

b. 计算 Cohen's d 值来评估效应大小。

c. 根据研究报告中的格式，用一句话来描述假设检验的结果和效应大小。

12. 研究表明人们会对有明显刺青的人持更消极的看法（Resenhoeft, Villa, & Wiseman, 2008）。在一个相似的研究中，研究者首先获得了对彩色照片中一个没有刺青的女人的总体的吸引力的评价。七点量表中，总体评价的均值 $\mu=4.9$，评价分数为正态分布，标准差 $\sigma=0.84$。然后，研究者在图片中女人的左臂上添加了一个蝴蝶形状的刺青。然后在当地的一个社区大学选择了 $n=16$ 的学生样本，让他们对修改后的照片人物进行评价，七点量表下，得到均值 $M=4.2$。

a. 数据是否可以说明女人有刺青时，得到的吸引力评价显著不同于没有刺青时的评价？使用 $\alpha=0.05$ 的双侧检验。

b. 计算 Cohen's d 值来评价效应大小。

c. 使用研究报告的形式，用一句话来描述假设检验的结果和效应大小。

13. 美国东北部国家气象中心的研究者自 1875 年以来记录了每年温度超过 90 华氏度（约 32 摄氏度。—译者注）的天数。这些天数服从正态分布，分布均值 $\mu=9.6$，标准差 $\sigma=1.9$。为了检验全球变暖对该数据的影响，研究者计算了最近 $n=4$ 年的记录数据，得到其平均值 $M=11.85$。该数据是否可以说明过去四年中温度超过 90 华氏度的天数显著多于该总体中的一个随机样本的均值？使用 $\alpha=0.05$ 的单侧检验。

14. Montarello 和 Martens（2005）发现当在日常数学测验中加入简单问题时，五年级学生回答数学问题的正确率会提高。为了进一步探究这一现象，假设研究者选择了一个标准化的数学测验，学生在该测验上的得分为正态分布，均值 $\mu=100$，标准差 $\sigma=18$。然后研究者在标准化的问题中加入了一些简单题目，用修改后的测验对 $n=36$ 个学生进行施测。如果学生样本的平均得分 $M=104$，是否可以说明加入简单题目可以有效提高学生在数学测验中的表现？使用 $\alpha=0.01$ 的单侧检验。

15. 研究者发现随着年龄的增大，人们的认知功能会有所下降（Bartus，1990）。然而，另一些研究的结果表明食物中的抗氧化剂如蓝莓可以减缓甚至逆转由年龄引起的认知能力下降，至少在实验室的小白鼠身上可行（Joseph et al.，1999）。基于以上结果，我们可以假设同样的抗氧化剂对人类的年长者也有作用。研究者为了检验这个理论，选取了一个 $n=16$ 的年龄在 65 岁以上的样本，并在每个个体的日常饮食中加入蓝莓。6 个月后，被试接受了一个标准化的认知技能测验，平均得分 $M=50.2$。一般的老年总体在该测验上的得分为正态分布，均值 $\mu=45$，标准差 $\sigma=9$。

a. 研究者是否可以得出结论，补充的抗氧化剂对认知技能有显著的效应？使用 $\alpha=0.05$ 的双侧检验。

b. 计算该研究的 Cohen's d 值。

c. 按照研究报告的形式用一句话来描述假设检验的结果和效应大小。

16. 研究者组织了一个实验来验证处理效应。研究者选取了一个 $n=9$ 的样本，每一个个体在接受处理后参与了一项标准化的敏捷性测验。研究者预期处理后的平均得分会降低到 $M=30$。正常总体的得分是一个正态分布，均值 $\mu=240$，标准差 $\sigma=30$。

a. 计算假设检验的检验力。使用 $\alpha=0.05$ 的双侧检验。

b. 如果样本量 $n=25$，计算假设检验的检验力。使用 $\alpha=0.05$ 的双侧检验。

17. 从一个均值 $\mu=75$ms，标准差 $\sigma=12$ 的总体中选择一个 $n=40$ 的样本，并对样本中的个体进行处理。预期处理会将平均分提高 4 分。

a. 计算检验力。使用 $\alpha=0.05$ 的双侧检验。

b. 计算检验力。使用 $\alpha=0.05$ 的单侧检验。

18. 简要解释样本量的增加对下列因素有何影响，假设其他因素保持不变。

a. 假设检验中 z 分数的大小。

b. Cohen's d 值。

c. 假设检验的检验力。

19. 解释下列因素如何影响假设检验的检验

力。假设其他因素保持不变。

a. α 水平从 0.01 变为 0.05。

b. 由单侧检验改为双侧检验。

20. 有研究者想要检验一种新的药物对收缩压大于 140 的个体的降血压作用。该总体的收缩压服从正态分布，平均值 $\mu = 160$，标准差 $\sigma = 20$。研究者选择了一个 $n = 25$ 的样本，并在他们服用药物 60 天后测量收缩压。研究者使用 $\alpha = 0.05$ 的双侧检验。

a. 如果药物有 5 分的效应，计算检验力。

b. 如果药物有 10 分的效应，计算检验力。

21. 研究者从均值 $\mu = 80$，标准差 $\sigma = 20$ 的正态分布的总体中选择了一个样本来检验处理效应。研究者预期处理有 12 分的效应。使用 $\alpha = 0.05$ 的双侧检验。

a. 如果样本量为 $n = 16$，计算检验力。

b. 如果样本量为 $n = 25$，计算检验力。

第二部分 回顾

在学完本部分内容以后，你应该掌握一些推论统计的基本过程，包括：

1. 将分数转化为 z 分数以更好地描述它在分布中的位置，并将整个分布标准化的能力（第 5 章）。

2. 计算个体分数在一个分布中出现的概率，特别是在正态分布中的能力（第 6 章）。

3. 把样本均值转化为 z 分数，并计算样本均值对应概率的能力（第 7 章）。

4. 使用样本均值来评估一个关于未知总体的假设的能力（第 8 章）。

推论统计的一般目的是使用样本中的有限信息来回答关于未知总体的问题。在第 8 章中，我们介绍了假设检验，也就是最普遍的推论统计方法。第 8 章中的假设检验把第 5 章中的 z 分数、第 6 章中的概率和第 7 章中的样本均值的分布整合起来，使研究者能够用来自未知总体的样本均值来评估关于总体均值的假设。研究者首先需要在未知总体中选择一个样本并计算样本均值。样本均值和假设的总体均值可以用来计算 z 分数。如果 z 分数对应一个较高的概率值，即在样本分布的中心附近，那么研究者可以得出结论，样本数据符合假设，接受虚无假设。相反，如果 z 分数对应一个较小的概率值，即在样本均值分布的尾端，则研究者可以得出结论样本数据不符合假设，要拒绝虚无假设。

练习

1. 在一个均值 $\mu=50$，标准差 $\sigma=20$ 的总体分布中，计算下列值。

a. $X=52$ 对应的 z 分数是多少？

b. $z=-0.5$ 对应的 X 值是多少？

c. 如果总体中的所有分数都转化为 z 分数，则转化后的 z 分数分布的均值和标准差是多少？

d. 一个样本量 $n=4$，$M=42$ 的样本均值对应的 z 分数是多少？

e. 一个样本量 $n=16$，$M=42$ 的样本均值对应的 z 分数是多少？

2. 一个调查显示，高中学生周六起床的平均时间 $\mu=9$：45。假设起床时间服从正态分布，标准差 $\sigma=65$ 分钟，计算下列值。

a. 高中生起床晚于 11 点的概率。

b. 从高中生中随机选择一个个体，其起床时间早于 9：00 的概率。

c. 对一个 $n=25$ 的高中生样本来说，起床时间早于 $M=9$：30 的概率。

3. Miller（2008）调查了大学生对能量饮料的摄入情况，发现男生对能量饮料的摄入显著多于女生。为了进一步研究该现象，研究者随机选择了一个 $n=36$ 的男生样本和一个 $n=25$ 的女生样本。平均来说，男生每月摄入饮料的均值 $M=2.45$，女生为 $M=1.28$。假设大学生总体每月摄入能量饮料的均值 $\mu=1.85$，且摄入量服从正态分布，标准差 $\sigma=1.2$。

a. 上述样本数据可以说明男生能量饮料的摄入量显著多于总体吗？使用 $\alpha=0.01$ 的单侧检验。

b. 上述样本数据可以说明女生能量饮料的摄入量显著少于总体吗？使用 $\alpha=0.01$ 的单侧检验。

第三部分　使用 t 统计量推断总体均值和均值差异

在第二部分中，我们介绍了推论统计的基础。本部分，我们要开始介绍在行为科学研究中真的会使用到的推论统计方法。具体来说，我们将会介绍一系列 t 统计量，研究者可以根据样本均值和均值差异得到 t 统计量并对相应的总体均值和均值差异做出推论。t 统计量以第 7 章中样本均值的 z 分数和第 8 章中的假设检验为模型。然而，t 统计量不要求对评价的总体有任何先验的知识。本部分介绍的三种 t 统计量适用于三种不同的研究情景：

1. 使用一个单独的样本对一个单独的总体的未知均值进行推断。

2. 用两个独立的样本对两个未知总体的均值差异做出推论。

3. 用一个单独的样本，但样本中的每一个个体都接受两种不同的处理条件，来对两种情况下的均值差异做出推论。

本部分将介绍一个新的推论技术：置信区间。置信区间可以让研究者使用样本数据来计算极有可能的未知参数的值的范围，并估计总体均值或均值差异。

第 9 章

t 检验介绍

章节概览

学习本章需使用的相关知识

下列术语是学习本章的关键背景知识，如果对这些有不明白之处，在进一步学习之前，应复习先前学过的相关章节。

- 样本方差和标准差（第 4 章）；
- 标准误（第 7 章）；
- 假设检验（第 8 章）。

9.1 t 统计量：z 分数的替代形式

在之前的章节中，我们介绍了研究者用样本均值来检验关于未知总体的假设的统计过程。这些统计过程基于一些基本概念，现总结如下：

1. 我们期望样本均值（M）大致等于总体均值（μ）。我们能够用样本均值来检验关于总体均值的假设。

2. 标准误提供了测量样本均值有多接近总体均值的方法。标准误决定了由于偶然因素，M 和 μ 之间有多少合理的差异。

$$\sigma_M = \frac{\sigma}{\sqrt{n}} \text{ 或 } \sigma_M = \sqrt{\frac{\sigma^2}{n}}$$

3. 为了证明对于总体的推论，我们通过计算 z 分数统计量来比较样本均值（M）和假设的总体均值（μ）。

$$z = \frac{M-\mu}{\sigma_M} = \frac{\text{得到的数据和假设之间的差异}}{\text{由于偶然因素产生的标准距离}}$$

假设检验的目的是确定数据得到的结果是否显著大于偶然因素产生的结果。当 z 分数形成一个正态分布时，我们能够使用单位正态分布表（附录B）来找到假设检验的拒绝域。[1]

z 分数的问题

使用 z 分数作为推论统计量的问题是 z 分数公式需要很多的信息，而这些通常很难得到。具体来说，z 分数需要我们知道总体标准差（或者方差）来计算标准误。但是在许多情况下，总体标准差是未知的。事实上，我们进行假设检验的目的就是得到关于未知总体的相关信息。这就产生了一个悖论：我们想用 z 分数来获得关于未知总体的信息，但在计算 z 分数前，我们必须知道总体信息。幸运的是，有一个相对简单的方法可以解决这个问题。当总体方差未知时，我们使用相应的样本数据来代替。

t 统计量介绍

在第4章，样本方差被认为是相关总体方差的无偏估计。样本方差的公式和样本标准差的公式为：

$$\text{样本方差} = s^2 = \frac{SS}{n-1} = \frac{SS}{df}$$

$$\text{样本标准差} = s = \sqrt{\frac{SS}{n-1}} = \sqrt{\frac{SS}{df}}$$

使用样本值[2]，现在我们能估计标准误。回忆第7章和第8章，能用标准差或者方差来计算标准误：

$$\text{标准误} = \sigma_M = \frac{\sigma}{\sqrt{n}} \text{ 或 } \sigma_M = \sqrt{\frac{\sigma^2}{n}}$$

现在我们将用样本标准差或者方差来代替未知总体的值，以估计标准误：

$$\text{估计标准误} = s_M = \frac{s}{\sqrt{n}} \text{ 或 } s_M = \sqrt{\frac{s^2}{n}} \quad (9\text{—}1)$$

注意，估计标准误的符号是 s_M，而不是 σ_M，表示估计值是从样本数据得到的，而不是实际的总体参数。

> **定义**
>
> 当 σ 的值未知时，估计标准误（s_M）是真实标准误 σ_M 的估计值。它是由样本方差或者样本标准差计算得到的，它提供了样本均值 M 和总体均值 μ 之间标准距离的估计。

最后你应当了解，我们已经用标准差和方差表示了计算标准误（实际的或者是估计的）的公式。前面（第7章和第8章）我们关注的是使用标准差的公式。但是现在，我们将开始关注方差的公式。因此，在本章的剩余部分和以后的章节中，M 的估计标准误将计算如下：

$$s_M = \sqrt{\frac{s^2}{n}}$$

从标准差转化为方差的原因有两个：

1. 在第4章，我们看到样本方差是一个无偏统计量；平均来说，样本方差（s^2）是总体方差（σ^2）准确的无偏估计。因此，估计标准误的最准确的方法是使用样本方差来估计总体方差。

2. 在以后的章节中，我们将遇到其他 t 检验的形式，它们的公式中需要用方差（而不是标准差）来估计标准误。为了增加每种形式的相似性，我们将在所有不同的 t 检验公式中使用方差。因此，当我们进行 t 检验时，应这样计算估计标准误：

$$\text{估计标准误} = \sqrt{\frac{\text{样本方差}}{\text{样本量}}}$$

现在，我们用估计标准误代替 z 分数的计算公式中的分母。产生的新的检验统计量为 t 检验统

---

① 记住，样本均值分布的期望值是 μ，即总体均值。

② 自由度的概念在第4章已有介绍，$df=n-1$，之后在本章中还会再讨论。

计量：

$$t=\frac{M-\mu}{s_M} \qquad (9—2)$$

> **定义**
>
> 当 σ 的值未知时，t 统计量被用来检验关于未知总体均值 μ 的假设。t 统计量的公式与 z 分数公式有相同的结构。但是 t 统计量的分母使用的是估计标准误。

t 统计量公式和 z 分数公式的唯一区别是 z 分数使用的是实际的总体方差 σ^2（或者标准差），t 统计量公式使用的是总体参数未知时相关样本的方差（或者标准差）。

$$z=\frac{M-\mu}{\sigma_M}=\frac{M-\mu}{\sqrt{\sigma^2/n}}$$

$$t=\frac{M-\mu}{s_M}=\frac{M-\mu}{\sqrt{s^2/n}}$$

t 统计量和自由度

在本章，我们介绍的 t 统计量是 z 分数的一种替代。它们之间的基本差异是 t 统计量使用样本方差，z 分数使用总体方差。为了检验 t 统计量有多接近 z 分数，我们必须确定样本方差有多接近总体方差。

在第 4 章，我们介绍了自由度的概念。简单地复习一下，在你计算样本方差时，必须知道样本均值。它对样本方差有一定的限制，样本中只有 $n-1$ 个分数可以自由变化。这个值 $n-1$ 被叫做样本方差的自由度。

$$自由度=df=n-1 \qquad (9—3)$$

> **定义**
>
> 自由度描述了样本中可以自由变化的分数个数。因为样本均值限制了样本中的一个分数，所以样本自由度为 $n-1$（见第 4 章）。

样本的 df 值越大，样本方差就越能更好地代表总体方差，t 统计量就更接近 z 分数。这很有意义，因为样本量越大，样本就越能代表总体。因此，与样本方差联系的自由度也能描述 t 有多好地代表了 z。

t 分布

总体中的每个样本都可以被用来计算 z 分数或者 t 值。如果你选择所有大小为 n 的可能的样本，并计算每一个样本均值的 z 分数，那这些 z 分数会形成一个 z 分布。同样的方法，你可以计算每一个样本均值的 t 统计量，所有可能的 t 统计量将形成一个 t 分布。正如我们在第 7 章看到的，通过计算样本均值得到的 z 分布是接近正态的。具体来说，如果样本量足够大（$n\geqslant30$），或者样本是从正态分布的总体中选择的，那么样本均值的分布也会接近正态分布。在这些情况下，t 分布近似于正态分布，正如 t 统计量近似于 z 分数。t 分布有多接近正态，是由自由度决定的。总的来说，样本量（n）越大，自由度（$n-1$）越大，t 分布越接近于正态分布（见图 9—1）。

> **定义**
>
> t 分布由一系列的随机样本的 t 值组成，这些样本有具体的样本量（n）和确定的自由度（df）。t 分布的形状近似于正态分布，尤其是当样本量较大或者样本来自正态分布的总体时。

t 分布的形状

t 分布的形状随着自由度而改变。事实上，统计学家认为 t 分布是一系列的分布，即对于不同的自由度，有不同的样本 t 分布。当自由度变得非常大时，t 分布的形状接近于 z 分数的正态分布。图 9—1 说明，t 分布是钟形的、对称的，均值为 0。但是，t 分布比正态 z 分布有更多的变异性，特别是当自由度较小时（图 9—1）。t 分布趋向于更加分散，而正态 z 分布有一个明显的最高中心点。

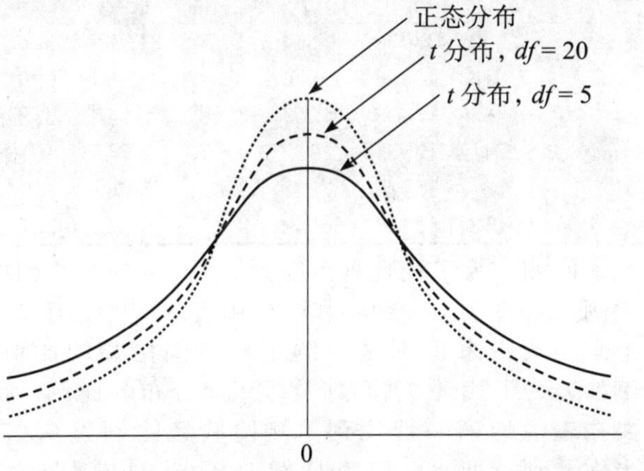

图 9—1　不同自由度值的 t 分布和正态 z 分布的比较。正如正态分布一样，t 分布是钟形的、对称的，均值为 0。但是，t 分布有更多的变异性，这可以由较分散的形状说明。自由度越大，t 分布越接近于正态分布。

如果考察 z 分数和 t 统计量的公式，t 分布比 z 分布更分散和变异更大的原因将会很清楚。对于一个特定的总体，z 分数和 t 统计量公式的上部 $M-\mu$ 可以有许多不同的值，因为 M 随着样本不同而改变。而当样本量都相同且都来源于同一个总体时，z 分数公式的分母是不变的。具体来说，所有 z 分数的分母有相同的标准误，$\sigma_M=\sqrt{\sigma^2/n}$，因为总体方差和样本量是不变的。另外，$t$ 统计量公式中的标准误不是常数，样本不同时，分母是变化的。即 s_M 是基于样本方差的，它的值将会随着样本变化，所以估计的标准误也会变化，$s_M=\sqrt{s^2/n}$。所以，z 分数的公式中只有分子是变化的，而 t 统计量的公式中分子和分母都是变化的。所以，t 分布比正态 z 分布有更大的变异性，看起来更分散。当自由度增加时，t 分布的变异减小，它将更接近于正态分布。

确定 t 分布的比例和概率

就像用单位正态分布表来确定与 z 分数联系的比例一样，我们将使用 t 分布表来得到 t 值的比例。完整的 t 分布表在附录 B 中，表 9—1 是这个表的一部分。表的最上面两行表示单侧或双侧的 t 分布比例，看使用哪一行。表的第一列是 t 值的自由度。最后，表中的数值是标记尾部和剩余分布的界限的 t 值。

表 9—1　t 分布表的一部分。表中的数值是在分布中将尾部和主体分开的 t 值。单侧或双侧的比例列在表首，t 检验的自由度列在第一列。

	单侧的比例					
	0.25	0.10	0.05	0.025	0.01	0.005
	双侧合在一起的比例					
df	0.5	0.2	0.10	0.05	0.02	0.01
1	1.000	3.078	6.314	12.706	31.821	63.657
2	0.816	1.886	2.920	4.303	6.965	9.925
3	0.765	1.638	2.353	3.182	4.541	5.841
4	0.741	1.533	2.132	2.776	3.747	4.604
5	0.727	1.476	2.015	2.571	3.365	4.032
6	0.718	1.440	1.943	2.447	3.143	3.707

例如，为了找到自由度为 3 时，t 分布的相应比例，需要在第一列中找到自由度 3，然后用表中上面的两行来识别是单侧还是双侧检验的比例。例如，为了找到 5%位于尾端的 t 分布的比例，需要在表中的第一行找到单侧检验且比例为 0.05。当你看到行列 $df=3$ 和比例为 0.05 的交叉处时，你可以得到 $t=2.353$（见表 9—1）。因为 t 分布是对称的，t 分布的 5%也位于尾端小于 $t=-2.353$ 处（见图 9—2）。最后，整个分布的 10%包括两个尾端超过 $t=\pm2.353$ 的部分（在表头双侧比例那一行查对比例值）。

仔细观察附录 B 中的 t 分布表，你会发现一个我们之前阐明的要点：随着自由度增加，t 分布越来越接近正态分布。以双侧比例 0.05 的 t 值为例，你将发现，当自由度为 1 时，将分布的极端 5%与剩余部分分开的 t 值为±12.706。顺着这一列往下，你会发现 t 值变得越来越小，最终达到了±1.96。你应当记得±1.96 是将极端 5%与剩余部分分离的 z 分数值。因此，随着自由度增加，t 分布的比例更接近于正态分布。当样本量（和自由度）足够大时，t 分布和正态分布的差异是可以忽略的。

注意，本书的 t 分布表是有删节的，而且没有包括所有自由度值。例如，这个表列出了自由度为 40 和 60 的 t 值，但是没有列出 40～60 之间的值。偶尔，你可能会遇到你所需要的自由度的 t 值不在表上的情况。这时，你应当查找在你的自由度周围自由度的 t 值，并且使用较大的值。例如，你的自由度为 53（不在表上），查找自由度为 40 和 60 的 t 值，然后使用较大的 t 值。如果你用样本得到的 t 统计量大于较大的 t 值，那么可以确定数据在拒绝域中，你也能自信地拒绝虚无假设。

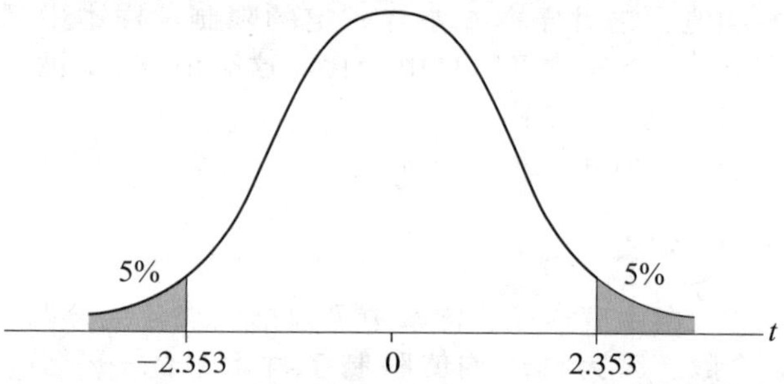

图 9—2　自由度为 3 的 t 分布。注意，分布的 5%位于尾端大于 $t=2.353$ 处。同样，t 分布的 5%也位于尾端小于 $t=-2.353$ 处。因此，整个分布的 10%包括两个尾端超过 $t=\pm2.353$ 的部分。

学习检查

1. 在什么情况下，假设检验中用 t 检验代替 z 检验？
2. 一个样本量为 $n=9$ 的样本，$SS=288$。
   a. 计算样本的方差。
   b. 计算样本均值的估计标准误。

3. 总的来说，t 分布比标准正态分布更分散。（判断对还是错）
4. 一个研究者报告了在 $df=20$ 的情况下的 t 统计量，研究中包含了多少个被试?
5. 对于自由度为 15 的样本，找到与下面相关的 t 值：
   a. 分布的前 5%。
   b. 分布的中间 95%。
   c. 分布的中间 99%。

答案

1. 当总体标准差或者方差未知时，用 t 检验代替 z 检验。
2. a. $s^2=36$　b. $s_M=2$
3. 对。
4. $n=21$。
5. a. $t=+1.753$。
   b. $t=\pm 2.131$。
   c. $t=\pm 2.947$。

9.2　t 检验的假设检验

在假设检验的情境中，我们从未知均值和方差的总体开始。通常，这个总体接受了一些处理（图 9—3）。目的是使用接受处理的总体中的样本（接受处理的样本）来确定处理效应是否存在。

就像之前一样，虚无假设提出处理效应不存在；具体来说，虚无假设提出总体均值没有变化。因此，虚无假设为未知总体均值提供了一个特定的值。样本数据提供了样本均值。最后，使用样本数据计算方差和标准误。把这些值代入 t 统计量公式中，结果为：

$$t=\frac{\underset{(\text{来自数据})}{\text{样本均值}}-\underset{(\text{由虚无假设假定})}{\text{总体均值}}}{\underset{(\text{根据样本数据计算})}{\text{估计标准误}}}$$

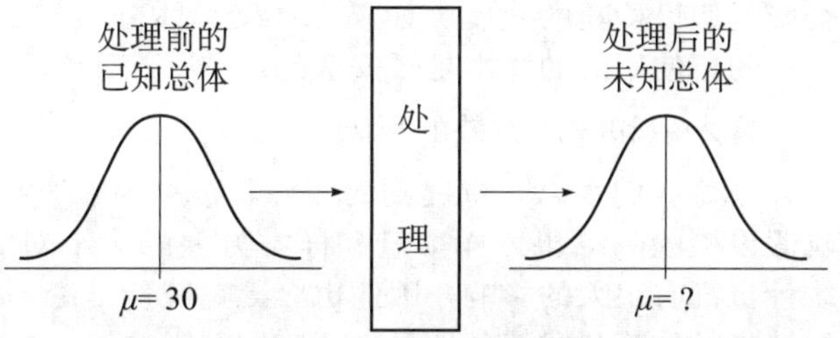

图 9—3　使用 t 检验或 z 检验的基本实验情境。在处理前假设总体的参数 μ 已知。实验的目的是确定处理效应是否存在。注意，处理后的总体的均值和方差未知。从处理后的总体中选择一个样本来帮助我们回答这个问题。

就像 z 分数公式一样，t 统计量公式也是一个比。分子测量了样本数据（M）和总体假设（μ）之间的实际差异。分母测量了由于偶然因素可能存在多少差异。当数据和假设得到的差异（分子）远大于偶然因素下的差异（分母）时，我们会得到一个较大的 t 值（正值或者负值）。这时，我们得出结论，数据与假设不一致，我们的决定是拒绝虚无假设。另外，当数据与假设之间的差异与标准误相对较小时，我们会得到一个接近 0 的 t 值，我们的结论是不能拒绝虚无假设。

未知总体　正如之前提到的一样，假设检验关注的是接受处理后的总体。该情景在图 9—3 中呈现。我们注意到总体均值在处理前是已知的。问题是处理是否会影响分数导致均值发生改变。在这种情况下，未知总体是接受处理后的总体，虚无假设认为处理并没有导致均值的改变。

t 检验不仅可以用在图 9—3 所示的前后类型的研究中，也可以用在没有一个已知总体作为标准的假设检验中。具体来说，t 检验不要求关于总体均值和方差的任何先验信息。计算 t 统计量需要的只是虚无假设和一个来自未知总体的样本。因此，t 检验可以用在通过理论、逻辑预测或只是猜想的研究情境中。例如，很多调查利用评定量表来研究人们对矛盾问题的看法。被试会看到一段陈述，然后在 1—7 的量表上回答他们的观点，1 表示强烈同意，7 表示强烈不同意。分数 4 位于中间位置，即没有倾向性的观点。在这种情况下，虚无假设认为人们的观点没有倾向性，H_0：$\mu=4$。然后要从样本中收集数据来评价假设。注意，研究者对总体均值没有任何先验信息，只是根据逻辑来陈述假设。

假设检验的例子

下面的研究情境将用来展示 t 检验的假设检验的过程。这个例子的虚无假设也是根据逻辑而非总体均值的先验信息来陈述的。

例 9.1

婴儿甚至新生儿对有吸引力面孔的注视时间比对没有吸引力的面孔的注视时间要长（Slater, et al.，1998）。研究者给 1 到 6 天大的新生儿呈现两张女人的照片。之前已经有成年人对两张照片的吸引力做出评价，其中一张的吸引力显著高于另一张。婴儿被放在呈现照片的屏幕前，当婴儿对两张照片的注视总时间达到 20 秒时，照片消失。记录婴儿对高吸引力照片的注视时间。假设研究使用的是 $n=9$ 的样本，样本均值 $M=13$ 秒，$SS=72$。注意，所有可用的信息都来自样本。具体来说，我们不知道总体的均值和标准差。

步骤 1 提出虚无假设并设定 α 水平。尽管我们没有总体分数的信息，还是可以通过逻辑对 μ 做出假设。提出虚无假设，婴儿对两张面孔没有偏好。也就是说婴儿会把 20 秒的注视时间平均分配到两张图片上。用符号表示为：

$$H_0: \mu_{\text{有吸引力}} = 10 \text{ 秒}$$

提出备择假设，婴儿对其中一张照片是存在偏好的。一个有方向的单侧检验会指出婴儿偏好的是哪一张照片。没有方向的备择假设用符号表示如下：

$$H_1: \mu_{\text{有吸引力}} \neq -10 \text{ 秒}$$

我们将显著性水平设为双侧检验 $\alpha=0.05$。

步骤 2 定义拒绝域。因为总体方差未知，所以检验统计量为 t 统计量。因此，为了得到拒绝域，必须计算自由度：

$$df=n-1=9-1=8$$

对一个 0.05 显著水平的双侧检验和 8 的自由度，拒绝域包括 t 值大于 $+2.306$ 或小于 -2.306 的部分。图 9—4 描述了 t 分布中的拒绝域。

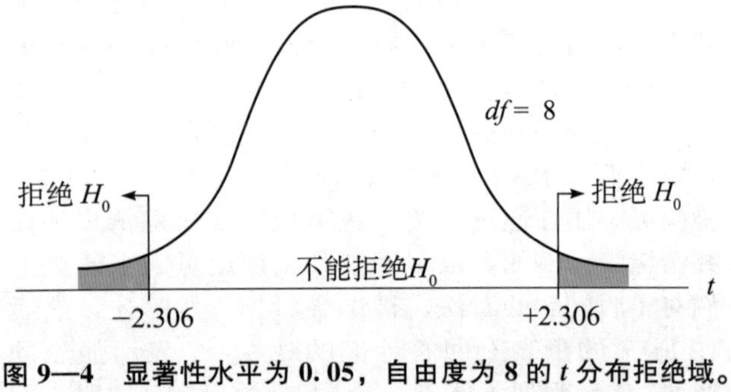

图 9—4 显著性水平为 0.05，自由度为 8 的 t 分布拒绝域。

步骤 3 计算检验统计量。得到 t 值比 z 分数需要更多的计算。因此，我们建议将计算的过程分为以下三步。

a. 首先，计算样本方差。记住，总体方差是未知的，你必须在它的位置使用样本值（这是我们用 t 检验代替 z 分数检验的原因）。

$$s^2=\frac{SS}{n-1}=\frac{SS}{df}=\frac{72}{8}=9$$

b. 然后，使用样本方差来计算估计标准误。这个值将会是 t 统计量公式的分母，它测量了在没有处理效应的情况下，样本均值和相应的总体均值之间有多少合理的误差。

$$s_M=\sqrt{\frac{s^2}{n}}=\sqrt{\frac{9}{9}}=\sqrt{1}=1$$

c. 最后，计算样本数据的 t 值。

$$t=\frac{M-\mu}{s_M}=\frac{13-10}{1}=3.00$$

步骤 4 做出关于虚无假设的决定。得到的 t 值 3.00 在 t 分布右边的拒绝域中（见图 9—4）。我们的统计决定是拒绝虚无假设，并且得出结论：婴儿对有吸引力和没有吸引力的脸孔确实存在偏好。具体来说，婴儿对有吸引力图片的注视时间是显著不同于 10 秒的，如果没有偏好，注视时间会等于 10 秒。从样本均值可以看出，婴儿对有吸引力的图片的注视时间会更长。

t 检验的假设

t 检验的假设检验需要两个基本的前提。

1. 样本的值必须是相互独立的。

一般情况下，如果在第一个观察和第二个观察之间没有连续的可预测的关系，那么这两个观察就是独立的。更精确地说，如果第一个事件的出现对于第二个事件出现的概率没有影响，两个事件（观察）就是独立的。我们在专栏 8—1 中考察了独立和不独立的具体例子。

2. 总体必须是正态的。

这个假设是 t 统计量和 t 分布表所依据的数学基础中的必要部分。但是，违背这个前提对于得到的 t 检验结果几乎没有实质性的影响，特别是当样本量相对较大时。当样本量很小时，一个正态总体分布是很重要的。样本量较大时，违背这个前提不会影响假设检验的效度。如果你怀疑总体分布不是正态的，使用大的样本是较安全的。

样本量和样本方差的影响

就像我们在第 8 章提到的一样，很多因素会影响假设检验的结果。样本量和样本方差的大小对 t 统计量都有很大的影响，因而也会影响统计结论。t 统计量的计算公式清楚地呈现了它们的影响。

$$t=\frac{M-\mu}{s_M}$$

其中，

$$s_M=\sqrt{\frac{s^2}{n}}$$

因为估计的标准误 s_M 是公式的分母，所以 s_M 越大，t 值会越小（接近于0）。因此，任何影响标准误的因素也会影响拒绝虚无假设以及识别显著处理效应的可能性。决定标准误大小的两个因素是样本方差 s^2 和样本量 n。

估计标准误和样本方差直接相关，方差越大，估计标准误越大。也就是说，一个大的样本方差意味着你更不容易得到显著的处理效应。一般来说，大样本方差是不利于推论统计的。大的方差意味着分数会更加分散，让研究者不能看到数据中存在的模式和趋势。大的样本方差会减小拒绝虚无假设的概率。

另一方面，估计标准误和样本量成反比。样本量越大，估计标准误越小。如果其他因素不变，样本量越大，t 统计量越大，因此我们更容易得到一个显著的结果。例如，一个 2 分的均值差异在样本量 $n=4$ 时对证明处理效应的存在没有说服力，但当样本量 $n=100$ 时，可能更有说服力。

学习检查

1. 从一个均值 $\mu=40$ 的总体中选择一个 $n=4$ 的样本，对样本中的个体进行施测。处理后的样本均值 $M=44$，方差 $s^2=16$。

   a. 该样本可以说明处理有显著效应吗？使用 $\alpha=0.05$ 的双侧检验。

   b. 如果其他条件保持不变，样本量变为 $n=16$，可以证明处理有显著效应吗？使用 $\alpha=0.05$ 的双侧检验。

答案

1. a. H_0：处理后 $\mu=40$。$n=4$，估计标准误为 2，则 $t=4/2=2.00$。$df=3$，拒绝域的界限为 $t=\pm3.182$。接受虚无假设，处理没有显著效应。

   b. $n=16$，估计标准误为 1，$t=4.00$。$df=15$ 时，拒绝域的界限为 $t=\pm2.131$。t 值在拒绝域外，所以我们可以拒绝虚无假设，得出结论处理有显著效应。

9.3　测量 t 检验的效应大小

在第 8 章，我们注意到假设检验的一个缺点是它没有测量出处理效应的大小。它只是简单地确定了处理效应是否大于偶然性，而偶然性是由标准误和 α 水平决定的。当样本量很大时，即使一个很小的处理效应也可以达到统计显著。为了改进这一问题，我们建议为假设检验得到的结果附上关于效应大小的报告，例如 Cohen's d 系数。

估计的 Cohen's d 系数

在 Cohen's d 系数最先提出时，公式是这样的：

$$\text{Cohen's } d \text{ 系数}=\frac{\text{均值差异}}{\text{标准差}}=\frac{\mu_{\text{处理}}-\mu_{\text{未处理}}}{\sigma}$$

Cohen's d 系数是根据总体均值差异和总体标准差来测量效应大小。然而，在大多数情况下，总体的信息都是未知的，因此我们必须用对应的样本信息来代替。替代以后，很多研究者倾向于把计算出的值称作估计的 d 值，或者以第一个把样本统计量代入 Cohen 的公式的专家的名字命名（如 Glass's g 或者 Hedge's g）。对于 t 检验的假设检验，没有处理的总体均值就是虚无假设中的值。然而接受处理的总体均值和总体标准差是未知的。所以我们使用处理后的样本均值和标准差来作为未知参数的估计值。经过以上替换，Cohen's d 系数公式变为：

$$\text{Cohen's } d \text{ 系数}=\frac{\text{均值差异}}{\text{样本标准差}}=\frac{M-\mu}{s} \tag{9—4}$$

分子通过计算处理样本和未知总体均值（H_0 中的 μ）之间的差异测量了处理效应的大小。分母中的样本标准差把均值差异标准化。因此，当估计的 d 值为 1 时，意味着处理效应的大小等于标准差。下面的例子说明了如何用估计的 d 值来测量 t 检验的效应大小。

例 9.2

对于例 9.1 中的婴儿的面孔偏好研究，婴儿在 20 秒中对有吸引力的面孔的注视时间为 $M=13$。如果没有偏好（如虚无假设），总体均值应该为 $\mu=10$ 秒。所以，结果表明样本均值和没有效应时的预期均值之间有 3 分的差异。对于这个研究，样本标准差为：

$$\text{样本标准差}=s=\sqrt{SS/df}=\sqrt{72/8}=\sqrt{9}=3$$

因此，这个例子的 Cohen's d 系数为：

$$\text{Cohen's } d \text{ 系数}=\frac{M-\mu}{s}=\frac{13-10}{3}=1.00$$

根据 Cohen 提出的标准（表 8—2），这是一个大的处理效应。

为了帮助你形象地认识 Cohen's d 系数测量的是什么，我们构造了一系列 $n=9$，均值 $M=13$，

标准差 $s=3$ 的分数（例 9.1、例 9.2 中相同的值）。该系列分数用图 9—5 表示。注意，这个图也包括在 $\mu=10$ 处的垂直线。回忆一下，$\mu=10$ 是虚无假设提出的值，它定义了处理效应不存在时均值的大小。很明显，我们的样本不在 $\mu=10$ 周围。这些分数转移到了右边，所以样本均值是 $M=13$。这个移动，从 10 到 13，是由处理效应造成的 3 分的均值差异。也要注意，3 分的均值差异等于标准差。因此，处理效应的大小等于 1 个标准差。换言之，Cohen's d 系数 $=1.00$。

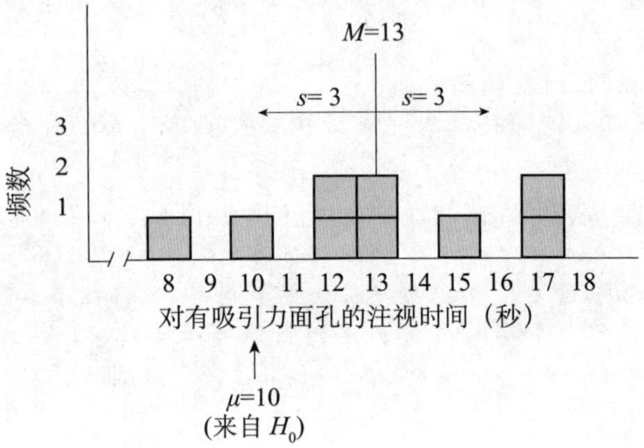

图 9—5　$M=13$，$s=3$ 的样本分布表示了例 9.1 和例 9.2 中使用的分数。如果处理效应不存在，总体均值 $\mu=10$ 是期望得到的值。注意，样本均值离总体均值 $\mu=10$ 有 1 个标准差的距离。

测量变异的解释比例，r^2

测量效应大小的另一种方法是确定分数中的多少变异是由处理效应解释的。这个测量背后的概念是处理引起分数增加（或减小），即意味着处理引起了分数的变化。如果我们能测量处理解释了多少变异，我们就能得到处理效应的大小。

为了展示这个概念，我们将使用例 9.1 假设检验中的数据。虚无假设指出，处理（面孔的吸引力）对婴儿的行为没有作用。根据虚无假设，婴儿对两张图片没有偏好，因此在 20 秒的时间中花费在有吸引力的面孔上的时间平均为 $\mu=10$。

但是，如果你看图 9—5 中的数据，分数没有在 $\mu=10$ 周围。分数移到了右边，它们在样本均值 $M=13$ 周围。这个移动是处理效应。为了测量效应大小，我们将用两种方法计算均值和离均差平方和。

图 9—6a 表示了原始分数。对于每个分数，与 $\mu=10$ 的距离用一条直线表示。$\mu=10$ 来自虚无假设，它代表处理效应不存在时应当得到的均值。注意，几乎所有的分数都位于 $\mu=10$ 的右边。这种向右边的移动就是处理效应。具体来说，对面孔的偏好让婴儿注视有吸引力面孔的时间更长，也就是说分数会普遍大于 10。因此，处理让分数远离 $\mu=10$，并且增加了距离。

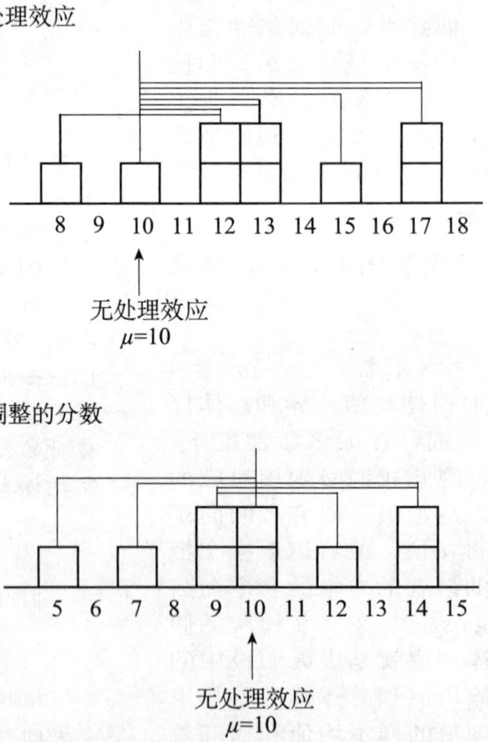

图 9—6　例 9.1 中的分数与 $\mu=10$ 的距离。图 a 的直线表示原始数据与均值之间的距离，包括处理效应。图 b 的直线表示消除处理效应后调整的数据与均值之间的距离。

下面我们来看看如果移除处理效应将会发生什么。在这个例子里，处理有 3 分的效应（均值从 $\mu=10$ 到 $M=13$）。为了移除处理效应，我们简单地从每个分数里减去 3。表 9—6b 表示调整后的分数，与 $\mu=10$ 的距离也用直线表示。首先注意，调整后的分数在 $\mu=10$ 周围，表示处理效应不存在。同样要注意，当处理效应移除后，直线表示的距离显著变小。

为了测量移除处理效应减小了多少变异，我们对每个分数计算离均差平方和 SS。表 9—2 的左边表示原始分数的计算，右边表示调整分数的计算。注意，整个的变异，包括处理效应，是 $SS=153$。但是，当移除处理效应后，变异减小到 $SS=72$。这两个值之间的差异 81，是解释处理效应的变异。这个值通常用占总变异的比例或百分数来报告：

$$\frac{\text{解释的变异}}{\text{总变异}}=\frac{81}{153}=0.5294\ (52.94\%)$$

表 9—2 计算图 9—6 中数据的 SS、离均差平方和。前三列表示原始分数的计算，包括处理效应；后三列表示移除处理后调整分数的计算。

SS 的计算，包括处理效应		
分数	偏离 $\mu=10$ 的距离	离均差的平方
8	−2	4
10	0	0
12	2	4
12	2	4
13	3	9
13	3	9
15	5	25
17	7	49
17	7	49

SS=153

处理效应移除后，SS 的计算		
调查的分数	偏离 $\mu=10$ 的距离	离均差的平方
8−3=5	−5	25
10−3=7	−3	9
12−3=9	−1	1
12−3=9	−1	1
13−3=10	0	0
13−3=10	0	0
15−3=12	2	4
17−3=14	4	16
17−3=14	4	16

SS=72

因此，移除处理效应减小了 52.94%的变异。这个值叫做处理解释的变异百分比，被定义为 r^2。

不需要计算两个不同的 SS 的值来得到 r^2，我们可以从 t 检验的结果中通过一个单独的等式来得到这个值。

$$r^2=\frac{t^2}{t^2+df} \tag{9—5}$$

r 是表示相关的传统符号，当我们在第 14 章介绍相关时，会再次讨论 r^2 的概念。同样，在 t 检验部分，我们把 r^2 叫做解释的变异百分比，经常用希腊字母 ω^2 表示。

对于例 9.1 中的假设检验，我们在 $df=8$ 时得到了 $t=3.00$。这些值可以计算 r^2。

$$r^2=\frac{3^2}{3^2+8}=\frac{9}{17}=0.529\,4\ (52.94\%)$$

注意，这与我们直接计算得到的值是一样的。

解释 r^2 在开发出 Cohen's d 系数来测量效应大小之后，Cohen（1988）也提出了用 r^2 作为标准评价效应大小的方法。他实际上是建议用相关 r 来评价效应大小，但是扩大到 r^2 更加简单。Cohen 提出的解释 r^2 的标准如表 9—3 所示。

表 9—3 Cohen（1988）提出的解释 r^2 的标准。

解释的变异百分比，r^2	
$r^2=0.01$	小效应
$r^2=0.09$	中等效应
$r^2=0.25$	大效应

根据这些标准，我们在例 9.1 和例 9.2 中建构的数据表现出了一个很大的处理效应，$r^2=0.529\,4$。

最后我们需要提醒你，尽管样本量会影响假设检验，但这个因素对效应大小没有任何影响。特别是 Cohen's d 系数，完全不受样本量的影响，r^2 受样本量的影响也很小。另一方面，样本方差会影响假设检验和效应大小。具体来说，样本方差越大，拒绝虚无假设的可能性越小，且效应也会变小。

估计的 μ 的置信区间

另一种描述处理效应大小的方法是计算处理后的总体均值。例如，如果处理前的均值 $\mu=80$，处理后的均值估计值为 $\mu=86$，我们可以说处理效应的大小是 6。

估计未知总体均值涉及构建置信区间。置信区间是基于样本中的观测值建立的，这些样本中的观测值可以为总体均值提供合理的估计。一个样本均值和总体均值比较接近就表明总体均值会近似于样本均值。例如，我们得到一个样本均值 $M=86$ 的样本，我们可以合理地认为总体均值约为86。因此，置信区间是由围绕在样本均值附近的一些值构成的一个区间，同时我们也可以合理地推断未知总体的均值会落在这个区间内。

定义

置信区间是一个区间，或者说是一个范围内的值，以样本统计量为中心。置信区间的逻辑是样本统计量，如样本均值，应该接近于其所对应的总体参数。因此，我们可以合理地认为参数值应该落在置信区间内。

构建置信区间

构建置信区间的基础是每一个样本均值都有其相对应的 t 值：

$$t=\frac{M-\mu}{s_M}$$

尽管我们可以从样本数据中得到 M 和 s_M，我们也计算不出 t 值，因为总体均值 μ 是未知的。为了构建置信区间，我们估计 t 的值，而非计算 t 值。例如，如果样本有 $n=9$ 个分数，则 t 统计量的自由度为 $df=8$，所有可能的 t 值分布如图9—7。可以看出，t 值大多围绕在 $t=0$ 附近，因此我们估计样本的 t 值应该在0附近。此外，t 分布表列出了 t 分布不同比例的面积对应的不同的 t 值。例如，$df=8$ 时，80%的 t 值在 -1.397 和 $+1.397$ 之间。为了得到这些值，我们可以查找在 $df=8$ 时，两个尾端有20%的面积对应的 t 值。因为所有可能的 t 值的80%都落在 ±1.397 之间，我们有80%的把握确信，可能的 t 值在这个区间之内。相似的，我们有95%的把握确信一个样本量 $n=9$ 的样本均值对应的 t 值在 ±2.306 之间。我们可以估计一定置信水平上的 t 值。为了构建 μ 的置信区间，我们把估计的 t 值代入 t 统计量公式，就可以计算出 μ。

在呈现为未知总体均值构建置信区间的详细过程前，我们把 t 统计量的公式进行简化。因为我们的目标是计算 μ，用简单的代数运算可以得到计算 μ 的公式为：

$$\mu=M\pm ts_M \tag{9—5}$$

用该公式构建置信区间的过程在下列例子中有详细描述。

例 9.3

例9.1讲述了一个探索婴儿对面孔偏好的研究，研究表明婴儿更偏好有吸引力的面孔，即在20秒的时间内对有吸引力的面孔的注视时间更长。具体来说，一个 $n=9$ 的样本，在20秒的时间里，对有吸引力的面孔的平均注视时间 $M=13$ 秒。数据的估计标准误 $s_M=1$。我们使用这个样本来构建婴儿总体对有吸引力的面孔的平均注视时间的置信区间。也就是说，我们要构建的这个置信区间很可能包含未知的总体均值。

估计公式为

$$\mu=M\pm ts_M$$

在上面的公式中，我们可以从样本数据中得到 $M=13$ 和 $s_M=1$。接下来要选择一个置信水平，该水平决定了公式中的 t 值。最常用的置信水平是95%，此外80%、90%和99%也很常用。在这个例子中，我们使用80%的置信水平，这意味着我们有80%的把握确定总体均值包含在我们构建的置信区间中。因为我们使用了80%的置信水平，区间结果又被叫做 μ 的80%的置信区间。

为了得到公式中的 t 值，我们简单地估计样本的 t 统计量落在 t 分布的中间的80%。$df=n-1=8$ 时，分布中间的80%的边界 t 值是 -1.397 和 $+1.397$（图9—7）。结合样本数据和估计的 t 值，我们可以得到

$$\begin{aligned}\mu=M\pm t(s_M)&=13\pm1.397(1.00)\\&=13\pm1.397\end{aligned}$$

区间的两端分别为 $\mu=13-1.397=11.603$ 和 $\mu=13+1.397=14.397$。我们可以得出结论婴儿总体对有吸引力的面孔的注视时间在 $\mu=11.603$ 和 $\mu=14.397$ 之间，而且我们有80%的信心认为总体均值会落在这个区间内。因为计算仅基于一个假设。具体来说，我们假设 t 统计量的值在 -1.397 和 $+1.397$ 之间，而且我们有80%的把握确信这个假设是正确的，因为所有可能的 t 值的80%会落在这个区间内。最后，置信区间是围绕在样本均值周围的，样本均值 $M=13$ 落在置信区间的中心。

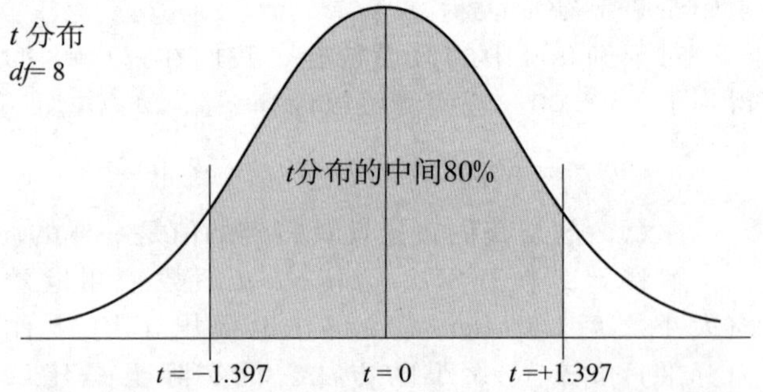

图9—7　$df=8$ 的 t 统计量的分布。t 值围绕 $t=0$ 堆积，所有可能值的80%位于 $t=-1.397$ 和 $t=+1.397$ 之间。

影响置信区间宽度的因素

置信区间有两个特征。第一，当改变置信水平的时候，区间的宽度会如何变化？为了增加估计的信心，我们必须增大区间的宽度。相反地，为了有一个更小更精确的区间，我们就必须放弃置信水平。在估计的公式里，置信水平影响 t 值。一个大的置信水平会得到一个较大的 t 值和一个更宽的区间。图 9—7 呈现了这种关系。图中，为了得到 80％的置信区间，我们划分出了 t 分布中中间的 80％。很明显，如果我们把置信水平改为 95％，t 值的范围也会变大，同时，置信区间的宽度也会变大。

第二，如果改变样本量，区间的宽度会如何变化？基本关系是：样本量（n）越大，置信区间越小。如果把样本量当做信息量的来源，这个关系就很容易理解。一个大的样本量会为我们提供更多的关于未知总体的信息，以便我们做出更精确的估计（一个更窄的区间）。在估计公式里，样本量影响的是标准误的大小。样本量越大，标准误越小，区间更窄。最终，我们应该知道置信区间的宽度还和样本的方差有关。方差直接影响标准误的大小，方差越大，标准误越大，置信区间的宽度也会越宽。

因为置信区间受到样本量的影响，所以它们并没有为效应大小提供绝对的测量，也不能完全取代 Cohen's d 系数和 r^2。尽管如此，它在研究报告中还是可以用来描述处理效应的大小。

学习检查

1. 如果所有其他因素保持不变，80％的置信区间比 90％的置信区间更宽。（判断对错）
2. 如果所有其他因素保持不变，使用 $n=25$ 的样本得到的置信区间会比使用 $n=100$ 的样本得到的区间更宽。（判断对错）

答案

1. 错。更大的置信水平需要一个更宽的区间。
2. 对。样本越小，区间越宽。

在文献中 报告 t 检验的结果

在第 8 章，我们注意到根据 APA 规定报告假设检验结果的传统方法。首先，知道科学报告主要使用“显著”这个术语来表示拒绝虚无假设，用“不显著”来表示不能拒绝虚无假设。另外，在报告计算得到的检验统计量的值、自由度、t 检验的 α 水平时有指定的形式，这个形式与第 8 章介绍的相似。

在例 9.1 中，我们计算了 t 统计量为 3.00，$df=8$，我们决定在 0.05 的水平上拒绝虚无假设。使用例 9.2 中相同的数据，我们得到了 $r^2=0.529\ 4$（52.94％），这是由处理效应解释的变异。在一个科学的报告中，这个信息揭示了一个简明的结论：

被试在 20 秒的时间里平均花 $M=13$ 秒注视有吸引力的面孔，$SD=3.00$。统计分析表明，婴儿对有吸引力的面孔的注视时间显著多于平均时间，$t(8)=3.00$，$p<0.05$，$r^2=0.5294$。

在第一个结论中，均值（$M=13$）和标准差（$SD=3$）就像前面提到的那样报告（第 4 章）。后面的结论提供了推论统计分析的结果。注意，在符号 t 后面马上报告了自由度。得到的 t 值为 3.00，下面是犯第一类错误的概率（小于 5％）。最后，报告效应大小，$r^2=52.94\%$。如果在报告中加入例 9.3 中的 80％的置信区间的结果用来描述效应值，假设检验的结果呈现如下：

$t(8)=3.00$，$p<0.05$，80％ CI [11.603，14.397]①

通常，研究者会使用计算机来进行假设检验，正如例 9.1 一样。除了计算数据的均值、标准差和 t 值，计算机通常会计算并报告与 t 值联系的确切的比例。在例 9.1 中，我们确定任何超过 ± 2.036 的 t 值的概率都小于 0.05（见图 9—4）。因此得到的 t 值为 3.00，报告为非常不可能，$p<0.05$。而计算机会就特定的 t 值提供确切的概率。

① $p<0.05$ 这个表述在第 8 章解释过。

当得到一个特定的概率值时，你可以在研究报告中用到它。例如，如果计算机报告 $p=0.017$，你的研究报告可以标明“$t(8)=3.00$，$p=0.017$”，而不是用不太确切的“$p<0.05$”。最后要注意的是，当 t 值很极端时，计算机会报告 $p=0.000$。这个值不意味着概率就是0，它意味着计算机只保留了概率值的前三位，得到了0.000。这时，你不知道确切的概率值，但是你可以报告 $p<0.001$。

学习检查

1. 从一个均值为80的总体中选择一个 $n=16$ 的样本。对样本施测，处理后，样本均值 $M=86$，标准差 $s=8$。
   a. 样本提供了足够的证据得出结论处理效应显著吗？用 $\alpha=0.05$ 检验。
   b. 计算 Cohen's d 系数和 r^2 测量效应大小。
   c. 计算处理后的总体均值的95%的置信区间。
2. 样本量如何影响假设检验的结果和效应大小？标准差如何影响假设检验的结果和效应大小？

答案

1. a. 估计标准误是2，数据得到的 $t=\frac{6}{2}=3.00$。$df=15$，拒绝域的界限为 $t=\pm2.131$，所以决定是拒绝虚无假设，存在处理效应。
   b. 对这些数据，$d=\frac{6}{8}=0.75$，$r^2=\frac{9}{24}=0.375$ 或者37.5%。
   c. $df=15$，置信水平为95%时，$t=\pm2.131$。置信区间是 $\mu=86\pm2.131(2)$，也就是(81.738，90.262)。
2. 样本量会增大拒绝虚无假设的可能性，对效应值的大小几乎没有影响。样本方差会减小拒绝虚无假设的可能性并减小效应值。

9.4 有方向的假设和单侧检验

正如第8章提到的，无方向（双侧）的检验比有方向（单侧）的检验更普遍。但是，有方向的检验可能用于一些研究情境中，例如探索性的研究、预测研究或者有一个合理观点（例如，一个理论或者之前的发现）的研究。下面的例子呈现了用 t 检验进行的假设检验，使用了例9.1中同样的实验情境。

例9.4

研究的问题是，吸引力是否会影响婴儿对面孔图片的注视时间。研究者预测，婴儿偏好更具有吸引力的面孔。因此，研究者预期在20秒的注视时间中，婴儿会花费更长的时间注视有吸引力的面孔。对于这个例子，我们将使用例9.1的假设检验中同样的数据。具体而言，研究者检验了一个 $n=9$ 的样本，得到平均花费 $M=13$ 秒注视有吸引力的面孔，$SS=72$。

步骤1 提出假设，选择 α 水平。对于大多数有方向的检验，通常很容易用语言提出假设，包括有方向的预测，然后将它们转化为符号。对于这个例子，研究者预测吸引力会增加婴儿对面孔的注视时间，即他们对有吸引力的面孔的注视时间会超过20秒的一半。总的来说，虚无假设提出预测的效应将不会出现。对于这个研究，虚无假设提出婴儿对有吸引力的面孔的注视时间不会超过20秒的一半。

H_0：$\mu_{有吸引力}\leqslant 10$ 秒（对有吸引力的面孔的注视时间不多于10秒）

相应地，备择假设提出处理效应存在。这里，H_1 提出婴儿对有吸引力的面孔的注视时间多于总时间的一半。用符号表示为：

H_1：$\mu_{有吸引力}>10$ 秒（对有吸引力的面孔的注视时间多于10秒）

我们将显著性水平设定为0.01。

步骤2 定位拒绝域。在这个例子里，研究者预测样本均值（M）将会大于10。因此，如果婴儿对有吸引力的面孔的注视时间长于10秒，数据将支持研究者的预测，并且拒绝虚无假设。而一个大于10秒的样本均值会得到一个正的 t 值。因此，单

侧 t 检验的拒绝域是由分布右侧尾端的正的 t 值组成。为了找到拒绝域，你可以查找 t 分布表，使用单侧检验。当 $n=9$ 时，t 检验的自由度 $df=8$，使用 $\alpha=0.01$，你可以得到拒绝域的值为 $t=2.896$。因此，如果我们得到的 t 值大于 2.896，我们就可以拒绝虚无假设，得出结论：婴儿偏好有吸引力的面孔。图 9—8 展示了这个检验的单侧拒绝域。

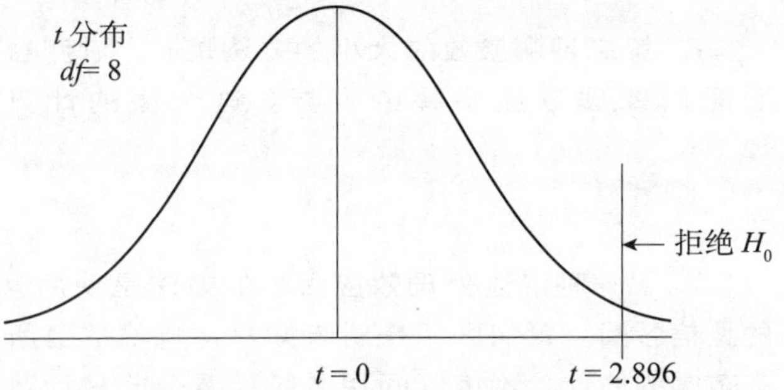

图 9—8　例 9.4 的 $\alpha=0.01$，$df=8$，单侧检验的 t 分布拒绝域。

步骤 3　计算 t 值。单侧检验和双侧检验的 t 值的计算一样。之前（例 9.1 中），我们发现这个实验的数据产生的 t 检验统计量为 $t=3.00$。

步骤 4　做出决定。检验统计量在拒绝域中，所以我们拒绝虚无假设。我们确定婴儿对有吸引力的面孔的注视时间显著长于对无吸引力面孔的注视时间。研究报告中，结果呈现如下：

婴儿对有吸引力的面孔的注视时间显著多于没有偏好时的预期时间，$t(8)=3.00$，$p<0.01$，单侧检验。

注意报告明确指出研究中使用了单侧检验。

单侧检验的拒绝域

在例 9.4 的第二步，我们确定拒绝域位于分布的右侧尾端。然而，我们可以把它分成两步进行，避免选择拒绝域位置的方向。第一步就是确定样本均值的方向和研究假设的方向是否一致。对于这个例子，研究者预期婴儿对有吸引力的面孔有偏好，因而对其注视时间会更长。具体来说，研究者预期婴儿对有吸引力的面孔的注视时间会在 10 秒到 20 秒之间。所得到的样本均值 $M=13$ 秒是在正确的方向上。第一步就消除了确定拒绝域方向的必要性。因为我们已经确定效应的方向是正确的方向，t 统计量的正负号已经没有关系了。第二步是确定效应是否足够大以使结果显著。对于这个例子，样本均值的 t 统计量需要大于 2.896。不管 t 统计量是正是负，只要 t 统计量的绝对值大于 2.896，就可以说结果显著，拒绝 H_0。

学习检查

1. 一个研究者想要评价一种新的感冒药对于反应时的影响。我们知道，在一般情况下，反应时的分布是正态的，均值为 200。得到了一个 $n=9$ 名被试的样本。给每个人使用这种新的感冒药，1 个小时以后测量每个被试的反应时。样本的平均反应时 $M=206$，$SS=648$。基于这些数据，研究者能得出结论说感冒药对反应时有显著影响吗？使用显著性水平为 0.05 的检验。

a. 使用双侧检验，是否可以得出药物对反应时有显著效应的结论？

b. 根据研究报告的形式，用一句话来呈现假设检验的结果。

c. 使用单侧检验，是否可以得出结论药物对反应时有显著效应？

d. 根据研究报告的形式，用一句话来呈现假设检验的结果。

答案

1. a. 双侧检验 H_0: $\mu=200$。样本方差是 81，估计标准误等于 3，所以 $t=2.00$。$df=8$ 时，拒绝域的边界是 ± 2.306，因此不能拒绝虚无假设。（药物对于反应时没有作用。）

b. 结果表明，药物对反应时没有显著影响，$t(8)=2.00$，$p>0.05$。

c. 单侧检验中，H_0: $\mu\leq 200$（没有增长）。$t=2.00$，$df=8$，拒绝域的边界是 1.860。因此拒绝虚无假设。

d. 结果表明，药物显著增加反应时，$t(8)=2.00$，$p<0.05$，单侧检验。

▼ 小结

1. 当总体标准差（或者方差）未知时，在假设检验中使用 t 统计量代替 z 分数。

2. 为了计算 t 值，你必须首先计算样本方差（或者标准差）来代替未知的总体参数。

$$样本方差 = s^2 = \frac{SS}{df}$$

接下来在公式中用 s^2 代替 σ^2 得到估计标准误。估计标准误的计算如下：

$$估计标准误 = s_M = \sqrt{\frac{s^2}{n}}$$

最后，使用估计标准误计算 t 值。当总体标准差（或者方差）未知时，在假设检验中使用 t 值代替 z 分数。

$$t = \frac{M-\mu}{s_M}$$

3. t 统计量公式的结构与 z 分数相似：

$$t 或 z = \frac{样本均值 - 总体均值}{（估计）标准误}$$

对于一个假设检验，你假设了一个值作为未知总体均值，并且在公式中用到了这个假设的值，这个值是根据样本数据计算出来的。如果假设的均值产生了一个极端的 t 值，可以得出结论假设是错误的。

4. t 分布是一系列分布，一个特定 t 分布的形状依赖于自由度（$n-1$）。因此，拒绝域的 t 值依赖于 t 检验的 df 值。随着 df 增加，t 分布的形状接近于正态分布。

5. 在假设检验中使用 t 值时，Cohen's d 系数可以被用来测量效应大小。这时，在这个公式中使用样本标准差：

$$估计的 Cohen's d 系数 = \frac{均值差异}{样本标准差} = \frac{M-\mu}{s}$$

6. 第二种测量效应大小的方法是 r^2，它测量了能用处理效应解释的变异。这个值的计算如下：

$$r^2 = \frac{t^2}{t^2 + df}$$

7. 另一种描述处理效应大小的方法是使用 μ 的置信区间。置信区间是对未知总体均值的值所在范围的估计。置信区间用 t 统计量公式来计算未知总体均值：

$$\mu = M \pm t(s_M)$$

首先，选择一个置信水平，之后查找对应的 t 值代入上面的公式。例如，对于 95%的置信水平，t 值是分布的中间 95%的部分的边界值。

▼关键术语

估计标准误　　t 统计量　　自由度　　t 分布　　估计的 d 值

处理效应解释的变异百分比（r^2）效应　　置信区间

▼资源

➢SPSS

附录D中呈现了使用 SPSS 的一般指导。下面是用 SPSS 做 t 检验的详细步骤。

数据录入

在数据矩阵中的一列输入样本分数，可以命名为 VAR00001。

数据分析

1. 在工具栏点击 Analyze，选择 Compare Means，再选择 One-Sample t Test。

2. 在左边的框中点击输入分数的列名称（VAR00001），然后点击箭头使其移动到检验变量对话框中。

3. 在单样本 t 检验的检验值对话框的底部输入总体均值的假设值（来自虚无假设）。注意：在你输入新的值之前，该值默认为 0。

4. 该程序不仅可以进行假设检验，还可以计算总体均值差异的置信区间。置信水平默认为 95%，你也可以在 Options 的对话框中修改置信水平。

5. 点击 OK。

➢SPSS 输出

我们用 SPSS 来分析例 9.1 的数据，结果如图 9—9 所示。结果包括一个总的表，列出了分数的数量、均值、标准差和样本标准误。假设检验的结果包括 t 值、自由度、显著性水平（犯第一类错误的概率）、均值差异大小和均值差异的 95%的置信区间。均值的 95%的置信区间可以用表中的值加 $\mu=10$ 得到。

单样本

	N	均值	标准差	标准误
VAR00001	9	13.000 0	3.000 00	1.000 00

单样本检验

	$H_0: \mu=10$					
					95%置信区间	
	t	自由度	显著性水平（双侧）	均值差异	下限	上限
VAR00001	3.000	8	0.017	3.000 00	0.694 0	5.306 0

图 9—9　例 9.1 中假设检验的 SPSS 结果。

➤关注问题解决

1. 在分析数据时我们遇到的第一个问题是确定适合的统计检验。记住，只有总体标准差已知时才能使用 z 分数检验。如果未知，你必须使用 t 检验。

2. 对于 t 检验，用样本方差来得到估计的标准误。记住，当计算样本方差时，在分母处使用 $n-1$（见第 4 章）。当计算估计标准误时，在分母处使用 n。

➤示例 9.1

一个 t 检验的假设检验

一个心理学家准备了一个“乐观测验”，每年会对大学毕业班学生施测。测验测量了毕业班学生关于他们未来的感受——分数越高，越乐观。去年学生的平均分 $\mu=15$。从今年的班级中选出 $n=9$ 名学生的样本进行测验。这些学生的分数如下：

7，12，11，15，7，8，15，9，6

基于这个样本，心理学家能得出结论说今年的学生与去年的乐观水平不同吗？

注意，这个假设检验将使用 t 检验，因为总体方差未知。

步骤 1　提出假设，选择 α 水平。

t 检验的虚无假设和备择假设与 z 分数检验相同。

H_0：$\mu=15$（没有改变）

H_1：$\mu\neq15$（有改变）

对于这个证明，我们将使用 $\alpha=0.05$ 的双侧检验。

步骤 2　定位拒绝域。

对于一个 $n=9$ 的样本，t 检验的自由度 $df=n-1=9-1=8$。

对于一个 $\alpha=0.05$ 的双侧检验，$df=8$，拒绝域的 t 值为 ±2.306。这些值定义了拒绝域的界限。要拒绝虚无假设，得到的 t 值必须超过界限值。

步骤 3　计算检验统计量，我们可以分三步计算。

样本方差：

$$s^2=\frac{SS}{n-1}=\frac{94}{8}=11.75$$

估计标准误：这些数据的估计标准误为：

$$s_M=\sqrt{\frac{s^2}{n}}=\sqrt{\frac{11.75}{9}}=1.14$$

t 值：现在已经有了估计标准误和样本均值，我们能计算出 t 值。

$$t=\frac{M-\mu}{s_M}=\frac{10-15}{1.14}=\frac{-5}{1.14}=-4.39$$

步骤 4　作出关于虚无假设的决定，并且得出结论。

我们得到的 t 值（-4.39）在拒绝域中。因此样本数据足够特殊，在 0.05 的显著性水平上拒绝虚无假设。我们得出结论，今年和去年的毕业班学生的乐观程度有显著差异，$t(8)=-4.39$，$p<0.05$，双侧检验。

➤示例 9.2

效应大小与 Cohen's d 系数和 r^2

我们将计算示例 9.1 中数据的 Cohen's d 系数。今年学生样本的乐观均值比去年（$M=10$ 和 $\mu=15$）低 5。在示例 9.1 中，我们计算出样本方差 $s^2=11.75$，所以标准差为 $\sqrt{11.75}=3.43$。用这些值，可以得到

$$\text{估计的 Cohen's } d \text{ 系数}=\frac{\text{均值差异}}{\text{样本标准差}}=\frac{5}{3.43}=1.46$$

为了计算处理效应解释的变异百分比 r^2，我们需要假设检验的 t 值和 df 值。在示例 9.1 中，

我们得到 $t=-4.39$，$df=8$。在公式9—5中使用这些值，我们得到：

$$r^2=\frac{t^2}{t^2+df}=\frac{(-4.39)^2}{(-4.39)^2+8}=\frac{19.27}{27.27}=0.71$$

➢练习题

1. 什么因素决定你在假设检验时使用 z 分数还是 t 统计量？

2. 一个 $n=25$ 的样本均值 $M=83$，标准差 $s=15$。

a. 简单描述样本标准差测量的是什么；

b. 计算样本均值的估计标准误（s_M），并简单描述标准误测量的是什么。

3. 计算下列例子中样本均值的标准误。

a. $n=4$，$SS=48$

b. $n=6$，$SS=270$

c. $n=12$，$SS=132$

4. 为什么一般的 t 分布比正态分布有更大的变异？

5. 使用下列样本量计算 t 值拒绝域的边界，使用 $\alpha=0.05$ 水平的双侧检验。

a. $n=6$

b. $n=12$

c. $n=24$

6. 从一个参数未知的总体中得到一个 $n=6$ 的样本分数。

分数：7，1，6，3，6，7

a. 计算样本均值和标准差。（注意，这些是总结数据的描述性统计量）

b. 计算 M 的估计标准误。（注意，这是用来描述样本均值能多大程度代表未知总体均值的推论性统计量）

7. 从一个参数未知的总体中得到一组样本分数。

分数：6，12，0，13，4，7

a. 计算样本均值和标准差。（注意，这些是总结数据的描述性统计量）

b. 计算 M 的估计标准误。（注意，这是用来描述样本均值能多大程度代表未知总体均值的推论性统计量）

8. 从一个均值 $\mu=20$ 的总体中随机抽取一个 $n=25$ 的样本，对样本中的每个个体施测。施测后的样本均值 $M=22.2$，$SS=384$。

a. 处理后的样本均值和原始的总体均值有多大的差异？（注意，在假设检验中，该值是 t 统计量的分子）

b. 如果没有处理效应，我们预期样本均值和总体均值之间有多大的差异？即 M 的标准误是多大？（注意，在假设检验中，该值是 t 统计量的分母）

c. 样本数据可以说明处理有显著效应吗？使用 $\alpha=0.05$ 水平的双侧检验。

9. 为了检验处理效应，从一个 $\mu=30$ 的总体中随机选择一个样本，并对样本中的个体进行处理。处理后，样本均值 $M=31.3$，标准差 $s=3$。

a. 如果样本量 $n=16$，数据可以说明处理有显著效应吗？使用 $\alpha=0.05$ 水平的双侧检验。

b. 如果样本量 $n=36$，数据可以说明处理有显著效应吗？使用 $\alpha=0.05$ 水平的双侧检验。

c. 比较 a 和 b 的结果，说明样本量的大小是如何影响假设检验的结果的。

10. 为了检验处理效应，从一个 $\mu=40$ 的总体中随机选择一个样本，样本量 $n=8$。对样本中的个体进行处理，处理后的样本均值 $M=35$。

a. 如果样本方差 $s^2=32$，数据可以说明处理有显著效应吗？使用 $\alpha=0.05$ 水平的双侧检验。

b. 如果样本方差 $s^2=72$，数据可以说明处理有显著效应吗？使用 $\alpha=0.05$ 水平的双侧检验。

c. 比较 a 和 b 的结果，说明样本分数的变异是如何影响假设检验的结果的。

11. 聚光灯效应是指过高估计别人对自己的外貌和行为的注意程度，特别是在你有一些失礼的行为的时候。形象一点来说，就好像你站在聚光灯下，所有人都在看你。为了验证该效应，Gilovich、Medvec 和 Savitsky（2000）让一些大学生穿上一件 Barry Mainlow 的 T 恤衫，之前的研究表明，大学生觉得穿该 T 恤衫很尴尬。然后研究者领被试来到一间房间，房间里有准备参加实验的另一群被试。几分钟后，穿 T 恤衫的被试被领出房间，并脱下 T 恤衫。之后，每一个被试各自评估房间中注意到自己 T 恤衫的人数。房间中的另一群被试也回答了是否注意到了他们的 T 恤衫。这个研究结果表明，被试显著地高估了注意到自己 T 恤衫的人数。

a. 在一个相似的研究中，用到了 $n=9$ 名穿 T 恤衫的被试，样本平均分数 $M=6.4$，$SS=162$。房间中注意到 T 恤衫的平均人数为 3.1。被试估计的人数是否显著不同于实际人数？虚无假设为总体的实际均值 $\mu=3.1$。使用 $\alpha=0.05$ 水平的双侧检验。

b. 估计的人数是否显著多于实际人数？使用 $\alpha=0.05$ 水平的单侧检验。

12. 很多动物，包括人类，都会避免直接的眼神接触，甚至避免看一些类似于眼睛的物体。一些昆虫，例如飞蛾，翅膀上进化出一些眼点来避免捕食者。Scaife（1976）报告了一个研究检验眼点是如何影响鸟类行为的。研究中，鸟类被关在一个箱子里，箱子隔成两个空间，鸟类可以在两个空间中自由穿行。其中一个空间的墙上画了两个大眼点，而另一个没有。研究者记录了鸟儿在 60 分钟的时间里在没有眼点的房间中待的时间。假设研究得到，鸟儿在没有眼点的房间中所待时间的均值 $M=37$，$SS=288$，使用的样本量 $n=9$。（注意，如果眼点没有效应，鸟儿在其中一个房间的停留时间应为 $\mu=30$ 分钟。）

a. 样本数据是否可以得出结论眼点对鸟儿的行为有显著影响？使用 $\alpha=0.05$ 水平的双侧检验。

b. 计算 Cohen's d 值来评价处理效应的大小。

c. 估计鸟儿总体在没有眼点的房间中平均停留时间的 95% 的置信区间。

13. 标准化的测量结果得到，在过去的 50 年中，焦虑的水平在逐渐上升（Twenge，2000）。在 20 世纪 50 年代，儿童焦虑量表的平均得分 $\mu=15.1$。从当代的儿童总体中随机选择一个 $n=16$ 的样本，得到样本均值 $M=23.3$，$SS=240$。

a. 该样本数据是否可以说明 20 世纪 50 年代以后儿童的平均焦虑水平有显著提升？使用 $\alpha=0.01$ 水平的双侧检验。

b. 估计当代儿童的平均焦虑水平的 90% 的置信区间。

c. 根据研究报告的形式，用一句话来描述假设检验的结果和区间估计的结果。

14. 当地中学的图书管理员称，平均来说，图书馆中的图书大多都是 20 年前的。为了检验这个结论，学生抽取了一个 $n=30$ 的图书样本，并记录了它们的出版年份。得到样本均值 $M=23.8$，方差 $s^2=67.5$。使用该样本进行 $\alpha=0.01$ 水平的单侧检验，结果是否可以说明图书馆藏书的年限显著大于 20 年（$\mu>20$）？

15. 研究者指出近年来，总体人群的 IQ 水平在逐年上升。该研究在第一次被提出以后被称为 Flynn 效应（Flynn，1984、1999）。这也就意味着心理学家必须不断更新 IQ 测试以使总体的 IQ 平均分数保持在 $\mu=100$。为了检验这个效应，研究者找到一个十年前的测验，该标准化测验在十年前可以保证总体的 IQ 平均分 $\mu=100$。然后将该测验施测于现在一个 $n=64$ 的 20 岁成年人样本。得到样本均值 $M=107$，标准差 $s=12$。

a. 以上样本数据是否可以说明当代总体的平均 IQ 显著不同于 10 年前总体的平均水平，也就是 $\mu=100$？使用 $\alpha=0.01$ 水平的双侧检验。

b. 估计当代总体 IQ 均值的 80% 的置信区间。

16. Weinstein、McDermott 和 Roediger（2010）的研究报告指出，相比于只使用重复的题目对学生施测，在学生学习新知识时进行施测，学生的分数会有所提高。在一个相似的研究中，研究者在一门心理学课上对学生进行施测。得到的总体均值 $\mu=73.4$，16 个学生的样本均值 $M=78.3$，标准差 $s=8.4$。该研究是否可以说明边学边答可以显著地提高分数？使用 $\alpha=0.01$ 水平的单侧检验。

17. Ackerman 和 Goldsmith（2011）发现学生用纸质版的书学习会比通过电子屏幕学习有更好的测验分数。一个研究中，教授注意到几个学生购买了教科书的电子版。在期末考试中，整个班级的平均分数 $\mu=81.7$，而其中 $n=9$ 个使用电子书的学生的平均分 $M=77.2$，标准差 $s=5.7$。

a. 该样本数据是否可以说明使用电子书的学生的测验分数显著不同于其他学生？使用 $\alpha=0.05$ 水平的双侧检验。

b. 估计使用电子书的总体平均得分的 90% 的置信区间。

c. 根据研究报告的形式用一句话来描述假设检验的结果和置信区间的结果。

18. 从一个平均分 $\mu=45$ 的总体中随机选择一个 $n=16$ 的样本。对样本中的个体进行处理，处理后的样本均值 $M=49.2$。

a. 假设样本标准差 $s=8$，计算 r^2 和估计的 Cohen's d 值来评价处理效应的大小。

b. 假设样本标准差是 $s=20$，计算 r^2 和估计的 Cohen's d 值来评价处理效应的大小。

c. 比较 a 和 b 的答案，说明样本分数的变异是如何影响效应值的。

19. 从一个平均分 $\mu=45$ 的总体中随机选择一个样本。对样本中的个体进行处理以后，得到样本均值 $M=49$，标准差 $s=12$。

a. 假设样本量 $n=9$，计算 r^2 和估计的 Cohen's d 值来评价处理效应的大小。

b. 假设样本量 $n=16$，计算 r^2 和估计的 Cohen's d 值来评价处理效应的大小。

c. 比较 a 和 b 的答案，说明样本量的变异是如何影响效应值的。

20. 下图是垂直—水平错觉的一个例子。尽管两条线是一样长的，但垂直的线看起来更长。为了考察这个错觉，一个研究者准备了一个例子，这个例子中的两条线都是 10 英寸（约 25 厘米。——译者注）长。给每个被试展示这个例子，告诉他们水平线有 10 英寸长，然后让他们估计垂直线的长度。样本量 $n=25$，估计的平均值 $M=12.2$ 英寸，标准差 $s=1.00$。

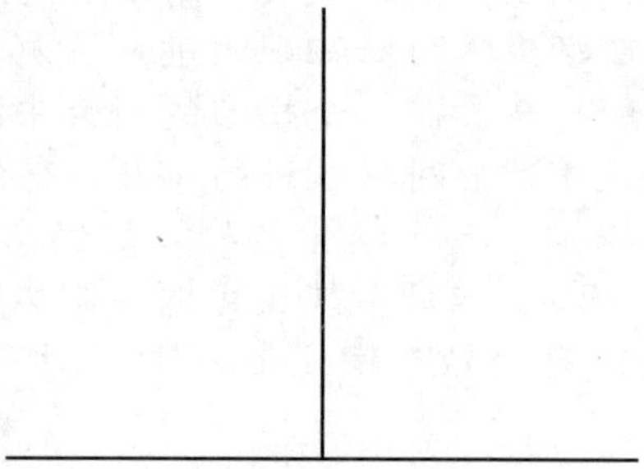

一个垂直—水平错觉的例子

a. 使用 0.01 水平的单侧假设检验，证明样本中的个体显著高估了线段的真实长度。（注意，准确估计的均值为 $\mu=10$ 英寸。）

b. 计算估计的 d 值和 r^2，即解释的变异比例，来测量这个效应的大小。

c. 构建对垂直线段平均长度估计的 95% 的置信区间。

21. 一个检验幽默感对个人吸引力影响的研究中，McGee 和 Shevlin（2009）发现个人的幽默感可以显著影响被他人感知的方式。该研究的一部分是给女性大学生呈现一个虚拟搭档的简短描述。这个虚拟的男性被描述成一个单身的、有志向的、有很好工作背景的人。其中一组被试看到的描述是这个虚拟的男性同时具有幽默感，另一组看到的描述中没有幽默感。看完描述以后，每一个被试都对描述中男性的吸引力进行评分，使用 7 点量表，1 代表十分有吸引力，7 代表完全没有吸引力。4 分是中性的评价。

a. 看到包含幽默感评价的女性对描述评价的平均得分 $M=4.53$，标准差 $s=1.04$,。如果样本量 $n=16$，样本数据是否能说明平均评价显著高于中性评价（$\mu=4$）？使用 $\alpha=0.05$ 水平的单侧检验。

b. 看到不包含幽默感描述的女性的评价，均值得分 $M=3.3$，标准差 $s=1.18$。如果样本量 $n=16$，样本数据是否能说明平均评价显著低于中性评价（$\mu=4$）？使用 $\alpha=0.05$ 水平的单侧检验。

22. Oishi 和 Shigehiro（2010）的研究报告指出，儿童时期频繁搬家的个体在成年以后幸福感较低。为了进一步探究这个关系，一个心理学家选择了一个 $n=12$ 的成年人样本，这些样本中的个体在 16 岁之前移居过 5 次以上。使用标准化的幸福感问卷对样本中的个体施测，总体在该问卷上的平均得分 $\mu=40$。样本幸福感的得分分别为：38，37，41，35，42，40，33，33，36，38，32，39。

a. 样本数据是否能说明经常搬家的儿童的幸福感和总体显著不同？使用 $\alpha=0.05$ 水平的双侧检验。

b. 计算估计的 Cohen's d 值来评价效应的大小。

c. 根据研究报告的形式，用一句话来描述假设检验的结果和效应的大小。

23. 研究发现，与和妈妈一起待在家的儿童相比，能上幼儿园，特别是高质量的幼儿园的儿童在数学和语言测试中都会有更好的表现（Broberg，Wessels，Lamb，& Hwang，1997）。研究者从上幼儿园的儿童中选择了一个 $n=10$ 的样本。使用标准化的测验对样本中的个体施测，儿童总体在该测验上的平均得分 $\mu=50$。样本分数如下：53，57，61，49，52，56，58，62，51，56。

a. 该样本数据是否能说明上幼儿园的儿童的测验得分显著不同于总体？使用 $\alpha=0.01$ 水平的双侧检验。

b. 计算估计的 Cohen's d 值来评价效应的大小。

c. 根据研究报告的形式，用一句话来描述假设检验的结果和效应的大小。

第 10 章

两个独立样本的 t 检验

章节概览

学习本章需使用的相关知识

下列术语是学好本章的关键背景知识。如果对这些知识有不明白之处，应复习先前学过的相关章节。

- 样本方差（第 4 章）
- 标准误公式（第 7 章）
- t 统计量（第 9 章）：
  t 分布；
  t 统计量的自由度；
  估计标准误

10.1 独立测量设计概述

到现在为止，我们已经介绍了用一个样本得出关于总体的结论的推论统计形式。尽管这些单样本技术有时候会用于实际研究中，但是大多数研究需要比较两组或者多组数据。例如，一个社会心理学家可能想比较男性和女性的争执态度；一个教育心理学家想比较数学的两种教学方式；或者一个临床心理学家可能想通过比较治疗前后病人的抑郁指数来评价一种治疗方法。在这些情况下，研究的问题关注于两组数据的均值差异。

比较两组数据的差异一般有两种研究方法。

1. 两组数据来自两个不同总体。例如，研究可能比较男性样本和女性样本。或者研究想比较一个拥有平板电脑的学生样本的成绩和一个没有电脑的学生样本的成绩。

2. 两组数据来自同一总体。例如，研究者可能在一组病人接受治疗前得到他们的抑郁指数，然后在他们接受治疗 6 周后得到他们的另一组抑郁指数。

第一种研究方法使用完全不同的样本，叫做独立测量研究设计或者组间设计。这些名称强调了设计包括独立和不同的样本，并且对两组个体进行比较。

图 10—1 展示了独立测量研究的典型结构。注意，该研究使用两个单独的样本来回答一个关于两个总体（两种处理）的问题。

定义

对每种处理条件（或者每个总体）使用一个独立样本的研究设计叫做独立测量研究设计或者组间设计。

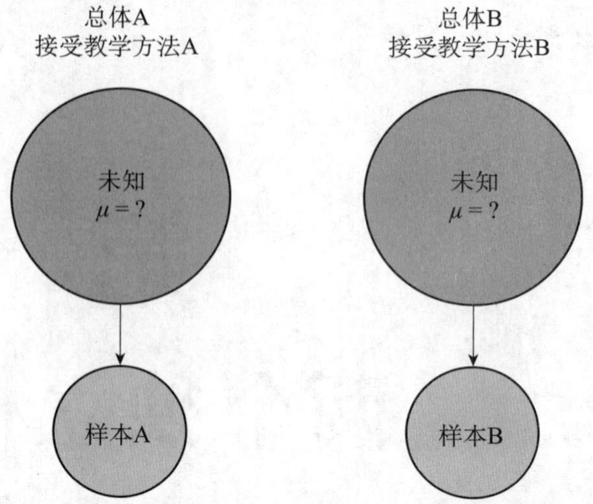

图 10—1　接受教学方法 A 的学生和接受教学方法 B 的学生所得到的成就测验分数有区别吗？用统计术语来说，两个总体均值是否有差异？因为两个总体均值都未知，我们有必要从两个总体中各自选取一个样本。第一个样本将提供关于第一个总体均值的信息，第二个样本将提供第二个总体均值的信息。

在本章，我们将用统计方法来评价独立测量设计得到的数据。更准确地说，我们将介绍一种假设检验，它允许研究者使用两个独立样本的数据来评价两个总体或者两种处理条件之间的均值差异。

第二种研究方法使用的两组数据来自同一个样本，叫做重复测量研究设计或者组内设计。第 11 章将介绍这种重复测量的统计分析。另外，在第 11 章的最后，我们将讨论独立测量和重复测量研究设计的优缺点。

10.2 独立测量研究设计的 t 检验

因为一个独立测量的研究包括两个不同的样本，我们需要一些特别的符号来区别哪个数据来自哪个样本。这些符号包括下标的使用，即在一个样本统计量下方写下小的数字。例如，用 n_1 定义第一个样本量，用 n_2 定义第二个样本量。样本均值为 M_1 和 M_2。平方和为 SS_1 和 SS_2。

独立测量的检验假设

一个独立测量研究的目的是评价两个总体（或者两个处理条件）之间的均值差异。使用下标来区别两个总体，第一个总体的均值为 μ_1，第二个总体的均值为 μ_2。均值的差异是 $\mu_1-\mu_2$。像以前一样，虚无假设提出不存在改变或作用，或者说，在这里是不存在差异。因此，用符号表示，这个独立测量检验的虚无假设为：

$$H_0: \mu_1-\mu_2=0 \text{（两个总体均值没有差异）}$$

注意，虚无假设也能被表示为 $\mu_1=\mu_2$。但是，第一个虚无假设产生了一个特定的数值 0，它将被用在 t 统计量的计算中。因此，我们建议用两个均值的差异来表述虚无假设。

备择假设提出，两个总体间存在均值差异。

$$H_1: \mu_1 - \mu_2 \neq 0 \text{（均值存在差异）}$$

相应地，备择假设也简单地指出两个总体均值不相等：$\mu_1 \neq \mu_2$。

独立测量假设检验的公式

独立测量假设检验将基于另一个 t 统计量。这个新的 t 统计量的公式将与第 9 章介绍的 t 统计量公式有同样的基本结构。为了帮助区别两种 t 统计量公式，我们将把第 9 章的原始公式定义为单样本 t 检验公式，这个新的公式则为独立测量 t 检验公式。因为新的独立测量 t 值将包括两个独立样本的数据、两个总体的假设，这个公式可能看起来很复杂。但是，如果你寻找它与第 9 章公式的关系，这个新公式将很容易理解。特别是有两点需要记住：

1. t 统计量的基本结构在独立测量和单样本时都是一样的。在两种情况下，

$$t = \frac{\text{样本统计量} - \text{假设的总体参数}}{\text{估计标准误}}$$

2. 独立测量的 t 值从根本上来说是一个双样本的 t 值，它将单样本 t 检验公式中的每个元素都翻了一倍。

为了证明第二点，我们将一项一项来考察两个 t 检验公式。

整体的 t 检验公式　单样本 t 检验公式使用了一个样本均值来检验关于总体均值的假设。样本均值和总体均值在 t 检验公式的分子处，它测量了样本数据和总体假设之间有多少差异。

$$t = \frac{\text{样本统计量} - \text{假设的总体参数}}{\text{估计标准误}} = \frac{M - \mu}{s_M}$$

独立测量的 t 检验公式使用了两个样本均值的差异来评价两个总体均值的差异。因此，独立测量的 t 检验公式为：

$$t = \frac{\text{样本均值差异} - \text{总体均值差异}}{\text{估计标准误}} = \frac{(M_1 - M_2) - (\mu_1 - \mu_2)}{s_{(M_1 - M_2)}}$$

在这个公式中，$(M_1 - M_2)$ 的值来自样本数据，$(\mu_1 - \mu_2)$ 的值来自虚无假设。

估计的标准误　在每个 t 检验公式中，分母的标准误测量了样本统计量有多准确地代表了总体参数。在这个单样本 t 检验公式中，标准误测量了期望的样本均值误差总量，它由符号 s_M 表示。对于独立测量 t 公式，标准误测量了当你用样本均值差异 $(M_1 - M_2)$ 来代表总体均值差异 $(\mu_1 - \mu_2)$ 时期望的误差总量 $s_{(M_1 - M_2)}$。

注意，不要让标准误的符号迷惑你。总的来说，标准误测量了一个统计量精确代表参数的程度。标准误的符号的形式为 $s_{统计量}$。如果统计量是样本均值 M，则标准误的符号为 s_M。对于独立测量检验，统计量是样本均值差异 $(M_1 - M_2)$，标准误的符号为 $s_{(M_1 - M_2)}$。在每种情况下，标准误告诉我们在统计量和相应的总体参数之间，由于偶然因素期望得到的合理差异是多少。

估计标准误的解释　独立测量 t 检验公式的分母 $(M_1 - M_2)$ 的估计标准误有两种解释。第一，标准误被定义为样本统计量 $(M_1 - M_2)$ 和相应的总体参数 $(\mu_1 - \mu_2)$ 之间的标准化的平均差异。同之前一样，样本不能准确代表总体，标准误测量了样本统计量和总体参数之间存在的合理差异。

$$\underset{(M_1 - M_2)}{\text{样本均值差异}} \underset{\text{（平均距离）}}{\longleftrightarrow} \underset{(\mu_1 - \mu_2)}{\text{总体均值差异}}$$

当虚无假设为真时，总体的均值差异为 0。

$$\underset{(M_1 - M_2)}{\text{样本均值差异}} \underset{\text{（平均距离）}}{\overset{\text{估计标准误}}{\longleftrightarrow}} 0 \text{（如果 } H_0 \text{ 为真）}$$

标准误测量了样本均值和 0 的差异，也就是测量了两个样本均值之间的差异。

$$M_1 \underset{\text{（平均距离）}}{\overset{\text{估计标准误}}{\longleftrightarrow}} M_2$$

这也就引出了对估计标准误的第二种解释。具体来说，标准误测量了虚无假设为真时，两组样本均值之间的合理差异。

$$t = \frac{\text{样本均值差异}}{\text{估计标准误}} = \frac{M_1 \text{和} M_2 \text{之间实际的差异}}{M_1 \text{和} M_2 \text{之间的标准差异（如 } H_0 \text{ 为真）}}$$

在这个解释中，t 统计量的分子测量了两个样本均值之间的实际差异，包括不同处理条件引起的差异。分母测量了没有处理效应时，偶然误差引起的均值差异。一个大的 t 统计量是处理效应存在的证据。

估计标准误的计算

为了提出 $s_{(M_1 - M_2)}$ 的公式，我们将考虑以下三点：

1. 两个样本均值都代表了它们各自的总体均值，但是都有一些误差。

M_1 和 μ_1 之间有一些误差。

M_2 和 μ_2 之间有一些误差。

因此，有两种误差来源。

2. 与每个样本均值相联系的误差能通过计算 M 的标准误来测量。在第 9 章（公式 9—1），我们计算了每一个单样本的均值的标准误：

$$\text{对 } M_1 \quad s_M = \sqrt{\frac{s_1^2}{n_1}}$$

对 M_2 $s_M=\sqrt{\frac{s_2^2}{n_2}}$

3. 对于独立测量的 t 检验，我们想知道两个样本均值与两个总体均值的误差总量。为了达到这个目的，我们将分别找到每个样本的误差，然后相加。得到的标准误公式为：

$$s_{(M_1-M_2)}=\sqrt{\frac{s_1^2}{n_1}+\frac{s_2^2}{n_2}} \qquad (10\text{—}1)$$

因为独立测量 t 统计量使用了两个样本均值，估计标准误的公式简单地合并了第一个样本均值和第二个样本均值的误差。

合并方差[①]

尽管公式 10—1 准确地表示了独立测量 t 统计量的标准误概念，但这个公式只适用于两个样本量相等（即 $n_1=n_2$）的情况。当两个样本量不同时，这个公式是有偏的，因此，是不合适的。偏差是因为公式 10—1 将两个样本的方差平等对待。但是，当样本量不同时，两个样本方差不是同等的，而且处理时应当有所区别。在第 7 章，我们介绍了大数定律，它指出从大样本中得到的统计量比从小样本中得到的统计量能更准确地估计总体参数。对于样本方差也是一样：从大样本得到的方差将比从小样本得到的方差更准确地估计 σ^2。

为了改进样本方差的偏差，独立测量 t 检验公式将两个样本方差合并为一个值，叫做合并方差。通过平均或者“合并”两个样本方差，来得到合并方差，这需要一个过程，在确定最后的值时允许大样本带入更多权重。

回忆一下只有一个样本的情况，样本方差是这样计算的：

$$s^2=\frac{SS}{df}$$

对于独立测量的 t 统计量，有两个 SS 的值和两个 df 的值（每个样本有一个）。合并两个样本的值来计算合并方差。合并方差由符号 s_p^2 表示，计算如下：

$$\text{合并方差}=s_p^2=\frac{SS_1+SS_2}{df_1+df_2} \qquad (10\text{—}2)$$

对于一个样本，方差的计算是 SS 除以 df。对于两个样本，两个 SS 除以两个 df 来计算合并方差。

合并方差实际上是两个样本方差的平均值，但在均值计算的过程中，大样本的方差占据了更大的比重。下面的例子阐明了该观点。

相同样本量 我们从两个相同大小的样本说起。第一个样本的样本量 $n=6$，$SS=50$，第二个样本样本量 $n=6$，$SS=30$。两个样本的方差分别为：

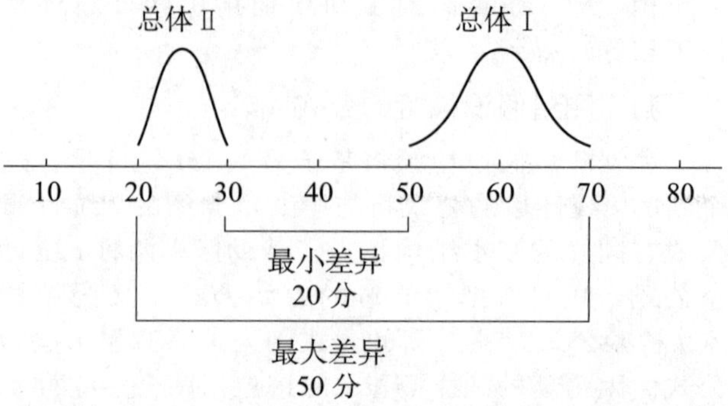

图 10—2 两个总体分布。总体Ⅰ的分数从 50 到 70（全距为 20），总体Ⅱ的分数从 20 到 30（全距为 10）。如果你从这两个总体中各选择一个分数，最接近的两个值是 $X_1=50$、$X_2=30$。相距最远的两个值是 $X_1=70$、$X_2=20$。

样本 1 方差：$s^2=SS/df=50/5=10$

样本 2 方差：$s^2=SS/df=30/5=6$

两个样本的合并方差为

$$s_p^2=\frac{SS_1+SS_2}{df_1+df_2}=\frac{50+30}{5+5}=\frac{80}{10}=8.00$$

注意，合并方差等于两个样本方差的一半的和。因为两个样本量大小相等，合并方差是两个样本方差的简单的平均。

不同样本量 试想当样本量不同时会发生什么。假如第一个样本的样本量 $n=3$、$SS=20$，第二个样本的样本量 $n=9$、$SS=48$。两个样本的方差分别为：

样本 1 方差：$s^2=SS/df=20/2=10$

样本 2 方差：$s^2=SS/df=48/8=6$

两个样本的合并方差为：

$$s_p^2=\frac{SS_1+SS_2}{df_1+df_2}=\frac{20+48}{2+8}=\frac{68}{10}=6.80$$

这一次，合并方差不是两个样本方差的一半的和。而是更接近大样本的方差（$n=9$，$s^2=6$）。在计算合并方差时，大样本占更大的比重。

当计算合并方差时，每一个样本方差的比重是由样本的自由度决定的。因为大样本有一个较大的 df 值，在计算两个方差的平均时就有更大的比重。这就是计算合并方差的另一种方法：

$$\text{合并方差}=s_p^2=\frac{df_1\,s_1^2+df_2\,s_2^2}{df_1+df_2} \qquad (10\text{—}3)$$

① 另一种计算合并方差的方法可见专栏 10—2。

例如，第一个样本的自由度 $df_1=3$，第二个样本的自由度 $df_2=7$，那么 3 个第一个样本方差和 7 个第二个样本方差就等于 10 个合并方差。然后将 10 个合并方差平均。在样本数据只有平均数和样本方差时，第二个合并方差的公式很有用。最后，你需要注意，因为合并方差是两个样本方差的平均，所以合并方差的值总是位于两个样本方差之间。

专栏 10—1　不同分数的变异性

在独立测量的 t 检验中，为了得到差异而将两个样本均值相减，这时候，两个样本的误差却是相加的，这看起来很奇怪。而其中的逻辑如下。

我们假设有两个总体，Ⅰ和Ⅱ（图 10—2）。总体Ⅰ的分数范围从 50 到 70，而总体Ⅱ的分数则是从 20 到 30。我们用这两个范围来说明每个总体的分数变异是怎样的：

对于总体Ⅰ，分数的变化范围是 20 分。

对于总体Ⅱ，分数的变化范围是 10 分。

如果我们从总体Ⅰ和总体Ⅱ中随机选择一个分数，然后计算两个分数的差异（X_1-X_2），那么差异的范围是多大呢？为了回答这个问题，我们需要找到差异的最小值和最大值。如图 10—2 所示，当 $X_1=70$，$X_2=20$ 时，差异最大，为 $X_1-X_2=50$ 分。当 $X_1=50$，$X_2=30$ 时，差异最小，为 $X_1-X_2=20$ 分。注意，差异在 20 到 50 之间变化，变化范围有 30 分。

总体Ⅰ的变化范围（X_1分数）＝20 分

总体Ⅱ的变化范围（X_2分数）＝10 分

差异的变化范围（X_1-X_2）＝30 分

我们发现，差异的变化范围是两个总体的变异相加。

在每一个独立测量的 t 检验中，我们都要计算样本均值差异的变异（标准误）。为了计算这个值，我们把两个样本均值的变异相加。

估计标准误

在个体样本方差的位置使用合并方差，我们现在能得到一个样本均值差异的无偏测量。独立测量估计标准误的最后公式为：

$$\text{两个样本的估计标准误} = s_{(M_1-M_2)} = \sqrt{\frac{s_p^2}{n_1}+\frac{s_p^2}{n_2}} \qquad (10\text{—}4)$$

从概念上说，这个估计标准误测量了两个样本均值差异有多准确地代表了两个总体均值的差异。在假设检验中，H_0 指出，$\mu_1-\mu_2=0$，标准误测量了两个样本均值之间存在的合理差异。在两个公式中，都是将两个样本均值的误差相加。注意，两个样本的合并方差被用来计算样本均值差异的标准误。

最后的公式和自由度

独立测量 t 检验的完整公式为：

$$t=\frac{(M_1-M_2)-(\mu_1-\mu_2)}{s_{(M_1-M_2)}} = \frac{\text{样本均值差异}-\text{总体均值差异}}{\text{估计标准误}} \qquad (10\text{—}5)$$

在这个公式中，分母的估计标准误的计算要使用公式 10—4，并且需要用公式 10—2 或 10—3 计算合并方差。

独立测量 t 统计量的自由度由两个样本的自由度确定。

$$\begin{aligned} t\text{统计量的自由度} &= \text{第一个样本的}\,df + \text{第二个样本的}\,df \\ &= df_1+df_2 \\ &= (n_1-1)+(n_2-1) \end{aligned} \qquad (10\text{—}6)$$

独立测量 t 统计量的 df 还可以被写为：

$$df = n_1+n_2-2 \qquad (10\text{—}7)$$

注意，该公式是从总的分数个数中减去 2，其中 1 个为第一个样本，1 个为第二个样本。

独立测量的 t 统计量将被用于假设检验。具体来说，我们将使用样本均值的差异（M_1-M_2）作为关于总体均值差异（$\mu_1-\mu_2$）的假设检验的基础。这时，t 统计量的整体结构可以被简化为：

$$t=\frac{\text{数据}-\text{假设}}{\text{误差}}$$

同样的结构也被用于第 9 章的单样本 t 统计量和后面将继续介绍的独立测量的 t 统计量。表 10—1 定义了两个 t 统计量的每个要素，可以帮助你对我们之前介绍的概念加深印象，即独立测量的 t 统计量将单样本 t 统计量的各个方面加倍。

表 10—1　　单样本 t 统计量和独立测量的 t 统计量的基本要素。

	样本数据	假设总体参数	估计标准误	样本方差
单样本 t 统计量	M	μ	$\sqrt{\frac{s^2}{n}}$	$s^2=\frac{SS}{df}$
独立测量的 t 统计量	(M_1-M_2)	$(\mu_1-\mu_2)$	$\sqrt{\frac{s_p^2}{n_1}+\frac{s_p^2}{n_2}}$	$s_p^2=\frac{SS_1+SS_2}{df_1+df_2}$

学习检查

1. 描述一个独立测量研究的总体特征。

2. 解释独立测量 t 统计量中标准误测量了什么。

3. 一个独立测量的研究中的第一个样本有 $n=4$ 个分数，$SS=100$。第二个样本有 $n=8$ 个分数，$SS=140$。

a. 计算两个样本的合并方差。（使用公式 10—2）

b. 计算均值差异的估计标准误。

4. 一个独立测量的研究中的第一个样本有 $n=9$ 个分数，$s^2=35$。第二个样本有 $n=3$ 个分数，$s^2=40$。

a. 计算两个样本的合并方差。（使用公式 10—3）

b. 计算均值差异的估计标准误。

5. 一个独立测量的 t 检验被用来评价两个处理的均值差异，接受一个处理的样本量 $n=8$，另一个处理的样本量 $n=12$。这个 t 检验的 df 值为多少？

答案

1. 一个独立测量研究使用一个独立的样本来代表要比较的每个处理条件或者总体。

2. 估计标准误测量了两个样本均值的差异和总体均值差异之间的合理差异。在假设检验中，$\mu_1-\mu_2$ 被假设为 0，所以标准误测量了两个样本均值之间的差异。

3. a. 合并的方差是 24。

b. 估计的标准误是 3。

4. a. 合并的方差是 36。

b. 估计的标准误是 4。

5. $df=df_1+df_2=7+11=18$。

10.3 独立测量 t 检验的假设检验和效应大小

独立测量的 t 统计量使用来自两个独立样本的数据来确定两个总体或者两个处理条件之间的均值是否有显著的差异。以下是两个独立样本假设检验的一个完整例子。

例 10.1

有研究探究了 5 岁儿童的看电视习惯和未来在高中的表现之间的关系。例如，Anderson、Huston、Wright 和 Collins（1998）报告说，儿童时期有看《芝麻街》习惯的学生比没有看过芝麻街的学生在高中时期有更好的表现。假设研究者想用 20 个高中生个体的样本来检验这个现象。

研究者首先对学生的父母进行了调查，了解了学生在 5 岁时看电视的习惯。基于调查结果，研究者选择了一个 $n=10$ 的样本，该样本中的个体有看《芝麻街》的习惯，另一个 $n=10$ 的样本没有看电视的习惯。记录每一个学生在高中的平均成绩，具体数据如下：

高中平均成绩			
看《芝麻街》		不看《芝麻街》	
86	99	90	79
87	97	89	83
91	94	82	86
97	89	83	81
98	92	85	92
$n=10$		$n=10$	
$M=93$		$M=85$	
$SS=200$		$SS=160$	

注意，这是使用两个独立的样本来代替两个独立的高中生总体的独立测量研究。研究者想要探究两个不同类型的高中学生总体之间是否有显著差异。

步骤 1　提出假设，选择 α 水平。

H_0：$\mu_1-\mu_2=0$（没有区别）

H_1：$\mu_1-\mu_2\neq0$（有差异）

我们设定 $\alpha=0.01$。

可以使用有方向的假设，以分辨看《芝麻街》的学生分数更高还是更低。

步骤 2　这是一个独立测量设计。这些数据的 t 值自由度为：

$$\begin{aligned}df&=df_1+df_2\\&=(n_1-1)+(n_2-1)\\&=9+9\\&=18\end{aligned}$$

$df=18$ 的 t 分布如图 10—3 所示。对 $\alpha=0.01$，拒绝域包括分布的极端 1%，界限为 $t=+2.878$ 和 $t=-2.878$。

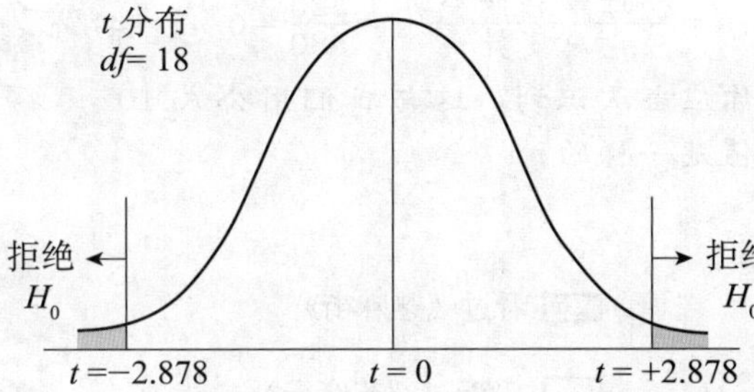

图 10—3　$df=18$ 的 t 分布。表示了 $\alpha=0.01$ 的拒绝域。

步骤 3　得到数据，计算检验统计量。因为已经给出了数据，所以剩下的任务是计算 t 值。因为独立测量的 t 检验公式相对复杂，将整个过程分为三个部分，可以将计算简化。

首先，得到两个样本的合并方差：

$$\begin{aligned}s_p^2&=\frac{SS_1+SS_2}{df_1+df_2}\\&=\frac{200+160}{9+9}\\&=\frac{360}{18}\\&=20\end{aligned}$$

其次，使用合并方差来计算估计标准误。

$$\begin{aligned}s_{(M_1-M_2)}&=\sqrt{\frac{s_p^2}{n_1}+\frac{s_p^2}{n_2}}=\sqrt{\frac{20}{10}+\frac{20}{10}}\\&=\sqrt{2+2}\\&=\sqrt{4}\\&=2\end{aligned}$$

最后，计算 t 值：

$$\begin{aligned}t&=\frac{(M_1-M_2)-(\mu_1-\mu_2)}{s_{(M_1-M_2)}}=\frac{(93-85)-0}{2}\\&=\frac{8}{2}\\&=4.00\end{aligned}$$

步骤 4　做出决定。

得到的值（$t=4.00$）在拒绝域中。在这个例子里，得到的样本均值差异是由于偶然因素得到的差异（标准误）的 4 倍。当虚无假设为真时，这个结果非常不可能发生。因此，我们没看过拒绝虚无假设，得出结论，看过《芝麻街》的学生和没看过《芝麻街》的学生的高中成绩有显著差异。具体地，看《芝麻街》的学生的高中成绩显著高于没看过的学生的成绩。

注意，例 10.1 的《芝麻街》的研究是非实验设计的一个例子。具体地，研究者没有操纵学生看电视的行为，也没有控制可能影响高中成绩的变量。我们不能得出看《芝麻街》就可以有更高的成绩的结论。特别地，很多其他没有控制的因素，如父母的受教育水平、家庭经济地位都可能引起两组学生的成绩差异。因此，我们并不知道看《芝麻街》和高中成绩的具体关系，但是我们知道确实有关系。

独立测量 t 检验的效应大小的度量

正如在第 8 章和第 9 章中介绍的，一个假设检验通常伴随着一个效应大小的报告，来提供处理效应具体大小的信息。一种测量效应大小的技术是 Cohen's d 系数，它得到的是均值差异的标准化测量。用它的普遍形式，Cohen's d 系数可以被定义为：

$$d=\frac{\text{均值差异}}{\text{标准差}}=\frac{\mu_1-\mu_2}{\sigma}$$

在一个独立测量研究中，样本均值差异（M_1-M_2）是对总体均值差异的最好估计，标准差（或者合并标准差）是通过将合并方差开方得到的。因此，

$$\begin{aligned}\text{估计的 } d&=\frac{\text{估计的均值差异}}{\text{估计的标准差}}\\&=\frac{M_1-M_2}{\sqrt{s_p^2}}\end{aligned}\qquad(10—8)$$

对于例 10.1 中的数据，两个样本均值为 93 和 85，合并方差为 20。这些数据的 Cohen's d 系数为：

$$d=\frac{M_1-M_2}{\sqrt{S_P^2}}=\frac{93-85}{\sqrt{20}}=\frac{8}{4.7}=1.79$$

使用评价 Cohen's d 系数的标准（见表 8—

2)，这个值表示一个很大的处理效应。

独立测量 t 检验的假设检验也允许计算处理解释的变异比例 r^2 来测量效应大小。正如我们在第9章中介绍的，r^2 测量了分数中多少的变异能由处理效应解释。例如，关于《芝麻街》的研究中，高中学生分数的变异可以用学生是否看电视节目部分解释；看《芝麻街》的学生更可能有更高的成绩，不看的则成绩较低。通过测量能被解释的变异量，我们能测量出处理效应实际有多大。独立测量 t 检验的 r^2 计算与第9章的单样本 t 检验的计算是相同的：

$$r^2=\frac{t^2}{t^2+df} \qquad (10—9)$$

对于例 10.1 中的数据，我们得到 $t=4.00$，$df=18$。这些值产生的 r^2 为：

$$r^2=\frac{4^2}{4^2+18}=\frac{16}{16+18}=\frac{16}{34}=0.47$$

根据用来评价 r^2 的标准（见表 9—3），这个值也表示了一个很大的处理效应。

尽管 r^2 的值通常用公式 10—9 计算，但我们可以直接计算整个分数的 SS 值来确定变异的比例。下面的例子用例 10.1 中芝麻街研究的数据证明了这一过程。

例 10.2

图 10—4a 表示两组分数合并为一个单独的分布，$n=20$。总体均值 $M=89$，$SS=680$。很明显我们可以看到，看《芝麻街》的学生的分数都集中在分布的右侧尾端。这 10 个学生的平均分数 $M=93$，比整体平均分高 4 分。同样可以看出，不看电视节目的学生分数集中在分布的左侧尾端，这 10 个学生的平均分数 $M=85$，比总体均值低 4 分。两类学生的差异就是处理效应，也就是看电视和高中成绩之间的关系。

从原始分数中减去处理效应，就得到了图 10—4b 中的分布。我们将看过《芝麻街》的学生的每个分数中减去 4，没看过《芝麻街》的学生的每个分数都加 4。这时，两组学生的均值均为 $M=89$，没有处理效应。移除处理效应的一个结果是相对于原始分数来说，变异减小了。图 10—4a 中原始分数的变异为 $SS=680$。移除处理效应后，图 10—4b 中分数的变异减小为 $SS=360$。两个值相差 320。因此，处理效应解释了原始分数总变异中的 320 分。用百分比表示如下：

$$\frac{处理解释的变异}{总变异}=\frac{320}{680}=0.47=47\%$$

你应当认识到，这与我们用公式 10—9 得到的 r^2 值是一样的。

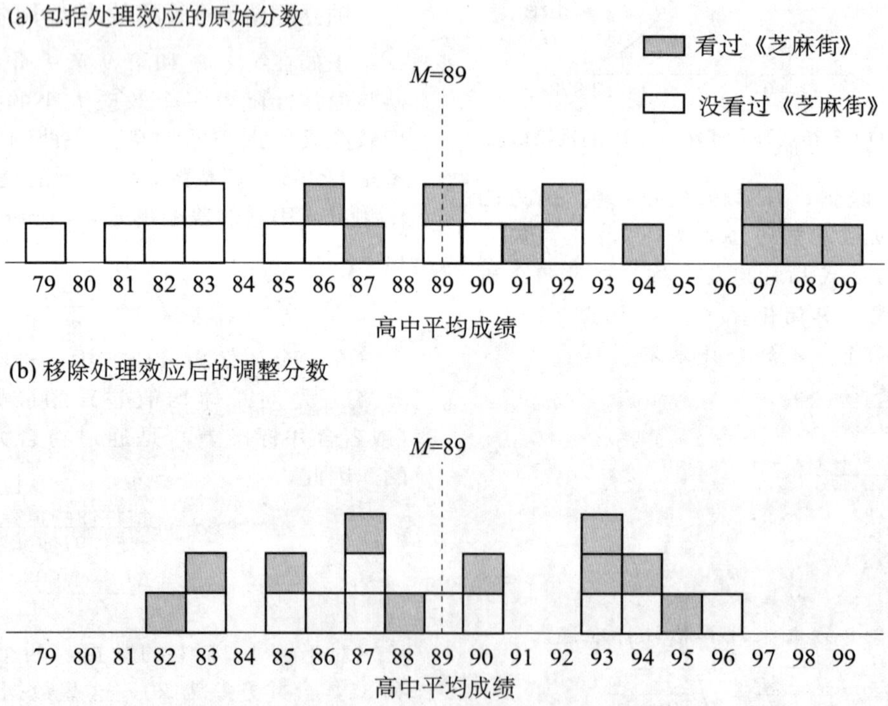

图 10—4　例 10.1 的两组分数合并为一个单独的分布。原始分数，包括处理效应，在 a 图中表示。b 图表示移除处理效应后的调整分数。

估计的 $\mu_1-\mu_2$ 的置信区间

正如第 9 章所说，置信区间可以作为测量和描述处理效应大小的一种方式。对于单样本 t 检验，我们用单样本均值 M 来估计单个总体均值。对独立测量 t 检验，我们用样本均值差异 M_1-M_2 来估计总体均值差异 $\mu_1-\mu_2$。这种情况下，置信区间估计了两个总体或两种处理条件下两个总体均值的差异大小。

在单样本 t 检验中，第一步是得到 t 统计量公式中未知参数的值。对于独立测量 t 检验，我们可以得到：

$$\mu_1-\mu_2=(M_1-M_2)\pm t\,s_{(M_1-M_2)} \quad (10—10)$$

公式中，(M_1-M_2) 和 $s_{(M_1-M_2)}$ 的值可以从样本数据中得到，尽管 t 统计量的值是未知的，我们可以用 t 统计量的自由度和 t 分布来估计 t 值。用估计的 t 值和从样本中得到的值，我们可以计算 $\mu_1-\mu_2$ 的估计值。下面的例子详细地描述了为总体均值差异构建置信区间的过程。

例 10.3

在之前的研究中，我们比较了看过《芝麻街》和没看过的学生的高中成绩。结果显示两个学生总体的成绩有显著差异。现在，我们需要构建一个总体均值差异的 95%的置信区间。

研究中看过《芝麻街》的学生的平均分 $M=93$，没看过《芝麻街》的学生的平均分 $M=85$，均值差异的标准误 $s_{(M_1-M_2)}=2$。每一个样本有 $n=10$个个体，所以独立测量 t 检验的 $df=18$。为了得到 95%的置信区间，我们简单地估计均值差异的 t 值位于所有可能的 t 值的中间的 95%。根据 t 分布表，$df=18$，95%的 t 值位于 $t=+2.101$ 和 $t=-2.101$ 之间。把这些值代入估计的公式里，可以得到：

$$\begin{aligned}\mu_1-\mu_2&=(M_1-M_2)\pm t\,s_{(M_1-M_2)}\\&=(93-85)\pm 2.101(2)\\&=8\pm 4.202\end{aligned}$$

结果得到区间从 $8-4.202=3.798$ 到 $8+4.202=12.202$。因此我们可以得出结论，看过《芝麻街》的学生比没看过的在高中有更好的成绩，两个总体的均值差异在 3.798 到 12.202 之间。此外，我们有 95%的信心认为均值差异的真值在这个区间之内，因为在计算过程中的唯一一个估计值就是 t 值，而我们有 95%的信心，t 值会在分布的中间 95%。最后，我们注意到置信区间是在均值差异周围的，均值差异为 $M_1-M_2=93-85=8$，落在置信区间的中心。

同单样本的 t 检验的置信区间一样，独立测量 t 检验的置信区间除了受到处理效应的真实大小的影响以外，还受到很多因素的影响。置信区间的宽度会受到置信水平的影响，也就是说一个较高的置信水平会得到一个较宽的区间。此外，置信区间的宽度还受到样本量的影响，样本量越大，置信区间越窄。因为置信区间的宽度和样本大小有关，因此置信区间并不像 Cohen's d 值和 r^2 一样，是对效应值大小的纯粹的测量。

置信区间和假设检验

除了可以描述处理效应大小以外，置信区间还可以用来评估效应的显著性。例 10.3 中呈现了独立测量研究，实验检验了看过《芝麻街》对高中成绩的影响。研究结果表明，两组学生成绩的均值差异的 95%的置信区间在 3.798 到 12.202 之间。置信区间见图 10—5。除了置信区间 $\mu_1-\mu_2$，我们也标明了均值差异为 0 的点。我们知道，均值差异为 0 就是我们进行假设检验时的零假设。我们可以发现，0 差异（$\mu_1-\mu_2=0$）位于 95%的置信区间之外。换句话说，$\mu_1-\mu_2=0$ 在我们的置信度要求为 95%的估计情况下是不被接受的值。0 值在 95%的置信水平下不被接受等价于 0 差异在 95%的置信水平下是被拒绝的。这个结论等价于在$\alpha=0.05$ 水平下拒绝 H_0。另一方面，如果均值差异为 0 包含于 95%置信水平下的置信区间内，那么我们可以得出结论，认为 $\mu_1-\mu_2=0$ 是可以接受的值，这也就相当于不能拒绝 H_0。

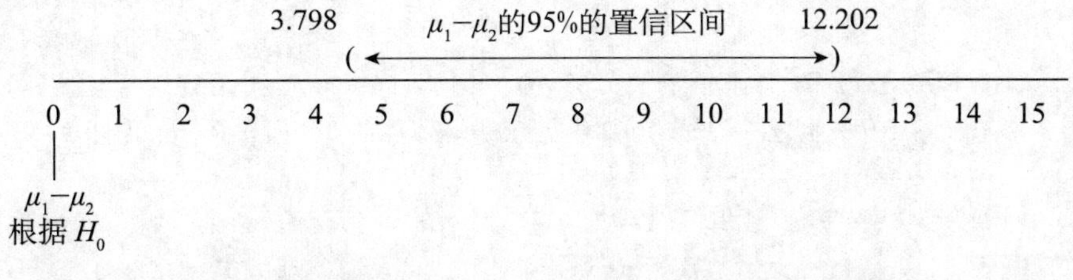

图 10—5　例 10.3 中总体均值差异（$\mu_1-\mu_2$）的 95%的置信区间。注意 $\mu_1-\mu_2=0$ 不在置信区间内，表明零差异是不可接受的值（H_0 在 $\alpha=0.05$ 的假设检验中将被拒绝）。

在文献中　报告独立测量 t 检验的结果

一个研究报告通常会先呈现描述性的统计结果，紧接着是假设检验和效应值（推论统计）的结果。在第4章，我们介绍了怎样用APA格式报告均值和标准差。在第9章，我们介绍了报告 t 检验结果的APA格式。现在，我们将使用APA格式来报告例10.1的结果，一个独立测量的 t 检验。一个简明的阐述如下：

看过《芝麻街》的学生的高中成绩（$M=93$，$SD=4.71$）比没看过节目的学生成绩（$M=85$，$SD=4.22$）更高。这个差异是显著的，$t(18)=4.00$，$p<0.05$，$d=1.79$。

你应当注意到标准差不是独立测量 t 检验的一个计算步骤，但是当提供每个处理组描述统计的信息时，它是有用的。当做 t 检验时，计算它很容易，因为你需要每组的 SS 和 df 来确定合并方差。注意，报告 t 检验结果的形式与第9章描述的是相同的，效应大小的测量也会在假设检验的结果后报告。

同样，正如我们在第9章提到的，如果从电脑分析中可以得到一个确切的概率，我们应当报告它。对于例10.1的数据，计算机分析报告了概率值 $p=0.001$，$t=4.00$，$df=18$。在研究报告中，这些值将这样报告：

差异显著，$t(18)=4.00$，$p=0.001$，$d=1.79$。

最后，如果报告中用置信区间来描述效应大小，它需要紧跟假设检验的结果。对于《芝麻街》的例子，报告如下：

差异显著，$t(18)=4.00$，$p=0.001$，95%的置信区间为[3.798，12.202]。

学习检查

1. 一个教育心理学家想要探究使用电脑对高中生成绩的影响。一组 $n=16$ 的学生样本每天在一个有电脑的教室中学习，而另一个 $n=16$ 的学生样本在传统的没有电脑的教室中学习。一个学期之后，记录每一个学生的成绩，数据如下：

有电脑的教室	传统的教室
$M=86$	$M=82.5$
$SS=1\,005$	$SS=1\,155$

a. 两组成绩有显著差异吗？使用 $\alpha=0.05$ 水平的双侧检验。

b. 计算Cohen's d 值来评估效应大小。

c. 根据研究报告的形式，用一句话描述假设检验的结果和效应大小。

d. 计算两个总体均值差异的90%的置信区间。

2. 一个研究报告提出，在一个独立测量设计中，两个处理间差异显著，$t(28)=2.27$。

a. 有多少被试参加了这个研究？（提示：从自由度的值入手。）

b. 这个报告说明 $p>0.05$ 还是 $p<0.05$？

答案

1. a. 合并方差是72，标准差是3，$t=1.17$。临界值为 $t=2.042$，因此不能拒绝虚无假设。

b. Cohen's $d=3.5/\sqrt{72}=0.412$

c. 结果表明教室使用电脑和不使用电脑，学生的成绩没有显著差异，$t(30)=1.17$，$p>0.05$，$d=0.412$。

d. $df=30$，置信水平为90%时，t 值的置信区间为±1.697。区间为 $\mu_1-\mu_2=3.5\pm1.697(3)$。因此，我们估计均值差异在−1.591到8.591之间。0在这个区间中，是可以被接受的，这与之前两组总体均值没有显著差异的结论是一致的。

2. a. $df=28$，所以被试的总数为30。

b. 结果显著应表示为 $p<0.05$。

有方向的假设和单侧检验

当计划做一个独立测量的实验时，研究者通常对结果有一些期望或者特定的预测。对于例 10.1 中《芝麻街》的研究，研究者会预测看过《芝麻街》的学生比没看过的有更高的分数。这种有方向的预测能加入到提出的假设中，得到一个有方向的检验，或者叫做单侧检验。回忆第 8 章，单侧检验时拒绝虚无假设所需要的样本差异比双侧检验要小，所以只有当理论或者前人结论能清楚地支持预测时才使用。下面的例子呈现了在独立测量的 t 检验中，提出单侧检验假设和定义拒绝域的过程。

例 10.4

我们将使用例 10.1 中描述的同样的实验情境。研究者使用了一个独立测量设计来考察儿童时期看电视和高中时期成绩的关系。预测是 5 岁时看《芝麻街》的儿童在高中时期会有更高的分数。

步骤 1　提出假设，选择 α 水平。与之前一样，虚无假设指出处理效应不存在，备择假设指出处理效应存在。对于这个例子，预测的效应是看《芝麻街》的学生会得到更高的分数。因此，两个假设为：

H_0：$\mu_{看芝麻街} \leqslant \mu_{不看芝麻街}$　(看《芝麻街》分数不高。)

H_1：$\mu_{看芝麻街} > \mu_{不看芝麻街}$　(看《芝麻街》分数高。)

注意，在用符号表示假设前，先用语言表述一遍比较简单。同样，从备择假设开始也比较简单，和预测一样，备择假设提出存在处理效应。注意虚无假设中的等号代表两种处理条件没有差异。零差异的观点是虚无假设的本质，在计算 t 值的时候，0 将被用来作为 $(\mu_1-\mu_2)$ 的值。该检验使用 $\alpha=0.01$ 水平。

步骤 2　定位拒绝域。对于一个有方向的检验，拒绝域将位于整个分布的一端。不要先试着确定正确的结果在正或负的哪一端，我们建议你用下面的两个步骤确定拒绝域的标准。首先，观察数据，确定样本均值差异是否与我们预测的方向相同。如果答案是否，那么数据明显不支持预测的处理效应，你可以停止分析了。如果差异是在预测的方向上，那么步骤 2 是确定差异是否足够显著。为了检验显著性，在 t 分布表中找到单侧的拒绝值。如果样本的 t 值比拒绝值更极端（不管正还是负），那么差异是显著的。

对于这个例子，看《芝麻街》的学生成绩更高，正如预测所说。当 $df=18$ 时，$\alpha=0.01$ 的单侧的拒绝值为 $t=2.552$。

步骤 3　收集数据，计算检验统计量。例 10.1 中有计算的细节。数据得到的 t 值为 4.00。

步骤 4　做出决定。$t=4.00$ 超出了拒绝域的界限 $t=2.552$。因此，我们拒绝虚无假设，得出结论，儿童时期看《芝麻街》的学生的高中成绩显著高于儿童时期不看《芝麻街》学生的高中成绩。在研究报告中，单侧检验的结果呈现如下：

看《芝麻街》的学生的成绩显著更高，$t(18)=4.00$，$p<0.01$，单侧检验。

样本方差和样本量在独立测量 t 检验中的作用

第 9 章中，我们介绍了几个影响假设检验结果的因素。对于独立测量 t 检验，最直接的影响因素是两个样本均值之间的差异。差异越大，拒绝虚无假设的可能性越大，效应值越大。除此之外，分数的变异性和样本量也会影响假设检验的结果，两者都影响 t 统计量中分母的估计标准误的大小。具体地，标准误和样本方差成正比（方差越大，标准误越大），和样本量成反比（样本量越大，标准误越小）。总之，方差越大，t 统计量越小（接近 0），得到显著结果的概率越小。相反，样本量越大，t 统计量越大（距离 0 越远），拒绝虚无假设的概率越大。

尽管方差和样本量都会影响假设检验，但只有方差会影响效应值，如 Cohen's d 值和 r^2，方差越大，效应越小。样本量对 Cohen's d 值没有影响，对 r^2 的影响也很小。

下面的例子呈现了在独立测量的研究中，一个大的方差是如何掩盖样本均值差异并降低拒绝虚无假设可能性的。

例 10.5

我们用图 10—6 来说明样本方差的影响。图中展示了一个研究中两个处理条件下的结果。研究使用了两个独立的样本，每一个样本容量都为 $n=9$，样本均值差异为 5 分：处理 1 的均值为 $M=8$，处理 2 的均值为 $M=13$。图 10—6 清楚地呈现了两个分数分布之间的差异，处理 2 的分数明显高于处理 1 的分数。

对于假设检验，数据产生了一个数值为 1.50 的合并方差和 0.58 的估计标准误，t 分数是

$$t=\frac{均值差异}{估计标准误}=\frac{5}{0.58}=8.62$$

当 $df=16$ 时，这个数值落在拒绝域内（对 $\alpha=0.05$ 或 $\alpha=0.01$ 来说），因此，我们拒绝虚无假设，并总结为两个处理之间差异显著。Cohen's d 值 $=4.10$，$r^2=0.82$，都表示效应大。

现在我们考虑增大样本方差的效果。图 10—7

展示了另外一个比较两个处理的研究的结果。注意，每个样本仍有 9 个分数，两个样本的均值仍为 $M=8$ 和 $M=13$。但是，样本方差已经显著增大：现在两个样本的合并方差为 $s^2=44.25$，与图 10—6 中的 $s^2=1.5$ 形成对比。注意，增大了的方差表明，现在的数据分布得更加分散，并且两个样本混合在一起，没有了明显界限。

假设检验支持了两个处理之间差异的消失。合并方差是 44.25，估计标准误是 3.14，独立测量 t 分数是：

$$t=\frac{\text{均值差异}}{\text{估计标准误}}=\frac{5}{3.14}=1.59$$

当 $df=16$，$\alpha=0.05$ 时，这个值不在拒绝域内。因此，我们不能拒绝虚无假设，并总结两个处理之间不存在显著差异。尽管两个样本平均值之间还是有 5 分的差异，但是随着方差的增大，这 5 分的差异不显著。效应值也减小了很多。方差变大后，Cohen's d 值为 0.75，$r^2=0.136$。

总的来说，大的样本方差能够使数据中的任何均值差异变得模糊，并且降低在假设检验中得到显著差异的可能性，同时减小效应值。

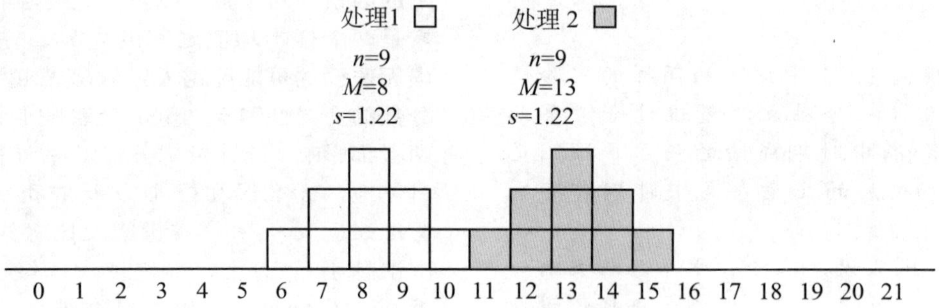

图 10—6　表示两种不同处理的两个样本分布。这些数据显示了处理间的显著差异，$t(16)=8.62$，$p<0.01$，效应的两种测量值都表示这是一个很大的处理效应，$d=4.10$，$r^2=0.82$。

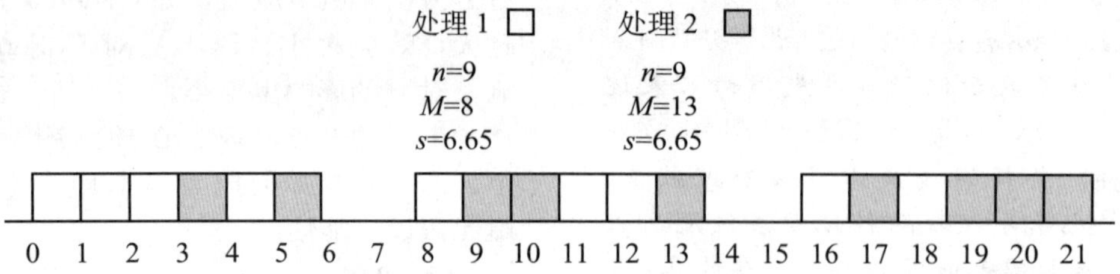

图 10—7　表示两种不同处理的两个样本分布。这些数据表示均值差异和图 10—6 所示的相同，但是，方差明显变大了。方差变大后，处理间不再有显著差异，$t(16)=1.59$，$p>0.05$，并且效应的两种测量值都明显减小了，$d=0.75$，$r^2=0.14$。

10.4　独立测量 t 检验的基本假设

在假设检验中使用独立测量 t 检验公式之前，有三个前提必须满足：

1. 每个样本的观察必须是独立的。
2. 样本来自的两个总体必须是正态分布。
3. 为了得到合理的合并方差，样本来自的两个总体必须有相同的方差。

前两个前提在第 9 章介绍的单样本 t 假设检验中已经很熟悉了。正如之前讲到的，对于大样本来说，前两个前提不是很重要。当有理由怀疑总体不是正态时，作为补偿，应当选用相对较大的样本。

第三个前提被看做方差的同质性，它提出比较的两个总体必须有相同的方差。第 8 章中对于 z 分数假设检验有一个相似的前提。对于这些检验，我们假设处理效应是每个分数加上（或者减去）一个常量。结果，处理后的总体标准误与处理前一样。现在我们提出的前提本质上是与这个一样的，只是将它用方差来表述。

t 检验公式中的合并方差是通过将两个样本

方差求平均得到的。只有当两个值估计了同样的总体方差时，即当方差同质性假设被满足时，平均值才有用。如果两个样本方差代表了不同的总体方差，那么平均就没有意义了。（注意，如果两个人同时估计一件事情，例如你的体重，那么把两个估计的结果平均是合理的。但是，两个不相关的数得到的平均值是没有意义的。例如，将你的体重和一英镑能买多少葡萄平均就没有意义。）

当样本量相差很大时，方差同质性的前提尤为重要。样本量相等或接近时，该假设没有那么严格，但是依然很重要。违背这个前提能否定独立测量实验数据任何有意义的解释。具体地，当你在假设检验中计算 t 值时，公式中的所有数值来自数据，除了虚无假设指出的总体均值差异。因此，除了一个值，你能肯定公式中的所有值。如果你得到了一个极端的 t 值（在拒绝域中），那么你得出结论假设的值是错误的。但是，当你违背了方差同质性前提时会发生什么？这时，你在公式中有两个有疑问的值（假设的总体值和无意义的两个方差的平均值）。现在如果得到了一个极端的 t 值，你不知道哪个值是可靠的。你不能拒绝虚无假设，因为可能是合并方差产生了极端的 t 值。不满足方差同质性的要求，你就不能准确地解释一个 t 值，假设检验也就没有意义了。

Hartley 的 *F*-max 检验

你怎样知道方差同质性前提是否被满足呢？一个简单的检验是仅仅观察两个样本的方差。从逻辑上来说，如果两个总体方差相等，那么两个样本方差应当很相似。当两个样本方差合理地接近时，你能合理地确信同质性前提被满足了，并且检验可以继续进行。但是，如果一个样本方差大于另一个的 3 倍或 4 倍，那么必须关注这个问题。一个更客观的过程是用统计检验来评价同质性前提。尽管有许多不同的方法来确定方差同质性前提是否被满足，但 Hartley 的 F-max 检验是一种最简单易懂的方法。另外的好处是，这种检验也能用于检验两个以上独立样本的方差同质性。

下面的例子呈现了两个独立样本的 F-max 检验。

例 10.6

F-max 检验基于的原理是，样本方差提供了总体方差的无偏估计。该假设的虚无假设是总体方差是相同的，因此样本方差应当很相似。使用 F-max 检验的过程如下：

1. 计算样本方差，对于每个独立样本，$s^2=\dfrac{SS}{df}$。

2. 选择最大和最小的样本方差，并且计算

$$F\text{-max}=\frac{s^2(\text{最大})}{s^2(\text{最小})}$$

一个相对较大的 F-max 值表示样本方差差异较大。这暗示了数据的总体方差存在差异，违背了同质性前提。另外，一个小的 F-max 值（接近 1.00）说明样本方差是相似的，并且同质性前提是合理的。

3. 样本数据计算的 F-max 值要与表 B.3（附录 B）中的临界值比较。如果样本值大于表中的值，你能得出结论：方差不同，同质性前提不能被满足。

为了找到表中的临界值，你需要知道：

a. k＝独立样本数。（对于独立测量的 t 检验，$k=2$。）

b. 对于每个样本方差 $df=n-1$，Hartley 检验假定所有样本量相同。

c. α 水平。表 B.3 提供了 $\alpha=0.05$ 和 $\alpha=0.01$ 的临界值。一般来说，同质性检验会使用大的 α 水平。

例如，两个独立样本，每个 $n=10$，样本方差为 12.34 和 9.15。对于这些数据，

$$F\text{-max}=\frac{s^2(\text{最大})}{s^2(\text{最小})}=\frac{12.34}{9.15}=1.35$$

$\alpha=0.05$，$k=2$，$df=n-1=9$，表 B.3 中的临界值为 4.03。因为得到的 F-max 值比拒绝值小，能得出结论说数据没有违背方差同质性前提。

大多数假设检验的目的是拒绝虚无假设从而说明存在处理效应或显著的差异。然而，在做方差同质性检验时，我们希望接受虚无假设。接受 F-max 检验的虚无假设意味着两个总体方差之间没有显著差异，同质性前提得到了满足。这时，我们可以继续用合并方差进行独立测量的 t 检验。

如果 F-max 检验拒绝了方差齐性的假设，或者你对方差齐性的假设有所怀疑，你就不可以用合并方差计算独立测量的 t 统计量。然而，还有一种方法可以不合并样本方差，因而不要求方差齐性。该方法在专栏 10—2 中详细介绍。

专栏 10—2 替代合并方差的一种方法

用合并方差计算独立测量 t 分数要求数据满足方差齐性假设。具体地，样本来自的两个不同的分布必须有相同的方差。为了避免这个假设，许多统计学家建议了另外一个公式来计算独立测量 t 分数，此时，我们就不需要计算合并方差或者满足方差齐性的假设。这个新方法包括两个步骤：

1. 通过公式 10—1 中的两个单独的方差来计算标准误。
2. 用下面的公式对这个 t 分数的自由度进行调整：

$$df=\frac{(V_1+V_2)^2}{\frac{V_1^2}{n_1-1}+\frac{V_2^2}{n_2-1}}$$

其中，

$$V_1=\frac{s_1^2}{n_1}$$

$$V_2=\frac{s_2^2}{n_2}$$

df 的小数应该被舍去取整。

调整后的自由度将使 df 值变小，从而扩大拒绝域的界限。因此，调整使得检验更加苛刻，从而校正合并方差想要避免的偏差问题。

注意：很多用来进行统计分析的软件（如 SPSS）都会报告两个版本的独立测量 t 检验，一个使用合并方差（假设方差具有齐性）计算的，另一个是用这种校正的方法（不假设方差具有齐性）得到的。

学习检查

1. 一个研究者使用一个独立测量设计来比较两个处理条件，每个处理条件有 $n=8$ 名被试。处理 1 的样本均值 $M=63$、$s^2=18$，处理 2 的样本均值 $M=58$、$s^2=14$。

a. 用 $\alpha=0.05$ 的单侧检验评价处理 1 的分数是否显著高于处理 2 的分数。（注意，因为两个样本具有相同的样本量，合并方差是两个样本方差的平均）

b. 如果两个样本方差变为 $s^2=68$ 和 $s^2=60$，预测 t 统计量的变化。计算新的 t 值。

c. 如果每一个样本有 $n=32$ 个个体，预测 t 统计量的变化，并计算新的 t 值。

2. 方差同质性前提需要两个样本方差相等。（对还是错）

3. 当你使用一个 F-max 检验来评价方差同质性前提时，你通常不想得到方差之间显著的差异。（判断对错）

答案

1. a. 合并方差为 16，估计的标准误是 2，$t(14)=2.50$。t 的临界值为 1.761，拒绝虚无假设。处理 1 的分数显著高于处理 2 的分数。

b. 方差增大，t 值会减小。新的合并方差为 64，估计标准误是 4，$t(14)=1.25$。

c. 样本量增大，t 值会增大。合并方差仍为 16，但新的标准误是 1，$t(60)=5.00$。

2. 错。前提是两个总体方差相等。

3. 对。如果两个方差差异显著，你不能做 t 检验。

▼ 小结

1. 独立测量 t 检验使用了两个独立样本的数据来得出关于两个总体或者两个不同处理条件之间均值差异的推论。

2. 独立测量 t 检验的公式与原始的分数或者单样本 t 检验的公式有同样的结构：

$$t=\frac{\text{样本统计量}-\text{总体参数}}{\text{估计标准误}}$$

对于独立测量 t 检验，样本统计量是样本均值差异（M_1-M_2）。总体参数是总体均值差异（$\mu_1-\mu_2$）。通过合并两个样本均值方差来计算样本均值差异的估计标准误。结果的公式为：

$$t=\frac{(M_1-M_2)-(\mu_1-\mu_2)}{s_{(M_1-M_2)}}$$

估计标准误为：

$$s_{(M_1-M_2)}=\sqrt{\frac{s_p^2}{n_1}+\frac{s_p^2}{n_2}}$$

公式中的合并方差 s_p^2，是两个样本方差的加权平均：

$$s_p^2=\frac{SS_1+SS_2}{df_1+df_2}$$

t 统计量的自由度由两个样本的 df 之和决定：

$$df=df_1+df_2$$
$$=(n_1-1)+(n_2-1)$$

3. 对于假设检验，虚无假设通常提出两个总体均值不存在差异：

$$H_0: \mu_1=\mu_2 \text{或} \mu_1-\mu_2=0$$

4. 当一个独立测量的 t 检验的假设检验指出存在一个显著的差异时，我们建议同时计算效应大小。一种效应大小的测量方法是 Cohen's d 系数，它是均值差异的标准化测量。对于独立测量的 t 检验：

$$\text{估计的 } d=\frac{M_1-M_2}{\sqrt{s_p^2}}$$

第二种效应大小的测量方法是处理效应解释的变异比例。这个测量由 r^2 确定，它的计算公式为：

$$r^2=\frac{t^2}{t^2+df}$$

5. 另一种描述处理效应大小的方法是构建均值差异 $\mu_1-\mu_2$ 的置信区间。置信区间使用独立测量 t 检验公式来计算未知的总体均值差异：

$$\mu_1-\mu_2=M_1-M_2\pm ts_{(M_1-M_2)}$$

首先，选择一个置信水平并查找相对应的 t 值。例如，对于一个 95% 的置信水平来说，使用的 t 值是包含了分布中间 95% 的 t 值。把 t 值和其他从样本数据中计算得到的数据，包括样本均值差异和标准误一起代入上述公式中求解。

6. 合理地使用和解释 t 值，需要数据满足方差同质性前提。这个前提规定两个总体有相等的方差。关于这个前提的检验可以简单地比较两个样本方差。Hartley 的 F-max 检验提供了一种确定数据是否满足同质性前提的统计方法。另外一种不需要使用合并方差和方差同质性假设的方法见专栏 10—2。

▼关键术语

独立测量研究设计	组间设计	重复测量研究设计	组内设计
独立测量 t 检验	均值差异的估计的标准误	合并方差	方差同质性

▼资源

➢SPSS

使用 SPSS 的基本介绍可见附录 D，以下呈现的是如何使用 SPSS 进行本章介绍的独立测量 t 检验的详细指导。

数据录入

1. 用所谓的堆叠格式输入数据，即来自两个样本的所有分数输入在数据矩阵的同一列（可能是 VAR00001）。直接在样本 1 的分数下面继续输入样本 2 的数据，无需加入分隔符号或额外的空格。

2. 在第二列（VAR00002）输入变量，来表示每个分数相对应的样本或者处理条件。例如，在每个来自样本 1 的数据旁边输入 1，在每个来自样本 2 的数据旁边输入 2。

数据分析

1. 点击工具栏的 Analyze，选择 Compare Means，然后点击 Independent-Samples t Test。

2. 在左侧的方框中选中分数列（VAR00001）的列标签，然后点击箭头将其移入 Test Variable (s) 的方框中。

3. 在左侧的方框中选中包含样本数字的那一列（VAR00002）的列标签，然后点击箭头将其移入 Group Variable 的方框中。

4. 点击 Define Groups。

5. 假定你使用 1 来定义第一组，用 2 来定义第二组，在合适的组对话框中输入 1 和 2。

6. 点击 Continue。

7. 除了完成假设检验，程序还会计算一个总体均值差异的置信区间。置信区间自动设为 95%，但你可以选择 Options 改变这个百分比。

8. 点击 OK。

SPSS 输出

我们用 SPSS 程序来分析例 10.1 中《芝麻街》研究的数据，程序的输出如图 10—8 所示。

输出包括一张带有各组的均值、标准差和均值的标准误等样本统计量的表。第二张表，在图 10—8 中被分为两部分，开始是 Levene 的检验对方差同质性的检验结果。这个检验不应该显著（你不希望两个方差不同），所以你希望报告的 Sig. 值大于 0.05。之后，使用两种不同的假设呈现独立测量 t 检验的结果。首行是假设方差具有同质性，使用合并方差计算 t 值得到的结果。第二行不假设方差具有同质性，使用专栏 10—2 中描述的另一种方法计算 t 值。各行都报告了计算所得的 t 值、自由度、显著性水平（检验的 p 值）、均值差异的大小以及均值差异的标准误（t 统计量的分母）。最后，输出包括一个均值差异 95% 的置信区间。

组统计量

VAR00002		N	均值	标准差	均值的标准误
VAR00001	1.00	10	93.000 0	4.714 05	1.490 71
	2.00	10	85.000 0	4.216 37	1.333 33

独立样本检验

		Levene 的方差同质性检验		t 检验	
		F	Sig.	t	df
VAR00001	假定方差相同	0.384	0.543	4.000	18
	假定方差不相同			4.000	17.780

独立样本检验

		t 检验				
		显著性水平（双侧）	均值差异	均值差异的标准误	均值差异 95%的置信区间	
					下限	上限
VAR00001	假定方差相同	0.001	8.000 00	2.000 00	3.798 16	12.201 84
	假定方差不相同	0.001	8.000 00	2.000 00	3.794 43	12.205 57

图 10—8　例 10.1 中独立测量假设检验的 SPSS 输出。

➢关注问题解决

1. 随着你学习到更多的统计方法，一个基本的问题将会是确定哪种方法适合特定的数据。幸运的是，使用独立测量 t 检验的研究情境很容易分辨。首先，数据总包括两个独立样本（两个 n，两个 M，两个 SS，等等）。其次，t 值总是用来回答关于均值差异的问题：平均来说，一个组是否不同于（好于、快于、聪明于）另一个组？如果你考察了数据，确定了研究者提出问题的种类，你应当能够确定独立测量的 t 检验是否合适。

2. 当你计算一个样本数据的独立测量 t 值时，我们建议你习惯将公式分为几个步骤，而不是试着一次做完所有的计算。首先，找到合并方差。然后，计算标准误。最后，计算 t 值。

3. 学生最常犯的错误是混淆合并方差和标准误的公式。计算合并方差时，你将两个样本的方差合并为一个。这个方差作为单独的分数计算，分子是两个 SS 的值，分母是两个 df 的值。计算标准误时，你把两个样本的误差加起来。这两个误差作为独立的分数在平方根的符号下相加。

➢示例 10.1

独立测量 t 检验

在一个关于陪审团行为的研究中，两个被试样本提供了一次审判的细节，在这个案子里，被告显然是有罪的。第 2 组在和第 1 组接受了同样的细节之外，还得到了一些被法官保留的证据。之后，要求被试做出入狱判决。每个被试建议的服刑期如下。两个组的回答之间存在显著差异吗？

第一组的分数	第二组的分数
4	3
4	7
3	8
2	5
5	4
1	7
1	6
4	8

第一组：
$M=3$，$SS=16$
第二组：
$M=6$，$SS=24$

这个研究中有两个独立样本。因此，将使用独立测量的 t 检验分析。

步骤 1　提出假设，选择一个 α 水平。

H_0：$\mu_1-\mu_2=0$　（对于总体，知道被保留的证据对服刑的建议没有作用。）

H_1：$\mu_1-\mu_2\neq 0$　（对于总体，知道被保留的证据对服刑的建议有作用。）

我们设定显著性水平 $\alpha=0.05$，双侧检验。

步骤 2　定义拒绝域。

对于独立测量的 t 值，自由度为：

$$df=df_1+df_2=7+7=14$$

对 $\alpha=0.05$，$df=14$ 的双侧检验，查找 t 分布表。拒绝的 t 值为 $+2.145$ 和 -2.145。

步骤 3　计算检验统计量。和之前一样，我们分三步计算 t 统计量的值。

对于这些数据，合并方差为：

$$s_p^2=\frac{SS_1+SS_2}{df_1+df_2}=\frac{16+24}{7+7}=\frac{40}{14}=2.86$$

现在我们计算均值差异的估计标准误。

$$s_{(M_1-M_2)}=\sqrt{\frac{s_p^2}{n_1}+\frac{s_p^2}{n_2}}=\sqrt{\frac{2.86}{8}+\frac{2.86}{8}}=\sqrt{0.358+0.358}=\sqrt{0.716}=0.85$$

最后，计算 t 值。

$$t=\frac{(M_1-M_2)-(\mu_1-\mu_2)}{s_{(M_1-M_2)}}=\frac{(3-6)-0}{0.85}=\frac{-3}{0.85}=-3.53$$

步骤 4　做出关于虚无假设的决定，得出结论。

得到的 t 值为 -3.53，它位于拒绝域的左尾端（拒绝域为 $t=\pm 2.145$）。因此，拒绝虚无假设。被告知保留信息的被试给出了明显更长的刑期，$t(14)=-3.53$，$p<0.05$，双侧检验。

➢示例 10.2

独立测量 t 检验的效应大小

我们将计算示例 10.1 中审判数据的 Cohen's d 系数和 r^2。对于这些数据，两个样本均值为 $M_1=3$ 和 $M_2=6$，合并方差为 2.86。故 Cohen's d 系数为：

$$d=\frac{M_1-M_2}{\sqrt{s_p^2}}=\frac{3}{\sqrt{2.86}}=\frac{3}{1.69}=1.78$$

当 $t=-3.53$，$df=14$ 时，变异解释的比例为：

$$r^2=\frac{t^2}{t^2+df}=\frac{(3.53)^2}{(3.53)^2+14}=\frac{12.46}{26.46}=0.47\text{（或 47\%）}$$

➢练习题

1. 描述独立测量或组间设计的主要特征。
2. 独立测量 t 检验的估计标准误测量的是什么?
3. 其他因素保持不变的情况下，下列因素是如何影响独立测量 t 检验的结果和拒绝虚无假设的可能性的?
   a. 样本均值差异增大
   b. 样本量增大
   c. 样本方差增大
4. 描述方差同质性前提，并且解释为什么它对于独立测量的假设检验很重要。
5. 第一个样本 $SS=36$，第二个样本 $SS=18$。
   a. 假定两个样本的 $n=4$，计算每个样本的方差和合并方差。因为样本量相等，你会发现合并方差刚好在两个样本方差的正中间。
   b. 现在假设第一个样本 $n=4$，第二个样本 $n=7$。计算每个样本的方差和合并方差。你能发现合并方差更接近大样本的方差。
6. 第一个样本 $SS=70$，第二个样本 $SS=42$。
   a. 假定两个样本 $n=8$，计算两个样本的方差和合并方差。因为样本量相等，你能发现合并方差刚好在两个样本方差的正中间。
   b. 假定第一个样本 $n=8$，第二个样本 $n=4$。计算每个样本的方差和合并方差。这次你能发现合并方差更接近大样本的方差。
7. 当两个总体的均值相等时，估计标准误测量了平均说来样本均值可能有多少合理的差异。对于下面的情境，假设总体均值相等，计算样本均值差异的估计标准误。

a. 第一个样本 $n=6$，$SS=75$；第二个样本 $n=10$，$SS=135$。

b. 第一个样本 $n=6$，$SS=310$；第二个样本 $n=10$，$SS=530$。

c. 和问题 a 相比，问题 b 的样本方差更大，但是样本量没变。解释变异的大小是如何影响均值差异的标准误的?

8. 从同一个总体中选择两个样本，计算下列条件下，两个样本均值之间的合理差异是多少。

a. 样本 1 中 $n=4$，样本 2 中 $n=6$，合并方差是 60。

b. 样本 1 中 $n=12$，样本 2 中 $n=15$，合并方差是 60。

c. 问题 b 中的合并方差没有变，样本量变大，解释样本量是如何影响样本均值差异的标准误的大小的?

9. 有两个独立的样本接受两种不同条件的处理，每一个样本有 $n=15$ 个个体。处理后，样本 1 的 $SS=1\,740$，样本 2 的 $SS=1\,620$。

a. 计算两个样本的合并方差。

b. 计算样本均值差异的估计标准误。

c. 如果样本均值差异为 8，是否足以拒绝虚无假设并且得出结论，在 0.05 水平的双侧检验下，存在显著差异?

10. 两个独立的样本接受不同处理。第一个样本 $n=9$，$SS=462$；第二个样本 $n=7$，$SS=420$。

a. 计算两个样本的合并方差。

b. 计算样本均值差异的估计标准误。

c. 如果样本均值差异为 10，是否足以拒绝虚无假设并且得出结论，在 0.05 水平的双侧检验下，存在显著差异?

11. 假设下面的情况下，两个样本都来自两个均值相同的总体，计算两个样本均值之间的合理差异。

a. 样本量均为 $n=4$，样本 1 的 $s^2=68$，样本 2 的 $s^2=76$。(注意，因为样本量相同，合并方差等于两个样本方差的平均。)

b. 样本量均为 $n=16$，样本 1 的 $s^2=68$，样本 2 的 $s^2=76$。

c. 相对于 a 部分，b 部分样本方差没有变化，样本量变大。解释样本量是如何影响均值差异的标准误的。

12. 计算下列情况下的合并方差和样本均值差异的标准误。

a. 样本 1 的 $n=4$，$s^2=55$，样本 2 的 $n=6$，$s^2=63$。

b. 增大样本方差后，样本 1 的 $n=4$，$s^2=220$，样本 2 的 $n=6$，$s^2=252$。

c. 比较 a 和 b 的结果，解释方差变大会如何影响估计标准误的大小。

13. 研究者进行了一个独立测量的研究，比较了两种处理条件，并得到 t 检验结果为 $t(25)=2.071$。

a. 研究的样本量是多少?

b. 在 0.05 水平的双侧检验下，可以说明两种处理之间存在显著差异吗?

c. 计算 r^2 来测量处理效应引起的变异的比例。

14. Piff、Kraus、Côté、Cheng 和 Keitner 发现社会经济水平较低的人会表现出更多的亲社会行为。在研究的一部分，被试和一些令人厌烦的队友一起参加游戏。游戏需要和队友一起分享分数。和经济水平高的被试相比，经济水平较低的被试在分享分数方面表现得更慷慨。本研究得到了相似的结果，经济水平较低的被试有 $n=12$ 个，分享的平均分数 $M=5.2$，$SS=11.91$，经济水平较高的样本有 $n=12$ 个个体，平均得分 $M=4.3$，$SS=9.21$。

a. 样本可以说明两个总体有显著差异吗? 使用 $\alpha=0.05$ 水平的双侧检验。

b. 构建总体均值差异构建 80% 的置信区间。

15. Hallam、Price 和 Katsarou (2002) 探究了环境中噪音对 10 到 12 岁儿童的教室行为的影响。部分研究结果表明音乐背景有助于被试在数学测验中的表现。假设研究者选择了一个 $n=18$ 的样本，样本中的个体每天在做算术题的时候都会听音乐。另外一个样本有 $n=18$ 个个体，在学习的时候没有音乐。对每一个儿童进行测量，有音乐条件下的学生的平均得分 $M=86.4$，$SS=1\,550$，无音乐一组的 $M=78.8$，$SS=1\,204$。

a. 可以说明两组之间有显著差异吗? 使用 $\alpha=0.05$ 水平的双侧检验。

b. 构建总体均值差异的 90% 的置信区间。

c. 根据研究报告的形式，用一句话来描述假设检验和置信区间的结果。

16. Seery、Holman 和 Silver (2010) 研究发现，经历过挫折的个体比没有经历过挫折的个体有更高的心理健康水平和更高的幸福感。为了检验这个效应，研究者调查了一组大学生过去 5 年中经历的负性事件和现在的幸福感。抽取的样本中有 $n=18$ 个个体有小于等于 2 次的负性经历，幸福感平均得分 $M=42$，$SS=398$。经历了 5～10 件负性事件的个体有 $n=16$ 个，幸福感平均得分 $M=48.6$，$SS=370$。

a. 两个样本代表的总体有显著差异吗? 使用 $\alpha=0.01$ 水平的双侧检验。

b. 计算 Cohen's d 值来评估效应的大小。

c. 根据研究报告的形式，用一句话来描述假设检验和效应值大小的结果。

17. 每天记录食用食物中的热量会影响人们对快餐的选择吗？Elbel、Gyamfi 和 Kersh（2011）的研究结果是否定的。纽约市强制对食物的热量进行标注，而研究者调查了在该措施实施前后儿童和青少年在四大快餐连锁店购买食物的情况。尽管青少年都说他们注意到了热量标签，但显然标签并没有影响他们的选择。在贴热量标签之前，$n=100$ 个学生和青少年每餐的平均热量 $M=786$，$s=85$，贴标签后，一个相似的 $n=100$ 的样本每餐的平均热量 $M=772$，$s=91$。

a. 贴标签前后青少年每餐的热量有显著差异吗？使用 $\alpha=0.05$ 水平的双侧检验。

b. 计算 r^2 来评价均值差异的大小。

18. Loftus 和 Palmer 在 1974 年进行了一个经典的研究，解释了问问题的方式如何影响目击者的记忆。在该研究中，大学生观看了一段机动车事故的视频，然后回答他们看到了什么。一组被试被问的问题是"当两辆车撞上时，它们的速度大约有多快？"，另一组的被试被问的问题是"当两辆车碰上时，它们的速度大约有多快？"第一组被试估计的速度显著高于第二组被试估计的速度。假设研究者重复了这个研究，得到数据结果如下。

估计速度	
撞	碰
$n=15$	$n=15$
$M=40.8$	$M=34.0$
$SS=510$	$SS=414$

a. 结果可以说明两组估计的结果之间有显著差异吗？使用 $\alpha=0.01$ 水平的双侧检验。

b. 计算 Cohen's d 值来评估效应大小。

c. 根据研究报告的形式，用一句话来描述假设检验的结果和效应大小。

19. 很多研究发现，男性的自尊水平比女性更高，特别是在青少年群体中（Kling，Hyde，Showers，& Buswell，1999）。一个研究中，$n=10$ 的男生样本的自尊均值得分 $M=39.0$，$SS=60.2$，$n=10$ 的女生样本的自尊均值得分 $M=35.4$，$SS=69.4$。

a. 结果可以说明男生的自尊水平显著高于女生吗？使用 $\alpha=0.01$ 水平的单侧检验。

b. 为自尊水平的性别差异构建 95% 水平的置信区间。

c. 根据研究报告的形式，用一句话来描述假设检验和置信区间的结果。

20. 研究表明有创造力的人更容易作弊（Gino & Ariely，2010）。被试首先完成了创造性测量的问卷，几天后返回实验室完成了一系列的任务。其中一个任务是对一般知识的考察，需要被试在答题卡上圈出正确答案。然后研究者告诉被试需要重新在另一张计算机评分的答题卡上圈出答案。研究者还告诉被试因为印刷错误，在新的答题卡上可以看到正确答案。因此被试有机会作弊来获得更高的分数。分数越高，被试的酬劳越多。研究者秘密地记录了被试的原始答案和新的答案，用来测量每个被试作弊的程度。假设根据被试的创造力得分把被试分为两组，下面是研究数据。

高创造力	低创造力
$n=27$	$n=27$
$M=7.41$	$M=4.78$
$SS=749.5$	$SS=830$

a. 以上数据可以说明高创造力的人比低创造力的人更容易作弊吗？使用 $\alpha=0.05$ 水平的单侧检验。

b. 计算 Cohen's d 值来评估效应大小。

c. 根据研究报告的形式，用一句话来描述假设检验的结果和效应大小。

21. 当人们学习一种新任务时，如果第二天测试他们，他们的表现通常会提高，但这只是在他们至少睡了 6 个小时以后（Stickgold，Whidbee，Schirmer，Patel & Hobson，2000）。下面的数据证明了这个现象。被试在第一天学习了一种视觉分辨任务，然后在第二天对这种任务进行测试。一半的被试被允许至少睡 6 个小时，另一半的被试整晚醒着。两种条件之间存在显著差异吗？使用 $\alpha=0.05$ 的双侧检验。

表现分数	
6 小时睡眠	无睡眠
$n=14$	$n=14$
$M=72$	$M=65$
$SS=932$	$SS=706$

22. 研究显示，伴随着音乐的物理训练可以提高老人的平衡性和走路速度，并减少摔跤的次数（Trombetti，2011）。研究中，被试每天跟随音乐进行训练，每周进行一次 1 小时的有音乐节奏的反应训练。6 个月以后，训练组被试的走路速度和步长显著增大。下面是研究数据。

训练组步长				控制组步长			
24	25	22	24	26	23	20	23
26	17	21	22	20	16	21	17
22	19	24	23	18	23	16	20
23	28	25	23	25	19	17	16

数据是否可以说明两组被试的步长有显著差异？使用$\alpha=0.05$ 的双侧检验。

23. Downs 和 Abwender（2002）对足球运动员和游泳运动员进行了评估，探究了足球运动员频繁的头部撞击是否会对神经造成长久伤害。研究中，对足球运动员和游泳运动员的神经功能进行检测，结果有显著差异。在一个相似的研究中，得到了下列数据。

游泳运动员	足球运动员
10	7
8	4
7	9
9	3
13	7
7	
6	
12	

a. 足球运动员的得分显著低于控制组中游泳运动员的得分吗？使用$\alpha=0.05$ 的单侧检验。

b. 计算 r^2。

24. 研究表明，人们更容易在黑暗的环境中有更多不诚实的和利己行为（Zhong，Bohns，& Gino，2010)。在其中一个实验中，研究者给被试 20 个谜题，在每 5 分钟之内解出一题可以得到 0.50 美元。不过，成绩由被试自己报，也没有明显的检查其诚实与否的方法。因此，被试有很多作弊的机会，从而得到更多的钱。一组被试在一个灯光昏暗的房间中接受测试，另一组被试在照明良好的房间中接受测试。记录每一个个体报告的解出题目的个数。下面是研究的数据结果。

照明良好	灯光昏暗
7	9
8	11
10	13
6	10
8	11
5	9
7	15
12	14
5	10

a. 数据是否可以说明两种条件下的结果有显著差异？使用$\alpha=0.01$ 的双侧检验。

b. 计算 Cohen's d 值。

第 11 章

两个相关样本的 t 检验

章节概览

学习本章需使用的相关知识

下列术语是学习本章的关键背景知识，如果对这些知识有不明白之处，在进一步学习之前，应复习先前学过的相关章节。

- t 统计量介绍（第 9 章）：
  估计标准误；
  自由度；
  t 分布；
  t 检验的假设检验
- 独立测量设计

11.1 重复测量设计概述

前几章讲过，对于两种处理条件或两个整体的比较可以采用独立样本测量设计，这种设计实际上就是对两个独立样本分别测得的数据进行比较。本章将介绍重复测量设计，也叫组内设计。重复测量设计中，两组不同的数据来自同一组被试。例如，对治疗之前和治疗之后的病人进行测量。或者在模拟的驾驶情境中，分别对被试清醒时和饮酒后的反应时进行测量。在每个实例中，都是将同一个变量对同一组被试测量两次，也就是对同一个样本进行重复测量。

定义

重复测量设计就是对一个样本进行同一因变量的两次或两次以上的测量研究，即在所有的处理条件下都使用相同的样本，也常常被称为组内设计。

重复测量设计的优点是所有的处理条件都使用同一组被试，所以在这种设计中不存在一个处理条件下的被试与另外一个处理条件下的被试有本质差异的情况。另一方面，在独立样本设计中，有可能因为一组被试与另一组被试差异较大（一组更聪明、速度更快、更外向等）导致数据有偏差。本章最后将会呈现一个更加具体的重复测量研究和独立测量研究的差异比较，并分别对两者的优缺点进行描述。

匹配设计

有时，研究者试图利用被试匹配的技术来近似地模仿重复测量设计的优点。被试匹配设计包括两个不同的样本，但是一个样本中的个体是与另一个样本中的个体一一匹配的。在通常情况下，对研究中尤其重要的一个或多个变量进行被试匹配是很有必要的。例如，一个研究语言学习的研究者可能有必要确认两个样本的被试在智商和性别上是匹配的。在这个实验中，一个 IQ 为 120 的男性被试应该与另一组样本中的 IQ 为 120 的男性被试相匹配。虽然一个样本中的被试与另一个样本中的被试是不同的，但是被试匹配设计至少保证了在某些特殊变量上，两组被试是等值的。

定义

在被试匹配研究中，一个样本中的个体与另外一个样本中的个体相匹配。被试匹配可以使两个个体在研究者想控制的特殊变量上等值(或接近等值)。

在多个变量上对被试进行匹配也是可能的。例如，一个研究者希望两组被试在年龄、性别、种族和 IQ 上都进行匹配。也就是，一个 IQ 为 115、22 岁的白人女性就需要和另一个样本中 IQ 为 115、22 岁的白人女性相匹配。匹配的变量越多，越难找到可以匹配的被试。匹配的过程是为了尽可能地模仿重复测量研究设计。在重复测量设计中，匹配是完美的，因为每一个被试都出现在不同的实验条件中。而在匹配设计中，你能做到最好的程度是受到匹配变量个数的限制的。

在比较两个处理条件的重复测量设计或被试匹配设计中，数据由两组分数组成，对应于每个个体或每一个匹配组所得到的分数（表 11—1）。因为一组被试的数据与另一组被试的数据是一一对应的，所以，两种实验设计在统计上是等值的，这两种设计都被称为相关样本设计。本章将重点介绍重复测量设计，因为它在相关样本设计中更普遍。但是，在重复测量研究中所使用的统计技术同样可以直接运用于被试匹配研究中。被试匹配设计有时还被称为匹配样本设计，但是，在你使用这一章的分析技术前，样本中的个体也必须一一匹配。

表 11—1　一个 $n=5$ 名被试（或配对）的重复测量或被试匹配研究的数据示例。

被试或匹配组被试	第一个分数	第二个分数	
#1	12	15	
#2	10	14	
#3	15	17	←每一个被试或一组匹配被试的两个得分
#4	17	17	
#5	12	18	

11.2　重复测量研究设计的 t 检验

相关样本的 t 检验与前面所讲的 t 检验结构上相似。与第 9 章的单样本 t 检验本质相同。主要的区别在于，相关样本 t 检验的基础是差异值而不是原始分数（X 值）。本章主要介绍差异值和相关样本的 t 检验。

差异值：相关样本研究的数据

很多感冒药的副作用中都包含“可能会嗜睡”。表 11—2 是一个为了检验该现象的研究数据。研究中有 $n=4$ 个被试，每一个被试进行两次测量。每个被试的第一个分数（X_1）是服药之前的反应时的测量值，第二个分数（X_2）是服药一个小时后的反应时的测量值。因为研究者的兴趣是药物如何影响反应时，我们需要计算每个被试第一个分数和第二个分数之间的差异。差异值或者 D 值列于表格的最后一列。可以看出差异值是每一个被试反应时的变化量。通常，差异值是通过每个被试的第二个分数（处理之后）减去第一个分数（处理之前）得到的。

$$\text{差异值}=D=X_2-X_1 \qquad (11—1)$$

表 11—2　服用非处方感冒药前后的反应时测量。

被试	服药前（X_1）	服药后（X_2）	差异值 D
A	215	210	−5
B	221	242	21
C	196	219	23
D	203	228	25
$M_D=\frac{\sum D}{n}=\frac{64}{4}=16$			$\sum D=64$

每一个 D 值的符号都反映了变化的方向。例如，被试 A，在服用药物以后反应时减少（负的变化），但被试 B 的反应时增加了（变化为正）。

差异值（D 值）是假设检验需要用到的样本数据，所有的计算都需要用 D 值。例如，为了计算 t 值，需要 D 值的个数 n 和样本均值（M_D），还有 D 值的 SS。

相关样本检验的假设

研究者的目的是通过对样本差异的计算回答总体的问题。特别是研究者想知道两种不同的处理条件在一般总体中是否存在差异。注意，研究者关注总体之间的差异，也就是说，每个总体的每个个体都要经过两种条件（X_2和 X_1）的不同处理，然后计算其差异值（D）。具体地，我们关心的是总体分数差异值的均值，用符号来表示就是 μ_D（下标 D 表示我们计算的是 D 值的均值而非 X 的）。

一般情况下，虚无假设是总体之间无变化、无差异，即处理条件无效应。对于一个相关样本来讲，虚无假设就是两种处理条件下的总体之间的差异值为 0，用符号表示为：

$$H_0: \mu_D=0$$

这个假设指的是总体差异值的均值。图 11—1a 呈现了一个总体差异值的均值为 0 的例子。尽管总体均值为 0，每个个体的分数并不都等于 0。根据这个假设，一些被试的差异值可能是正的，而一些被试的差异值可能是负的，但是，差异值是随机的、非系统的，均值趋近于 0。我们还可以看到，从总体中选择的样本的差异并不刚好等于 0。因为样本均值和总体均值之间总会存在一些误差，所以，即使 $\mu_D=0$（H_0为真），M_D 也可能不等于 0。

备择假设则是处理效应使一种处理条件下的分数整体高于（或低于）另外一种处理条件下的分数，用符号表示为：

$$H_1: \mu_D \neq 0$$

根据 H_1，总体中被试的差异值趋向于一致，或者正或者负，显示了两种处理条件下的一致的、有预测性的差异。

图 11—1b 展示了一个总体均值差异为正的例子，即 $\mu_D>0$。这时，总体中每一个个体的差异分数大都大于 0。从这个总体中选择的样本的差异分数很可能会是正的，即 $M_D>0$。专栏 11—1 对 H_0和 H_1进行了深入探讨。

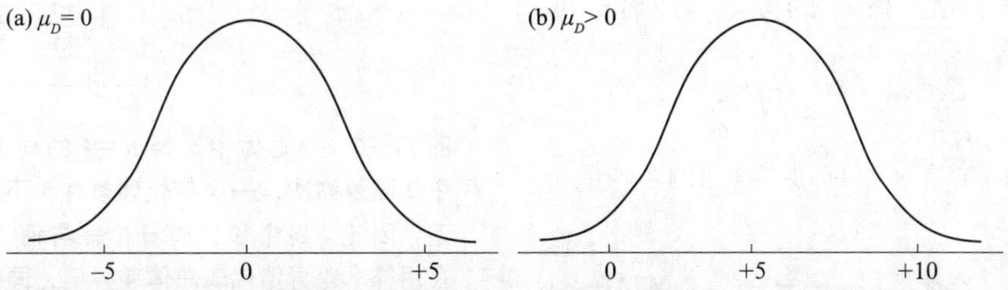

图 11—1　a 图：差异分数的均值是 $\mu_D=0$ 的总体。注意，一般的差异分数（D 值）不等于 0。b 图：差异分数均值大于 0 的总体。注意大多数的差异分数大于 0。

专栏 11—1　重复测量中 H_0 和 H_1 的类比

H_0 的类比：智力是个体稳定的特征。也就是说，从第一天到第二天不会明显变聪明或者变笨。但是，如果对被试在一个星期中的每一天都进行 IQ 测验，研究者可能得到七种不同的结果。IQ 分数的日变化可能是因为被试的健康、情绪、猜题的运气等随机因素的不同所致。有些天结果会偏高，有些天会偏低。平均来讲，IQ 分数日变化的均值趋向于 0。这就是重复测量中虚无假设的预测。根据 H_0，不管是每个被试的差异值还是一个样本的差异值，都由随机因素造成，从长远看，这些差异值的均值趋向于 0。

H_1 的类比：假如我们为了评估被试在一款新游戏上的表现，在一周内对被试进行了 7 次测量，每天记录被试的分数。同 IQ 测验一样，研究者可能发现每天的分数都有微小的变化。但是，分数的日变化并不是随机的，而会因为每天的练习表现出总体升高的趋势。因此，大多数的日变化应该呈现出升高趋势。这就是重复测量备择假设预测的情况。根据 H_1 得知，日变化是系统的、可预测的，均值不趋于 0。

相关样本的 t 检验

图 11—2 显示了重复测量假设检验的整个过程。在这里，遇到了与第 9 章本质上相同的问题。特别是，总体的平均数和标准差是未知的，利用样本来检验关于未知总体的假设。在第 9 章中，独立样本 t 检验主要是利用样本的平均数检验关于总体平均数的假设。重复测量的 t 检验公式与第 9 章中的公式是相同的。

$$t=\frac{M-\mu}{s_M}$$

在这个公式中，M 为样本平均数，来自数据；μ 为总体平均数，来自虚无假设。估计标准误是对样本数据的计算，测量了样本均数和总体均数的合理差异。

在重复测量设计中，样本数据是指差异值，用符号 D 表示，而不是 X 值。因此，我们在公式中用 D 表示我们处理的是分数间的差异值而不是 X 的。具体地，我们用样本的差异分数 M_D 来检验关于总体差异值 μ_D 的假设。因此，重复测量设计的 t 检验公式为：

$$t=\frac{M_D-\mu_D}{s_{M_D}} \qquad (11—2)$$

在这个公式中，M_D 的估计标准误 s_{M_D} 与独立样本 t 检验的计算方式相同。计算估计标准误 s_{M_D} 的第一步是计算样本差异值 D 的方差（或者标准差）。

$$s^2=\frac{SS}{n-1}=\frac{SS}{df} \quad 或 \quad s=\sqrt{\frac{SS}{df}}$$

然后利用样本方差（或标准差）和样本量 n 计算估计标准误。

$$s_{M_D}=\sqrt{\frac{s^2}{n}} \quad 或 \quad s_{M_D}=\frac{s}{\sqrt{n}} \qquad (11—3)$$

注意，所有计算的基础是差异值（D），并且是每个被试一个 D 值。样本量为 n，就有 n 个 D 值，t 检验的自由度 $df=n-1$。这里的 n 是指差异值的个数，而不是原始值 X 的个数。

这里要注意，重复测量 t 统计量在概念上同前面介绍过的 t 统计量类似。

$t=$（样本统计量—总体参数）/估计标准误

在这个公式中，样本统计量代表样本差异值的平均数 M_D，总体参数是 H_0 中假设的 μ_D。

估计标准误利用样本数据根据公式 11—3 计算得到。

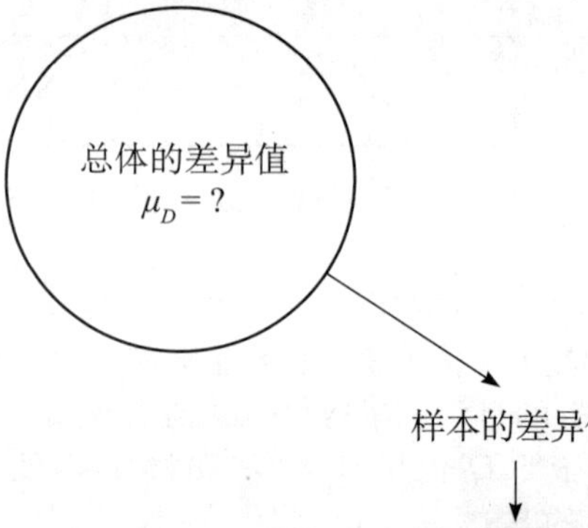

被试	I	II	D
A	10	14	4
B	15	13	−2
C	12	15	3
D	11	12	1

图 11—2　从总体中选择 $n=4$ 的样本，对样本中的每个个体测量两次，一次在处理条件 1 下，一次在处理条件 2 下，因此，每个被试有一个差异值（D）。注意，我们正在用样本差异值代表总体差异值，同样注意，总体差异值是未知的。虚无假设提出，对于一般总体，两种处理条件是一致的，没有系统差异的，即总体差异值 $\mu_D=0$。

学习检查

1. 下面是一组重复测量研究的数据，计算分数的差异值和差异值的均值、差异值的方差和差异值的标准误。

被试	处理 1	处理 2
A	5	8
B	6	13
C	7	10
D	9	12

2. 如果上述数据是用来检验两个处理条件是否有显著差异，分别用文字或符号描述检验的虚无假设。

答案

1. 分数差值分别为 3，7，3，3。平均差值为 $M_D=4$，$SS=12$，$s^2=4$，样本差异均值的标准误为 1。

2. 虚无假设：两种处理条件下，总体差异值的平均数为 0。用符号表示为 $\mu_D=0$。

11.3　重复测量设计的假设检验和效应值

在重复测量研究中，研究者对两种处理条件的差异值是否具有统计学上的意义比较感兴趣。假设检验主要是用样本中获得的差异值估计总体差异值 μ_D。

重复测量 t 检验与其他假设检验的步骤是相同的，共四个步骤。例 11.1 展示了假设检验的整个过程。

例 11.1

咒骂是对疼痛的一种很常见的、几乎是反射性的反应。当你撞到桌子的边缘或者锤子砸到了手，都会引发一连串的咒骂。那么，咒骂是会将注意力集中到疼痛上，从而增加疼痛感还是会转移注意力从而减轻疼痛感呢？为了解决这个问题，Stephens、Atkins 和 Kingston（2009）比较了咒骂时和其他反应时的疼痛感。研究中，被试尽可能长时间地把手放在冰水中。其中一半的被试在把手在放水中时可以使用他们最喜欢的方式随意咒骂。另一半的被试要不断重复一个中性词汇。记录两组被试能忍受的手在冰水中的时间。在简短的休息之后，被试交换条件，重复上述实验。因此，所有被试都参与了两种实验条件的处理：骂脏话和重复中性词。结果表明，骂脏话的被试的疼痛忍受性显著增加，对疼痛的感知明显下降。表 11—3 是一个 $n=9$ 的样本数据。

表 11—3　　**被试在两种条件下对疼痛等级的评估（1～10）。**

被试	中性词	脏话	D	D^2
A	9	7	−2	4
B	8	7	−1	1
C	7	3	−4	16
D	7	8	+1	1
E	8	6	−2	4
F	9	4	−5	25
G	7	6	−1	1
H	7	7	0	0
I	8	4	−4	16
			$\sum D=-18$	$\sum D^2=68$

$$M_D=-18/9=-2 \qquad SS=\sum D^2-\frac{(\sum D)^2}{N}=68-\frac{(-18)^2}{9}=68-36=32$$

步骤 1

陈述假设，选择显著性水平。

H_0：$\mu_D=0$（两种条件没有差异）

H_1：$\mu_D\neq 0$（有显著差异）

该研究是显著性水平$\alpha=0.05$的双侧检验。

步骤 2

定义拒绝域。$n=9$，t 检验的自由度为 $df=n-1=8$。根据 t 分布表，临界值为 $+2.306$ 和-2.306。图 11—3 显示了临界值。

步骤 3

计算 t 值。表 11—3 显示了样本数据，其中 $M_D=-2.0$，$SS=32$。计算 t 的过程有三步。

1. 计算样本方差。

$$s^2=\frac{SS}{n-1}=\frac{32}{8}=4.0$$

2. 利用样本方差计算估计标准误。

$$s_{M_D}=\sqrt{\frac{s^2}{n}}=\sqrt{\frac{4}{9}}=0.667$$

3. 使用样本均值（M_D）和假设总体均值（μ_D）以及估计标准误计算 t 值。

$$t=\frac{M_D-\mu_D}{s_{M_D}}=\frac{-2.0-0}{0.667}=-3.00$$

步骤 4

做出决定。t 值落在拒绝域内（见图 11—3），拒绝虚无假设。和重复中性词相比，骂脏话对疼痛的感知有显著影响。

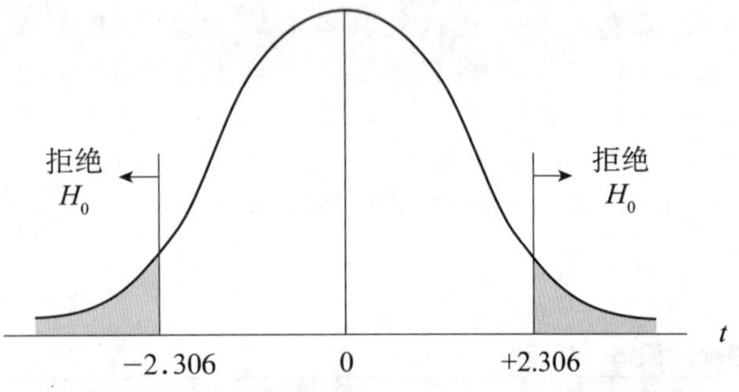

图 11—3　在 t 分布中，$\alpha=0.05$，$df=8$ 的拒绝域。

重复测量 t 检验的效应值

与其他假设检验一样，处理效应在统计意义上显著时，还应报告效应的绝对大小。效应值的测量指标为 Cohen's d 系数和 r^2，即解释的变异比例。还可以用估计的总体差异均值的置信区间来表示。下面将使用例 11.1 的数据展示如何用这些指标测量效应值。

Cohen's d 系数　Cohen's d 系数提供了两种处理条件的均值差异的标准测量。标准化过程就是用均值的差异值除以标准差。在重复测量 t 检验的过程中，Cohen's d 系数的计算公式为：

$$\text{Cohen's } d \text{ 系数}=\frac{\text{总体平均差异值}}{\text{标准差}}=\frac{\mu_D}{\sigma}$$

因为总体均值和标准差未知，我们用相应的样本统计量代替。样本均值 M_D 是对总体平均差异值的最好估计，样本标准差（样本方差的开方）是对总体标准差的最好估计。因此，估计的 d 值公式如下：

$$\text{估计的 Cohen's } d \text{ 系数}=\frac{\text{样本平均差异值}}{\text{样本标准差}}=M_D/s \quad (11—4)$$

根据例 11.1，$M_D=-2$，$s^2=4.00$ 计算结果为：

$$d=M_D/s=\frac{-2}{\sqrt{4.00}}=\frac{-2}{2.00}=-1.00$$

大于 0.80 的效应值都较大，而该效应值现在在该范围内。

解释的变异比例 r^2　变异比例是由假设检验的 t 值和 df 值计算而来的，与单样本 t 检验和独立样本 t 检验一样。计算例 11.1 的数据结果为：

$$r^2=\frac{t^2}{t^2+df}=\frac{(3.00)^2}{(3.00)^2+8}$$

$$=\frac{9}{17}=0.529=52.9\%$$

因此，差异值 52.9%的变异可以由骂脏话的效应来解释。具体来讲，骂脏话显著降低了对疼痛性的评估。也就是说，与 0 的偏差很大程度上可以由处理效应来解释。

估计的 μ_D 的置信区间　同前两章一样，置信区间可以用来测量和描述处理效应的大小。对于重复测量 t 检验，用样本差异的均值 M_D 来估计总体差异的均值 μ_D。这时，置信区间通过估计两种处理条件下总体差异的均值来估计处理效应的大小。

和 t 检验一样，首先需要计算 t 公式中的未知参数，对于重复测量 t 检验：

$$\mu_D=M_D\pm ts_{M_D} \quad (11—5)$$

从样本数据中可以得到 M_D 和（s_{M_D}）。尽管 t 值是未知的，我们可以用 t 的自由度和 t 分布来估计 t 值。使用估计的 t 值和样本统计量，我们可以计算 μ_D 的值。下面的例子详细地展示了构建总体差异均值的置信区间的过程。

例 11.2

例 11.1 中，研究讨论了咒骂对疼痛感知的影响。9 个被试在骂脏话时对疼痛的感知明显小于重复中性词时对疼痛的感知。两种处理下分数差异的均值为 $M_D=-2$，差异均值的估计标准误是 $s_{M_D}=0.667$。现在，我们为总体平均差异构建 95%水平的置信区间。

样本量 $n=9$ 时，重复测量 t 检验的 $df=8$。

为了计算 95%的置信区间，使用的 t 值应是所有 t 值的中间 95%的部分。根据 t 分布表，$df=8$ 时，95%的 t 值应在 $t=-2.306$ 和 $t=2.306$ 之间。将这些值代入公式中，可以得到：

$$\mu_D=M_D\pm t\ (s_{M_D})$$
$$=-2\pm2.306\ (0.667)$$
$$=-2\pm1.538$$

这时，置信区间的值从 $-2-1.538=-3.538$ 到 $-2+1.538=-0.462$。我们的结论是咒骂条件会降低对疼痛的感知，降低分数 0.462 到 3.538。我们有 95%的信心确定差异的均值在这个区间内，因为我们有 95%的信心确定 t 值落在分布中间 95%的部分。最后，我们可以看到，置信区间是围绕着差异均值的。样本差异的均值 $M_D=-2$ 在区间的正中间。

同之前一样，重复测量 t 检验的置信区间除了受到处理效应大小的影响以外，还受到很多其他因素的影响。特别地，置信区间的宽度直接受到置信水平的影响，置信水平越高，置信区间越宽。此外，置信区间宽度还受到样本量的影响，样本量越大，置信区间越窄。因为置信区间和样本量有关，所以它并不像 Cohen's d 系数和 r^2 是对效应大小的纯粹测量。

我们注意到例 11.2 中的 95%的置信区间并不包含 $\mu_D=0$。换句话说，我们有 95%的信心确定总体差异均值不为 0。这和在 0.05 水平下拒绝虚无假设的结论是一致的。如果 95%的置信区间包含 $\mu_D=0$，那么假设检验的结论是在 0.05 水平下接受虚无假设。

学习检查

1. 研究者想要通过对比处理前后的被试表现来评价处理效应。对于这个 $n=9$ 的样本，处理前后分数的改变的均值 $M_D=1.9$，$SS=200$。

a. 数据可以说明处理有显著效应吗？使用 $\alpha=0.05$ 的双侧检验。

b. 计算效应值 Cohen's d 值和 r^2。

c. 计算总体差异均值的 90%的置信区间。

答案

1. a. 虚无假设认为处理没有效应，$\mu_D=0$。样本方差是 25，标准误是 1.67，$t\ (8)=1.14$。$df=8$ 时，临界值是 2.306。因此接受虚无假设并且得出结论处理没有显著效应。

b. Cohen's $d=1.9/5=0.38$，$r^2=1.30/9.30=1.140$。

c. 90%的置信水平下，$t=\pm1.860$。区间为 $\mu_D=1.9\pm1.860\ (1.67)$，即 -1.21 到 5.01。

在文献中　报告重复测量 t 检验的结果

在第 9 章和第 10 章中，t 检验结果的 APA 报告格式包括 t 值、自由度和 α 水平。通常在陈述或表格中都有平均值和标准差。在例 11.1 中，差异值的均值 $M_D=-2.00$，$s=2.00$。所以 $t=-3.00$，$df=8$，拒绝虚无假设，显著性水平为 0.05。最后，通过计算处理条件解释的方差变异，得到 $r^2=0.529$。这个研究的报告结果总结如下：

从中性词变化为脏话时，咒骂可以改变对疼痛的感知水平。其中 $M=2.00$，$s=2.00$。减小量在统计意义上是显著的，$t\ (8)=-3.00$，$p<0.05$，$r^2=0.529$。

当用计算机程序进行假设检验时，输出结果包括精确的显著性水平，即 p 值。在本例中，计算机分析结果报告显著性水平 $p=0.017$。研究报告中的精确概率结果呈现如下：

减小量在统计水平上是具有统计意义的，$t\ (8)=-3.00$，$p=0.017$，$r^2=0.529$。

有时候，p 值会很小，而计算机只输出前三位小数，因此会得到 p 等于 0。这时候，p 值并不真的等于 0，要报告为 $p<0.001$。

例 11.2 中置信区间作为假设检验结果中描述效应值的方式时，呈现如下：

从中性词变化为脏话时，咒骂可以改变对疼痛的感知水平，$t\ (8)=-3.00$，$p<0.05$，95%的置信区间为 [-0.462，-3.538]。

描述统计和假设检验

仔细分析样本数据的研究结果，将会很容易发现处理效应值，理解假设检验的结果。在例11.1中，被试量 $n=9$，差异均值 $M_D=-2.00$，$s=2.00$。样本平均数和标准差描述了一组数据以-2.00为中心，并且大部分数据落在均值左右2分之内。图11—4显示了例11.1的真实差异值，除了显示样本分数，还强调虚无假设中 $\mu_D=0$ 的位置。注意，样本分数远离0。具体讲，数据与总体均值 $\mu_D=0$ 是不一致的，这就是拒绝虚无假设的原因。另外要注意，样本平均值所在位置低于0一个标准差。这个值与$d=-1.00$的效应值是一致的。对于这些数据来讲，样本分布图（图11—4）有助于理解效应值测量和假设检验的结果。

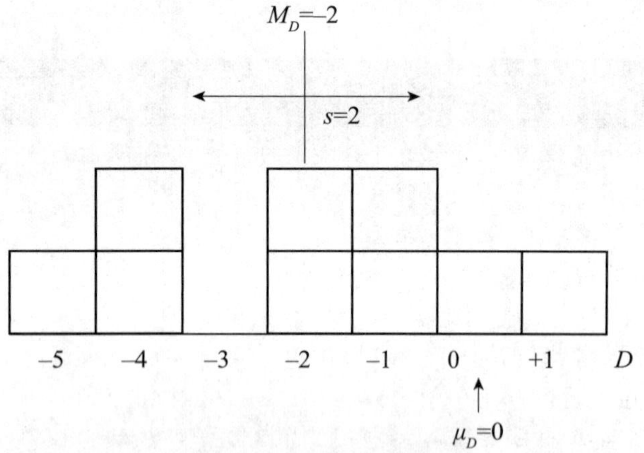

图11—4 例11.1的样本差异值。平均数 $M_D=-2.00$，标准差 $s=2$。数据显示分数一致性为负，预测 $\mu_D=0$（无效应）不是一个合理的假设。

重复测量 t 检验中的样本方差和样本量

第9章和第10章中，我们讨论了影响 t 检验结果的一些因素。同样的因素也会影响重复测量 t 检验。最明显的因素是样本差异均值的大小。差异均值越大，拒绝虚无假设的可能性越大，效应值越大。此外，样本分数的方差和样本量都会影响 t 统计量中的分母估计标准误的大小。具体来说，标准误和样本量成反比（样本量越大，标准误越小），和样本方差成正比（样本方差越大，标准误越大）。因此，样本量越大，t 统计量会越大（远离0），拒绝虚无假设的概率越大。方差越大，t 值越小（接近0），得到显著结果的可能性越小。

尽管方差和样本量都会影响假设检验，但只有方差会影响效应值，如 Cohen's d 值和 r^2 的大小；方差越大，效应值越小。样本量对 Cohen's d 值没有影响，对 r^2 的影响也很小。

变异对处理效应一致性的测量

在重复测量研究中，差异值的变异是一个具体的很容易理解的概念。特别是样本变异描述了处理效应的一致性。例如，如果处理后，每个被试的分数都增加了，那么这一系列差异值分布集中，变异相对较小。例11.1（图11—4）中所有的被试在骂脏话时对疼痛的评价都较低。这种差异较小的情况下，很容易发现处理效应，并且处理效应是很显著的。

现在考虑变异很高的情况。假设例11.1中，9个被试的分数差值分别为-11，-10，-7，-2，0，0，$+3$，$+4$，$+5$。这些差值的均值也是 $M_D=-2$，但变异增加到了 $SS=228$，标准差 $s=6.00$。图11—5展示了新的差异值。我们还是标出了虚无假设中 $\mu_D=0$ 的位置。注意，高变异意味着处理效应的不一致。处理条件可以提高一些被试的分数，也可以降低另外一些被试的分数。在假设检验中，变异越高，估计标准误越大，可以得出 $t=1.50$，此时，t 值位于拒绝域之外。这时，我们需要接受虚无假设，得出结论，咒骂对疼痛的感知没有效应。

变异很小时（图11—4），2分的处理效应就可以得到统计上显著的结果。变异较大时（图11—5），2分的处理效应不再显著。如前面几次提到的一样，高变异可以模糊数据的模式，降低得到显著处理效应的可能性。

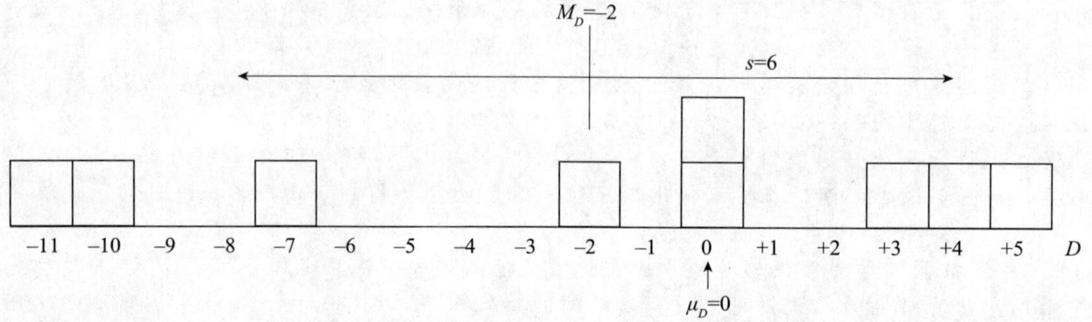

图11—5 样本数据的平均差异值 $M_D=-2$，标准差 $s=6$。数据并没有显示出一致的提高或降低，意味着 $\mu_D=0$（无效应）是一个合理的假设。

有方向的假设和单侧检验

在许多重复测量和被试匹配研究中，研究者对处理效应的方向有具体的预测。例如，在例 11.1 的研究中，研究者期望被试在进行咒骂时，感受到的疼痛水平更低。将这种有方向的预测作为假设陈述，就是有方向的或者单侧的假设检验。以下的例子呈现了在有方向的检验中如何决定假设和拒绝域。

例 11.3

如同例 11.1 呈现的实验，研究者使用重复测量设计检验骂脏话对疼痛感知的影响。研究者预测，被试骂脏话时比重复中性词汇时感知到的手放在冰水中的疼痛程度要轻。

步骤 1

陈述假设，选择显著性水平。对于这个例子来说，研究者预测咒骂会降低感知到的疼痛感水平。虚无假设为咒骂时感知到的疼痛感水平不会降低。用符号表示为：

H_0：$\mu_D \geqslant 0$（分数不会降低）

备择假设则陈述为处理是有效的，即咒骂会降低感知到的疼痛感水平，用符号表示为：

H_1：$\mu_D < 0$（分数会降低）

使用$\alpha=0.01$ 水平。

步骤 2

确定拒绝域。独立测量 t 检验中，我们用两步来确定单侧检验的拒绝域。首先我们要看样本差异值的均值，确定它跟预测的方向是一致的。否则处理和虚无假设是一致的，这时可以停止检验。如果变化的方向是正确的，要确定的就是差异是否显著。在这个例子中，差异和预测方向是一致的（预测评价会降低，样本分数减小）。$df=8$，$\alpha=0.01$，单侧检验，临界值为 2.896。因此，如果 $t>2.896$，则拒绝 H_0。

步骤 3

计算 t 值。在例 11.1 中，计算得出 $t=-3.00$。

步骤 4

做出决定。t 值位于拒绝区域内。因此，拒绝 H_0，即咒骂可以显著降低感知到的疼痛水平。研究报告中，结果的呈现方式如下：

相对于中性词汇，咒骂会显著降低感知到的疼痛水平：

$t(8)=-3.00$，$p<0.01$，单侧检验。

学习检查

1. 研究者想要探究针灸治疗法对背痛的治疗效果。从诊所中选择了 $n=4$ 个被试，每一个被试评估了自己疼痛的等级，经过 6 周的治疗之后，再次对疼痛的等级进行了评估。研究者记录了两次评价的差异。得到疼痛水平下降的均值 $M=4.5$，$SS=27$。

a. 数据可以说明针灸治疗有显著效果吗？使用$\alpha=0.05$ 的双侧检验。

b. 数据可以说明针灸治疗可以显著减轻背部疼痛吗？使用$\alpha=0.05$ 的单侧检验。

2. 计算问题 1 中的 Cohen's d 值和 r^2。

3. 重复测量 t 检验的计算机结果报告，$p=0.021$。

a. 研究者可以得出$\alpha=0.01$ 的水平下处理效应显著的结论吗？

b. $\alpha=0.05$ 时，处理效应显著吗？

答案

1. a. 样本方差为 9，标准误是 1.50，$t=3.00$。$df=3$ 时，临界值为 $t=\pm3.182$。接受虚无假设。

b. 单侧检验时，临界值为 $t=2.353$。拒绝虚无假设，针灸治疗可以显著地减轻疼痛。

2. $d=4.5/3=1.50$，$r^2=9/12=0.75$。

3. a. $p=0.021>0.01$，所以处理效应在$\alpha=0.01$ 水平下是不显著的（$p>0.01$）。

b. $p=0.021<0.05$，所以处理效应在$\alpha=0.05$ 水平下是显著的（$p<0.05$）。

11.4 重复测量 t 检验的使用和假设

重复测量和独立测量设计

在许多研究中，可以使用重复测量研究或者独立测量研究比较两个处理条件。独立测量使用两个独立的样本（对每个样本进行一种条件处理），重复测量就是对同一个样本进行不同条件的处理。研究者可以根据两种设计的优点和缺点来选择使用哪种设计。总的来讲，重复测量设计有很多优点。

被试数量 重复测量设计相对独立测量设计需要的样本较少。重复测量设计可以更加有效地利用被试，因为对每个被试都要进行不同条件的处理。这对于可获得的被试相对较少的研究来说是很重要的（例如，研究的是稀有物种或者比较罕见专业的被试。）

跨时间的变化研究 重复测量设计非常适合研究学习、发展或者跨时间所发生的其他变化。注意，这种设计主要是一次测量所有被试，然后在一段时间后对同样的被试进行相同的测量。通过这种方式，研究者可以观察到行为的跨时间变化或发展。

被试间差异 重复测量的主要优点就是减少或消除被试间差异带来的问题。被试特征的差异主要是指个体间年龄、IQ、性别、人格之间的差异。被试间差异会影响研究获得的分数以及假设检验的结果，如表11—4所示。第一组数据代表典型独立测量研究的结果，第二组数据代表重复测量研究结果。注意，该表中给每个被试取名主要是帮助证实被试间差异的影响。

表11—4 独立测量研究和重复测量研究结果的假设数据。两组数据中的数值是相同的，并且处理条件之间的平均差异值都等于－5。

独立测量（2个独立样本）		重复测量（相同的样本接受不同的处理）		
处理1	处理2	处理1	处理2	D
（John） $X=18$	（Sue） $X=15$	（John） $X=18$	（John） $X=15$	-3
（Mary） $X=27$	（Tom） $X=20$	（Mary） $X=27$	（Mary） $X=20$	-7
（Bill） $X=33$	（Dave） $X=28$	（Bill） $X=33$	（Bill） $X=28$	-5
$M=26$	$M=21$			$M_D=-5$
$SS=114$	$SS=86$			$SS=8$

对于独立测量而言，每个数值代表一个被试。但对于重复测量而言，相同的被试接受所有不同条件的处理。两种设计的差异有很重要的影响。

1. 数据的构造使得两个研究中的数值相同，并且处理条件之间的平均差异值都等于－5。在两个研究中，研究者想证明差异值是由处理条件的不同造成的。但是，在独立测量研究中，差异值有可能是由于处理1条件下的被试特征与处理2条件下的被试特征不同造成的。例如，处理2条件下的三个被试的智商均高于处理1条件中的三个被试，所以他们的分数更高。但是，这些问题在重复测量设计中就不会存在。具体讲，在重复测量设计中，两种处理条件下的被试不同的可能性为0，因为两种处理条件使用的是同一组被试。

2. 虽然两组数据的数值均相同，并且处理条件之间的平均差异值均等于－5，但是两组数据根据变异计算的标准误是不同的。对于独立测量研究来讲，分别对两个不同的样本计算 SS 或方差。注意，每个样本中的被试间差异都是很大的。例如，在处理1的条件下，Bill的分数为33，而John的分数只有18。这些被试间的差异将产生很大的样本方差和标准误。对于独立测量研究，标准误为5.77，则 $t=0.87$。因此，假设检验结果显示处理条件之间并没有显著的差异。

在重复测量研究中，计算差异值的 SS 和方差。如果仔细检查表11—4的重复测量数据就会发现，Bill和John在处理条件1和处理条件2下的巨大差异已经消除。被试间差异的消除导致方差和标准误急剧降低。对于重复测量研究，标准误为1.15，t 值为－4.35。重复测量研究中的 t 值显示了处理条件的显著差异。因此，重复测量研究的优点就是通过消除被试间差异减小方差，提高获得显著性结果的概率。

时间相关因素和顺序效应

重复测量设计的主要缺点是设计结构允许除了处理条件外的其他因素造成被试的分数值从一个处理条件到另一个处理条件的变化。具体来讲，在重复测量设计中，每一个被试的两次测量都是在两种不同的实验条件下进行的，通常是两个不同的时间。也就是，随时间变化的外界因素就有可能造成被试分数的变化。例如，被试两次测量时健康和情绪的变化有可能引起两次分数的差异。此外，天气等外界因素也可能会影响被试分数。因为重复测量通常伴随时间变化，因此和时间相关的因素（而不是两种处理条件）都是可能引起被试分数变化的因素。

第一次处理条件也可能会影响第二次处理条件下被试的反应。例如，被试在第一次测量中可以积累经验，因而在第二次测量时有更好的表现。这时，研究者也会发现两种处理条件下分数有差异，但这种差异不是由处理造成的，而是因为练习效应。由于之前的测量而引起分数变化的现象叫顺序效应，可以影响重复测量设计中的均值差异。

平衡 解决时间相关因素影响或者顺序效应的一个方法是平衡处理条件的顺序。即将被试随机分为两组，一组被试先接受条件 1 的处理，然后再接受条件 2 的处理。而另外一组被试先接受条件 2 的处理，然后再接受条件 1 的处理。平衡设计的目的是消除处理条件以外的因素引起的变异。例如，如果存在练习效应，那么一半被试处理 1 的测量会有助于处理 2 的表现，而另一半的被试处理 2 的测量会有助于处理 1 的表现。因此，之前的经验同等地改善了两个处理条件下的表现。

当时间相关效应和顺序效应很强时，最好的办法就是不选择重复测量设计，而是使用独立测量研究（或者是匹配样本设计），即每个被试接受一次一种条件处理。

相关样本 t 检验的假设

相关样本 t 检验的两个基本假设：

1. 每种处理条件下的观测值是独立的。注意，独立性的假设涉及每个处理条件内的分数值。在处理条件内，每个分数来自不同的被试，而且它们是相互独立的。

2. 差异值（D）的总体分布服从正态分布。正态假设只有在样本量非常小的时候才被关注。如果严重偏离正态，t 检验的有效性可能由于小样本而受到损害。但是，大样本（$n>30$）的情况下，这个假设将被忽略。

学习检查

1. 重复测量 t 检验的基本假设是什么？

2. 分别用重复测量设计和独立测量设计来检验处理效应，两种情况下用到的被试量都是 20。两个检验的 df 分别是多少？

3. 和独立测量研究相比，重复测量研究的方差更小，而检测出处理效应的可能性更大。（判断对错）

答案

1. 处理条件内的观测值之间是独立的。假设 D 值的总体分布是正态的。

2. 重复测量 t 检验的 $df=19$，独立测量 t 检验的 $df=18$。

3. 正确。

▼ 小结

1. 在相关样本研究中，一种处理条件下的被试与另外一种处理条件下的被试是直接相关、一一对应的。最常见的相关样本研究是重复测量设计，即相同样本的被试接受所有不同条件的处理。这种设计对相同被试进行重复测量。另外一个就是被试匹配设计，即一个样本中的被试与另一个样本中的被试是一一匹配的。匹配的基础是一个与研究相关的变量。

2. 重复测量 t 检验首先计算每个被试第一次和第二次测量的差值（或者匹配组的差值），差值或 D 值的计算公式为：

$$D = X_2 - X_1$$

样本平均数 M_D、样本方差 s^2 用于总结和描述这组差值。

3. 重复测量 t 检验的公式为：

$$t=\frac{M_D-\mu_D}{s_{M_D}}$$

在这个公式中，虚无假设是 $\mu_D=0$，估计标准误的计算公式为：

$$s_{M_D}=\sqrt{\frac{s^2}{n}}$$

4. 当研究者进行相同被试的行为变化观察，即学习或者发展研究时，重复测量设计优于独立测量设计。重复测量设计的主要优点就是消除或者减小被试间的差异，并且减小样本变异，提高获得显著性结果的概率。

5. 在重复测量研究设计中，效应值可以用 r^2（解释的变异的比例）或者 Cohen's d 系数（标准化平均差值）测量。r^2 在重复测量设计和独立测量设计中的计算公式是相同的：

$$r^2=\frac{t^2}{t^2+df}$$

Cohen's d 系数被定义为样本平均差值除以重复测量设计或者独立测量设计的标准差。对于重复测量来说，

$$\text{估计的 } d=M_D/s$$

6. 描述处理效应大小的另外一种方法是为总体差异的均值 μ_D 构建置信区间。用重复测量的 t 统计量的公式来计算未知差异均值的置信区间。

$$\mu_D=M_D\pm t\ (s_{M_D})$$

首先，选择一个置信水平，之后查找相应的 t 值。例如，置信水平为 95% 时，t 值的范围是分布的中间的 95% 的部分。然后把样本差异的均值、标准误和 t 值一起代入公式。

▼ 关键术语

重复测量设计　相关样本设计　重复测量 t 检验　组内设计　差异值　个体差异

被试匹配设计　差异均值 M_D 的估计标准误　顺序效应

▼ 资源

➢SPSS

使用 SPSS 的基本介绍可见附录 D，以下呈现的是如何使用 SPSS 进行本章介绍的重复测量 t 检验的详细指导。

数据录入

将数据输入数据矩阵的两列中（VAR00001 和 VAR0002），被试的第一次测量分数输入第一列，第二次测量分数输入第二列。每个被试的两个分数必须在同一行。

数据分析

1. 点击工具栏的 Analyze，选择 Compare Means，然后点击 Paired-Samples t Test。

2. 在左侧的方框中一次选中两个数据列的列标签，然后点击箭头将它们移入 Paired Variables 的方框中。

3. 除了完成假设检验，程序还会计算总体差异均值的置信区间。置信区间自动设为 95%，但你可以选择 Options 改变这个百分比。

4. 点击 OK。

SPSS 输出

我们用 SPSS 程序来分析例 11. 1 实验中的数据，程序的输出如图 11—6 所示。输出包括一张有每次处理的均值和标准差等样本统计量的表。第二张表是两列分数之间的相关（相关会在第 14 章中呈现）。最后一张表，在图 11—6 中被分为两部分，展现了假设检验的结果，包括差异的均值和标准差、均值的标准误、差异均值的一个 95% 的置信区间、t 值、df 以及显著性水平（检验的 p 值）。

➢关注问题解决

1. 数据收集完后，选择适当的统计方法。如何知道数据适合重复测量 t 检验？仔细分析实验设计。被试来自一个样本吗？对相同的被试进行第二次测验吗？如果是，重复测量 t 检验就适用。只有在被试匹配研究中，重复测量 t 检验才可应用于两个样本中的数据。

2. 重复测量设计的基础是差异值。计算差异值时，确定使用同一种方法计算差异值。也就是说你可以选择使用 X_2-X_1 或 X_1-X_2，但你要用同一种方法计算所有被试分数的差异值。

配对样本统计量

		均值	N	标准差	均值的标准误
Pair 1	VAR00001	7.777 8	9	0.833 33	0.277 78
	VAR00002	5.777 8	9	1.715 94	0.571 98

配对样本相关系数

		N	相关系数	显著水平
Pair 1	VAR00001 & VAR00002	9	−0.126	0.746

配对样本假设检验

		差异值		
		均值	标准差	均值的标准误
Pair 1	VAR00001 − VAR00002	2.000 00	2.000 00	0.666 7

配对样本假设检验

		差异值		t	自由度	显著性水平（双侧）
		95%置信区间				
		下限	上限			
Pair 1	VAR00001 − VAR00002	0.462 66	3.537 34	3.000	8	0.017

图 11—6　例 11.1 中重复测量假设检验的 SPSS 输出。

➢示例 11.1

重复测量 t 检验

一个大型石油企业想提升因大量石油泄漏而被影响的形象。市场部门开发了一个简短的电视商业片，并对 7 个被试进行测验。在观看电视商业片之前和之后分别测验被试对公司的态度。数据如下表：

被试	X_1（前）	X_2（后）	D（差值）
A	15	15	0
B	11	13	+2
C	10	18	+8
D	11	12	+1
E	14	16	+2
F	10	10	0
G	11	19	+8

$$\sum D = 21$$

$$M_D = \frac{21}{7} = 3.00$$

$$SS = 74$$

是否有显著变化？注意，被试进行了两次测验——分别在观看电视商业片之前和之后。因此，该研究是重复测量设计。

步骤 1　陈述假设，选择显著性水平。

虚无假设表示电视商业片对人们的态度没有明显的改变，用符号表示为：

H_0：$\mu_D = 0$（平均差值为 0）

备择假设则陈述为电视商业片确实改变了人们对公司的态度，用符号表示为：

H_1：$\mu_D \neq 0$（平均差值不为 0）

根据以上陈述，该检验是显著性水平 $\alpha = 0.05$ 的双侧检验。

步骤 2　确定临界值。

重复测量 t 检验的自由度公式为：

$$df = n - 1$$

因此，对于该数据，自由度

$$df = 7 - 1 = 6$$

查 $\alpha = 0.05$，$df = 6$，双侧检验的 t 值。临界值 $t = \pm 2.447$。

步骤 3　计算 t 值。

我们仍然建议分三步计算值。

D 值的方差

样本 D 值的方差计算公式为：

$$s^2 = \frac{SS}{n-1} = \frac{74}{6} = 12.33$$

M_D 的估计标准误

样本平均差值的估计标准误的计算公式为：

$$s_{M_D} = \sqrt{\frac{s^2}{n}} = \sqrt{\frac{12.33}{7}} = \sqrt{1.76} = 1.33$$

重复测量 t 检验值

计算 t 值的公式为：

$$t=\frac{M_D-\mu_D}{s_{M_D}}=\frac{3-0}{1.33}=2.26$$

步骤 4　对 H_0 做出决定，并陈述结论。

得到的 t 值位于拒绝域外，因此，接受虚无假设。即商业片并没有改变人们的态度，$t(6)=2.26$，$p>0.05$，双侧检验。（注意，我们陈述的是 p 值大于 0.05，因为我们接受了虚无假设。）

➢示例 11.2

重复测量 t 检验的效应值

计算示例 11.1 数据中的 Cohen's d 系数和 r^2，样本差值的均值 $M_D=3.00$，方差 $s^2=12.33$。

$$\begin{aligned}\text{估计的 } d &= \text{平均差异值/标准差}\\ &= M_D/s=3.00/\sqrt{12.33}\\ &=3.00/3.51=0.86\end{aligned}$$

假设检验得到 $df=6$，$t=2.26$，所以 r^2 的计算结果为：

$$\begin{aligned}r^2 &= \frac{t^2}{t^2+df}=\frac{(2.26)^2}{(2.26)^2+6}=\frac{5.11}{11.11}\\ &=0.46 \text{（或 } 46\%\text{）}\end{aligned}$$

➢练习题

1. 重复测量或组内设计的主要特征是什么?

2. 被试本身的差异可以引起实验中分数的不同。对于一个独立测量设计，这种差异可能会引起一些问题。简述这些问题是什么，并解释重复测量设计中是如何消除这种问题的。

3. 解释重复测量设计和匹配被试设计的区别。

4. 研究者进行了一项实验，比较两种处理条件，并且每个处理条件内有 20 个分数。

a. 如果研究者使用独立测量设计，需要多少名被试?

b. 如果研究者使用重复测量设计，需要多少名被试?

c. 如果研究者使用匹配被试设计，需要多少名被试?

5. 一个重复测量研究使用了一个 $n=9$ 的样本，得到分数差异的均值 $M_D=4.25$，$SS=128$。

a. 计算样本分数差异的标准差。简单解释这个标准差测量了什么。

b. 计算样本差异均值的估计标准误。简单解释估计标准误测量了什么。

6. a. 一个重复测量研究选用了一个 $n=16$ 的样本，差异的均值 $M_D=3$，标准差 $s=4$。使用 $\alpha=0.05$ 水平的双侧检验，可以说明处理有显著效应吗?

b. 假设样本的标准差 $s=12$，重复上述假设检验。

c. 解释样本的标准差是如何影响假设检验结果的。

7. a. 一个重复测量研究选用了一个 $n=9$ 的样本，差异的均值 $M_D=3$，标准差 $s=6$。使用 $\alpha=0.05$ 水平的双侧检验，可以说明该样本来自 $\mu_D=0$ 的总体吗?

b. 假设样本差异值的均值 $M_D=+12.00$，重复上述假设检验。可以说明样本来自 $\mu_D=0$ 的总体吗?

c. 解释样本差异值的均值是如何影响假设检验结果的。

8. 一个重复测量实验研究的样本差值均值 $M_D=4$，标准差 $s=6$。

a. 如果样本量 $n=4$，在 $\alpha=0.05$ 的双侧检验中，样本数据是否可以拒绝虚无假设?

b. 假设同上述条件相同，$n=16$ 呢?

c. 解释样本量是如何影响假设检验结果的。

9. 当你购买到一件很便宜的商品时，你会认为你进行了一笔很成功的交易还是认为你买到了一件次品? 研究者发现当别人而不是你自己买到了便宜的商品时，你更容易把低价和质量差联系在一起（Yan & Sengupta，2011）。在一个相似的研究中，要求被试（$n=16$）在两种情境下评价一个低价商品的质量：自己购买的和朋友购买的。样本差异值的均值 $M_D=2.6$，$SS=135$，自己购买时评价更高。

a. 自己购买和朋友购买时，对商品的质量评价有显著差异吗? 使用 $\alpha=0.05$ 的双侧检验。

b. 计算 Cohen's d 值。

10. 研究表明失眠对复杂任务的表现，如问题解决有显著性影响（Linde & Bergstroem，1992）。为了证实这个现象，样本量 $n=25$ 的大学生被试在一天的中午接受问题解决任务测验，第二天的中午进行第二次测验，两次测验之间不允许被试睡觉。研究者记录了每个被试两次测验成绩的差异。被试差值均值 $M_D=4.7$（第一次测验成绩较好），方差 $s^2=64$。

a. 样本数据是否可以证明问题解决能力的显著变化? $\alpha=0.05$，双侧检验。

b. 计算估计的 Cohen's d 值以测量效应大小。

11. Strack、Martin 和 Stepper（1998）研究发现，与将铅笔置于嘴唇上时（被试皱眉头）相比，将铅笔置于牙齿上（被试微笑）时被试认为卡通图片有趣的概率更高。研究者对 40～45 岁的 25 个成年人被试重复上述实验。研究者记录了每个被试微笑和皱眉头时判断卡通图片有趣概率的差异。平均来说，被试在微笑时认为卡通图片有趣的概率更高，$M_D=1.6$，$SS=150$。

a. 数据是否表明被试在微笑时认为卡通图片有趣的概率显著更高? $\alpha=0.01$，单侧检验。

b. 计算测量效应值 r^2。

c. 根据研究报告的形式，用一句话来描述假设检验的结果和效应大小。

12. 广告招聘中会经常使用表现男性气概的词(如：独立的，强壮的)，特别是在一些以男性为主的领域（Gaucher，Friesen & Kay，2011）。研究也显示这些词可能会降低工作对女性的吸引力。在一个相似的研究中，一组女性被试阅读了一系列的工作招聘广告，并对广告的吸引力进行评价。其中一半的广告是包含明显男子气概词语的，而另一半广告使用的是中性的词语。记录每个被试对广告吸引力的评价。样本量 $n=25$，评价差异的均值 $M_D=1.32$（中性词语的评价更高），$SS=150$。

a. 结果可以说明两类广告对女性的吸引力有显著差异吗？$\alpha=0.05$，双侧检验。

b. 计算 r^2。

c. 根据研究报告的形式，用一句话来描述假设检验的结果和效应大小。

13. 最近的研究发现，外表具有吸引力的人常常被认为更加聪明（Eagly，Ashmore，Makhijani & Longo，1991）。为了证实这个现象，研究者拿到 10 张照片，其中 5 张照片是被公认为外表具有吸引力的男士，另外 5 张照片则是公认为不具有吸引力的男士。将 10 张照片发给被试量 $n=25$ 的大学生，要求大学生在 10 点计分量表上评价照片中男士的聪明程度。研究者计算了 5 张具有吸引力照片的平均得分和 5 张不具有吸引力照片的平均得分，然后计算两组数据的差值。对于整个样本来讲，差值的均值 $M_D=2.7$（具有吸引力照片的男士聪明度得分较高），$s=2.00$。样本数据是否可以表明两组照片中男士聪明度的显著差异？$\alpha=0.05$，双侧检验。

14. 研究发现随着年龄的增大，人的认知功能会有所下降（Bartus，1990）。但也有研究表明食物中的抗氧化剂可以减缓甚至扭转下降的趋势（Joseph，1999）。为了检验这个现象，假设研究者选取了一个 $n=16$ 的老年人样本，他们的年龄在 65～75 岁。研究者用标准化的认知能力测验对每一个个体施测。之后的两个月，每天都给他们提供蓝莓，两个月后，用同样的测验再次对被试施测。结果显示两次分数差异值的均值 $M_D=7.4$，$SS=1215$。

a. 数据可以说明抗氧化剂对认知表现有显著影响吗？$\alpha=0.05$，双侧检验。

b. 为两次表现差异的均值构建 95%的置信区间。

15. 下表是一个重复测量研究中的数据。为了检验处理效应，对 $n=6$ 的样本在处理前后分别进行了测量。

a. 计算分数差异值和 M_D。

b. 计算 SS、样本方差和估计标准误。

c. 处理效应显著吗？$\alpha=0.05$，双侧检验。

被试	处理前	处理后
A	7	8
B	2	9
C	4	6
D	5	7
E	5	6
F	3	8

16. 一个谷物类研究公司想要研究使用燕麦对健康的好处。他们选取了 9 个志愿者，30 天内不食用任何燕麦类产品。30 天后，测量每个人的胆固醇水平。然后在接下来的 30 天，被试食用和前 30 天完全相同的食物，只是每天多加两杯燕麦粥。30 天后，再次测量被试的胆固醇水平，并计算两次测量的差异。结果，被试的胆固醇水平平均下降 $M_D=16$ 分，$SS=538$。

a. 数据可以说明食用燕麦对胆固醇水平有显著影响吗？$\alpha=0.01$，双侧检验。

b. 计算 r^2，即处理可以解释的变异比例。

c. 根据研究报告的形式，用一句话来描述假设检验和效应值的结果。

17. 研究显示，红色可以提升男性对女性的吸引力（Elliot & Niesta，2008）。在原本的研究中，给男性被试分别呈现在白色和红色背景下的女性照片。被试对呈现在红色背景下的照片的吸引力的评价显著高于白色背景下的照片。在一个相似的研究中，研究者给 30 名男性被试呈现了 30 张女性照片，15 张在白色背景下，15 张在红色背景下。每一张照片都在红色背景和白色背景下分别呈现一次。每一个被试都在浏览了所有照片以后对每一个女人的吸引力做出 1～10 分的评价。下面是 $n=9$ 个被试的评价结果。数据可以说明两种背景下的照片的吸引力有显著差异吗？$\alpha=0.01$，双侧检验。

被试	白色背景	红色背景
A	4	7
B	6	7
C	5	8
D	5	9
E	6	9
F	4	7
G	3	9
H	8	9
I	6	9

18. 和独立测量研究相比，重复测量研究设计的一个主要优点是它可以通过消除个体差异来减小变异。下面的数据来自一个重复测量研究的

设计。

a. 假设数据是来自独立测量研究的两个样本，每一个样本有 $n=6$ 个被试。计算合并方差和差异均值的估计标准误。

b. 假设数据是使用一个 $n=6$ 的样本进行的重复测量研究设计。计算样本差异值的方差和平均差异的估计标准误。（你会发现重复测量显著地减小了方差和标准误。）

处理 1	处理 2	差值
10	13	3
12	12	0
8	10	2
6	10	4
5	6	1
7	9	2
$M=8$	$M=10$	$M_D=2$
$SS=34$	$SS=30$	$SS=10$

19. 18 题的结果展示了去除个体差异后，方差和标准误显著减小。然而，只有在个体差异在不同处理条件下是一致的时候才会有这种效应。例如，18 题中，前两个被试在两个处理条件下的分数都是被试中最好的，最后两个被试的两个分数都是最低的。下面的数据中，我们打乱了被试在处理 1 下的分数，消除了个体差异的一致性。

a. 假设数据是来自独立测量研究的两个样本，每一个样本有 $n=6$ 个被试。计算合并方差和均值差异的估计标准误。

b. 假设数据是使用一个 $n=6$ 的样本进行的重复测量研究设计。计算样本差异值的方差和均值差异的估计标准误。（这次，你会发现移除个体差异并没有减小方差和标准误。）

处理 1	处理 2	差值
6	13	7
7	12	5
8	10	2
10	10	0
5	6	1
12	9	−3
$M=8$	$M=10$	$M_D=2$
$SS=34$	$SS=30$	$SS=64$

20. 一个研究者用被试匹配设计来探究有宠物的单身人士是否会比没有宠物的单身人士更幸福。对一组 20～29 岁的没有宠物的单身人士和一组相似年龄的有宠物的单身人士用情绪量表施测。两组被试根据收入、好朋友的个数和健康状况一一进行匹配。数据如下：

匹配组	没有宠物	有宠物
A	12	14
B	8	7
C	10	13
D	9	9
E	7	13
F	10	12

a. 两组的分数有显著差异吗？$\alpha=0.05$，双侧检验。

b. 估计总体差异均值的 95% 的置信区间。（你会发现 $\mu_D=0$ 是可以接受的，这和假设检验的结果是一致的。）

21. 一些研究表明做选择题时重新思考或修改答案会提高分数（Johnston，1975）。为了检验这个现象，教师把学生分成了两部分。其中一部分学生完成之后马上交卷，不能修改。另一部分可以重新考虑并修改答案。测验之前，老师根据学生的期中成绩对 9 名第一部分的学生和 9 名第二部分的学生一一进行了匹配。例如，将不能改动组的期中成绩为 89 的学生和一名可以改动组的期中成绩同为 89 的学生进行匹配。9 组相匹配的被试的成绩在下表中呈现。

a. 数据可以说明两种条件下分数有显著差异吗？$\alpha=0.05$，双侧检验。

b. 为总体差异均值构建 95% 的置信区间。

c. 根据研究报告的形式，用一句话来描述假设检验和置信区间的结果。

匹配组	不能改动	可以改动
#1	71	86
#2	68	80
#3	91	88
#4	65	74
#5	73	82
#6	81	89
#7	85	85
#8	86	88
#9	65	76

22. 问题 21 还用了另外一种方式来检验改答案对分数的影响。在另一个班级中，学生可以检查试卷并在交卷之前任意更改答案。但是，学生必须标明每一个题目的原始答案和修改后的答案，教师对两次的答案分别进行判分。实验样本量 $n=22$，修改答案后分数平均提高了 $M_D=2.5$ 分。标准差是 $s=3.1$。数据可以说明修改答案可以显著提高分数吗？$\alpha=0.01$，单侧检验。

23. 在奥林匹克竞赛中，即使很小的因素都可以影响胜负。例如，Pelton（1983）的研究结果显示，奥林匹克神枪手在心跳的间隔时间内开枪而不是在心跳时开枪击中的概率最高。心跳带来的很小的偏差似乎可以显著影响神枪手的命中结果。以下的假设数据证实了这个现象。被试样本量 $n=8$ 的神枪手进行一系列射击，同时研究者分别记录了心跳间隔时间内的射击分数和心跳时的射击分数。该数据是否表明存在显著差异？$\alpha=0.05$。

被试	心跳时	心跳间隔内
A	93	98
B	90	94
C	95	96
D	92	91
E	95	97
F	91	97
G	92	95
H	93	97

24. 本章中例 11.1 用重复测量设计证明了咒骂可以缓解疼痛（Stephens，Atkins & Kingston，2009）。研究中，每个被试都把手放入冰水中，并保持尽可能长的时间。一种条件下，被试可以随意咒骂，一种条件下被试要不断重复一个中性词。咒骂除了可以缓解疼痛，还可以延长容忍疼痛的时间。下面的数据是研究数据的一部分。

a. 数据可以说明两种条件下容忍的时间有显著差异吗？$\alpha=0.05$，双侧检验。

b. 计算 r^2。

c. 根据研究报告的形式，用一句话来描述假设检验和效应值的结果。

	总时间（秒）	
被试	咒骂	中性词语
1	94	59
2	70	61
3	52	47
4	83	60
5	46	35
6	117	92
7	69	53
8	39	30
9	51	56
10	73	61

第三部分 回顾

学完本部分之后，你要能够用 t 统计量进行假设检验并会计算 t 统计量的置信区间。包括：

1. 第 9 章的单样本 t 检验
2. 第 10 章的独立测量 t 检验
3. 第 11 章的重复测量 t 检验

本部分中，我们介绍了三种用来对未知总体的均值和均值差异做推论的 t 统计量。因为总体都是未知的，我们需要从样本中得到必需的信息。每一次推论都是从计算样本均值和样本方差（SS 或标准差）开始。因此，对第 3 章和第 4 章中概念的理解是本部分的重要基础。

使用 3 个 t 统计量时，首先面临的问题是哪种方法适用于当前的研究情景。最好的方法就是仔细观察样本数据。

1. 单样本 t 检验中（第 9 章），只有一组被试，每个被试只有一个分数。t 检验用唯一的样本均值和样本方差检验未知总体均值的假设，并估计总体均值的置信区间。

2. 独立测量 t 检验中有两组被试，因此有两组分数。每一组分数有一个均值和方差，因此共有两个均值和两个方差。计算合并方差以后，t 检验用两个样本均值的差异检验两个总体均值差异的假设，并估计总体均值差异的置信区间。虚无假设认为两个总体均值之间没有差异，即 $\mu_1-\mu_2=0$。

3. 重复测量 t 检验中只有一组被试，但是每一个个体都会在不同的时间或不同的处理条件下测试两次。然后要得到每一个被试两次测试的分数差值，并计算分数差值的平均值和方差。t 检验用样本差异值的均值和方差检验关于总体均值差异的假设，并估计总体均值差异的置信区间。虚无假设认为总体分数差异为 0，即 $\mu_D=0$。

练习

1. Belsky、Weinraub、Owen 和 Kelly（2001）报告了学前的儿童抚育对年幼儿童发展的影响。一个研究结果显示，和母亲在一起的时间越短，儿童在幼儿园表现出的问题行为越多。一个测量幼儿园儿童的标准化问题行为问卷的平均分 $\mu=35$。有一个 $n=16$ 的样本，每个个体在过去一年中每周和母亲在一起的时间都少于 20 个小时，该样本在问卷上的平均得分 $M=42.7$，标准差 $s=6$。

a. 数据可以说明和母亲在一起的时间越短，问题行为越多吗？$\alpha=0.01$，单侧检验。

b. 为总体均值构建 90%的置信区间。

c. 根据研究报告的形式，用一句话来描述假设检验和置信区间的结果。

2. 你认为巧克力是很美味的还是让人发胖的？你的性别可能决定了你的态度。Rozin、Bauer 和 Catanese 检验了对食物口味和健康程度的关注的性别差异。下面的结果是类似的研究得出的。分数测量了对食物不健康程度的关注。

男性	女性
$n=9$	$n=15$
$M=33$	$M=42$
$SS=740$	$SS=1240$

a. 数据是否可以说明男性和女性态度之间有显著差异？$\alpha=0.05$，双侧检验。

b. 计算 r^2。

c. 根据研究报告的形式，用一句话来描述假设检验和效应值大小的结果。

3. 兴奋剂利他林可以提高 ADHD 儿童的注意广度和学业表现（Evans，2001）。为了检验该药物的效应，研究者选取了 $n=20$ 个患有 ADHD 的儿童，并分别在他们服药前后测量了他们的注意广度。数据显示注意广度提升的平均分 $MD=4.8$ 分钟，$s^2=125$。

a. 数据是否可以说明利他林可以显著提升注意广度？$\alpha=0.05$，单侧检验。

b. 计算变化的平均值的 80%的置信区间。

第四部分　方差分析：检验两个或多个总体均值的差异

在第三部分中，我们介绍了 t 检验，使用样本均值和均值差异来推断相应的总体均值和均值差异。然而，t 检验仅限于比较一个或两个总体的均值。通常情况下，一个研究问题会包括两个以上均值，在这些情况下，t 检验则不适用。在这一部分中，我们将介绍一种新的假设检验技术：方差分析（ANOVA）。ANOVA 允许研究者使用样本数据检验两个或两个以上总体之间的均值差异。我们将介绍应用于三个不同研究领域的三种 ANOVA 方法：

1. 独立测量设计：使用两个或多个独立样本来推断出两个或多个未知总体之间的均值差异。

2. 重复测量设计：使用一个样本，每个个体均接受两个或多个不同的处理条件，来推断出处理条件间的总体均值差异。

3. 双因素设计：在一个研究中，允许存在两个自变量同时发生变化，从而产生两个自变量的不同处理条件的结合。之后 ANOVA 分别对两个变量的均值差异和两个变量的交互作用进行估计。

在接下来的两章中，我们将继续检验使用样本均值来推断总体均值差异的统计方法。这些推论方法的主要应用是帮助研究者解释他们研究的结果。在一个典型的研究中，研究目的为检验两个或多个处理条件间是否有差异。例如，研究者想证明看暴力电视节目的儿童比不看暴力电视节目的儿童更具有攻击性。在这种情况下，数据由一种处理条件的分数（即样本均值）和另一个处理条件的样本均值组成。研究者希望发现两个样本均值有差异且可以将均值差异的结果推广到总体。

问题是，即使总体均值无论什么情况下均无差异，样本均值也会不同。如第 1 章中（图 1—2）我们所看到的，即使两个样本来自同样的总体，样本均值也可能会存在差异。因此，即使研究者在某项研究中得出样本均值有差异，也不能完全证明在总体中存在均值差异。与第三部分中呈现的 t 检验一样，一个假设检验需要证明样本数据的均值差异是否在统计上显著。当样本均值多于两个时，恰当的检验方法是 ANOVA。

第 12 章

方差分析介绍

章节概览

学习本章需使用的相关知识

下列内容是学习本章的关键背景知识，如果对这些知识有不明白之处，在进一步学习之前，应复习先前学过的相关章节。

- 变异性（第 4 章）
  平方和
  样本方差
  自由度
- 假设检验介绍（第 8 章）
  假设检验的逻辑
- 独立测量的 *t* 检验（第 10 章）

12.1 概述

方差分析（ANOVA）是用于评估两个或多个处理条件（或总体）之间平均数差异的一种假设检验方法。与所有的推断统计程序一样，ANOVA使用样本数据来推断关于总体的结论。看起来，方差分析和t检验似乎是使用两种不同的方法做同一项工作：平均数差异的检验。从某种意义上来讲是对的——两种方法都是用样本的数据来检验关于总体平均数差异的假设。然而，ANOVA比t检验拥有更多的优势。具体地说，t检验仅限于只有两种实验处理需要比较的情况。而ANOVA的主要优势在于它可以用来比较两个或更多实验处理之间的平均数差异的情况。因此，在实验设计和结果解释上ANOVA给研究者们提供了更大的灵活性。

图12—1是需要使用方差分析的一个典型的研究情形。我们注意到研究使用了三个样本来代表三个总体。分析的目的是判断观察样本之间所得的平均分差异是否提供了充足的证据，来推论出三个总体之间存在着显著的平均分的差异。具体地说，我们必须在两种解释之间作出抉择：

1. 总体（或实验处理）之间事实上不存在差异。样本观察值之间的差异仅由于偶然因素（抽样误差）造成。

2. 总体（或实验处理）之间事实上存在差异，并且这些总体平均数的差异，是样本观察值间存在差异的部分原因。

你应当意识到这两种解释对应于一般的假设检验程序中的两个假设（虚无假设或备择假设）。

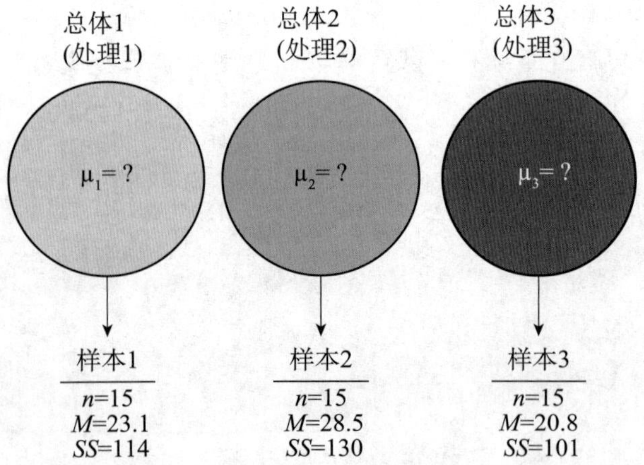

图12—1 使用ANOVA的典型情形。三个独立的样本用于推断三个未知平均分的总体（实验处理）之间的差异。

ANOVA的术语

在我们继续进行探讨之前，有必要介绍一些在图12—1中用于描述研究情境的术语。回想一下（来自第1章），当研究人员操纵一个变量以产生一个实验处理情境时，这个被操纵的变量称做自变量。例如，图12—1表示的就是研究者操纵电话情境变量，以观察三种不同电话情境下被试的驾驶表现。三种情境分别为：驾驶时不打电话、驾驶时打免提电话、驾驶时手持电话。另一方面，当研究者根据一个不被控制的变量来分组的时候，该变量就被称为准自变量。例如，图12—1中的三个组分别代表6岁、8岁和10岁年龄段儿童。在方差分析的语境里，一个自变量或准自变量被称为一个因素。图12—1可以代表一项考察电话情境因素的研究，或者代表一个年龄是考察因素的非实验研究。

定义

在方差分析中，用于分派组别的变量（自变量或准自变量）被称为因素。

组成因素的被试组别或处理情境被称为该因素的水平。例如，一个考察三种不同电话情境下被试驾驶表现的研究，电话情境这个因素就有三个水平。

定义

因素的个别情形或个别值，称为因素的水平。

与第10章和11章的t检验一样，ANOVA可以用于独立测量设计或重复测量设计。独立测量设计表示每一个处理水平有一个独立的组或被试。在重复测量设计中，不同的处理水平有相同的组。另外，ANOVA可以检验包含多于一个因子的均值差异。例如，研究者想比较两种治疗技术的即时效果以及疗效随时间的持续作用。这种情况下，研究包括两组不同的被试，每一组接受一种治疗技术，并在不同的时间点测量每一组被试。这个设计见图12—2。我们注意到这个研究设计有两个因子，一个为独立测量因子，另一个为重复测量因子：

1. 因子1：治疗技术。每个组使用一种治疗技术（独立测量）。

2. 因子 2：时间。每组在三个时间点都进行了测量（重复测量）。

在这个例子中，ANOVA 将测量两种治疗技术以及在不同时间点疗效的均值差异。一个研究包含两个因子，如图 12—2 所示，被称作两因子设计或因素设计。

与使用一个单因子设计相比，在研究中使用不同因子以及混合不同设计可以为研究者提供更大的灵活性。

虽然方差分析可以应用于大量的研究情形，这章介绍的仍将是它的最简单形式。具体地说，我们将只考虑涉及一个因素的研究设计——仅有一个自变量的设计（或仅有一个准自变量的设计）。同时，我们只关注独立测量设计，即使用的是独立样本的研究设计。本章只介绍基本的逻辑和程序，为更复杂的 ANOVA 的应用打好基础。例如，在第 13 章，我们将考察 ANOVA 应用于单因子、重复测量设计及两因子设计。但是在这章中，我们只讨论单因子、独立测量设计。

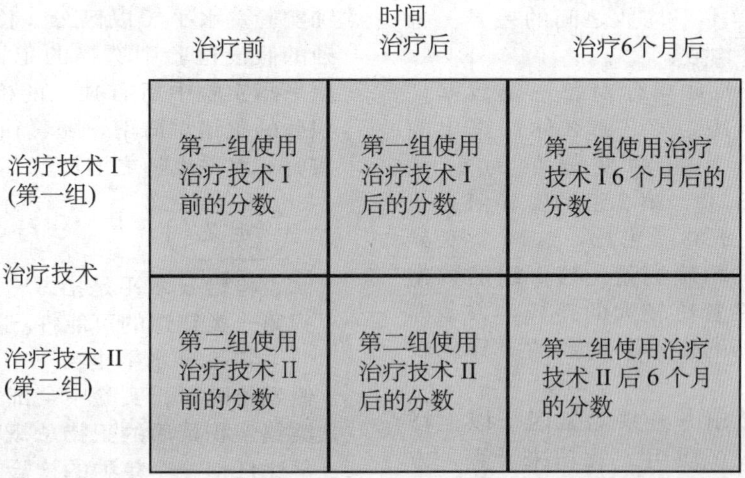

图 12—2　一个两因素的研究设计。研究使用了 2 个因素：第一个因素用了两个水平的治疗技术（I 和 II），第二个因素使用了三个水平的时间（之前，之后，6 个月后）。同时注意，治疗因素使用了两个独立的组（独立测量），时间因素的三个水平都是用相同的组（重复测量）。

ANOVA 的统计假设

接下来的例子用来介绍 ANOVA 的统计假设。假设一个心理学家考察三种手机使用条件（驾驶时不打电话、驾驶时打免提电话、驾驶时手持电话）下的驾驶表现。选出三组被试样本，对不同样本被试进行不同的实验处理。研究的目的是确定使用手机是否影响驾驶表现。用统计术语来说，我们想判断两个假设：零假设（H_0），该假设认为是否使用手机实际上没有效应；备择假设（H_1），该假设认为使用手机影响驾驶表现。用公式来表示，零假设为：

$$H_0: \mu_1 = \mu_2 = \mu_3$$

零假设表示手机使用因素对驾驶表现没有影响。也就是说，三种手机使用条件下的总体均值是相同的。一般来说，H_0 表示没有处理效应。

备择假设则指总体均值不是全都相同。

H_1：总体平均数中至少有一个总体平均分不同于其他的总体平均分。

通常情形下，H_1 假设存在真实的处理效应。跟通常情况的一样，即使我们使用的是样本数据检验这些假设，但是假设时仍使用的是总体参数。

注意，我们没有给出任何具体的备择假设。这是因为可以选择的备择假设是很多的，把它们全部列举出来是极其乏味、冗长的。例如，一个可选择的备择假设为前两个总体平均数是相似的，但是第三个总体平均数与前二者均不同。另一个可选择的备择假设为后两个总体平均数是相同的，但是第一个与它们均不同。其他备择假设如下：

H_1：$\mu_1 \neq \mu_2 \neq \mu_3$（总体平均数全不相同。）

H_1：$\mu_1 = \mu_3$，但是 μ_2 与二者不同。

我们应该知道，研究者仅仅对这些备择假设中的一个（或一些）感兴趣。通常情况下，一个理论或先前研究的结果将会指出关于处理效应的一个预测。考虑到简洁性，我们将选择一个一般的备择假设形式，而不是尝试把所有可能的备择假设一一列举出来。

ANOVA 的统计检验

ANOVA 的统计检验与第 10 章里提到的独立测量 t 检验十分相似。关于 t 检验，我们首先计算标准误。标准误测量的是如果没有处理效应（即 H_0 为真），两样本均值的期望差异如何。然后使用如下的形式来计算一个 t 值：

t＝样本平均数之间的差异/标准误（没有处理效应的期望差异）

但是，对于ANOVA，我们想比较两个或两个以上样本均值的差异。两个以上的样本很难定义或测量“样本均值差异”。例如，如果只有两个样本，它们的平均数分别为$M=20$、$M=30$，那么我们很容易指出，两个样本平均数之间的差异为10分。然而，如果我们有了第三个样本，并且其平均数为$M=35$，那么样本平均数差异是多少呢？很显然这是个问题。解决这一问题的办法是用变异来定义和测量样本平均数之间的差异。考察接下来的两组样本平均数：

第1组	第2组
$M_1=20$	$M_1=28$
$M_2=30$	$M_2=30$
$M_3=35$	$M_3=31$

如果你对每一组数据计算其变异，那么你计算出的第1组的变异值为$s^2=58.33$，第2组的变异值为$s^2=2.33$。注意，这两个变异值表示的是差异程度的精确测量。第1组的数据中样本平均数之间存在着比较大的差异，方差亦比较大。第2组中数据的样本平均数的差异比较小，并且方差也很小。

因此，我们可以使用方差来测量两个以上样本的均值差异。ANOVA使用F比值来计算，方程如下：

F＝样本均值间的方差（差异）/没有处理效应的期望方差（差异）

我们注意到，F比值与t值的基本结构一样，但是是基于变异而非样本平均数的差异。F值的分子上的方差提供了一个测量所有样本均值差异的数。分母的方差类似于t值分母上的标准误，测量的是如果没有处理效应的期望方差。因此，t检验和F值提供了同样的信息。在两种检验中，检验值大证明样本均值差异（分子）比无处理效应时的期望差异（分母）大。

第一类错误和多重假设检验

如果我们已经可以使用t检验来比较均值差异，你可能会想为什么还需要用方差分析。为什么要开发一个仅仅是复制了t检验的功能的新的假设检验程序呢？这个问题的答案建立在对第一类错误的考虑之上。

我们知道，每做一次假设检验，就要选择一个犯第一类错误的风险的α水平。例如，$\alpha=0.05$代表存在5%的或1/20的可能犯第一类错误。通常一个实验需要数个假设检验来检验所有的均值差异。然而，每个检验均会有一个犯第一类错误的风险，检验越多，犯第一类错误的风险越大。

考虑到这个原因，研究者通常对检验α水平和实验α水平予以区分。检验α水平是指一个单独的假设检验中选择的犯错误的可能性。实验α水平指实验中所有独立的检验所犯第一类错误累积后的犯错总概率。随着独立的检验次数的增加，实验α水平也随之增加。

定义

检验α水平是指做一个单独的假设检验时犯第一类错误的可能性。

实验α水平指当一个实验包括多个不同的假设检验时，实验中全部独立的检验所犯第一类错误积累后的犯错总概率。通常，实验α水平比任何一个单独的检验的α值大。

例如，对于一个涉及三个处理情况的实验来说，你需要进行三次t检验来比较全部的均值之间的差异：

检验1 比较处理1和处理2。

检验2 比较处理1和处理3。

检验3 比较处理2和处理3。

如果所有的检验均使用$\alpha=0.05$，那么第一个检验会有5%的风险犯第一类错误，第二个检验有5%的风险犯第一类错误，第三个检验也有5%的风险。三次单独的检验所积累起来的犯第一类错误的总和是一个相当大的实验α水平。方差分析的优势就在于它在一次实验中同时进行三个均值差异的比较。因此，无论需要比较的均值有多少，ANOVA在一个水平下使用一个检验来估计均值差异，从而避免了实验α水平的膨胀。

12.2 方差分析的逻辑

ANOVA需要使用的公式和计算是比较复杂的，但是整个程序所蕴含的逻辑是相当简洁明了的。因而，在进行更加详细的介绍之前，本节先对方差分析的总体结构进行简单介绍。我们将借助表12—1中的数据对ANOVA的逻辑进行介绍。该数据代表的是三种电话情境下被试驾驶表现的独立测量实验。

表12—1中的数据有一个明显的特征，即得分并不全部相同。用日常语言来说，得分是存在差异的；用统计术语来说，得分是有变异的。我们的目的是测量变异的程度（差异的大小），并且解释得分为什么是不同的。

表 12—1　　**来自一个实验的假设数据，该实验考察了三种电话情形下被试的驾驶表现。***

处理 1：没有电话（样本 1）	处理 2：手持电话（样本 2）	处理 3：免提电话（样本 3）
4	0	1
3	1	2
6	3	2
3	1	0
4	0	0
$M=4$	$M=1$	$M=1$

* 注意，该实验有三组独立的样本，每一组样本里被试个数 $n=5$。因变量为模拟驾驶的表现。

分析的第一步是确定全部数据的总变异。为了计算总变异，我们需要把全部单独样本的得分汇总在一起，获得整个实验的变异量。一旦获得了总变异量，我们可以把它分成两个部分。分析这个词意味着把整体分解成更小的部分。因为我们将要分析变异性，这个过程就被叫做方差分析。方差分析是把总变异分成两个基本的部分。

1. 处理间方差。从表 12—1 中的数据，我们可以清楚地看到得分中的大部分变异是在处理间产生的。例如，在没有手机情况下的被试得分（$M=4$）远大于被试在手持电话情形下的得分（$M=1$）。我们计算处理间方差以测量处理情境之间的所有差异。注意，处理间方差真实地测量了样本均值之间的差异。

2. 处理内方差。除了处理之间的差异外，样本内部之间也存在变异。再看表 12—1，我们看到在没有手机情形下被试得分是不同的，它们之间也是变化的。处理内方差将测量每一处理情形内的变异程度。

把总变异分解成两个成分是方差分析的核心之处。我们现在将更加详细地考察每一个成分。

处理间方差

我们知道，方差是一种测量一组数据差异程度的方法。当你看到方差这个术语的时候，你会自动地把它翻译为差异。因此，处理间方差也就是测量处理间真实存在的差异程度的大小。对于处理间存在的差异（或方差）有两种可能的解释：

1. 处理间差异不是由处理效应引起的，而是自然发生的、随机的、非系统性的。也就是说，差异是抽样误差的结果。

2. 处理间差异时由处理效应引起的。例如，如果使用手机确实会干预驾驶的表现，那么在使用手机条件下的驾驶表现分数会系统地低于不使用手机条件下的分数。

因而，当我们计算处理间方差时，我们测量的是由处理效应造成的差异，或仅由抽样误差造成的随机差异。为了系统阐述处理效应是否真的存在，我们必须证明处理间差异显著大于仅由随机因素造成的差异。为了达到这一目标，我们必须确定当处理效应不存在时差异应该有多大，也就是说，我们需要测量仅由随机因素和非系统因子造成的差异（方差）。为了测量这些差异，我们需要计算处理内方差。

处理内方差

在每一个处理情境中，我们有一组被严格同等对待的被试个体，也就是说，研究者不会做任何将会造成个体差异的行为。如在表 12—1 中，5 个被试在手提电话情形下接受测验（处理 2）。虽然 5 个被试个体接受了同样的处理，他们的得分仍然是不同的。为什么得分是不同的？答案是，差异没有特定的原因。也就是说，处理内的差异是指当没有处理效应造成分数差异时所发生的随机的、非系统的差异。因而，处理内方差提供了一种对 H_0 为真时差异有多大的测量方式。

图 12—3 完整地介绍了方差分析，并且分析了测量的变异来源的两个基本部分。

F 比值：ANOVA 的统计量

一旦我们将总变异分为两个基本的组成部分（处理间和处理内），我们将对二者进行比较。比较过程是计算一个称做 *F* 比值的统计量。对于独立测量的 ANOVA 来说，*F* 比值结构如下：

$$F=\text{处理间方差}/\text{处理内方差}=\text{处理间真实差异}/\text{不存在处理效应时的差异} \quad (12\text{—}1)$$

当我们使用变异来源的方式表示变异的组成部分时（见图 12—3），*F* 比值的结构如下：

$$F=（\text{处理效应}+\text{随机因素造成的差异}）/\text{随机因素造成的差异} \quad (12\text{—}2)$$

所得到的 *F* 比值将帮助我们判断处理效应是否存在。考虑如下两种可能性：

1. 当处理效应不存在时，处理间的差异（分子）全部来自随机的、非系统因素。在这种情况下，*F* 比值的分子和分母测量的都是随机差异并且

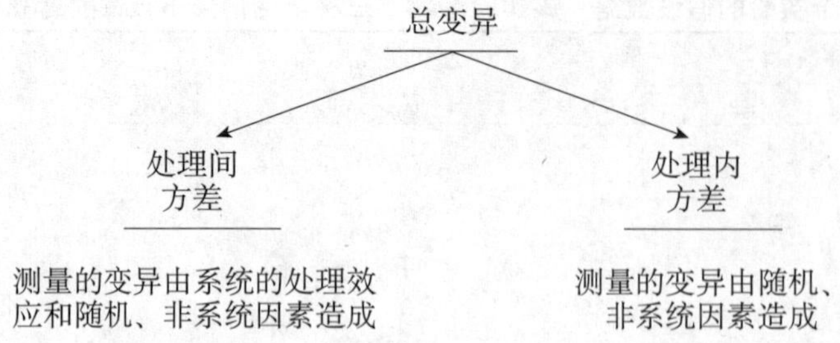

图12—3 独立测量的方差分析。总变异分为两个部分：处理间方差和处理内方差。

结果是一样的。由于分子和分母是相等的，那么当处理效应为0时，我们得到的结果是

$F=$（0+随机因素造成的差异）/随机因素造成的差异

因而，当F比值与1.00接近时，处理间差异（分子）同分母上的差异一样，是随机、非系统的。当F接近1.00时，我们可以得出结论，认为没有证据说明处理存在效应。

2. 当处理存在效应时，它造成了样本均值的系统差异，这个时候系统和随机差异的和（分子）将会显著地大于随机因素造成的差异（分母）。在这种情况下，F比值的分子将会显著地大于分母，我们得到的F比值应该会显著地大于1.00。因而，一个比较大的F比值表明存在系统的处理效应，也就是说，处理间有一致的差异。

因为F比值的分母测量的仅是随机、非系统的变异，分母被称为误差项。F比值的分子也包含了这个非系统性变异，但是它也包含了处理效应产生的系统性差异。ANOVA的目的是找出处理效应是否存在。

定义

对于ANOVA来说，F比值的分母被称为误差项。误差项测量的是随机、非系统的变异。当处理效应为0时（H_0为真），误差项和F比值分子的变异来源于同样的变异，故F比值很可能接近1.00。

学习检查

1. 阐述检验α水平和实验α水平之间的差异。
2. “分析”表示将整体分解成部分。方差分析的基本分析思路是什么？
3. 如果没有系统的处理效应，ANOVA的F比值的期望值是多少？
4. 当ANOVA产生的F比值较大时意味着什么？

答案

1. 当一个研究包括几个假设检验时，检验α水平是每一个单独检验的α水平，实验α水平是所有单独检验累积起来的犯第一类错误的风险。
2. 在ANOVA里，分数的总变异分为两个部分：处理间变异和处理内变异。
3. 当H_0为真时，F比值接近1.00。因为这个时候比值的分子和分母测量的是同一个变异。
4. 较大的F比值表明处理效应存在，因为处理间的变异（分子）远大于没有处理效应时的期望差异（分母）。

12.3 方差分析的符号和公式

由于ANOVA经常用来考察两个以上处理（两个以上样本）的数据之间的差异，故我们需要一套术语系统来帮助表示所有被试个体得分和总和。我们将再次使用表12—1中的假设数据来帮助介绍该术语系统。表12—2中的数据展示了我们下面要介绍的一些术语和统计量。

表 12—2　　与表 12—1 中数据相同，带有总计数据以及适于方差分析的符号。

电话情境			
处理 1 没有电话（样本 1）	处理 2 手持电话（样本 2）	处理 3 免提电话（样本 3）	
4	0	1	
3	1	2	$\sum X^2=106$
6	3	2	$G=30$
3	1	0	$N=15$
4	0	0	$k=3$
$T_1=20$ $SS_1=6$ $n_1=5$ $M_1=4$	$T_2=5$ $SS_2=6$ $n_2=5$ $M_2=1$	$T_3=5$ $SS_3=4$ $n_3=5$ $M_3=1$	

1. 字母 k 用于代表处理情形的个数，也就是说，代表因素水平的个数。对于独立测量研究来说，k 也代表了独立样本的个数。结合表 12—2 的数据，我们知道有三种处理情况，所以 $k=3$。

2. 每一处理情形中被试得分的个数用一个小写字母 n 表示。比如在表 12—2 的例子中，所有实验处理都有 $n=5$。如果样本之间有不同的被试数量，我们可以使用下标来表示每一个具体的样本。如 n_2 表示处理 2 情形中得分的个数。

3. 在研究中所有得分的个数用一个大写字母 N 来表示。当所有样本数量相等时（n 恒定时），$N=kn$。结合表 12—2 中的数据，有 $k=3$ 个处理情境，每一处理情境中有 $n=5$ 个得分。所以整个研究共有 $N=3\times5=15$ 个得分。

4. 对于每个处理情境的得分的总和（$\sum X$）用大写字母 T 来表示。每一个具体的处理情境可以用一个增加了下标的 T 表示。例如表 12—2 中处理 2 情形中的得分总和表示为 $T_2=5$。

5. 研究中所有得分的总和用 G 来表示。我们可以把所有得分相加获得 G 或把所有处理总分相加：$G=\sum T$。

6. 虽然在新的术语中未提到，但我们同时也计算了每一个样本的 SS 和 M，并且计算了研究中全部的 $N=15$ 个得分的平方和，即 $\sum X^2$。表 12—2 中给出的这些值在 ANOVA 的公式和计算中是十分重要的。

最后，我们应该注意到，对于方差分析没有普遍接受的术语。虽然我们使用的是 Gs 和 Ts，然而，你可能会发现其他研究者也使用其他表示方法。

ANOVA 的公式

由于 ANOVA 要求大量的计算和许多公式，所以学生经常遇到的一个问题就是记住这些不同的公式和数值。因此，在介绍这些单独的公式之前，我们先看一下方差分析的一般程序和它的计算过程①。

1. ANOVA 的最后计算所得为 F 比值，它包括两种方差：

$$F=\text{处理间方差}/\text{处理内方差}$$

2. F 比值中的两个方差均使用基本的样本方差公式。

$$\text{样本方差}=s^2=\frac{SS}{df}$$

因此，我们需要计算处理间方差（F 比值的分子）的 SS 和 df，并且需要计算处理内方差（F 比值的分母）的 SS 和 df。为了计算出这些 SS 和 df 的值，我们必须进行两个单独的分析过程：首先，我们需要计算整个研究的 SS，并且把它分解为两个部分（处理间和处理内）。然后计算整个研究的 df，并且把它同样分解为两个部分（处理间和处理内）。

因此，方差分析的整个过程将需要进行 9 次计算：三个 SS 的值，三个 df 的值，两个方差（处理间和处理内）和一个最终的 F 比值。然而，这 9 次计算是逻辑相关的，并且指向最终的结果，即 F 比值。图 12—4 表示的是方差分析的逻辑结构。

① 因为 ANOVA 公式需要每个处理的 $\sum X$ 以及整组数据的 $\sum X$，因而我们介绍一种新的符号（T 和 G）来帮助识别曾用 $\sum X$ 表示的这些值。记住，T 代表每个处理的总和，G 代表总体的数据和。

方差分析的目的是得出F比值	$F=\dfrac{处理间方差}{处理内方差}$
F比值的每一个方差计算式为SS/df	处理间方差=$\dfrac{SS_{处理间}}{df_{处理间}}$　处理内方差=$\dfrac{SS_{处理内}}{df_{处理内}}$
为了得到每一个SS和df的值，总变异被分解为两个部分	SS（总变异）→ SS（处理间）、SS（处理内）　df（总变异）→ df（处理间）、df（处理内）

图 12—4　方差分析的计算流程和结构。

平方和的分析（*SS*）

ANOVA 需要我们首先计算总平方和，然后把它分为两个部分：处理间和处理内。图 12—5 描述了该分析过程的要点。我们将分别考察这三个部分。

1. 总平方和$SS_{总}$。顾名思义，$SS_{总}$是全部 N 个得分的平方和。如第 4 章中提到的，SS 值可以使用定义公式或计算公式进行计算。但是，ANOVA 通常包含很多数据且均值经常不是整数。因此，我们通常使用 SS 的计算公式来计算$SS_{总}$的值。

$$SS=\sum X^2-\frac{(\sum X)^2}{N}$$

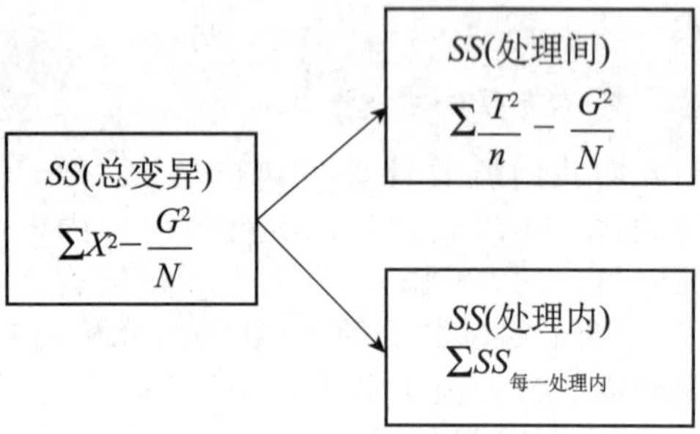

图 12—5　关于独立测量方差分析中平方和的分解。

为了使该公式与 ANOVA 的术语保持一致，我们用字母 G 来代替$\sum X$，那么

$$SS_{总}=\sum X^2-\frac{G^2}{N} \qquad (12—3)$$

应用该公式来计算表 12—2 中的数据，结果为：

$$SS_{总}=106-\frac{30^2}{15}$$
$$=106-60$$
$$=46$$

2. 处理内平方和$SS_{处理内}$。现在我们来看看每一个处理内的变异情况。我们已经计算出三个处理情形下的 SS（表 12—2）：$SS_1=6$，$SS_2=6$，$SS_3=4$。为了得到处理内平方和，我们仅需要把这些值相加：

$$SS_{处理内}=\sum SS_{每一处理内} \qquad (12—4)$$

结合表 12—2 中的数据，使用该公式计算结果为：

$$SS_{处理内}=6+6+4$$
$$=16$$

3. 处理间平方和$SS_{处理间}$。在介绍$SS_{处理间}$等式之前，我们认为我们已经得到了$SS_{处理间}$。表 12—2 中数据的总变异$SS_{总}=46$。我们将其分为两个部分（见图 12—5）。一部分为$SS_{处理内}$，已经计算出，等于 16。这就意味着$SS_{处理间}$必须等于 30。这样二者（16 和 30）的和才与总变异（46）相等。因此，可以使用减法求出$SS_{处理间}$：

$$SS_{处理间}=SS_{总}-SS_{处理内} \qquad (12—5)$$

计算$SS_{处理间}$　我们可以通过单独计算$SS_{处理间}$来验证通过减法计算的$SS_{处理间}$是否正确，处理间变异和处理内变异的和为总变异。下面我们展示两种不同的公式来计算$SS_{处理间}$。

我们知道，处理间变异测量的是处理间均值差异。单从概念上来说，测量处理均值变异最直接的方法是计算处理间样本均值的平方和$SS_{均值}$。对于表 12—2 中的数据来说，样本均值分别为 4、1 和 1。这三个值的$SS_{均值}=6$。但是，这三个均值代表的是一组 $n=5$ 的数据。因此，最终的$SS_{处理间}$应为$SS_{均值}$乘以 n。

$$SS_{处理间}=n\ (SS_{均值}) \qquad (12—6)$$

对于表 12—2 的数据来说，

$$SS_{处理间}=n(SS_{均值})=5(6)=30$$

不幸的是，公式 12—6 只有当所有的样本量一致（等于 n）时才能使用，且这个公式是比较笨拙的，尤其当处理均值不是整数的时候，使用更是不便。因而，我们将在$SS_{处理间}$的公式中，使用处理总和 T 来代替处理均值。

$$SS_{处理间}=\sum\frac{T^2}{n}-\frac{G^2}{N} \qquad (12—7)$$

结合表 12—2 中的数据使用该公式，计算结果如下：

$$SS_{处理间}=\frac{20^2}{5}+\frac{5^2}{5}+\frac{5^2}{5}-\frac{30^2}{15}$$
$$=80+5+5-60$$
$$=90-60$$
$$=30$$

我们注意到三种方法（公式 12—5、公式 12—6 和公式 12—7）计算结果一致，$SS_{处理间}=30$。

我们展示了三种不同的计算 $SS_{处理间}$ 的公式。然而，相比记住三个公式，我们更建议记住一个公式并一直使用它。其他两个可以备选。最简单的公式为通过减法计算的公式 12—5：先计算 $SS_{总}$ 和 $SS_{处理内}$，然后相减：

$$SS_{处理间}=SS_{总}-SS_{处理内}$$

第二个选择为公式 12—7，通过使用处理总和（T 值）来计算 $SS_{处理间}$。这个公式的优势在于它可以检验你的计算是否正确：分别计算 $SS_{总}$、$SS_{处理间}$ 和 $SS_{处理内}$，然后检验两个加起来是否等于 $SS_{总}$。

使用样本均值来计算 SS 的公式 12—6 通常不被推荐。除非样本均值都为整数，不然计算会非常繁琐。在大多数情况下，我们选择另外两个公式中的一个。

自由度的分析（df）

自由度（df）的分析遵循了 SS 分析的模式。首先，我们将计算 N 个得分的 df，然后把它分为两个部分：处理间自由度和处理内自由度。在计算自由度时，需要考虑到两个重要方面：

1. 每一个 df 值都与具体的 SS 值有关。

2. 通常情况下，df 值是用于计算 SS 值的项目个数减去 1。例如，如果你使用 n 个得分来计算 SS 值，那么 $df=n-1$。

根据这个思想，我们将考察分析每一部分的自由度。

1. 总自由度 $df_{总}$。在计算 $SS_{总}$ 的自由度 df 时，你首先注意到 SS 值测量的是 N 个得分的总体变异。因此，df 值为：

$$df_{总}=N-1 \tag{12—8}$$

结合表 12—2 中的数据，得分的总个数为 $N=15$，那么总自由度为：

$$df_{总}=15-1$$
$$=14$$

2. 处理内自由度 $df_{处理内}$。在计算与 $SS_{处理内}$ 相关的 df 时，我们必须首先查看这个 SS 是如何计算出来的。我们知道，我们首先计算每一个处理情境的 SS，然后把它们相加。每一个处理情境的 SS 值测量的是在一个处理中 n 个得分的变异情况，故每一个 SS 为 $df=n-1$。当所有处理情境的得分相加时，结果为：

$$df_{处理内}=\sum(n-1)=\sum df_{每一处理内} \tag{12—9}$$

对于我们正在演示的实验，每一处理情境有 $n=5$ 个得分。这就意味着每一处理情境中自由度为 $n-1=4$。因为有三个不同的处理情境，处理内自由度为 12。

我们注意到关于 df 的公式其实就是将每一处理内的得分个数（n）相加，然后每一处理情境减去 1 所得。如果这两个阶段分开完成，那么

$$df_{处理内}=N-k \tag{12—10}$$

（将所有 n 相加得到 N。如果每一处理情境减去 1，那么因为有 k 个处理情境就需要减去 k。）结合表 12—2 中的数据，$N=15$，$k=3$，那么

$$df_{处理内}=15-3$$
$$=12$$

3. 处理间自由度 $df_{处理间}$。与 $SS_{处理间}$ 联系的 df 可以在考察 SS 公式时发现。这个 SS 值测量的是处理间的总变异。计算 $df_{处理间}$ 的简单方法就是计算处理的个数，然后减去 1。由于处理个数用字母 k 表示，则该 df 的公式为：

$$df_{处理间}=k-1 \tag{12—11}$$

表 12—2 中的数据有三种不同的处理情境，故处理间自由度计算如下：

$$df_{处理间}=3-1$$
$$=2$$

我们注意到该分析中的两个自由度相加等于总自由度：

$$df_{总}=df_{处理内}+df_{处理间}$$
$$14=12+2$$

关于自由度的所有分析见图 12—6。

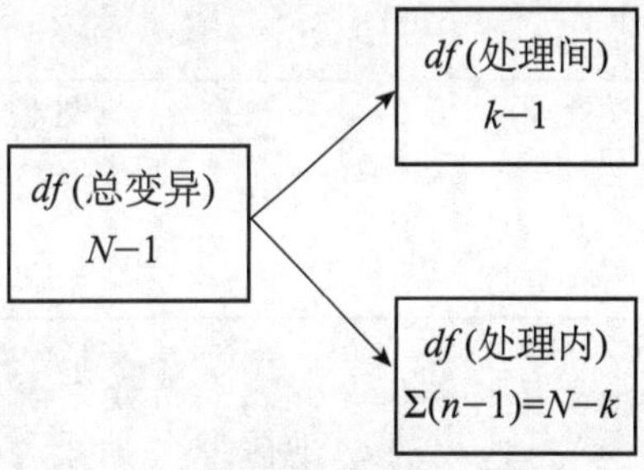

图 12—6　独立测量方差分析的自由度的分解。

当你计算方差分析中的 SS 和 df 值时，熟悉这些表示每一种值的标志有助于理解这些公式。具体地说：

1. 总体一词表示全部得分。我们用 SS 来表示 N 个得分的平方和，并且其 df 值为 $N-1$。

2. 处理内一词表示每一个处理情境内的情况。因此，我们计算单独的处理内的 SS 和 df。

3. 处理间一词指的是处理之间的差异。在有

三种处理情境时，我们将比较三种均值（或总分）差异，并且自由度 $df=3-1=2$。

方差（MS）的计算和 F 比值

方差分析程序中的第二步是计算处理间方差和处理内方差，以最终计算 F 比值（见图 12—4）。

在 ANOVA 中，使用术语“均方”，或直接用 MS 来代替方差是很正常的。我们知道（在第 4 章），方差被定义为离差平方的平均数。同样，我们使用 SS 来代替离差平方和，现在我们将使用 MS 来代表离差平方和的均值。对于最后的 F 比值，我们需要处理间 MS（方差）作为分子，处理内 MS（方差）作为分母来计算。在各种情况中，都有

$$MS(\text{方差})=s^2=\frac{SS}{df} \qquad (12\text{—}12)$$

结合所使用的数据，可以得到：

$$MS_{\text{处理间}}=s^2_{\text{处理间}}=\frac{SS_{\text{处理间}}}{df_{\text{处理间}}}=\frac{30}{2}=15$$

以及

$$MS_{\text{处理内}}=s^2_{\text{处理内}}=\frac{SS_{\text{处理内}}}{df_{\text{处理内}}}=\frac{16}{12}=1.33$$

我们现在测量的是处理间和处理内的方差（或差异）。F 比值是比较这两个方差：

$$F=\frac{S^2_{\text{处理间}}}{S^2_{\text{处理内}}}=\frac{MS_{\text{处理间}}}{MS_{\text{处理内}}} \qquad (12\text{—}13)$$

结合实验所得数据，F 比值为：

$$F=\frac{15}{1.33}=11.28$$

对于本例，$F=11.28$ 表明 F 比值的分子显著大于分母。参照公式 12—1 和公式 12—2 中 F 值的计算，我们计算出的 F 值表明，处理间的差异是随机因素（没有处理效应时）造成差异的 11 倍。考察到实验变量，这个结果说明电话情境在驾驶表现上存在着效应。然而，为了更好地判断这个 F 比值，我们必须选择一个 α 水平并查看 F 分布表。

ANOVA 总结表　将方差分析的结果组织在一张 ANOVA 总结表中是有用的。这张表展现了变异的来源（处理间、处理内、总变异）、SS、df、MS 和 F。在先前的计算中，ANOVA 总结表如下：

来源	SS	df	MS	
处理间	30	2	15	F=11.28
处理内	16	12	1.33	
总计	46	14		

虽然这些表在报告时已经不经常使用，但是它们提供了一种表示分析结果的简洁方法。[我们注意到，在这里你可以方便地检查你的计算结果：在 SS 列里将前两个值（30＋16）相加得到总的 SS。同样的检验方法可以应用于 df 列的数据]。当你使用方差分析时，可以先画出一个空白的 ANOVA 总结表，然后一一填入计算出来的数值。使用这种方法，我们不太容易陷入分析之中，可以想着接下来该做什么。

学习检查

1. 计算下面数据的 $SS_{\text{处理间}}$、$SS_{\text{总}}$ 和 $SS_{\text{处理内}}$：

处理 1	处理 2	处理 3	
$n=5$	$n=5$	$n=5$	$N=15$
$T=10$	$T=15$	$T=35$	$G=60$
$SS=21$	$SS=16$	$SS=23$	$\Sigma X^2=370$

2. 研究者报告了一个独立测量方差分析结果，其中 F 比值的 $df_{\text{处理间}}=3$，$df_{\text{处理内}}=28$。那么在本实验中有多少要比较的处理情境？如果每一种处理有同样多的被试参与，那么实验中有多少被试参与其中？

3. 研究进行一项比较三个处理情境的实验，每一处理包含 $n=8$ 个被试。用方差分析分析数据，ANOVA 的结果如下表所示。请把表中缺失的数据填写完整。提示：从 df 栏开始填写。

来源	SS	df	MS	
处理间	___	___	___	F=___
处理内	___	___	2	
总计	62	___		

答案

1. $SS_{总}=130$，$SS_{处理间}=70$，$SS_{处理内}=60$
2. 实验中包括四种处理情境（$df_{处理间}=k-1=3$）。$N=32$ 个被试参加（$df_{处理内}=30=N-k$），每个处理有 $n=8$ 名被试。
3.

来源	SS	df	MS	
处理间	20	2	10	$F=5.00$
处理内	42	21	2	
总计	62	23		

12.4　F 比值的分布

在方差分析中，当零假设成立时（见公式 12—2），F 比值的分子与分母测量的是同一个方差。在这个假设下，F 比值大概在 1.00 左右。如果我们得到的 F 值比 1.00 大得多，则证明存在处理效应即拒绝零假设。现在的问题是如何精确定义我们所说的 1.00 左右指的是什么，多大的值被认为与 1.00 接近。而什么值被认为比 1.00 大得多。为了回答这个问题，我们需要查看所有可能的 F 比值，也就是说，查看 F 比值的分布。

在我们详细地查看分布表之前，你需要注意两个明显的特征：

1. 由于 F 比值由两个方差（比值的分子和分母）计算得出，故 F 值永远是正的。我们一定要记住 F 值永远是正的。

2. 当 H_0 为真时，F 比值的分子和分母测量的是同一个方差。在这种情况下，两个样本的方差应该是同等大小，故比值应该接近 1.00。换句话说，F 比值的分布应该聚集在 1.00 附近。

牢记着这两个特点，我们来查看 F 比值的分布。分布起始于 0（全部是正值），在 1.00 左右达到峰值，然后向右方延伸（见图 12—7）。F 分布的形状依赖于 F 比值的两个方差的自由度。你应该知道样本方差的精确程度依赖于得分个数或自由度。在通常情况下，样本比较大的（大 df 值）的方差对总体方差的估计比较精确。由于 MS 的精确性依赖于 df，F 分布的形状就依赖于 F 比值的分子和分母的 df 值。df 值越大，所有的 F 比值越集中于 1.00 左右。df 值越小，F 比值的分布就越平坦。

F 分布表

ANOVA 中，如果 H_0 为真，则 F 值接近 1.00；如果 H_0 为假，则 F 值将是一个比较大的值。在 F 分布表中，我们需要区分那些十分接近 1.00 的值和显著大于 1.00 的值。这些临界值呈现于附录 B 的 F 分布表中。表 12—3 展示的是 F 分布的一部分。要使用这个分布表，你必须知道 F 比值的 df 值（分子和分母）和假设检验的水平。F 分布表中的惯例为 F 比值的分子的 df 值放在表的上部，F 比值的分母的 df 值放在表的左部的列上。本例中，F 比值的分子（处理间）的 $df=2$，F 比值的分母（处理内）的 $df=12$。该 F 比值的自由度即等于 2 和 12，可以写为 $df=2, 12$。使用该表时，我们应该首先查找顶部 $df=2$ 和左部第一列 $df=12$ 的值，顺着这两个列行查找它们交汇于表的中部的一个值。该数值给出了自由度为 $df=2, 12$ 时，$\alpha=0.05$ 和 $\alpha=0.01$ 时的临界值。如在表中，这两个值分别为 3.88 和 6.93。这些值表明 $\alpha=0.05$ 时，分布表中大于 3.88 的值最多不超过 5%；$\alpha=0.01$ 时，分布表中大于 6.93 的值最多不超过 1%（见图 12—7）。

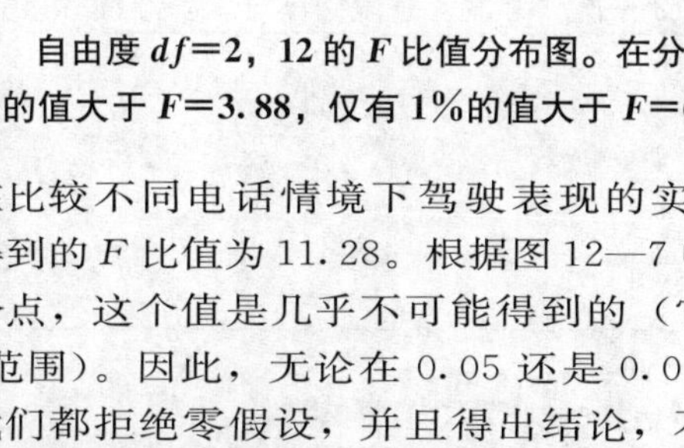

图 12—7　自由度 $df=2, 12$ 的 F 比值分布图。在分布图中，仅有 5%的值大于 $F=3.88$，仅有 1%的值大于 $F=6.93$。

在比较不同电话情境下驾驶表现的实验中，我们得到的 F 比值为 11.28。根据图 12—7 中的临界区分点，这个值是几乎不可能得到的（它属于 1%的范围）。因此，无论在 0.05 还是 0.01 的水平上我们都拒绝零假设，并且得出结论，不同的手机使用情境显著影响驾驶表现。

表 12—3 部分 F 值分布表。未加粗部分是显著性为 0.05 时的数值，加粗部分是显著性为 0.01 时的数值。自由度 $df=2$，12 时的标准已经被突出（见表）。

自由度：分母	自由度：分子 1	2	3	4	5	6
10	4.96	4.10	3.71	3.48	3.33	3.22
	10.04	**7.56**	**6.55**	**5.99**	**5.64**	**5.39**
11	4.84	3.98	3.59	3.36	3.20	3.09
	9.65	**7.20**	**6.22**	**5.67**	**5.32**	**5.07**
12	4.75	3.88	3.49	3.26	3.11	3.00
	9.33	**6.93**	**5.95**	**5.41**	**5.06**	**4.82**
13	4.67	3.80	3.41	3.18	3.02	2.92
	9.07	**6.70**	**5.74**	**5.20**	**4.86**	**4.62**
14	4.60	3.74	3.34	3.11	2.96	2.85
	8.86	**6.51**	**5.56**	**5.03**	**4.69**	**4.46**

学习检查

1. 研究结果为 $F=4.10$，$df=2$，14。这个 F 值在 $\alpha=0.05$ 水平下能否拒绝 H_0？在 $\alpha=0.01$ 的水平下，该 F 值是否大到足够拒绝 H_0？

2. 在有三种处理条件的 ANOVA 中，每一个处理有 10 个被试，那么，在 $\alpha=0.05$ 水平下，α 比值分布表的临界值是多少？

答案

1. 在 $\alpha=0.05$ 水平下，临界值为 3.74，故我们可以拒绝 H_0。在 $\alpha=0.01$ 水平下，临界值为 6.51，这个时候我们不能拒绝 H_0。

2. 自由度为 $df=2$，27，F 的临界值为 3.35。

12.5 假设检验的例子和 ANOVA 的效应值

我们已经了解了 ANOVA 的全部组成部分，接下来的例子则是用假设检验中标准的四步法系统地讲解 ANOVA 的全部过程。

例 12.1

在进行随堂测验或考试之前最好的学习策略是什么？一个研究比较了三个不同的学习策略（Weinstein，McDermott，& Roediger，2010）。在研究中，学生阅读一篇他们将要进行测验的文章。在第一种条件下，被试仅重复阅读文章；第二种条件下，学生回答事先准备好的问题；第三种条件下，学生提出问题并解答自己的问题。结果发现，回答问题显著提高了测验成绩，但是跟学生是否自己提出问题无关。

表 12—4 中的数据与研究中得到的数据相似，但使用了四个不同的组别，即添加了一种处理条件：只阅读一次。我们使用 ANOVA 来检验四种学习策略之间是否有显著差异。

表 12—4 四种不同学习策略下的测验成绩。

仅阅读一次	重复阅读	回答事先准备好的问题	学生提出问题并解答自己的问题	
3	5	8	8	
3	3	5	9	$N=24$
4	5	8	7	$G=168$
6	7	9	10	$\sum X^2=1\ 298$
6	8	8	10	
8	8	10	10	
$T=30$	$T=36$	$T=48$	$T=54$	
$M=5$	$M=6$	$M=8$	$M=9$	
$SS=20$	$SS=20$	$SS=14$	$SS=8$	

在进行假设检验之前，我们注意到表12—4中的数据已经给出了几个汇总的统计量。具体地说，即处理得分总和（T）和每一个样本的SS值，以及所有数据的总和（G）、个数N和$\sum X^2$。有了这些数据之后，将会大大简化假设检验的计算过程。我们建议在开始ANOVA之前先计算这些统计量。

步骤1　提出假设并且确定一个α水平。

H_0：$\mu_1=\mu_2=\mu_3=\mu_4$（不存在处理效应。）

H_1：至少存在一个处理均值与其他是不同的。

我们使用$\alpha=0.01$。

步骤2　确定F比值的临界区域。

我们首先必须确定$MS_{处理间}$和$MS_{处理内}$的自由度（F值的分子和分母），所以我们从自由度分析开始。结合数据，总自由度为：

$$df_{总}=N-1=24-1=23$$

将总自由度分为两个部分，结果为：

$$df_{处理间}=k-1=4-1=3$$

$$df_{处理内}=\sum df_{每一处理内}=5+5+5+5=20$$

本组数据的F比值自由度为$df=3$，20。图12—8是所有可能的F比值的分布。我们注意到，当H_0为真时，大于4.94的F比值是非常少的（$p<0.01$），因此，这一部分形成检验的拒绝域。

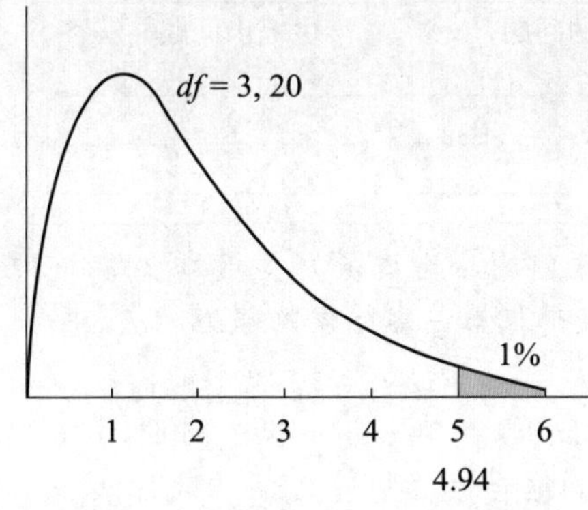

图12—8　$df=3$，20的F比值分布。$\alpha=0.01$的临界值是$F=4.94$。

步骤3　计算F比值

我们需要进行图12—4中所述的一系列计算。计算过程总结如下：

a. 分析SS得到$SS_{处理间}$和$SS_{处理内}$。

b. 使用SS值和df值（从步骤2得出）来计算两个方差，$MS_{处理间}$和$MS_{处理内}$。

c. 最后，使用计算出的两个MS值（方差）来计算出最后的F比值。

SS的分析。首先，我们计算总的SS并把它分为两个部分，如图12—5中所示。

$SS_{总}$为24个数据的SS。

$$SS_{总}=\sum X^2-\frac{G^2}{N}=1\,298-\frac{168^2}{24}=1\,298-1\,176=122$$

$SS_{处理内}$为每一个处理条件内的SS值。

$$SS_{处理内}=\sum SS_{每一处理内}=20+20+14+8=62$$

$SS_{处理间}$测量了四个处理均值的差异。因为我们已经计算了$SS_{总}$和$SS_{处理内}$，最简单的计算$SS_{处理间}$的方式为减法（公式12—5）。

$$SS_{处理间}=SS_{总}-SS_{处理内}=122-62=60$$

均方的计算。因为我们已经得到$df_{处理间}=3$，$df_{处理内}=16$（第二步），现在我们可以为每一部分计算方差或MS：

$$MS_{处理间}=\frac{SS_{处理间}}{df_{处理间}}=\frac{60}{3}=20$$

$$MS_{处理内}=\frac{SS_{处理内}}{df_{处理内}}=\frac{62}{20}=3.1$$

F值的计算。F比值计算如下：

$$F=\frac{MS_{处理间}}{MS_{处理内}}=\frac{20}{3.1}=6.45$$

步骤4　做统计决断。

我们计算得到F值为$F=6.45$，落在拒绝域内（见图12—8）。如果H_0为真，我们是几乎不可能得到这么大的F值的（$p<0.01$）。因此，我们拒绝H_0并且得出结论，存在显著的处理效应。

例12.1一步一步地完整地介绍了ANOVA程序的应用。该例还有两点值得说明。

首先，我们需要认真注意统计决断。我们拒绝H_0并且得出结论，认为并非所有处理完全一致，但是我们没有指出哪一个处理是不同的。是提出自己的问题不同于使用事先准备好的问题，还是重复阅读不同于只读一次？不幸的是，这些问题是没有得到回答的。我们只知道至少有两个处理效应是不同的（我们拒绝了H_0），但找出差异到底在哪里的分析是十分必要的。我们将在章节12.6中解决这个问题。

其次，如之前所述，分析的所有部分（SS、df、MS和F）可以在一个总结表里呈现出来。例12.1分析的总结表如下：

来源	SS	df	MS	
处理间	60	3	20	$F=6.45$
处理内	62	20	3.10	
总计	122	23		

虽然这种总结表在组织方差分析的结果时非常有用，但是在出版物中已经不经常用了。在下一节里，我们将介绍报告 ANOVA 结果的一种新的方法。

方差分析的测量效应

如我们先前注意到的，均值差异的显著性指的是样本观测值之间的差异极不可能是由随机因素造成的。因此，显著性不一定意味着 F 值一定大，它仅指大于随机因素造成差异的概率。为了提供真实差异大小的指标，研究者需要报告除了显著性程度以外的测量效应。

对于 ANOVA，最简单和直接的测量效应大小的方法是计算被处理条件所解释的方差的比例。如第 9、10 和 11 章中用来测量效应值的 r^2 一样，比例测量的是得分之间的差异有多少可以被处理之间的差异所解释。在 ANOVA 中，方差比例的概念和计算是极其简单明白的。(具体来说，我们检验 $SS_{处理间}$ 解释总 SS 的部分)

$$方差解释的比例=\frac{SS_{处理间}}{SS_{总}} \qquad (12—14)$$

结合例 12.1，我们可以得到：

$$方差解释的比例=\frac{60}{122}=0.492$$

在出版物中报告的研究结果，被处理效应所解释的方差比例值常被称为 η^2（希腊字母 eta 的平方），用 η^2 来代替 r^2。因此，对于例 12.1 中的研究，$\eta^2=0.492$。

在文献中　报告方差分析结果

APA 格式的报告中关于方差分析的结果，包括处理平均数、标准差、表格和图。这些描述性统计量在真正的 ANOVA 中是不需要的，但是通过它们，如 n 和 T，每一处理的 SS 和 $(n-1)$ 的值，我们可以方便地确定处理均值 $(M=T/n)$ 和标准差，然后报告 ANOVA 的结果。例 12.1 所描述的研究，报告情况如下：

> 表 1 呈现的是平均数和标准差。方差分析说明了四种学习策略之间的差异显著，$F(3, 20)=6.45$，$p<0.01$，$\eta^2=0.492$。

表 1　**四种学习策略下学生的测验成绩。**

	仅阅读一次	反复阅读	回答事先准备好的问题	学生提出问题并解答自己的问题
M	5.00	6.00	8.00	9.00
SD	2.00	2.00	1.67	1.26

我们注意到 F 比值是如何报告的。在本例中，处理间和处理内的自由度分别为 3 和 20。这两个值放在字母 F 后的括号内。然后，F 值被计算并报告出来，接下来是犯第一类错误的概率（α 水平）和测量效应。

使用计算机程序来进行 ANOVA 时，F 比值常常跟着一个精确的 p 值一起报告。例 12.1 中的数据使用 SPSS 进行分析时，计算机输出了 $p=0.003$ 的显著性水平。结合计算机输出的精确的 p 值，研究报告得出结论："方差分析显示四种处理条件存在显著差异，$F(3, 20)=6.45$，$p=0.003$，$\eta^2=0.492$。"

ANOVA 的概念视角

由于 ANOVA 需要相对复杂的计算过程，第一次遇到这些统计技术的学生们，常常容易关注这些公式和算术过程，而忘却了分析的主要目的。接下来的两个例子就是最小化公式的角色，从而将我们的注意力转移到 ANOVA 的概念目标上来。

例 12.2

下面的数据代表了一个使用两个独立样本来判断处理情境之间均值差异的实验结果。现在我们花 1 分钟时间来看一下这些数据，同时不要进行任何计算，然后预测关于这些数据的 ANOVA 的结果。也就是说预测 $SS_{处理间}$、$MS_{处理间}$ 和 F 比值。如果你在二三十秒后仍然"看"不出这些结果，就读一下数据之后的提示。

如果你在预测 ANOVA 结果的过程中有困难，那么请阅读下面的线索，然后回过头来看上面的数据。

线索 1：我们知道 $SS_{处理间}$ 和 $MS_{处理间}$ 测量的是处理情境之间的差异大小。

处理 1	处理 2	
4	2	$N=8$
0	1	$G=16$
1	0	$\sum X^2=56$
3	5	
$T=8$	$T=8$	
$SS=10$	$SS=14$	

线索 2：找到每一处理情境的均值或总和（T），并且判断这两个处理之间的差异大小。

到现在为止，你应该意识到这些数据是构建的，以致处理之间差异为零。两个样本的平均数（或总和）是相同的，故 $SS_{处理间}=0$，$MS_{处理间}=0$，并且 F 比值亦为 0。

概括地说，F 比值的分子测量的是处理之间存在的差异大小。在例 12.2 中，我们构建了一组差异为 0 的极端数据。然而，我们应该能在看到任何一组数据时，就能快速地比较它们的均值（或总和），并且判定处理之间的差异是大还是小。我们也注意到，处理间的差异大小也直接影响效应值的大小。例 12.2 中 $SS_{处理间}=0$，意味着 $\eta^2=0$。当处理间的差异增大，η^2 也增大。

能估计处理之间差异的大小是理解 ANOVA 的很好的第一步，并且能帮助我们预测方差分析的结果。然而，处理之间差异的分析只是方差分析的一部分。我们还必须理解 F 比值中的分母测量的处理内差异。接下来的例子示范 $SS_{处理内}$ 和 $MS_{处理内}$ 背后所隐藏的概念本质。另外，这个例子将会使你对处理间差异和处理内差异在 ANOVA 中扮演的角色有很好的理解。

例 12.3

本例的目标是给予处理间变异和处理内变异一个视觉图像的呈现形式。在这个例子里，我们将比较同一个实验的两种假设结果。在每一种情况下，实验中使用了两个独立样本来判定处理之间的均值差异。下面的数据代表的是两个结果，我们分别称其为实验 A 和实验 B。

实验 A		实验 B	
处理		处理	
1	2	1	2
8	12	4	12
8	13	11	9
7	12	2	20
9	11	17	6
8	13	0	16
9	12	8	18
7	11	14	3
$M=8$	$M=12$	$M=8$	$M=12$
$s=0.82$	$s=0.82$	$s=6.35$	$s=6.35$

来自实验 A 的数据在图 12—9a 中以频数分布的形式呈现。我们注意到处理均值之间的差值（$M_1=8$，$M_2=12$）为 4，是 F 比值分子表示的处理间差异。我们也注意到在每种处理下的分数聚集在均值周围，表明每种处理内的差异相对较小，是 F 比值分母表示的处理内差异。最后，我们也很容易看出两个样本之间的均值差异。实际上通过计算实验 A 的 F 比值能够得出两种处理之间有明显的差异。

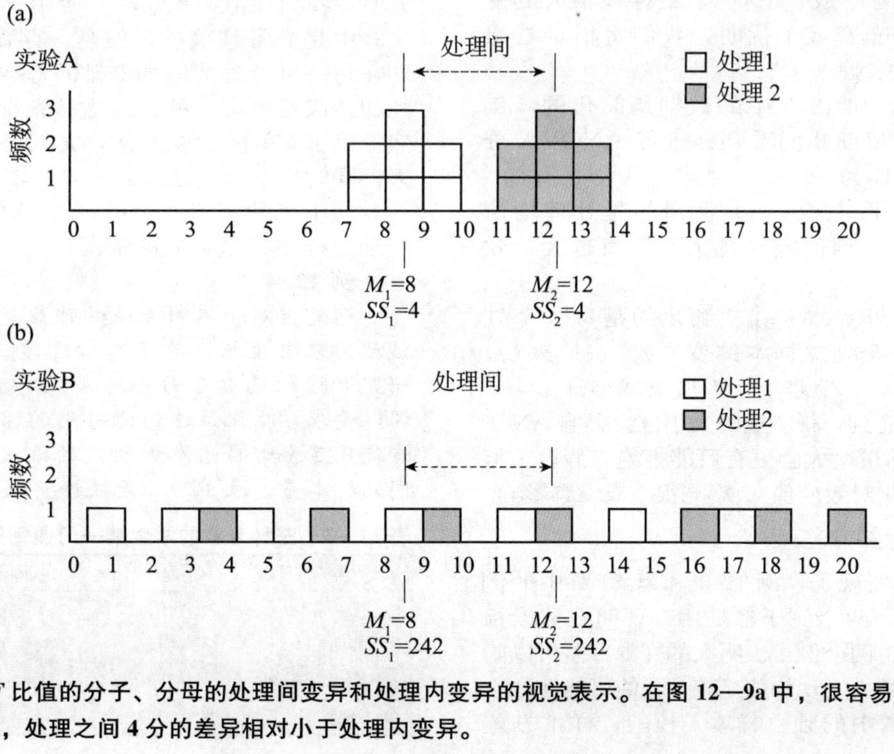

图 12—9 分别为 F 比值的分子、分母的处理间变异和处理内变异的视觉表示。在图 12—9a 中，很容易看出处理间差异很大。在图 12—9b 中，处理之间 4 分的差异相对小于处理内变异。

$$F=\frac{处理间差异}{处理内差异}=\frac{MS_{处理间}}{MS_{处理内}}=\frac{56}{0.667}=83.96$$

F 比值为 $F=83.96$，足够拒绝零假设，故我们得出结论，认为两种处理之间存在显著差异。

实验B的数据表现的是完全不同的情形。这些数据呈现于图12—9b中。同样，处理均值之间的差值（$M_1=8$，$M_2=12$）为4。但是，每种处理下的分数分散在整个量尺上，表明每种处理内差异很大。因此，处理内的差异覆盖了相对小的处理间均值差异。在图中，几乎不可能看出处理间的均值差异。对于这组数据，F 比值表明处理间没有明显的均值差异。

$$F=\frac{处理间差异}{处理内差异}=\frac{MS_{处理间}}{MS_{处理内}}=\frac{56}{40.33}=1.39$$

在实验B中，F 比值没有大到足以拒绝零假设，故我们得出结论，认为两个处理间不存在显著差异。再一次，统计结论与图12—9b中的数据表现出了一致性。从图中我们看到两个样本的数据分布混杂而随机，并且处理间没有明显的差别。

样本变异（方差）也会影响效应值的大小。图12—9a中的两个样本的方差较小，效应值 $\eta^2=56/64=0.875$。图12—9b中样本方差增大，效应值减小，$\eta^2=56/540=0.104$。

正如我们在前面章节里注意到的，高变异性使得我们很难从数据上看出任何模式来。在图12—9a中，由于样本的变异非常小，故处理之间4分的差异很容易看出来。而在图12—9b中，由于样本变异非常大，则处理之间4分的差异就不能这么来推断了。一般来讲，我们可以将变异看作数据中的“噪音”或“干扰”。当存在很大的变异，即存在大量噪音或干扰时，我们将很难看出数据的任何模式来。

虽然例12.2和12.3中的数据是简化的，例子的主要目的是帮助我们看到在进行ANOVA分析时的情况。具体为：

1. F 值的分子（$MS_{处理间}$）测量的是处理均值之间的差异大小。均值差异越大，F 值越大，效应值越大。

2. F 值的分母（$MS_{处理内}$）测量的是每一个处理内的变异（每个独立样本的变异）。一般来说，样本内变异越大，F 值越小，效应值越小。

我们也应注意到，样本量的大小也会影响ANOVA的结果，样本量增大会更有可能拒绝零假设。但是，样本量的变化对效应值 $\eta 2$ 影响很小或没有影响。

$MS_{处理内}$和合并方差

你可能已经发现了，例12.3和第10章中的例10.5的结果一致。两个例子都是用来证明在假设检验中方差的作用。两个例子表明大的样本方差可以隐藏数据的模式并减少发现均值显著差异的可能性。

对于第10章中的独立样本 t 检验，样本方差直接影响 t 值分母中的标准误。在本章中，样本方差直接影响 F 比值分母的 $MS_{处理内}$。在 t 检验和 F 检验中，对样本方差进行合并可以产生一个样本方差的均值。对于独立样本 t 检验，合并方差为：

$$合并方差=s_p^2=\frac{SS_1+SS_2}{df_1+df_2}$$

在ANOVA中，合并方差的计算公式为：

$$MS_{处理内}=\frac{SS_{处理内}}{df_{处理内}}=\frac{\sum SS}{\sum df}$$
$$=\frac{SS_1+SS_2+SS_3+\cdots}{df_1+df_2+df_3+\cdots}$$

我们注意到，无论是两个样本还是两个以上样本，合并方差的概念是相同的。每种情况下，只需将 SS 相加，然后除以自由度 df 总和。结果为所有样本方差的均值。

当样本大小都相同时，$MS_{处理内}$ 为样本方差的均值。例12.1中，四个样本的样本量均为6。SS 值分别为：20、20、14和8，自由度 df 均为5。因此，四个样本方差分别为：4.00、4.00、2.80和1.60。样本方差的均值为（4.0＋4.0＋2.8＋1.6）/4＝12.4/4＝3.1，与我们计算出的 $MS_{处理内}$ 相等。如果样本量不同，$MS_{处理内}$ 仍为样本方差的均值，但是，均值计算时使用的是被样本大小加权的样本方差。

一个样本量不相等的例子

在先前的例子中，所有的样本量都是相等的（同样的 n）。然而，ANOVA的公式可以应用于样本容量不同的实验中。在样本容量不同的实验中，我们必须小心保证在等式中每一个 n 对应于每一个 T 值。我们知道，ANOVA使用于样本容量相同的实验中是非常精确的。但是，存在着这样的情况，即在每一种处理情境中安排同等数量的被试是不可能的，或是不现实的。在这种情况下，ANOVA仍然提供了有效的检验方法，尤其是当样本容量相当大，同时样本容量之间的差异比较小时更加有效。

接下来的例子演示的就是ANOVA使用于各处理组样本容量不同的情况。

例12.4

研究者对于不同专业的作业量很感兴趣。研究被试为来自生物、英语和心理学三个专业的学生。研究者随机选取了每个专业的学生正在上的一门课，要求学生记录这门课每周的课后作业量。研究者使用了全部自愿参加研究的被试，结果产生了不同的样本量。表12—5是数据整理后的结果。

表12—5　三种专业的学生某一门课每周的平均作业时间。

生物	英语	心理学	
$n=4$	$n=10$	$n=6$	$N=20$
$M=9$	$M=13$	$M=14$	$G=250$
$T=36$	$T=130$	$T=84$	$\sum X^2=3\ 377$
$SS=37$	$SS=90$	$SS=60$	

步骤 1　提出假设，确定 α 水平。

H_0：$\mu_1=\mu_2=\mu_3$

H_1：至少存在一个总体的均值与其他是不同的。

$\alpha=0.05$。

步骤 2　确定拒绝域。为了确定拒绝域，我们首先需要确定 F 比值的 df 值：

$$df_{总}=N-1=20-1=19$$
$$df_{处理间}=k-1=3-1=2$$
$$df_{处理内}=N-k=20-3=17$$

该组数据的 F 比值的自由度为 $df=2,17$。在 $\alpha=0.05$ 水平下，F 比值的临界值为 $F=3.59$。

步骤 3　计算 F 比值。

首先，计算三个 SS 值。$SS_{总}$为总数据 $N=20$ 的 SS，$SS_{处理内}$为每种处理条件的 SS 值的和。

$$SS_{总}=\sum X^2-\frac{G^2}{N}$$
$$=3\,377-3\,125$$
$$=252$$

$$SS_{处理内}=\sum SS_{每一处理内}$$
$$=37+90+60$$
$$=187$$

$SS_{处理间}$可以使用减法计算（公式 12—5）：

$$SS_{处理间}=SS_{总}-SS_{处理内}$$
$$=252-187$$
$$=65$$

或者，$SS_{处理间}$可以使用计算公式（公式 12—7）来计算。如果使用计算公式，注意每种处理的总分数（T）对应正确的样本量 n，计算如下：

$$SS_{处理间}=\sum\frac{T^2}{n}-\frac{G^2}{N}$$
$$=\frac{36^2}{4}+\frac{130^2}{10}+\frac{84^2}{6}-\frac{250^2}{20}$$
$$=324+1690+1176-3125$$
$$=65$$

最后，计算 MS 值和 F 比值：

$$MS_{处理间}=\frac{SS}{df}=\frac{65}{2}=32.5$$
$$MS_{处理内}=\frac{SS}{df}=\frac{187}{17}=11$$
$$F=\frac{MS_{处理间}}{MS_{处理内}}=\frac{32.5}{11}=2.95$$

步骤 4　做出推断。由于算出的 F 比值不在拒绝域内，故我们不能拒绝 H_0，得出结论为，这组数据没有提供足够的证据说明三个专业的每周作业量之间存在显著差异。

学习检查

1. 研究者使用 ANOVA 并且根据下面的数据计算出 $F=4.25$。

处理		
1	2	3
$n=10$	$n=10$	$n=10$
$M=20$	$M=28$	$M=35$
$SS=1\,005$	$SS=1\,391$	$SS=1\,180$

a. 如果处理 3 中的均值改为 $M=25$，F 比值将会发生什么样的变化（增加或减少）？

b. 如果处理 1 的 SS 改为 $SS=1\,400$，F 比值将发生什么样的变化（增加或减少）？

c. 如果样本均值和方差保持不变，但是每个样本量大小增大为 $n=20$，F 比值将发生什么样的变化（增加或减少）？

2. 一项比较三种处理情境的研究得出结果为：第一组处理 $M=5$，$n=4$；第二组处理 $M=2$，$n=5$；第三组处理 $M=5$，$n=6$。计算它们的 $SS_{处理间}$。

答案

1. a. 如果处理 3 中的均值改为 $M=25$，样本均值差异将会减少（三个均值将会接近）。这将导致 $MS_{处理间}$减小，并且使 F 比值减小。

b. 如果处理 1 的 SS 改为 $SS=1\,400$，将导致处理内变异减小。这将导致 $MS_{处理间}$增加，同时 F 比值减小。

c. 如果其他条件不变，增大样本量会增大 F 值并增大拒绝零假设的可能性。

2. 三个样本 $T_1=20$，$T_2=10$，$T_3=30$，那么 $G=60$，$N=15$，$SS_{处理间}=30$。

12.6　事后检验

如前面强调的，ANOVA 的主要优势在于它可以让研究者在多于两个处理情境下检验均值差异。方差分析通过在一次检验中同时比较所有的均值差异来完成这件事情。不幸的是，将几个均值差异在一次检验情况下同时进行的程序，在解释检验的结果时产生了一些困难。具体地说，当我们得到 F 比值显著（拒绝 H_0）时，只能说明在全部的均值差异中至少存在一个样本的均值差异是统计显著的。换句话说，总体的 F 比值仅告诉我们一个显著的差异存在，而并没有准确地说明哪些均值是显著不同的，哪些不是。

比如，考察一项使用三个独立样本比较三种处理情境的研究。假设三个样本均值分别为 $M_1=3$、$M_2=5$ 和 $M_3=10$。在这个假定研究中，有三个均值差异：

1. M_1与 M_2之间为 2 分的差异。
2. M_2与 M_3之间为 5 分的差异。
3. M_1与 M_3之间为 7 分的差异。

如果对该组数据进行 ANOVA，显著的 F 比值说明至少有一组均值差异足够大而满足统计显著的标准。在这个例子中，7 分的差异在三种比较中是最大的，说明在处理 1 和处理 3 之间存在显著差异（$\mu_1 \neq \mu_3$）。但是 5 分的差异怎么样？它是否也大到足够说明差异显著呢？M_1与 M_2之间 2 分的差异又怎么样呢？它也是显著的吗？事后检验的目的就是回答这些问题。

定义

事后检验是 ANOVA 后的又一个假设检验，以准确地确定哪些均值差异是显著的，哪些不是显著的。

一如它的名称所示，事后检验是在方差分析后进行的。更加明确地说，该检验在 ANOVA 为以下情况时进行：

1. 拒绝了 H_0。
2. 存在三个或更多处理情境（$k \geq 3$）。

拒绝 H_0说明在所有处理均值之间至少存在一个差异显著。如果只有两种处理，则不存在哪些均值是不同的，因而不需要进行事后检验。但是，当 $k=3$ 或更多时，问题是找到哪些均值差异是显著不同的。

事后检验和第一类错误

一般情况下，事后检验使我们可以进一步斟酌数据和比较独立的处理。用统计术语来说，这种做法被称为对偶比较法。比如，当 $k=3$ 时，我们将比较 μ_1与 μ_2、μ_2与 μ_3、μ_1与 μ_3的差异。在这种情况下，我们寻找显著的均值差异。执行对偶比较方法涉及一系列单独的假设检验，同时每一个检验伴随着一个第一类错误。随着我们所做的单独检验的增多，第一类错误也同时积累，被称为实验 α 水平。

无论在何种情况下进行事后检验，我们都必须关注实验 α 水平。统计学家已经开始解决这些问题，并且发展出了几种方法，尝试在事后检验中控制犯第一类错误的概率。我们这里考虑两种方法。

Tukey 的可靠显著差异法（HSD 检验法）

我们第一个要介绍的事后检验方法为 Tukey 的 HSD 检验法。我们之所以选择首先介绍这个方法，是因为在心理学研究中，它是最常使用的一种检验方法。Tukey 的 HSD 检验法使我们可以计算出一个值，来确定足以使处理之间均值差异显著的最小值。这个值称做可靠显著差异，或 HSD，该值用来比较任何两个处理情境之间的差异。如果处理之间均值差异大于 Tukey 的 HSD，我们就可得出结论认为处理之间存在显著差异。否则，我们不能得出这样的结论。Tukey 的 HSD 检验法的公式为：

$$HSD=q\sqrt{\frac{MS_{处理内}}{n}} \qquad (12—15)$$

q 值①可以在表 B.5（附录 B）中查找，$MS_{处理内}$为 ANOVA 中的处理内方差，n 为每一处理中的得分个数。Tukey 的 HSD 检验法要求样本容量相同，即每一处理中的 n 是一样的。为了查找合适的 q 值，我们必须知道实验中的所有处理次数(k)和 $MS_{处理内}$的自由度（F 比值中的误差部分），并且选择一个 α 水平（通常与 ANOVA 所使用的 α 水平相同）。

例 12.5

我们使用表 12—6 中的假定数据来演示 Tukey 的 HSD 检验法的使用方法。该组数据为三种不同处理情境得分的结果。我们注意到该表展示了每一样本的统计量和总体 ANOVA 的结果。在 $k=3$、$df_{处理内}=24$ 和 $\alpha=0.05$ 情况下，本检验的 q 值为 $q=3.53$（查表可得）。因此，Tukey 的 HSD 为：

$$HSD=q\sqrt{\frac{MS_{处理内}}{n}}=3.53\sqrt{\frac{4.00}{9}}=2.36$$

因而，任何两个样本之间的均值差异在大于 2.36 时方可认为是显著的。根据这个值，我们可以得出如下结论：

1. 处理 A 与处理 B 存在显著差异($M_A-M_B=2.44$)。

2. 处理 A 与处理 C 也存在显著差异（$M_A-M_C=4.00$）。

3. 处理 B 与处理 C 不存在显著差异（$M_B-M_C=1.56$）。

① Tukey 的 HSD 检验中的 q 值被称为标准化的全距统计量。

表 12—6　来自一项比较三种处理情境的研究的假定数据。ANOVA 结果和每一处理的统计量呈现于表中。

处理 A	处理 B	处理 C
$n=9$	$n=9$	$n=9$
$T=27$	$T=49$	$T=63$
$M=3.00$	$M=5.44$	$M=7.00$

来源	SS	df	MS
处理间	73.19	2	36.60
处理内	96.00	24	4.00
总计	169.19	26	
$F(2, 24)=9.15$			

Scheffé 检验法

由于采用了极其小心的方法来减少犯第一类错误的风险，Scheffé 检验法在所有的事后检验方法中被认为是最安全的一种。Scheffé 检验法使用一个 F 比值来检验任何两个处理情境间的差异显著性。F 比值的分子是使用你想比较的两个处理的数据计算出来的处理间 MS。分母和 ANOVA 中使用的处理内 MS 相同。Scheffé 检验法的“最安全因素”来自以下两个方面：

1. 虽然你仅比较两个处理，但 Scheffé 检验法使用了原初实验中用来计算处理间 df 的 k 值。因此，F 比值的分子的 df 为 $k—1$。

2. Scheffé 检验法的临界值与 ANOVA 中的 F 比值的临界值是一样的。因此，Scheffé 检验法要求每一个事后检验满足在进行完整的方差分析中所要求的标准。下面使用表 12—6 中的数据来演示 Scheffé 检验法的使用方法。

例 12.6

我们知道 Scheffé 检验法需要求出每一个将要比较的处理的 $SS_{处理间}$、$MS_{处理内}$ 和 F 比值。虽然 Scheffé 检验使用的是普通的计算公式（公式 12—7）计算 $SS_{处理间}$，必须注意的是，公式中的数字完全是由比较的两个处理条件决定的。我们从比较处理 A（$T=27$，$n=9$）与处理 B（$T=49$，$n=9$）开始。第一步是计算出这两个处理的 $SS_{处理间}$。在计算 SS 的公式中，我们注意到，两组的总和 $G=27+49=76$，两组的总被试数 $N=9+9=18$。

$$SS_{处理间}=\sum\frac{T^2}{n}-\frac{G^2}{N}$$
$$=\frac{27^2}{9}+\frac{49^2}{9}-\frac{76^2}{18}$$
$$=81+266.78-320.89$$
$$=26.89$$

我们比较的仅仅是两个组的均值差异，这两个组选自 $k=3$ 的样本。Scheffé 检验法使用整个研究的自由度来作为处理间的自由度。因此，$df_{处理间}=3-1=2$，处理间 MS 为：

$$MS_{处理间}=\frac{SS_{处理间}}{df_{处理间}}=\frac{26.89}{2}=13.45$$

最后，Scheffé 检验法采用 ANOVA 的误差来计算 F 比值。在这种情况下，$MS_{处理内}=4.00$，$df_{处理内}=24$。Scheffé 检验求出 F 比值为：

$$F_{A对B}=\frac{MS_{处理间}}{MS_{处理内}}=\frac{13.45}{4.00}=3.36$$

$df=2$，24，$\alpha=0.05$ 时，F 的临界值为 $F=3.40$（见附录 B 的表 B.4）。因此，我们就算出 F 比值不在拒绝域内，故我们得出结论为在处理 A 与处理 B 之间不存在显著差异。

第二个比较是处理 B（$T=49$）与处理 C（$T=63$）。此时 $SS_{处理间}=10.89$，$MS_{处理间}=5.45$，$F(2, 24)=1.36$（可以自己检查该计算结果）。临界值 F 仍然是 $F=3.40$，故我们可以得出结论，处理 B 与处理 C 之间不存在显著差异。

最后的比较是处理 A（$T=27$）与处理 C（$T=63$）。此时 $SS_{处理间}=72$，$MS_{处理间}=36$，$F(2, 24)=9.00$（可以自己检查该计算结果）。临界值 F 仍然是 $F=3.40$，此次我们可以得出结论，处理间存在显著差异。

因此，Scheffé 事后检验表明仅在处理 A 与处理 C 之间存在显著差异。

前面的两个例子中的事后检验有两个有趣的地方。首先，由于 Scheffé 检验对第一类错误提供了最好的控制，从而被视作最安全的事后检验技术之一。Scheffé 检验是通过在得出差异是否显著之前，采用一个比较大的样本均值差异来控制第一类错误的。在例 12.5 中我们发现，根据 Tukey 检验方法，处理 A 与处理 B 之间的差异是显著的，但是同样的差异值根据 Scheffé 检验则是不显著的（例 12.6）。二者结果的差异是一个说明 Scheffé 检验要求比较高的很好的例子；Scheffé 检验由于要求更多的证据，因而更不易于犯第一类错误。

第二点则在于例 12.6 中三个 Scheffé 检验的结果的模式上。你可能注意到该事后检验方法产生了看起来矛盾的结果。具体地说，检验结果说明处理 A 与处理 B 之间不存在显著差异，并且处理 B 与处理 C 之间也不存在显著差异。这两种结果之下我们可能认为处理 A 与处理 C 之间也不存在显著差异。然而，检验结果却是存在显著差异。这个看起来自相矛盾的现象原因在于统计显著的标准不同。A 与 B 之间、B 与 C 之间的差异太小，不足以满足差异显著的标准。然而，当将这些差异结合在一起来考虑的时候，处理 A 与处理 C 的总差异就足够大到满足差异显著的标准。

学习检查

1. 在 $k=2$ 个处理情境下，当零假设被拒绝时，是否有必要进行事后检验？请解释是或不是的原因。

2. 对比较三种处理情境的实验进行方差分析，每种处理条件的样本量 $n=8$，得到处理总和 $T_1=16$，$T_2=32$，$T_3=40$，且 $MS_{处理内}=2.5$。

a. 在 $\alpha=0.05$ 水平下，使用 HSD 检验来确定处理 1 和处理 2 之间是否存在显著差异。

b. 在 $\alpha=0.05$ 水平下，使用 Scheffé 检验法来确定处理 1 和处理 2 之间的差异是否显著。

答案

1. 没有必要。事后检验是用来确定哪种处理之间存在显著差异。在只有两种处理的情况下，它们之间是否存在显著差异是确定的结果，不需要再进行检验。

2. a. 此检验中，$q=3.53$，HSD$=1.97$。在处理 1 与处理 2 之间存在 2 点差异，这个值足以说明二者之间差异显著。

b. 对于这两个处理，Scheff 检验 $SS_{处理间}=16$，$MS_{处理间}=8$，$F=3.2$。当 $df=2$，21 时，F 临界值为 3.47。所以，处理 1 和处理 2 之间的差异不显著。

12.7 ANOVA 和 t 检验之间的关系

当比较独立测量的两种处理条件的均值差异时，我们可以使用独立测量 t 检验（第 10 章）或本章中的 ANOVA 进行检验。在实践中，这两种方法没有差异。两种统计方法总会得出相同的统计结论。实际上，两种方法大多使用相同的计算且在其他方面也关系密切。t 和 F 的关系可以表示为下列公式：

$$F=t^2$$

F 和 t 的关系首先可以从它们的公式中看出来。t 检验比较的是差异：两个样本均值的差异（分子）和标准误的差异（分母）。另一方面，F 比值比较的是方差，方差为差异的平方。因此，F 和 t 的关系为：$F=t^2$。

比较 t 和 F 比值也可以使用其他的方法：

1. 无论是采用 t 检验还是 ANOVA，我们检验的是相同的假设。当有两种处理条件时，检验的假设为：

$$H_0: \mu_1=\mu_2$$
$$H_1: \mu_1\neq\mu_2$$

2. t 检验的自由度等于 F 值分母的自由度（$df_{处理内}$）。例如，如果有两个处理条件，每个处理条件有 6 个分数，独立测量 t 检验的自由度为 $df=10$，F 检验的自由度 $df=1$，10。每种检验均是第一个样本的自由度（$n-1$）加上第二个样本的自由度（$n-1$）。

3. 当考虑 F 和 t 的关系 $F=t^2$ 时，t 的分布和 F 的分布会完美匹配。自由度 $df=18$ 的 t 分布和 $df=1$，18 的 F 分布见图 12—10。注意以下关系：

a. 如果对 t 值进行平方，那么所有的负值将变为正值。结果是，t 分布左边的一半（小于 0）翻到了正值的一边。因此形成非对称的正偏态分布，也就是 F 分布。

b. 对于 $\alpha=0.05$，t 的临界区域为大于 $+2.101$ 或小于 -2.101。临界值平方后可得：$(\pm 2.101)^2=4.41$。

我们注意到，4.41 为 $\alpha=0.05$ 时 F 的临界值。t 的临界值的平方为 F 的临界值。

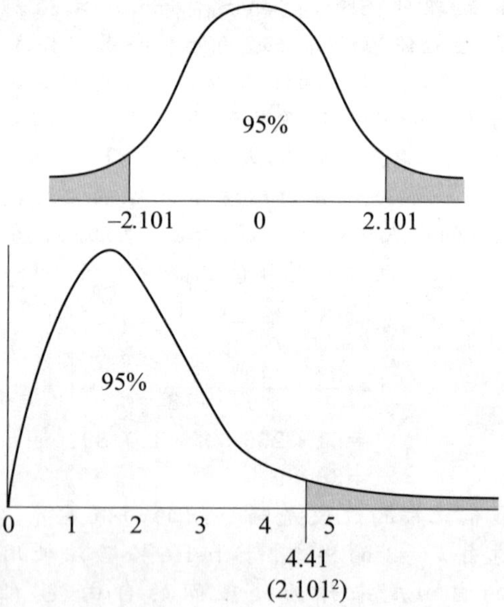

图 12—10　$df=18$ 的 t 分布，以及对应的 $df=1$，18 的 F 分布。注意到对于 $\alpha=0.05$ 时的临界值，$t=\pm 2.101$，而 $F=2.101^2=4.41$。

独立测量 ANOVA 的假设

与独立测量 t 检验一样，独立测量 ANOVA 同样需要三个假设：

1. 每个样本内的观测值相互独立。
2. 总体必须服从正态分布。
3. 总体的方差齐性。

通常情况下，除非有足够的理由怀疑假设不能够得到满足，研究者并不会过度关心正态假设，尤其是当样本量很大的时候。方差齐性的假设是比较重要的一个假设。如果一个研究者怀疑方差不同质性，可以使用 Hartley F-max 来检验方差是否同质性（见第 10 章）。

学习检查

1. 研究者使用独立样本 t 检验来估计一个研究中的均值差异，得到 $t=3.00$。如果使用 ANOVA 来估计结果，F 比值为多少？

2. 一个 ANOVA 检验的 F 比值的自由度为 $df=1，34$。数据是否可以使用 t 检验？如果可以的话，t 检验的自由度为多少？

答案

1. 因为 $F=t^2$，所以 $F=9$。
2. 因为 F 的自由度为 $df=1，34$，所以实验只比较了两种处理，可以使用 t 检验。t 检验的自由度为 $df=34$。

▼ 小结

1. 方差分析（ANOVA）是用来比较两个或更多处理之间均值差异的一种统计方法。该检验的零假设认为处理所属总体之间不存在均值差异。备择假设认为总体之间至少有一对均值间存在差异。

2. 方差分析的检验统计量为两个方差的比值，称为 F 比值。F 比值中的方差称为均方或 MS 值。每一个 MS 计算如下：

$$MS=\frac{SS}{df}$$

3. 独立测量的方差分析中，F 比值为：

$$F=\frac{MS_{处理间}}{MS_{处理内}}$$

$MS_{处理间}$ 通过计算处理均值或总和的变异来测量处理间的差异。该差异假定来自如下两个方面：

a. 处理效应（如果存在的话）；

b. 随机的、非系统差异。

$MS_{处理内}$ 测量的是每一处理内的变异情况。由于每一处理中的被试接受的是同样的处理，故处理内的差异不可能来自处理效应。因此，处理内 MS 只能是随机因素造成的差异。考虑到这些因素，F 比值的结构如下：

$$F=\frac{处理效应+随机因素造成的差异}{随机因素造成的差异}$$

当不存在处理效应时（H_0 为真时），F 比值的分子与分母测量的是同一方差，故所得结果必然接近于 1.00。如果存在显著的处理效应，F 比值的分子必然远大于分母，故此时所得的 F 比值应该远大于 1.00。

4. 图 12—11 呈现了计算每一个 SS、df 和 MS 值的公式，同时也说明了 ANOVA 的一般过程。

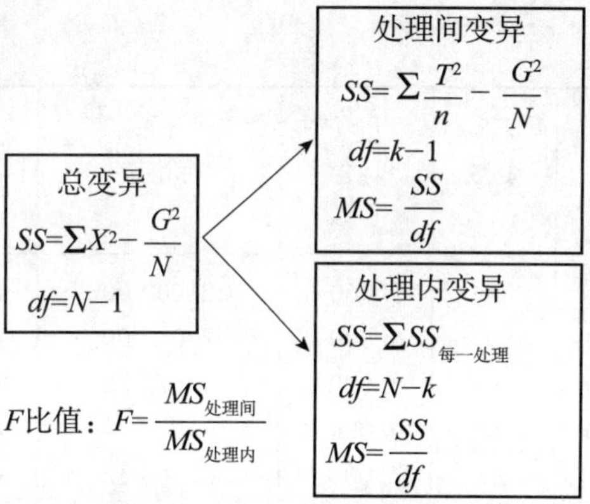

图 12—11　ANOVA 的公式。

5. F 比值有两个自由度，分子和分母中的 MS 各一个。这两个 df 值用于在 F 分布表中查找 F 比值的临界值。

6. 独立测量的 ANOVA 的效应大小通过计算 η^2 来表示，即被处理效应所解释的方差比例。

$$\eta^2=\frac{SS_{处理间}}{SS_{处理间}+SS_{处理内}}=\frac{SS_{处理间}}{SS_{总}}$$

7. 当方差分析的结果为拒绝零假设，并且实验包括了两个处理情境以上的情况时，有必要继续进行事后检验，比如 Tukey 的 HSD 检验或

Scheffé 检验。这些检验的目的是准确地确定哪些均值差异是显著的，哪些不是。

▼ 关键术语

方差分析（ANOVA）	处理间变异	*F* 分布	因素	处理内变异
eta 平方（η^2）	水平	处理效应	事后检验	*F* 比值
误差项	对偶比较	检验 α 水平	均方（*MS*）	Tukey 的 HSD 检验
实验 α 水平	ANOVA 总结表	Scheffé 检验		

▼ 资源

➢SPSS

SPSS 的基本说明见附录 D。以下是使用 SPSS 进行单因素、独立测量方差分析（ANOVA）的具体说明。

数据输入

1. 数据以堆放的形式输入在数据编辑器里，也就是说，所有来自不同处理的分数放在单独一列（VAR00001）。处理 2 的数据直接放在处理 1 的下面，中间没有空格或分隔。处理 3 的数据直接放在处理 2 下面，以此类推。

2. 在第二列（VAR00002），输入一个数字来确定每个分数的处理条件。例如，在第一个处理的每个分数旁边输入 1，在处理 2 的分数旁边输入 2 等。

数据分析

1. 点击 Analyze，选择 Compare Means，点击 One-Way ANOVA。

2. 将分数变量（VAR00001）选入 Dependent List。

3. 将处理条件（VAR00002）选入 Factor 框中。

4. 如果需要得到每种处理条件的描述统计量，点击 Options，选择 Descriptives，点击 Continue。

5. 点击 OK。

SPSS 结果

我们使用 *SPSS* 来分析例 12.1 中有关学习策略研究的数据，分析结果见图 12—12。首先是每个处理条件的描述统计表（分数个数、均值、标准差、均值的标准误、均值的 95% 置信区间、最大值和最小值）。第二部分是 *ANOVA* 的结果表格。

描述统计表

分数

	个数	均值	标准差	均值的标准误	均值的 95%置信区间		最小值	最大值
					下限	上限		
1.00	6	5.000 0	2.000 00	0.816 50	2.901 1	7.098 9	3.00	8.00
2.00	6	6.000 0	2.000 00	0.816 50	3.901 1	8.098 9	3.00	8.00
3.00	6	8.000 0	1.673 32	0.683 13	6.244 0	9.756 0	5.00	10.00
4.00	6	9.000 0	1.264 91	0.516 40	7.672 6	10.327 4	7.00	10.00
Total	24	7.000 0	2.303 12	0.470 12	6.027 5	7.972 5	3.00	10.00

方差分析结果

分数

	SS	df	MS	F	Sig.
处理间	60.000	3	20.000	6.452	0.003
处理内	62.000	20	3.100		
总计	122.000	23			

图 12—12 例 12.1 学习策略实验中 ANOVA 的 SPSS 输出。

➢关注问题解决

1. 分别计算三个 SS 可以用来检验处理内和处理间的方差和是否等于总变异。然而，也可以仅仅通过 $SS_{总}$ 减去 $SS_{处理内}$ 得到 $SS_{处理间}$。

2. 我们知道 F 比值有两个独立的 df 值：分子和分母各一个。通常在报告中，$df_{处理间}$ 是首先报告的。当从 F 分布表中查找临界 F 值时，我们需要两个 df 值。

3. 当你在文献中遇到关于 F 比值和 df 值的报告时，应该可以据此重构原始实验。比如，如果你看到"$F(2, 36)=4.80$"，你应该知道实验中比较了 $k=3$ 个处理组（因为 $df_{处理间}=k-1=2$），实验中共有 $N=39$ 个被试（因为 df 处理内 $=N-k=36$）。

➢示例 12.1

方差分析

人为因素心理学家研究了三种计算机键盘设计方案。三组被试使用三种键盘来输入一份给定的材料，其中每一个被试所犯的错误将被记录下来。数据结果如下：

键盘 A	键盘 B	键盘 C	
0	6	6	
4	8	5	$N=15$
0	5	9	$G=60$
1	4	4	$\sum X^2=356$
0	2	6	
$T=5$	$T=25$	$T=30$	
$SS=12$	$SS=20$	$SS=14$	

以上数据是否足够得出结论认为三种键盘设计中打字效果存在显著差异呢？

步骤 1 提出假设，并且确定 α 水平。零假设为不同键盘中所犯错误的数量不存在显著差异。用公式表达如下：

H_0：$\mu_1=\mu_2=\mu_3$（键盘类型不存在效应。）

如本章前面提到的，关于备择假设有许多可能。下面我们列出最一般的备择假设：

H_1：至少有一个处理均值是不同于其他处理均值的。

我们设定 $\alpha=0.05$。

步骤 2 确定拒绝域。为了确定拒绝域，我们必须首先计算 $df_{处理间}$ 和 $df_{处理内}$ 的值：

$$df_{处理间}=k-1=3-1=2$$

$$df_{处理内}=N-k=15-3=12$$

本例题的 F 比值自由度为 $df=2$，12。根据分子 $df=2$，分母 $df=12$，查看 F 分布表，$\alpha=0.05$ 水平下，临界值为 $F=3.88$。

步骤 3 进行分析。分析涉及以下几个阶段：

1. 关于 SS 的分析。
2. 关于 df 的分析。
3. 计算均方。
4. 计算 F 比值。

SS 的分析：我们将计算 $SS_{总}$ 和它的两个组成部分。

$$SS_{总}=\sum X^2-\frac{G^2}{N}=356-\frac{60^2}{15}=356-\frac{3\ 600}{15}$$

$$=356-240=116$$

$$SS_{处理内}=\sum SS_{每一处理内}$$

$$=12+20+14$$

$$=46$$

通过相减，$SS_{处理间}=SS_{总}-SS_{处理内}=116-46=70$。

自由度的分析：我们将计算 $df_{总}$。它的组成部分 $df_{处理间}$ 和 $df_{处理内}$ 已经在先前计算出来（步骤 2）。

$$df_{总}=N-1=15-1=14$$

$$df_{处理间}=2$$

$$df_{处理内}=12$$

计算 MS 值：我们计算 $MS_{处理间}$ 和 $MS_{处理内}$ 的值。

$$MS_{处理间}=\frac{SS_{处理间}}{df_{处理间}}=\frac{70}{2}=35$$

$$MS_{处理内}=\frac{SS_{处理内}}{df_{处理内}}=\frac{46}{12}=3.83$$

计算 F 比值：最后，我们计算 F。

$$F=\frac{MS_{处理间}}{MS_{处理内}}=\frac{35}{3.83}=9.14$$

步骤 4 做出关于 H_0 的推断，得出结论。我们计算出的 F 值 9.14 大于临界值 3.88。因此，我们拒绝零假设。使用不同类型键盘对于所犯错误次数有显著效应。$F(2,12)=9.14$，$p<0.05$。下表总结了分析的结果：

来源	SS	df	MS	
处理间	70	2	35	$F=9.14$
处理内	46	12	3.83	
总计	116	14		

➢示例 12.2

计算 ANOVA 的效应大小

我们将计算 eta 平方（η^2），即在示例 12.1 中分析的数据中所能解释的方差比例。数据计算结果为处理间 $SS=70$，总的 $SS=116$。因此，

$$\eta^2=\frac{SS_{处理间}}{SS_{总}}=\frac{70}{116}=0.60\text{（或 }60\%\text{）}$$

➢练习题

1. 解释当零假设为真的时候，为什么 F 比值接近 1.00。

2. 有几个因素影响 F 比值的大小。在下面的每一种情况中，指出它是否影响 F 比值的分子或

分母，并且指出 F 比值的大小是增加还是减少。每种情况下均假设其他因素不变。

a. 样本均值的差异增加。

b. 样本方差的大小增加。

3. 当实验包括三个或三个以上处理情境的时候，请解释此时为什么我们选择使用 ANOVA 代替 t 检验来比较平均数差异。

4. 事后检验一般在 ANOVA 之后进行。

a. 事后检验的目的是什么?

b. 请解释如果分析中仅有两种处理情境，为什么不需要使用事后检验。

c. 请解释如果 ANOVA 没能拒绝零假设，为什么不需要使用事后检验。

5. 一项比较四种处理条件的独立测量研究中，每个处理条件的样本量 $n=8$，均值分别为：$M_1=2$，$M_2=3$，$M_3=1$，$M_4=6$。

a. 计算四个处理均值的 SS（将均值当作 4 个分数来计算 SS）。

b. 使用 a 的结果，计算 n（$SS_{均值}$）。注意：这个值等于 $SS_{处理间}$（见公式 12—6）。

c. 现在，计算 4 个处理的总和并使用 T 值的计算公式来计算 $SS_{处理间}$（见公式 12—7）。检验与 b 得到的结果是否一致。

6. 下面的数据是一项比较三种处理情境的独立测量实验的结果。

a. 采用方差分析，在 $\alpha=0.05$ 水平下推断该组数据是否可以得出结论认为处理之间存在显著差异。

b. 计算研究的效应值 η^2。

c. 用一句话来呈现假设检验的结果和效应大小。

处理			
1	2	3	
3	5	6	$N=12$
5	5	10	$G=60$
3	1	10	$\sum X^2=392$
1	5	6	
$M=3$	$M=4$	$M=8$	
$T=12$	$T=16$	$T=32$	
$SS=8$	$SS=12$	$SS=16$	

7. 上一个问题中发现处理效应显著。主要原因是样本 3 的均值明显不同于其他两个样本均值（$M_1=3$，$M_2=4$，$M_3=8$）。而在下面的数据中，我们用问题 6 中的数据，在第三个样本里将每个得分减去 3。注意，减去一个常数会引起均值变小，但是不影响样本的变异性。结果数据的均值差异比第 6 题小很多。

a. 在你进行任何计算之前，预测这样的改变会怎样影响方差分析的结果。也就是说，这个时候的 F 比值与 η^2 和问题 6 中的有什么不同?

b. 进行方差分析，在 $\alpha=0.05$ 水平下确定三种处理之间是否存在显著差异。(你的答案是否与问题 7 中 a 的预测相同?)

c. 计算效应值 η^2。(你的答案是否与问题 7 中 a 的预测相同?)

处理			
1	2	3	
3	5	3	$N=12$
5	5	7	$G=48$
3	1	7	$\sum X^2=236$
1	5	3	
$M=3$	$M=4$	$M=5$	
$T=12$	$T=16$	$T=20$	
$SS=8$	$SS=12$	$SS=16$	

8. 下面的数据来自一项使用三个独立样本进行三种处理情境比较的研究。

a. 计算三个样本的方差。

b. 使用 ANOVA，在 $\alpha=0.05$ 水平下确定处理之间是否存在显著差异。

处理			
1	2	3	
4	3	8	$N=12$
3	1	4	$G=48$
5	3	6	$\sum X^2=238$
4	1	6	
$M=4$	$M=2$	$M=6$	
$T=16$	$T=8$	$T=24$	
$SS=2$	$SS=4$	$SS=8$	

9. 在上一题中，你会发现三种处理之间存在显著差异。原因之一是样本方差相对较小。下面的数据是我们在问题 8 中原始数据的基础上，保持均值不变，而增加了每一个样本的 SS 来构建的。

处理			
1	2	3	
4	4	9	$N=12$
2	0	3	$G=48$
6	3	6	$\sum X^2=260$
4	1	6	
$M=4$	$M=2$	$M=6$	
$T=16$	$T=8$	$T=24$	
$SS=8$	$SS=10$	$SS=18$	

a. 计算三个样本的样本方差，并比较这些样本方差与第 8 题中的样本方差。

b. 预测当样本方差增大时，分析的结果如何变化。也就是说，这时的 F 比值和问题 8 中的 F 比值有什么不同?

c. 进行方差分析，在 $\alpha=0.05$ 水平下确定处理之间是否存在显著差异。(你的答案是否与问题 9 中 b 中的预测相同?)

10. 下面的数据是一项比较三种处理情境的独立测量实验的结果。

a. 采用方差分析，在 $\alpha=0.05$ 水平下推断该组数据是否可以得出结论认为处理之间存在显著差异。

b. 计算研究的效应值 η^2。

$M=2$	$M=3$	$M=4$
$n=10$	$n=10$	$n=10$
$T=20$	$T=30$	$T=40$
$s^2=2.67$	$s^2=2.00$	$s^2=1.33$

11. 下面的数据是我们在问题 10 中原始数据的基础上，将样本量增加到 $n=25$ 得到的。

a. 预测当样本量增大时，与第 10 题相比，F 值会如何变化。使用 ANOVA 来检验预测。注意：因为样本量相同，$MS_{处理内}$ 为三个样本方差的均值。

b. 预测与第 10 题相比，效应值 η^2 会如何变化。计算 η^2 来检验。

$M=2$	$M=3$	$M=4$
$n=25$	$n=25$	$n=25$
$T=50$	$T=75$	$T=100$
$s^2=2.67$	$s^2=2.00$	$s^2=1.33$

12. 下面的数据来自一项比较三种处理情境的独立测量实验的结果。

a. 计算每个样本的方差。

b. 计算 $MS_{处理内}$，即 ANOVA 的 F 比值的分母。因为样本量相同，所以，你应发现 $MS_{处理内}$ 等于三个样本方差的均值。

	处理	
Ⅰ	Ⅱ	Ⅲ
$n=10$	$n=10$	$n=10$
$SS=63$	$SS=66$	$SS=87$

13. 有证据表明高中生只会在教师技能差或不太在意的课堂上作弊（Murdock, Miller & Kohlhardt, 2004）。学生更倾向于通过他们老师如何看待作弊来使自己的不当行为合理化。低水平的老师被认为不知道或不关心学生是否作弊，所以学生在其课堂上作弊。另一方面，好的老师确实对作弊在意或警觉，所以学生不倾向于作弊。以下是与实际研究结果相同的理论数据。分数代表每个样本下学生对作弊的接受程度。

a. 采用方差分析，在 $\alpha=0.05$ 水平下推断该组数据能否证明学生看待老师的不同水平下学生对作弊的接受程度有显著差异。

b. 计算研究的效应值 η^2。

c. 用一句话来呈现假设检验的结果和效应大小。

低水平教师	平均水平教师	好的老师	
$n=6$	$n=8$	$n=10$	$N=24$
$M=6$	$M=2$	$M=2$	$G=72$
$SS=30$	$SS=33$	$SS=42$	$\sum X^2=393$

14. 研究者报告了一项独立测量研究中的 F 比值，自由度为 $df=2, 27$。

a. 在该研究中存在几种处理情境?

b. 在整个研究中有多少被试参加?

15. 一项来自独立测量研究的结果显示处理之间存在显著差异，$F(3, 48)=2.95$，$p<0.05$。

a. 该研究中有几种进行比较的处理?

b. 整个研究有多少被试参加?

16. 下面的总结表是一项实验进行 ANOVA 的结果。该实验比较了三种处理情境，每一种处理中的样本量 $n=8$。请填写表中的空白值。（提示：从 df 栏开始进行。）

来源	SS	df	MS	
处理间	____	____	15	$F=$____
处理内	____	____	____	
总计	93	____		

17. 一家制药公司研发出一种新药，预期用来消除饥饿感。为了检验该药的效果，随机抽取了三个样本的小白鼠进行实验，每一样本有 $n=20$ 只小白鼠。第一组小白鼠每天服药。第二组小白鼠服用安慰剂。选取小白鼠在一个月里的食物总量作为因变量。对数据结果进行方差分析，结果总结表报告如下。请填写表中的空白值。（提示：从 df 栏开始进行。）

来源	SS	df	MS	
处理间	____	____	20	$F=4.00$
处理内	____	____	____	
总计	____	____		

18. 发展心理学家探究 2 到 4 岁儿童的语言技能的发展。儿童依年龄被分为 3 组，每组 16 个人。每个儿童均完成了一个语言技能测验。以下是三个年龄组进行 ANOVA 的结果。请填写表中的

空白值。

来源	SS	df	MS	
处理间	20	____	____	$F=$ ____
处理内	____	____	____	
总计	200	____		

19. 下面的数据来自一个比较三种处理情境的独立测量研究。进行方差分析，在 $\alpha=0.05$ 水平下确定三种处理之间是否存在显著差异。

处理			
Ⅰ	Ⅱ	Ⅲ	
$n=8$	$n=6$	$N=4$	$N=18$
$T=16$	$T=24$	$T=32$	$G=72$
$SS=40$	$SS=24$	$SS=16$	$\sum X^2=464$

20. 下面的数据来自一个比较两种处理情境的独立测量研究。

a. 进行 t 检验，在 $\alpha=0.05$ 水平下确定两种处理之间是否存在显著差异。

b. 进行方差分析，在 $\alpha=0.05$ 水平下确定两种处理之间是否存在显著差异。应当发现：$F=t^2$。

处理		
Ⅰ	Ⅱ	
$n=8$	$n=4$	
$M=4$	$M=10$	$N=12$
$T=32$	$T=40$	$G=72$
$SS=45$	$SS=15$	$\sum X^2=588$

21. 下面的数据来自一个比较两种处理情境的独立测量研究。

a. 进行 t 检验，在 $\alpha=0.05$ 水平下确定两种处理之间是否存在显著差异。

b. 进行方差分析，在 $\alpha=0.05$ 水平下确定两种处理之间是否存在显著差异。应当发现：$F=t^2$。

处理		
Ⅰ	Ⅱ	
8	2	$N=10$
7	3	$G=50$
6	3	$\sum X^2=306$
5	5	
9	2	
$M=7$	$M=3$	
$T=35$	$T=15$	
$SS=10$	$SS=6$	

22. 一些鸟迁徙而其他鸟整年固定待在一个地方的可能原因是智商。具体来说，拥有相对身体较小的脑的鸟不够聪明，以至于在冬天找不到食物，所以必须迁徙到相对暖和的地方（Sol，Lefebvre，& Rodriguez-Teijeiro，2005）。而拥有较大的脑的鸟则更活跃且能在冬天找到食物。以下是同实际研究相似的理论数据。数字代表每个样本下鸟的脑的大小。

a. 进行方差分析，在 $\alpha=0.05$ 水平下确定三组鸟是否存在显著差异。

b. 计算效应值 η^2。

c. 用一句话来呈现假设检验的结果和效应大小。

d. 使用 Tukey 的 HSD 检验进行事后检验来确定哪两组的差异显著不同。

处理			
不迁徙	短距离迁徙	长距离迁徙	
18	6	4	$N=18$
13	11	9	$G=180$
19	7	5	$\sum X^2=2150$
12	9	6	
16	8	5	
12	13	7	
$M=15$	$M=9$	$M=6$	
$T=90$	$T=54$	$T=36$	
$SS=48$	$SS=34$	$SS=16$	

23. 有研究表明在学习时使用 Facebook 的学生比不使用的学生的成绩低（Kirschner & Karpinski，2010）。一个研究调查了学生在学习时使用 Facebook 的量。根据使用 Facebook 的量的不同，学生被分为三组，他们的绩点见下表。

a. 进行方差分析，在 $\alpha=0.05$ 水平下确定三组均值是否存在显著差异。

b. 计算效应值 η^2。

c. 用一句话来呈现假设检验的结果和效应大小。

学习时的 Facebook 使用情况		
不使用	很少使用	经常使用
3.70	3.51	3.02
3.45	3.42	2.84
2.98	3.81	3.42
3.94	3.15	3.10
3.82	3.64	2.74
3.68	3.20	3.22
3.90	2.95	2.58
4.00	3.55	3.07
3.75	3.92	3.31
3.88	3.45	2.80

24. 新的研究发现看电视，尤其是医学剧可以

增加人们对健康的关心程度（Ye，2010）。研究调查了大学生的看电视习惯和对健康的关心程度，如害怕生电视上播放的疾病等。基于看电视习惯，学生被分为三组，学生对健康的关心程度使用 10 点式量表（0 表示一点也不）测量。数据见下表。

a. 进行方差分析，在 $\alpha=0.05$ 水平下确定三组均值是否存在显著差异。

b. 计算效应值 η^2。

c. 使用 Tukey 的 HSD 检验进行事后检验来确定哪两组的差异显著不同。

看电视情况		
很少看或不看	中度	重度
4	5	5
2	7	7
5	3	6
1	4	6
3	8	8
7	6	9
4	2	6
4	7	4
8	3	6
2	5	8

第 13 章

重复测量和双因素方差分析

章节概览

学习本章需要使用的相关知识

下列术语是学习本章的关键背景知识，如果对这些知识有不明白之处，在进一步学习之前，应复习先前学过的相关章节。

- 独立测量的方差分析（第 12 章）。
- 重复测量设计（第 11 章）。
- 个体差异。

13.1 概述

在上一章，我们介绍了方差分析，作为一种假设检验的方法来估计平均数差异。方差分析的独特优势，尤其相对于 t 检验来说，是可以用于样本多于两个时估计平均数差异是否显著。然而，第 12 章介绍的方差分析的方法局限于一种特殊的研究设计，我们谈到的方差分析针对的是单因素的、独立测量的研究设计。单因素指的是研究仅涉及一个变量（或仅是一个准自变量①）。独立测量指的是研究中用于比较的不同处理，作用于不同的样本对象。实际上，方差分析是一种极其具有灵活性的方法，可以应用于单因素设计之外的范围。在这一章，我们将开始探索它在一些复杂的研究设计中的应用。具体来说，我们将介绍以下内容：

1. 重复测量 ANOVA：当每一种处理都使用同一组被试时，使用重复测量的研究设计比较这些不同的处理效果是完全可能的。我们将介绍 ANOVA 是如何用于比较重复测量研究中的均值差异的。

2. 双因素 ANOVA：通常情况下，我们研究的问题关注的是几个不同的变量是如何同时影响行为的。例如，作为一名医生，他可能想清楚了解不同的饮食和锻炼情况的结合是如何与体重下降相关联的。在这种情境中，控制两个变量（饮食和锻炼），同时观测第三个变量（体重）。从统计学的角度来说，研究包含两个自变量或因素。在这一章的最后，我们将介绍 ANOVA 是如何将第 12 章的内容应用于检验双因素研究中的均值差异的。

13.2 重复测量方差分析

第 12 章介绍了 ANOVA 的基本逻辑，以及用来分析单因素独立测量研究所得数据的方差分析的公式。我们注意到，独立测量研究设计的特征是，在研究中，不同的处理条件会使用单独的样本对象。独立测量设计关心的一个问题是一种处理条件下的被试与另一种处理条件下的被试可能会拥有不同的特征。例如，处理条件 1 下的被试比处理 2 下的被试更聪明。在这种情况下就不能够解释两种处理条件的差异。例如：（1）处理 1 使个体得到更高的分数，或者（2）更聪明的人会有更高的分数。为了避免此问题，研究者通常使用重复测量设计。回忆第 11 章，重复测量设计是在不同处理条件中使用同一群被试样本。在重复测量研究中，因为在每种处理条件下使用的是同一群被试，所以不可能存在不同处理条件下被试特征存在差异的情况。

在这一部分，我们将 ANOVA 程序扩展到单因素、重复测量设计。这种分析在以下两种研究情境下使用：

1. 实验研究。研究者操纵自变量形成两个或多个处理情境，在所有处理情境中使用同一群被试。

2. 非实验研究。观察同一群被试在两个或多个时间点的测量。

表 13—1 提供了两种情形下的例子。表 13—1a 是研究者改变注意力分散的类型以形成三种处理条件，一组被试在三种条件下进行测验。在这个研究中，检测的因素是注意力分散的类型。

表 13—1b 是研究者观察个体在三个不同时间点的抑郁分数。在这个研究中，测量的时间点是要检测的因素。这种设计的另一类普遍的例子是在发展心理学中，被试的年龄为研究的因素。例如，心理学家可以测量一个由 3 岁儿童组成的样本的词汇量，然后分别在他们 4 岁、5 岁的时候重复测量来考察儿童词汇技能的发展规律。

表 13—1 表示单因素重复测量研究设计的经典例子的两类数据。

(a) 评估在不同干扰类型情况下视觉搜索任务表现的实验研究所得数据。

	视觉搜索得分		
被试	无干扰	视觉干扰	听觉干扰
A	47	22	41
B	57	31	52
C	38	18	40
D	45	32	43

(b) 数据来自对抑郁的临床治疗效果的评估的非实验设计研究。

① 自变量是一个实验中操纵的变量。准自变量不能被操纵，但是在一个非实验研究中定义了分数的分组。

	抑郁得分		
被试	治疗前	治疗后	治疗6个月后
A	71	53	55
B	62	45	44
C	82	56	61
D	77	50	46
E	81	54	55

重复测量方差分析的假设

关于重复测量设计的方差分析的假设，与第12章呈现的独立测量设计方差分析的假设非常相似。具体地说，零假设为各处理条件下样本所属总体的平均数不存在差异，也就是

$$H_0: \mu_1=\mu_2=\mu_3=\cdots$$

根据零假设，所有的处理应有同样的效果。对于零假设来说，任何样本平均数之间的差异不是处理造成的，而是来自随机的、非系统差异。

而备择假设是处理之间有显著的差异。我们不是确定哪一个处理结果是不同的，而是用一个H_1假设来指出差异的存在：

H_1：至少有一个处理结果的平均数（μ）与其他处理结果差异显著。

备择假设认为处理之间存在着不同的效应。并且，处理效应是样本之间平均数差异显著的原因。一如既往，方差分析的目标是根据样本数据来推断两个假设中哪个更准确。

重复测量方差分析的 *F* 比值

重复测量方差分析的F比值与第12章中独立测量的方差分析有着相似的结构。两种情况下，F比值都是处理间真实的变异与如果没有处理效应的期望误差所产生的变异的比值。F比值的分子测量的是处理间的真实差异。F比值的分母测量的是如果没有处理效应期望差异的大小。和以前一样，F比值使用变异来测量平均数差异的程度。因此，重复测量的方差分析的F比值的一般表达式为：

$$F=\frac{\text{处理间变异（差异）}}{\text{没有处理效应时的期望变异（差异）}}$$

一个大的F比值表明处理间变异要大于没有处理效应时的期望变异，如果F值在F分布表中大于临界值，我们可以得出结论：处理之间的差异显著大于随机因素造成的变异。

F比值中的个体差异　虽然重复测量设计与独立测量设计的F比值结构相似，但是产生相应F比值的两种设计存在根本的差异。具体地说，个体差异是比值的一部分，但是从其他部分消除了。

个体差异指的是一些特征，如年龄、人格、性别等，它们在不同人之间变化并且可能影响每个人的测量结果。例如，假设你在测量反应时。研究中的第一个被试是一名智商为136且在校排球队的19岁女孩。下一个被试是智商为111，在丢掉工作后重回大学且正伤风感冒的42岁男人。你是否会期望两个被试有相同的反应时分数，即使他们接受的处理条件相同？

在独立测量ANOVA中，个体差异是F比值分子变异和分母变异的一部分。然而，在重复测量ANOVA中，个体差异从F比值中被消除或移去。个体差异被移除的思想在第11章中我们介绍重复测量设计时首次提到，我们现在简单回顾一下。

在一个重复测量研究中，所有处理条件下的被试是相同的。因此，如果处理间有均值差异，那么差异则不能被个体差异解释。所以，个体差异自动从重复测量F比值的分子中消失了。

重复测量设计还可以将个体差异造成的变异从F比值的分母中分离出去。因为同样的个体在不同的处理情境中被测量，所以个体差异的程度有可能得到测量。例如，在表13—1a中，被试A比被试B平均低10分。因为个体差异是系统的、可预测的，因此，它们可以测量且可以从F比值分母的随机、非系统的差异中分离出来。

因此，个体差异可以从重复测量F比值的分子中自动消失，也可以被测量且从分母中去除。因此，最终的F比值的结构如下：

$$F=\frac{\text{处理间变异（不包括个体差异）}}{\text{没有处理效应时的变异（个体差异被分离）}}$$

个体差异的分离过程在重复测量的方差分析中是一个重要的部分。

总的来说，重复测量方差分析中的F比值与独立测量中的F比值（第12章）相比，除了它不包含个体差异之外，二者有着相同的结构。个体差异能自动地从处理之间的变异中分离出去，是因为重复测量设计在所有处理中使用的是同一组被试。在分母里，个体差异在分析中被抽取出来。因此，重复测量设计的F比值有着如下结构：

$$F=\frac{\text{处理间变异}}{\text{误差造成的变异}} \qquad (13—1)$$

$$=\frac{\text{处理效应＋随机、非系统的差异}}{\text{随机、非系统的差异}}$$

当没有处理效应时，F比值由于分子和分母测量同一种变异而保持平衡。在这个例子里，F比值接近1.00。当研究结果为F比值接近1.00时，我们得出没有处理效应的结论，并且我们无法拒绝零假设。另一方面，当处理效应存在时，它将仅对分子产生作用，并且产生一个比较大的F值。因此，一个较大的F值表明存在处理效应，因此我们拒绝零假设。

学习检查

1. 重复测量 ANOVA 的 F 比值公式使个体差异被消除。
   a. 解释为什么个体差异不是 F 比值分子中处理间变异的一部分。
   b. 解释为什么个体差异不是 F 比值分母中误差变异的一部分。

答案

1. a. 因为在一个处理中的个体与在其他每个处理中的个体是相同的，所以处理间没有个体差异。
   b. 个体差异引起的变异可以被测量且从处理内变异中分离出来，因此误差变异不包括任何处理效应或个体差异。

重复测量方差分析的结构

图 13—1 表示的是重复测量方差分析的完整结构。注意，方差分析可以被视为一个两阶段过程。在第一阶段，总变异被分为两部分：处理间变异和处理内变异。这一阶段与第 12 章介绍的独立测量设计的分析过程是类似的。

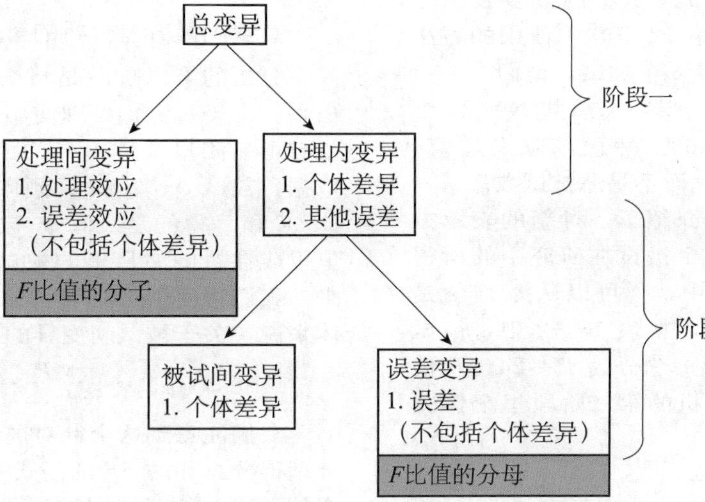

图 13—1　一个重复测量方差分析中变异的分解。

分析的第二阶段是从分母里分离个体差异。在第二阶段，我们从处理内差异开始，然后测量并且分离被试间差异，被试间变异测量的是个体差异的大小。余下的变异常被称为残余误差或误差变异，测量的是处理效应和个体差异分离出去之后还有多少是由随机部分引起的变异。在分析的第二阶段，重复测量和独立测量的方差分析存在着不同。具体来说，重复测量设计需要将个体差异分离出去。

定义

在重复测量方差分析中，F 比值的分母被称为残余误差或误差变异，测量的是如果没有系统的处理效应以及个体差异，分数变异的期望值。

重复测量方差分析的表示方法和公式

我们将使用表 13—2 中的数据来介绍重复测量 ANOVA 的计算方法。表中数据与 Weinstein、McDermott 和 Roediger（2010）的一项比较为准备一场测验或考试的四种学习策略的效果的研究相似。四种学习策略分别为只读一次、重复阅读、回答问题、提出问题并回答问题。在学习一篇短文后，每个被试完成总分为 10 分的测验。短暂休息后，给被试呈现一篇新的文章和一个新的学习策略。重复此过程，直至被试完成四种学习策略。注意，表中的数据和在第 12 章中（例 12.1）用来说明独立测量 ANOVA 的数据相同。但是，在本例中，数据为重复测量数据，四种条件使用相同的样本，样本量 $n=6$。

表 13—2 使用四种不同的策略学习一篇短文的学生的测验分数。

被试	只读一次	重复阅读	回答问题	提出问题并回答问题	总分数	
A	3	5	8	8	$P=24$	$n=6$
B	3	3	5	9	$P=20$	$k=4$
C	4	5	8	7	$P=24$	$N=24$
D	6	7	9	10	$P=32$	$G=168$
E	6	8	8	10	$P=32$	$\sum X^2=1\,298$
F	8	8	10	10	$P=36$	
	$T=30$	$T=36$	$T=48$	$T=54$		
	$M=5$	$M=6$	$M=8$	$M=9$		
	$SS=20$	$SS=20$	$SS=14$	$SS=8$		

你应该能意识到，表 13—2 中的许多表示方法与独立测量方差分析（第 12 章）中使用的方法是很类似的。例如，有 $n=6$ 个被试，他们在 $k=4$ 种处理情境中接受测试，产生了总共 $N=24$ 个分数，分数的总和 $G=168$。然而，应当注意，$N=24$代表总的分数个数，而不是总被试数。

重复测量 ANOVA 仅介绍了一种新的表示方法。字母 P 用于表示每一个被试在研究中的所得分数的总和。在这个研究中，你可以认为 P 值是被试个体得分总和。例如，在表 13—2 中，被试 A 所得分数为 3，5，8，8，总分为 $P=24$。P 值将用于定义和测量方差分析的第二阶段里个体差异的大小。

例 13.1

我们将使用表 13—2 中的数据来演示重复测量 ANOVA。测验的目的是确定被比较的四种学习策略是否存在显著的差异。具体来说，就是检查任何两个样本平均数的差异是否大于四种学习策略不存在任何差异时的差异。

重复测量方差分析的第一阶段

重复测量方差分析的第一阶段与第 12 章介绍的独立测量方差分析是类似的，具体来说，总分数 SS 和 df 被分解为处理内和处理间。

因为表 13—2 中的数值与例 12.1 中使用的数值是一样的，所以，重复测量分析的第一阶段同例 12.1 中的第一阶段相同。所以，重复测量的第一阶段可以总结如下：

总变异：

$$SS_{总}=\sum X^2-\frac{G^2}{N}$$

$$=1\,298-\frac{168^2}{24}=1\,298-1\,176=122$$

$$df_{总}=N-1=23$$

处理内变异：

$$SS_{处理内}=\sum SS_{每一处理内}=20+20+14+8=62$$

$$df_{处理内}=\sum df_{每一处理内}=5+5+5+5=20$$

处理间变异：

对于这个例子，我们可以使用减法计算 $SS_{处理间}$。

$$SS_{处理间}=SS_{总}-SS_{处理内}=122-62=60$$

$$df_{处理间}=k-1=3$$

更多细节可见例 12.1 中的公式和计算。

这样就完成了重复测量 ANOVA 的第一阶段。注意，处理间和处理内两个部分的 SS 和 df 加起来为总 SS 和总自由度。还要注意一下，处理间的 SS 和 df 值可以用来测量处理间的均值差异，作为最终 F 比值的分子。

重复测量方差分析的第二阶段

分析的第二阶段是将个体差异从分母中分离出去。由于每一种处理使用的是同样的被试群体，就有可能测量个体差异的大小。如表 13—2 中的数据，被试 A、B 和 C 倾向于得最高分，而被试 D、E 和 F 得的是最低分。这些个体差异可以在 P 值里或在右侧栏目里的被试得分的总和处反映出来。我们将使用这些 P 值来计算被试间的 SS，具体来说，关于被试间变异的 SS 的公式为：

$$SS_{被试间}=\sum\frac{P^2}{k}-\frac{G^2}{N} \qquad (13—2)$$

我们注意到这个针对被试间的 SS 的公式，与处理得分总和的 SS 的公式有着相似的结构。在这个例子里，我们使用被试得分总和（P 值）代替处理得分总和（T 值）。每一个 P 值平方然后除以水平层数。专栏 13—1 提供了其他描述被试间 SS 与处理间 SS 的公式。对于表 13—2 中的数据，

$$SS_{被试间}=24^2/4+20^2/4+24^2/4+32^2/4+32^2/4+36^2/4-168^2/24=144+100+144+256+256+324-1\,176=48$$

$SS_{被试间}$的值提供了对个体差异大小的测量，也就是说，测量的是被试之间的差异。在分析的第二阶段，我们将个体差异分离出来，以得到对误差的测量，然后以此为 F 比值的分母。因此，分析的最后一步为：

$$SS_{误差}=SS_{处理内}-SS_{被试间} \qquad (13—3)$$

我们已经计算了 $SS_{处理内}=62$，$SS_{处理间}=48$，因此，

$$SS_{误差}=62-48=14$$

专栏 13—1　$SS_{被试间}$ 和 $SS_{处理间}$

重复测量研究的数据通常会列在一个矩阵中，列表示的是处理条件，行表示的是参与者。表 13—2 中的数据就是其中的一个例子。$SS_{处理间}$ 测量了处理间的差异——也就是测量数据矩阵中列之间的平均数的差异。以表 13—2 中的数据为例，列的总和分别为 30、36、48 和 54。这些值是变化的，$SS_{处理间}$ 测量了变异的量。

下表的数据来自表 13—2，但是，在这里我们换一下矩阵的方向：列表示的是被试，行表示的是处理条件。

在这个新的格式中，列之间的差异表示的是被试间的变异性。列的总和就是 P 值（而不是 T 值），每一列数据的个数用 k 表示（而不是 n）。尽管符号发生了变化，但 $SS_{被试间}$ 的公式与 $SS_{处理间}$ 的公式在结构上是完全相同的。如果你仔细观察一下这两个等式，相似点就显而易见了。

	被试						
	A	B	C	D	E	F	
只读一次	3	3	4	6	6	8	$T=30$
重复阅读	5	3	5	7	8	8	$T=36$
回答问题	8	5	8	9	8	10	$T=48$
提出问题并回答问题	8	9	7	10	10	10	$T=54$
	$P=24$	$P=20$	$P=24$	$P=32$	$P=36$		

自由度的分析与 SS 的分析形式极其相似。要记住我们用 P 值来测量个体差异的大小，P 值对应于被试的个数 n，故对应的 df 为：

$$df_{被试间}=n-1 \qquad (13—4)$$

在表 13—2 的数据中，有 $n=6$ 个被试，

$$df_{被试间}=6-1=5$$

接下来，我们从处理内差异中分离出个体差异，以获得对误差变异的测量。自由度的形式为：

$$df_{误差}=df_{处理内}-df_{被试间} \qquad (13—5)$$

根据表 13—2 中的数据，

$$df_{误差}=20-5=15$$

误差自由度 $df_{误差}$ 也可以使用处理条件（k）和被试数（n）来计算：

$$df_{误差}=(k-1)(n-1) \qquad (13—6)$$

公式 13—6 的作用在专栏 13—2 中进行了讨论。

记住，分析的第二步目的是测量个体差异，然后将个体差异从 F 比值的分母中分离出去。通过计算被试间的 SS 和 df（个体差异），然后从处理内的值中减去这些值，可以实现上述目的。所得到的是个体差异分离出去后仅由误差造成的变异量。这个误差变异量（SS 和 df）将被用做 F 比值的分母。

变异的计算（*MS* 值）和 *F* 比值

最后的计算是对 F 比值的分析，F 比值是两个变异量的比值。两个变异都被称为均方或 MS，是通过将合适的 SS 除以它相应的 df 值得到的。F 比值分子的 MS 测量的是处理之间差异的大小，计算如下：

$$MS_{处理间}=\frac{SS_{处理间}}{df_{处理间}} \qquad (13—7)$$

根据表 13—2 的数据，

$$MS_{处理间}=SS_{处理间}/df_{处理间}=60/3=20$$

F 比值的分母测量了在去除个体差异后，由偶然因素解释的变异，这是在第二阶段分析中得到的误差方差或残差。

$$MS_{误差}=\frac{SS_{误差}}{df_{误差}} \qquad (13—8)$$

根据表 13—2 中的数据，

$$MS_{误差}=SS_{误差}/df_{误差}=14/15=0.933$$

最后，F 比值计算如下：

$$F=\frac{MS_{处理间}}{MS_{误差}} \qquad (13—9)$$

根据表 13—2 中的数据，

$$F=MS_{处理间}/MS_{误差}=20/0.933=21.43$$

我们再一次注意到重复测量方差分析用 $MS_{误差}$ 作为 F 比值的分母。这个 MS 值是在分析的第二阶段，个体差异被分离之后求得的。结果，个体差异在重复测量的 F 比值中被完全消除，所以完整的结构是

$$F=\frac{处理效应+非系统差异（无个体差异）}{非系统差异（无个体差异）}$$

根据我们的数据，$F=21.43$，表明处理间的

差异（分子）几乎是非系统差异（分母）的22倍。一个这么大的比值，被认为提供了处理效应真实存在的显而易见的证据。为了核实这个结论，你必须查看F分布表，以确定合适的临界值。F比值的自由度决定于组成分子和分母的两个变异。对重复测量方差分析来说，F比值的df值报告如下：

$$df = df_{处理间},\ df_{误差}$$

对于我们所举的例子，F比值的df＝3，15（自由度等于3和15）。查看F分布表，$\alpha=0.05$时，概率值$F=3.29$；$\alpha=0.01$时，$F=5.42$。我们求得的F比值为21.43，大于它们中的任何一个，所以我们可以得出结论说，无论在$\alpha=0.05$水平下，还是在$\alpha=0.01$水平下，处理之间的差异显著大于误差造成的差异。

在例13.1中，重复测量方差分析的总结表呈现在表13—3中。虽然这些表通常已经不用于研究报告中，但是它们仍然给予了一个简洁的形式，以呈现分析中的所有元素。

表13—3　　重复测量方差分析总结表。

来源	*SS*	*df*	*MS*	*F*
处理间	60	3	20.00	$F(3,15)=21.43$
处理内	62	20		
被试间	48	5		
误差	14	15	0.933	
总和	122	23		

重复测量ANOVA的效应值测量

测量ANOVA的效应值最普遍的方法是计算处理差异所解释方差的比例。在方差分析中，解释方差比例通常使用η^2表示。在第12章中，对于独立测量方差分析，η^2公式如下：

$$\eta^2=\frac{SS_{处理间}}{SS_{处理间}+SS_{处理内}}=\frac{SS_{处理间}}{SS_{总}}$$

目的是测量总变异由处理间变异解释了多少。然而，对于重复测量设计，另一个部分也可以解释数据的变异。具体来说，即被试间变异部分。例如，在表13—2中，被试A得分比被试F的得分普遍低。这种一致性差异解释了数据的部分变异。计算处理效应大小时，通常是将被其他因素解释的变异去除，然后计算剩下的被处理效应所解释的变异的比例。因此，对于重复测量ANOVA，在计算η^2之前，个体差异被去除了。因此，η^2计算如下：

$$\eta^2=\frac{SS_{处理间}}{SS_{总}-SS_{被试间}} \quad (13—10)$$

因为公式13—10计算的比例不是基于分数的总变异（$SS_{被试间}$被去除了），结果经常被称作偏η^2。

公式13—10的目的是为了计算未被其他因素解释的变异的比例。因此，公式13—10的分母被限制为处理间变异加上随机、非系统变异。因此，η^2公式也可以写作：

$$\eta^2=\frac{SS_{处理间}}{SS_{处理间}+SS_{误差}} \quad (13—11)$$

在这个新的η^2公式中，分母为处理间变异加上其他不能被解释的变异。使用这两个中的任一公式都可得到例13.1数据中：

$$\eta^2=60/74=0.811\ （或81.1\%）$$

结果表示处理间差异解释了数据总变异（去除了个体差异）的81.1%。

在文献中　　报告重复测量方差分析结果

如第12章所描述的，期刊论文中报告方差分析结果的形式包括以下部分：

1. 描述统计的结果（至少有处理平均数、标准差、表格或图）。
2. ANOVA结果的简洁的说明。如例13.1，报告结果如下：

> 表1显示的是四种学习策略下的测验得分平均数和标准差，重复测量方差分析结果显示四种学习策略的测验得分有着显著的差异，$F(3,15)=21.43$，$p<0.01$，$\eta^2=0.811$。
>
> **表1　　使用四种学习策略的学生的测验得分。**

	只读一次	重复阅读	回答问题	提出问题并回答问题
M	5.00	6.00	8.00	9.00
SD	2.00	2.00	1.67	1.26

重复测量方差分析的事后检验

方差分析提供了检验处理效应显著与否的方法。当零假设被拒绝时，表明至少两种处理之间有显著差异。如果$k=2$，很显然，实验中有一种差异存在。然而，当k大于2时，情况变得复杂起来。为了精确地确定差异在哪里，研究者就必须使用方差分析事后检验方法。在第 12 章，我们使用 Tukey 的 HSD 检验法和 Scheffé 检验法来进行处理平均数之间的多重比较。这两种方法尝试通过调整潜在的比较个数来控制整体的 α 水平。

针对重复测量方差分析，Tukey 的 HSD 检验法和 Scheffé 检验法同样也可以使用，就如同它们在独立测量方差分析中一样，在公式里以 $MS_{误差}$ 代替 $MS_{处理内}$，并且在统计分布表中寻找临界值时用 $df_{误差}$ 代替 $df_{处理内}$。例如，例 13.1 的研究比较了四种处理条件，$MS_{误差}=0.933$，$df_{误差}=15$，$n=6$。使用 Tukey 的 HSD 事后检验，我们发现 $q=4.08$ 并得到：

$$\begin{aligned}HSD &= q\sqrt{MS_{误差}/n}=4.08\sqrt{0.933/6}\\ &=4.08\ (0.394)=1.61\end{aligned}$$

因此，均值差异若大于 1.61 则在 $\alpha=0.05$ 水平下显著。对于这个研究，只读一次与重复阅读没有显著差异，回答问题与提出问题并回答问题没有显著差异。然而，回答问题比只阅读一次的表现明显更好。注意：之前的研究也得到了同样的结果。

重复测量 ANOVA 的假设

重复测量 ANOVA 的基本假设与独立测量 ANOVA 的假设相同。

1. 每种处理条件内的观测值相互独立。
2. 每种处理条件的总体分布正态。（与之前相同，只有在样本量较小时，正态分布的假设才重要。）
3. 每种处理条件下的总体方差齐性。

对于重复测量 ANOVA 还有另外一个假设，叫做协方差同质性。协方差同质性指的是在每个处理条件下每个被试的相对位置相同。如果对于所有的被试，处理效应不是一致的或有些被试确实存在顺序效应时，这个假设不成立。这个议题非常复杂，且超过这本书的范围。然而，确实存在一些方法来处理违反这个假设的情况（进一步讨论见 Keppel，1973）。

重复测量设计的优势与不足

正如我们在第 11 章中提到的，重复测量设计跟独立测量设计相比有一些优势和劣势。从积极的一面来看，重复测量设计比独立测量设计需要的被试数少。重复测量设计只需要一组被试，这是一个优势。然而，重复测量设计最主要的优势在于，它可以将个体差异从分析中去除。如果个体差异相对较大时，在独立测量设计中可能会掩盖处理效应。在这种情况下，重复测量设计更有可能检测到处理效应并产生显著的结果。

重复测量设计的最主要的劣势在于，被试分数从一个处理向另一个处理的变化有可能是由非处理效应引起的。具体来说，当被试在不同的时间测量不同处理条件时，外界因素也在变化，如天气等可能会引起被试分数的变化。另外，在一种处理条件下所获得的经验可能会影响下一个处理条件的表现。例如，在一种情景下练习任务可能会提高在下一个处理下的表现。在这种情况下，被试分数从一个处理到另一个处理的变化并不是由处理条件所引起的。

学习检查

1. 一个使用 $n=10$ 的样本来估计四种处理条件的均值差异的研究，其 F 比值的自由度应为多少？
2. 一个重复测量的研究报告中，F 值的自由度 $df=3$，24。那么，设计中有几个处理条件，被试数为多少？（见专栏 13—2）
3. 对于下面的一组数据，计算 $SS_{处理内}$、$SS_{被试间}$ 和 $SS_{误差}$。

	处理				
被试	1	2	3	4	
A	2	2	2	2	$G=32$
B	4	0	0	4	$\sum X^2=96$
C	2	0	2	0	
D	4	2	2	4	
	$T=12$	$T=4$	$T=6$	$T=10$	
	$SS=4$	$SS=4$	$SS=3$	$SS=11$	

答案

1. $df=3$，27。
2. 4 种处理，9 个被试。
3. $SS_{处理内}=22$，$SS_{被试间}=8$，$SS_{误差}=22-8=14$。

重复测量 ANOVA 和重复测量 t 检验

正如在第12章提到的，当估计两个样本均值时，我们可以使用 t 检验或 ANOVA。在第12章中，我们证明两种检验在许多方面是相联系的，包括：

1. 两种检验会得到关于零假设相同的结论。

2. 两种统计检验量的关系为 $F=t^2$。

3. t 检验的自由度和 F 比值分母的自由度相同。

4. 如果将 t 检验的临界值进行平方，便可以得到 F 值的临界值。即又一次证明 $F=t^2$。

第12章证明了独立测量中两个统计检验量的关系，在重复测量中也存在这种关系。以下的例子证明了两者的关系。

例 13.2

下列表中的数据来自一项比较两种处理条件的研究。数据以重复测量 t 检验中的形式呈现。注意，t 检验是基于最后一列的差异分数（D 值）进行计算的。

	处理			
被试	Ⅰ	Ⅱ	D	
A	3	5	2	
B	4	14	10	
C	5	7	2	
D	4	6	2	
				$M_D=4$
				$SS_D=48$

重复测量 t 检验　t 检验的零假设为，两种处理条件的总体均值之间没有差异。

H_0：$\mu_D=0$

被试个数 $n=4$，则检验的自由度 $df=3$。在 α 取 0.05 水平下，t 的临界值为 ±3.182。

对于这些数据，样本均值差异 $M_D=4$，差异的方差 $s^2=16$，标准误 $s_{M_D}=22$。这些值产生的 t 值为：

$$t=(M_D-\mu_D)/s_{M_D}=(4-0)/2=2.00$$

t 值不在拒绝域内，所以我们接受 H_0 并得出两种处理之间没有显著差异的结论。

重复测量 ANOVA　现在，我们重新将数据组成重复测量数据的格式。注意，ANOVA 使用的是原始数据（而不是差异分数），且需要每个被试总和 P。

	处理			
被试	Ⅰ	Ⅱ	P	
A	3	5	8	$G=48$
B	4	14	18	$\sum X^2=372$
C	5	7	12	$N=8$
D	4	6	10	

同样，零假设为两种处理条件的总体均值之间没有差异。

H_0：$\mu_1=\mu_2$

对于此研究，$df_{处理间}=1$，$df_{处理内}=6$，$df_{被试间}=3$，那么 $df_{误差}=(6-3)=3$。因此，F 值的自由度 $df=1$，3。在 $\alpha=0.05$ 水平下，临界值 $F=10.13$。注意：F 值的分母和 t 检验的自由度相同，且 F 值的临界值等于 t 临界值的平方（$10.13=3.182^2$）。

根据这些数据，

$SS_{总}=84$

$SS_{处理内}=52$

$SS_{处理间}=(84-52)=32$

$SS_{被试间}=28$

$SS_{误差}=(52-28)=24$

F 值的两个方差为：

$MS_{处理间}=SS_{处理间}/df_{处理间}=31/1=32$

$MS_{误差}=SS_{误差}/df_{误差}=24/3=8$

则 F 值为 $F=MS_{处理间}/MS_{误差}=32/8=4.00$

注意到，F 值和 t 值的关系符合 $F=t^2$（$4=2^2$）。如同 t 检验，F 值也不在拒绝域内，所以，我们无法拒绝 H_0，并得出两个处理之间没有显著差异的结论。

学习检查

1. 一个比较两种处理条件均值差异的重复测量研究，被试量为 20。
   a. 如果使用重复测量 t 检验，t 的自由度为多少？
   b. 如果使用重复测量 ANOVA，F 值的自由度为多少？
2. 一个研究报告到，重复测量的 $F=4.00$，自由度 $df=1$，24。
   a. 研究者是否可以使用 t 检验来代替 F 检验进行均值差异检验？解释原因。
   b. 如果使用 t 检验，那么 t 值为多少？

答案

1. a. $df=19$
   b. $df=1$，19
2. a. 研究只比较了两个处理，所以可以使用 t 检验。
   b. $t=\sqrt{4}=2$

13.3　双因素方差分析（独立测量）

在许多研究里，我们的目标是检验两个变量之间的关系。一般而言，研究中我们会努力孤立这两个变量，以消除或减少任何无关变量的干扰，防止它们歪曲研究中的变量之间的关系。例如，在一般的实验中，我们会关注自变量（被认为影响行为的变量）和因变量（对行为的测量）。然而，在真实的生活中，变量很少是孤立存在的。行为常常由许多不同的变量影响，并且变量之间同时也相互作用。为了研究这些复杂的真实生活情境中的变量的关系，研究者设计的实验常常包括不止一个变量。因此，研究者将系统地改变两个（或更多）变量，并且观察这些变化是如何影响其他变量（因变量）的。①

在第 12 章及此章前面部分，我们学习了单因素研究设计的方差分析——设计中仅包含一个自变量或准自变量。当一个研究设计涉及的因素多于一个时，就被称为因素设计。在这一节，我们将考察因素设计的最简单的形式。具体来说，我们将考察仅包含两个因素的研究设计的方差分析。另外，我们将把讨论限于这样的研究，即研究中每一种处理都使用独立的样本，即独立测量设计。最后，我们考察的仅仅是样本量（n）与处理总数相同的研究设计。在方差分析的术语中，这一章将考察双因素、独立测量、等样本量设计。下面的例子演示了这种研究的一般结构。

例 13.3

想象一下，你坐在座位上并准备好参加统计的期末考试。在考试发卷子之前，一个电视摄制组出现并架设了一台照相机，灯光直对着你。他们解释，他们在为一个特别的电视节目拍摄学生考试。你被告知请忽略拍摄，继续考试。

电视拍摄的存在是否会影响你的考试成绩？对于一些人来说，答案是“是”；对于其他人来说，则是“可能不会”。实际上，两个答案都对；电视拍摄是否会影响成绩依赖于你的人格特质。一些人会变得极度痛苦和自发地意识到电视拍摄的存在，而其他人则会忽视摆设并犹如什么也没有一样继续考试。

一个实验重复了我们所讨论的情境，Shrauger（1972）检验了被试在一个概念形成任务中的表现。一半的被试自己独自完成（没有观众），另一半被试在进行任务时，旁边有一个声称对任务感兴趣的观众。Shrauger 还根据被试的人格特质将被试分成两组：高自尊被试和低自尊被试。表 13—4 呈现了 Shrauger 的研究结构。注意，研究包括两个独立的因素：一个因素是被研究者操纵的：没有观众和有观众；另一个因素为自尊水平：高自尊和低自尊。在两因素构成的矩阵中，行表示自尊水平，列表示观众条件。2×2 的矩阵呈现出变量的四个不同组合，产生四种不同的情境。因此，本研究需要四个不同的样本，每个单元为一个样本。研究的因变量为四种条件下概念形成任务的错误个数。

表 13—4　双因素实验的矩阵。两个因素为自尊和有无观众，每个因素各有 2 个水平。

		因素 B：观众条件	
		没有观众	有观众
因素 A：自尊	低	没有观众的条件下、低自尊被试组的分数	有观众的条件下、低自尊被试组的分数
	高	没有观众的条件下、高自尊被试组的分数	有观众的条件下、高自尊被试组的分数

双因素 ANOVA 将用来检验如表 13—4 中的观众和自尊研究的例子中的均值差异。针对这个例子，双因素方差分析将评估三组均值的差异：

1. 当观众存在或被去除后，均值差异会如何变化？
2. 高自尊和低自尊的被试相比，他们的平均数之间是否有差异？
3. 自尊和观众进行特定结合后，错误个数的

① 自变量是一个实验中操纵的变量。准自变量不能被操纵，但是在一个非实验研究中定义了分数的分组。

均值是否有变化？（例如，观众对一个低自尊被试的影响很大，而对高自尊被试的影响很小。）

因此，双因素 ANOVA 需要在一个分析中检验三种均值差异类型。尤其是，我们对同样的数据产生三种假设检验，每个检验有一个单独的 F 比值。三种 F 比值有着同样的结构：

$$F=\frac{\text{处理间变异（差异）}}{\text{没有处理效应时的期望变异（差异）}}$$

在每一种情况里，F 比值的分子测量的是平均数之间真实的差异，分母测量的是在没有处理效应的情况下随机误差造成的差异。如前所述，一个比较大的 F 值表明样本平均数差异远大于随机误差，因此，提供了有处理效应的证据。为了确认所求得的 F 值是否显著地大于误差造成的变异，我们需要将每一个求得的 F 值与在附录 B 中 F 分布表上查到的临界值进行比较。

主效应和交互作用

如上一节所述，一个双因素方差分析实际上涉及三个假设检验。在这一节，我们对这三种检验进行更详细的考察。

在通常情况下，一个双因素实验中的两个自变量被称为因素 A 与因素 B，对于表 13—4 中的实验，自尊就是因素 A，有无观众是因素 B。实验的目的是评估平均数差异的来源，即它们是由这两个变量独立地起作用而产生的，还是由它们的交互作用引起的。

该实验的一个目标就是确定不同自尊水平（因素 A）下，被试行为是否存在显著的差异。为了回答这个问题，我们将比较低自尊被试的平均得分与高自尊被试的平均分之间的差异。注意，这一步骤其实是比较表 13—4 中的首行和末行中的平均数差异。

为了使这一过程更加具体形象，我们在表 13—5中呈现了一系列假设数据。该表有每种处理情境下的平均分，有每一行的平均分（自尊的每一水平）和每一列的平均分（有无观众）。这些数据表明，在低自尊（首行）水平下的被试平均分 $M=8$。这个总平均分是通过计算第一行的两个平均分而得来的。同样，高自尊被试的平均分 $M=4$（末行的总平均分），这两个总平均分的差异被称为自尊的主效应或因素 A 的主效应。

表 13—5　来自检验不同自尊水平下观众的影响的假设数据。

	没有观众	有观众	
低自尊	$M=7$	$M=9$	$M=8$
高自尊	$M=3$	$M=5$	$M=4$
	$M=5$	$M=7$	

相似地，因素 B（观众）的主效应定义为矩阵中的列的平均数的差异。对于表 13—5 的数据，在无观众情况下两组被试得分的平均分 $M=5$，有观众情况下两组被试得分的平均分$M=7$。这些平均分之间的差异为有无观众的主效应或因素 B 的主效应。

定义

一个因素的各水平之间的平均数差异，称做该因素的主效应。当研究设计被呈现为一个矩阵，并且第一个因素定义行，第二个因素定义列的时候，行之间平均数差异描述的就是第一个因素的主效应，列之间的平均数差异描述的是第二个因素的主效应。

行或列的平均数之间的差异描述了双因素研究的主效应。正如我们在前面的章节里看到的，样本平均数差异的存在并不表示统计显著性一定存在。一般来说，我们不希望两个样本有相同的均值。一个样本与另一个样本之间总是有一些小的差异，但是我们不能就此推断有处理效应。在双因素研究的例子里，从任何数据里观察到的主效应必须进行假设检验，以确定它们是否真的具有统计显著性。除非假设检验说明主效应是显著的，否则你只能得出结论说观察到的平均数差异仅仅是样本误差造成的。

主效应的评估组成了双因素方差分析的三个假设检验中的两个。我们将提出关于因素 A 的主效应和因素 B 的主效应的假设检验，然后计算两个 F 比值以检验假设。

拿上面所举的例子来说，因素 A 指的是两种自尊水平的比较。零假设定义为两个不同水平之间没有显著差异，也就是说，自尊对结果没有影响。公式为：

$$H_0：\mu_{A_1}=\mu_{A_2}$$

另一个假设则为不同自尊水平情况下，将产生不同的分数：

$$H_1：\mu_{A_1}\neq\mu_{A_2}$$

为了检验这些假设，我们将计算一个 F 比值，以用来比较不同自尊水平之间真实的差异和随机因素或抽样误差造成的差异。

$F=$因素 A 不同水平之间的变异（差异）/没有处理效应时的期望变异（差异）

$F=$行平均数之间的变异（差异）/没有处理效应时的期望变异（差异）

相似地，因素 B 指的是两种不同的观众条件的结果比较。零假设定义为两种观众条件之间没有显著的差异。公式表达为：

$H_0: \mu_{B_1} = \mu_{B_2}$

对立的假设为两种观众情境下，结果之间存在着显著的差异：

$H_1: \mu_{B_1} \neq \mu_{B_2}$

然后，F 比值用来比较两种观众情境下平均数之间的差异与没有系统处理效应时的期望差异。

F＝因素 B 不同水平之间的变异（差异）/没有处理效应时的期望变异（差异）

F＝列平均数之间的变异（差异）/没有处理效应时的期望变异（差异）

交互作用　除了单独评价每一个因素的主效应之外，双因素方差分析还可以用来评价另一种平均数之间的差异，即双因素的独特结合可能产生的作用。例如，自尊水平和有无观众具体的结合可能产生不同于自尊水平或有无观众单独情境下的效果。任何"多余的"没有被主效应解释的平均数之间的差异，都可以看做双因素的交互作用。本研究中双因素结合起来考察的主要优势，就是它可以考察交互作用的独特效应。

定义

当被试处理情境之间或单元之间的平均数差异不同于因素的全部主效应时，双因素之间的交互作用就发生了。

为了让我们对交互作用的理解更加具体，我们将考察表 13—5 中的数据。对这些数据来说，没有交互作用的产生。也就是说，没有多余的、主效应没有解释的平均数差异。例如，在不同的观众情境中（矩阵中的每一列），低自尊水平的被试的得分要比高自尊被试的得分高出 4 分。这个 4 分的差异恰好是自尊主效应所能全部解释的。

现在我们考察表 13—6 中的数据[①]。这些新的数据展示了和表 13—5 中存在的相似的主效应（列平均数和行平均数均未改变）。但是现在两个因素之间存在着交互作用。例如，对于低自尊被试（第一行），有观众和无观众情境下的错误数的差异为4 分。这个 4 分的差异，不能被有无观众的主效应——2 分所解释。同时，对于高自尊被试（末行），两种不同观众情境下被试得分没有差异。而零分的差异是不能被观众的主效应——2 分所解释的。这个多余的、不能被主效应解释的平均分之间的差异，表明双因素之间存在着一种交互效应。

表 13—6　假设的数据来自检验不同自尊水平被试在有无观众条件下的表现。数据和表 13—5 的数据有同样的主效应，但是被修正为有交互作用。

	没有观众	有观众	
低自尊	$M=6$	$M=10$	$M=8$
高自尊	$M=4$	$M=4$	$M=4$
	$M=5$	$M=7$	

为了评估交互作用，双因素的方差分析首先确认存在主效应不能解释的平均数差异。在多余的平均数差异被确认后，通过 F 比值评估它们的结构如下：

F＝不能被主效应解释的变异（平均数差异）/误差造成的变异（差异）

零假设表明交互作用不存在：

H_0：因素 A 与因素 B 之间不存在交互作用。所以处理情境间的平均数差异可以被双因素的主效应所解释。

相对的假设为双因素之间存在着交互作用：

H_1：因素之间存在着交互作用。处理之间的平均数差异不能被两个因素的主效应全部解释。

关于交互效应的更多内容　在上一节里，我们解释交互效应的概念为双因素一起产生的独特效应。这一节将介绍两个可选择的关于交互效应的定义。这些定义是为了帮助你理解交互效应的概念，并且当你遇到一组数据的时候帮助你确认交互效应。新定义与原来的定义是等价的，只是在同一个概念上强调了不同的视角而已。

关于交互效应概念的第一种新的视角关注双因素之间的独立性概念。具体地说，如果两个因素之间是独立的，其中一个因素并不影响另一个因素的效应，那么就没有交互效应的产生。另一方面，当两个因素不是独立的，其中一个因素的效应受到另一个因素的影响，这时就存在着交互效应。因素之间相互依赖的概念与我们之前讨论的交互效应的概念是一致的。如果一个因素影响另一个因素的效应，因素的独特结合将会产生独特的效应。

定义

当其中一个因素的效应依赖于第二个因素的不同水平的时候，就说因素之间存在着交互作用。

① 表 13—6 中的数据与 Shrauger 的研究数据表现出了相同的模式。

交互作用的定义与“药物交互作用”的情况相似。医生和药剂师经常会关心一种药的效果会被同时服用的另一种药改变或失效。因此，一种药的效果（因素 A）依赖于第二种药（因素 B），这两种药之间存在交互作用。

让我们回到表 13—5（无交互作用），注意观众效应（第一列对第二列）不依赖于被试的自尊水平。对该表中数据来说，有无观众之间的改变在两个自尊水平上是同样的 2 分，因此，有无观众效应是不依赖于自尊水平的，不存在二者之间的交互作用。现在我们考察表 13—6 中的数据，这一次，有无观众的改变依赖于自尊水平，存在着交互作用。例如，低自尊水平的被试在有观众时会比无观众时增加四分，而对于高自尊水平被试，有无观众则没有差异。因此，观众的效应依赖于自尊水平，这意味着在两个因素之间存在着交互作用。

交互作用的第二个定义可以从以图表形式呈现的双因素研究的结果中获得。在这个例子里，交互作用的概念可以用图表的形式来定义。图 13—2 呈现了我们所考察的两组数据，原始数据来自于表 13—5，图 13—2a 中呈现的数据没有交互作用。为了形成这个图形，我们选择了水平轴上的一个因素，在这个例子中是有无观众的不同水平。错误个数作为因变量呈现在垂直轴上。注意，图形其实包含了两个指标的内容：顶部的折线表示的是低自尊水平被试在有无观众时的错误个数。底部的折线表示的是高自尊水平被试在有无观众时的错误个数。一般情况下，图中的图像与数据矩阵式相符合，矩阵的列表示为 x 轴上的值，矩阵的行表示为图中的不同折线。

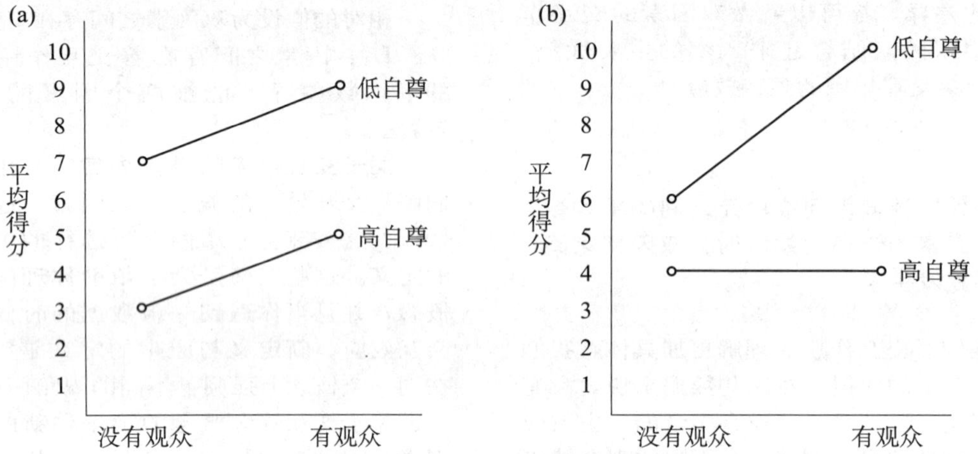

图 13—2　a 图显示了来自表 13—5 的数据，没有交互效应；b 图显示了来自表 13—6 的数据，存在交互效应。

对于这一组数据来说，图 13—2a 的两条线是平行的，也就是说，两条线之间的距离是固定的。在这种情况下，两条线之间的距离反映了在两种观众条件下，高低自尊被试之间错误个数的 2 分的差异。

现在让我们看一下数据中存在交互作用情况下所获得的图表。图 13—2b 使用的是来自表 13—6 的数据。这一次，我们注意到图中的线条是不平行的。二者之间的距离自左向右是变化的。对于这一组数据，两条线之间的距离对应于自尊水平效应。也就是说，高自尊被试相对于低自尊被试的错误个数的平均差异。事实是这个依赖于有无观众因素的差异表明因素之间存在着一种交互作用。

对于许多学生来说，从互相依赖的视角来看，交互作用的概念是很容易理解的；也就是说，当一个因素的效应依赖于另一个因素时，就说明交互作用存在。然而，确认一组数据中存在交互作用的最容易的办法是画出表明处理平均数的图形，非平行线的存在是发现交互作用的一个简单的方法。

定义

当双因素实验研究的结果以图形形式呈现的时候，如果存在非平行线（折线相交或叉开），则说明双因素之间存在交互作用。

主效应和交互作用的相互独立性

双因素 ANOVA 包括三个假设检验：A 效应、B 效应和 A×B 交互作用。正如我们注意到的，共有三个检验，但是，我们也应注意这三个检验是相互独立的。也就是说，三个检验中的任何一个检验与其他两个检验的结果均不相关。因此，对于一个双因素研究来说，显著或不显著的主效应与交互作用的任意结合都是有可能的。表 13—7 中的数据列出了多种可能结果。[①]

表 13—7a 中的数据显示，A 效应显著，B 效应和交互作用不显著。为了确定 A 效应，注意到 A_1（首行）比 A_2（末行）总体均高 10 分。这个 10 分是因素 A 的主效应。为了估计 B 效应，我们注意到，两列均有相同的均值，表明因素 B 水平之间没有差异，从而没有 B 效应。最后，在每一列内 A 效应（10 分差异）是固定的，也就是说，A 效应并不依赖于因素 B 的水平。（另，在每一行内，B 效应也是固定的。）

表 13—7b 中的数据显示，A 效应和 B 效应显著，但交互作用不显著。根据这些数据，行之间的 10 分均值差异显示了 A 效应，列之间的 20 分均值差异显示了 B 效应。在每列中，显示 A 效应的 10 分是固定的，表明没有交互作用。

最后，表 13—7c 中的数据显示有交互作用，但没有因素 A 和 B 的主效应。根据这些数据，行之间没有均值差异（没有 A 效应），列之间也没有均值差异（没有 B 效应）。然而，在每行（或每列）内却有均值差异。行或列内的均值差异不能够被主效应解释，所以存在交互作用。

表 13—7　三组显示主效应和交互作用的不同组合的双因素研究数据。（每个单元内的数值代表其处理条件下的均值）

a. 有 A 效应，但无 B 效应和交互作用的数据

	B_1	B_2		
A_1	20	20	A_1 均值＝20	↕ 10 分差异
A_2	10	10	A_2 均值＝10	
	B_1 均值＝15	B_2 均值＝15		

↔ 没有差异

b. 有 A 效应和 B 效应，但无交互作用的数据

	B_1	B_2		
A_1	10	30	A_1 均值＝20	↕ 10 分差异
A_2	20	40	A_2 均值＝30	
	B_1 均值＝15	B_2 均值＝35		

↔ 20 分差异

c. 没有主效应，但有交互作用的数据

	B_1	B_2		
A_1	10	20	A_1 均值＝15	↕ 没有差异
A_2	20	10	A_2 均值＝15	
	B_1 均值＝15	B_2 均值＝15		

↔ 没有差异

学习检查

1. 下面的矩阵代表了一个双因素实验的结果。针对每一个实验：
   a. 估计因素 A 主效应时所比较的均值是哪些均值？
   b. 估计因素 B 主效应时所比较的均值是哪些均值？
   c. 是否存在两个因素之间的交互作用？解释你的答案。

	B_1	B_2	
A_1	$M=20$	$M=30$	$M=25$
A_2	$M=10$	$M=10$	$M=10$
	$M=15$	$M=25$	

2. 在两个因素中至少有一个因素存在主效应，它们之间才可能存在交互作用。（判断对错）

答案

1. a. 因素 A 主效应比较的是 $M=25$ 和 $M=10$。
   b. 因素 B 主效应比较的是 $M=15$ 和 $M=25$。
   c. 是的，存在交互作用。在 A_1 水平下，因素 B 的两个水平之间有 10 分的差异，而在 A_2 水平则没有均值差异。因此，因素 B 的效应依赖于因素 A 的水平。
2. 错。主效应和交互效应的存在是完全独立的。

① A×B 的交互作用常被称为“AB 交互作用”。如果有无观众和自尊水平之间存在交互作用的话，就叫做“有无观众与自尊水平的交互作用”。

双因素方差分析的结构

双因素方差分析包含三个独立的假设检验：

1. 因素 A 的主效应（经常称之为 A 效应）。假设矩阵的行由因素 A 来定义，那么因素 A 的主效应评估的是行之间的平均数的差异。

2. 因素 B 的主效应（经常称之为 B 效应）。假设矩阵的列由因素 B 来定义，那么因素 B 的主效应评估的是列之间的平均数的差异。

3. 交互作用（称为 A×B 交互作用）。交互作用评估的是处理情境之间不能由因素 A 和因素 B 解释的平均数之间的差异。

对于这三个假设检验，我们寻找大于误差造成差异的处理之间均值差异。在这种情况下，处理效应的显著性由 F 比值来评价。所有的 F 比值有着相同的结构：

F＝处理之间的变异（均值差异）/没有处理效应时的期望变异（均值差异）　　(13—12)

双因素方差分析的一般结构如图 13—3 所示。我们注意到全部的方差分析被分为两个阶段。第一阶段，所有的变异被分为两个部分：处理间变异和处理内变异。第一阶段和第 12 章中介绍的单因素方差分析是相似的，即矩阵中每一个单元格被当做一个独立的处理情境。在第一阶段得到的处理内变异被用来计算 F 比值的分母。如我们在第 12 章中注意到的，在每个处理内，所有的被试接受相同的处理。因此，在每种处理内的变异均不可能由处理效应引起。因此，处理内变异测量的是没有系统的处理效应影响时分数的变异（见公式 13—12）。

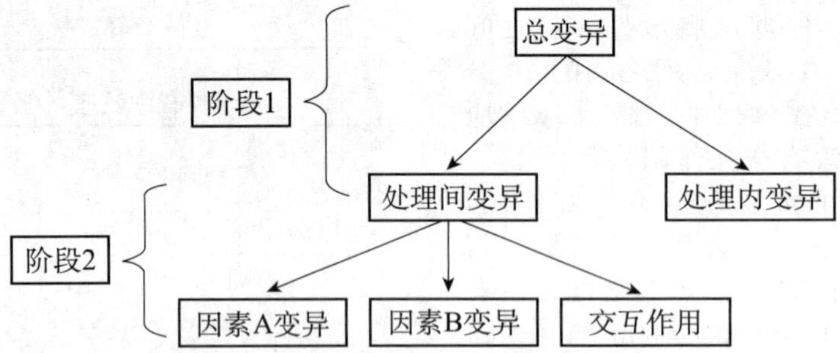

图 13—3　双因素方差分析的结构。

第一阶段分析所得到的处理间变异由因素 A、因素 B 以及交互作用组成。分析的第二阶段的目的则是把处理间变异分割为三个部分：归因于因素 A 的差异、归因于因素 B 的差异以及交互作用所产生的差异。这三个部分是分析中三个 F 比值分子的基础。

此分析的目的是计算三个 F 比值所需要的方差。我们需要三个处理间方差（一个为因素 A，一个为因素 B，一个为交互作用），并且我们需要计算处理内方差。每个方差（或均方）是由其平方和（SS）和自由度（df）决定的：

均方＝MS＝SS/df[①]

例 13.4

为了说明双因素 ANOVA，我们将使用 Ackerman 和 Goldsmith（2011）的研究。他们的研究比较了学生通过印刷出的纸张或电脑屏幕学习短文的表现。研究结果表明，如果学生的学习时间可以自行控制的话，他们在印刷的纸张上学习的表现会好很多。然而，当研究者固定了学习时间后，在两种学习情境下的表现没有差异。很明显，与用纸张学习相比，学生在电脑上学习会较难预测其学习表现，或很难控制自己的时间。表 13—8 中的数据重复了 Ackerman 和 Goldsmith 的实验。两个因素为呈现模式（纸张或电脑屏幕）和时间控制（自行调整或固定）。该研究共涉及 4 个处理情境，每一种处理情境中有 5 个被试。因变量为学生在有关学过的短文（总分为 10 分）的测验上的表现。

数据以矩阵形式呈现，时间控制（因素 A）的两水平组成行，呈现模式（因素 B）组成列。注意，数据矩阵有四个单元或处理条件，每个处理条件有 5 个被试。大部分的术语与第 12 章中的单因素 ANOVA 相同。具体来说，处理的总和为 T 值，分数的总个数为 N＝20，所有 20 个分数的总和 G＝155。除了这些相同的值，我们也包括了矩阵中每行和每列的总和。ANOVA 的目的是考察数据的均值差异是否显著大于没有处理效应时的值。

① 记住：在 ANOVA 中方差指的是均方或 MS。

表 13—8　来自一项比较时间控制（自行调整和固定）和呈现模式（纸或电脑屏幕）两因素研究的数据。因变量为学生在有关学过的短文的测验上的表现。每种处理条件有 5 个被试。

因素 A：时间控制	因素 B：呈现模式 纸张	因素 B：呈现模式 电脑屏幕		
自行调整	11 8 9 10 7 $M=9$ $T=45$ $SS=10$	4 4 8 5 4 $M=5$ $T=25$ $SS=12$	$T_{行}=70$	$N=20$ $G=155$ $\sum X^2=1\ 303$
固定	10 7 10 6 7 $M=8$ $T=40$ $SS=14$	10 6 10 10 9 $M=9$ $T=45$ $SS=12$	$T_{行}=85$	
	$T_{列}=85$	$T_{列}=70$		

双因素方差分析的第一阶段

方差分析的第一阶段将总变异分成了两个部分：处理间变异和处理内变异。这一阶段的公式与第 12 章中介绍的单因素方差分析的公式是相似的，并规定双因素矩阵中每一个单元格代表一个单独的处理情境。关于表格 13—8 中的数据的公式和计算方法如下：

总变异

$$SS_{总}=\sum X^2-\frac{G^2}{N} \tag{13—13}$$

根据这些数据，

$$\begin{aligned}SS_{总}&=1\ 303-155^2/20\\&=1\ 303-1\ 201.25\\&=101.75\end{aligned}$$

该 SS 值测量的是 $N=20$ 个分数的变异，它的自由度为

$$df_{总}=N-1 \tag{13—14}$$

结合表 13—8 的数据，$df_{总}=19$。

处理内变异　为了计算处理内变异，我们首先需要计算每一种处理情境中的 SS 和 $df=n-1$，处理内的 SS 定义如下：

$$SS_{处理内}=\sum SS_{每一处理内} \tag{13—15}$$

处理内 df 定义为：

$$df_{处理内}=\sum df_{每一处理内} \tag{13—16}$$

结合表 13—8 中的数据，

$$SS_{处理内}=10+12+14+12=48$$
$$df_{处理内}=4+4+4+4=16$$

处理间变异　因为第一阶段的两部分加起来为总的变异，所以计算 $SS_{处理间}$ 最简单的方式便是通过减法计算。

$$SS_{处理间}=SS_{总}-SS_{处理内} \tag{13—17}$$

结合表 13—8 中的数据，

$$SS_{处理间}=101.75-48=53.75$$

然而，我们也可以直接使用 $SS_{处理间}$ 的计算公式来计算。

$$SS_{处理间}=\sum\frac{T^2}{n}-\frac{G^2}{N} \tag{13—18}$$

结合表 13—8 中的数据，其中包含了 4 种处理情况（4 个 T 值），每种处理包括 5 个被试，故处理间的 SS 为：

$$\begin{aligned}SS_{处理间}&=45^2/5+25^2/5+40^2/5+45^2/5\\&\quad-155^2/20\\&=405+125+320+405-1\ 201.25\\&=53.75\end{aligned}$$

处理间的 df 值由处理情况的个数（或者 T 值的个数）减去 1 来决定。在双因素研究中，处理个数等于矩阵中的单元格个数。因此

$$df_{处理间}=单元格个数-1 \tag{13—19}$$

结合数据本身，$df_{处理间}=3$。

这就是分析的第一阶段。我们注意到，这两个部分的 SS 和 df 总和等于总变异的 SS 和 df 值。

$$SS_{处理间}+SS_{处理内}=SS_{总}$$
$$53.75+48=101.75$$
$$df_{处理间}+df_{处理内}=df_{总}$$
$$3+16=19$$

双因素方差分析的第二阶段

分析的第二阶段将确定三个 F 比值的分子部分。具体地说，该阶段分析的是处理间变异中，因素 A、因素 B 和交互作用的变异部分。

1. 因素 A　因素 A 的主效应评估的是因素 A 不同水平上平均数的差异。在本例中，因素 A 定义为矩阵中的行，故我们评估的是行之间平均分的差异。为了计算因素 A 的 SS，如之前用处理总分（T 值）来计算 $SS_{处理间}$ 的方法一样，我们用行的总分来计算处理间的 SS。对于因素 A，行的总得分值分别为 70 和 85，并且每一行包括了 10 个分数。因此，

$$SS_A=\sum\frac{T_{行}^2}{n_{行}}-\frac{G^2}{N} \tag{13—20}$$

结合数据，

$$\begin{aligned}SS_A&=70^2/10+85^2/10-155^2/20\\&=490+722.5-1\ 201.25\\&=11.25\end{aligned}$$

因素 A 包含容易和困难两种处理情境（或两行数据），所以 df 值为：

$$\begin{aligned}df_A&=行数-1 \\&=2-1=1\end{aligned} \tag{13—21}$$

2. 因素B 因素B的计算除了将行换成列，其他与因素A相同。因素B的主效应评估的是因素B各水平的均值差异，定义的是矩阵的列。

$$SS_B = \sum \frac{T_{列}^2}{n_{列}} - \frac{G^2}{N} \qquad (13—22)$$

根据我们的数据，列的得分总和为85和70，每一列共有10个得分，因此，

$$SS_B = 85^2/10 + 70^2/10 + 155^2/10$$
$$= 725.5 + 490 - 1\,201.25$$
$$= 11.25$$

$$df_B = 列数 - 1 \qquad (13—23)$$
$$= 2 - 1 = 1$$

3. A×B的交互作用 A×B的交互作用被定义为多余的、不能由两个因素的主效应解释的平均分的差异。我们将使用这个定义，通过简单的减法来计算交互作用的SS和df值。具体地说，处理间变异被分为三个部分：A效应、B效应与交互效应（见图13—3）。我们已经计算出因素A与B的SS和df值，故我们通过减法可以找到剩余的变异，也就是交互效应的值。因此，

$$SS_{A\times B} = SS_{处理间} - SS_A - SS_B \qquad (13—24)$$

结合我们假设的数据，

$$SS_{A\times B} = 53.75 - 11.25 - 11.25$$
$$= 31.25$$

同样地，

$$df_{A\times B} = df_{处理间} - df_A - df_B \qquad (13—25)$$
$$= 3 - 1 - 1 = 1$$

另一个计算$df_{A\times B}$的公式为：

$$df_{A\times B} = df_A \times df_B \qquad (13—26)$$
$$= 1 \times 1 = 1$$

双因素方差分析的均方和F比值

双因素方差分析包含了用三个独立的F比值进行的假设检验。每一个F比值的分母测量的是随机因素造成的变异（差异）。如我们在第12章所看到的，处理内变异在独立测量设计中作为分母。处理内变异被称为均方或MS，计算如下：

$$MS_{处理内} = \frac{SS_{处理内}}{df_{处理内}}$$

结合表13—8中的数据，

$$MS_{处理内} = 48/16 = 3$$

这个数值将作为F比值的分母。

三个F比值的分子测量的是处理间变异或差异：因素A不同水平间的差异、因素B不同水平间的差异、多余的归因于A×B交互作用的差异。这三种变异计算如下：

$$MS_A = \frac{SS_A}{df_A}$$

$$MS_B = \frac{SS_B}{df_B}$$

$$MS_{A\times B} = \frac{SS_{A\times B}}{df_{A\times B}}$$

结合表13—9中的数据，这三个MS值分别为：

$$MS_A = 11.25/1 = 11.25$$
$$MS_B = 11.25/1 = 11.25$$
$$MS_{A\times B} = 31.25/1 = 31.25$$

最后，所得的三个F比值为：

$$F_A = MS_A/MS_{处理内} = 11.25/3 = 3.75$$
$$F_B = MS_B/MS_{处理内} = 11.25/3 = 3.75$$
$$F_{A\times B} = MS_{A\times B}/MS_{处理内} = 31.25/3 = 10.41$$

为了确认每一个F比值显著与否，我们必须结合每一个F比值的df值来参考F分布表。针对这个例子，因素A的F比值的分子$df=1$，分母$df=16$。查看当$df=1$，16时F分布表的值，我们发现，$\alpha=0.05$时临界值为4.49，$\alpha=0.01$时临界值为8.53。对于两个主效应，我们得到$F=3.75$，所以没有一个主效应是显著的。对于交互作用，我们得到$F=10.41$，比两个临界值都大。所以，我们得出两个因素之间有显著的交互作用。也就是说，两种呈现方式的差异依赖于学习时如何控制时间。

表13—9为例13.4中双因素方差分析的总结表。虽然在研究报告中，这些表已经不经常使用了，但是它们提供了一个呈现分析的所有结果的简洁的形式。

表13—9　例13.4中双因素方差分析总结表。

来源	SS	df	MS	F
处理间	53.75	3		
因素A（时间控制）	11.25	1	11.25	$F(1, 16)=3.75$
因素B（呈现方式）	11.25	1	11.25	$F(1, 16)=3.75$
A×B	31.25	1	31.25	$F(1, 16)=10.42$
处理内	48	16	3	
总计	101.75	19		

学习检查

1. 解释为什么处理内变异是双因素独立测量F比值的分母。
2. 以下的数据来自一个双因素独立测量实验：

		因素 B		
		B_1	B_2	B_3
因素 A	A_1	$n=5$ $T=0$ $SS=30$	$n=5$ $T=10$ $SS=40$	$n=5$ $T=20$ $SS=50$
	A_2	$n=5$ $T=10$ $SS=60$	$n=5$ $T=10$ $SS=50$	$n=5$ $T=10$ $SS=40$

a. 计算因素 A 的 SS。

b. 计算因素 B 的 SS。

c. 对于这组数据，$SS_{处理间}$ 等于 40。结合这个信息，交互作用的 SS 值是多少？

3. 下表是一个双因素 ANOVA 的研究结果。其中，因素 A 有 2 个水平，因素 B 有 3 个水平，每种处理条件的样本量 $n=6$。请在表中填写空白处的缺失值。（提示：从 df 栏开始进行。）

来源	SS	df	MS	
处理间	75	___		
因素 A	___	___	___	$F=$___
因素 B	___	___	15	$F=$___
A×B	___	___	___	$F=6.00$
处理内	___	___	___	
总计	165	___		

答案

1. 在每种处理条件内，所有的被试接受同样的处理。因此，处理内变异测量的是没有处理效应时，一个分数和另一个分数之间的差异。这个正是 F 比值分母的变异。

2. a. 因素 A 的两个水平的得分总和分别为 30 和 30，每一水平包含 15 个得分。$SS_A=0$。

b. 因素 B 的三个水平的得分总和分别为 10、20 和 30，每一水平包含 10 个得分。$SS_B=20$。

c. 交互作用是处理间差异中被主效应解释之后多余的变异。结合数据，

$SS_{A\times B}=SS_{处理间}-SS_A-SS_B=40-0-20=20$

3.

来源	SS	df	MS	
处理间	75	5		
因素 A	6	1	6	$F=3.00$
因素 B	30	2	15	$F=5.00$
A×B	36	2	18	$F=6.00$
处理内	90	30	3	
总计	165	35		

双因素 ANOVA 的效应值测量

计算 ANOVA 的效应值通常使用效应值 η^2，即被处理效应所解释的方差比例。对于双因素 ANOVA，我们需计算三个不同的 η^2：一个为因素 A 所解释的方差比例，一个为因素 B 的，第三个为交互作用的。正如我们在重复测量 ANOVA 中所做的，我们在计算三个处理效应前将被其他因素所解释的变异除去。例如，在我们计算因素 A 的效应值 η^2 之前，将被因素 B 和交互作用所解释的变异移除。结果公式如下：

$$对于因素 A，\eta^2=SS_A/(SS_{总}-SS_B-SS_{A\times B}) \quad (13—27)$$

注意，公式 13—27 中的分母由因素 A 和其他未被解释的变异组成。因此，也可以写作：

对于因素 A，$\eta^2=SS_A/(SS_A+SS_{处理内})$ （13—28）

同样地，因素 B 和交互作用的 η^2 如下：

对于因素 B，$\eta^2=SS_B/(SS_{总}-SS_A-SS_{A\times B})=SS_B/(SS_B+SS_{处理内})$ （13—29）

对于 A×B，$\eta^2=SS_{A\times B}/(SS_{总}-SS_A-SS_B)=SS_{A\times B}/(SS_{A\times B}+SS_{处理内})$ （13—30）

因为每个效应值的计算均不是基于分数的总变异，所以结果通常被称为偏 η^2。对于例 13—4 中的数据，公式产生的结果如下：

因素 A（时间控制）的 $\eta^2=11.25/(11.25+48)=0.190$

因素 B（呈现模式）的 $\eta^2=11.25/(11.25+48)=0.190$

交互作用 A×B 的 $\eta^2=31.25/(31.25+48)=0.394$

在文献中　报告双因素方差分析的结果

对于双因素方差分析结果的 APA 格式的报告，指导原则与单因素方差分析结果报告的是一样的。首先，需要报告平均数和标准差。由于双因素研究设计涉及若干个处理情境，所以这些描述性统计结果常以图表的形式呈现。其次，需要报告所有的三个假设检验的结果（F 比值）。对于例 13.4 中的研究来说，报告结果采取了如下形式：

各处理情境下的平均数和标准差在表 1 中报告出来。双因素方差分析显示时间控制不存在显著的主效应：$F(1, 16)=3.75$，$p>0.05$，$\eta^2=0.190$；呈现方式也不存在显著的主效应：$F(1, 16)=3.75$，$p>0.05$，$\eta^2=0.190$。然而，两因素的交互作用显著：$F(1, 16)=10.41$，$p<0.01$，$\eta^2=0.394$。

双因素方差分析结果的解释

由于双因素方差分析涉及三个独立的检验，你必须考虑到全部的结果，而不能仅关注主效应或交互作用。具体地说，当一个显著的交互作用存在时，对于主效应的解释就需要格外小心（不管主效应是否显著）。记住，交互作用表示一个因素的效应依赖于第二个因素的水平。因为效应在不同水平间发生变化，所以，没有一致的“主效应”。

图 13—4 展示了来自纸质和电脑屏幕研究的样本均值。回忆分析的结果，两个主效应均不显著，但是交互作用显著。虽然主效应太小以至于不显著，但是就此而得到两个因素均不影响行为是错误的。对于这个例子来说，在纸上或电脑屏幕上学习的效果取决于学习时间如何控制。具体来说，当固定学习时间后，用纸还是电脑屏幕学习差异很小或没有差异。然而，当被试调整好自己的学习时间，用纸学习得到的分数会更高。因此，使用纸和电脑学习之间的差异取决于学习时如何控制时间。这种因素之间的相互依赖性就是显著的交互作用的来源。

双因素方差分析的假设

本章介绍的方差分析的效度，依赖于我们在独立测量方差分析中所遇到的同样的三个假设（第 10 章的 t 检验和第 12 章的单因素方差分析）：

1. 样本之间的观察值必须相互独立。
2. 样本所属的总体服从正态分布。
3. 样本所属的总体必须有同样的方差（方差同质性）。

如前所述，正态性假设常常不那么被关注，当样本数目非常大时更是如此。方差同质性假设是非常重要的，如果你的数据不能满足这个要求，你应该在进行方差分析之前首先进行一个方差同质性的检验。Hartley 的 F-max 检验可以指导你使用样本方差来判断总体的方差是否存在着任何显著的差异。记住，对于双因素 ANOVA，数据中每个单元使用不同的样本。方差齐性检验应用于所有的样本和它们所代表的总体。

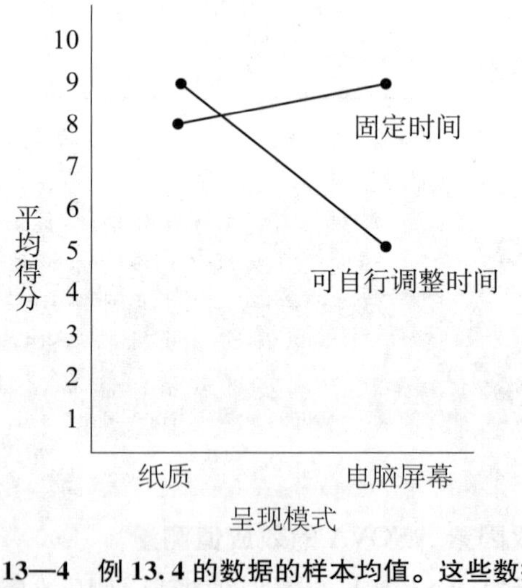

图 13—4　例 13.4 的数据的样本均值。这些数据是从一个双因素研究中得到的测验分数，该研究是为了检测在固定时间或可自行调整时间的情况下用纸质或电脑屏幕学习短文的效果。

▼ 小结

1. 重复测量方差分析用于评估实验研究中所获得的平均分差异程度，是比较两个或更多处理情境的差异，而且每一处理情境使用的是同一样本。所使用的检验统计量是 F 比值，F 比值的分子代表的是处理间的变异（差异），分母代表的是随机因素造成的变异（差异）。

$$F = MS_{处理间} / MS_{误差}$$

2. 重复测量方差分析的第一阶段与独立测量方差分析是相似的，均是把总变异分为两个部分：处理间变异和处理内变异。由于重复测量设计中每一个处理情境中使用的是同一组被试，故处理之间的变异不可能是个体差异造成的。因此，个体差异就自动地从 F 比值的分子中，即处理间变异中分离出来。

3. 在重复测量方差分析的第二阶段，个体差异被计算出来，并且在 F 比值的分母中被分离出去。为了分离个体差异，你首先必须计算出被试之间的变异（SS 和 df），并且从对应的处理内变异中减去这个值。则残余的值代表的是分离个体差异后的误差，也就是重复测量方差分析中 F 比值的合适的分母。

4. 重复测量 ANOVA 的效应值由 η^2 测量，即由处理效应解释的方差比例。对于重复测量 ANOVA：

$$\eta^2 = SS_{处理间} / (SS_{总} - SS_{被试间}) = SS_{处理间} / (SS_{处理间} + SS_{误差})$$

因为 η^2 将个体差异排除出去，所以得到的效应值通常被称作偏 η^2。

5. 一项研究中涉及了两个独立的因素，我们就称之为双因素设计。这样的研究设计可以用矩阵的形式表达出来，一个因素的水平定义矩阵的行，另一因素的水平定义矩阵的列。矩阵中的每一个单元格对应于双因素的一个特定的结合。

6. 在通常情况下，这两个因素分别为因素 A 与因素 B。方差分析的目的是为了确认不同处理情境下或实验矩阵中的不同单元格之间，均值之间是否存在显著的差异。处理效应分类如下：

a. A 效应：因素 A 的不同水平所导致的总体均值差异。

b. B 效应：因素 B 的不同水平所导致的总体均值差异。

c. A×B 效应：无法由主效应解释的另外的外均值差异。

7. 双因素方差分析产生三个 F 比值：一个为因素 A 的，一个为因素 B 的，最后一个为 A×B 的交互作用的。每一个 F 比值有着相同的结构：

$$F = MS_{处理效应}(A 或 B 或 A \times B) / MS_{处理内}$$

双因素 ANOVA 的 SS、df 和 MS 的计算公式见图 13—5。

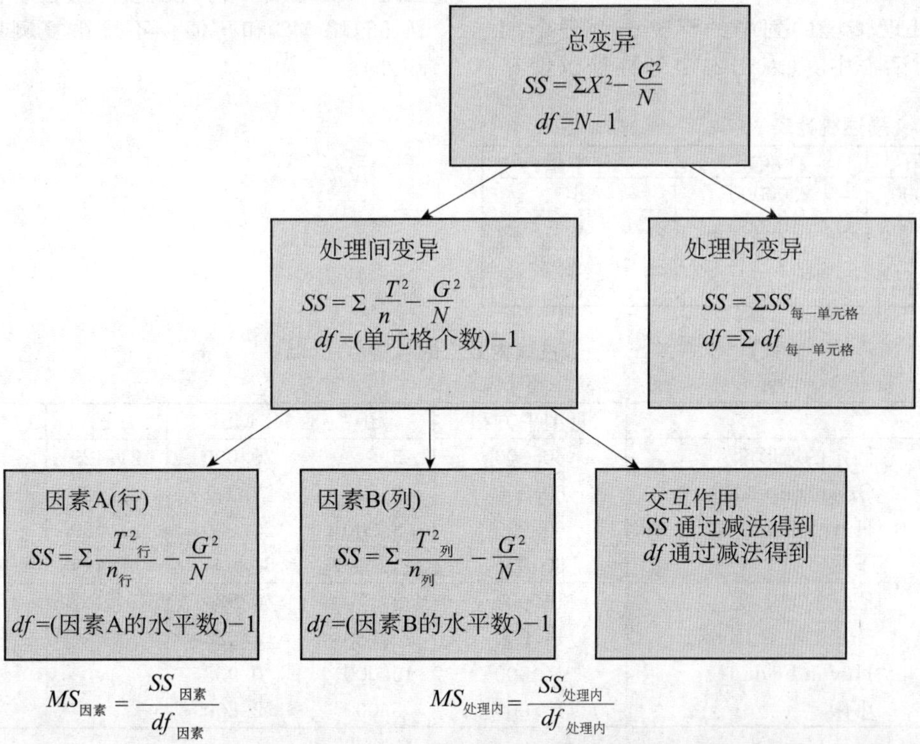

图 13—5　独立测量两因素 ANOVA 设计。

关键术语

个体差异	被试间变异	单元格
处理内变异	双因素设计	主效应
误差变异	矩阵	交互作用

资源

➢SPSS

SPSS 的基本说明见附录 D。以下是使用 SPSS 进行单因素、重复测量方差分析（ANOVA）的具体说明。

数据输入

将各个处理下的数据输入不同的列中，每个被试的分数在同一行。第一个处理的所有分数在 VAR00001 列，第二个处理在 VAR00002 列，以此类推。

数据分析

1. 点击工具栏中的 Analyze，选择 General Linear Model，点击 Repeated Measures。

2. SPSS 将会输出一个名为重复测量定义因子的对话框。在该对话框里，被试内因素命名需包括因素 1。不然的话，在下一个对话框中键入因素 1。

3. 输入水平的个数（处理情境的个数）。

4. 点击 Add。

5. 点击 Define。

6. 将代表处理情境的列中的标签一个一个加入被试内变量对话框中。（点击左边列标签以使其变亮，然后点击箭头将它加入对话框中。）

7. 在进行 ANOVA 前，我们可以点击 Option 对话框，选择 Descriptives（以得到每一处理的描述统计量）。

8. 点击 OK。

SPSS 结果

我们使用 SPSS 来分析例 13.1 中的数据。图 13—6 为输出的部分结果。注意，跟研究目的无关的大部分结果并没有呈现在图 13—6 中。第一个感兴趣的应该是 Descriptive Statistics 表，它列出了每种处理的均值、标准差和样本量。接下来，我们跳到 Tests of Within-Subjects Effects。因素 1 的最上面一行（假设齐性）中列出了计算 F 值分子的处理间 SS、df 和 MS。还有 F 值及其显著性水平（p 或 α 水平）。同样地，误差 1 的最上面一行列出了计算 F 值分母的误差 SS、df 和 MS。结果中的最后一个表被试间效应的检验没有呈现在图中，其最后一行（误差）报告了被试间的 SS 和 df（忽略 MS 和 F 值，不是重复测量 ANOVA 的一部分）。

描述统计表

	均值	标准差	样本量
VAR00001	5.0000	2.00000	6
VAR00002	6.0000	2.00000	6
VAR00003	8.0000	1.67332	6
VAR00004	9.0000	1.26491	6

被试内效应的检验

测量：MEASURE_1

来源		Ⅲ型平方和	df	MS	F	Sig.
因素 1	假定的球形度	60.000	3	20.000	21.429	0.000
	Greenhouse-Geisser	60.000	2.178	27.551	21.429	0.000
	Huynh-Feldt	60.000	3.000	20.000	21.429	0.000
	下限	60.000	1.000	60.000	21.429	0.006
误差（因素 1）	假定的球形度	14.000	15	0.933		
	Greenhouse-Geisser	14.000	10.889	1.286		
	Huynh-Feldt	14.000	15.000	0.933		
	下限	14.000	5.000	2.800		

图 13—6　例 13.1 中不同学习策略研究的重复测量 ANOVA 的 SPSS 部分结果。

以下是使用 SPSS 进行双因素、独立测量方差分析（ANOVA）的具体说明。

数据输入

1. 数据用堆叠的方式录入数据矩阵，即所有处理情境中的得分都输入同一列中（VAR00001）。

2. 第二列（VAR00002）用于区分因素 A 的不同水平。如果因素 A 是数据矩阵的行，则在第一行中的所有分数旁边输入 1，在第二行的分数旁边输入 2。以此类推。

3. 第三列（VAR00003）用于区分因素 B 的不同水平。如果因素 B 是数据矩阵的列，则在第一列的所有分数旁边输入 1，在第二列的分数旁边输入 2。以此类推。

因此，SPSS 数据编辑框的每一行中都会有一个分数和两个数字编码，分数在第一列，因素 A 的水平编码在第二列，因素 B 的水平编码在第三列。

数据分析

1. 点击工具栏中的 Analyze，选择 General Linear Model，接着点击 Univariant。

2. 在 Dependent Variable 框中选入列中得分对应的标签（VAR00001）。

3. 在 Fixed Factors 框中一个一个选入两个因素对应的标签。

4. 在进行 ANOVA 之前，点击 Options 框并且选择 Descriptives（以得到每一样本的描述统计量）。

5. 点击 OK。

SPSS 结果

我们使用 SPSS 来分析例 13.4 中的数据，图 13—7 为分析的部分结果。结果首先列出了一个因子表（没有列在图中），接下来是描述统计的表，包括每一个单元或处理条件的均值和方差。ANOVA 的结果为被试间效应的检验表。最上面一行（校正模型）列出了处理间的 *SS* 和 *df*。第二行（截距）跟我们的研究目的无关。接下来三行呈现了两个主效应和一个交互作用的 *SS*、*df* 和 *MS* 值以及 *F* 值和显著性水平，每列的编码代表数据中的因素。下一行（误差）描述了误差（*F* 值的分母），最后一行（校正后的总和）为整个数据的总变异。（忽略总和这一行。）

描述统计

因变量：VAR00001

VAR00002	VAR00003	均值	标准差	*N*
1.00	1.00	9.0000	1.58114	5
	2.00	5.0000	1.73205	5
	Total	7.0000	2.62467	10
2.00	1.00	8.0000	1.87083	5
	2.00	9.0000	1.73205	5
	Total	8.5000	1.77951	10
Total	1.00	8.5000	1.71594	10
	2.00	7.0000	2.66667	10
	Total	7.7500	2.31414	20

被试间效应的检验

因变量：VAR00001

来源	Ⅲ型平方和	*df*	均方	*F*	Sig.
校正后的模型	53.750[a]	3	17.917	5.972	0.006
截距	1201.250	1	1201.250	400.417	0.000
VAR00002	11.250	1	11.250	3.750	0.071
VAR00003	11.250	1	11.250	3.750	0.071
VAR00002 * VAR00003	31.250	1	31.250	10.417	0.005
误差	48.000	16	3.000		
总和	1303.000	20			
校正后的总和	101.750	19			

图 13—7　例 13.4 中双因素 ANOVA 研究的 SPSS 部分结果。

➢关注问题解决

1. 在进行重复测量ANOVA之前，需要先进行ANOVA公式所需的所有计算。这就需要我们计算出每一处理的总和（T），每一被试的得分总和（P），所有被试总和（G），每一处理情境的SS，N个被试得分的$\sum X^2$。作为这些计算的检查，我们要确认所有T值相加等于G，并且P值相加等于G。

2. 为了有助于我们记住重复测量ANOVA的过程，我们要时刻注意重复测量方差分析分离了个体差异的贡献。由于同样的被试被用于所有的处理情境，因此在F比值的分子（$MS_{处理间}$）中不包含个体差异的贡献。因此，在分母中也必须分离掉个体差异。这些通过将处理内变异分成两个部分予以完成：被试间变异和误差变异。误差变异的MS值就是F比值的分母。

3. 在开始进行双因素ANOVA之前，我们需要花些时间对数据进行组织和概述。如果你能在矩阵里使用行代表一个因素的不同水平，列代表另一个因素的不同水平来概括表达数据，那是最好的。矩阵里的每一个单元格包括该单元的得分的个数（n）、得分总和以及平均数，还有SS。同样需要的是计算主效应时的行的总和和列的总和。

4. 对于一个双因素ANOVA，有三个独立的F比值。虽然三个F比值的分母是相同的$MS_{处理内}$，但是它们有不同的分子，且可能有不同的自由度df。

➢示例13.1

重复测量ANOVA

下面的数据来自一项考察睡眠剥夺对被试运动技能表现影响的研究。5个被试的样本在睡眠剥夺24小时后接受了运动技能任务测验，36小时后再次测验，最后在48小时后再次接受测验。因变量则是被试在运动技能测验中犯错误的次数。这些数据是否指出睡眠剥夺时间在被试运动技能上存在显著的效应？

被试	24小时后	36小时后	48小时后	P（总和）	
A	0	0	6	6	$N=15$
B	1	3	5	9	$G=45$
C	0	1	5	6	$\sum X^2=245$
D	4	5	9	18	
E	0	1	5	6	
	$T=5$	$T=10$	$T=30$		
	$SS=12$	$SS=16$	$SS=12$		

步骤1 提出假设，并确定α水平。零假设是对于被试所属总体来说，三种睡眠剥夺情境之间不存在差异。公式的形式表达如下：

$$H_0: \mu_1=\mu_2=\mu_3$$

备择假设是处理情境之间存在差异。

H_1：至少有一个处理均值是不同于其他处理均值的。

我们采用$\alpha=0.05$水平。

步骤2 确定拒绝域。这一次我们直接进行ANOVA，不再计算df值，查找临界值F。

阶段1 分析的第一阶段与第12章中讲述的独立测量ANOVA相似。

$$SS_{总}=\sum X^2-\frac{G^2}{N}=245-\frac{45^2}{15}=110$$

$$SS_{处理内}=\sum SS_{每一处理内}=12+16+12=40$$

$$SS_{处理间}=\sum\frac{T^2}{n}-\frac{G^2}{N}=\frac{5^2}{5}+\frac{10^2}{5}+\frac{30^2}{5}-\frac{45^2}{15}$$

$$=70$$

相应的自由度分别为：

$$df_{总}=N-1=15-1=14$$

$$df_{处理内}=\sum df_{每一处理内}=4+4+4=12$$

$$df_{处理间}=k-1=2$$

阶段2 重复测量方差分析的第二阶段测量并分离了F比值中分母所包含的个体差异。

$$SS_{被试间}=\sum\frac{P^2}{k}-\frac{G^2}{N}$$

$$=\frac{6^2}{3}+\frac{9^2}{3}+\frac{6^2}{3}+\frac{18^2}{3}+\frac{6^2}{3}-\frac{45^2}{15}$$

$$=36$$

$$SS_{误差}=SS_{处理内}-SS_{被试间}$$

$$=40-36$$

$$=4$$

相应的df值为：

$$df_{被试间}=n-1=4$$

$$df_{误差}=df_{处理内}-df_{被试间}$$

$$=12-4$$

$$=8$$

F比值的均方值分别为：

$$MS_{处理间}=SS_{处理间}/df_{处理间}=70/2=35$$

$$MS_{误差}=SS_{误差}/df_{误差}=4/8=0.50$$

最后，我们计算F比值为：

$$F=MS_{处理间}/MS_{误差}=35/0.50=70.00$$

步骤3 作出推断，得出结论。在$df=2$，8，$\alpha=0.05$水平下，临界值$F=4.46$。我们计算所得的F比值（$F=70.00$）落在了拒绝域，故我们拒绝零假设，得出结论为三种睡眠剥夺水平之间存在显著差异。

➢示例3.2

双因素ANOVA

下面的数据来自一项比较男女在三种处理条

件下的表现的双因素研究。六种条件每种条件下的样本量 $n=10$。我们使用双因素的 ANOVA 来估计均值差异的显著性。

因素 B：处理

		B_1	B_2	B_3
因素 A：性别	男	$T=10$ $M=1$ $SS=195$	$T=50$ $M=5$ $SS=235$	$T=30$ $M=3$ $SS=220$
	女	$T=30$ $M=3$ $SS=237$	$T=30$ $M=3$ $SS=240$	$T=90$ $M=9$ $SS=225$
		$N=60$	$G=240$	$\sum X^2=2\ 312$

步骤 1　提出假设，确定 α 水平。

对于双因素研究，有三个独立假设，分别是两个主效应和一个交互作用。

对于因素 A，零假设为男女的表现无显著差异。

$$H_0: \mu_{男}=\mu_{女}$$

对于因素 B，零假设为三种处理条件下被试的表现无显著差异。

$$H_0: \mu_{B1}=\mu_{B2}=\mu_{B3}$$

对于 A×B 交互作用，零假设为一个因素的影响不受另一个因素水平的影响。

对于所有的检验，我们均选取 $\alpha=0.05$ 水平。

步骤 2　确定拒绝域。

这次不再计算 df 值以及查找 F 的临界值，我们直接进行方差分析。

阶段 1　分析的第一阶段与第 12 章中讲述的独立测量 ANOVA 相似，数据矩阵中的每一个单元格代表一种处理情境。

$$SS_{总}=\sum X^2-\frac{G^2}{N}=2\ 312-\frac{240^2}{60}=1\ 352$$

$$SS_{处理内}=\sum SS_{每一处理内}=195+275+220+237+240+225=972$$

$$SS_{处理间}=\sum\frac{T^2}{n}-\frac{G^2}{N}=\frac{10^2}{10}+\frac{50^2}{10}+\frac{30^2}{10}+\frac{30^2}{10}+\frac{30^2}{10}+\frac{90^2}{10}+\frac{240^2}{60}=380$$

相应的自由度分别为：

$$df_{总}=N-1=59$$

$$df_{处理内}=\sum df_{每一处理内}=9+9+9+9+9+9=54$$

$$df_{处理间}=单元格数量-1=5$$

阶段 2　分析的第二阶段将处理间变异分为三个部分：因素 A 的主效应，因素 B 的主效应，A×B的交互作用。

因素 A 的主效应主要测量的是因素 A 不同水平的均值差异。例如，因素 A 定义了矩阵的行，所以我们要估计不同行之间的均值差异。为了计算因素 A 的 SS，我们使用计算 $SS_{处理间}$ 的公式来计算行的 SS。对于因素 A，行的总和为 90 和 150，每一总和由 30 个分数相加得到。

对于因素 A（男，女），

$$SS_A=\sum\frac{T_{行}^2}{n_{行}}-\frac{G^2}{N}=\frac{90^2}{30}+\frac{150^2}{30}-\frac{240^2}{60}=60$$

对于因素 B（处理），

$$SS_B=\sum\frac{T_{列}^2}{n_{列}}-\frac{G^2}{N}=\frac{40^2}{20}+\frac{80^2}{20}+\frac{120^2}{20}-\frac{240^2}{60}=160$$

对于 A×B 的交互作用，

$$SS_{A\times B}=SS_{处理间}-SS_A-SS_B=380-60-160=160$$

相应的 df 值为：

$$df_A=行的个数-1=1$$

$$df_A=列的个数-1=2$$

$$df_{A\times B}=df_{处理间}-df_A-df_B=5-1-2=2$$

F 比值的均方值分别为：

$$MS_A=60/1=60$$

$$MS_B=160/2=80$$

$$MS_{A\times B}=160/2=80$$

$$MS_{处理内}=972/54=18$$

最后，我们计算 F 比值：

$$F_A=MS_A/MS_{处理内}=60/18=3.33$$

$$F_B=MS_B/MS_{处理内}=80/18=4.44$$

$$F_{A\times B}=MS_{A\times B}/MS_{处理内}=80/18=4.44$$

步骤 3　做出推断，得出结论。

因素 A 的 F 比值自由度 $df=1$，54。在 $\alpha=0.05$ 水平下，临界值为 $F=4.03$（使用的是 F 分布表中的 $df=1$，50）。在该实验所得结果中，因素 A（男女）不存在显著效应。

因素 B 和交互作用的 F 比值自由度均是 $df=2$，54。在 $\alpha=0.05$ 水平下，临界值为 $F=3.18$（使用的是 F 分布表中的 $df=2$，50）。在该实验所得结果中，因素B和交互作用均显著。交互作用表明男女在不同处理条件下的差异是不同的。

➤练习题

1. 重复测量方差分析与独立测量 ANOVA 相比，F 比值中的分母（误差部分）有什么不同？

2. 重复测量方差分析可被视做一个两个阶段的过程。第二阶段的目的是什么？

3. 研究者进行了一项比较三种处理情境的实验。实验中每一种处理情境有 $n=10$ 个得分。

a. 如果研究者使用独立测量实验设计，那么研究需要多少被试？F 比值的自由度 df 又是多少？

b. 如果研究者使用重复测量实验设计，那么研究需要多少被试？F 比值的自由度 df 又是多少？

4. 研究者进行一个重复测量实验，使用了 $n=8$ 名被试的样本，比较四种处理情境下的差异。如果用 ANOVA 考察结果，则 F 比值的自由度 df 是多少？

5. 研究者报告一项重复测量 ANOVA 结果中 F 比值的自由度 $df=2$，30。

a. 在该实验中比较了几种处理情境？

b. 该实验有多少被试参加？

6. 一篇有关重复测量研究设计的统计分析报告如下："结果显示，处理之间有显著的差异，$F(3, 21)=6.10$，$p<0.01$。"

a. 在该实验中比较了几种处理情境？

b. 该实验有多少被试参加？

7. 下面的数据来自一项比较两种处理情境的重复测量研究。

a. 进行重复测量 t 检验，在 $\alpha=0.05$ 水平下检验两种处理之间是否存在显著差异。注意：你需要计算每个人的分数差异 D。

b. 使用重复测量方差分析，在 $\alpha=0.05$ 水平下检验两种处理之间是否存在显著差异。在误差取整时，应当发现 $F=t^2$。

被试	处理		总和	
	Ⅰ	Ⅱ		
A	3	5	$P=8$	
B	5	9	$P=14$	$N=16$
C	1	5	$P=6$	$G=80$
D	1	7	$P=8$	$\sum X^2=500$
E	5	9	$P=14$	
F	3	7	$P=10$	
G	2	6	$P=8$	
H	4	8	$P=12$	
	$M=3$	$M=7$		
	$T=24$	$T=56$		
	$SS=18$	$SS=18$		

8. 一项研究检验了脸上有瑕疵（如伤疤或痣）的应聘者在应聘中的情况（Madera & Hebl, 2011）。结果表明面试官能回忆起少量信息且给有面部瑕疵的应聘者较低的分数。在同样的研究中，被试完成计算机模拟应聘，对包括有面部瑕疵的应聘者进行评分。以下数据是对每个应聘者的评分。

a. 进行重复测量方差分析，在 $\alpha=0.05$ 水平下检验三种处理之间是否存在显著差异。

b. 计算效应值 η^2，即被处理效应解释的变异占总变异的比例。

c. 用一句话来报告假设检验的结果和效应值大小。

被试	应聘者			总和	
	伤疤	胎记	没有伤疤		
A	1	1	4	$P=6$	
B	3	4	8	$P=15$	$N=15$
C	0	2	7	$P=9$	$G=45$
D	0	0	6	$P=6$	$\sum X^2=231$
E	1	3	5	$P=9$	
	$M=1$	$M=2$	$M=6$		
	$T=5$	$T=10$	$T=30$		
	$SS=6$	$SS=10$	$SS=10$		

9. 与独立测量设计相比，重复测量设计的主要优势是它可以将个体差异从总变异中分离出去。下面的数据来自一项比较三种处理情境的研究。

a. 假设数据来自三个样本的独立测量研究，每种处理的样本量 $n=6$。忽略"P"这一列，进行独立测量方差分析，在 $\alpha=0.05$ 水平下检验均值差异是否显著。

b. 假设数据来自同一样本的重复测量研究，样本量 $n=6$。进行重复测量方差分析，在 $\alpha=0.05$ 水平下检验均值差异是否显著。

c. 解释为什么两种分析会导致不同的结论。

处理1	处理2	处理3	P	
6	9	12	27	
8	8	8	24	$N=18$
5	7	9	21	$G=108$
0	4	8	12	$\sum X^2=800$
2	3	4	9	
3	5	7	15	
$M=4$	$M=6$	$M=8$		
$T=24$	$T=36$	$T=48$		
$SS=42$	$SS=28$	$SS=34$		

10. 下面的数据来自一项比较三种处理情境的实验。

a. 如果实验使用独立测量设计，研究者是否可以得出处理间显著不同？（使用 $\alpha=0.05$ 水平）

b. 如果实验使用重复测量设计，研究者是否可以得出处理间显著不同？（使用 $\alpha=0.05$ 水平）

c. 解释为什么 a 和 b 的结论不同。

A	B	C	
0	1	2	
2	5	5	$N=15$
1	2	6	$\sum X^2=354$
5	4	9	
2	8	8	
$T=10$	$T=20$	$T=30$	
$SS=14$	$SS=30$	$SS=30$	

11. 研究者想考察顾客对服务的满意度和对两个手机运营商的评定。样本 $n=25$，每个被试使用一个手机两周，之后再使用另一个手机。下面的表格是比较评价的重复测量方差分析的结果。请填写表中的空白值。（提示：从 df 栏开始进行。）

来源	SS	df	MS	
处理间	___	___	2	$F=$___
处理内	___	___		
被试间	___	___		
误差	12	___	___	
总计	23	___		

12. 下面的总结表呈现的是一个重复测量实验的 ANOVA 的结果，研究中比较了四种处理情境，样本为 $n=10$ 个被试。请在表中填写空白处的缺失值。（提示：从 df 栏开始进行。）

来源	SS	df	MS	
处理间	___	___	___	$F=5.00$
处理内	80	___		
被试间	___	___		
误差	60	___	___	
总计	___	___		

13. 一项研究表明给大学生计步器可以提高走路的时间（Jackson & Howton，2008）。给学生计步器用 12 周，并让他们记录在第 1 周、第 6 周、第 12 周每天行走的平均步数。以下数据与研究中得到的数据相同。

a. 进行重复测量方差分析，在 $\alpha=0.05$ 水平下检验第 1 周、第 6 周、第 12 周每天行走的平均步数是否存在显著差异。

b. 计算效应值 η^2。

c. 用一句话来报告假设检验的结果和效应大小。

被试	周（步数×1 000）			P	
	1	6	12		
A	6	8	10	24	
B	4	5	6	15	
C	5	5	5	15	$G=72$
D	1	2	3	6	$\sum X^2=400$
E	0	1	2	3	
F	2	3	4	9	
	$T=18$	$T=24$	$T=30$		
	$SS=28$	$SS=32$	$SS=40$		

14. 下面的数据来自典型的延迟折扣研究。被试被询问，他们愿意今天拿到多少钱来代替某段时间后拿到 1 000 美元。每个被试对 5 种延迟时间进行了反应。对下面数据进行重复测量方差分析，在 $\alpha=0.01$ 水平下检验五种时间段之间是否有显著的差异。

被试	1 个月	6 个月	1 年	2 年	5 年
A	950	850	800	700	550
B	800	800	750	700	600
C	850	750	650	600	500
D	750	700	700	650	550
E	950	900	850	800	650
F	900	900	850	750	650

15. 大脑释放的脑内啡类似于止痛药。Gintzler（1980）在老鼠生产前的一段时间内控制脑内咖和疼痛阈限。数据显示，越临近生产，老鼠的疼痛阈限越高，直至生产前 1～2 天，疼痛阈限不再上升。下面的数据与 Gintzler 研究中的数据相似。进行重复测量方差分析，在 $\alpha=0.01$ 水平下检验疼痛阈限是否有显著的变化。

被试	生产前天数			
	7	5	3	1
A	39	40	49	52
B	38	39	44	55
C	44	46	50	60
D	40	42	46	56
E	34	33	41	52

16. 双因素研究可以使用矩阵来表示其结构，其中用行来代表一个因素，用列来代表另一个因

素。据此，请分别解释组成双因素 ANOVA 的三个独立假设检验。

17. 请简要说明双因素 ANOVA 的第二阶段。

18. 下面的矩阵呈现了一个双因素实验的结果，每一种处理情境中有 $n=10$ 个被试。矩阵中每一个单元格的值都是一种处理情境下被试得分的平均值。其中有一个平均值缺失。

a. 缺失值取什么值数据不存在因素 A 的主效应?

b. 缺失值取什么值数据不存在因素 B 的主效应?

c. 缺失值取什么值数据不存在交互效应?

		因素 B	
		B_1	B_2
因素 A	A_1	$M=20$	$M=30$
	A_2	$M=40$	

19. 下面的矩阵呈现了一个双因素实验的结果，在六种处理情境中每种处理有 $n=10$ 个被试。矩阵中每一个单元格的值都是一种处理情境下被试得分的平均值。其中有一个平均值缺失。

a. 缺失值取什么值数据不存在因素 A 的主效应?

b. 缺失值取什么值数据不存在交互效应?

		因素 B		
		B_1	B_2	B_3
因素 A	A_1	$M=10$	$M=20$	$M=40$
	A_2	$M=20$	$M=30$	

20. 研究者进行了一个双因素独立测量研究，每种处理情境下有 $n=15$ 个被试。结果采用方差分析得到，因素 A*F* 比值的自由度 $df=1$，84，因素 B*F* 比值的自由度 $df=2$，84。

a. A 因素有几个水平?

b. B 因素有几个水平?

c. 交互作用 *F* 比值的自由度应为多少?

21. 研究者进行了一个双因素独立测量研究，因素 A 有两个水平，因素 B 有 3 个水平，每种处理情境下有 $n=12$ 个被试。

a. 计算因素 A 主效应 *F* 比值的自由度为多少?

b. 计算因素 B 主效应 *F* 比值的自由度为多少?

c. 交互作用 *F* 比值的自由度应为多少?

22. 有些人喜欢轻轻地沿杯边倒酒以控制泡沫，而其他人则喜欢直接从瓶口中间将酒猛倒出来形成泡沫并释放香气。研究者想检测在三种不同温度条件下，两种倒酒方法所造成的香槟酒的泡沫量（Journal of Agricultural and Food Chemistry，2010）。下面是研究中得到的数据。

a. 进行双因素 ANOVA，在 =0.05 水平下判断均值差异。

b. 根据结果解释香槟温度和倒酒方法怎样影响泡沫量。

	香槟温度（℉）		
	40°	46°	52°
轻倒	$n=10$ $M=7$ $SS=64$	$n=10$ $M=3$ $SS=57$	$n=10$ $M=2$ $SS=47$
猛倒	$n=10$ $M=5$ $SS=56$	$n=10$ $M=1$ $SS=54$	$n=10$ $M=0$ $SS=46$

23. 本章中例 13.1 描述了一个检验两种观众条件（因素 B）和自尊水平（因素 A）下被试的成绩的双因素研究。下面的表格是可能的分析结果。假设每种处理条件下使用独立的样本 $n=15$，请在表中填写空白处的缺失值。（提示：从 *df* 栏开始进行。）

来源	*SS*	*df*	*MS*	
处理间	67	____		
观众条件	____	____	____	*F* = ____
自尊水平	29	____	____	*F* = ____
交互作用	____	____	____	*F* = 5.50
处理内	____	____	4	
总计	____	____		

24. 下面的表格是一个双因素研究的结果，因素 A 有 2 个水平，因素 B 有 3 个水平，每种处理情境有 $n=11$ 个被试。请在表中填写空白处的缺失值。（提示：从 *df* 栏开始进行。）

来源	*SS*	*df*	*MS*	
处理间	____	____		
因素 A	____	____	____	*F* = 7
因素 B	____	____	____	*F* = 8
A×B 交互	____	____	____	*F* = 3
处理内	240	____	____	
总计	____	____		

25. 下面的数据来自一个双因素研究。

a. 进行双因素 ANOVA，在 $\alpha=0.05$ 水平下判断主效应和交互作用。

b. 计算主效应和交互作用的效应值 η^2。

因素 A：性别		因素 B：处理 B₁	B₂	B₃	
	男	3 1 1 6 4 $M=3$ $T=15$ $SS=18$	1 4 8 6 6 $M=5$ $T=25$ $SS=28$	10 10 14 7 9 $M=10$ $T=50$ $SS=26$	$T_{行1}=90$
					$N=30$ $G=120$ $\sum X^2=860$
	女	0 2 0 0 3 $M=1$ $T=5$ $SS=8$	2 7 2 2 2 $M=3$ $T=15$ $SS=20$	1 1 1 6 1 $M=2$ $T=10$ $SS=20$	$T_{行2}=30$
		$T_{列1}=20$	$T_{列2}=40$	$T_{列3}=60$	

26. 研究表明金钱奖励并不能提高学生成绩(Fryer，2011)。然而，给特定任务如读书、参加班级活动、做作业等提供金钱奖励会有显著的效应。很明显，学生自己并不知道如何得到好的成绩。但是，如果他们被告知做什么，奖励则会起作用。为了证明这个结论，下面是一个双因素的研究数据。

a. 进行双因素 ANOVA，在 $\alpha=0.05$ 水平下判断主效应和交互作用。

b. 计算两个主效应和交互作用的效应值 η^2。

c. 描述结果。(奖励成绩如何影响成绩？奖励作业如何影响成绩？奖励作业的效应是否受奖励成绩的影响?)

	奖励作业	不奖励作业
奖励成绩	14 7 10 9 11 9	2 7 5 7 3 6
不奖励成绩	13 7 9 7 11 7	7 2 4 2 6 3

27. 在第 12 章，我们提到一个有关在学习时玩 Facebook 比不玩 Facebook 成绩低的研究（Kirschner & Karpinski，2010）。研究者想要了解此结论是否可以扩展到低年级学生中，设计了一个双因素的研究，用来比较初中生、高中生和大学生在使用 Facebook 和不使用 Facebook 条件下的成绩。为了组间一致性，成绩被划分为 6 个等级，从0 到 5表示低到高。数据见下表。

a. 进行双因素 ANOVA，在 $\alpha=0.05$ 水平下判断均值差异。

b. 描述结果。

	初中	高中	大学
不使用	3 5 5 3	5 5 2 4	5 4 2 5
使用	5 3 2 2	1 2 3 2	1 0 0 3

28. 在第 11 章中，我们描述了红色可以提高男性对女性的注意力的研究（Elliot & Niesta，2008）。研究者还发现，红色也可以提高女性对男性的注意力，但是不影响同性别个体（Elliot etal，2010）。结合这些结论，研究者设计了一个双因素独立测量研究，让男性判断在红色背景和白色背景下的男性和女性照片。因变量为对图片中人的注意力。下面为研究中得到的数据。

a. 进行双因素 ANOVA，在 $\alpha=0.05$ 水平下判断主效应和交互作用。

b. 描述背景颜色对男女注意力的效应。

图片背景颜色	图片上的人	女性	男性
	白色	$n=10$ $M=4.5$ $SS=6$	$n=10$ $M=4.4$ $SS=7$
	红色	$n=10$ $M=7.5$ $SS=9$	$n=10$ $M=4.6$ $SS=8$

第四部分 回顾

学完此部分之后，我们应能够进行 ANOVA 来估计三种研究情境下的均值差异。包括：

1. 第 12 章中的单因素独立测量 ANOVA。
2. 第 13 章中的单因素重复测量设计。
3. 第 13 章中的双因素独立测量设计。

在这一部分，我们介绍了三种 ANOVA 的应用，使用 F 统计量来估计两个或多个总体的均值差异。在每种情境下，F 值的公式如下：

F＝处理间的变异/随机的、非系统的变异

F 值的分子测量的是在处理条件之间存在的均值差异，包括任何由处理所引起的系统差异。分母测量的是没有系统因素引起的分数的变异。当零假设为真时，没有系统的处理效应，那么 F 值的分子和分母测量的是同一变异。在这种情况下，F 值应接近于 1.00。因此，F 值接近 1.00 表明零假设为真。同样地，F 值远大于 1.00 表明，系统的处理效应确实存在，应拒绝零假设。

对于独立测量设计来说，无论是单因素还是双因素，F 值的分母计算的都是处理内变异。在每种处理条件内，所有的被试接受同样的处理，所以没有系统的处理效应来引起分数的变化。

对于重复测量设计来说，在每种处理条件内使用的是相同的被试，所以处理间的变异不可能由个体差异引起。因此，F 值的分子不包括个体差异。所以，必须将个体变异从分母中去除来平衡 F 值。结果，重复测量 ANOVA 是一个两阶段过程。第一个阶段将被变异分为处理间变异（分子）和处理内变异。第二个阶段是将个体变异从处理内变异中去除，从而产生 F 值的分母。

对于一个两因素设计，两个因素和因素间特定的结合都会引起处理间的均值差异。ANOVA 分析的目的则是将这些可能的处理效应分开以进行单独分析。为了达到此目的，两因素 ANOVA 是一个两阶段的过程。第一阶段将变异分为处理间变异和处理内变异（分母）。第二阶段是将处理间变异分成三部分：第一个因素的主效应、第二个因素的主效应和交互作用。注意，重复测量 ANOVA 和两因素 ANOVA 均是两阶段过程。两种分析的第一阶段均是将变异分为处理间变异和处理内变异。然而，两种 ANOVAs 的第二阶段的目的不同，且侧重点不同。重复测量 ANOVA 的焦点是处理内变异，并将个体变异从处理内变异中分离出去。两因素 ANOVA 的重点在处理间变异上，目的是将其分成主效应和交互作用。

练习

1. 一个研究者调查了人们在经过一段长时间的飞行后，重新适应所需要的天数（即倒时差）。请问，数据是否反映了倒时差在旅行方向上的显著差异？

向西	向东	同一时区
2	6	1
1	4	0
3	6	1
3	8	1
2	5	0
4	7	0
M=2.5	M=6	M=0.5
SS=5.5	SS=10	SS=1.5

2. 下面的数据来自一项比较三种处理条件的重复测量研究。

a. 三种处理条件的差异是否显著？显著性水平使用 $\alpha=0.05$。

b. 计算效应值 η^2。

c. 用一句话来说明假设检验的结果和效应值的测量。

被试	处理 Ⅰ	处理 Ⅱ	处理 Ⅲ	被试总和	
A	0	4	2	P=6	
B	1	5	6	P=12	N=18
C	3	3	3	P=9	G=48
D	0	1	5	P=6	$\sum X^2=184$
E	0	2	4	P=6	
F	2	3	4	P=9	
	M=1	M=3	M=4		
	T=6	T=18	T=24		
	SS=8	SS=10	SS=10		

3. 简要描述两因素研究中交互作用的内涵。

4. 大多数运动伤害都是即时且明显的，例如骨折。然而，有些伤害更微妙一些，如足球运动员多次用头撞球引起的神经损伤。为了检验多次用头撞球的伤害，Downs 和 Abwender（2002）检验了两组不同年龄段的足球运动员和游泳运动员。因变量为在一个推理任务中的表现。下面是与研究结果相同的假设数据。

a. 在 $\alpha=0.05$ 水平下，进行双因素方差分析。

b. 计算主效应和交互作用的效应值 η^2。

c. 简要描述研究结果。

		因素 B：年龄	
		大学生	年长的人
因素 A：运动	足球	$n=20$ $M=9$ $T=180$ $SS=380$	$n=20$ $M=4$ $T=80$ $SS=390$
	游泳	$n=20$ $M=9$ $T=180$ $SS=350$	$n=20$ $M=8$ $T=160$ $SS=400$

$$\sum X^2=6\ 360$$

第五部分　相关和非参数检验

在第 1 章中，我们陈述了科学的首要目的就是建立变量间的关系。到现在，我们呈现的所有统计方法都是通过用平均数和方差作为基础统计测量来比较各组的分数以达到这个目标。通常，用一个变量定义分组，测量第二个变量以获得每组的分数。然后计算分数的均值和方差，再用样本均值检验关于总体均值的假设。如果假设检验发现了显著的均值差异，那么我们得出结论，变量间存在一定的关系。

然而，很多研究情境不包括组间比较，很多研究也不会有能让你计算均值和方差的数据。比如，一个研究者可能，通过在一组个体内测量两个变量探索两个变量（如，IQ 和创造性）之间的关系。而且，测量过程可能不会得到数值型的分数。比如，被试可以通过挑选一个最喜欢的颜色或者对一些颜色排序来表明他们的颜色偏好。没有数值型的分数，就不可能计算均值和方差。还有，数据包括比例或频率。比如，一个研究可能探索多少比例的人选择红色作为他们最爱的颜色，以及这个比例对于内向的人和外向的人是否有所不同。

注意，这些新的研究情境仍然在提出有关变量之间的关系的问题，它们仍然使用样本数据对总体做出推论。然而，它们不再进行组间比较，也不再基于均值和方差。在这一部分，我们介绍为这类研究提出的统计方法。

第 14 章

相关

章节概览

学习本章需使用的相关知识

下列内容是学习本章的关键背景知识。如果对这些知识有不明白之处，应复习先前学过的相关章节。

- 平方和（***SS***）（第 4 章）
  计算公式；
  定义公式
- *z* 分数（第 5 章）
- 假设检验（第 8 章）
- 方差分析（第 12 章）
  MS 和 ***F*** 比值

14.1 概述

相关是用来衡量和描述两个变量关系的统计方法，通常这两个变量只是自然地存在于环境之中——没有试图要控制或操纵的变量。例如，研究者可以通过高中生成绩报告单来得到每个学生的成绩，然后调查学生的家庭收入来考察高中生成绩和家庭收入之间是否有关系。注意，研究人员并不是要操纵学生的成绩或家庭收入，而只是观察自然情况下会发生什么事。我们还注意到，相关关系需要每个个体的两个分数（分别来自两个变量），这些分数通常被定义为 X 和 Y。这些成对的分数可以列于表格中，也可以呈现在散点图中（见图 14—1）。在散点图中，X 值放置于横轴，Y 值放置于纵轴。每个个体在图形中被确定为一个单一的点，这样坐标点（X 和 Y 值）与个体的 X 值和 Y 值相匹配。散点图的价值在于，它可以让人看到数据中存在的任何模式或趋势。如图 14—1 显示出家庭收入和学生成绩之间的关系，当收入增加，学生成绩也增加。

被试	家庭收入（单位$1 000）	学生的平均成绩
A	31	72
B	38	86
C	42	81
D	44	78
E	49	85
F	56	80
G	58	91
H	65	89
I	70	94
J	90	83
K	92	90
L	106	97
M	135	89
N	174	95

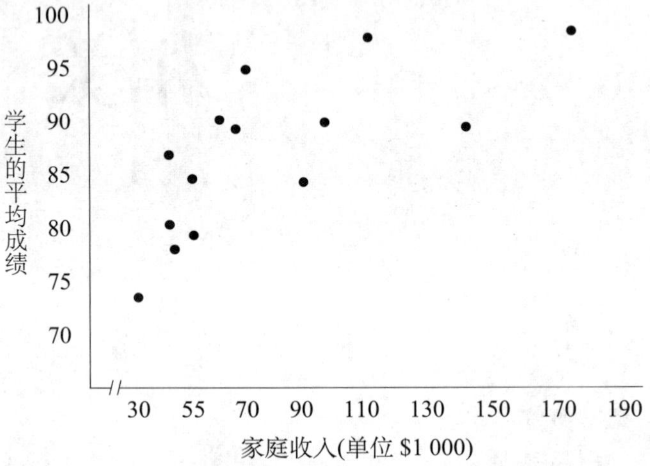

图 14—1　一个 $n=14$ 名高中生样本的家庭收入（X）和学生成绩（Y）之间的关系的相关数据。这些数据按照家庭收入从低到高排序。

关系的特征

相关可以测量 X 值和 Y 值之间关系的三个特征，具体如下：

1. 关系的方向　相关的符号，正或负，描述了关系的方向。

> **定义**
>
> 在正相关中，两变量变动方向相同，即 Y 变量的值随着 X 变量的值的增大（减少）而增大（减少）。
>
> 在负相关中，两变量变动方向相反，即 X 变量值增大时 Y 变量值减少，两者关系为逆关系。

以下实例将详述正相关和负相关。

例 14.1

假设你拥有一个足球场的饮料经营特许权，几个赛季后，你开始注意到比赛时的温度和所销售的饮料数量之间的关系。具体来说，你会发现，当温度低时，啤酒的销售减少。随着温度的上升，啤酒的销售量也上升。这是一个呈正相关的例子。你也可能注意到咖啡的销售量与温度的关系：在天气寒冷时，你卖了很多咖啡，而随着温度的上升，咖啡的销售量逐渐下降。这是一个呈负相关的例子（见图 14—2）。

2. 关系的形式　在上面的咖啡和啤酒的例子中，关系往往呈线性的形式，即这些点在散点图中往往形成一条直线。我们通过在每个图中画出一条通过数据点中间的直线来帮助呈现变量间的关系。相关最常见的使用是测量直线关系。不过，其他形式的关系确实存在，而且有特殊的相关测量它们（我们将在章节 14.5 中研究另一种相关）。

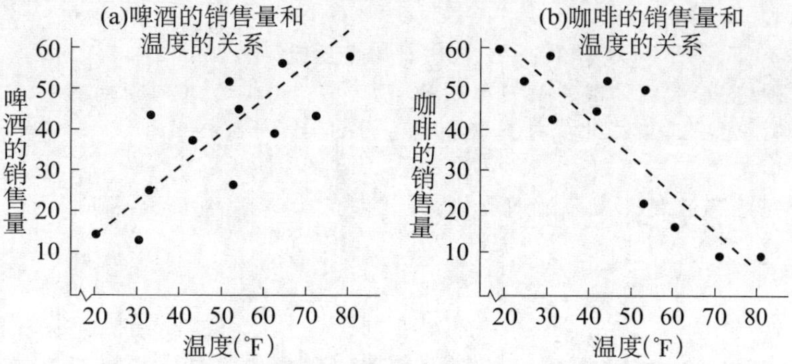

图 14—2　正相关和负相关的实例。(a) 啤酒的销售量与温度呈正相关。(b) 咖啡的销售量与温度呈负相关。

3. 关系的程度　最后，相关能够测量数据的拟合程度。举例来说，线性相关主要测量数据点与直线的拟合程度。当 X 增加一个单位时，Y 值也增加一个确定的或可预测的值。图 14—3a 显示了一个完美的线性关系。然而，关系通常都不那么完美。即使当 X 增加时，Y 值有一定的增加趋势，Y 值变化的量也不总是一致的。在这种情况下，散点图不能很好地拟合一条直线。相关的一致性可以用相关值的大小来测量。完全的相关值为 1.00。当相关值为 1.00（或－1.00）时，X 变化一个单位，就会有一个可预测的 Y 变化值。另一种极端情况，相关值为 0，则表示完全不一致。当相关值为 0，数据点的散落是随机的，没有任何明显的趋势（见图 14—3b）。介于 0 和 1 之间的值表示一致性的程度大小。

图 14—3 显示了线性相关的各种不同的相关值，在每一个例子中，我们已经围绕数据点勾画出一条线。这条线因为围绕数据所以也称为“包络线”（envelope），往往可以帮助你看到数据变化的总体趋势。根据经验，当散点图的形状像一个橄榄球时，相关值在 0.7 左右。形状比橄榄球更“胖”时，则相关值接近于 0，越窄越接近于 1.00。

还应注意的是，符号（＋或－）跟相关的程度是相互独立的。如，1.00 表示完美的一致关系，无论是正相关（＋1.00）还是负相关（－1.00）。同样地，＋0.80 和－0.80 表示同样程度的相关。最后，我们应注意的是，相关永远不可能大于＋1.00或小于－1.00。

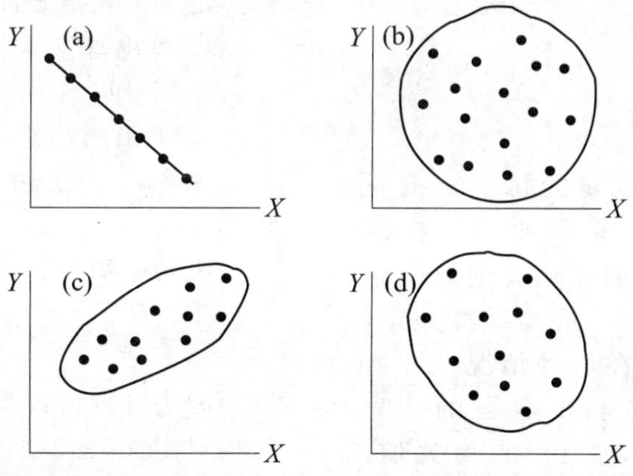

图 14—3　不同的线性相关值的例子：(a) 一个完全负相关，－1.00；(b) 没有线性趋势，0.00；(c) 一个强的正相关，大约＋0.90；(d) 一个相对弱的负相关，大约－0.40。

学习检查

1. 请判断以下每个选项是正相关还是负相关：

a. 二手本田汽车的车型年份和价格。

b. 高中生的智商和平均绩点。

c. 纽约市的冬季 30 天中平均每日最高温度和日常能量消耗。

2. 若数据点紧紧围绕直线，则相关值是－0.80 而不是＋0.05。（判断对错）

3. 如果数据点紧紧围绕着从左到右向上倾斜的一条直线，则相关值的良好估计为＋0.90。（判断对错）

4. 如果散点图的一些列点的形状呈圆形，那么相关值为 0。（判断对错）

答案

1.a. 正相关：年份越高，价格越高。

b. 正相关：智商越高的学生往往分数更高。

c. 负相关：高温往往会减少热量的需求。

2. 对。数值显示两者关系的程度，而符号只显示方向。

3. 对。

4. 对。

14.2 皮尔逊相关

至今为止，最常用的相关为皮尔逊相关（或称皮尔逊积差相关），它测量的是线性关系的程度。

定义

皮尔逊相关主要用来测量两个变量的线性关系的方向和程度。

皮尔逊相关用 r 表示，从概念上讲，这个相关值的计算方法为：

$$r=\frac{X\text{ 和 }Y\text{ 共变的程度}}{X\text{ 和 }Y\text{ 变异的程度}}$$

$$=\frac{X\text{ 和 }Y\text{ 的协方差}}{X\text{ 和 }Y\text{ 各自的方差}}$$

在完全线性关系中，X 变量的每一个变化伴随着相应 Y 变量的变化。举例来说，在图 14—3a 中，每一次 X 的值增加伴随着绝对的预测性的 Y 值的减少。结果是一个完全线性关系，X 值和 Y 值总是一起变化。在这种情况下，共变（X 与 Y 一起）等同于 X 和 Y 各自的变异性，公式就会产生 1.00 或－1.00 的相关值。在另一个极端，当没有线性关系时，X 的变化不会引起 Y 值的相应变化，这种情况不存在共变，相关值为 0。

离均差积和

为了计算皮尔逊相关，我们必须引进一个概念：离均差积和或者 SP。过去，我们曾经使用类似的概念 SS（离均差平方和）测量某个变量的变异性。现在我们将会使用 SP 测量两个变量之间的共变性。SP 值的计算既可以用定义公式也可以用计算公式。

离均差积和的定义公式为：

$$SP=\sum(X-M_X)(Y-M_Y) \qquad (14—1)$$

其中，M_X 为 X 变量值的均值，M_Y 为 Y 变量值的均值。

定义公式指导你按照下列步骤操作：

1. 算出每个 X 和 Y 值的离均差。
2. 算出每个离均差乘积。
3. 算出离均差积和。

注意，上述过程定义了所计算的离均差积和。

离均差积和的计算公式为：

$$SP=\sum XY-\frac{\sum X\sum Y}{n} \qquad (14—2)$$ [1]

因为计算公式使用的是原始数据，所以它往往相对定义公式来说更容易获得计算结果，尤其是在 M_X 和 M_Y 不是整数的时候。但是，两个公式都能得出相同的 SP 值。

其实，SP 与 SS 的计算公式极其相似，在专栏 14—1 中将描述两个公式之间的关系。以下的例子证实了两个公式都可以计算 SP 的值。

---

① 注意，此公式中的 n 是指 X 和 Y 值配对项目的个数。

专栏 14—1　SP 和 SS 的公式的比较

如果你发现了两个 SP 公式与相应的 SS 公式之间的相似点，对于学习 SP 公式会十分有帮助。SS 的公式已经在第 4 章中给出。SS 的定义公式是：

$$SS=\sum(X-M)^2$$

在这个公式中，你必须对每个离均差进行平方，这相当于乘以它们自身。基于该思想，这个公式还可以写为：

$$SS=\sum(X-M)(X-M)$$

SS 公式与 SP 公式的相似点是很明显的——SS 公式采用平方而 SP 公式采用积。在计算公式中也存在相同的关系。SS 的计算公式为：

$$SS=\sum X^2-\frac{(\sum X)^2}{n}$$

如前所述，每个平方值可以重写，所以该公式还可以写为：

$$SS=\sum XX-\frac{\sum X\sum X}{n}$$

这里可以再次注意到 SS 公式与 SP 公式之间的相似性。如果你记得 SS 使用平方而 SP 使用积，两个新的公式应该是很容易学习的。

例 14.2

分别利用定义公式和计算公式对下列 $n=4$ 组数据进行 SP 值的计算。

使用定义公式时，计算每个 X 值和 Y 值的离均差是必需的，X 变量的平均值 $M_X=3$，Y 变量的平均值 $M_Y=5$，下表显示了原始数据的离均差和离均差之积。

分数		离均差		离均差之积
X	Y	$X-M_X$	$Y-M_Y$	$(X-M_X)(Y-M_Y)$
1	3	−2	−2	+4
2	6	−1	+1	−1
4	4	+1	−1	−1
5	7	+2	+2	+4
				+6=SP①

这些数值的离均差积和为 $SP=+6$。

在计算公式中，你需要每个个体的 X 值、Y 值和 XY 的值，然后要找到所有 X 变量值的总、所有 Y 变量值的总和以及 XY 值的总和。如下表所示：

X	Y	XY	
1	3	3	
2	6	12	
4	4	16	
5	7	35	
12	20	66	总和

将和值代入公式中：

$$SP=\sum XY-\frac{\sum X\sum Y}{n}$$

$$=66-\frac{12\ (20)}{4}$$

$$=66-60$$

$$=6$$

两个公式得到了相同的计算结果 $SP=6$。

皮尔逊相关的计算

前面曾经说过，皮尔逊相关是 X 和 Y 变量的共变性（分数的分子）与 X 值和 Y 值各自的变异性（分数的分母）的比值。在皮尔逊 r 的公式中，我们用 SP 测量 X 和 Y 的共变性。而 X 的变异性通过计算 X 分数的 SS 来测量，Y 的变异性通过计算 Y 分数的 SS 来测量。有了这些定义，就可得到皮尔逊相关的公式：

$$r=\frac{SP}{\sqrt{SS_XSS_Y}} \qquad (14—3)②$$

下面的例子将用一系列分数来阐述这个公式的使用。

例 14.3

计算下列 $n=5$ 对数据的皮尔逊相关。

① 注意，符号（+和−）在离均差积和（SP）的计算中是非常关键的。

② 注意，在皮尔逊相关的计算公式的分母中是将 X 的 SS 和 Y 的 SS 相乘。

X	Y
0	2
10	6
4	2
8	4
8	6

在进行计算之前，把数据放入散点图从而做出对相关的预估是很有用的。图 14—4 的散点图描绘了这组数据的分布。从分布图上可以看出，两个变量的关系为正相关，我们可以估计其相关值为 $r=+0.8$ 或者 $r=+0.9$。为了得出皮尔逊相关值，我们必须先求出 SP、SS_X 和 SS_Y。表 14—1 呈现了定义公式中各个值的计算。（X 的平均值 $M_X=6$，Y 的平均值 $M_Y=4$。）

表 14—1　在一个 $n=5$ 对数据的样本中，SS_X、SS_Y 和 SP 的计算。

分数		离均差		离均差平方		离均差之积
X	Y	$X-M_X$	$Y-M_Y$	$(X-M_X)^2$	$(Y-M_Y)^2$	$(X-M_X)(Y-M_Y)$
0	2	−6	−2	36	4	+12
10	6	+4	+2	16	4	+8
4	2	−2	−2	4	4	+4
8	4	+2	0	4	0	0
8	6	+2	+2	4	4	+4
				$SS_X=64$	$SS_Y=16$	$SP=+28$

使用表 14—1 的值，可以得到皮尔逊相关系数为：

$$r=\frac{SP}{\sqrt{SS_XSS_Y}}=\frac{28}{\sqrt{64\times16}}=\frac{28}{32}=+0.875$$

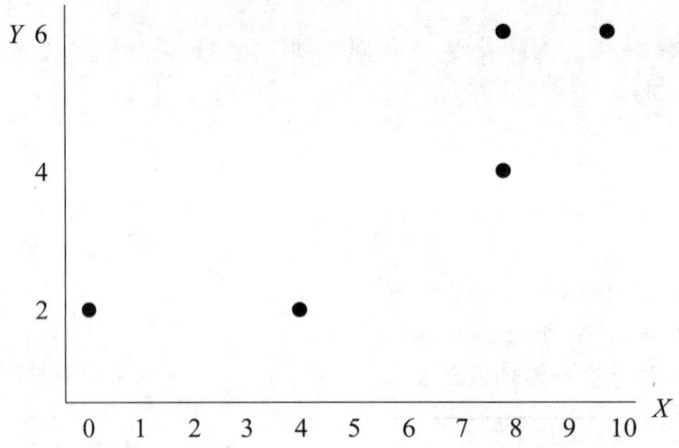

图 14—4　例 14.3 数据的散点图。

相关和散点图的模式　我们注意到，我们在例 14.3 所得出的相关值与散点图 14—4 是相吻合的。第一，正相关表示数据点围绕着一条从左到右逐渐上升的直线；第二，高相关（接近于 1.00）表示数据点紧紧围绕在直线周围。由此可见，相关可以描述数据之间存在的关系。

因为皮尔逊相关可以描述数据存在的关系模式，所以任何不改变数据模式的因素都不会造成相关的改变。例如，如果在图 14—4 中将 5 个 X 值均加 5，那么每个数据点将向右移。然而，因为所有的数据点的模式没有改变，所以它们只是移到了一个新的位置；如果每个 X 减去 5，数据模式将向左移。两种情况下，整个数据的模式没有改变，相关不变。同样地，如果将每个 Y 值加上或者减去一个常数，数据模式向上或向下移，相关仍不改变。将 X 或 Y 乘以一个常数也不会改变数据模式，相关不改变。例如，将图 14—4 中的 X 值均乘以 2，则新的数据和原始数据会有相同的散点图。图 14—4 显示的是原始分数，但是如果 X 轴上的值（0，1，2，3，等等）变成双倍（0，2，4，6，等等）后，新的数据显示出同样的数据模式。总之，每一个 X 或 Y 加上或减去一个常数不改变相关的大小。另外，每个 X 或 Y 乘以或除以一个常数也不改变相关的大小。

皮尔逊相关和 z 分数

皮尔逊相关测量个体在 X 分布中的位置和 Y 分布中的位置之间的关系。例如，正相关表示，个体在 X 变量上得分越高，在 Y 变量上得分越高。类似情况，负相关则意味着个体在 X 变量上得分越高，在 Y 变量上得分越低。

在第 5 章我们学到，z 分数可以表示个体得分在分数分布中的位置。依据此，我们可以利用 X 的均值和标准差将每个 X 值转换成一个 z 分数，z_X。同样地，Y 值也可以被转换成 z_Y。如果 X 和 Y 值是样本的值，则用方程 5—3 中的公式来转换成 z 分数。如果 X 和 Y 值为总体的值，则用方程

5—1 来转换。转换之后，皮尔逊相关系数的计算公式可以用 z 分数来表达。

对于样本，

$$r=\frac{\sum z_X z_Y}{n-1} \qquad (14—4)$$

对于总体，

$$\rho=\frac{\sum z_X z_Y}{N} \qquad (14—5)$$

注意，总体的相关采用的是希腊字母 ρ。

学习检查

1. SP 的值可以小于零吗？

2. 分别运用定义公式和计算公式算出下列分数的 SP，最后证实两个公式得出的结果是否一致。

X	Y
0	1
4	3
5	3
2	2
4	1

3. 对于下列数据：

a. 画出散点图并大致估计出皮尔逊相关系数。

b. 计算皮尔逊相关系数。

X	Y
2	6
1	5
3	3
0	7
4	4

答案

1. 可以。SP 有正值、负值、零，主要取决于 X 变量和 Y 变量的关系。

2. $SP=5$。

3. b. $r=-8/10=-0.80$。

14.3 皮尔逊相关的应用和解释

皮尔逊相关使用的情况和原因

虽然相关的应用非常广泛，但是几个具体的例子将会显示相关在统计测量中的意义。

1. 预测。如果通过某种系统的方式证实两个变量之间存在相关关系，那么我们就可以通过一个变量对另外一个变量进行精确的预测。例如，如果你在申请大学，你将呈递大量你的个人信息，其中包括你的学业成就测验（SAT）的分数。校方需要这些信息主要是因为他们通过这些信息可以预测你在大学学业的成功概率。SAT 的得分与学业成绩的相关关系已经被证实许多年了，SAT 成绩良好的学生在大学学业上也表现不错，而 SAT 得分较低的学生在大学学习中会存在困难。根据这种关系，大学招生人员将会对各个申请者的成功潜力进行预测，但是这种预测并不一定很准确，并不是每个 SAT 低分者都会在大学学习中有差的表现。所以，你往往还需要推荐信、高中成绩和有关申请的其他信息。

2. 效度。假如一个心理学家编制出一个新的智力测验，那么如何证实这个测验测到了它想要测的内容，即如何证实该测验的效度？计算效度的一个普遍方法就是相关，如果该智力测验确实测到了智力，那么测验得分应该与其他智力测验相关。例如，标准智力测验的内容包括学习任务、问题解决能力等。心理学家应该通过测量新测验和其他智力测验的相关性来证明这个测验是有效的。

3. 信度。在估计一个测量程序的可靠性时，相关是用来确定信度的。一个测验程序应该具备稳定的、一致的可信度，即相同的个体在相同的条件下使用有可靠性的测验应该得到相同（或者近似）的分数。例如，上个星期你的 IQ 测验得分为 113，那么这个星期的 IQ 测验你应该得到近似的分数。评估信度的一种方式是用相关来确定两个测验的关系。当信度较高时，两个测验呈现较高的正相关。

4. 理论核实。许多心理学理论对两个变量进行特定的预测，例如，一个理论预测脑的大小和学习能力的关系，一个发展理论预测父母 IQ 和孩子 IQ 的关系，一个社会心理学家的理论预测人格类型和社会环境行为的关系。在每个例子中，理论的预测性可以由两个变量之间的相关来测量。

解释相关

在应用相关时，需要注意：

1. 相关只是描述两个变量之间的关系，并不能解释为什么两个变量有关系。具体来说，相关不能解释两个变量的因果关系。

2. 相关值很容易受数据的分布范围的影响。

3. 一个或两个极端值对相关值有极大的影响。

4. 相关的数值用来判断两变量关系的程度，例如，0.50 介于 0 和 1.00 之间，所以 0.50 表示两者为中等程度相关。但是，相关并不能用比例来解释，虽然相关值为 1.00 时，X 变量可以 100%预测 Y 变量，但是相关值为 0.5 时，并不代表 X 预测 Y 的准确率为 50%。为了描述一个变量预测另一个变量的准确率，我们需要把相关值平方。于是，相关值 $r=0.5$ 意味着一个变量能部分预测另一个变量，但预测的比例只有整体变异性的 $r^2=0.25$（或 25%）。

下面将具体解释上面的每个观点。

相关和因果关系

在解释相关时，经常出现的错误就是把两个变量的相关关系假设为因果关系。我们经常被这样的报道所困扰：吸烟与心脏病有关，喝酒与天生缺陷有关，多吃胡萝卜与视力好有关。但是这种关系意味着吸烟会有心脏病吗？多吃胡萝卜会有好的视力吗？答案是否定的。虽然两者可能会有因果关系，但是仅有的相关并不能证明这一点。例如，我们之前讨论过中学生成绩和家庭收入存在相关关系。然而，这个结论并不能说明高的家庭收入会提升学习成绩。比如说，妈妈可能在工作中意外地获得一笔奖金，但是她孩子的成绩会突然提高是不可能的。为了建立因果关系，我们有必要通过真实的实验来证明，通过控制一些无关变量，操纵一个变量来考察对另一个变量的影响。这个观点将在下面的实例中变得更加清晰。

例 14.4

假如我们在美国选择了许多不同的城市或城镇，测量教堂的数量（X 变量）和该城市大型案件数量的关系（Y 变量）。散点图图 14—5 描绘了这个研究的假设数据，并且呈现出教堂和案件数量之间的较高的正相关关系。你会发现这些数据都是真实的数据。小城镇的案件和教堂都比较少，而大城市有更多的案件和教堂是很合理的。这种关系意味着教堂导致犯罪吗？或者犯罪导致教堂存在吗？答案都是否定的，虽然两者之间确实存在较高的相关，但是存在这种关系的实际因素却是人口数量的多少。

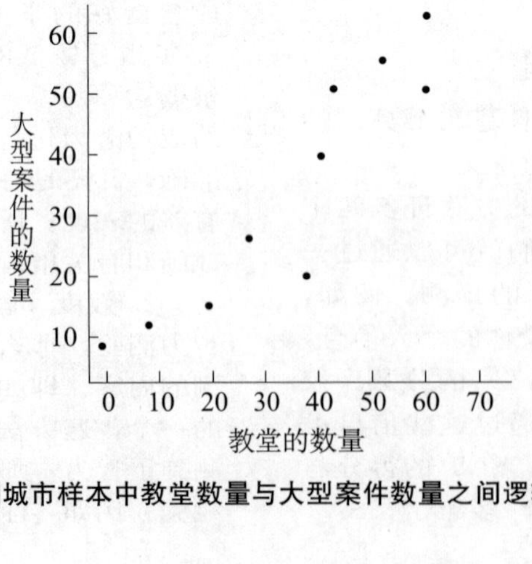

图 14—5　显示美国城市样本中教堂数量与大型案件数量之间逻辑关系的假设数据。

相关和限制范围

当利用数据求相关，而这些数据并不代表全部范围的可能值时，我们需要谨慎地解释相关的意义。例如，如果你对 IQ 和创造力的关系感兴趣，你选取你的大学朋友为样本，你的数据可能仅代表 IQ 分数的一个有限的范围（最有可能是从 110 到 130）。这个通过有限范围数据得到的相关与全部范围得到的相关是完全不同的。图 14—6 显示了一个极端的例子。在全部范围的数据都考虑后，X 变量和 Y 变量之间是较高的正相关。但是，当数据处于有限范围时，这种关系变得模糊。

安全起见，在总体超出样本所代表的数据范围时，你不应该对其相关值一概而论。只有确定数据 X 值和 Y 值的范围之后，相关才能对总体进行精确的描述。

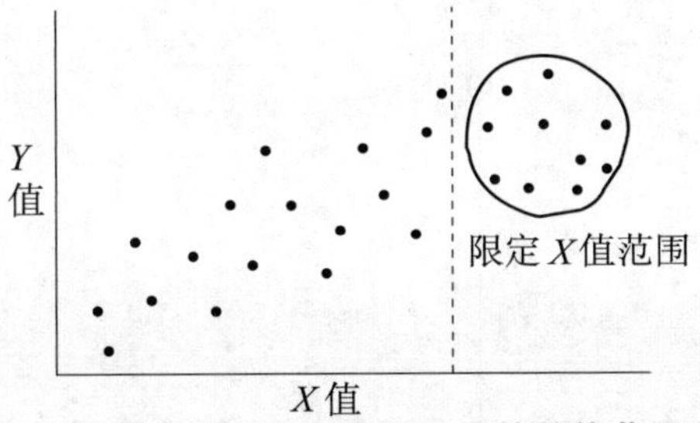

图 14—6　在这个例子中，X 和 Y 值的整体范围呈现的是高度正相关，但是有限范围的分数呈现的相关几乎为零。

极端值

极端值是指个体的 X 变量和 Y 变量的值与数据集中的其他个体的值大大不同（更大或更小），极端值会极大地影响相关值。在图 14—7 中显示了极端值的影响效应。图 14—7a 中描绘了 5 个数据点的散点图，其中 X 变量和 Y 变量之间的相关几乎为 0（实际上为 $r=-0.08$）。在图 14—7b 中，一个极端的数值（14，12）加入原始数据集并进行统计分析，却呈现出较高的正相关（$r=+0.85$）。仅是一个极端值就大大改变了相关值，进而影响到了 X 变量和 Y 变量的关系。没有极端值，两变量之间为零相关，但是加入极端值时，$r=+0.85$ 意味着 X 增加 Y 也随之增加，两者变化是如此一致。极端值的问题是我们需要看散点图的原因，而不能一味地通过相关值来解释。如果你只是通过数据来确定两个变量之间的关系，你可能就会忽略一个这样的事实：极端值放大了相关性的大小。

相关和关系的程度

相关主要测量两个变量之间的关系，其值介于 0 与 1.00 之间。虽然这个数值表示了两者关系的程度，但是许多研究者更倾向于将相关值平方，运用这个结果来测量两变量关系的程度。

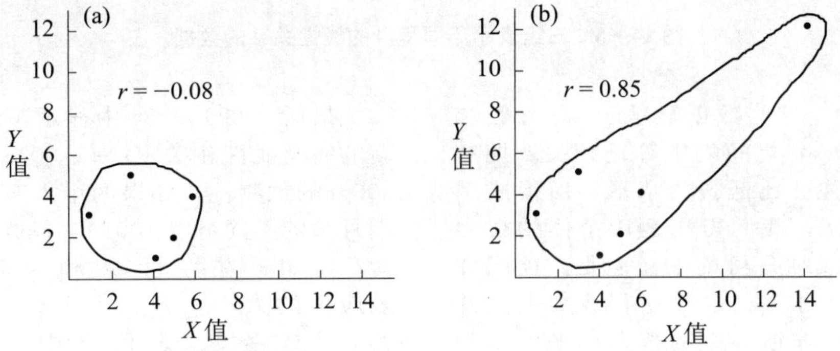

原始数据

被试	X	Y
A	1	3
B	3	5
C	6	4
D	4	1
E	5	2

(a)

包含极端值的数据

被试	X	Y
A	1	3
B	3	5
C	6	4
D	4	1
E	5	2
F	14	12

(d)

图 14—7　一个极端的数据点（极端值）如何影响相关值的例子。

相关最普遍的用法之一是预测。如果两个变量相关，你可以运用一个变量预测另一个变量。例如，大学招生人员不能猜测哪个申请者可能在大学学习中有良好的表现，但是他们可以通过其他变量（学业成就测验的分数、高中成绩等）预测哪些学生取得成功的可能性要大些。预测的基础是相关关系，相关可以使大学招生人员做出比猜测更为准确的预测。总体来讲，相关的平方（r^2）测量的是使用相关进行预测的准确率。

定义

r^2被叫做决定系数，因为它主要测量一个变量的变异量可以被另外一个与其有关系的变量所决定的比例。例如，相关值 $r=0.80$（或者 -0.80）意味着 Y 值 $r^2=0.64$（64%）的变异可以由 X 值预测。

在前面的几章中，我们引进 r^2（使用平均数差异）来比较不同处理方式在研究中的效应大小。具体来讲，我们主要测量分数的变异量有多少可以用处理方式之间的不同来解释。在实验术语中，r^2测量自变量可以解释因变量变异的大小。除了不存在自变量和因变量，现在我们在做同样的事情。我们仅有两个变量，X 和 Y，我们用 r^2来测量一个变量的变异量可以被与其有关系的另一个变量所决定的大小。下面的例子展示了这个概念。

例 14.5

图 14—8 描绘了代表不同线性关系的三组数据。第一组数据（图 14—8a）显示了 IQ 与鞋子大小的关系。在这个例子中，相关值 $r=0$（$r^2=0$），即我们不能用一个人鞋子的大小来预测一个人的智力水平。知道一个人的鞋子大小，并不会给预测这个人的智力水平提供任何信息。在这个例子中，鞋子大小并没有提供任何信息帮助人们解释为什么不同个体有不同的智力水平。

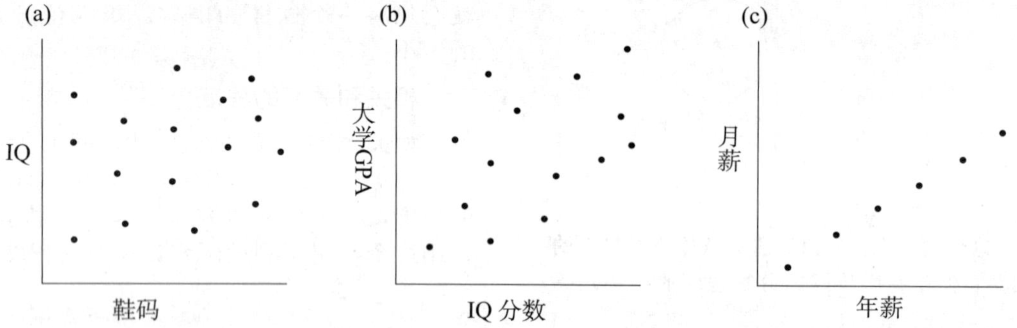

图 14—8　三组表示不同程度的线性关系的数据。

在图 14—8b 中，这些数据显示了 IQ 分数和大学平均成绩（GPA）之间的中等正相关。拥有高智力水平的学生往往比低智力水平者所得成绩更高。通过这个关系，我们得出运用个体的智力水平预测大学平均成绩是可能的。但是，预测并不是完美的，高智力水平的学生所得成绩更高并不总是事实。因此，知道学生的智力水平可以为预测学生学习成绩提供信息，或者学生的学习成绩可以为预测学生的智力水平提供信息。在这个例子中，IQ 分数帮助我们了解到不同学生拥有不同的平均成绩。具体地说，IQ 可以解释 GPA 的部分变异。相关值 $r=+0.60$（$r^2=0.36$）意味着 IQ 分数可以解释 GPA 的 36%的变异量。

最后，图 14—8c 中显示了大学雇员月薪和年薪的完全线性相关（$r=1.00$）关系。两者之间为 100%的预测性。如果两个人有不同的年薪，则他们月薪的不同可以 100%解释这个变异。

正如 r^2 在第 9、10 和 11 章中可以用来估计效应值的大小一样，r^2 也可以被用来估计相关的大小或强度。表 9—3 中 r^2 的标准也同样适用。具体地说，当 r^2 值为 0.01，表示小的效应或弱的相关，0.09 表示中等相关，0.25 或更大表示强相关。

更多有关 r^2 的知识请参见章节 14.5。我们现在需要明白的是，当两个变量相关时，可以用一个变量去预测另一个变量。

学习检查

1. 研究者发现一组高中男生每周在玩游戏上花费的时间和平均绩点的相关 $r=-0.71$。这个相关说明玩游戏会造成学生成绩下降。（判断对错）

2. 一个研究者发现一组 40 岁男人的薪水和受教育年限的相关 $r=0.60$。受教育年限多大程度上可以解释薪水的差异？

答案

1. 错。不能通过相关得出因果关系。
2. $r^2=0.36$ 或 36%。

14.4 皮尔逊相关的假设检验

皮尔逊相关一般情况下用来计算样本数据。但是，和其他样本统计一样，样本相关也是常用来估计总体的。也就是说，样本相关是推断总体相关的依据。例如，心理学家想知道 IQ 和创造力之间是否存在关系，这是人们所普遍关心的问题。为了回答这个问题，我们往往会选择样本，利用样本数据计算相关值。你应该发现这个过程是推断统计的案例：运用样本推测总体。过去，我们已经开始使用样本平均数推断总体平均数。本节我们将利用样本相关推断总体相关。

假设

假设检验的基本问题是总体中是否存在相关。虚无假设为“总体中并不存在相关”或者“总体相关为 0”；备择假设为“总体中存在非零相关”。因为 ρ 代表总体相关值，这些假设用符号表示如下：

H_0：$\rho=0$（不存在总体相关。）

H_1：$\rho\neq0$（存在总体相关。）

当相关有一个确定的方向时，可以做单侧检验。例如，研究者在预测一个正相关时，假设即为：

H_0：$\rho\leqslant0$（总体相关非正。）

H_1：$\rho>0$（总体相关为正相关。）

样本相关值将被用来评估假设。通常，对于双侧检验，样本相关值接近于 0 可以支持 H_0 假设，样本相关值远大于或小于 0 时倾向于拒绝 H_0。对于单侧检验，样本相关值为正相关时倾向于拒绝总体相关非正的零假设。

虽然样本相关值（r）将被用来评估假设，但像往常一样，样本与其总体并不是一致的，样本统计量和相应的总体参数之间是存在差异（样本误差）的。具体地说，我们会预期样本相关与总体相关必然会存在一定的差异。事实就是总体为零相关，但是样本为非零相关，这种情况尤其在小样本中经常出现。图 14—9 说明了在几乎零相关的总体中，多小的样本可以导致相关偏离零。图中的点代表总体，三个被圈的数据点代表随机样本。注意，即使总体相关为 0，三个样本数据点也显示了一个较高的正相关。

当样本相关非 0 时，检验假设的目的在于对下面两点进行取舍。

1. 总体中没有相关（$\rho=0$），非零的样本相关是随机误差造成的。切记，样本和总体不可能完全相同，在样本统计量和相应的总体参数之间总会存在误差。这就是 H_0 所假设的情况。

2. 非零相关的样本精确地代表了总体的非零相关。这就是备择假设 H_1 所假设的情况。

样本的相关有助于我们决定哪个假设更有可能。样本相关接近于 0，则总体相关也为 0。样本相关远大于或小于 0，则总体相关更有可能为非零值。

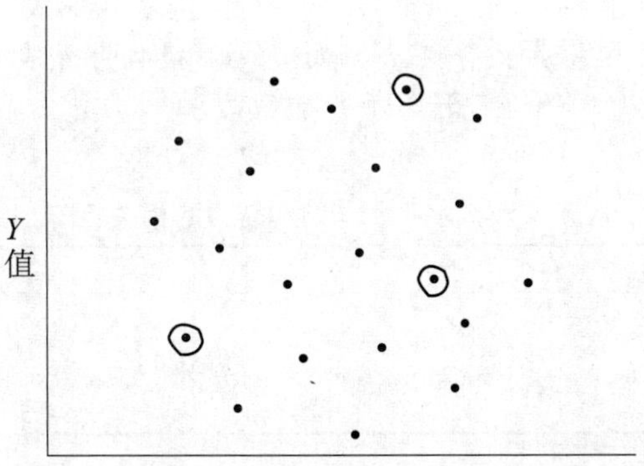

图 14—9 总体的 X 和 Y 近似零相关的散点图。但是，来自总体 $n=3$ 个数据点的小样本量却显示了高度的正相关。图中所圈的点就是样本数据点。

假设检验

相关的假设检验可以采用 t 检验或 F 检验，F 检验会在以后讨论，我们在这里主要使用 t 检验。跟第9、10和11章中介绍的 t 检验一致，相关的 t 检验算法相同：

$t=$（样本统计量－总体参数）/标准误

在相关假设检验中，样本统计量指样本的相关（r），对应的总体参数为总体的相关（ρ）。零假设为 $\rho=0$。方程的最后一部分为标准误，其公式为：

$$r\text{ 的标准误}=s_r=\sqrt{\frac{1-r^2}{n-2}} \quad (14—6)$$

所以，完整的 t 统计量为：

$$t=\frac{r-\rho}{\sqrt{\frac{1-r^2}{n-2}}} \quad (14—7)$$

t 统计量的自由度 $df=n-2$，即只有 $n=2$ 个数据不是自由的。具体来讲，如果只有两个数据点，它们将完美地拟合一条直线，样本相关为完美的相关 $r=+1.00$ 或 $r=-1.00$。因为前两个数据点能够产生出完美的相关，所以只有当数据点大于2时，样本相关可以自由变化。所以，$df=n-2$。

下面的例子用以说明假设检验。

例 14.6

一个研究者运用一个有规律的 $\alpha=0.05$ 的双侧检验来确定一个非零样本相关是否也存在于总体之中。样本量 $n=30$，样本相关 $r=0.35$。零假设为：

H_0：$\rho=0$

对于这个例子，$df=28$，t 的临界值为 $t=\pm 2.048$，$r^2=0.35^2=0.1225$，t 值为：

$$t=\frac{0.35-0}{\sqrt{\frac{1-0.1225}{28}}}=\frac{0.35}{0.177}=1.97$$

t 值不在拒绝域内，所以不能拒绝零假设。样本相关不足以拒绝零假设。

例 14.7

$n=30$，$r=0.35$。本研究中研究者主要运用定向的单侧检验来确定总体是否存在正相关。

H_0：$\rho\leqslant 0$　　（总体不存在正相关。）

H_1：$\rho>0$　　（总体存在正相关。）

样本相关为正相关，所以我们需要确定相关是否足够大来达到显著。$df=28$，$\alpha=0.05$ 的单侧检验临界值 $t=1.701$。在前面的例子中，我们得出 $t=1.97$，在拒绝域内。对于单侧检验，我们拒绝了零假设，得出总体相关为正相关的结论。

对于大多数假设检验，如果其他条件不变，当样本量增大时，相关的结果更容易显著。例如，当 $n=10$，$r=0.50$ 时，得到不显著的结果 $t(8)=1.63$。但是当样本量为20时，会得到一个显著的结果 $t(18)=2.45$。

在文献中　报告相关

相关结果的呈现一般使用APA格式。其中应该包括样本量、相关值，以及是否在统计上有显著意义、概率水平和检验类型（双侧或单侧）。以下是一个相关的报告例子。

数据的相关揭示了教育水平和收入有显著关系，$r=+0.65$，$n=30$，$p<0.01$，双侧检验。

在某些情况下，一个研究往往涉及几个变量，所有可能配对的变量都需要计算其相关。例如，假设一个研究测量人口收入、教育水平、年龄和智力。4个变量有6个配对。这种相关结果经常使用相关矩阵来表示，并且使用脚注标明相关的显著性。例如，这个报告可能表示如下：

该统计测量了30个被试收入、教育水平、年龄和智力之间的关系，表1报告了配对变量之间的相关，并且标注有相关的显著性。

表1　**收入、教育水平、年龄和智力的相关矩阵。**

	教育	年龄	智力
收入	+0.65*	+0.41**	+0.27
教育		+0.11	+0.38**
年龄			−0.02

$n=30$

* $p<0.01$，双侧检验。

** $p<0.05$，双侧检验。

学习检查

1. 一个研究者得到一个 $n=25$ 的样本，样本相关值 $r=-0.39$，这个样本可以提供足够的证据来证明总体呈现显著的非零相关吗？假设双侧检验中 $\alpha=0.05$。

2. 样本容量的变小会对相关造成什么影响？解释原因。

答案

1. 不可以，$t=-2.03$。$df=23$，$\alpha=0.05$ 时，临界值 $r=2.069$，样本相关值没有处于拒绝域内。

2. 当样本量减少时，要达到显著的相关值将会变大。因为小样本很容易随机获得相对较大的相关。因此，对小样本要求一个很大的相关，才能确定总体相关非零。

偏相关

有时，研究者会怀疑两个变量之间的关系会受到第三个变量的影响。例如，在前面的章节中，我们发现教堂的数量和大型案件的数量呈正相关。然而，教堂和犯罪之间似乎不可能存在直接的关系。两个变量都会受到人口数量的影响：大城市有很多教堂和高犯罪率，而小城镇的教堂更少、犯罪率低。如果控制了人口，教堂和犯罪之间可能就没有真正的相关了。

幸运的是，偏相关可以让研究者控制住第三个变量的影响或保持第三个变量恒定来测量两个变量之间的关系。这样，研究者可以使用偏相关来研究教堂和犯罪之间的关系，而不受人口数量的干扰。

定义

偏相关是通过保持第三个变量恒定来控制第三个变量的影响，从而测量两个变量之间的关系。

三个变量 X、Y 和 Z 之间的两两相关为：

1. r_{XY}，测量 X 和 Y 之间的相关
2. r_{XZ}，测量 X 和 Z 之间的相关
3. r_{YZ}，测量 Y 和 Z 之间的相关

这三个相关系数可以用来计算偏相关。如，将 Z 固定，X 和 Y 的偏相关计算公式为：

$$r_{XY-Z}=\frac{r_{XY}-(r_{XZ}r_{YZ})}{\sqrt{(1-r_{XZ}^2)(1-r_{YZ}^2)}} \qquad (14—8)$$

下面的例子用来说明偏相关的计算和解释。

例 14.8

表 14—2 列出了我们假设的数据。数据用来模拟 $n=15$ 个城市的教堂/案件/人口数。X 变量代表教堂数量，Y 代表犯罪数量，Z 代表每个城市的人口数。我们注意到，城市人口数量是一个分类变量，三个类别分别为小城市、中等城市和大城市。这三个变量之间的相关均为高的正相关：

教堂和案件的相关为 $r_{XY}=0.923$

教堂和人口数的相关为 $r_{XZ}=0.961$

案件和人口数的相关为 $r_{YZ}=0.961$

表 14—2　15 个城市的教堂数、案件数和人口数的模拟数据。

教堂数 (X)	案件数 (Y)	人口数 (Z)
1	4	1
2	3	1
3	1	1
4	2	1
5	5	1
7	8	2
8	11	2
9	9	2
10	7	2
11	10	2
13	15	3
14	14	3
15	16	3
16	17	3
17	13	3

图 14—10 显示了 15 个城市的散点图。我们注意到，Z 变量将分数分为三个明显的组别：当 $Z=1$ 时，人口数少，教堂数量和犯罪也少；当 $Z=2$ 即人口数中等时，教堂数量和犯罪也是中等；当 $Z=3$，人口数大时，教堂数量和犯罪也增多。因此，当城市人口数量增多时，教堂和犯罪数量也会增多，教堂数量和犯罪数量呈显著的正相关。

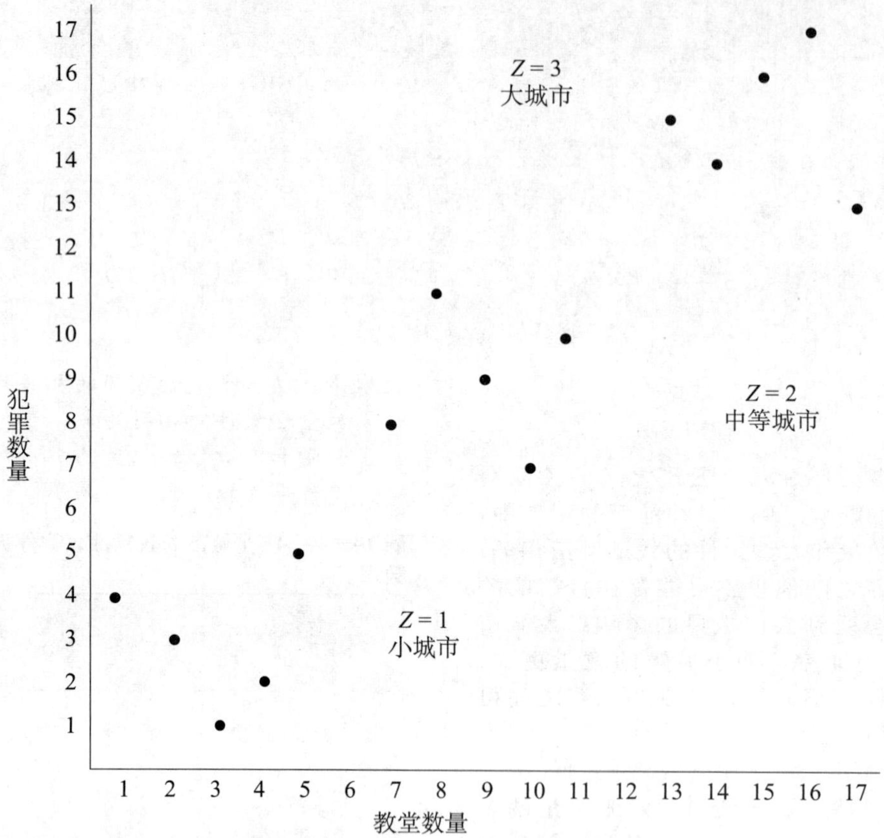

图 14—10　显示三组城市中教堂数量和犯罪数量间关系的假设数据。一些城市人口少（Z=1），一些城市人口中等（Z=2），一些城市人口多（Z=3）。

然而，在每个人口类别内，教堂和犯罪并没有线性关系。具体来讲，在每个组内，人口数变量是固定的，教堂数量和犯罪数量的五个点呈圆形，即没有一致的线性关系。偏相关可以使人口数在整个样本中保持恒定，然后测量教堂和犯罪的关系。这个例子中，偏相关为：

$$r_{XY-Z}=\frac{0.923-0.961(0.961)}{\sqrt{(1-0.961^2)(1-0.961^2)}}$$

$$=\frac{0}{0.076}=0$$

所以，当排除人口数的差异，教堂和犯罪之间没有相关（$r=0$）。

在例 14.8 中，计算偏相关时排除了人口数差异的影响。然而，在实际数据中这些差异是如何排除的，是可视化的。看图 14—10 中左下角的五个数据点，这五个点代表人口数小、教堂少、犯罪少的城市。右上角的五个点代表人口数大、教堂多、犯罪多的城市。偏相关是通过从数学上均衡 15 个城市的人口，来控制人口数量这个变量。五个人口数小的城市的人口数量增大了。然而，人口数增大教堂数量和犯罪数量也增大了。同样地，五个人口数大的城市的人口数量减小了，教堂数量和犯罪数量也减少了。在图 14—10 中，想象一下，将左下角的五个点向斜上方移动使其与中间的五个点重叠。同时，将右上角的五个点向斜下方移动使与中间五个点重叠。当人口数均等时，15 个数据点集中在图的中间，没有正相关或负相关的趋势。也就是说，教堂数量和犯罪数量的相关 $r=0$。

在例 14.8 中，我们用偏相关来说明教堂数量和犯罪数量之间的关系实际是由于第三个变量引起的。我们也可以用偏相关来说明两个变量之间的关系不是由第三个变量所引起的。举个例子来说，有研究旨在验证青少年在电视上看到的性内容和青少年性行为之间的关系（Collins 等，2004）。研究调查了 1 792 个青少年，年龄为 12～17 岁，他们报告了看电视的习惯和他们的性行为。结果显示看电视习惯和性行为有明显的相关。具体来说，青少年在电视上看到的性内容越多，则更有可能参与性行为。研究者注意到年龄可能会影响这两者之间的关系。例如，年龄大的青少年（如 17 岁）比年龄小的（如 12 岁）看的性内容的电视节目更多，进而会有更多的性行为。即使看有性内容的电视节目和被试的性行为同时增加，也可能是受到年龄变量的影响。为了解决这个问题，研究者使用偏相关技术来控制年龄变量或使年龄变量保持恒定。结果发现在排除年龄的影响后，电视中的性内容和性行为仍然存在正相关。

学习检查

1. 销售曲线表明气温和冰激凌销售量存在正相关；当气温升高时，冰激凌的销售量也增大。其他研究显示气温和犯罪率呈正相关（Cohn 及 Rotton，2000）。当气温升高时，冰激凌销售量和犯罪率都会升高。因此，冰激凌销量和犯罪率之间存在正相关。你认为冰激凌销量和犯罪率之间的关系是怎样的？具体来说，如果气温保持恒定的话，冰激凌销量和犯罪率之间的偏相关如何？

答案

1. 冰激凌销量和犯罪率之间没有系统的相关。偏相关系数应在 0 左右。

14.5　除皮尔逊相关之外的其他相关

皮尔逊相关专门用来测量两个变量之间的线性关系程度。它被广泛用于等距量表和等比量表数据的测量。但是，其他相关则用于对非线性关系的测量和其他类型数据的测量（测量量表）。在这一部分，我们将介绍其他三种相关：斯皮尔曼等级相关、点二列相关和 φ 相关。跟皮尔逊相关一样，这三种相关均有自己独特的应用。

斯皮尔曼相关

当用皮尔逊相关公式来计算来自顺序量表（排序）的数据时，所得的结果称为斯皮尔曼相关。斯皮尔曼相关有两种使用条件：

第一，斯皮尔曼相关主要用来测量顺序变量之间的关系。回想第 1 章，测量顺序量表需要将观察值进行等级排序。顺序量表数据是相当普遍的，因为它们的获取要比等距量表和等比量表数据容易得多。例如，教师可能对学生的领导能力排序更为肯定，但是很难在某些量表上测量学生的领导能力。

第二，测量等级数据之间的关系时，斯皮尔曼相关可以完全地代替皮尔逊相关，即使原始数据是等距或等比量表。我们曾经讲过，皮尔逊相关测量两个变量之间的线性关系程度，即数据点在何种程度上与直线拟合。但是，一个研究者往往期望数据可以呈现一致的单一方向的关系，并不总是直线关系。例如，图 14—11 调查了练习量（X）与表现水平（Y）的关系。对于这些数据，研究者往往期望两者之间的关系为较强的正相关，即更多的练习量导致更好的表现。但是，所期望的关系并不符合直线关系。当你新学一项技能时，练习会导致更好的表现。然而，当你学习一项技能几年后，练习只能导致很小的表现变化。即使练习和表现水平之间存在一致的关系，很明显它们的关系也不是线性的。如果使用皮尔逊相关来计算这些数据，则不会得出相关为 1 的结论，因为数据不符合线性关系。在这种情况下，斯皮尔曼相关可以用来测量两者关系的一致程度，和其形式无关。

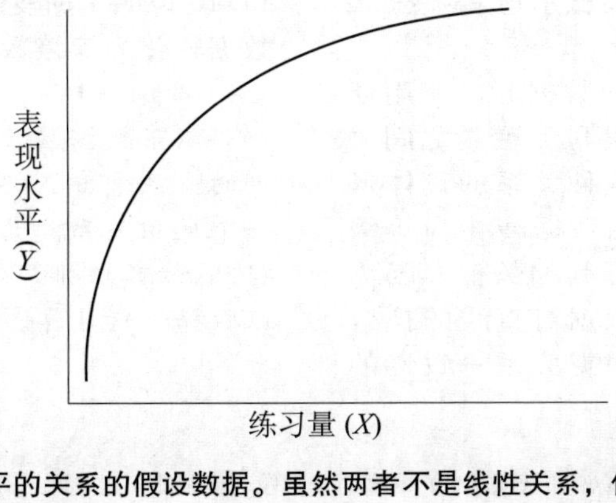

图 14—11　显示了练习量与表现水平的关系的假设数据。虽然两者不是线性关系，但是它们有一致的正相关，即表现水平的提高伴随着练习量的增大。

斯皮尔曼测量的是一致性而不是形式，其原因是：当两个变量有一致性关系时，它们的等级数据将会呈现线性关系。例如，完全一致的正相关关系意味着 X 变量的增加必然会伴随着 Y 变量的增加。因此，最小的 X 值与最小的 Y 值配对，次小的 X 值与次小的 Y 值配对，以此类推。每当 X 的排序上升 1 时，Y 的排序也会上升 1。因此，排序能很好地拟合一条直线。下面的实例将展示这个现象。

例 14.9

表 14—3 中是 4 个被试的 X 分数值和 Y 分数值。注意，这些数据显示了完全一致性关系：X 值的增加总是伴随着 Y 值的增加。但是，两者关系并不是直线的，见图 14—12a。

现在，我们把原始数据转化为等级数据，最小的 X 值定义为 1，次小的 X 值定义为 2，等等。Y 值也是如此排序。排序见表 14—3 以及图 14—12b。注意，数据等级的散点图显示了完美的线性关系。

表 14—3　例 14.9 的分数和排序。

被试	X	Y	X 等级	Y 等级
A	4	9	3	3
B	2	2	1	1
C	10	10	4	4
D	3	8	2	2

前面的实例展示了原始数据转化后的等级数据产生的一致性关系呈现为直线形式。因此，如果你想测量数据之间的一致性关系，你可以把原始数据转化为等级数据，然后根据皮尔逊相关公式计算等级数据的相关值。等级数据的关系程度可以为原始数据提供其一致性程度的测量。

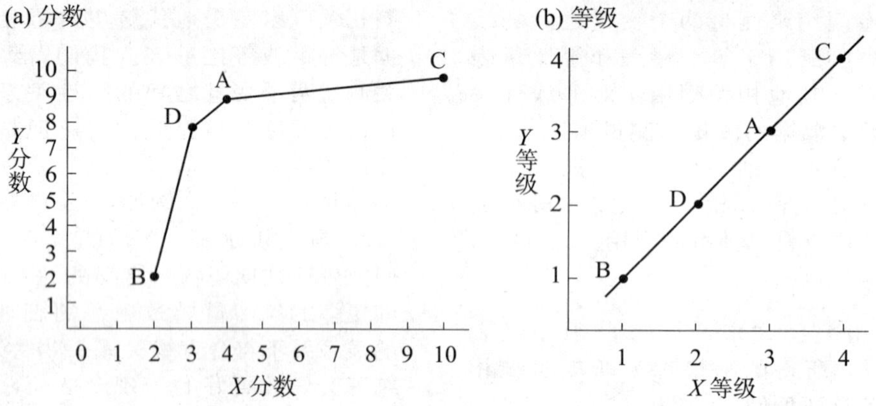

图 14—12　显示了例 14.9 数据的（a）分数和（b）排序的散点图。注意到，X 和 Y 分数之间存在一致的正相关，虽然并不是线性的关系。并且，排序的散点图表现出完美的线性关系。

总体来讲，斯皮尔曼相关测量均为顺序量表（等级数据）的两个变量之间关系的程度。斯皮尔曼使用条件如下：

1. 斯皮尔曼相关在原始数据是顺序数据时使用，即 X 和 Y 值是等级数据。在这种情况下，可以将顺序数据排序，将排序代入皮尔逊相关公式进行计算。

2. 当原始数据为等距或等比数据时，使用斯皮尔曼相关，目的是测量 X 变量和 Y 变量之间关系的一致性，且一致性独立于这种关系的具体形式。在这种情况下，首先将原始数据转化为等级数据，然后使用皮尔逊相关计算其相关值。因为皮尔逊相关公式计算的是排序数据对直线的拟合程度，所以它也可以测量原始数据关系一致性的程度。当两变量之间有一致的、单一方向的变化时，这两个变量之间的关系被称作是单调的。因此，斯皮尔曼相关测量的是两个变量之间单调关系的程度。①

斯皮尔曼使用符号 r_s 以区别于皮尔逊相关。例 14.10 说明了斯皮尔曼的完整计算过程，包括原始数据转化为等级数据的过程。

例 14.10

以下数据显示了 X 和 Y 变量之间几乎完全单调的关系。当 X 增加时，Y 减小。总体趋势中仅有一个反向关系。为了计算斯皮尔曼相关，我们先将 X 和 Y 值排序，然后使用皮尔逊相关对这些等级数据进行计算。②

---

① “单调性”这个词描述的是一个持续增加（或减少）的序列。就像“单调的”这个词的意思一样，表示持续的、不变的。

② 我们按顺序列出了 X 的值，以便看清趋势。

原始数据		排序		
X	Y	X	Y	XY
3	12	1	5	5
4	10	2	3	6
10	11	3	4	12
11	9	4	2	8
12	2	5	1	5
				$36=\sum XY$

为了计算相关，我们需要计算 SS_X、SS_Y 和 SP。注意，计算相关要使用等级数据，而不是原始数据。X 值转化为等级数据 1，2，3，4，5，从而得出 $\sum X=15$，$\sum X^2=55$，所以 X 等级数据的 SS 值为：

$$SS_X=\sum X^2-(\sum X)^2/n$$
$$=55-15^2/5$$
$$=10$$

注意到 Y 的排序值与 X 的相同，即都是整数 1，2，3，4 和 5。因此 Y 等级数据的 SS 值与 X 等级数据的 SS 相等：

$$SS_Y=10$$

为了计算 SP 值，我们需要计算等级数据的 $\sum X$、$\sum Y$ 和 $\sum XY$，表中列有 XY 值，而且我们已经得出 $\sum X=15$，$\sum Y=15$。因此，我们得出

$$SP=\sum XY-(\sum X)(\sum Y)/n$$
$$=36-15\times 15/5$$
$$=-9$$

最后，斯皮尔曼相关用皮尔逊相关的公式处理等级数据即可：

$$r_s=\frac{SP}{\sqrt{(SS_X)(SS_Y)}}$$
$$=\frac{-9}{\sqrt{10(10)}}$$
$$=-0.9$$

斯皮尔曼相关值显示两个变量之间的关系为一致的（几乎完全的）负相关。

排列并列数据

在计算斯皮尔曼相关将原始数据转化为等级数据的时候，往往会碰到两个或者更多的相同数据。当两个数据值相同时，它们的等级也应该是相同的。该种情况等级计算程序如下：

1. 将数据从小到大排列，包括并列数据。
2. 给每个数据进行等级排列。
3. 当两个或更多的数据为并列数据时，计算它们等级的平均数，把这个平均数作为每个数据的最终等级。

下例为并列数据的等级计算，这些数据已经按从小到大的顺序列入表中。

原始数据	等级排列	最终等级	
3	1	1.5	1 和 2 的均值
3	2	1.5	
5	3	3	
6	4	5	4、5 和 6 的均值
6	5	5	
6	6	5	
12	7	7	

注意，这个实例有 7 个原始数据，使用 7 个等级数据。对于 $X=12$，最大的数值，它合适的等级为 7。它的等级不能为 6，因为这个等级已经用于并列数据。

如果原始数据为顺序数据，则使用同样的方式排序并列数据。例如，研究者拥有 7 名学生的等级成绩：A，A，B，C，C，D，F。他们的排序则为：1.5，1.5，3，4.5，4.5，6，7。

斯皮尔曼相关的特殊公式

将原始数据 X 值和 Y 值等级化后，SS 和 SP 的计算会变得简单。首先，X 值和 Y 值的等级数据均为整数。其次，计算这些数据的平均数时，可以使用 $M=(n+1)/2$ 找到这一序列的中点。相似地，这个整数序列的 SS 计算公式为：

$$SS=\frac{n(n^2-1)}{12}$$

并且，因为 X 和 Y 值的等级数据相同，所以两者的 SS 的计算公式是相同的。

因为等级数据的计算比较简单，而斯皮尔曼相关使用的数据都是等级的，所以斯皮尔曼相关最终的计算也将非常简易。除了将等级数据进行皮尔逊相关计算，还可以将等级数据直接用于更简单的公式：

$$r_s=1-\frac{6\sum D^2}{n(n^2-1)} \qquad (14-9)$$ ①

在该公式中，D 表示每个被试 X 等级与 Y 等级的差值。这个公式所得到的结果与利用皮尔逊相关计算的值是相同的。但是，这个公式只用于将数据等级化后并且等级数据没有并列值的情况。如果出现少数并列值，公式可能还能使用，但是随着并列值的增多，结果的精确率会降低。这个公式的应用将会在下面的实例中进行说明。

例 14.11

为了详述斯皮尔曼相关的特别公式，我们将使

① 提示：在该公式中，先计算分数部分，然后与 1 相减，1 并不是分数的一部分。

用与例14.10相同的数据，数据等级化结果如下：

排序		差值	
X	Y	D	D^2
1	5	4	16
2	3	1	1
3	4	1	1
4	2	−2	4
5	1	−4	16
			$38=\sum D^2$

使用特别公式计算斯皮尔曼相关值：

$$r_s=1-\frac{6\sum D^2}{n(n^2-1)}$$
$$=1-\frac{6(38)}{5(25-1)}$$
$$=1-\frac{228}{120}$$
$$=1-1.90$$
$$=-0.90$$

该结果与例14.10中对等级数据进行皮尔逊相关的计算所得到的结果是相同的。

学习检查

1. 描述斯皮尔曼相关测量的内容，并解释斯皮尔曼相关与皮尔逊相关的不同。
2. 如果下列分数被转换成等级数据，那么分数为7的个体的等级为多少？

分数：1，1，1，3，6，7，7，8，10

3. 对下面的数据进行斯皮尔曼相关的计算。

X	Y
2	7
12	3
9	16
14	5

答案

1. 斯皮尔曼相关主要是测量两个变量关系方向的一致性。斯皮尔曼的相关性不依赖于两者关系的形式，而皮尔逊相关测量数据与直线拟合的程度。
2. 排序为6.5（6和7的平均数）
3. $r_s=-0.60$。

点二列相关和测量效应 r^2

在第9章、第10章和第11章中，我们介绍测量效应的 r^2 经常伴随着使用 t 统计量的假设检验。r^2 主要用来测量效应大小，而 r 主要用来测量直接相关。具体来讲，我们将比较独立样本 t 检验（第10章）和皮尔逊相关的特殊形式，即点二列相关。

点二列相关主要用于处理一个连续数据的变量和另一个只有两个值的变量之间的关系程度。我们把只有两个数值的变量称为二分变量，以下都是二分变量：

1. 男性和女性；
2. 大学毕业生和非大学毕业生；
3. 头胎出生和非头胎出生；
4. 一个特定任务的成功和失败；
5. 大于30岁和小于30岁。

为了计算点二列相关，我们常把二分变量的一个值标注为0，另一个值标注为1。然后皮尔逊相关的公式可以用于这些二分型数据。①

我们将运用例10.1的数据来说明点二列相关及其效应值 r^2 之间的联系。之前的例子比较了两组高中生的学习成绩：一组为经常看《芝麻街》（一档教育节目）节目，另一组为不看这个节目的学生。表14—4呈现了独立样本研究的数据，而独立样本 t 检验将确定在两种处理条件下，两组被试的成绩是否存在显著的差异。

① 我们习惯用0和1，但是任何两个不同的数字都可以用来标注，并且不会影响到相关值的大小。

表 14—4 以两种不同的形式组织的数据。左侧，数据作为两个分开的样本，适于进行独立测量 t 检验。右侧，同样的数据呈现为单样本，每个被试两个分数［原始的高中成绩以及一个定义了被试所在的组（看过《芝麻街》=1，没看过《芝麻街》=0）的二分变量（Y）］的形式。右侧数据适用于点二列相关。

适于独立测量 t 检验的数据。两个独立样本，每个样本 10 个被试。

平均高中成绩			
看过《芝麻街》		没看过《芝麻街》	
86	99	90	79
87	97	89	83
91	94	82	86
97	89	83	81
98	92	85	92
$n=10$		$n=10$	
$M=93$		$M=85$	
$SS=200$		$SS=160$	

适于点二列相关的数据。共有 20 个被试，每个被试有两个分数，X 和 Y。

被试	分数 X	组 Y
A	86	1
B	87	1
C	91	1
D	97	1
E	98	1
F	99	1
G	97	1
H	94	1
I	89	1
J	92	1
K	90	0
L	89	0
M	82	0
N	83	0
O	85	0
P	79	0
Q	83	0
R	86	0
S	81	0
T	92	0

表 14—4 的右边部分是适合使用点二列相关的数据。具体来讲，我们把成绩作为一个变量，而且创造了新的变量 Y 来代表两个处理条件。在这个实例中，我们把 $Y=1$ 定义为看过《芝麻街》节目的被试，$Y=0$ 定义为没看过《芝麻街》节目的被试。

根据表 14—4 左边呈现的数据，我们进行独立样本 t 检验，得出 $t=4.00$，其中 $df=18$。我们通过计算 r^2 测量处理效应，即解释变异量的比例，最终得出 $r^2=0.47$。

对这些数据进行点二列相关的计算得到 r。具体来讲，通过 X 值求出 $SS=680$，通过 Y 值求出 $SS=5.00$，X、Y 离均差乘积 $SP=40$。点二列相关为：

$$r=\frac{SP}{\sqrt{(SS_X)\ (SS_Y)}}$$

$$=\frac{40}{\sqrt{(680)\ (5)}}$$

$$=\frac{40}{58.31}$$

$$=0.686$$

由此可见，点二列相关的平方 $r^2=0.47$，这个值与我们所得到的测量效应值是相同的。

在某些方面，点二列相关和独立样本假设检验测量的是同样的内容。具体来说，两者都在测量孩子 5 岁时的看电视习惯和未来高中成绩之间的关系。

1. 相关主要测量两变量的关系程度，完全相关（接近 1.00 或者 −1.00）表明孩子 5 岁时的看电视习惯和未来高中成绩之间的关系是一致的，是可以预测的。需要注意的是，r^2 主要测量孩子 5 岁时的看电视习惯可解释的未来高中成绩的变异比例。

2. t 检验主要评估两者关系的显著性。假设检验判断看过《芝麻街》节目的孩子是否比没看过的孩子的成绩表现更好，这个平均数差异是否合理，而不只是由于误差引起的。

像我们在第 10 章提到的，假设检验的结果和 r^2 经常在文献中同时得到报告。其中 t 值测量统计显著性，而 r 值测量效应大小。还有，我们也曾经提到，t 值和 r 值有直接的关系。事实上，两者可以互相换算。

$$r^2=\frac{t^2}{t^2+df} \text{和} \ t^2=\frac{r^2}{(1-r^2)\ /df}$$

df 是 t 检验的自由度。

但是，r^2 完全受相关值的影响，而 t 值则受相关值和样本量的影响。例如，当相关值 $r=0.30$ 时，无论样本量为多少，r^2 都等于 0.09。另一方面，样本量 $n=10$ 的 $r=0.30$ 的点二列相关产生了没有显著统计意义的 $t=0.889$。但是当样本量增加到50时，相同的相关值却产生了有显著统计意义的 $t=2.18$。虽然 t 和 r 值有一定的关系，但是它们测量的内容是不同的。

φ相关

当两个变量（X 和 Y）均为二分变量时，这两个变量的相关称为 φ 相关。计算 φ 相关应进行以下两步：

1. 将两个二分变量分别进行赋值，将二分变量的其中一类记为0，另一类记为1。

2. 将赋值代入皮尔逊相关公式进行计算。

下面的例子将详述这个过程。

例 14.12

研究者想探讨至少有一个兄弟姐妹的孩子的出生顺序和人格之间的关系。随机选取 $n=8$ 个被试，被试被分成头胎生（first-born）和非头胎生。然后将被试人格分为内向和外向。

我们将测量的结果转化成数值：

出生顺序	人格
头胎生=0	内向=0
非头胎生=1	外向=1

原始的数据和转化之后的分数如下表：

原始数据		转化后的值	
出生顺序 (X)	人格 (Y)	出生顺序 (X)	人格 (Y)
1	内向	0	0
3	外向	1	1
1	外向	0	1
2	外向	1	1
4	外向	1	1
2	内向	1	0
1	内向	0	0
3	外向	1	1

之后使用皮尔逊相关公式计算 φ 相关。

因为赋值是任意的（每个类都可以被赋为0或1），所以相关结果的符号是没有意义的。跟大多数相关一样，相关的强度可以用决定系数 r^2 来解释，表示一个变量与另一个变量关联的程度。

我们应注意的是，φ 相关可以用来测量两个二分变量之间的相关，更一般的卡方检验见第15章。

学习检查

1. 以下数据代表了样本量 $n=8$ 的相关工作压力的得分，这些被试还被按照工资水平分为不同的等级。

a. 将以下数据转化为适合使用点二列相关的数据。

b. 计算点二列相关。

工资高于40 000美元	工资低于40 000美元
8	4
6	2
5	1
3	3

2. 研究者想要证明3岁小孩的性别和动手能力是否有关系。样本包括10个男孩和10个女孩，每个小孩进行了动手能力测验。其中，5个女孩和2个男孩没有通过测验。请描述这些数据在计算 φ 相关时如何用适当的形式进行编码。

答案

1.a. 工资水平是二分变量，我们将个体工资水平高于40 000美元的Y值定义为1，工资水平低于40 000美元的Y值定义为0。工作压力得分产生了 $SS_X=36$，工资水平代码产生了 $SS_Y=2$，$SP=6$。

b. 点二列相关值为0.71。

2. 性别变量可以编码为：男孩0，女孩1。动手能力可以记为：失败0，成功1。其中，8个男孩得分为0和1，2个男孩为0和0。5个女孩得分为1和1，5个女孩为1和0。

14.6 回归简介

在这一章的前面，我们介绍了皮尔逊相关是描述和测量两个变量之间的线性关系的工具。图 14—13 所呈现的假设数据显示了 SAT 分数与大学平均成绩（GPA）之间的关系。请注意，这个数字表明这是良好的但并非完美的正相关关系。还有，通过数据点的中间部分，我们得到一条线。勾画这条直线的目的是：

1. 直线使 SAT 和 GPA 之间的关系更容易被看到。

2. 直线显示了两者关系的中心或中心变化趋势，就如平均数在一组数据中描述的中央趋势。因此，该直线描述了两者的简化的关系。例如，如果数据点被撤除，这条直线依旧可以提供关于 SAT 和 GPA 之间的关系的总体趋势。

3. 该直线可用于预测。该直线建立了每个 X 值（SAT 分数）和相应的 Y 值（GPA）之间的精确的、一对一的关系。举例来说，SAT 为 620 分对应 GPA 的值为 3.25（见图 14—13）。因此，大学招生人员可以利用直线的关系来预测一个 SAT 为 620 分的学生进入大学后的 GPA 可能约为 3.25。

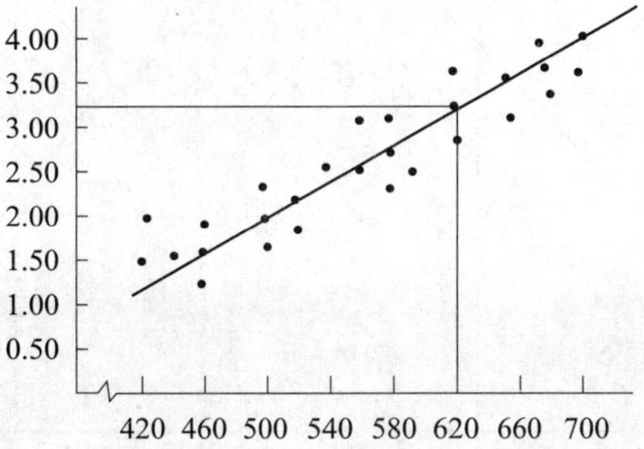

图 14—13　显示了 SAT 分数和 GPA 关系的假设数据，其中画了一条穿过数据点的回归线。回归直线定义了每个 *X* 值（SAT 分数）和相应的 *Y* 值（GPA）之间精确的、一对一的关系。

我们这一节的目标是提出一个能够识别并确定能最佳拟合任何特定数据集的直线的程序。该直线不一定要在图中描绘出来，它可以是一个简单的方程。因此，我们的目标是找到能最好地描述 X 和 Y 数据之间的直线关系的方程。

线性方程

变量 X 和 Y 的一般线性关系可用方程表示为

$$Y=bX+a \qquad (14—10)$$

其中 b 和 a 是固定常数。

举例来说，本地影音商店每年向会员收费 5 美元，然后每租一张碟 2 美元。根据这些信息，租碟总成本（Y）和租碟的数量（X）之间的关系可用线性方程来描述。

$$Y=2X+5$$

在一般的线性方程中，b 值是所谓的斜率。斜率决定当 X 增加 1 个单位时 Y 变量的改变量。以租碟为例，斜率 b=2 美元，即表示每多租一张碟，总成本将会增加 2 美元。a 值在一般方程中是 Y 的截距，因为它决定了 X= 0 时 Y 的值（如图所示，a 值就是直线与 Y 轴相交的点）。以租碟为例，a= 5 美元，即使你永远不租碟，也有 5 美元的费用。[1]

图 14—14 显示了总花费和租碟数量之间的关系，结果是一条直线。为了获得此图，选择任意两个 X 值，然后利用方程计算相应的 Y。例如，

当 $X=3$ 时：	当 $X=8$ 时：
$Y=bX+a$	$Y=bX+a$
$=\$2\ (3)\ +\$5$	$=\$2\ (8)\ +\$5$
$=\$6+\$5$	$=\$16+\$5$
$=\$11$	$=\$21$

① 正斜率代表 X 增加时，Y 也增加；负斜率代表 X 减少时，Y 增加。

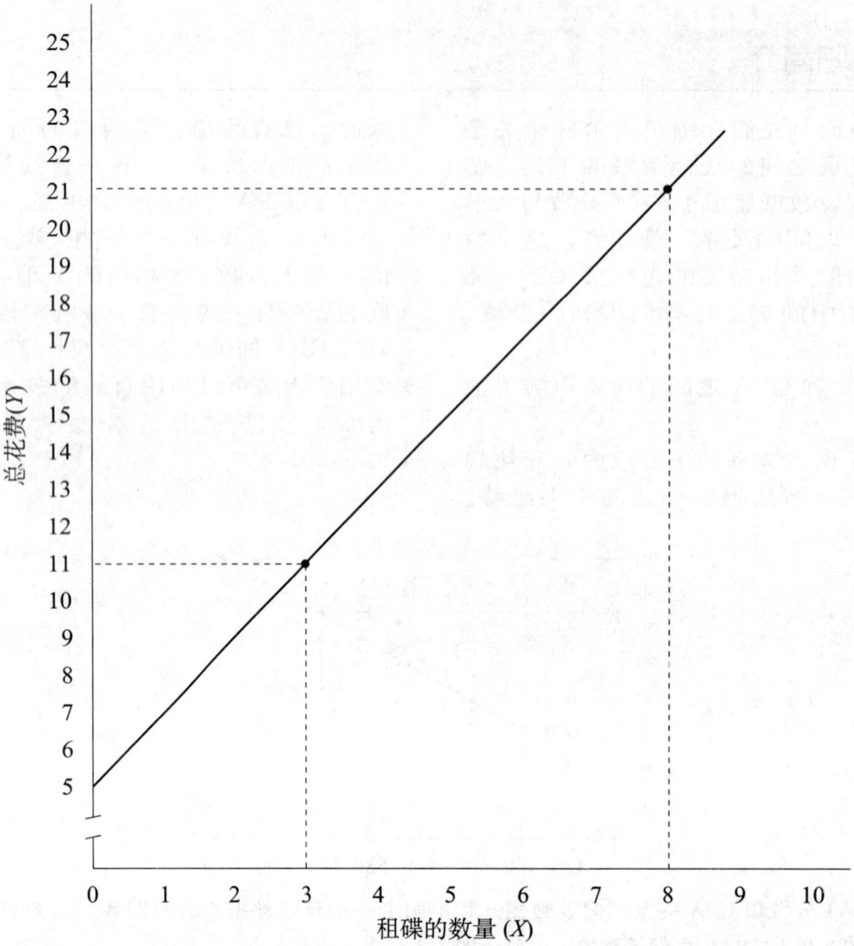

图 14—14 租碟的数量与总花费的关系。会员费为 5 美元，每多租 1 张碟，花费增加 2 美元。以下直线方程可以描述两者的关系：$Y=bX+a$，其中 Y 是总花费，X 是租碟的数量。

接下来图中呈现了两个点：第一个点 $X=3$ 和 $Y=11$，另一点 $X=8$ 和 $Y=21$。因为两点完全确定一条直线，所以我们通过这两个点可以勾画出这条直线。①

学习检查

1. 一个当地的体育馆每个月的花费为 25 美元会员费加上每小时 2 美元的健美操课。请写出总花费（Y）和课程的小时数（X）之间的线性方程式。

2. 对于下列的直线方程，当 X 增加 1 时，Y 如何变化？

$Y=-3X+7$

3. 通过线性方程 $Y=2X-7$，为下列 X 的各值确定 Y 值：1，3，5，10。

4. 如果斜率常数（b）在线性方程中是正的，则方程所描绘的直线将是从左到右逐渐上升。（判断对错）

① 在做线性方程图时，至少应当算出三个点并依此作图，以免犯错。

答案

1. $Y=2X+25$
2. 斜率为-3，当 X 增加 1 时，Y 减少 3。
3. 计算如下表：

X	Y
1	−5
3	−1
5	3
10	13

4. 对。正的斜率表示 X 值增加的时候，Y 值也会增加。

回归

因为一条直线对于描述两个变量之间的关系可能是极其有用的，所以已有人提出了为任何数据集确定最佳的拟合直线的标准化的方法。这个统计方法就是回归，这条直线就是所谓的回归直线。

定义

求一个数据集的最佳拟合直线的统计方法就是所谓的回归，由此得出的直线被称为回归直线。

回归的目标就是要找到一组数据的最佳拟合直线。然而，要完成这一目标，首先必须界定“最佳拟合”指的是什么。对于任何一组特定的数据，也许可以绘制出许多不同的直线，而且这些直线都通过数据的中心点。上述各线都可以用直线方程 $Y=bX+a$ 呈现。其中，b 为斜率，a 为截距。各条直线都有其独特的 a 值和 b 值。最主要的问题是要找出一条特殊的直线来最好地与数据拟合。

最小二乘法

为了确定数据点与直线的拟合度，第一步就是要从数学意义上界定每个点与直线之间的距离。对于每一个数据点，线性方程都将得出一个相对应的 Y 值。这个值是预测值 Y，也就是所谓的 $\hat{Y}$。这个预测值与实际 Y 值之间的距离为：

$$距离=Y-\hat{Y}$$

注意：我们主要测量预测值与实际的数据点（Y）之间的垂直距离。这个距离就是直线和实际数据之间的误差（见图 14—15）。

因为有些距离差值是正的，而有些是负的，下一步是将两者距离平方，以取得一致的正的测量误差。最后，为了确定直线和数据点之间的总误差，求出所有数据误差平方的和是很有必要的。

$$误差平方总和=\sum(Y-\hat{Y})^2$$

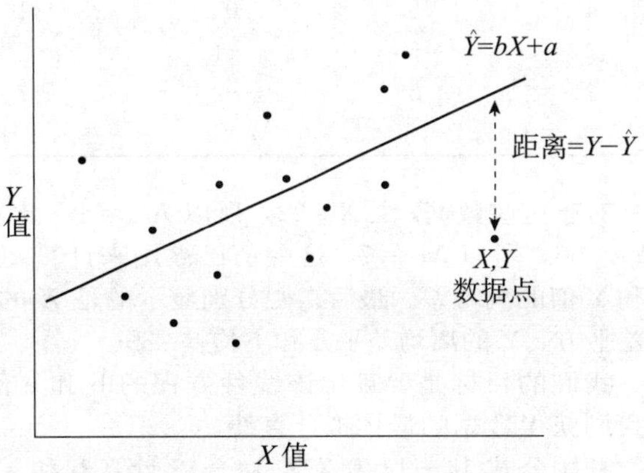

图 14—15 实际数据点（Y）和直线上的预测点（$\hat{Y}$）之间的距离被定义为（$Y-\hat{Y}$）。回归的目的是找到一条直线，使这个距离取得最小值。

现在我们可以假定最佳拟合直线具有最小误差平方总和。由此产生的直线是最小误差平方的解决办法。线性方程为用符号表示：

$$\hat{Y}=bX+a$$

对于每个 X 的值，根据这个方程都有相对应的点（$\hat{Y}$）对 Y 值进行最好的预测。问题是找到特定的值 a 和 b，以通过这两个值得到最好的拟合直线。

得到这个方程需要微积分和一些复杂的代数，所以我们不会列出详细的解决过程。但是，结果直截了当，a 和 b 的计算公式如下：

$$b=\frac{SP}{SS_X} \qquad (14—11)$$

其中，SP 是离均差积和，而 SS_X 是 X 值的离均差平方和。

另外一个求斜率的常用公式是基于 X 和 Y 的标准差。公式为：

$$b=r\frac{s_Y}{s_X} \qquad (14—12)$$

其中，s_Y、s_X 为 Y 和 X 各自的标准差。r 为 X

和Y的皮尔逊相关。常数项a的计算公式如下：

$$a=M_Y-bM_X \qquad (14—13)$$

请注意，这两个公式确定的线性方程可以最好地预测Y值。这个方程就是Y的回归方程。

定义

Y的回归方程就是线性方程。

$$\hat{Y}=bX+a \qquad (14—14)$$

常数b是由公式14—11或14—12计算得到的，a是由公式14—13计算得到的。这个方程使数据点和直线之间存在最小误差平方。

例14.13

下表的数据将被用来阐述预测Y值的线性回归方程的计算和应用。

X	Y	$X-M_X$	$Y-M_Y$	$(X-M_X)^2$	$(Y-M_Y)^2$	$(X-M_X)(Y-M_Y)$
5	10	1	3	1	9	3
1	4	−3	−3	9	9	9
4	5	0	−2	0	4	0
7	11	3	4	9	16	12
6	15	2	8	4	64	16
4	6	0	−1	0	1	0
3	5	−1	−2	1	4	2
2	0	−2	−7	4	49	14
				$SS_X=28$	$SS_Y=156$	$SP=56$

对于这些数据，$\sum X=32$，所以$M_X=4$。此外，$\sum Y=56$，所以$M_Y=7$。这些值已被用来计算每个X和Y值的离均差。最后三栏分别显示的是X的离均差平方、Y的离均差平方和离均差乘积。

我们的目标是要算出该线性方程的b和a值，使我们获得数据的最佳拟合直线。

利用公式14—11和公式14—13计算b和a值的方法为：

$$b=\frac{SP}{SS_X}=\frac{56}{28}=2$$

$$a=M_Y-bM_X=7-2\ (4)\ =-1$$

最后，回归方程为：

$$\hat{Y}=2X-1$$

图14—16展示了原始数据和回归直线。

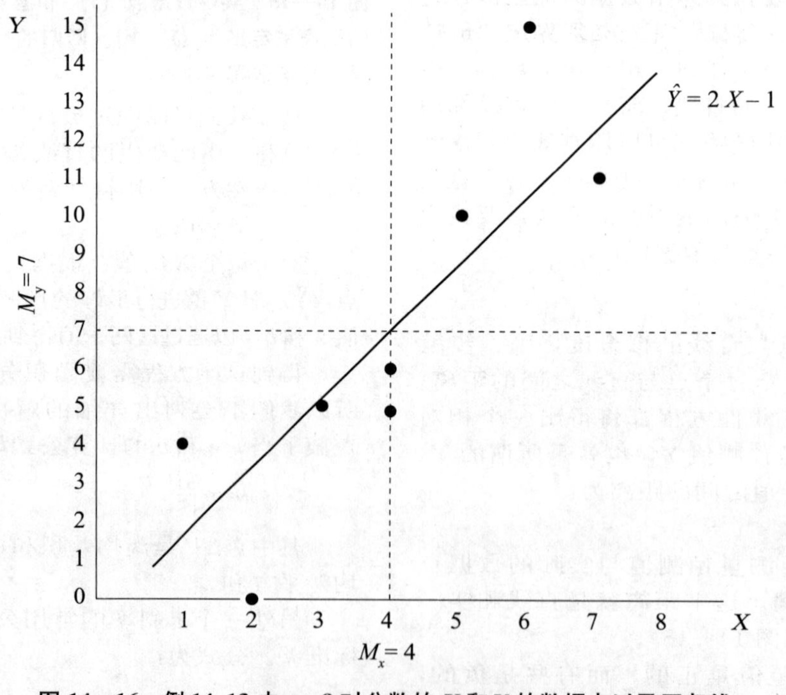

图14—16　例14.13中$n=8$对分数的X和Y的数据点以及回归线。

图14—16的回归直线显示了回归的预测作用。首先，Y截距的计算（方程14—13）保证回归直线穿过X均值和Y均值所确定的点。也就是说，（M_x，M_y）这一点永远都在回归直线上。图14—

16 显示了两个均值确定的点在回归直线上。其次，相关的符号（＋或－）与直线斜率的符号一致。具体来说，如果相关为正，那么直线斜率为正，直线向右上方延伸。另一方面，如果相关为负，斜率为负，直线向右下方延伸。相关为 0 表示直线斜率为 0，回归直线为一条水平的直线。我们注意到，图 14—16 中的回归直线的斜率为正。表明在这条直线上，所有在 X 均值以上的点也会在 Y 均值以上。因此，如果一个个体的 X 离均差为正，则 Y 离均差为正；如果 X 离均差为负则 Y 离均差为负。

使用回归方程预测

正如本节开始所提到的，回归方程最普遍的应用就是预测。对于任何给定的 X 值，我们可以利用方程计算 Y 的预测值。对于例 14.13 中的方程，当被试的 $X=3$ 时，Y 的预测值为：

$$\hat{Y}=2X-1=6-1=5$$

虽然回归方程可用于预测，但是当解释预测值时，应考虑几个注意事项：

1. 预测值是不完全的（除非 $r=+1.00$ 或者是 -1.00）。如果仔细观察图 14—16，应该清晰地发现数据点与直线并没有完全拟合，一般预测的 Y 值（在直线上）和实际数据之间会有误差。虽然每个点的误差值都不同，但误差平均值将直接关系到相关程度。一般情况下相关接近 1.00（或－1.00）的数据点会聚集在直线周围，并且误差相对较小。当相关接近零时，数据点远离直线，误差将会增加。

2. 回归方程不应被用来对原始数据范围以外的 X 值作出预测。例如图 14—13，X 值从 $X=1$ 到 $X=7$，计算出的回归方程是这个范围内的最佳拟合直线。因为没有此范围外的有关 X—Y 关系这方面的资料，所以该方程在 X 小于 1 或大于 7 时不应该用来预测 Y 值。

回归方程的标准化形式

目前为止，我们呈现了用 X、Y 的初始值或原始分数计算的回归方程。然而，有时研究者在发现回归方程前会将 X 和 Y 转化成 z 分数，得到的方程被称为回归方程的标准化形式，相比原始分数版本更简化。简化是因为 z 分数有标准化的特点。尤其是，一组 z 分数的均值总是为 0，标准差为 1。因此，回归的标准化形式变为：

$$\hat{z}_Y=(\text{beta})\ z_X \qquad (14\text{—}15)$$

我们首先注意到，我们在使用每个 X 的 z 分数（z_X）预测 Y 的 z 分数（z_Y）。我们也注意到在原始公式中斜率 b 常数被称作 beta。因为 X、Y 两组 z 分数的均值都为 0，所以常数 a 在回归方程中消失了。最后，当一个变量 X 被用来预测另一个变量 Y 时，beta 值等于 X 和 Y 的相关。所以，回归的标准化形式也可以被写作：

$$\hat{z}_Y=rz_X \qquad (14\text{—}16)$$

因为将原始分数转化成 Z 分数比较麻烦，研究者经常计算回归方程的原始分数形式而不是标准化形式。然而，大多数计算机程序会对 beta 值进行报告，作为线性回归结果的一部分，所以你应该知道这个值所代表的含义。

学习检查

1. 画出下表数据的散点图。

X	Y
4	13
2	5
5	12
1	6

a. 计算回归方程以通过 X 值预测 Y 值。在图中画出这条直线，请问这条直线是原始数据的最佳拟合直线吗？

b. 通过回归方程对每个 X 值相应的 Y 值进行预测。

答案

1. a. $SS_X=10$，$SP=20$，$b=2$，$a=3$。回归方程为：

$\hat{Y}=2X+3$

b. 预测 Y 值为 11，7，13 和 5。

估计的标准误

通过使用我们呈现的任何一个公式都可以计算回归方程。得到的线性方程之后会被用来生成任何 X 值所对应的预测值 Y。然而，需明白的是，预测的准确度取决于线上的点与实际数据点的拟合程度，也就是，预测值 $\hat{Y}$ 与实际的 Y 值的差异大小。图 14—17 显示了有同一回归方程的两个不同数据集。在第一种情况下，X 和 Y 有着完美拟合的相关 $r=+1$，所以线性方程完全拟合数据。对于第二个数据组，线上 Y 的预测值只是大致接近真实的数据点。

回归方程可以做预测，但是它不能提供任何有关预测准确度的信息。为了测量回归的精确度，通常会计算估计标准误。

定义

估计标准误测量的是回归直线上的预测 Y 值和实际 Y 值之间的标准距离。

概念上，估计标准误非常像一个标准差：两者均提供了标准距离的测量。估计标准误的计算跟标准差的计算也很相像。

为了计算估计标准误，我们首先计算差值的平方和（SS）。每个差值测量的是实际 Y 值和预测 Y 值之间的距离。这个平方和一般被称作 $SS_{残差}$，因为它是基于实际 Y 值和预测 Y 值之间的距离。

$$SS_{残差}=\sum(Y-\hat{Y})^2 \qquad (14—17)$$

然后用得到的 SS 值除以自由度来得到变异。公式如下：

$$变异=SS/df$$

估计标准误的自由度为 $df=n-2$。自由度为 $n-2$ 而不是 $n-1$ 的原因是，我们现在测量的是与直线的偏差而不是离均差。为了得到回归直线方程，我们必须先知道 X 和 Y 的均值。得到这两个均值在数据的变异性上有两个限制，所以自由度为 $n-2$。（注意：$SS_{残差}$ 的自由度 $df=n-2$ 与我们在检验皮尔逊相关的显著性时的自由度 $df=n-2$ 相同。）

计算估计标准误的最后一步为将变异开方。最终的方程为：

$$估计标准误=\sqrt{\frac{SS_{残差}}{df}}=\sqrt{\frac{\sum(Y-\hat{Y})^2}{n-2}} \qquad (14—18)$$

下面的例子用来说明估计标准误的计算。

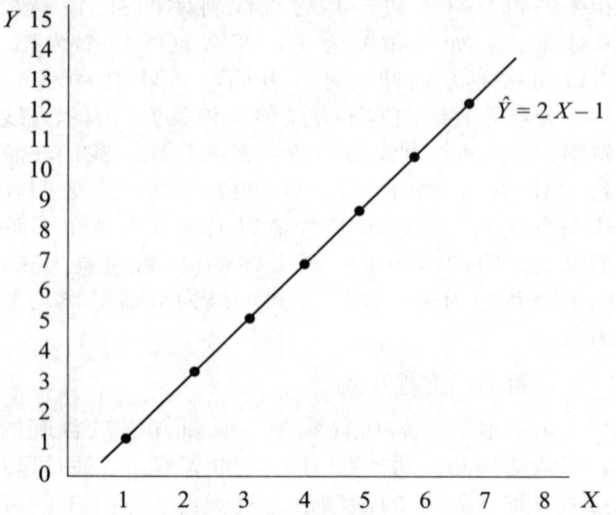

(a)

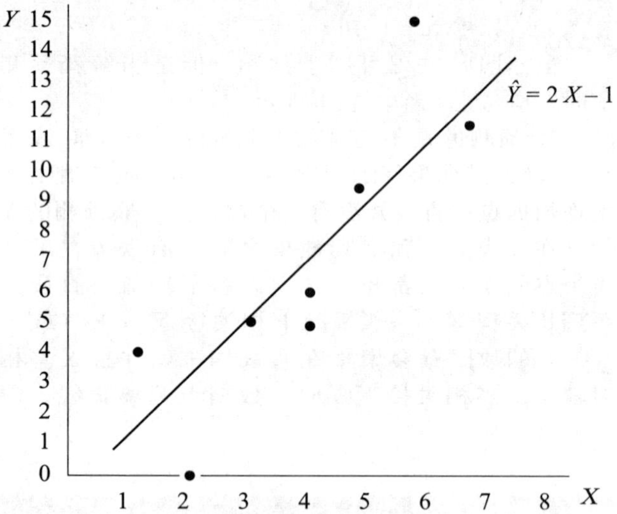

(b)

图 14—17 (a) 完美拟合方程 $\hat{Y}=2X-1$ 定义的回归线的数据点的散点图。注意，相关是 $r=+1.00$。(b) 例 14.3 的数据的散点图。注意，实际数据点和回归线上预测的 Y 值之间存在误差。[①]

例 14.14

此例用与例 14.13 同样的数据来证明估计标准误的计算。这些数据的回归方程如下：

$$\hat{Y}=2X-1$$

利用回归方程计算 Y 的预测值，每个被试的残差、残差的平方如下：

① 回忆一下：变异测量的是距离的均方。

数据		Y 的预测值	残差	残差平方
X	Y	$\hat{Y}=2X-1$	$Y-\hat{Y}$	$(Y-\hat{Y})^2$
5	10	9	1	1
1	4	1	3	9
4	5	7	−2	4
7	11	13	−2	4
6	15	11	4	16
4	6	7	−1	1
3	5	5	0	0
2	0	3	−3	9
			0	$SS_{残差}=44$

我们首先注意到残差的和为 0。也就是说，线之上的距离之和等于线之下的距离之和。任何一组数据残差和均为 0，可以用来检验你的计算是否正确。最后一列为残差的平方。对于这些数据，残差的平方和 $SS_{残差}=44$。$n=8$，自由度 $df=n-2$，估计标准误为：

$$估计标准误=\sqrt{SS/df}$$
$$=\sqrt{44/6}$$
$$=2.708$$

记住：估计标准误提供的是回归直线预测 Y 值的准确性。在此例中，实际数据和回归直线的标准距离可以用估计标准误 2.708 来测量。

标准误和相关之间的关系

从例 14.14 可以看出，估计标准误与 X 和 Y 的相关大小有关。如果相关为 1 或 −1，数据会聚集到线上，估计标准误很小。如果相关趋近于 0，数据点会变得很离散，直线提供的准确预测值很小，估计标准误变大。

之前我们观察到相关的平方提供了预测准确度的测量。相关的平方 r^2 被称为决定系数，因为它可以决定 Y 的变异中有多大比例被与 X 的关系所预测，我们可以使用 $(1-r^2)$ 来测量没有预测的部分。这样，

$$预测的变异=SS_{回归}=r^2SS_Y \qquad (14—19)$$

$$未被预测的变异=SS_{残差}$$
$$=(1-r^2)\,SS_Y \qquad (14—20)$$

例如，当 $r=0.80$ 时，预测的变异为 $r^2=0.64$（64%），还有 36%没有被预测。注意当 $r=1.00$，预测是完美的且没有残差。当相关趋近于 0，数据远离直线且残差变大。使用公式 14—20 来计算 $SS_{残差}$，估计标准误可以写作：

$$估计标准误=\sqrt{\frac{SS_{残差}}{df}}$$
$$=\sqrt{\frac{(1-r^2)\,SS_Y}{n-2}} \qquad (14—21)$$

因为通常计算皮尔逊相关比计算个体 $(Y-\hat{Y})^2$ 容易得多，公式 14—20 是计算 $SS_{残差}$ 最容易的方式，公式 14—21 是计算回归方程估计标准误的最简单的方式。下面的这个例子用来说明这个新公式。

例 14.15

我们使用例 14.13 和 14.14 中同样的数据，数据的 $SS_X=28$，$SS_Y=156$，$SP=56$。对于这些数据，皮尔逊相关为：

$$r=56/\sqrt{28\,(156)}=56/66.09=0.847$$

$SS_Y=156$，$r=0.847$，回归方程的预测变异为：

$$SS_{回归}=r^2SS_Y$$
$$=(0.847)^2\,(156)$$
$$=0.718\,(156)$$
$$=112.01$$

同样地，未被预测的变异为：

$$SS_{残差}=(1-r^2)\,SS_Y$$
$$=(1-0.847)^2\,(156)$$
$$=0.282\,(156)$$
$$=43.99$$

注意，在误差范围内新的 $SS_{残差}$ 公式与例 14.14 中将残差平方相加计算出的值相同。我们也注意到，因为新公式只需要计算相关（r）和 SS_Y，所以更容易使用。然而，这个例子的根本出发点是 $SS_{残差}$ 和估计标准误跟相关紧密联系。相关大（接近 +1.00 或 −1.00），数据点离回归直线很近，估计标准误小。当相关变小（接近 0），数据点与回归直线的距离变远，估计标准误变大。

因为不同组的数据可能拥有相同的回归方程，考虑 r^2 和估计标准误很重要。回归方程仅仅是描述最拟合的线且用来做预测。而 r^2 和估计标准误用来指出这些预测的准确性如何。

学习检查

1. 描述回归方程的估计标准误测量的是什么。
2. 当相关增大时，估计标准误如何变化？

3. 一个样本有 $n=6$ 对 X 和 Y，相关 $r=0.80$，$SS_Y=100$。回归方程的估计标准误为多少？

答案

1. 估计标准误测量的是回归方程预测 Y 值和实际 Y 值的平均或标准距离。

2. 相关越大表明数据点越向回归直线聚集，估计标准误越小。

3. 估计标准误 $=\sqrt{36/4}=3$。

回归分析：检验回归方程的显著性

在前面的章节我们注意到，样本相关被期望可以代表总体相关。例如，当总体相关为 0，那么样本相关也期望为 0 左右。注意我们并没有期望样本相关恰好为 0。这是在第 1 章中介绍过的抽样误差概念。抽样误差的原则是样本统计量和总体参数之间会有一些不一致或误差。所以，当总体相关 $\rho=0$，仍有可能得到样本相关非零。然而，在这种情形下，样本相关是随机引起的，且需要一个假设检验来证明相关不显著。

无论何时得到一个样本非零的相关值，你也可以得到回归方程的值。然而，如果在总体中没有真正的关系，样本相关和回归方程均没有意义——它们仅是抽样误差的结果而不是 X 和 Y 之间的真正关系。我们可以检验相关的显著性，同样我们也可以检验回归方程的显著性。实际上，当一个变量 X 被用来预测另一个变量 Y，这两个检验是相等的。这种情况下，检验的目的是决定样本相关代表真正的关系还是只是抽样误差的结果。对于两种检验，零假设是在总体中两个变量没有关系。对于相关来说，

H_0：总体相关 $\rho=0$。

对于回归方程，

H_0：回归方程的斜率（b 或 β）为 0。

检验回归方程的显著性的过程被称作回归分析，跟第 12 章中的方差分析（ANOVA）很相似。同 ANOVA，回归分析使用两个方差或均方（MS）的 F 比值，每个方差使用 SS 除以相对的自由度。F 的分子为 $MS_{回归}$，是被回归方程预测的 Y 值的方差。这个方差测量的是当 X 增大或减小时 Y 的一系列变化。分母是 $MS_{残差}$，测量的是未被 Y 预测的方差。这个方差测量的是 Y 独立于 X 变量变化的变化。这两个 MS 值计算如下：

$$MS_{回归}=SS_{回归}/df_{回归}\quad(df=1)$$

$$MS_{残差}=SS_{残差}/df_{残差}\quad(df=n-2)$$

F 比值为：

$$F=\frac{MS_{回归}}{MS_{残差}}\quad(df=1,\ n-2)\qquad(14—22)$$

图 14—18 显示了 SS 和 df 的完整分析。下面的例子使用例 14.13、例 14.14 和例 14.15 中同样的数据来说明回归分析的过程。

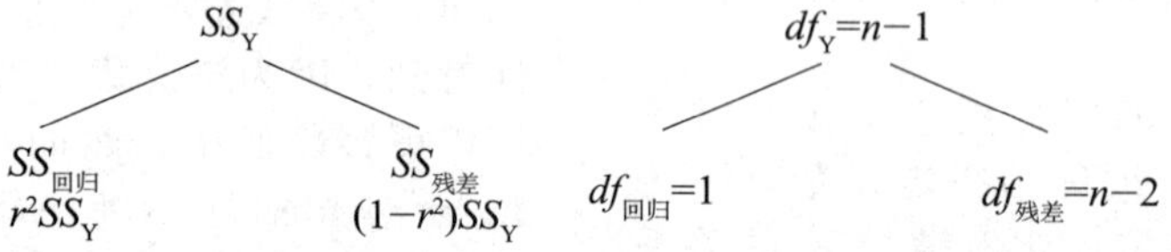

图 14—18　回归分析的 SS 和 df 的分解。原始 Y 分数的变异（包括 SS_Y 和 df_Y）被分为两部分：(1) 可以被回归方程解释的变异；(2) 残余的变异。

例 14.16

数据包括 $n=8$ 对数据，相关 $r=0.847$ 和 $SS_Y=156$。零假设为总体中 X 和 Y 没有关系，或回归方程没能阐述一个 Y 值方差的显著部分。回归分析的 F 比值的 $df=1$，$n-2$。对于这些数据，$df=1$，6。当 $\alpha=0.05$ 时，临界值为 5.99。

在之前的部分我们注意到，Y 值的 SS 可以分为两部分：r^2 对应的预测的部分和 $(1-r^2)$ 对应的不能预测的或残差部分。$r=0.847$，我们得到 $r^2=0.718$，

$$\begin{aligned}预测变异&=SS_{回归}\\&=0.718\times156\\&=112.01\end{aligned}$$

$$\begin{aligned}未被预测变异&=SS_{残差}\\&=(1-0.718)\times156\\&=0.282\times156\\&=43.99\end{aligned}$$

使用这些 SS 值以及对应的自由度值，我们可以计算每一个成分的方差或 MS。对于这些数据，MS 值为：

$$\begin{aligned}MS_{回归}&=SS_{回归}/df_{回归}\\&=112.01/1\\&=112.01\end{aligned}$$

$$MS_{残差}=SS_{残差}/df_{残差}$$

$=43.99/6$

$=7.33$

最后，估计回归方程的显著性的 F 比值为：

$F=MS_{回归}/MS_{残差}$

$=112.01/7.33$

$=15.28$

F 比值在拒绝域内，所以我们拒绝零假设并得出回归方程确实解释了 Y 值方差的显著部分的结论。表 14—5 总结了完整的回归分析过程，也是计算机回归分析输出的一个普遍形式。

表 14—5　展现例 14.16 中回归分析结果的总结表。

来源	SS	df	MS	F
回归	112.01	1	112.01	15.28
残差	43.99	6	7.33	
总计	156.00	7		

回归的显著性和相关的显著性

在只有一个变量 X 和一个变量 Y 的情形中，检验回归方程的显著性等同于检验皮尔逊相关的显著性。所以，当两个变量的相关显著时，我们可以得出回归也是显著的。同样地，如果相关不显著，那么回归方程也是不显著的。在前面的章节，我们介绍了检验皮尔逊相关的 t 检验。

$$t=\frac{r-\rho}{\sqrt{\frac{1-r^2}{n-2}}}$$

我们现在来证明 t 统计量等同于回归分析的 F 比值。尤其是，两个检验统计量有以下的关系：$F=t^2$，我们在第 12 和 13 章介绍过。自由度为 $n-1$ 的 t 进行平方之后可以得到 $df=1$，$n-1$的 F 值。

我们通过从 t 统计量公式中移除总体相关 ρ 来证明 t 和 F 的关系。零假设中 ρ 的值一直为 0，它的移除不影响方程。接下来，我们将 t 平方来计算相应的 F 比值。

$$t^2=F=\frac{r^2}{\frac{(1-r^2)}{(n-2)}}$$

最后，分子分母同乘以 SS_Y可得：

$$t^2=F=\frac{r^2SS_Y}{\frac{(1-r^2)\ SS_Y}{(n-2)}}$$

我们应看出方程中的新 F 比值的分子为 $SS_{回归}$。除以 $df=1$，不改变值，产生 $MS_{回归}$。同样地，方程中的 F 比值的分母为 $SS_{残差}$，除以$df=n-2$，产生 $MS_{残差}$。因此，在检验回归方程显著性的回归分析中，t 平方等于 F 比值（见方程 14—22）。

学习检查

1. $n=18$ 对数据，皮尔逊相关 $r=0.60$，$SS_Y=100$。计算 $SS_{回归}$和 $SS_{残差}$，并检验预测 Y 值回归方程显著性的 F 比值。

答案

1. $SS_{回归}=36$，$df=1$。$SS_{残差}=64$，$df=16$。$F=9.00$，$df=1$，16。无论显著性水平 α 为 0.01 还是 0.05，F 比值均显著。

▼ 小结

1. 相关主要测量两个变量 X 和 Y 之间的关系，这种关系有以下三种特征：

a. 方向。关系可以是正的也可以是负的。正相关表示 X 和 Y 的变化是同方向的。

b. 形式：最常见的相关形式是一条直线。而特别的相关用来其他形式测量。每个具体的形式必须使用指定类型的相关。举例来说，皮尔逊相关主要测量线性关系。

c. 程度：相关值主要测量数据点与其特殊形式拟合的程度。相关值 1.00 表明完全相关，而相关值 0 显示拟合程度为 0。

2. 最常用的相关是皮尔逊相关，它主要用来测量线性关系。皮尔逊相关用 r 表示，其计算方法为：

$$r=\frac{SP}{\sqrt{SS_XSS_Y}}$$

在此公式中，SP 是指离均差积和，计算 SP 的定义公式和计算公式为：

定义公式：

$$SP=\sum\ (X-M_X)\ (Y-M_Y)$$

计算公式：

$$SP=\sum XY-\frac{\sum X\sum Y}{n}$$

3. 两个变量之间相关不应该被解释为因果关系。X 和 Y 是相关的，并不意味着 X 导致 Y 或 Y 导致 X。

4. 为了估计关系程度，我们将相关值平方。由此产生的数值 r^2 就是所谓的决定系数，因为它测量的是一个变量的变异中可以被与另外一个变量的关系预测的部分。

5. 样本相关 r 可以通过 $df=n-2$ 的 t 统计量检验总体相关 ρ 的显著性。

$$t=\frac{r-\rho}{\sqrt{\frac{1-r^2}{n-2}}}$$

6. 偏相关通过保持第三个变量恒定来去除第三个变量的影响，从而测量两个变量之间的相关。

7. 斯皮尔曼相关（r_s）测量的是 X 和 Y 变量方向的一致性，即 X 和 Y 的关系单调的程度。斯皮尔曼相关计算分两步：

a. 将 X 和 Y 分别进行排序。

b. 使用排序值计算皮尔逊相关。

8. 点二列相关测量的是当其中一个变量为二分变量时的关系。二分变量分别记为 0 和 1，使用皮尔逊相关公式计算。将点二列相关平方得到 r^2，可用来测量独立 t 检验的效应大小。当 X 和 Y 两个变量均为二分变量时，可用 φ 相关来测量关系的强度，同样使用皮尔逊相关公式来计算。

9. 当两个变量 X 和 Y 之间存在一般线性关系时，可以通过建立线性方程，然后对任何已知的 X 的值预测相应的 Y 值：

$$\text{预测 } Y \text{ 值}=\hat{Y}=bX+a$$

确定这个方程的方法是回归。使用最小二乘法，以尽量减小预测 Y 值和实际 Y 值之间的误差，当线性方程 b 和 a 由如下公式确定时，就会得到数据的最佳拟合直线：

$$b=\frac{SP}{SS_X}=r\frac{s_Y}{s_X}$$

$$a=M_Y-bM_X$$

10. 回归产生的线性方程（回归方程）可以用来计算任何一个 X 值的预测 Y 值。然而，预测并不是完美的，对于每一个 Y 值，均有一个被预测部分和未被预测部分（残差部分）。预测部分可以用 r^2 测量，残差部分用 $1-r^2$ 测量。

$$\text{预测的变异}=SS_{\text{回归}}=r^2SS_Y$$

$$\text{未被预测的变异}=SS_{\text{残差}}=(1-r^2)\ SS_Y$$

11. 残差变异可以用来计算估计标准误，估计标准误可以测量预测 Y 值和原始 Y 值之间的标准距离。估计标准误计算公式如下：

$$\text{估计标准误}=\sqrt{\frac{SS_{\text{残差}}}{n-2}}=\sqrt{MS_{\text{残差}}}$$

可以使用 F 比值来检验回归方程的显著性。这个过程被称为回归分析，它决定方程是否能够预测 Y 值变异的显著部分。首先要计算预测变异和残差变异的方差或 MS，

$$MS_{\text{回归}}=SS_{\text{回归}}/df_{\text{回归}}\quad (df=1)$$

$$MS_{\text{残差}}=SS_{\text{残差}}/df_{\text{残差}}\quad (df=n-2)$$

$$F=\frac{MS_{\text{回归}}}{MS_{\text{残差}}}\quad (df=1,\ n-2)$$

回归分析的 F 比值与相关显著性检验的 t 值等同。

▼关键术语

相关	偏相关	回归	正相关
斯皮尔曼相关	负相关	线性关系	最小二乘法
点二列相关	Y 的回归方程	皮尔逊相关	二分变量
离均差积和（SP）	φ 相关	预测变异（$SS_{\text{回归}}$）	线性方程
未被预测变异（$SS_{\text{残差}}$）	决定系数	斜率	回归分析
相关矩阵	Y 截距	回归直线	完全相关
估计标准误	有限范围		

▼资源

➢SPSS

附录 D 呈现了 SPSS 的基本操作说明。以下是 SPSS 分析皮尔逊相关、斯皮尔曼相关、点二列相关和偏相关的详细说明。注意：我们主要关注皮尔逊相关，之后说明如何做细微变化来使用此程序计算斯皮尔曼相关、点二列相关和偏相关。在这部分最后会单独介绍 φ 相关。

数据输入

在数据编辑器中输入两列数据，一列是 X 值（VAR00001），一列是 Y 值（VAR00002），每个被试的两个数据在一行上。

数据分析

1. 点击“Analyze”，选择“Correlate”，然后点击“Bivariate”。

2. 将两列数据的标签选入“Variables”中。

3. 选择“Pearson”，此时你也可以选择斯皮尔曼相关等。

4. 点击“OK”。

SPSS 结果

我们使用 SPSS 来计算例 14.13 数据的皮尔逊相关，结果见图 14—19。软件提供了一个相关矩阵，列出了所有可能的相关，包括 X 和 X、Y 和 Y（两者均为完全相关）。我们想要的是 X 和 Y 的相关，在表的右上角（或左下角）。结果还包括相关的显著性水平（p 值或 α 水平）。

为了计算偏相关，点击“Analyze”，选择“Correlate”，点击“Partial”。将求相关的两个变量选入“Variables”，将需固定的变量标签选入“Controlling for”中，点击“Ok”。

为了计算斯皮尔曼相关，将 X 和 Y 变量的等级排序输入到前两列变量中。然后用跟皮尔逊相关同样的程序来进行计算。在第三步中，选择“Spearman”，最后点击“Ok”。（注意：如果是将 X 和 Y 值输入数据编辑器中，SPSS 在计算斯皮尔曼相关之前会将数据转化成顺序数据）

相关

		VAR00001	VAR00002
VAR00001	皮尔逊相关	1	0.847
	显著性（双侧）		0.008
	N	8	8
VAR00002	皮尔逊相关	0.847**	1
	显著性（双侧）	0.008	
	N	8	8

** 相关在 $\alpha=0.01$ 的水平上显著（双侧）。

图 14—19 例 14.13 数据的相关的 SPSS 输出。

为了计算点二列相关，在第一列输入 X 值，在第二列输入二分变量（通常为 0 和 1）。之后按照皮尔逊相关的程序进行。φ 相关的计算是通过将两列二分数据 0 和 1 输入数据编辑器中，然后按照与皮尔逊相关相同的程序进行。然而，如果数据比较多时，这种方法会比较麻烦。以下提供了另一种可以计算大数据集的 φ 相关的方法。

数据输入

1. 在数据编辑器的第一列输入 0，0，1，1（按顺序）。

2. 在第二列输入 0，1，0，1（按顺序）。

3. 计算 $X=0$ 且 $Y=0$ 的个数，将个数写在第三列的第一行；之后计算 $X=0$ 且 $Y=1$ 的个数，写在第三列第二行；接着计算 $X=1$ 且 $Y=0$ 的个数，最后计算 $X=1$ 且 $Y=1$ 的个数，分别写在第三列第三行和第四行。

4. 点击工具栏的“data”，选择“Weight Cases”。

5. 点击“Weight Cases by”，然后将 VAR00003 移入“Frequency Variable”中。

6. 点击“Ok”。

7. 点击“Analyze”，选择“Correlate”，点“Bivariate”。

8. 将包含 0 和 1 的两列变量的标签选入“Variables”中。

9. 确定选择“Pearson”。

10. 点击“Ok”。

SPSS 结果

程序提供与皮尔逊相关相同的相关矩阵。我们需要的还是左上角和右下角的 X 和 Y 的相关。记住，φ 相关的符号是没有意义的。

以下是使用 SPSS 进行回归分析的详细说明。

数据输入

将 X 值输入第一列，Y 值输入第二列。

数据分析

1. 点击“Analyze”，选择“Regression”，点击“Linear”。

2. 将 Y 变量标签移入“Dependent Variable”中。

3. 将 X 变量标签移入“Independent Variable”中。

4. 点击“Ok”。

SPSS 结果

我们使用例 14.13、例 14.14 和例 14.15 的数据，用 *SPSS* 来进行回归分析。结果见图 14—20。模型总结表呈现了 R、R_2 和估计标准误。（注意，R 为 X 和 Y 的皮尔逊相关。）ANOVA 表格呈现了检验回归方程显著性的回归分析，包括 F 值和显著性水平（p 值或 α 水平）。系数表总结了回归方程的非标准化和标准化的结果。非标准化结果包括常数 a 和系数 b，标准化结果为 β 值。β 仅仅是 X 和 Y 的皮尔逊相关系数。最后，表格使用 t 检验来检验预测变量的显著性。这与回归方程的显著性相同，且 t 值等于回归分析 F 值的平方根。

模型总结表

模型	R	R^2	修正 R^2	估计标准误
1	0.847[a]	0.718	0.671	2.70801

ANOVA[b]

模型	*SS*	df	*MS*	F	显著性水平
1 回归	44.000	6	7.333		
残差	156.000	7			
总计	112.000	1	112.000	15.273	0.008[a]

系数表

模型	未标准化系数		标准化系数	t	显著性水平
	B	标准误	Beta		
1 （序数）	−1.000	2.260		−0.442	0.674
VAR00001	2.000	0.512	0.847	3.908	0.008

图 14—20　例 14.13、例 14.14 和例 14.15 的数据的回归分析的部分 SPSS 输出。

➤关注问题解决

1. 相关值总是介于 +1.00 与 −1.00 之间。如果相关值不在此范围之内，则必定出现了计算错误。

2. 当解释相关时，不要将符号（+ 或 −）和其数值混淆。符号和数值必须分开考虑。注意，符号表示 *X* 和 *Y* 之间的关系的方向。数值反映了两者关系程度。因此，相关值为 −0.90 与相关值 +0.90 所反映的程度是相同的。

3. 在计算相关之前，应根据数据画一个散点图并作相关估计。（是正的还是负的？是接近 1 还是接近 0？）当计算相关性后，应对最后的答案与之前的估计值作出比较。

4. 回归分析的 *F* 值常通过 $SS_{回归}$ 和 $SS_{残差}$ 来计算。然而，也可以使用 r^2 来代替 $SS_{回归}$，用 $1-r^2$ 代替 $SS_{残差}$。注意，同样要使用分子和分母正确的 *df* 来计算。

➤示例 14.1

计算下列数据的皮尔逊相关和回归方程。

被试	*X*	*Y*	
A	0	4	$M_X=4$，$SS_X=40$
B	2	1	$M_Y=6$，$SS_Y=54$
C	8	10	$SP=40$
D	6	9	
E	4	6	

步骤 1　绘制散点图。我们首先绘制数据的散点图（见图 14—21），并沿着数据点做封闭曲线对相关进行初步的估计。请注意，封闭曲线是狭长的。这表明，相关值的范围可能是 0.80 到 0.90。此外，相关是正的，因为 *X* 增加伴随着 *Y* 的增加。通过数据封闭曲线中央和数据点可以画一条直线。现在，我们可以大致估计最佳拟合直线的斜率和截距。

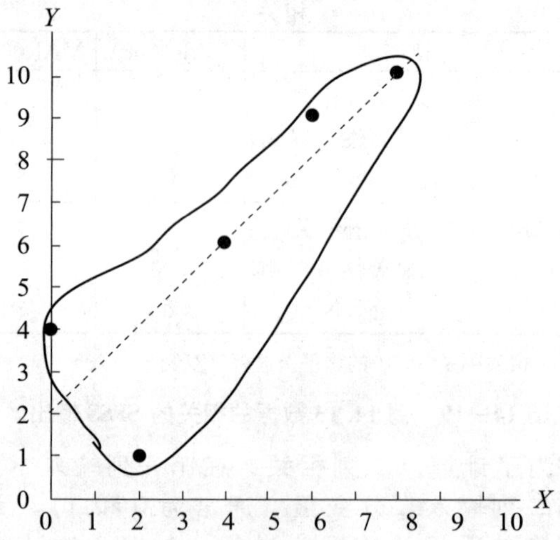

图 14—21　示例 14.1 的数据散点图。图中封闭的曲线用来估计相关。通过在封闭区域的中央画出一条直线粗略地估计回归方程的斜率和 Y 截距。

步骤 2　计算皮尔逊相关。

$$r=\frac{SP}{\sqrt{SS_XSS_Y}}$$

$$=\frac{40}{\sqrt{40\ (54)}}$$

$$= \frac{40}{\sqrt{2\ 160}}$$

$$= \frac{40}{46.48}$$

$$= 0.861$$

在步骤 1 中，我们对相关的初步估计为 0.80 到 0.90 之间。计算的相关值与这个估计值是一致的。

步骤 3 计算回归方程的值。回归方程的一般形式为：

$\hat{Y} = bX + a$，其中，$b = \frac{SP}{SS_X}$和 $a = M_r - bM_X$

对于这些数据，$b = 40/40 = 1$，$a = 6 - 1\ (4) = +2.00$

最后，回归方程为：

$\hat{Y} = bX + a = 1X + 2$ 或 $\hat{Y} = X + 2$

步骤 4 评估相关和回归方程的显著性。零假设为 X 和 Y 值没有线性关系，样本相关和回归方程仅是抽样误差的结果。用相关的术语来说，H_0是总体相关为 0（$\rho = 0$）。用回归方程的术语来说，H_0是方程不能够预测变异的显著部分或 β 值为 0。检验相关用 t 检验，回归分析用 F 比值。使用 F 比值，我们可以得到：

$$SS_{回归} = r^2\ (SS_Y)$$

$$= (0.861)^2\ (54)$$

$$= 40.03,\ df = 1$$

$$SS_{残差} = (1 - r^2)\ (SS_Y)$$

$$= (1 - 0.861^2)\ (54)$$

$$= 13.97,\ df = n - 2 = 3$$

$$F = MS_{回归} / MS_{残差}$$

$$= \frac{40.03/1}{13.97/3}$$

$$= 8.60$$

$df = 1, 3$，$\alpha = 0.05$，临界值为 10.13。不能够拒绝零假设。相关和回归的结果均不显著。

➢练习题

1. a. 皮尔逊相关的符号（+或-）可以提供哪些信息？

b. 皮尔逊相关系数可以提供哪些信息？

2. 计算下列数据的 SP 值。注意：均值均为整数，所以使用定义公式更方便。

X	Y
0	2
1	4
4	5
3	3
7	6

3. 计算下列数据的 SP 值。注意：均值均为小数，所以使用计算公式更方便。

X	Y
0	2
0	1
1	0
2	1
1	2
0	3

4. 对于下列数据，

a. 绘制出散点图并估计皮尔逊相关系数。

b. 计算皮尔逊相关系数。

X	Y
1	3
3	5
2	1
2	3

5. 对于下列数据，

a. 绘制出散点图并估计皮尔逊相关系数。

b. 计算皮尔逊相关系数。

X	Y
1	7
4	2
1	3
1	6
2	0
0	6
2	3
1	5

6. 对于下列数据，

a. 绘制出散点图并估计皮尔逊相关系数。

b. 计算皮尔逊相关值。

X	Y
1	6
4	1
1	4
1	3
3	1

7. 对于小样本，一个点会对相关大小有很大的影响。为了构造以下数据，我们将第 6 题中的第一个 X 值从 X = 1 变为 X = 6。

a. 绘制出散点图并估计皮尔逊相关系数。

b. 计算皮尔逊相关系数。

X	Y
6	6
4	1
1	4
1	3
3	1

8. 对于下列数据，

a. 计算皮尔逊相关系数。

b. 每个 X 值都加上 2 之后计算皮尔逊相关系数。给每个值增加一个常数，相关如何变化？

c. 初始的每个 X 值都乘以 2 之后计算皮尔逊相关系数。给每个值乘以一个常数，相关如何变化？

X	Y
6	4
3	1
5	0
6	7
4	2
6	4

9. Judge 和 Cable（2010）发现在职女性的体重和收入呈负相关。下面的数据与研究得到的数据相似。为了简化体重变量，女性被分为五类，从 1＝最瘦到 5＝最重。收入数据是年收入（以千为单位，四舍五入到千）。

a. 计算数据的皮尔逊相关系数。

b. 相关是否显著？使用双侧检验，$\alpha=0.05$。

体重（X）	收入（Y）
1	125
2	78
4	49
3	63
5	35
2	84
5	38
3	51
1	93
4	44

10. 研究者也关注了男性体重和薪水的关系，发现二者呈正相关，也就是说，男性和女性之间有差异（Judge 和 Cable，2010）。下面的数据与研究得到的数据相似。与第 9 题一致，为了简化体重变量，男性被分为五类，从 1＝最瘦到 5＝最重。收入数据是年收入（以千为单位，四舍五入到千）。

a. 计算数据的皮尔逊相关系数。

b. 相关是否显著？使用双侧检验，$\alpha=0.05$。

体重（X）	收入（Y）
4	156
3	88
5	49
2	73
1	45
3	92
1	53
5	148

11. 鉴定有患阿尔兹海默症高风险的个体通常需要做一系列认知测验。研究者发明了一种称为“7 分钟荧屏”的方法，能够较快且容易达到同样的目的。问题是“7 分钟荧屏”是否如完整的系列测验一样有效。为了证明这个问题，Ijuin 等（2008）对一组病人实施了两种测验来比较结果。下面的数据与研究得到的数据相似。

a. 计算皮尔逊相关系数，测量两个测验之间的关系程度。

b. 相关是否显著？使用双侧检验，$\alpha=0.01$。

c. “7 分钟荧屏”能够预测认知测验的差异的百分之多少？（计算 r^2）

被试	7 分钟荧屏	认知系列测验
A	3	11
B	8	19
C	10	22
D	8	20
E	4	14
F	7	13
G	4	9
H	5	20
I	14	25

12. 前面的章节提过，当样本量大时，即使很小的效应也能达到显著。例如，一个研究者得到一个 $n=10$ 的样本的相关 $r=0.60$。

a. 这个样本是否能得出总体存在显著相关？使用双侧检验，$\alpha=0.01$。

b. 如果 $n=25$，相关是否显著？使用双侧检验，$\alpha=0.01$。

13. 研究者测量了三个变量：X、Y 和 Z，样本量 $n=25$。三个变量间的皮尔逊相关系数分别为：$r_{XY}=0.8$，$r_{XZ}=0.6$，$r_{YZ}=0.7$。

a. 求将 Z 固定，X 和 Y 的偏相关。

b. 求将 Y 固定，X 和 Z 的偏相关。

14. 第 9 题中证明职业女性体重和收入呈负相关。然而，体重被记为五个类别，可以被看作顺序量表而不是等距或等比量表。如果这样的话，斯皮尔曼相关比皮尔逊相关更适合。将体重和收入转换成排序等级，然后计算题 9 中的斯皮尔曼相关系数。

15. 第 10 章的 23 题发现，用头击过球的足球运动员的认知成绩显著低于游泳运动员的。独立样本 t 检验 $t=2.11$，$df=11$，$r^2=0.288$（28%）。

a. 将数据转化成点二列相关的合适形式（游泳运动员为 1，足球运动员为 0），并计算点二列相关。

b. 将点二列相关平方来检验跟第 10 章的 r^2 是否相同。

16. 研究发现高智商的人更愿意做研究的被试，但是不包括催眠之类的特殊研究。为了证明这种现象，一个研究者对一组大学生进行了问卷调查。研究调查了学生的平均绩点（智商测量），学生是否愿意参加一个会被催眠的研究。结果发现 10 个智商较低人中，7 个人愿意参加研究；10 个智商较高的人中，2 个人愿意参加催眠研究。

a. 将数据转化成可以计算 φ 相关的合适形式。

b. 计算 φ 相关。

17. 绘制回归方程 $Y=-2X+4$ 的直线。在同样的图上画出 $Y=X-4$。

18. 回归方程要成为数据"最佳拟合"的直线。"最佳拟合"的标准是什么？

19. $n=20$ 对数据 X 和 Y，$SS_X=16$，$SS_Y=100$，$SP=32$。如果 X 均值 $M_X=6$，Y 均值$M_Y=20$，

a. 计算皮尔逊相关系数。

b. 写出 X 预测 Y 的回归方程。

20. $n=25$ 对数据 X 和 Y，回归方程为 $\hat{Y}=3X-2$。找出当 X 为 0、1、3、-2 时 Y 的预测值。

21. 对于下列数据，

a. 写出 X 预测 Y 的回归方程。

b. 计算回归方程的估计标准误。

X	Y
7	6
9	6
6	3
12	5
9	6
5	4

22. 21 题的回归方程是否解释了 Y 变异的显著部分？使用 $\alpha=0.05$ 来检验 F 值。

23. 对于下列数据，

a. 写出 X 预测 Y 的回归方程。

b. 计算每个 X 的 Y 预测值。

X	Y
3	6
6	1
3	4
3	3
5	1

24. 你可能猜测对生活不满意的人是最愿意参加政治活动以改变一些事情的，研究者的发现却相反。Flavin 和 Keane（2011）发现生活满意度和政治参与呈正相关。政治活动包括参加集会、为候选人服务等。以下数据跟研究中得到的数据相似。

a. 写出生活满意度预测政治参与的回归方程。

b. 使用 $\alpha=0.05$ 检验回归方程的显著性。

生活满意度	政治参与
5	4
8	7
3	2
6	9
3	5
1	3
4	6
2	4

25. 第 9 题检验了 10 名女性体重和收入的相关。体重被分为 5 类，均值 $M=3$，$SS=20$。收入的均值 $M=66$，$SS=7430$，$SP=-359$。

a. 写出体重预测收入的回归方程。

b. 回归方程解释了收入差异的百分之多少？（计算 r，然后算出 r^2）

c. 回归方程是否解释了收入变异的显著部分？使用 $\alpha=0.05$ 来检验 F 值。

26. 有证据表明较早退休会造成记忆力减退（Rohwedder 和 Willis，2010）。研究者测量了多个国家 60～64 岁在不同年龄退休的人。对于每个国家，研究者报告了平均记忆成绩和 60～64 岁人的退休比例。注意，退休比例越高表明国家的退休年龄越小。使用数据写出 60～64 岁退休比例预测记忆成绩的回归方程。

国家	退休比例%（X）	记忆成绩（Y）
瑞典	39	9.3
美国	48	10.9
英国	59	10.7
德国	70	9.1
西班牙	74	6.4
荷兰	78	9.1
意大利	81	7.2

续前表

国家	退休比例%（X）	记忆成绩（Y）
法国	87	7.9
比利时	88	8.5
奥地利	91	9.0

27. $n=18$ 对 X 和 Y 值，相关 $r=+0.80$，$SS_Y=100$。

a. 计算回归方程的估计标准误。

b. 如果样本量 $n=38$，标准误将变为多少?

28. a. 一组数据包括 20 对 X 和 Y 值，相关 $r=0.70$，如果 $SS_Y=150$，写出回归方程的估计标准误。

b. 另一组数据包括 20 对 X 和 Y 值，相关 $r=0.30$，如果 $SS_Y=150$，写出回归方程的估计标准误。

29. a. 研究者计算了一个 $n=25$ 对 X 和 Y 值的样本。如果使用回归分析来检验方程的显著性，那么 F 比值的自由度为多少?

b. 一个研究者检验回归方程的 F 比值的自由度 $df=1$，18。则样本有多少对 X 和 Y 值?

第 15 章

卡方检验：拟合优度和独立性检验

章节概览

学习本章需使用的相关知识

下列术语是学好本章的关键背景知识，如果对这些知识有不明白之处，应复习先前学过的相关章节。

- 比例（数学知识回顾，附录 A）。
- 频数分布（第 2 章）。

15.1 参数和非参数统计检验

到目前为止，我们研究的所有统计检验都旨在对特定总体参数进行假设检验。举例来说，我们使用 t 检验评估有关 μ 以及 $\mu_1-\mu_2$ 的假设。此外，这些检验通常会作出有关总体分布形态和其他总体参数的假设。注意，方差分析时总体正态分布和方差齐性是必要的。因为这些检验都关注参数，并要求有关参数的假设，所以这就是所谓的参数检验。

参数检验的另一个一般特征是，样本中每个被试都需要有数值评分。然后将其数值相加、平方、平均，否则就使用基本的算术对其操纵。在测量量表中，参数检验要求数据来自等距量表或等比量表（见第 1 章）。

但是，研究人员往往会面临不符合参数检验的实验情况。在这些情况下，可能不适合使用参数检验。注意，当一个检验的假设被推翻时，可能会导致错误的解释。所幸的是，几个假设检验工具可以替代参数检验。这些办法就是所谓的非参数检验。

在这一章中，我们将引入有关非参数检验的两个常用的例子。这两项检验都基于卡方统计，并且这两项检验都是使用样本数据评估总体比例或关系的假设。请注意，这两个卡方检验与大多数非参数检验一样，不存在具体参数和总体分布的假设。因为后者的原因，非参数检验有时被称为自由分布检验。

参数和非参数检验最明显的区别是它们使用的数据类型。到目前为止，我们已研究的所有的参数检验都需要数值分数。而对于非参数检验，通常将被试分类，如民主党和共和党，或高、中、低智商。请注意，这些分类涉及称名量表或顺序量表，它们没有数值可以用来计算平均数和方差。另外，许多非参数检验的数据只是频率，比如在样本量为 100 的已登记选民中的民主党员和共和党员人数。

现在，你可以选择使用参数或者非参数检验。非参数检验往往包括将数值型数据转化为非数值型的分类数据。例如，对于测量自尊的数值型分数，你可以将其分为三类，即高自尊、中等自尊和低自尊。在多数情况下，更推荐使用参数检验，因为它更能检验出真实的差异或关系。但是，也存在一些更适合将数值型数据转化为分类数据的情境。

1. 在一些时候获得分类数据的测量更简单。比如，测量学生的领导能力，将其分为高、中、低类别比获得数值分数更加简单。

2. 原始分数可能会违背一些统计方法的基本假设。比如，t 检验和方差分析假设数据服从正态分布，而且独立样本 t 检验假设不同总体拥有相等的方差（即方差齐性假设）。如果研究者怀疑数据不满足这些假设，那么转化为分类数据从而采用非参数检验会更安全。

3. 原始分数可能具有不寻常的大的方差。方差是影响 t 检验分母和 F 比值中分母误差项的主要部分。因此，大的方差会大大降低这些参数检验的似然值。将这些原始分数转化为分类数据可以减小方差。例如，可以把所有个体分为三类（高、中、低），不管它们的原始分数变异性有多大。

4. 有些时候，一个实验可能会产生一个不确定的或者无穷的分数。例如，老鼠在走某个迷宫时，经上百次试验仍没有表现出解决问题的迹象，那么这只老鼠就有了无穷的或未确定的分数。虽然没有确切的数值，但是你可以把它归为最高的分组，然后将其他老鼠根据其所得的数值型分数对应分组。

15.2 拟合优度的卡方检验

参数如均值和标准差是最常见的描述总体的方式，但是在有些情况下，研究员对分布的比例或相对频率还存在疑问。举例来说：

女性职业律师人数与男性职业律师人数相比结果如何？

对于可口可乐公司的两个领导品牌，大多数美国人喜欢哪一种？

在过去的十年里，修读商学专业的大学生比例发生显著的变化了吗？

请注意，前面的每个例子都是有关总体比例的问题。特别是，我们并没有得到每个人的数值评分。相反，只是将个体分类，并想知道每个类别占总体的比例。拟合优度的卡方检验就是专门用来回答这种类型的问题的。从总体上看，卡方检验是假设检验，它主要使用样本分布的比例来检验关于总体分布的相应比例的假说。

定义

拟合优度的卡方检验主要使用样本数据检验有关总体分布形态或比例的假说。检验决定所获得的样本比例与虚无假设中的总体比例的拟合程度。

回忆第 2 章中，频数分布的定义是描述测量尺度中每一类被试数目的一个指标。在一个频数分布图中，测量尺度的分类位于 X 轴。在一个频数分布表中，分类列于第一列。但是，卡方检验习惯用一系列方块来呈现测量尺度，每个方块对应一个单独的类别。每一类别相应的频数将列于每个方块内。图 15—1 显示，可以做一个图、一个表或一系列的方块显示每组 40 名学生成绩等级（A，B，C，D，E，F）的分布。

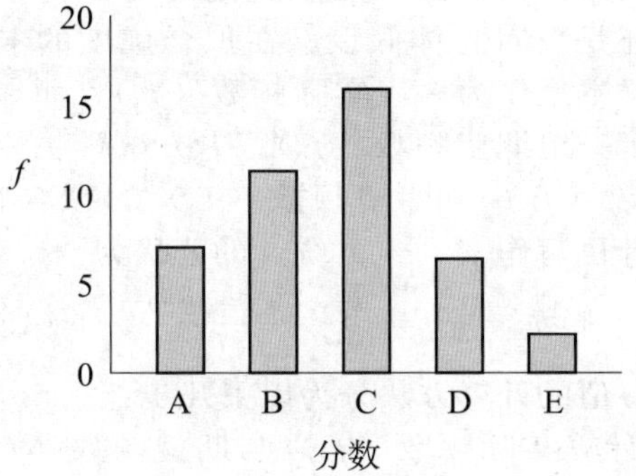

X	f
A	5
B	11
C	16
D	6
E	2

A	B	C	D	E
5	11	16	6	2

图 15—1　一个 $n=40$ 的学生样本的成绩分布。相同的频数分布可通过直方图、频数分布表来表示。

拟合优度的卡方检验的虚无假设

在拟合优度的卡方检验中，虚无假设设定了每个类别在总体中所占的比例（或百分比）。例如，假设男性律师占 50%，女性占 50%。呈现假设最简单的方法是把假设比例列入表格中：

	男	女
H_0：	50%	50%

虽然研究人员可以选择任何比例为虚无假设，但是通常会有一些清楚界定的理由来说明虚无假设。H_0往往属于下列类别之一：

1. 无偏好、等比例假设。虚无假设往往是陈述不同类别之间没有偏好。在这种情况下，H_0假设总体平均分为几个类别。举例来讲，一个假设认为人们对软饮料的三个领导品牌没有偏好，总体分布如下：

	品牌 1	品牌 2	品牌 3	
H_0：	1/3	1/3	1/3	（总体对三种饮料的偏好是相同的。）

无偏好的假设用于研究人员想要确定类别之间是否有任何偏好，或一类和另一类的比例是否有不同的情境中。

因为拟合优度检验的虚无假设假定总体服从特定分布，备择假设则简单地假设总体分布与 H_0 中设定的不同。如果虚无假设假定总体被等分为三类，那么备择假设就是假定总体并没有被等分。

2. 在已知总体中没有差别。虚无假设认为一个总体中的比例与另外一个总体中的比例是没有什么不同的。举例来说，假设国内 28%的持驾照司机年龄小于 30 岁，72%大于 30 岁。研究者想知道拿到超速罚单的比例在两个群体中是否一致。虚无假设认为两个总体中持有罚单的比例相同，因此在司机的年龄分布和拿到罚单的司机的年龄分布之间没有差异。也就是说，虚无假设为：

	拿到罚单的司机小于 30 岁	拿到罚单的司机大于 30 岁	
H_0：	28%	72%	（拿到罚单司机的年龄比例与整体司机的年龄比例相同）

无差异的假设用于一个特定总体的分布是已知的情况。例如，较早时可能有一个已知的分布，问题是分布比例是否有变化。或者是否可能由一个已知的人口分布比例（司机）推测另外一个总体（持罚单司机）也具有相同的人口分布比例。

备择假设（H_1）只是假设总体分布与 H_0有不同的形态。比如，H_1认为持罚单的司机数量在一个年龄组更多，在另一个年龄组更少。

拟合优度卡方检验的数据

卡方检验的数据尤其简单。不需要计算样本均值或 SS，而只需要选择一个 n 个被试的样本和计算每个类别中的数量。结果就是所谓的实际频数，其符号为 f_o。例如，下面的数据代表了一个 $n=40$ 名大学生的样本的实际频数。这些学生基于他们报告的每周锻炼的次数被分为三类。

不锻炼	一周一次	一周多于一次	
15	19	6	$n=40$

注意，样本中的每个个体只能分到其中一个类别。因此，在这个例子中，频数代表三个完全独立的学生群体：15 个不规律锻炼的、19 个平均每周锻炼一次的和 6 个每周锻炼多于一次的。还要注意，实际频数总和等于总样本数：$\sum f_o = n$ 最后，你应该意识到我们并不是把个体分配到各类别当中，而是通过对个体的测量来决定他们属于哪个类别。

定义

实际频数是被分入每个特定类别的样本的数量。每个个体都只能在一个类别中。

期望频数

拟合优度的卡方检验的总目标是比较数据（实际频数）与虚无假设。问题就是确定数据如何拟合 H_0 指定的分布，因此取名为拟合优度。

卡方检验的第一步是建立一个假设性的样本，如果这个样本比例与虚无假设中总体的比例完全一致，那么它可以代表样本分布。例如，假设虚无假设认为总体按如下比例分为三类：

	类别 A	类别 B	类别 C
H_0：	25%	50%	25%

如果这一假设是正确的话，你如何预期随机抽样选出的 $n=40$ 个人的分布？应该清楚你的最佳策略就是要预测 25%的样本将在 A 类，50%的样本将在 B 类，25%的样本将在 C 类。准确地找到每一类别的期望频数需要将虚无假设中的比例乘以样本大小（n）。例如，你期望：

类别 A：40 中的 25%=0.25×40=10

类别 B：40 中的 50%=0.50×40=20

类别 C：40 中的 25%=0.25×40=10

虚无假设的预测频数就是所谓的期望频数，其符号是 f_e，每一类别期望频数的计算方法为：

$$\text{期望频数} = f_e = pn \qquad (15\text{—}1)$$

其中，p 是虚无假设中的比例，n 是样本量。

定义

每一类别的期望频数是由虚无假设中的比例和样本量（n）预测的。期望频数是一个理想的、假设性的样本分布。样本的比例只有与虚无假设中指定的总体比例完全一致时，才能得到上述的样本分布。

注意，无偏好虚无假设中，每个类别都有相同的 f_e，因为所有类别的比例（p）是相同的。另一方面，无差异虚无假设通常不会产生相同的期望频数，因为假设比例通常由一类到另一类时会有变化。注意，计算出的期望频数、假设值和数量都可能会获得小数或分数。另一方面，实际频数始终代表真实的个体和完整的数目。

卡方统计

任何假设检验的一般用途是确定该样本数据是支持还是反对总体假设。在拟合优度的卡方检验中，样本是作为一组实际频数（f_o），而虚无假设代表了一组期望频数（f_e）。卡方统计主要测量实际频数（f_o）与期望频数（f_e）的拟合程度。卡方统计也写作 χ^2。卡方统计的公式为：

$$\text{卡方} = \chi^2 = \sum \frac{(f_o - f_e)^2}{f_e} \qquad (15\text{—}2)$$

卡方值的计算方法分为以下几步：

1. 计算实际频数（f_o）与期望频数（f_e）的差值。
2. 将差值平方。这样可确保所有的值都是正的。
3. 然后将差值的平方再除以 f_e。
4. 最后求所有分类值的总和。

卡方公式的分子是相当容易理解的。具体来说，主要是测量实际频数（f_o）与期望频数（f_e）的差异。较大的值表明该数据与假设不拟合，所以我们拒绝假设。

但是，分母计算公式不是很容易理解的。为什么我们在求和之前要再除以 f_e？这个问题的答案是，f_o 与 f_e 的差距是比较大的还是相对较小的，决定于期望频数的大小。在以下类推中将会证实这一观点。

假设你要举办一个派对，并预期有 1 000 个客人。然而，在派对上的实际客人数量为 1 040 人。当你计划有 1 000 人时，比预期多 40 人是没有什么大问题的，并且大家可能仍然有足够的啤酒和薯片。另一种情况，假设你有一个派对，你预期 10 人出席，而实际上来了 50 人。在这种情况下，多出来的 40 个客人将会导致大麻烦。差异如何“显著”，部分取决于你原先的预期。大的期望频数将会允许 f_o 与 f_e 之间出现更大的误差。所以最后将差值的平方 $(f_o - f_e)^2$ 除以 f_e。

卡方分布和自由度

由卡方公式可以清楚地知道，卡方值主要衡量实际频数（数据）与期望频数（H_0）的差异。当 f_o 与 f_e 的差异比较大时，卡方值也比较大，并且得出结论，数据与假设不拟合。因此，较大的卡方值将导致我们拒绝 H_0。另外，当实际频数非常接近期望频数时，卡方值则比较小，于是得出结论，认为数据与假设有较好的拟合度。因此，小的卡方值表明，我们不能拒绝 H_0。决定一个具体的卡方值是大还是小，必须提到卡方分布，即当 H_0 为真时所有可能的随机样本的卡方值分布。就像我们曾研究的其他分布（t 分布，F 分布）一样，卡方分布是一个具有清楚界定特点的理论分布。从卡方公式很容易推断这些特点：

1. 卡方公式涉及平方值。因此，所有的卡方值都是零或大于零。

2. 当 H_0 为真时，实际频数非常接近期望频数。因此，当 H_0 为真时，我们预期卡方值会比较小。

这两个特点表明，典型的卡方分布是正偏态分布（见图 15—2）。请注意，当 H_0 为真时，卡方值较小或趋近于零，大的值（在右侧）是非常不可能的。因此，非常大的卡方值将会形成假设检验的拒绝域。

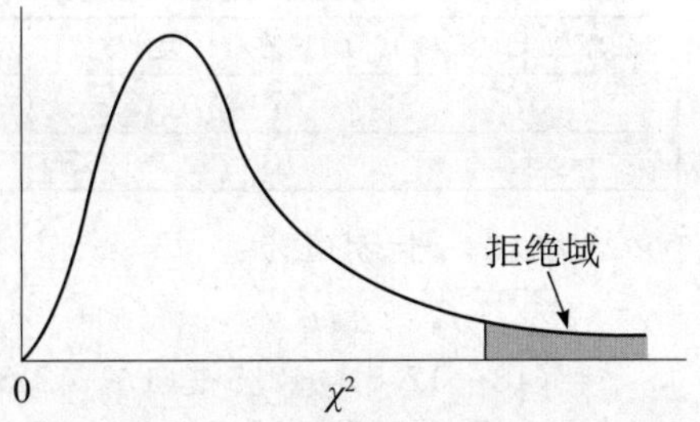

图 15—2　卡方分布是正偏态分布，极端值位于尾端，代表较大的卡方值。

虽然典型的卡方分布是正偏态的，但是有一个其他因素——类别数目会对卡方分布的确切形态起作用。注意，卡方公式需要对每一个类别的值求和，更多的类别就有可能获得更大的卡方值。一般而言，10 个类别的卡方值将超过只有 3 个类别的卡方值。因此，一个精确形态的卡方分布取决于研究中使用的类别数量。在技术上，每个具体的卡方分布由其自由度确定，而非类别数。拟合优度的卡方检验的自由度的计算公式为：

$$df = C - 1 \tag{15—3}$$

其中 C 是类别数量。在专栏 15—1 中将对 df 公式进行简要解析，图 15—3 显示了 df 值与卡方分布形态的一般关系。注意，随着类别数量和自由度的增加，卡方值倾向于变大（向右移动）。

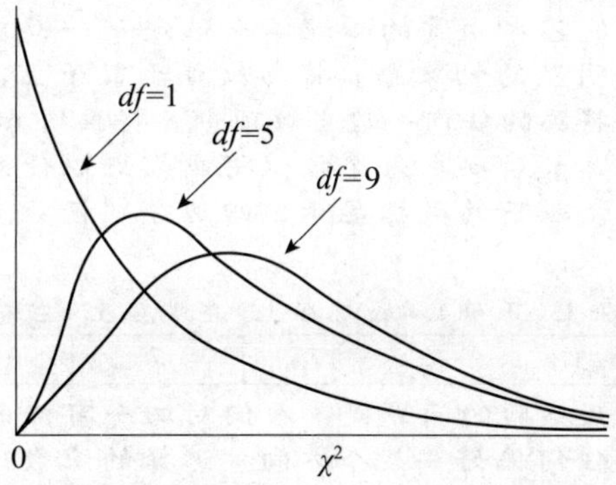

图 15—3　不同 df 值的卡方分布形态。类别数越多，卡方分布顶点（众数）的卡方值越大。

专栏 15—1　细看自由度

卡方检验的自由度从字面上看，主要测量当你确定虚无假设或期望频数时可以自由选择的数目。例如，当将个体分为三个类别时，你在陈述假设检验时就有两个完全自由的选择。你可以为前两种类别选择任何两种比例，但是这样的话，第三种类别的比例就确定了。如果假设第一类占 25%，第二类占 50%，那么在 100%的总体中，第三类只能占 25%。

类别 A	类别 B	类别 C
25%	50%	?

一般情况下，你可以自由地选择所有类别的比例，除了其中的一类，因为最后的比例事实上是确定的，即全部数据共计 100%。因此，自由选择数为 $C-1$，其中 C 是类别数：自由度 $df=C-1$。

卡方检验的拒绝域

一个较大的卡方统计值表明，实际数据和虚无假设存在很大的差异，所以我们拒绝 H_0。确定具体的卡方值是否显著较大，必须查看卡方分布表（附录 B）。表 15—1 是卡方分布表的一部分。第一栏列出了卡方检验的 df 值，表中最上面一行列出了分布中右侧极端值的比例（显著性水平）。表中的数值是卡方检验的临界值。例如，该表显示，在一个 $df = 3$ 的卡方分布中，只有 5%（0.05）的值大于 7.81，只有 1%（0.01）的值大于 11.34。

表 15—1　　卡方分布表的一部分。

	拒绝域的比例				
df	0.10	0.05	0.025	0.01	0.005
1	2.71	3.84	5.02	6.63	7.88
2	4.61	5.99	7.38	9.21	10.60
3	6.25	7.81	9.35	11.34	12.84
4	7.78	9.49	11.14	13.28	14.86
5	9.24	11.07	12.83	15.09	16.75
6	10.64	12.59	14.45	16.81	18.55
7	12.02	14.07	16.01	18.48	20.28
8	13.36	15.51	17.53	20.09	21.96
9	14.68	16.92	19.02	21.67	23.59

拟合优度的卡方检验的实例

下面的例子演示了拟合优度假设检验的完整过程。

例 15.1

研究艺术欣赏的心理学家选定了一幅顶部和底部不明显的抽象画。将画放置于架子上，这样就可以将画的任何一边当做顶部。将画给 50 名被试欣赏，最后要求每个被试将画摆好以使画看起来最美。以下的数据显示了四边分别被放置在顶端的次数：

顶端在上（正确）	底端在上	左端在上	右端在上
18	17	7	8

假设检验的问题是：人们对四个可能的方向是否有任何偏好？某个方向被选择的次数比预期更多（或更少）是否仅仅是出于偶然呢？

步骤 1　陈述假设，并选择一个显著性水平。该假设陈述如下：

H_0：在一般总体中，没有对任何特定方向的偏好。因此，四个可能的方向选定的频数往往是相同的，总体分布具有以下比例：

顶端在上（正确）	底端在上	左端在上	右端在上
25%	25%	25%	25%

H_1：在一般总体中，人们偏好一个或更多的方向。

显著性水平定为 0.05。

步骤 2　定位临界值。一般来说，卡方检验的自由度为：

$$df = C-1 = 4-1 = 3$$

因为 $df=3$，$\alpha=0.05$，查卡方分布表，临界值 χ^2 是 7.81。图 15—4 描绘了卡方检验的临界值。

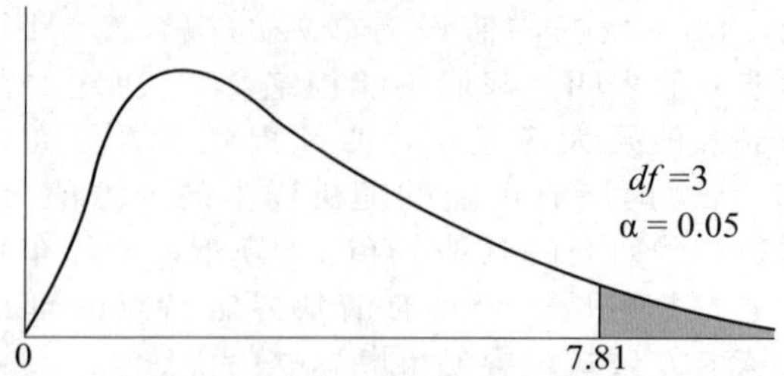

图 15—4　例 15.1 中，卡方临界值是 7.81。

步骤 3　计算卡方统计量。卡方的计算分为两个阶段。首先，根据 H_0 计算出期望频数，然后计算卡方值。在此例中，虚无假设指定每个类别的比例 $p=25\%$（或 $p=1/4$），样本大小是 $n=50$。因此，每个类别的期望频数为：

$$f_e = pn = \frac{1}{4} \times 50 = 12.5$$

实际频数和期望频数列于表 15—2 中。

表 15—2　　例 15.1 中的实际频数和期望频数。

	顶端在上（正确）	底端在上	左端在上	右端在上
实际频数	18	17	7	8
期望频数	12.5	12.5	12.5	12.5

基于以上数据，卡方值为：

$$\begin{aligned}\chi^2 &= \sum(f_o - f_e)^2/f_e \\ &= (18-12.5)^2/12.5+(17-12.5)^2/12.5 \\ &\quad +(7-12.5)^2/12.5+(8-12.5)^2/12.5 \\ &= 30.25/12.5+20.25/12.5+30.25/ \\ &\quad 12.5+20.25/12.5 \\ &= 2.42+1.62+2.42+1.62 \\ &= 8.08\end{aligned}$$

步骤 4　做出决定和结论。所得到的卡方值在拒绝域中。因此，拒绝 H_0，研究者得出结论，四个方向并不是完全同等被偏好的。反之，四个方向有着显著的差异，即与期望频数相比，一些方向会有更多人选择，而另外一些方向选择的人数则比偶然情况更少。

在文献中　　报告卡方值

APA 为在科学杂志上报告卡方统计指定了具体的格式。例如，图 15—1 的结果呈现如下：

被试对画的四个方向的挂法有着显著的偏好，χ^2（3，$n=50$）$=8.08$，$p<0.05$。

注意，报告的形式与我们已介绍的其他统计检验类似。首先，自由度呈现于卡方符号后的括号内。在括号中也包含样本大小（n）。此附加信息是重要的，因为自由度基于类别数量（C），而不是样本大小。其次，介绍计算的卡方值，最后，介绍犯第一类错误的概率。因为我们得到了一个极端的、非常不可能的卡方值，所以报告的概率小于 α 水平。此外，报告应提供每一类别的实际频数（f_o）。该信息应该用一个简单的句子或者一个表来呈现。

拟合优度和单样本 t 检验

本章开始就对参数检验和非参数检验之间的差异进行了讨论。在此背景下，拟合优度的卡方检验便是一个非参数检验的例子，因为该例中没有关于总体分布的参数的假设，以及不需要区分是等距数据还是等比数据。与此相反，在第 9 章介绍的单样本 t 检验就是一个参数检验的例子：它假定总体为正态分布，并测量总体平均数（一个参数），以及需要可以求和、平方和相除等的数值。

虽然卡方检验和单样本 t 检验明显不同，但它们也非常类似。尤其是，这两项检验是试图利用一个样本的数据检验一个总体的假设。

决定是使用卡方检验还是 t 检验的主要因素在于测量每名被试获得的数据类型。如果是样本数据构成的数值（等距或等比），则适合计算样本均值和应用 t 检验评估有关总体均值的假设。举例来说，研究人员测量一个登记选民样本中每个个体的 IQ，然后 t 检验可以用来评估整个登记选民总体的 IQ 均值。另外，如果样本中的被试被分为几个类别（基于称名或顺序量表），则可以使用卡方检验评估有关总体的比例的假设。举例来说，研究人员可以把已登记的选民样本按性别归类，然后计算男性和女性的人数。卡方检验适合评估有关总体比例的假设。

学习检查

1. 卡方检验中，实际频数总是整数。（判断对错）

2. 卡方检验中，期望频数总是整数。（判断对错）

3. 研究人员已研发出 3 种不同的电脑键盘的设计，对样本 $n=60$ 的被试测试这三种键盘，并确定他或她的最喜欢的。频数分布如下：

设计 A	设计 B	设计 C	
23	12	25	$n=60$

a. 卡方统计量的自由度为多少？

b. 假定虚无假设为人们对这三种设计的偏好没有差异，计算卡方检验中的期望频数。

答案

1. 对。实际频数是通过计数获得的。

2. 错。期望频数是通过计算获得的，可能为分数或小数。

3. a. $df=2$。

b. 根据虚无假设，每种设计都有三分之一的人偏爱，因此期望频数都是20。

15.3　独立性的卡方检验

卡方统计也可用来测量两个变量之间是否有关系。在这种情况下，样本的每一个个体用两个变量来测量或归入两个不同的变量。例如，表 15—3 给出了来自一个经典实验的数据，即目击记忆如何受到对目击者提问问题的影响（Loftus & Palmer，1974）。在这个研究中，150 名学生观看一部汽车事故的电影，此后学生被分为三组并被提问有关电影中事故的问题。第一组的提问问题为“当两辆车撞上时它们的速度大约有多快?”第二组被提问的问题与第一组相同，只不过把“撞”改为了“碰”。第三组作为控制组未被提问关于两辆汽车速度的任何问题。一周后，被试们被提问是否记得在影片中看到碎玻璃（在影片中并没有碎玻璃）。注意，研究者操纵了原始问题的提问形式，并在一周后测量被试在随后问题上的反应（是/否）。表 15—3 给出了这一研究设计的类似于矩阵的结构，自变量（不同的组别）决定了矩阵的行，因变量（是/否）的两个类别决定了矩阵的列。每一个单元格中的数代表被试分布在各个类别中的人数。例如，在 50 名听到了“撞”的学生当中，有 16 人（32%）声称在影片中看到了碎玻璃，而在 50 名听到“碰”的学生当中仅有 7 人（14%）声称在影片中见到了碎玻璃。注意数据包含来自一个样本的频数，而不是分数。研究者可以采用来自样本的频数来检验一个关于总体中对应频数分布的假设。具体来说，研究者想要知道样本数据是否提供了足够的证据来推断在目击记忆与提问问题之间存在显著的关联。

表15—3　频数分布表：看影片一周后提问是否看见碎玻璃的回答为是/否的被试数目。在观看完影片时，一组被试被提问“当两辆车撞上时，它们的速度大约有多快?”，一组被试被提问“当两辆车碰上时，它们的速度大约有多快?”，另一组被试作为控制组未被提问关于汽车速度的问题。

		对“是否在影片中看到了碎玻璃”的回答	
		是	否
问及汽车速度时使用的词	撞	16	34
	碰	7	43
	控制组（未被提问）	6	44

你应意识到，表15—3中呈现的目击研究是实验研究（第1章）的一个例子。研究者操纵自变量，通过随机分配被试到各组别或实验条件来控制其他变量的影响。但是，类似的数据常常由非实验研究得到。例如，表15—4呈现了$n=200$名学生的一些假设性数据，根据个性和颜色的偏好将学生分类。矩阵表格或单元格内的数量描绘了具体组的频数。举例来说，在表15—4中，有10个学生被归为内向，而且选定红色作为他们的偏好颜色。要获得这些数据，研究人员首先以随机抽样方式选出$n=200$名学生。然后对每个学生进行人格测验，并要求从四个选择中选一个他的偏好颜色。注意，分类基于对每名学生的测量，研究人员并不指派学生类别。此外要注意，数据是由样本构成的频数，而不是样本的数值。这些样本数据将被用来检验相应的总体频数分布的假设。具体来说，这些数据是否足以推断人格与颜色偏好之间具有显著的关联?

运用样本的频数来评价变量间关系的假设检验需要用到另一种使用卡方统计量的检验。在这种情况下，这种检验被称为独立性卡方检验。

定义

独立性卡方检验运用样本的频数数据来评估总体中两个变量之间的关联性。样本中的每个个体都依据两个变量进行分类，以此得到一个二维的频数分布矩阵。样本的频数分布被用来检验总体中对应的频数分布的假设。

表15—4　人格类型与颜色偏好。

	红色	黄色	绿色	蓝色	
内向	10	3	15	22	50
外向	90	17	25	18	150
	100	20	40	40	$n=200$

独立性检验的虚无假设

独立性卡方检验的虚无假设指所测量的两个变量之间是独立的，即对于每个个体，所得到的一个变量值与另一个变量的值是不相关的。这个假设可以用两个不同的概念形式表达，每个形式都是从稍微不同的角度看待数据和检验。下面将用两个版本的零假设来描述表15—4的数据中颜色的偏好和个性。

H_0 版本1　对于这个版本的H_0，数据被看做每个个体均测量了两个变量的一个单样本。卡方检验的目标是评估两个变量之间的关系。举例来说，我们认为其目标是确定人格和颜色的喜好之间是否存在始终如一的、可预见的关系。也就是说，通过个性可以预测颜色偏好。虚无假设为：两者之间没有关系。备择假设H_1为：两个变量之间是有关系的。

H_0：学生总体的颜色偏好与个性之间没有关系。

这个版本的H_0显示了独立性卡方检验和相关的相似。在每种情况下，每个个体测量两种数据（X和Y），目的是评估两个变量之间的关系。不过，相关要求X和Y是数值。而另一方面，卡方检验只需使用频数，或者将被试分为几个类别。

H_0 版本2　对于这个版本的H_0，数据被看做两个（或更多）单独的样本，代表两个（或更多）单独的总体。卡方检验的目标是确定总体之间是否存在很大的差异。举例来讲，表15—4的数据将被视为一个$n=50$的内向者样本（首行）和另一个$n=150$的外向者样本（末行）。卡方检验将确定内向者的颜色偏好分布是否与外向者的颜色偏好分布显著不同。从这个角度来看，虚无假设如下：

H_0：学生总体中的内向者的颜色偏好分布与外向者颜色偏好分布是没有区别的。这两个分布具有相同的形状（同比例）。

注意到这里的H_0并不是说两个分布是等价的，它只是说两者的比例是相同的。例如，10%的外向者喜欢黄色，那么也有10%的内向者喜欢黄色。

这个版本的H_0显示了卡方检验和独立样本t检验（或方差分析）之间的相似性。在每种情况下，两个（或更多的）独立样本的数据用来检验两个（或更多的）总体之间的差异。t检验（或方差分析）要求运用数值计算均值和均值的差异。但是，卡方检验将被试分为几个类别，只需要使用频数。卡方检验的虚无假设为总体具有同样的比例（相同形状）。备择假设 H_1 为总体之间具有不同的比例。例如，H_1 为内向者的颜色偏好分布与外向者颜色偏好的分布是不同的。

H_0 版本 1 与 H_0 版本 2 等价　虽然有两种不同的虚无假设，但这两个版本是等价的。版本 1 的 H_0 为颜色偏好与人格无关。如果这一假设是正确的话，颜色偏好的分布是不依赖于个性的。换句话说，内向者和外向者有相同的颜色偏好分布，这是版本 2 的 H_0。

举例来说，如果我们发现 60%的内向者偏好红色，然后 H_0 会预测 60%的外向者也喜欢红色。在这种情况下，知道个体喜欢红色，却不能预测他/她的人格。注意，相同的比例显示两者没有任何关系。

另外，如果比例不同，两者则是有关系的。例如，如果 60%的外向者偏好红色，但只有 10%的内向者偏好红色，则人格和颜色偏好之间呈现出清晰的、可预测的关系（通过个性可以预测颜色偏好）。因此，不同比例意味着两个变量之间是有关系的。

定义

两个变量之间如果没有始终如一的、可预测的关系时，它们就是相互独立的。在这种情况下，第一个变量的频数分布与第二个变量的类别是不相关的（或不依赖的）。因此，如果两个变量是独立的，则一个变量在第二个变量所有类别下的频数分布都会有相同的形状（相同比例）。

因此，说明两个变量没有关系（H_0 版本 1）与说明分布有相同比例（H_0 版本 2）是等价的。

实际和期望频数

独立性卡方检验与拟合优度卡方检验使用相同的基本逻辑。首先是选取样本，并将被试分类。因为独立性检验中考虑两个变量，并且根据两个变量将每个个体分别分类，所以频数分布是一个两维矩阵（见表 15—4）。和以前一样，样本分布的频数就是所谓的实际频数，符号为 f_o。

下一步就是计算期望频数或 f_e。一如既往，期望频数就是一个与虚无假设完全一致的理想的假设性分布。一旦得到期望频数，就可以计算卡方值，确定实际频数与期望频数的拟合度。

使用相同比例的 H_0 版本来计算期望频数是最简单的方式。例如，虚无假设：

H_0：两类人格的颜色偏好频数分布具有相同的形状（相同的比例）。

为了计算期望频数，首先确定的是总体颜色偏好的分布，然后给两个类别的人格套用这个分布。表 15—5 显示了一个与表 15—4 相应数据的空矩阵。注意，空矩阵包含原来的样本数据中所有行总数和列总数。该行总数和列总数在计算期望频数时是必不可少的。

表 15—5　空白的频数分布矩阵，只有行总数和列总数。（这些数据描述了表 15—4 的样本数据的基本特征）

	红色	黄色	绿色	蓝色	
内向					50
外向					150
	100	20	40	40	

矩阵的列总数描述了总体颜色偏好的分布。在这些数据中，100 个被试选定红色作为偏好颜色。因为总样本 $n=200$，所以很容易确定选择红色的是 200 个被试中的 100 个或 50%的比例。该颜色偏好比例为：

200 个被试中的 100 个＝50%喜欢红色
200 个被试中的 20 个＝10%喜欢黄色
200 个被试中的 40 个＝20%喜欢绿色
200 个被试中的 40 个＝20%喜欢蓝色

矩阵的行总数界定人格类型的两个样本。举例来说，表 15—5 的矩阵显示，共有 50 个内向者（最上面一行）和 150 个外向者（末行）。根据虚无假设，无论是哪种人格类型的群体，都应该对颜色偏好有相同的比例。为了计算期望频数，我们对每个样本都应用总体颜色偏好的分布。在最上面一行中，有 50 个内向型被试，计算期望频数：

50%＝0.50 选择红色：$f_e=0.50\times50=25$
10%＝0.10 选择黄色：$f_e=0.10\times50=5$
20%＝0.20 选择绿色：$f_e=0.20\times50=10$
20%＝0.20 选择蓝色：$f_e=0.20\times50=10$

对 150 个外向型被试使用相同的比例：

50%＝0.50 选择红色：$f_e=0.50\times150=75$
10%＝0.10 选择黄色：$f_e=0.10\times150=15$
20%＝0.20 选择绿色：$f_e=0.20\times150=30$
20%＝0.20 选择蓝色：$f_e=0.20\times150=30$

一套完整的期望频数列于表 15—6 中。注意，该期望频数的行总数和列总数与原始数据（实际频数）是一样的。

表 15—6　表 15—4 数据对应的期望频数。（这是由虚无假设预测的数据分布）

	红色	黄色	绿色	蓝色	
内向	25	5	10	10	50
外向	75	15	30	30	150
	100	20	40	40	

计算期望频数的简单公式　虽然期望频数都直接源自虚无假设和样本特点，但是也没有必要通过大量的计算求 f_e。事实上，在频数分布表中，有一个计算期望频数的简单公式：

$$f_e = \frac{f_c f_r}{n} \qquad (15—4)$$

其中 f_c 是列期望频数总值，f_r 则是行期望频数总值，n 是样本总量。为了证明这一公式，我们计算表 15—6 中内向型被试选择黄色的期望频数。首先请注意，此单元设在表中最上面一行和第二列。列总数 $f_c=20$，行总数 $f_r=50$，样本大小 $n=200$。利用公式 15—4，我们得到

$$f_e = \frac{f_c f_r}{n} = \frac{20(50)}{200} = 5$$

这与使用总体分布百分比计算的结果是相同的。

卡方统计和自由度

独立性卡方检验与拟合优度的卡方检验使用相同的方式：

$$\chi^2 = \sum \frac{(f_o - f_e)^2}{f_e}$$

如前所述，该公式主要测量实际数据（f_o）和期望数据（f_e）之间的差异。较大的差异将产生较大的卡方值，所以应该拒绝 H_0。要确定卡方统计值是否显著较大，必须先确定其自由度（df），然后在附录中查看卡方分布表。在独立性卡方检验中，自由度是根据期望频数的计算中可以自由选择的单元数目决定的。f_e 值取决于样本大小（n）和原始数据的行总数和列总数。这些数值的不同将会限制期望频数的自由选择。表 15—7 说明了这一观点。一旦三个 f_e 值确定，那么其他 f_e 值也将得到确定。一般行总数和列总数限制每一行和每一列的最终期望频数。因此，所有的 f_e 值都可以自由选择，唯独每一行和每一列的其中一个 f_e 值不能选择。F_e 值的自由选择的次数是 $(R-1)(C-1)$，其中 R 是行数，C 是列数。独立性卡方检验的自由度的公式为：

$$df = (R-1)(C-1) \qquad (15—5)$$

还要注意，当你计算出期望频数来填写矩阵，剩余的 f_e 值就可以通过减法得到。

表 15—7　自由度和期望频数。（一旦选择三个值，根据行总数和列总数均可计算出剩余的期望频数。这个实例有三个自由选择的机会，所以 $df=3$）

红色	黄色	绿色	蓝色	
25	5	10	?	50
?	?	?	?	150
100	20	40	40	

独立性卡方检验的实例

下面的例子展示了独立性卡方检验的完整过程。

例 15.2

许多家长允许他们未成年的孩子在有他们监督的情况下饮酒，他们认为如果青少年的第一次饮酒是在一个控制性的环境里，那么他们将会学习到负责任的饮酒行为。而另一些家长则采取严格的禁酒行为，认为需要向青少年灌输关于什么是对、什么是错的清晰的观念。但是最近有研究表明越宽松的管理方式可能会导致越消极的结果（McMorris et al.，2011）。在这项研究中，比起那些被完全禁止饮酒的青少年，被允许与其家长一起饮酒的青少年表现出显著的与酒精相关的问题行为倾向。为了重复该研究，研究者调查了 14～17 岁的 150 名学生的饮酒行为及其与酒精相关的问题行为（如酗酒、斗殴等）。调查结果如表 15—8 所示。家长对青少年饮酒的管理方式与青少年与酒精相关的问题行为之间是否存在显著的关系？

表 15—8　家长对青少年饮酒的管理方式与青少年与酒精相关的问题行为的频数分布表。

	与酒精相关的问题行为		
	无	有	
不允许饮酒	71	9	80
允许饮酒	89	31	120
	160	40	$n=200$

步骤 1　陈述假设，并选择显著性水平。根据虚无假设，两个变量之间是独立的。一般这个假设可以用两种不同的方式表述：

版本 1

H_0：在总体中，家长对青少年饮酒的管理方式与青少年与酒精相关的问题行为之间没有关系。

这个版本的 H_0 强调了卡方检验和相关之间的相似性。

版本 2

H_0：在总体中，与酒精相关的问题行为的分布在家长允许饮酒的青少年和家长不允许饮酒的青少年中具有相同的比例。

版本 2 的 H_0 强调卡方检验和独立样本 t 检验

之间的相似性。

备择假设即为两个变量之间存在关系（版本 1），或两个分布是不同的（版本 2）。记住，这两个版本的假设是等价的。选择哪一种在很大程度上取决于研究人员要如何描述结果。举例来说，研究人员可能想强调变量之间的关系或者想要强调群体的差异。

此检验中，显著性水平 $\alpha=0.05$。

步骤 2　确定自由度和临界值。

$$df=(R-1)(C-1)=(2-1)\times(2-1)=1$$

因为 $df=1$，$\alpha=0.05$，所以卡方临界值为 3.84（见附录 B 表 B.7）。

步骤 3　确定期望频数，并计算卡方值。下表显示了一个与原始数据有相同行总数和列总数的空矩阵。计算期望频数，并填写此表，此结果提供了完全代表虚无假设的理想的频数分布。具体来说，不允许饮酒的 80 个青少年与允许饮酒的 120 名青少年中的问题行为比例应该是一样的。

	与酒精相关的问题行为		
	无	有	
不允许饮酒			80
允许饮酒			120
	160	40	$n=200$

列总数描述了与酒精相关的问题行为的整体分布，即 200 个被试中的 160 名没有与酒精相关的问题行为，该比例为 160/200 或 80%。类似地，40/200 或 20%的被试有与酒精相关的问题行为。虚无假设（版本 2）指出这些比例是相等的。因此，我们将这些比例用到每一个分组中得到期望频数。在 80 名不被允许饮酒的被试中，

80 名中的 80%＝64 名被试有问题行为

80 名中的 20%＝16 名被试没有问题行为

在 120 名被允许饮酒的被试中，

120 名中的 80%＝96 名被试有问题行为

120 名中的 20%＝24 名被试没有问题行为

表 15—9 列出了上述期望频数。

表 15—9　酒精相关的问题行为与家长是否允许饮酒之间完全独立时的期望频数（f_e 值）。

	与酒精相关的问题行为		
	无	有	
不允许饮酒	64	16	80
允许饮酒	96	24	120
	160	40	$n=200$

现在用卡方统计量来测量原始数据（表 15—8 中的实际频数）和虚无假设产生的期望频数之间的差异（表 15—9）。

$$\begin{aligned}\chi^2&=(71-64)^2/64+(9-16)^2/16+(89-96)^2/96+(31-24)^2/24\\&=0.766+3.063+0.510+2.042\\&=6.381\end{aligned}$$

步骤 4　对虚无假设和研究结果做出决定。所得到的卡方值超过临界值（3.84）。因此，决定是拒绝虚无假设。在文献中，这将与 $\chi^2(1, n=200)=6.381$，$p<0.05$ 一起作为一项显著的结果报告。根据 H_0 版本 1，这意味着我们已确定与酒精相关的问题行为与家长是否允许饮酒之间有显著的关系。按照 H_0 版本 2 的表述，数据显示青少年的问题行为分布在家长是否允许饮酒两种情况下是有显著差异的。为了描述显著性结果的细节，必须将原始数据（表 15—8）与根据虚无假设得到的期望频数（表 15—9）进行比较。从两个表中可以清楚地看到，家长允许饮酒的青少年比不允许饮酒的青少年有更多的与酒精相关的问题行为。

卡方检验与其他统计方法之间的关系

独立性卡方检验的假设可以表述成变量间关系（版本 1）或组别之间的差异（版本 2）。前者强调卡方检验与皮尔逊相关之间的关系，后者强调卡方检验与 t 检验或方差分析之间的关系。

卡方检验与皮尔逊相关　独立性卡方检验与皮尔逊相关都是用来评价两个变量之间的关系的。研究中获得的数据类型决定了哪种统计方法是合适的。例如，假设研究者对 10 岁儿童的自尊与学业成绩之间的关系感兴趣，其得到的数据如表 15—10a 所示，那么研究者可以使用皮尔逊相关系数来评价这种关系。而如果两个变量上的数据是分到不同的组别中，如表 15—10b 所示，那么数据是一种频数，这种关系就应该通过独立性卡方检验来评价。

卡方检验与独立性 t 检验和 ANOVA　再次试想，研究者对 10 岁儿童的自尊水平与学业成绩之间的关系感兴趣，但这一次假设研究者通过简单地将被试的学业成绩分为高、低两组来评价学业水平，然后获得每个被试的自尊分数。那么得到的数据结果如表 15—11a 所示，这时应使用独立性 t 检验来评价两组不同分数是否存在平均差异。研究者还可以通过将自尊分数分为高/中/低三组来评价自尊水平，然后获得每个被试的学业成绩，数据如表 15—11b 所示，那么这时应使用 ANOVA 来评价三组不同自尊水平的被试的学业成绩的差异。最后，如果两个变量都被分成了不同的类别，这时数据就如表 15—10b 所示，那么应使用独立性卡方检验来评价两个学业水平组或者三个自尊水平组之间的差异。

这些例子说明独立性卡方检验、皮尔逊相关、均值差异检验都能被用来评价两个变量之间的关系。一个主要的差异是数据的形式，但是另一个差异是不同统计量的基本目的，卡方检验和均值差异检验（t 检验和 ANOVA）评价的是关系的显著性；也就是说，它们决定观测到的样本体现的关系是否足以推断在总体中也存在相应的关系。你也可以用皮尔逊相关来评价这种关系，但是相关的主要目的是测量这种关系的强度。具体来说，相关的平方，r^2，提供了对效应值的测量，它描述了一个变量的变异中被与之相关的另一个变量解释的比例。

表 15—10　两种可能的数据结构：研究自尊水平与学业成绩之间的关系。在（a）中，两个变量都是数值型的分数，适合于计算相关。在（b）中，两个变量都被分为不同组别，数据为频数，适合于卡方检验。

(a)	被试	自尊水平 X	学业成绩 Y
	A	13	73
	B	19	88
	C	10	71
	D	22	96
	E	20	90
	F	15	82

(b)		自尊水平			
		高	中	低	
学业成绩	高	17	32	11	60
	低	13	43	34	90
		30	75	45	$n=150$

表 15—11　适合于独立测量 t 检验或 ANOVA 的数据。在（a）中，测量两组不同学业成绩水平的被试的自尊分数。在（b）中，测量三组不同自尊水平的被试的学业成绩。

（a）两组不同自尊水平的被试的学业成绩

学业成绩	
高	低
17	13
21	15
16	14
24	20
18	17
15	14
19	12
20	19
18	16

（b）三组不同学业成绩的被试的自尊水平

自尊水平		
高	中	低
94	83	80
90	76	72
85	70	81
84	81	71
89	78	77
96	88	70
91	83	78
85	80	72
88	82	75

学习检查

1. 一个研究者想要了解哪种因素对一个人买新车最重要。他抽取了一个 $n=200$ 的年龄在 20～29 岁的消费者样本，要求被试回答在决策过程中最重要的一项因素：性能、可靠性、风格。研究者想要知道男性和女性消费者之间对这些因素的定位是否存在差异。得到的数据如下表所示：

根据性别划分的最重要因素的观测频数

	性能	可靠性	风格	合计
男性	21	33	26	80
女性	19	67	34	120
合计	40	100	60	

a. 给出虚无假设。

b. 确定卡方检验的自由度。

c. 计算期望频数。

答案：

1. a. H_0：在总体中，男性的偏好因素分布与女性偏好因素分布具有相同的比例。

b. $df=2$

c. f_e 值如下：

期望频数

	性能	可靠性	风格
男性	16	40	24
女性	24	60	36

15.4 独立性卡方检验效应大小的度量

如独立性卡方检验一样，假设检验主要评估一项研究结果的统计意义。具体来说，该检验的目标是，确定样本数据的形式或关系是否有可能在与总体没有任何相应的形式或关系的情况下发生。检验的显著性不仅受处理效应大小或强度影响，也受样本大小影响。因此，对于一个非常大的样本，即使一个小的效应也会具有显著的统计学意义。因为显著并不一定意味着一个大的影响，一般推荐一个假设检验应该辅以效应的测量。这一建议也适用于独立性卡方检验。

ϕ 系数与克莱姆的 V 系数

在第 14 章中，我们介绍了用 ϕ 系数来测量含有两个二分变量的数据的相关。当独立性卡方检验的数据是一个 2×2 矩阵时，会出现相同的情况。在这种情境下，可以在卡方检验的基础上计算相关值 ϕ 系数。因为 ϕ 是一个相关，主要测量关系的程度而不是显著性，所以提供了效应大小的测量。ϕ 系数可以直接由卡方计算，公式如下：

$$\phi=\sqrt{\frac{\chi^2}{n}} \tag{15—6}$$

ϕ 系数完全是由 2×2 矩阵中的比例确定的，而且与实际频数的绝对大小是完全无关的。但是，卡方值受比例和频数大小的影响。这一区别体现在下面的例子中。

例 15.3

以下的数据显示了评估性别和对两位学生会主席候选人偏好之间的关系的频数分布。

	候选人 A	候选人 B
男	5	10
女	10	5

注意，根据资料，男性以 2∶1 的比例较喜欢候选人 B，而女性以 2∶1 的比例较喜欢候选人 A。还要注意，该例共有 15 名男性和 15 名女性。这些数据产生的卡方值等于 3.33（不显著），ϕ 系数是 0.333。

下面我们会继续使用相同比例数据，但将所有频数加倍。由此产生的数据如下：

	候选人 A	候选人 B
男	10	20
女	20	10

男性以 2∶1 的比例较喜欢候选人 B，而女性以 2∶1 的比例较喜欢候选人 A。但是，现在的样本包含 30 名男性和 30 名女性。对于这些新的数据，其卡方值是以前的 2 倍，即 6.66（显著，α= 0.05），但 ϕ 系数仍是 0.333。

因为两个样本的比例都是相同的，所以其 ϕ 系数是不变的。然而，更大的样本比规模较小的样本提供了更多的令人信服的证据，所以较大的样本更可能产生显著的结果。

解释 ϕ 与评价相关性遵循同样的标准（表 9—3 显示了相关平方的标准）：0.10 是一个小的效应，0.30 是一个中等的效应，0.50 是一个大的效应。偶尔，ϕ^2 值可以与 r^2 一样解释变异量。

当卡方检验涉及矩阵大于 2×2 时，对 ϕ 系数进行修正，被称为克莱姆的 V 系数，可以用来测量效应大小。

$$V=\sqrt{\frac{\chi^2}{n(df^*)}} \tag{15—7}$$

注意，公式 15—7 与 ϕ 系数公式 15—6 是相同的，除了分母乘以 df^* 以外。df^* 值和卡方检验的自由度是不一样的，但它们是有关联的。记得独立性卡方检验的 $df=(R-1)(C-1)$，其中 R 是表中行数，C 是列数。对于克莱姆的 V 系数，df^* 是（$R-1$）或（$C-1$）中的较小值。

Cohen（1988）建议解释克莱姆的 V 系数的标准列于表 15—12 。注意，当 $df^*=1$ 时，在一个 2×2 矩阵中，解释 V 系数与解释相关性或 ϕ 系数具有完全一样的准则。

下面将利用例 15.2 的结果来显示计算克莱姆的 V 系数的过程，我们得到一个 $n=200$ 的样本，其卡方值 $\chi^2=6.381$，由于数据形成了一个 2×2 的矩阵，ϕ 系数可用来测量效应量大小，

$$\phi=\sqrt{\frac{\chi^2}{n}}=\sqrt{\frac{6.381}{200}}=0.179$$

对这些数据，假设检验的结果和效应大小的测量可以报告如下：

结果表明，家长是否允许饮酒与青少年与酒精相关的问题行为之间存在显著的关系，$\chi^2(1, n=200)=6.381$，$p<0.05$，$\phi=0.179$。具体来说，被允许饮酒的青少年更可能产生问题行为。

表 15—12 Cohen(1988)建议解释克莱姆的 V 系数的标准。

	小效应	中等效应	大效应
$df^*=1$	0.10	0.30	0.50
$df^*=2$	0.07	0.21	0.35
$df^*=3$	0.06	0.17	0.29

15.5 卡方检验的假设和限制

使用拟合优度的卡方检验或独立性卡方检验必须满足几个条件。对于任何的统计检验，违反了假设和限制就会产生令人怀疑的结果。举例来说，犯第一类错误的概率可能因为统计检验的假设不能满足而被扭曲。使用卡方检验的一些重要假设和限制如下：

1. 实际频数之间的独立性。

这与变量之间独立的概念是不能混淆的，这在检验中是可以看出来的（第15.3节）。实际频数之间独立的结果之一就是每一个实际频数由不同的被试产生。如果一个人能对一个以上的类别做出反应或对某一个类别做出比1更大的频数的反应，那么卡方检验是不适合的（见关于独立性问题的更多信息）。

2. 期望频数的大小。

当任一单元的期望频数小于5时，卡方检验是不适用的。f_e 很小时，卡方值有可能被扭曲。考虑到每个单元的卡方计算，假设该单元有 $f_e=1$ 和 $f_o=5$，则这个单元的卡方值是：

$$\text{单元格} = (f_o - f_e)^2/f_e = (5-1)^2/1 = 4^2/1 = 16$$

在另一实例中，$f_e=10$ 和 $f_o=14$。实际频数和期望频数之间的差异仍然是4，但这个单元对总卡方值的贡献与之前是不同的：

$$\text{单元格} = (f_o - f_e)^2/f_e = (14-10)^2/10 = 4^2/10 = 1.6$$

应该明确指出，一个小 f_e 值可以对卡方值有很大的影响。当 f_e 小于5时，这个问题变得很严重。因为当 f_e 非常小的话，f_e 和 f_o 的一个小的差距将会导致很大的卡方值。当 f_e 值非常小时，检验过于敏感。避免小的期望频数的一个方法就是使用大样本。

学习检查

1. 一个研究者完成了一个独立性卡方检验，得到 $\chi^2=6.2$，样本量 $n=40$，
   a. 如果频数是一个2×2的矩阵，ϕ 系数为多少？
   b. 如果频数是一个3×3的矩阵，克莱姆的 V 系数是多少？
2. 解释为什么一个非常小的期望频数会误导卡方检验的结论。

答案

1. a. $\varphi=0.394$
   b. 克莱姆的V系数=0.278
2. 如果 f_e 非常小的话，f_e 和 f_o 一个小的差距将会导致很大的卡方值，从而误导检验结果。

▼ 小结

1. 卡方检验是一种对总体频数分布形式的假设进行测量的非参数检验。两种卡方检验的类型是拟合优度检验和独立性检验。这些检验的数据，包括实际频数或每个类别内的个体的数量。

2. 拟合优度检验将样本频数分布和 H_0 假设的总体分布进行比较。检验主要确定实际频数（样本数据）和期望频数的拟合度。

3. 拟合优度检验中期望频数的计算公式为：

$$\text{期望频数} = f_e = pn$$

其中 p 是每一类别所假设的比例（根据 H_0），n 是样本的大小。

4. 卡方值的计算公式为：

$$\chi^2 = \sum (f_o - f_e)^2/f_e$$

其中 f_o 为某一类别的实际频数，f_e 为这一类的期望频数。较大的 χ^2 表明，实际频数（f_o）和期望频数（f_e）有很大的差异，有可能拒绝零假设。

5. 拟合优度检验的自由度为：

$$df = C - 1$$

C 是变量的类别数。

6. 卡方分布是一种正偏态分布，并且从零值开始。其确切的形状是由自由度确定的。

7. 独立性检验与拟合优度检验使用相同的卡方公式评估两个变量之间的关系。虚无假设为：

这两个变量是相互独立的。也就是，一个变量的频数分布并不取决于第二个变量的类别。

8. 独立性检验中，根据边缘频数总数可直接计算 H_0 的期望频数：

$$f_e=\frac{f_c f_r}{n}$$

f_c 为列总数，f_r 为行总数。

9. 独立性检验自由度的计算公式为：

$$df=(R-1)(C-1)$$

其中 R 是行类别数，C 是列类别数。

10. 当 f_e 非常小时，卡方统计是不精确的。因此，卡方检验仅用于 f_e 大于等于 5 的情况。

11. 独立性检验的效应测量方法：2×2 矩阵的数据可以计算 ϕ 系数，大于 2×2 矩阵的数据可以计算克莱姆的 V 系数。

$$\phi=\sqrt{\frac{\chi^2}{n}}$$

$$\text{克莱姆的 } V \text{ 系数}=\sqrt{\frac{\chi^2}{n(df^*)}}$$

df^* 是 $(R-1)$ 和 $(C-1)$ 中较小的一个。ϕ 系数和 V 系数的评估使用表 15—12 的标准。

▼关键术语

参数检验	实际频数	卡方分布	非参数检验	期望频数
独立性检验	克莱姆的 V 系数	拟合优度检验	卡方统计	ϕ 系数
自由分布检验				

▼资源

➢SPSS

使用 SPSS 的一般指导可见附录 D。以下是使用 SPSS 进行这章介绍的拟合优度检验与独立性检验。

拟合优度检验

数据输入

1. 在 SPSS 数据编辑器的第一列输入观测频数。如果有四个类别，则输入四个观测频数。

2. 在第二列，输入数字 1、2、3 等，这样在第一列观测频数的后面都跟有一个数字。

数据分析

1. 在页面上方的工具栏中选择 Data，选择 Option。然后点击 Weight Cases 选项。

2. 点击 Weight cases by，移动列标签进入 Frequency Variable 框内（突出 Var00001，其中载有实际频数，并点击 Arrow）。

3. 单击 OK。

4. 在工具栏单击 Analyze，选择 Nonparametric Tests 并点击 One-Sample。

5. 单击 Settings，选择 Customize，选择 Chi-square。

6. 单击 Options，并设置期望频率为完全相等或给定的数值。

7. 单击 OK。

8. 单击 Run。

SPSS 输出

SPSS 将产生一个表，说明给出结果是否显著，并给出 p 值或显著性水平。但不会给出卡方统计量的值。

独立性检验

数据输入

1. 在第一列输入观测频数（VAR00001）。

2. 在第二列输入每一个频数相应的行号（1 或 2）。

3. 在第三列输入每个实际频数的列号（1，2，3）。

数据分析

1. 在页面上方的工具栏中选择 Data，选择 Weight Cases。

2. 选中表示实际频数的 Var00001，点击箭头将其放入 Frequency Variable 框中。

3. 单击 OK。

4. 在工具栏单击 Analyze，选择 Descriptive Statistics 并点击 Crosstabs 。

5. 在标签一栏中将载有行的标签（VAR00002）输入到行框。

6. 将载有列的标签（VAR00003）输入列框中。

7. 点击 Statistics。选择 Chi-Square，单击 Continue。

8. 单击 OK。

SPSS 输出

我们运用 SPSS 来对例 15.2 进行独立性卡方检验，输出结果如图 15—5 所示。输出的第一个表列出了所有的变量，并没有在该图中显示。交叉表显示了矩阵的实际频数。卡方检验表报告了检验结果，包括皮尔逊卡方值、自由度和显著性水平（p 值）。

VAR00002 * VAR00003 交叉表

数

		VAR00003		总计
		1.00	2.00	
VAR00002	1.00	71	9	80
	2.00	89	31	120
总计		160	40	200

卡方检验

	值	df	渐近 Sig.（双测）	精确 Sig.（双测）	精确 Sig.（单测）
皮尔逊卡方	6.380[a]	1	0.012		
连续校正	5.501	1	0.019		
似然比	6.774	1	0.009		
Fisher 的精确检验				0.012	0.008
线性和线性的组合	6.348	1	0.012		
有效果例数	200				

a. 0 单元格（0%）的期望计数少于5。最小期望计数为 16.00。

b. 仅对 2×2 表计算。

图 15—5　例 15.2 的 SPSS 卡方独立性检验输出结果。

➢关注问题解决

1. 期望频数的计算必须满足样本的限制。对于拟合优度检验，$\sum f_e = \sum f_o = n$。独立性检验中，期望频数的行总数和列总数应与相应的实际频数总数相同。

2. 期望频数值是完全可能有分数或小数的，但实际频数始终是整数。

3. 当 $df=1$ 时，实际频数（f_o）和期望频数（f_e）之间的差异在每个单元中将是相同的，这使得卡方计算更容易。

4. 没有必要分别计算所有的 f_e 值。请记住，卡方检验的自由度取决于自由变化的 f_e 值的数目。一旦计算出 f_e 值的数目，就可以确定剩下的 f_e 值，即通过行总数或列总数减去已经计算出的 f_e 值便可以得出结果。

5. 注意，和前面介绍的统计检验不同，卡方检验的自由度（df）是不取决于样本大小（n）的。

➢示例 15.1

独立性检验

一名手表制造商想研究人们对数码模拟手表的偏好。$n=200$ 人被选为样本，将这些被试按年龄和偏好分类。制造商想知道年龄和手表的偏好是否有关系。实际频数（f_o）如下：

	数码	模拟	不确定	总数
30 岁以下	90	40	10	140
30 岁及以上	10	40	10	60
列总数	100	80	20	$n=200$

步骤 1　陈述假说，并选择显著性水平。虚无假设是：两个变量之间是没有关系的。

H_0：偏好与年龄之间是独立的。也就是，偏好的频数分布在年龄 30 岁以下和 30 岁及以上两种情况下是相同的。

备择假设为两个变量之间是有关系的。

H_1：偏好与年龄相关，即偏好的类型取决于一个人的年龄。

显著性水平 $\alpha=0.05$。

步骤 2　计算临界值。

独立性卡方检验的自由度的计算如下：

$$df=(C-1)(R-1)$$

则 $df=(3-1)(2-1)=2\times1=2$

因为 $df=2$，$\alpha=0.05$，卡方检验的临界值是 5.99，所以，我们所得到的卡方值必须超过 5.99 才可以拒绝虚无假设。

步骤 3　计算检验统计量。要求进行两个计算：找到期望频数以及计算卡方值。

期望频数：在独立性卡方检验中，期望频数可以使用列总数（f_c）、行总数（f_r）以及以下公式得到：

$$f_e = f_c f_r / n$$

对于 30 岁以下的被试，其期望频数为：

$f_e = 100 \times 140/200 = 14\ 000/200 = 70$（数码）

$f_e = 80 \times 140/200 = 11\ 200/200 = 56$（模拟）

$f_e = 20 \times 140/200 = 2\ 800/200 = 14$（不确定）

对于 30 岁及以上的被试，其期望频数为：

$f_e = 100 \times 60/200 = 6\ 000/200 = 30$（数码）

$f_e = 80 \times 60/200 = 4\ 800/200 = 24$（模拟）

$f_e = 20 \times 60/200 = 1\ 200/200 = 6$（不确定）

期望频数表如下：

	数码	模拟	不确定
30 岁以下	70	56	14
30 岁及以上	30	24	6

卡方统计量：卡方统计量的公式为：

$$\chi^2 = \sum [(f_o - f_e)^2 / f_e]$$

下表总结了所有的计算：

单元	f_o	f_e	$f_o - f_e$	$(f_o - f_e)^2$	$(f_o - f_e)^2/f_e$
30 以下（数码）	90	70	20	400	5.71
30 以下（模拟）	40	56	−16	256	4.57
30 以下（不确定）	10	14	−4	16	1.14
30 及以上（数码）	10	30	−20	400	13.33
30 及以上（模拟）	40	24	16	256	10.67
30 及以上（不确定）	10	6	4	16	2.67

最后，我们计算 χ^2：

$$\chi^2 = 5.71 + 4.57 + 1.14 + 13.33 + 10.67 + 2.67 = 38.09$$

步骤 4　对 H_0 做出决定并描述结果。

卡方值大于临界值，因此拒绝虚无假设。即手表偏好和年龄之间有关系，$\chi^2(2, n = 200) = 38.09$，$p < 0.05$。

➢示例 15.2

克莱姆的 V 系数

由于该矩阵大于 2×2，我们计算克莱姆的 V 系数来测量效应的大小。

$$V = \sqrt{\frac{\chi^2}{n\ (df^*)}} = \sqrt{\frac{38.09}{200\ (1)}} = \sqrt{0.19} = 0.436$$

➢练习题

1. 参数检验（如 t 检验或方差分析）与非参数检验（如卡方检验）是不同的，主要表现在它们需要的假设和使用的数据不同。解释这些差异。

2. Güven、Elaimis、Binokay 和 Tan（2003）采用了一种计算机化的食物获取试验来研究老鼠的抓取偏好。在一个样本量 $n = 144$ 的老鼠样本中，有 104 个老鼠偏好用右爪抓取。那么在总体中，偏好左爪和右爪的老鼠数目会存在显著不同吗？（$\alpha = 0.01$）

3. 在第 9 章中介绍了一个新生儿偏好观看更具吸引力的面庞的研究（Slater 等，1998）。在这个研究中，在屏幕上展示两张面孔，研究者记录婴儿观看这两张面孔的时间。在 $n = 40$ 的婴儿样本中，假设 26 个婴儿在更有吸引力的面孔上花了更多的时间，而只有 14 个婴儿在不具吸引力的面庞上花了更长时间。那么在观看两张面孔时，婴儿的表现有显著不同吗？（$\alpha = 0.05$）

4. 调查表明 80% 的持驾照司机年龄都大于 25 岁。

a. 在一个 $n = 60$ 的接到过超速罚单的司机样本中，38 人年龄超过 25 岁，22 人年龄低于 25 岁。这一样本的年龄分布与持照司机总体的年龄分布是否有显著不同？（$\alpha = 0.05$）

b. 在一个 $n = 60$ 的接到过超速罚单的司机样本中，43 人年龄超过 25 岁，17 人年龄低于 25 岁。这一样本的年龄分布与持照司机总体的年龄分布是否有显著不同？（$\alpha = 0.05$）

5. 研究表明人们倾向于被与他们相似的人所吸引，也有研究表明人们更倾向于与姓氏开头字母和他们自己的相同的人结婚（Jones，Pelham，Carvallo & Mirenberg，2004）。这些研究者记录下结婚登记的每对夫妇的姓氏，以此计算随机匹配新郎和新娘后其姓氏首字母相同的概率。假设这一概率仅为 6.5%，从一个 $n = 200$ 的夫妇样本中观测到的姓氏首字母相同的夫妇数目如下：

首字母相同	首字母不同	
19	181	200

那么姓氏首字母相同的夫妇的比例与随机配对得到的比例之间是否存在显著差异？（$\alpha = 0.05$）

6. 假设上一个问题中，研究者使用两倍的样本量来进行试验，得到的观测频数是之前的两倍，如下：

相同首字母	不同首字母	
38	362	400

a. 使用卡方检验来推断姓氏首字母相同的夫妇的比例与随机配对得到的比例之间是否存在显著差异？（$\alpha = 0.05$）

b. 你会发现该数据会拒绝虚无假设。但是在问题5中，得到的推断结果是接受虚无假设。这两个样本拥有相同的比例，但是却得到了不一致的结果，你如何进行解释？

7. 正态分布假设是许多统计检验的前提假设。我们可以检验这一假设是否合理。具体来说，标准正态分布表列出了一个正态分布中每一部分的比例，那么拟合度检验就可以用来检验一个特定的分布是否与这一比例相拟合。比如，如果一个正态分布以z分数分成如下几个部分：

$z<-1.5$	$-1.5<z<-0.5$	$-0.5<z<0.5$	$0.5<z<1.5$	$z>1.5$
6.68%	24.17%	38.30%	24.17%	6.68%

运用该比例来检验下面 $n=90$ 的分数分布是否显著不同于正态分布。($\alpha=0.05$)

$z<-1.5$	$-1.5<z<-0.5$	$-0.5<z<0.5$	$0.5<z<1.5$	$z>1.5$
8	19	31	23	9

8. 年轻司机的汽车保险要比年龄大的司机的昂贵得多。为了证明这一成本差异，保险公司声称，年轻的司机更可能卷入昂贵的意外事故。为测试这个说法，研究人员从汽车部已登记的司机那里获得了信息，从警察局选择样本 $n=300$ 的事故报告。汽车部报告中已登记的司机在每个年龄类别的百分比如下：16%是20岁以下，28%是20～29岁，56%是30岁及以上。各年龄组意外事故报告数如下：

20岁以下	20～29岁	30岁及以上
68	92	140

a. 数据是否表明3个年龄组意外事故的分布与司机总体的分布是显著不同的？显著性水平 $\alpha=0.05$。

b. 用一句话来说明该假设检验的结果。

9. 红色常与愤怒和男性的主导地位相联系。基于此，Hill 和 Barton（2005）监控了2004年奥运会上四种搏击运动比赛（拳击、跆拳道、古典式摔跤和自由式摔跤）的结果，发现衣着红色的参赛者比衣着蓝色的参赛者更容易获胜。

a. 在50场有衣着红色和蓝色的参赛者的摔跤比赛中，假设衣着红色的参赛者获胜31场，失败19场。这一结果足以推断衣着红色的参赛者获胜的概率显著大于随机的期望值吗？($\alpha=0.05$)

b. 在100场比赛中，假设衣着红色的参赛者获胜62场，失败38场。那么这一结果足以推断衣着红色的参赛者获胜的概率显著大于随机的期望值吗？($\alpha=0.05$)

c. 注意，在问题a中，衣着红色的队伍获胜的百分比与问题b中是相等的（31/50=62%，62/100=62%）。虽然这两个样本中获胜百分比是相同的，但一个是显著的而另一个是不显著的。请解释为什么这两个样本会产生不同的结论。

10. 研究表明浪漫的背景音乐会增大女性将自己的电话号码给刚见面的男性的概率（Guéguen & Jacoby，2010）。在这一研究中，女性被安排在一间房间中等候，房间中播放背景音乐。在一种条件下，房间里播放流行爱情歌曲；在另一种条件下，房间里播放中性的歌曲。此后被试前往另一间房间并被指示与一名年轻男子讨论两种食品。这名男性是研究的一部分且他们被选中的标准是其吸引力处于平均水平。之后主试要求每对被试单独等候几分钟，在这段时间内，男性用事先指定的说法向女性索取电话号码。下表给出了类似于在该研究中得到的结果的数据：

	给电话号码	没有给电话号码	
浪漫音乐	21	19	40
中性音乐	9	31	40
	30	50	

那么这两种音乐类型下的结果是否存在显著差异？($\alpha=0.05$)

11. Mulvihill、Obuseh 和 Caldwell（2008）进行了一项调查来评价医保提供者对一项新的州立儿童保险项目的看法。一个问题是询问这项新保险的医保赔偿是高于、低于还是与私有保险一致。另一个问题是评价对这项新保险的整体满意度。下表给出了类似于该研究结果的观测频数：

	满意	不满意	
更低的赔偿	46	54	100
一致或更高的赔偿	42	18	60
	88	72	

该结果是否说明了医保提供者对这项新保险项目的满意度与其对赔偿比例的看法是相关的？($\alpha=0.05$)

12. 研究表明青少年应对心理健康问题的方法存在很强的性别差异（Chandra & Minkovitz，2006）。在典型的研究中，要求八年级的学生报告当他们正在经历情绪或其他心理健康问题时使用心理健康服务的自愿程度。样本量 $n=150$ 的数据如下所示。

使用心理健康服务的自愿程度

	完全不愿意	可能愿意	完全愿意	
男性	17	32	11	60
女性	13	43	34	90
	30	75	45	$n=150$

a. 该数据是否说明性别与寻求心理健康服务

的自愿程度有显著相关？（$\alpha=0.05$）

b. 计算测量这一效应的克莱姆的 V 系数。

13. 研究表明玩亲社会类型的视频游戏会增加人们的亲社会行为（Greitemeyer & Osswald, 2010）。在一个类似的实验中，被试被分配到不同组别中，分别进行亲社会游戏、暴力游戏（反社会）和中性的游戏。在临近结束时，主试故意弄洒一盒铅笔在地上，然后记录被试是否停下来帮助捡起铅笔。得到的数据如下：

	亲社会	反社会	中性	
帮助	12	7	8	27
未帮助	3	8	7	18
	15	15	15	

该数据是否能推断游戏类型与是否表现帮助行为之间存在显著的相关？（$\alpha=0.05$）

14. 问题 13 中的数据表明游戏类型与是否表现帮助行为之间并不存在显著相关。现增大样本量到先前的两倍，且每一单元格中的频数也增大至两倍，如下所示，注意样本的比例并没有改变。

	亲社会	反社会	中性	
帮助	24	14	16	54
未帮助	6	16	14	36
	30	30	30	

a. 在 $\alpha=0.05$ 水平上检验二者是否存在显著相关。得到的结果与问题 13 相比如何？你会发现增大样本量提高了得到显著结果的可能性。

b. 计算 φ 系数并与问题 13 中的 φ 系数进行比较。你会发现样本量并不会影响相关强度。

15. 在本章中我们讨论了一个调查目击者记忆与他们被询问的问题之间关系的研究（Loftus & Palmer, 1974）。在这项研究中，让被试观看一部汽车事故的电影，此后学生被分为三组并被提问有关电影中事故的问题。第一组的提问问题为“当两辆车撞上时，它们的速度大约有多快？”第二组被提问的问题与第一组相同，只不过把“撞”改为了“碰”。第三组作为控制组未被提问关于两辆汽车速度的任何问题。一周后，被试们被提问是否记得在影片中看到了碎玻璃（实际在影片中并没有玻璃碎片）。

对“是否在影片中看到了碎玻璃”的回答

		是	否
问及汽车速度时使用的词	撞	16	34
	碰	7	43
	控制组（未被提问）	6	44

a. 在不同组之间，声称看到了碎玻璃的被试的比例是否存在显著差异？（$\alpha=0.05$）

b. 计算克莱姆的 V 系数来测量实验效应的大小。

c. 描述问题的表述如何影响被试的记忆。

d. 以期刊文章的形式报告该假设检验的结果以及效应的大小。

16. 研究表明自由派和保守派对视觉线索的反应存在差异，这里的视觉线索指的是根据他人的眼动方向转换视觉注意力的倾向（Dodd, Hibbing & Smith, 2011）。在这一研究中，被试注视电脑屏幕上的一张人脸。这张人脸的眼睛会注视左侧或右侧，之后会在屏幕的左侧或右侧出现一个点。被试需要在最短的时间内确定这个点在屏幕的哪一侧出现。自由派的人们倾向于根据屏幕上人眼的注视方向转换注意力，因此当点出现在同一侧时被试的反应速度显著快于点出现在相反方向时的速度。但保守派的人们并不会被屏幕上人眼的注视方向所引导，他们的反应速度在点出现在各个方向的时候都比较一致。一个可能的解释是自由派的人更容易移情以及被他人所影响。下表给出了被试是否根据他人的眼动方向改变视觉方向的研究数据：

	改变视觉方向		
	否	是	总计
自由派	7	23	30
保守派	15	9	24
总计	22	32	

a. 数据是否说明两种政治倾向的被试群体之间存在显著差异？（$\alpha=0.05$）

b. 被试对视觉线索的反应与政治倾向之间的关系可以用 φ 系数来衡量。计算该数据的 φ 系数。

17. 研究结果表明男孩的 IQ 分数比女孩的 IQ 分数变异度更高（Arden & Plomin, 2006）。一个典型的研究将 10 岁的儿童根据性别和 IQ 分数的低水平、平均水平、高水平进行分类。下表给出了代表该研究结果的数据。该数据是否说明男性和女性之间的频数分布具有显著差异？（$\alpha=0.05$）

	IQ			
	低水平	平均水平	高水平	
男孩	18	42	20	80
女孩	12	54	14	80
				$n=160$

18. 梦的内容存在性别差异这个观点是有案可循的（Winget & Kramer, 1979）。假设研究者研究有关男性和女性的攻击性的梦的内容。每名被试报告他或她最近的梦的内容。然后每个梦通过专家鉴定，按攻击内容分为低、中、高三类。实际频数显示如下：

		攻击内容		
		低	中	高
性别	男性	18	4	2
	女性	4	17	15

那么性别和梦的攻击内容是否有关系呢？显著性水平 $\alpha=0.01$。

19. 与 Fallen 和 Rozin（1985）的研究类似，一位心理学家准备了一套依次从偏瘦到偏胖的不同女性身体形态的系列图片，并要求一组女性回答她们认为哪种身体形态对男性最有吸引力。然后让一组男子看同样的图片后，询问他们认为其中哪一种是最有吸引力的身体形态。以下虚构数据显示了每个被试所选定的身体形态。

a. 该数据是否可以表明男人的实际偏好和女性所以为的偏好有着显著的差异？显著性水平 $\alpha=0.05$。

b. 计算测量相关强度的 φ 系数。

	身体形态				
	有点轻	稍微轻	稍微重	有点重	
女性	29	25	18	8	80
男性	11	15	22	12	60
	40	40	40	20	

20. 一项近期的研究表明人们倾向于在视频游戏中选择与创建者（他们自己）相似的人物（Bélisle & Onur，2010）。在一个虚拟社区游戏中创建人物的被试需完成一份关于自身个性的问卷。另外一个独立的观察者组对虚拟人物进行观察和评价。考察的一项性格特征是内向/外向。下面给出了观测到的频数分布：

	被试性格		
	内向	外向	
内向的虚拟人物	22	23	45
外向的虚拟人物	16	39	55
	38	62	

a. 在被试的性格和虚拟人物的性格之间是否存在显著的相关？（$\alpha=0.05$）

b. 计算 φ 系数来测量效应的大小。

21. 研究表明，相对于非自愿参加者，自愿参加研究学习的人们往往有较高的智商。为了测试这种现象，研究人员取得了 $n=200$ 名高中学生的样本，然后研究人员向学生描述有关的心理研究，并询问他们是否会自愿参加这个研究。研究人员还获得了每名学生的智商分数并根据智商分数将其分为高、中、低三类。该数据是否可以表明智商和自愿之间有显著的关系？显著性水平 $\alpha=0.05$。

	智商			
	高	中	低	
自愿	43	73	34	150
非自愿	7	27	16	50
	50	100	50	

22. 虽然这种现象并不被完全理解，但是似乎出生在冬季这几个月的人比在其他时间出生的人更有可能发展为精神分裂症（Bradbury & Miller，1985）。以下假设数据来自 $n=50$ 名被诊断为精神分裂症的人和 $n=100$ 名没有精神病的人。根据每一个被试出生的季节将其分类。

该数据是否可以表明精神分裂症和出生季节有着显著的关系？显著性水平 $\alpha=0.05$。

	出生季节				
	夏季	秋季	冬季	春季	
无精神病	26	24	22	28	100
有精神分裂症	9	11	18	12	50
	35	35	40	40	

第五部分 回顾

在结束了这一部分的学习后，你应该能够计算并解释相关系数，建立回归方程，并运用卡方检验来进行拟合优度和独立性检验。

最常用的相关是皮尔逊相关，它衡量了两个等距或等比尺度的变量（X 和 Y）之间的相关的方向和大小。回归方程决定了描述 X 和 Y 之间关系的最佳拟合直线，而且可以对每一个 X 值计算对应的预测 Y 值。偏相关可以用来衡量消除了第三个变量的影响后 X 和 Y 之间的相关。

皮尔逊相关的计算公式也被用于计算特定相关的其他情境中。斯皮尔曼相关就是运用皮尔逊相关公式来计算 X 和 Y 是顺序变量时的相关系数。斯皮尔曼相关衡量了相关的方向，以及相关保持一个方向的程度。当一个变量是连续变量，而另一个变量是二分变量时，该二分变量可以编码为 0 和 1，此时皮尔逊相关公式计算的就是点二列相关。点二列相关衡量了 X 和 Y 之间相关的强度，且可以将其平方得到 r^2 值来衡量独立测量 t 检验的效应值。当两个变量都是二分变量时，它们都可被编码为 0 和 1，皮尔逊相关公式计算出的即为 φ 系数。作为相关系数，φ 系数衡量了相关的强度，此外它还被用于衡量一个 2×2 矩阵的独立性卡方检验的效应量。

拟合度卡方检验运用样本的频数分布来评价关于对应总体分布的假设。拟合度卡方检验的虚无假设有以下两种形式：

1. 等比例：虚无假设为总体在各个类别上的分布是相等的。

2. 无差异：虚无假设为总体的分布与另一总体的已知分布是不存在差异的。

独立性卡方检验运用样本的频数分布来评价关于总体中两个变量之间关系的假设。虚无假设有以下两种形式：

1. 无相关：虚无假设为总体中的两个变量之间不存在相关关系。

2. 无差异：变量被视为用于定义不同的总体，虚无假设为，对于所有总体，第二个变量的频数分布都有相同的形状（相同的比例）。

练习

1. 对于下列分数：

X	Y
7	6
9	6
6	3
12	5
9	6
5	4

a. 画出这六对数据的散点图。

b. 借助散点图估计皮尔逊相关系数。

c. 计算皮尔逊相关系数。

2. 对于下列分数：

X	Y
1	2
4	7
3	5
2	1
5	14
3	7

a. 建立以 X 预测 Y 的回归方程。

b. 该回归方程能够解释的 Y 分数的变异是显著的吗？以 $\alpha=0.05$ 进行 F 检验。

3. 发展心理学家想确定婴儿是否有任何颜色的喜好。将四种颜色（红、绿、蓝、黄）构成的刺激物挂在婴儿床的上面。婴儿被放置在该床上。心理学家记录下婴儿看每一种颜色的时间。在 100 秒的测试时间内，获得最多注意的颜色被定义为婴儿偏好的颜色。抽取的 60 个婴儿其偏好颜色如下表所示：

红	绿	蓝	黄
20	12	18	10

a. 请问对四种颜色的偏好是否存在显著的差异？显著性水平 $\alpha=0.05$。

b. 以研究报告的形式呈现这一假设检验的结果。

4. 一个通信公司开发了三种手机的新设计。为了评价消费者的反应，抽取 60 名大学生和 60 名年长消费者并给每名被试三种手机供其使用一周。在这一周结束时，每名被试必须对这三种设计更喜欢哪一种做出评价。结果如下：

	设计1	设计2	设计3	
大学生	27	20	13	60
年长消费者	21	34	5	60
	48	54	18	

a. 该数据能否说明年长消费者的偏好与大学生有显著差异？（$\alpha=0.05$）

b. 计算衡量相关强度的 φ 系数。

附录 A 基础数学复习

预习

本附录部分复习了本书中所出现的统计计算中必须掌握的一些数学基本技巧。很多同学已经知道它们中的一些或全部，其他的则需要全面学习和复习。为了帮助你评估自己的技能，我们这里有一个技能评估测试。你应在约10分钟的时间内完成测试，做完后，用后面的答案来确定你的测试等级。

测试分为5部分，如在测试的任一部分错了三道或三道以上，那你很有必要在本部分强化练习。如果需要帮助，你可翻到本附录中对应的部分。你会发现概括的复习、例题以及附加的问题练习。在复习对应的部分并做完问题练习后，翻到附录的结尾处，你会发现一个技能评估最终测试。如果你在测试中的任一部分错了三个或以上，请继续学习。必要时可以从导师或辅导教师那里寻求帮助。附录的结尾是为那些需要更为全面复习的个体列出的书单。我们必须强调，现在掌握这些技能将使学习剩下的知识更为容易些。

技能评估预先测试

第一部分

（对应于本附录中 A.1 部分）

1. $3+2\times7=?$
2. $(3+2)\times7=?$
3. $3+2^2-1=?$
4. $(3+2)^2-1=?$
5. $12/4+2=?$
6. $12/(4+2)=?$
7. $12/(4+2)^2=?$
8. $2\times(8-2^2)=?$
9. $2\times(8-2)^2=?$
10. $3\times2+8-1\times6=?$
11. $3\times(2+8)-1\times6=?$
12. $3\times2+(8-1)\times6=?$

第二部分

（对应于本附录中 A.2 部分）

1. 分数3/4对应的百分数是________。
2. 用分数表示30%。
3. 把12/40转化为小数。
4. $2/13+8/13=?$
5. $1.375+0.25=?$
6. $2/5\times1/4=?$
7. $1/8+2/3=?$
8. $3.5\times0.4=?$
9. $\frac{1}{5}\div\frac{3}{4}=?$
10. $3.75/0.5=?$
11. 一组学生有80人，其中有20%是心理学专业的，那么该组中心理学专业的学生有多少呢？
12. 某公司报道，公司中2/5的员工是女职工。如果共有90名员工，那么公司中有多少女职工？

第三部分

（对应于本附录中 A.3 部分）

1. $3+(-2)+(-1)+4=?$
2. $6-(-2)=?$
3. $-2-(-4)=?$
4. $6+(-1)-3-(-2)-(-5)=?$
5. $4\times(-3)=?$
6. $-2\times(-6)=?$
7. $-3\times5=?$
8. $-2\times(-4)\times(-3)=?$
9. $12/(-3)=?$
10. $-18/(-6)=?$
11. $-16/8=?$
12. $-100/(-4)=?$

第四部分

（对应于本附录中 A.4 部分）

算出下列方程中的 X 值。

1. $X+6=13$

2. $X-14=15$
3. $5=X-4$
4. $3X=12$
5. $72=3X$
6. $X/5=3$
7. $10=X/8$
8. $3X+5=-4$
9. $24=2X+2$
10. $(X+3)/2=14$
11. $(X-5)/3=2$
12. $17=4X-11$

第五部分

（对应于本附录中 A.5 部分）

1. $4^3=?$
2. $\sqrt{25-9}=?$
3. 如果 $X=2$，$Y=3$，那么 $XY^3=?$
4. 如果 $X=2$，$Y=3$，那么 $(X+Y)^2=?$
5. 如果 $a=3$，$b=2$，那么 $a^2+b^2=?$
6. $(-3)^3=?$
7. $(-4)^4=?$
8. $\sqrt{4}\times 4=?$
9. $36/\sqrt{9}=?$
10. $(9+2)^2=?$
11. $5^2+2^3=?$
12. 如果 $a=3$，$b=-1$，那么 $a^2b^3=?$

该能力评估测试的答案在附录的末尾。

A.1 标记与符号

表 A.1 呈现了一些基本的数学符号并给出了它们的用法举例，我们将在全书必要的地方介绍统计标记与符号。对指数和平方根的解释在本附录的末尾分别给出。

括号是一种很有用的注释，因为它们起特指作用，并控制计算的顺序，在括号中的值先计算。例如：

$$(5+3)\times 2=8\times 2=16$$

改变括号的位置会改变计算的顺序，例如：

$$5+(3\times 2)=5+6=11$$

表 A.1

符号	含义	举例
+	加号	$5+7=12$
−	减号	$8-3=5$
×，( )	乘号	$3\times 9=27$，$3(9)=27$
÷，/	除号	$15\div 3=5$，$15/3=5$，$\frac{15}{3}=5$
>	大于号	$20>10$
<	小于号	$7<11$
≠	不等号	$5\neq 6$

运算顺序

通常一个公式或数学表达式中会有几个不同的运算符号，下列是数学运算的基本规律，给出它们在运算中的顺序。

1. 第一步，计算括号内的值。
2. 第二步，计算平方（或其他的指数）
3. 第三步，做乘法或除法计算，在含有一系列的乘法或除法的式子中，应从左至右计算。
4. 第四步，做加法或减法运算。

下列例子示范了这一系列的操作规则，并对这些规则在不同的情况下如何运用进行了示范。

计算表达式

$$(3+1)^2-4\times 7/2$$

首先是计算括号内的运算式：

$$4^2-4\times 7/2$$

其次是平方：

$$16-4\times 7/2$$

再次是计算乘法和除法：

$$16-14$$

最后做减法运算：

$$16-14=2$$

一连串含有乘法和除法的式子应按从左至右的顺序进行。例如，$12/2\times 3$，你应该用 12 除以 2，然后乘以 3：

$$12/2\times 3=6\times 3=18$$

注意，打乱从左至右的规则会改变结果。例如，如你先乘后除，你将得到

$$12/2\times 3=12/6=2\text{（这是错误的。）}$$

一连串含有加法和减法的式子可以按任一顺序进行计算。例如，计算 $3+8-5$，你可用 3 加上 8，后减去 5：

$$(3+8)-5=11-5=6$$

你也可用 8 减去 5，然后加上 3：

$$3+(8-5)=3+3=6$$

一个数学表达式或公式是一连串说明的简略方式。当你通过运算而评估某表达式时，可简单按照下列说明进行：

首先是把 3 与 8 相加。

其次是用相加后的结果取平方。

再次是用平方后的结果乘以 6。

最后用你得的值减去 50。

你可以把这些说明写为数学表达式。

1. 第一步是加法运算，因加法在通常情况下是最后来计算的，用括号可在一系列的计算中优先计算：

$(3+8)$

2. 给相加后的值取平方，也就是在需要平方的值的右上角加上 2：

$(3+8)^2$

3. 因为平方优先于乘法，你可在表达式中直接引用乘法：

$6\times(3+8)^2$

4. 加法和减法是最后的运算，所以直接写出题目要求的减法：

$6\times(3+8)^2-50$

为了计算表达式的值，要按照正确的计算顺序来计算：

$$\begin{aligned}6\times(3+8)^2-50&=6\times11^2-50\\&=6\times121-50\\&=726-50\\&=676\end{aligned}$$

最后注意，平方的计算（或任一指数）仅运用于加指数的数或式子。例如，

$2\times3^2=2\times9=18$（仅 3 被平方。）

如说明要求乘以某数后再平方，那么你必须用括号使乘法优先于平方。例如 2 乘以 3 后再平方，可写为：

$(2\times3)^2=6^2=36$

学习检查

1. 计算下列表达式：

a. $4\times8/2^2$

b. $4\times(8/2)^2$

c. $100-3\times12/(6-4)^2$

d. $(4+6)\times(3-1)^2$

e. $(8-2)/(9-8)^2$

f. $6+(4-1)^2-3\times4^2$

g. $4\times(8-3)+8-3$

答案

1. a. 8 b. 64 c. 91 d. 40 e. 6 f. −33 g. 25

A.2 比例：分数、小数和百分数

比例是整体中的一部分，可表示为分数、小数或百分数。例如，在 40 人的一个班级，仅有 3 人考试失败。班上考试失败的人数占的比例为

分数 $=\frac{3}{40}$

小数 $=0.075$

百分数 $=7.5\%$

某个分数，比如 $\frac{3}{4}$，分号下的值表示把一个整体分为相等的部分的数。这里圆被分成 4 个相等的部分：

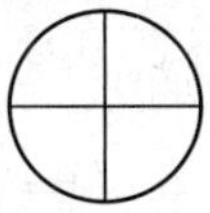

如果分母较大，例如 8，那么整个圆的每一部分就更小：

一个分母大的分数表明分数的整体值较小。

分号上面的数表明这个整体有多少块相等的部分被考虑，因此 $\frac{3}{4}$ 表示把整体分成 4 等份，且有 3 块被使用。

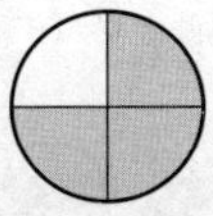

分数是一个比例的精确表达式："四个中的三个"相当于 $\frac{3}{4}$。把分数转化为小数，用分子除以分母。

$\frac{3}{4}=3\div4=0.75$

把小数转化为百分数，只是简单地乘以 100，并在结果后加一个百分号（%）。

美元体系是描述分数与小数之间关系的很便利的方法。例如，"One quarter"是四分之一美元，对应于小数是 0.25。类似的等式表示如下：

	10 分	25 分	50 分	75 分
分数	$\frac{1}{10}$	$\frac{1}{4}$	$\frac{1}{2}$	$\frac{3}{4}$
小数	0.10	0.25	0.50	0.75
百分数	10%	25%	50%	75%

分数

1. 找出相等的分数式。同一比例可用许多的分式表示，例如

$\frac{1}{2}=\frac{2}{4}=\frac{10}{20}=\frac{50}{100}$

为了建立相等的分数，你可给分式中的分子与分母乘以相同的值。分式中的分子与分母乘以相同的值，新分式与原分式相等。例如，

$\frac{3}{10}=\frac{9}{30}$

因为原分式的分子与分母都乘以 3。分式的分子与分

母同时除以相同的值得的结果仍等于原分式。用除法你可把某分式转变为更简单的分式。例如，

$$\frac{40}{100}=\frac{2}{5}$$

因为原分式的分子与分母可以同时除以 20。

你可用这些规律找出特定的相等的分数。例如，找出分母是 100，且与 $\frac{3}{4}$ 相等的等式，也就是

$$\frac{3}{4}=\frac{?}{100}$$

注意，原分式的分母要乘以 25 才能得到要求的分母。要使两分式相等，分子与分母须同时乘以相同的数，因此我们给原分式的分子也乘以 25，得到

$$\frac{3\times 25}{4\times 25}=\frac{75}{100}$$

2. 分数相乘。两分式相乘，你首先用分子相乘，然后用分母相乘，例如，

$$\frac{3}{4}\times\frac{5}{7}=\frac{3\times 5}{4\times 7}=\frac{15}{28}$$

3. 分数相除。用一个分数除以另一个分数，首先颠倒第二个分数的分子与分母的位置，然后相乘，例如，

$$\frac{1}{2}\div\frac{1}{4}=\frac{1}{2}\times\frac{4}{1}=\frac{1\times 4}{2\times 1}=\frac{4}{2}=\frac{2}{1}=2$$

4. 加上或减去某分数。在相加或相减之前，分数须有相同的分母。如果两分数的分母相同，仅用分子相加(减)，例如，

$$\frac{2}{5}+\frac{1}{5}=\frac{3}{5}$$

假设你把一个圆饼分成相等的 5 份，你首先吃了其中的 2 份，然后又吃了 1 份，那么总共吃的应是整个饼的 3/5。

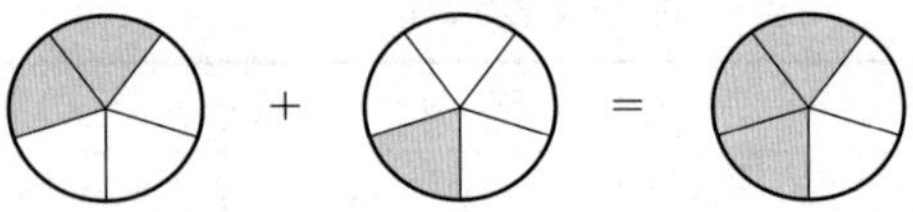

如果两分数的分母不同，在进行加减之前，你首先必须使分式转为具有相同分母的分数。这两个分式的分母一般作等分式的公共分母使用（尽管它可能不是最小的公分母）。例如，

$$\frac{2}{3}+\frac{1}{10}=?$$

因为这两个分数有不同的分母，有必要把每个分式转化成它的等分式，找出公分母，我们用 $3\times 10=30$ 作为公分母，因此，每个分数的等分式为：

$$\frac{2}{3}=\frac{20}{30}\text{和}\frac{1}{10}=\frac{3}{30}$$

现在两分数可以相加：

$$\frac{20}{30}+\frac{3}{30}=\frac{23}{30}$$

5. 比较分数的大小。当比较具有相同分母的两分式时，分子大，分数大。例如，

$$\frac{5}{8}>\frac{3}{8}$$

分母相同，所以整体被分成相等的部分，占整体中的 5 份大于占其中的 3 份。

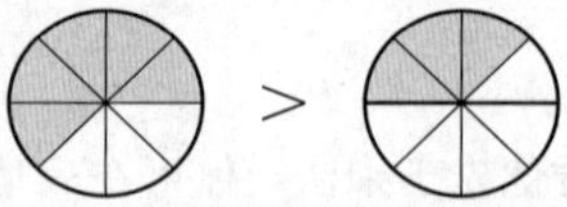

当两分数的分母不同时，你首先必须把它们转化成有公分母的分数以确定哪个更大。考虑下列分数：

$$\frac{3}{8}\text{和}\frac{7}{16}$$

如果 3/8 的分子与分母都乘以 2，得到的等分式的分母是 16。

$$\frac{3}{8}=\frac{3\times 2}{8\times 2}=\frac{6}{16}$$

现在可以比较两分数了：

$$\frac{6}{16}<\frac{7}{16}$$

因此，

$$\frac{3}{8}<\frac{7}{16}$$

小数

1. 把小数转化为分数。和分数一样，小数也代表整体的一部分，位于小数点右侧的第一个小数表示有多少个十分位数被使用。例如，

$$0.1=\frac{1}{10}$$

$$0.7=\frac{7}{10}$$

十分位数后一位小数表示 $\frac{1}{100}$，再后是 $\frac{1}{1\,000}$，等等。把小数变为分数，是把小数点后的数作为分子，用右边最后一位小数表示的分位数作为分母。例如，

$$0.32=\frac{32}{100}\qquad 0.533\,3=\frac{5\,333}{10\,000}$$

$$0.05=\frac{5}{100}\qquad 0.001=\frac{1}{1\,000}$$

2. 加上和减去小数。加上和减去小数，唯一的规则是你必须使小数点在同一条垂线上，例如，

$$\begin{array}{r}0.27\\+1.326\\\hline 1.596\end{array}\qquad\begin{array}{r}3.595\\-\ 0.67\\\hline 2.925\end{array}$$

3. 小数相乘。用小数相乘，首先忽视小数点，两数相乘；然后在答案中标出小数点，使小数点右边的数字的数目刚好与相乘的两数的小数的位数和相等。

例如，

```
      1.73 (2位小数)
   ×0.251 (3位小数)
      173
     865
    346
  0.434 23 (5位小数)
```

```
  0.25（2 位小数）
×0.005（3 位小数）
   125
   00
  00
0.001 25（5 位小数）
```

4. 小数相除。小数相除最简单的办法就是把相除的两数表示成相等的分式：

$0.25\div1.6$ 等同于 $\frac{0.25}{1.6}$

你可以将公式的分子、分母都乘以 100，或乘以某个数去除小数点。记住，将分式的分子与分母乘以相同的值可建立同等的分式，因此，

$$\frac{0.25}{1.6}=\frac{0.25\times100}{1.6\times100}=\frac{25}{160}=\frac{5}{32}$$

其结果是除法式的两个数中没有小数。

百分数

1. 把百分数转换成小数或分数。为了把百分数转换成分数，我们可以先去掉百分号，然后把去百分号前的数字作为分子，用 100 作为分母。例如：

$52\%=\frac{52}{100}$　　$5\%=\frac{5}{100}$

为了把百分数转化为小数，要去掉百分号，可用百分数中的数除以 100，或把小数点直接向左移两位。例如：

83%＝0.83

14.5%＝0.145

5%＝0.05

2. 用百分数进行计算。在特定情况下，为了进行特定的数字计算，最好是把百分数转换成小数来计算。例如，60 的 45%是多少呢？该问题可表述为：

45%×60＝?

在该问题中，可将 45%转化为小数来找到答案。因此，

0.45×60＝27

学习检查

1. 把 $\frac{3}{25}$ 转换成小数。

2. 把 $\frac{3}{8}$ 转换为百分数。

3. 如果两式相等，在分式后写“对”，否则写“错”。

a. $\frac{3}{8}=\frac{9}{24}$ ________

b. $\frac{7}{9}=\frac{17}{19}$ ________

c. $\frac{2}{7}=\frac{4}{14}$ ________

4. 计算下列式子：

a. $\frac{1}{6}\times\frac{7}{10}$　b. $\frac{7}{8}-\frac{1}{2}$　c. $\frac{9}{10}\div\frac{2}{3}$　d. $\frac{7}{22}+\frac{2}{3}$

5. 标出每对分数中的较大值：

a. $\frac{7}{10},\frac{21}{100}$　b. $\frac{3}{4},\frac{7}{12}$　c. $\frac{22}{3},\frac{19}{3}$

6. 把下列小数转化为分数：

a. 0.012　b. 0.77　c. 0.005

7. 2.59×0.015＝?

8. 1.8÷0.02＝?

9. 45 的 28%是多少?

答案

1. 0.12

2. 37.5%

3. a. 对　b. 错　c. 对

4. a. 7/60　b. 3/8　c. 27/20　d. 65/66

5. a. 7/10　b. 3/4　c. 22/3

6. a . 12/1 000＝3/ 250　b. 77/100　c. 5/1 000＝1/200

7. 0.038 85

8. 90

9. 12.6

A.3　负数

负数用来表示小于 0 的数，当你测量两个分数间的差异时，可能出现负数。例如，某研究者想用一次测试来测量人们看电影前后的态度，以评估电影宣传的影响力：

	之前	之后	变化量
被试 A	23	27	＋4
被试 B	18	15	－3
被试 C	21	16	－5

注意，负号提供差异方向方面的信息，正号表示值是上升趋势，负号表示下降趋势。

因为负数被频繁地碰到，所以你应当熟练地运用这些数。本节复习负数的基本数学运算。你还要注意：没有符号的数常被默认为正数。

1. 加上负数。加上负数时，可把负号简单地解释为减去。例如，

3＋(－2)＋5＝3－2＋5＝6

当一连串的数相加时，通常是把所有的正数相加得到一个正值，然后把所有的负数相加得到一个负值，最后用正数的和减去负数的和。例如，

－1＋3＋(－4)＋3＋(－6)＋(－2)

正数的和＝6，负数的和＝13

答案：6－13＝－7

2. 减去负数。减去某负数是把该负数变为正数后相加。例如，

4－(－3)＝4＋3＝7

如果你把正数想象为财政收入，负数想象为财政支出，这就容易理解了。在这时减去债务相当于财务收入。在数学表达式中，减法一个负数相当于加上一个正数。例如，假设在中午时你碰到你的一个朋友，你有7美元，你欠你朋友3美元，因此真正用做午餐的费用有4美无，但你朋友那3美元的债务不用还了，结果是你有7美元可支付，用方程表示为：

4美元减去3美元的债务等于7美元

4－(－3)＝4＋3＝7

3. 乘以或除以负数。当相乘（相除）的两数的符号相同时，结果是正数；当相乘（相除）的两数的符号不同时，结果是负数。例如，

3×(－2)＝－6

－4×(－2)＝＋8

把例中乘法想象为重复的加法就很好理解了。在例中，

3×(－2)＝(－2)＋(－2)＋(－2)

＝－6

3个－2相加，结果是－6。用负数乘以一个负数可表述为连续的减法，那就是

－4×(－2)＝－(－2)－(－2)－(－2)－(－2)

＝2＋2＋2＋2＝8

乘法和除法都采用同样的规则，我们可以确定两种运算是一致的。例如，

－6÷3＝－2

这与3×(－2)＝－6是一致的。

同样，8÷(－4)＝－2

这与(－4)×(－2)＝＋8一致。

学习检查

1. 完成下列计算：

a. 3＋(－8)＋5＋7＋(－1)＋(－3)

b. 5－(－9)＋2－(－3)－(－1)

c. 3－7－(－21)＋(－5)－(－9)

d. 4－(－6)－3＋11－14

e. 9＋8－2－1－(－6)

f. 9×(－3)

g. －7×(－4)

h. －6×(－2)×(－3)

i. －12÷(－3)

j. 18÷(－6)

答案

1. a. 3　b. 20　c. 21　d. 4　e. 20　f. －27　g. 28　h. －36　i. 4　j. －3

A.4　基础代数:解方程

等式表明等号两边的量相等。例如，

12＝8＋4

含有未知量的方程用一个字母或符号而不是用数字来识别，例如，

12＝8＋X

在该式中，你的任务是找出X的值，使等式成立或平衡。在该例中，X值为4时，可以得到一个正确的方程。找出X的值通常叫做解方程，

为了解方程，必须记住两点：

1. 你的目标是求出方程一边独立的未知量X的值，这就意味着你需要消去方程中含有X值这一边的其他所有的数字和符号。

2. 只要你对方程两边给予相同的处理，方程仍成立。例如，你给方程两边都加上10，X值的解不变。

找出方程的解

我们将考虑四种基本类型的方程以及解方程所需要的操作。

1. 当X加上某值时。这种类型的方程的例子为：

X＋3＝7

你的目标是把方程含有的X独立出来，你必须消去左边的＋3，这可以通过给方程两边同时减去3得到：

X＋3－3＝7－3

X＝4

解方程得X＝4。你可以通过回到原方程，用解方程得的值代替X来检验你的结果。例如，

X＋3＝7

4＋3＝7

7＝7

2. 当X减去某值时。例如，

X－8＝12

你必须消去左边的－8。因此，你可以通过给方程两边同时加上8得到解：

X－8＋8＝12＋8

X＝20

检验方程的解，

X－8＝12

20－8＝12

12＝12

3. 当 X 乘以某值时。该类型的例子有

$4X=24$

在该例中，消除乘以 X 的 4 是解方程必须做的，可以通过给方程两边同时除以 4 完成此步，

$$\frac{4X}{4}=\frac{24}{4}$$

$X=6$

检验方程的解：

$4X=24$

$4\times6=24$

$24=24$

4. 当 X 除以某值时。该类型的例子有

$$\frac{X}{3}=9$$

现在是用 X 除以 3，因此可通过乘以 3 消去分母 3 得到解：

$$3\times\frac{X}{3}=9\times3$$

$X=27$

检验方程的解：

$$\frac{X}{3}=9$$

$$\frac{27}{3}=9$$

$9=9$

更为复杂的方程的解

更为复杂的方程可结合先前的简单方法来解决。记住，在每一阶段，你都应试图把 X 从方程的一端独立出来。例如，

$3X+7=22$

$3X+7-7=22-7$（通过两边同时减 7 去掉 −7）

$3X=15$

$\frac{3X}{3}=\frac{15}{3}$（通过两边同时除以 3 去掉 3）

$X=5$

检验结果，回到原方程，用 5 代替 X：

$3X+7=22$

$3\times5+7=22$

$15+7=22$

$22=22$

下面是另一种类型的复杂方程，这类方程在统计学中会频繁碰到。例如，

$$\frac{X+3}{4}=2$$

首先，方程两边都乘以 4，消去分母 4：

$$4\times\left(\frac{X+3}{4}\right)=4\times2$$

$X+3=8$

然后，两边都减去 3 消去 +3：

$X+3-3=8-3$

$X=5$

为了检验结果，回到方程，用 5 代替 X：

$$\frac{X+3}{4}=2$$

$$\frac{5+3}{4}=2$$

$$\frac{8}{4}=2$$

$2=2$

学习检查

1. 解方程求 X 值并检验：

a. $3X=18$　b. $X+7=9$　c. $X-4=18$

d. $5X-8=12$　e. $X/9=5$　f. $(X+1)/6=4$

g. $X+2=-5$　h. $X/5=-5$　i. $2X/3=12$

j. $X/3+1=3$

答案

1. a. $X=6$　b. $X=2$　c. $X=22$　d. $X=4$

e. $X=45$　f. $X=23$　g. $X=-7$　h. $X=-25$

i. $X=18$　j. $X=6$

A.5　指数和平方根

指数

当一个数乘以它本身时，我们常用简化的符号来表示。该标记由两部分组成，一部分是指数，置于右上角；另一部分叫做基数，置于指数的左下方。例如

7^3 中 3 是指数，7 是基数

指数表示基数在乘法过程中使用的次数，下面是一些例子：

$7^3=7\times7\times7$（读做 7 的立方或 7 的 3 次方。）

$5^2=5\times5$（读做 5 的平方。）

$2^5=2\times2\times2\times2\times2$（读做 2 的 5 次方。）

在这里你应当知道关于指数的一些基本规则，其大体如下。

1. 数的 1 次方或 0 次方。任何数的一次方等于它本身，例如，

$6^1=6$

任何数（0 除外）的 0 次方等于 1。例如，

$9^0=1$

2. 乘式的指数。指数仅运用于它前面的基数。例如，

$XY^2=XYY$

$a^2b^3 = aabbb$

3. 负数的指数。如果一个负数有指数，当指数为偶数时，结果为正，指数为奇数时，结果为负。例如，

$$(-4)^3 = (-4)\times(-4)\times(-4)$$
$$= 16\times(-4)$$
$$= -64$$
$$(-3)^4 = (-3)\times(-3)\times(-3)\times(-3) = 9\times(-3)(-3)$$
$$= 9\times 9 = 81$$

注意，括号确保指数运用于整个负数，包括符号。没有括号时，关于指数如何使用会产生歧义。例如，-3^2 有两种解释：

$$-3^2 = (-3)\times(-3) = 9$$

或 $$-3^2 = -(3)\times(3) = -9$$

4. 指数和括号。如果一个指数在括号外，首先应计算括号内的式子，然后再做指数运算：

$$(3+5)^2 = 8^2 = 64$$

注意，括号中的每项加上指数后，表达的意义发生了变化：

$$3^2+5^2 = 9+25 = 34$$

因此，

$$X^2+Y^2 \neq (X+Y)^2$$

5. 分数加上某指数。如果分式的分子、分母都加上同样的指数，那么整个分式都可加上这个指数，也就是：

$$\frac{a^2}{b^2} = \left(\frac{a}{b}\right)^2$$

例如，

$$\frac{3^2}{4^2} = \left(\frac{3}{4}\right)^2$$
$$\frac{9}{16} = \frac{3}{4}\times\frac{3}{4}$$
$$\frac{9}{16} = \frac{9}{16}$$

平方根

一个数的平方根两两相乘等于这个数。例如，16 的平方根等于 4，因为 4 乘以 4 等于 16，平方根的标识符叫做根号（$\sqrt{\ }$）。平方根表示开根号得到的数。例如，

$$\sqrt{16} = 4$$

求平方根反过来就是求一个数的二次方（平方）。因此，

$$\sqrt{a^2} = a$$

例如，

$$\sqrt{3^2} = \sqrt{9} = 3$$

同样，

$$(\sqrt{b})^2 = b$$

例如，

$$(\sqrt{64})^2 = 8^2 = 64$$

根号内的计算优先于开平方根。例如，

$$\sqrt{9+16} = \sqrt{25} = 5$$

注意，给每个数开平方后，相加减得到不同的结果：

$$\sqrt{9}+\sqrt{19} = 3+4 = 7$$

因此，

$$\sqrt{X}+\sqrt{Y} \neq \sqrt{X+Y}$$
$$\sqrt{X}-\sqrt{Y} \neq \sqrt{X-Y}$$

如果分式中的分子与分母都有根号，那么整个分式则可以放在同一根号下。

$$\frac{\sqrt{16}}{\sqrt{4}} = \sqrt{\frac{16}{4}}$$
$$\frac{4}{2} = \sqrt{4}$$
$$2 = 2$$

因此，

$$\frac{\sqrt{X}}{\sqrt{Y}} = \sqrt{\frac{X}{Y}}$$

同样，一个数的平方根乘以另一个数的平方根，得到的结果与将这两个数相乘后开根号的结果一样，例如，

$$\sqrt{9}\times\sqrt{16} = \sqrt{9\times 16}$$
$$3\times 4 = \sqrt{144}$$
$$12 = 12$$

因此，

$$\sqrt{a}\times\sqrt{b} = \sqrt{ab}$$

学习检查

1. 完成下列计算：

a. $(-6)^3$。

b. $(3+7)^2$。

c. 当 $a=2$，$b=-5$ 时，a^3b^2 是多少呢？

d. 当 $a=2$，$b=3$ 时，a^4b^3 是多少呢？

e. 当 $X=3$，$Y=5$ 时，$(XY)^2$ 是多少呢？

f. 当 $X=3$，$Y=5$ 时，X^2+Y^2 是多少呢？

g. 当 $X=3$，$Y=5$ 时，$(X+Y)^2$ 是多少呢？

h. $\sqrt{5+4}$。

i. $(\sqrt{9})^2$。

j. $\frac{\sqrt{16}}{\sqrt{4}}$。

答案

1. a. −216 b. 100 c. 200 d. 432 e. 225 f. 34 g. 64 h. 3 i. 9 j. 2

附录 A 中的问题：基础数学复习

1. 50/(10－8)＝?

2. $(2+3)^2$ ＝?

3. 20/10×3＝?

4. 12－4×2＋6/3＝?

5. 24/(12－4)＋2×(6＋3)＝?

6. 把 7/20 转换成小数。

7. 用百分数表示 9/25。

8. 把 0.91 转换成分数。

9. 用分数表示 0.003 1。

10. 如果下列分式相等，则在旁边标上“对”，否则标上“错”：

a. $\frac{4}{1\,000}=\frac{2}{100}$______

b. $\frac{5}{6}=\frac{52}{62}$______

c. $\frac{1}{8}=\frac{7}{56}$______

11. 计算下列表达式：

a. $\frac{4}{5}\times\frac{2}{3}=?$ b. $\frac{7}{9}\div\frac{2}{3}=?$

c. $\frac{3}{8}+\frac{1}{5}=?$ d. $\frac{5}{18}-\frac{1}{6}=?$

12. 2.51×0.017＝?

13. 3.88×0.000 2＝?

14. 3.17＋17.013 2＝?

15. 5.55＋10.7＋0.711＋3.33＋0.031＝?

16. 2.04÷0.2＝?

17. 0.36÷0.4＝?

18. 5＋3－6－4＋3＝?

19. 9－(－1)－17＋3－(－4)＋5＝?

20. 5＋3－(－8)－(－1)＋(－3)－4＋10＝?

21. 8×(－3)＝?

22. －22÷(－2)＝?

23. －2(－4)×(－3)＝?

24. 84÷(－4)＝?

解 25 题至 32 题的 X 值。

25. $X-7=-2$

26. $9=X+3$

27. $\frac{X}{4}=11$

28. $-3=\frac{X}{3}$

29. $\frac{X+3}{5}=2$

30. $\frac{X+1}{3}=-8$

31. $6X-1=11$

32. $2X+3=-11$

33. $(-5)^2=?$

34. $(-5)^3=?$

35. 如果 $a=4$，$b=3$，那么 $a^2+b^4=?$

36. 如果 $a=-1$，$b=4$，那么 $(a+b)^2=?$

37. 如果 $a=-1$，$b=5$，那么 $ab^2=?$

38. $\frac{18}{\sqrt{4}}=?$

39. $\sqrt{\frac{20}{5}}=?$

技能评估最终测试

第一部分

1. 4＋8/4＝?

2. (4＋8)/4＝?

3. $4\times 3^2=?$

4. $(4\times 3)^2=?$

5. 10/5×2＝?

6. 10/(5×2)＝?

7. 40－10×4/2＝?

8. $(5-1)^2/2=?$

9. $3\times 6-3^2=?$

10. $2\times(6-3)^2=?$

11. 4×3－1＋8×2＝?

12. 4×(3－1＋8)×2＝?

第二部分

1. 用小数表示 14/80。

2. 把 6/25 表示成百分数。

3. 把 18%转换成分数。

4. 3/5×2/3＝?

5. 5/24＋5/6＝?

6. 7/12/5/6＝?

7. 5/9－1/3＝?

8. 6.11×0.22＝?

9. 0.18/0.9＝?

10. 8.742＋0.76＝?

11. 某统计班上有 72 个学生，其中 3/8 的学生在第一次考试中得了 B，问总共有多少人得了 B?

12. 64 的 15%是多少呢？

第三部分

1. 3－1－3＋5－2＋6＝？
2. －8－(－6)＝？
3. 2－(－7)－3＋(－11)－20＝？
4. －8－3－(1)－2－1＝？
5. 8(－2)＝？
6. －7(－7)＝？
7. －3 (－2)(－5)＝？
8. －3(5)(－3)＝？
9. －24/(－4)＝？
10. 36/(－6)＝？
11. －56/7＝？
12. －7/(－1)＝？

第四部分

解方程，求 X 值。

1. $X+5=12$
2. $X-11=3$
3. $10=X+4$
4. $4X=20$
5. $X/2=15$
6. $18=9X$
7. $X/5=35$
8. $2X+8=4$
9. $(X+1)/3=6$
10. $4X+3=-13$
11. $(X+3)/3=-7$
12. $23=2X-5$

第五部分

1. $5^3=$？
2. $(-4)^3=$？
3. $(-2)^5=$？
4. $(-2)^6=$？
5. 如果 $a=4$，$b=2$，那么 $ab^2=$？
6. 如果 $a=4$，$b=2$，那么 $(a+b)^3=$？
7. 如果 $a=4$，$b=2$，那么 $a^2+b^2=$？
8. $(11+4)^2=$？
9. $\sqrt{7^2}=$？
10. 如果 $a=36$，$b=64$，那么 $\sqrt{a+b}=$？
11. $\frac{25}{\sqrt{25}}=$？
12. 如果 $a=-1$，$b=2$，那么 $a^3b^4=$？

答案　技能评估测试

预先测试

第一部分

1. 17　2. 35　3. 6　4. 24　5. 5　6. 2　7. 1/3　8. 8　9. 72　10. 8　11. 24　12. 48

第二部分

1. 75%　2. 30/100 或 3/10　3. 0. 3　4. 10/13　5. 1. 625　6. 2/20 或 1/10　7. 19/24　8. 1. 4　9. 4/15　10. 7. 5　11. 16　12. 36

第三部分

1. 4　2. 8　3. 2　4. 9　5. －12　6. 12　7. －15　8. － 24　9. －4　10. 3　11. －2　12. 25

第四部分

1. $X=7$　2. $X=29$　3. $X=9$　4. $X=4$　5. $X=24$　6. $X=15$　7. $X=80$　8. $X=-3$　9. $X=11$　10. $X=25$　11. $X=11$　12. $X=7$

第五部分

1. 64　2. 4　3. 54　4. 25　5. 13　6. －27　7. 256　8. 8　9. 12　10. 121　11. 33　12. －9

最终测试

第一部分

1. 6　2. 3　3. 36　4. 144　5. 4　6. 1　7. 20　8. 8　9. 9　10. 18　11. 27　12. 80

第二部分

1. 0. 175　2. 24%　3. 18/100 或 9/50　4. 6/15 或 2/5　5. 25/24　6. 42/60 或 7/10　7. 2/9　8. 1. 344 2　9. 0. 2　10. 9. 502　11. 27　12. 9. 6

第三部分

1. 8　2. －2　3. －25　4. －13　5. －16　6. 49　7. －30　8. 45　9. 6　10. －6　11. －8　12. 7

第四部分

1. $X=7$　2. $X=14$　3. $X=6$　4. $X=5$　5. $X=30$　6. $X=2$　7. $X=175$　8. $X=-2$　9. $X=17$　10. $X=-4$　11. $X=-24$　12. $X=14$

第五部分

1. 125　2. －64　3. －32　4. 64　5. 16　6. 216　7. 20　8. 225　9. 7　10. 10　11. 5　12. －16

附录 A 中的问题答案 基础数学复习

1.25 3.6 5.21 6.0.35 7.36% 9.31/10 000 10.b 错 11.a.8/15 b.21/18 c.23/40 12.0.042 67 14.20.183 2 17.0.9 19.5 21.−24 22.11 25.$X=5$ 28.$X=-9$ 30.$X=-25$ 31.$X=2$ 34.−125 36.9 37.−25 39.2

建议复习参考书

如果你想做比本章提供的更全面的复习，很多基础数学书可供选择。你肯定会发现下列图书中有些很有用：

Gustafson，R. D.，Karr，R.，& Massey，M. (2011). *Beginning Algebra* (9th ed.). Belmont，CA：Brooks/Cole.

Lial，M. L.，Salzman，S. A.，& Hestwood，D. L. (2010). Basic Collega Mathmatics (8th ed). Reading MA：Addiso-Wesley.

Mckeague，C. P. (2010). *Basic College Mathematics*：*A Text /Workbook*. Belmont，CA：Brooks/Cole.

附录 B　统计表

表 B.1　单位（标准）正态分布表

A 栏显示 z 分数的值，z 分数在正态分布中通过一条垂线把分布分成两部分。

B 栏表示在分布中较大的部分的比例，称做主体。

C 栏表示在分布中较小的部分的比例，称为尾部。

D 栏表示平均数与 z 分数之间的比例。

注意：正态分布是对称的，因而负的 z 分数同正的 z 分数的比例相同。

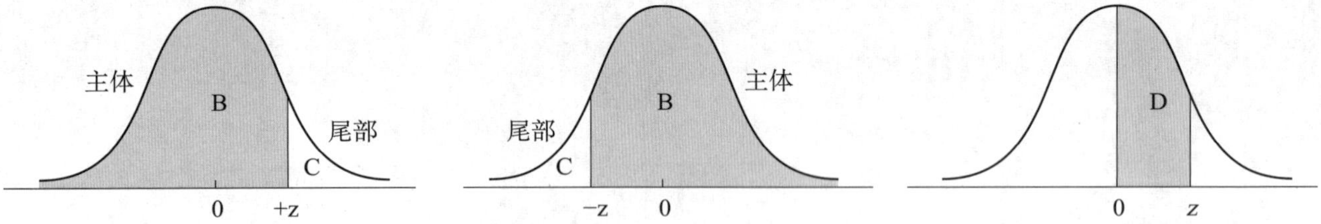

A z	B 主体的比例	C 尾端的比例	D 均值与 z 分数之间的比例	A z	B 主体的比例	C 尾端的比例	D 均值与 z 分数之间的比例
0.00	0.500 0	0.500 0	0.000 0	0.24	0.594 8	0.405 2	0.094 8
0.01	0.504 0	0.496 0	0.004 0	0.25	0.598 7	0.401 3	0.098 7
0.02	0.508 0	0.492 0	0.008 0	0.26	0.602 6	0.397 4	0.102 6
0.03	0.512 0	0.488 0	0.012 0	0.27	0.606 4	0.393 6	0.106 4
0.04	0.516 0	0.484 0	0.016 0	0.28	0.610 3	0.389 7	0.110 3
0.05	0.519 9	0.480 1	0.019 9	0.29	0.614 1	0.385 9	0.114 1
0.06	0.523 9	0.476 1	0.023 9	0.30	0.617 9	0.382 1	0.117 9
0.07	0.527 9	0.472 1	0.027 9	0.31	0.621 7	0.378 3	0.121 7
0.08	0.531 9	0.468 1	0.031 9	0.32	0.625 5	0.374 5	0.125 5
0.09	0.535 9	0.464 1	0.035 9	0.33	0.629 3	0.370 7	0.129 3
0.10	0.539 8	0.460 2	0.039 8	0.34	0.633 1	0.366 9	0.133 1
0.11	0.543 8	0.456 2	0.043 8	0.35	0.636 8	0.363 2	0.136 8
0.12	0.547 8	0.452 2	0.047 8	0.36	0.640 6	0.359 4	0.140 6
0.13	0.551 7	0.448 3	0.0517	0.37	0.644 3	0.355 7	0.144 3
0.14	0.555 7	0.444 3	0.055 7	0.38	0.648 0	0.352 0	0.148 0
0.15	0.559 6	0.440 4	0.059 6	0.39	0.651 7	0.348 3	0.151 7
0.16	0.563 6	0.436 4	0.063 6	0.40	0.655 4	0.344 6	0.155 4
0.17	0.567 5	0.432 5	0.067 5	0.41	0.659 1	0.340 9	0.159 1
0.18	0.571 4	0.428 6	0.071 4	0.42	0.662 8	0.337 2	0.162 8
0.19	0.575 3	0.424 7	0.075 3	0.43	0.666 4	0.333 6	0.166 4
0.20	0.579 3	0.420 7	0.079 3	0.44	0.670 0	0.330 0	0.170 0
0.21	0.583 2	0.416 8	0.083 2	0.45	0.673 6	0.326 4	0.173 6
0.22	0.587 1	0.412 9	0.087 1	0.46	0.677 2	0.322 8	0.177 2
0.23	0.591 0	0.409 0	0.091 0	0.47	0.680 8	0.319 2	0.180 8

续前表

A z	B 主体的比例	C 尾端的比例	D 均值与 z 分数之间的比例	A z	B 主体的比例	C 尾端的比例	D 均值与 z 分数之间的比例
0.48	0.684 4	0.315 6	0.184 4	0.94	0.826 4	0.173 6	0.326 4
0.49	0.687 9	0.312 1	0.187 9	0.95	0.828 9	0.171 1	0.328 9
0.50	0.691 5	0.308 5	0.191 5	0.96	0.831 5	0.168 5	0.331 5
0.51	0.695 0	0.305 0	0.195 0	0.97	0.834 0	0.166 0	0.334 0
0.52	0.698 5	0.301 5	0.198 5	0.98	0.836 5	0.163 5	0.336 5
0.53	0.701 9	0.298 1	0.201 9	0.99	0.838 9	0.161 1	0.338 9
0.54	0.705 4	0.294 6	0.205 4	1.00	0.841 3	0.158 7	0.341 3
0.55	0.708 8	0.291 2	0.208 8	1.01	0.843 8	0.156 2	0.343 8
0.56	0.712 3	0.287 7	0.212 3	1.02	0.846 1	0.153 9	0.346 1
0.57	0.715 7	0.284 3	0.215 7	1.03	0.848 5	0.151 5	0.348 5
0.58	0.719 0	0.281 0	0.219 0	1.04	0.850 8	0.149 2	0.350 8
0.59	0.722 4	0.277 6	0.222 4	1.05	0.853 1	0.146 9	0.353 1
0.60	0.725 7	0.274 3	0.225 7	1.06	0.855 4	0.144 6	0.355 4
0.61	0.729 1	0.270 9	0.229 1	1.07	0.857 7	0.142 3	0.357 7
0.62	0.732 4	0.267 6	0.232 4	1.08	0.859 9	0.140 1	0.359 9
0.63	0.735 7	0.2643	0.235 7	1.09	0.862 1	0.137 9	0.362 1
0.64	0.738 9	0.261 1	0.238 9	1.10	0.864 3	0.135 7	0.364 3
0.65	0.742 2	0.257 8	0.242 2	1.11	0.866 5	0.133 5	0.366 5
0.66	0.745 4	0.254 6	0.245 4	1.12	0.868 6	0.131 4	0.368 6
0.67	0.748 6	0.251 4	0.248 6	1.13	0.870 8	0.129 2	0.370 8
0.68	0.751 7	0.248 3	0.251 7	1.14	0.872 9	0.127 1	0.372 9
0.69	0.754 9	0.245 1	0.254 9	1.15	0.874 9	0.125 1	0.374 9
0.70	0.758 0	0.242 0	0.258 0	1.16	0.877 0	0.123 0	0.377 0
0.71	0.761 1	0.238 9	0.261 1	1.17	0.879 0	0.121 0	0.379 0
0.72	0.764 2	0.235 8	0.264 2	1.18	0.881 0	0.119 0	0.381 0
0.73	0.767 3	0.232 7	0.267 3	1.19	0.883 0	0.117 0	0.383 0
0.74	0.770 4	0.229 6	0.270 4	1.20	0.884 9	0.115 1	0.384 9
0.75	0.773 4	0.226 6	0.273 4	1.21	0.886 9	0.113 1	0.386 9
0.76	0.776 4	0.223 6	0.276 4	1.22	0.888 8	0.111 2	0.388 8
0.77	0.779 4	0.220 6	0.279 4	1.23	0.890 7	0.109 3	0.390 7
0.78	0.782 3	0.217 7	0.282 3	1.24	0.892 5	0.107 5	0.392 5
0.79	0.785 2	0.214 8	0.285 2	1.25	0.894 4	0.105 6	0.394 4
0.80	0.788 1	0.211 9	0.288 1	1.26	0.896 2	0.103 8	0.396 2
0.81	0.791 0	0.209 0	0.291 0	1.27	0.898 0	0.102 0	0.398 0
0.82	0.793 9	0.206 1	0.293 9	1.28	0.899 7	0.100 3	0.399 7
0.83	0.796 7	0.203 3	0.296 7	1.29	0.901 5	0.098 5	0.401 5
0.84	0.799 5	0.200 5	0.299 5	1.30	0.903 2	0.096 8	0.403 2
0.85	0.802 3	0.197 7	0.302 3	1.31	0.904 9	0.095 1	0.404 9
0.86	0.805 1	0.194 9	0.305 1	1.32	0.906 6	0.093 4	0.406 6
0.87	0.807 8	0.192 2	0.307 8	1.33	0.908 2	0.091 8	0.408 2
0.88	0.810 6	0.189 4	0.310 6	1.34	0.909 9	0.090 1	0.409 9
0.89	0.813 3	0.186 7	0.313 3	1.35	0.911 5	0.088 5	0.411 5
0.90	0.815 9	0.184 1	0.315 9	1.36	0.913 1	0.086 9	0.413 1
0.91	0.818 6	0.181 4	0.318 6	1.37	0.914 7	0.085 3	0.414 7
0.92	0.821 2	0.178 8	0.321 2	1.38	0.916 2	0.083 8	0.416 2
0.93	0.823 8	0.176 2	0.323 8	1.39	0.917 7	0.082 3	0.417 7

续前表

A z	B 主体的比例	C 尾端的比例	D 均值与 z 分数之间的比例	A z	B 主体的比例	C 尾端的比例	D 均值与 z 分数之间的比例
1.40	0.919 2	0.080 8	0.419 2	1.85	0.967 8	0.032 2	0.467 8
1.41	0.920 7	0.079 3	0.420 7	1.86	0.968 6	0.031 4	0.468 6
1.42	0.922 2	0.077 8	0.422 2	1.87	0.969 3	0.030 7	0.469 3
1.43	0.923 6	0.076 4	0.423 6	1.88	0.969 9	0.030 1	0.469 9
1.44	0.925 1	0.074 9	0.425 1	1.89	0.970 6	0.029 4	0.470 6
1.45	0.926 5	0.073 5	0.426 5	1.90	0.971 3	0.028 7	0.471 3
1.46	0.927 9	0.072 1	0.427 9	1.91	0.971 9	0.028 1	0.471 9
1.47	0.929 2	0.070 8	0.429 2	1.92	0.972 6	0.027 4	0.472 6
1.48	0.930 6	0.069 4	0.430 6	1.93	0.973 2	0.026 8	0.473 2
1.49	0.931 9	0.068 1	0.431 9	1.94	0.973 8	0.026 2	0.473 8
1.50	0.933 2	0.066 8	0.433 2	1.95	0.974 4	0.025 6	0.474 4
1.51	0.934 5	0.065 5	0.434 5	1.96	0.975 0	0.025 0	0.475 0
1.52	0.935 7	0.064 3	0.435 7	1.97	0.975 6	0.024 4	0.475 6
1.53	0.937 0	0.063 0	0.437 0	1.98	0.976 1	0.023 9	0.476 1
1.54	0.938 2	0.061 8	0.438 2	1.99	0.976 7	0.023 3	0.476 7
1.55	0.939 4	0.060 6	0.439 4	2.00	0.977 2	0.022 8	0.477 2
1.56	0.940 6	0.059 4	0.440 6	2.01	0.977 8	0.022 2	0.477 8
1.57	0.941 8	0.058 2	0.441 8	2.02	0.978 3	0.021 7	0.478 3
1.58	0.942 9	0.057 1	0.442 9	2.03	0.978 8	0.021 2	0.478 8
1.59	0.944 1	0.055 9	0.444 1	2.04	0.979 3	0.020 7	0.479 3
1.60	0.945 2	0.054 8	0.445 2	2.05	0.979 8	0.020 2	0.479 8
1.61	0.946 3	0.053 7	0.446 3	2.06	0.980 3	0.019 7	0.480 3
1.62	0.947 4	0.052 6	0.447 4	2.07	0.980 8	0.019 2	0.480 8
1.63	0.948 4	0.051 6	0.448 4	2.08	0.981 2	0.018 8	0.481 2
1.64	0.949 5	0.050 5	0.449 5	2.09	0.981 7	0.018 3	0.481 7
1.65	0.950 5	0.049 5	0.450 5	2.10	0.982 1	0.017 9	0.482 1
1.66	0.951 5	0.048 5	0.451 5	2.11	0.982 6	0.017 4	0.482 6
1.67	0.952 5	0.047 5	0.452 5	2.12	0.983 0	0.017 0	0.483 0
1.68	0.953 5	0.046 5	0.453 5	2.13	0.983 4	0.016 6	0.483 4
1.69	0.954 5	0.045 5	0.454 5	2.14	0.983 8	0.016 2	0.483 8
1.70	0.955 4	0.044 6	0.455 4	2.15	0.984 2	0.015 8	0.484 2
1.71	0.956 4	0.043 6	0.456 4	2.16	0.984 6	0.015 4	0.484 6
1.72	0.957 3	0.042 7	0.457 3	2.17	0.985 0	0.015 0	0.485 0
1.73	0.958 2	0.041 8	0.458 2	2.18	0.985 4	0.014 6	0.485 4
1.74	0.959 1	0.040 9	0.459 1	2.19	0.985 7	0.014 3	0.485 7
1.75	0.959 9	0.040 1	0.459 9	2.20	0.986 1	0.013 9	0.486 1
1.76	0.960 8	0.039 2	0.460 8	2.21	0.986 4	0.013 6	0.486 4
1.77	0.961 6	0.038 4	0.461 6	2.22	0.986 8	0.013 2	0.486 8
1.78	0.962 5	0.037 5	0.462 5	2.23	0.987 1	0.012 9	0.487 1
1.79	0.963 3	0.036 7	0.463 3	2.24	0.987 5	0.012 5	0.487 5
1.80	0.964 1	0.035 9	0.464 1	2.25	0.9878	0.0122	0.4878
1.81	0.964 9	0.035 1	0.464 9	2.26	0.988 1	0.011 9	0.488 1
1.82	0.965 6	0.034 4	0.465 6	2.27	0.988 4	0.011 6	0.488 4
1.83	0.966 4	0.033 6	0.466 4	2.28	0.988 7	0.011 3	0.488 7
1.84	0.967 1	0.032 9	0.467 1	2.29	0.989 0	0.011 0	0.489 0

续前表

A z	B 主体的比例	C 尾端的比例	D 均值与 z 分数之间的比例	A z	B 主体的比例	C 尾端的比例	D 均值与 z 分数之间的比例
2.30	0.989 3	0.010 7	0.489 3	2.82	0.997 6	0.002 4	0.497 6
2.31	0.989 6	0.010 4	0.489 6	2.83	0.997 7	0.002 3	0.497 7
2.32	0.989 8	0.010 2	0.489 8	2.84	0.997 7	0.002 3	0.497 7
2.33	0.990 1	0.009 9	0.490 1	2.85	0.997 8	0.002 2	0.497 8
2.34	0.990 4	0.009 6	0.490 4	2.86	0.997 9	0.002 1	0.497 9
2.35	0.990 6	0.0094	0.490 6	2.87	0.997 9	0.002 1	0.497 9
2.36	0.990 9	0.009 1	0.490 9	2.88	0.998 0	0.002 0	0.498 0
2.37	0.991 1	0.008 9	0.491 1	2.89	0.998 1	0.001 9	0.498 1
2.38	0.991 3	0.008 7	0.491 3	2.90	0.998 1	0.001 9	0.498 1
2.39	0.991 6	0.008 4	0.491 6	2.91	0.998 2	0.001 8	0.498 2
2.40	0.991 8	0.008 2	0.491 8	2.92	0.998 2	0.001 8	0.498 2
2.41	0.992 0	0.008 0	0.492 0	2.93	0.998 3	0.001 7	0.498 3
2.42	0.992 2	0.007 8	0.492 2	2.94	0.998 4	0.001 6	0.498 4
2.43	0.992 5	0.007 5	0.492 5	2.95	0.998 4	0.001 6	0.498 4
2.44	0.992 7	0.007 3	0.492 7	2.96	0.998 5	0.001 5	0.498 5
2.45	0.992 9	0.007 1	0.492 9	2.97	0.998 5	0.001 5	0.498 5
2.46	0.993 1	0.006 9	0.493 1	2.98	0.998 6	0.001 4	0.498 6
2.47	0.993 2	0.006 8	0.493 2	2.99	0.998 6	0.001 4	0.498 6
2.48	0.993 4	0.006 6	0.493 4	3.00	0.998 7	0.001 3	0.498 7
2.49	0.993 6	0.006 4	0.493 6	3.01	0.998 7	0.001 3	0.498 7
2.50	0.993 8	0.006 2	0.493 8	3.02	0.998 7	0.001 3	0.498 7
2.51	0.994 0	0.006 0	0.494 0	3.03	0.998 8	0.001 2	0.498 8
2.52	0.994 1	0.005 9	0.494 1	3.04	0.998 8	0.001 2	0.498 8
2.53	0.994 3	0.005 7	0.494 3	3.05	0.998 9	0.001 1	0.498 9
2.54	0.994 5	0.005 5	0.494 5	3.06	0.998 9	0.001 1	0.498 9
2.55	0.994 6	0.005 4	0.494 6	3.07	0.998 9	0.001 1	0.498 9
2.56	0.994 8	0.005 2	0.494 8	3.08	0.999 0	0.001 0	0.499 0
2.57	0.994 9	0.005 1	0.494 9	3.09	0.999 0	0.001 0	0.499 0
2.58	0.995 1	0.004 9	0.495 1	3.10	0.999 0	0.001 0	0.499 0
2.59	0.995 2	0.004 8	0.495 2	3.11	0.999 1	0.000 9	0.499 1
2.60	0.995 3	0.004 7	0.495 3	3.12	0.999 1	0.000 9	0.499 1
2.61	0.995 5	0.004 5	0.495 5	3.13	0.999 1	0.000 9	0.499 1
2.62	0.995 6	0.004 4	0.495 6	3.14	0.999 2	0.000 8	0.499 2
2.63	0.9957	0.004 3	0.495 7	3.15	0.999 2	0.000 8	0.499 2
2.64	0.995 9	0.004 1	0.495 9	3.16	0.999 2	0.000 8	0.499 2
2.65	0.996 0	0.004 0	0.496 0	3.17	0.999 2	0.000 8	0.499 2
2.66	0.996 1	0.003 9	0.496 1	3.18	0.999 3	0.000 7	0.499 3
2.67	0.996 2	0.003 8	0.496 2	3.19	0.999 3	0.000 7	0.499 3
2.68	0.996 3	0.003 7	0.496 3	3.20	0.999 3	0.000 7	0.499 3
2.69	0.996 4	0.003 6	0.496 4	3.21	0.999 3	0.000 7	0.499 3
2.70	0.996 5	0.003 5	0.496 5	3.22	0.999 4	0.000 6	0.499 4
2.71	0.996 6	0.003 4	0.496 6	3.23	0.999 4	0.000 6	0.499 4
2.72	0.996 7	0.003 3	0.496 7	3.24	0.999 4	0.000 6	0.499 4
2.73	0.996 8	0.003 2	0.496 8	3.30	0.999 5	0.000 5	0.499 5
2.74	0.996 9	0.003 1	0.496 9	3.40	0.999 7	0.000 3	0.499 7
2.75	0.997 0	0.003 0	0.497 0	3.50	0.999 8	0.000 2	0.499 8
2.76	0.997 1	0.002 9	0.497 1	3.60	0.999 8	0.000 2	0.499 8
2.77	0.997 2	0.002 8	0.497 2	3.70	0.999 9	0.000 1	0.499 9
2.78	0.997 3	0.002 7	0.497 3	3.80	0.999 93	0.000 07	0.499 93
2.79	0.997 4	0.002 6	0.497 4	3.90	0.999 95	0.000 05	0.499 95
2.80	0.997 4	0.002 6	0.497 4	4.00	0.999 97	0.000 03	0.499 97
2.81	0.997 5	0.002 5	0.497 5				

表 B.2 t 分布

表中的数值是与单侧或双侧的比例对应的 t 值。

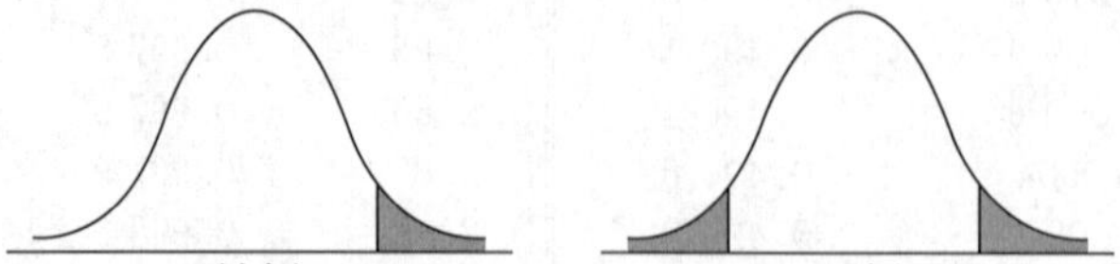

	单侧的比例					
	0.25	0.10	0.05	0.025	0.01	0.005
	双侧的比例					
df	0.50	0.20	0.10	0.05	0.02	0.01
1	1.000	3.078	6.314	12.706	31.821	63.657
2	0.816	1.886	2.920	4.303	6.965	9.925
3	0.765	1.638	2.353	3.182	4.541	5.841
4	0.741	1.533	2.132	2.776	3.747	4.604
5	0.727	1.476	2.015	2.571	3.365	4.032
6	0.718	1.440	1.943	2.447	3.143	3.707
7	0.711	1.415	1.895	2.365	2.998	3.499
8	0.706	1.397	1.860	2.306	2.896	3.355
9	0.703	1.383	1.833	2.262	2.821	3.250
10	0.700	1.372	1.812	2.228	2.764	3.169
11	0.697	1.363	1.796	2.201	2.718	3.106
12	0.695	1.356	1.782	2.179	2.681	3.055
13	0.694	1.350	1.771	2.160	2.650	3.012
14	0.692	1.345	1.761	2.145	2.624	2.977
15	0.691	1.341	1.753	2.131	2.602	2.947
16	0.690	1.337	1.746	2.120	2.583	2.921
17	0.689	1.333	1.740	2.110	2.567	2.898
18	0.688	1.330	1.734	2.101	2.552	2.878
19	0.688	1.328	1.729	2.093	2.539	2.861
20	0.687	1.325	1.725	2.086	2.528	2.845
21	0.686	1.323	1.721	2.080	2.518	2.831
22	0.686	1.321	1.717	2.074	2.508	2.819
23	0.685	1.319	1.714	2.069	2.500	2.807
24	0.685	1.318	1.711	2.064	2.492	2.797
25	0.684	1.316	1.708	2.060	2.485	2.787
26	0.684	1.315	1.706	2.056	2.479	2.779
27	0.684	1.314	1.703	2.052	2.473	2.771
28	0.683	1.313	1.701	2.048	2.467	2.763
29	0.683	1.311	1.699	2.045	2.462	2.756
30	0.683	1.310	1.697	2.042	2.457	2.750
40	0.681	1.303	1.684	2.021	2.423	2.704
50	0.679	1.299	1.676	2.009	2.403	2.678
60	0.679	1.296	1.671	2.000	2.390	2.660
70	0.678	1.294	1.667	1.994	2.381	2.648
80	0.678	1.292	1.664	1.990	2.374	2.639
90	0.677	1.291	1.662	1.987	2.368	2.632
100	0.677	1.290	1.660	1.984	2.364	2.626
∞	0.675	1.282	1.645	1.960	2.327	2.576

表 B.3 $F_{\text{-max}}$的临界值

		k=比较的组数										
$n-1$	α	2	3	4	5	6	7	8	9	10	11	12
2	0.05	39.0	87.5	142	202	266	333	403	475	550	626	704
	0.01	199	448	729	1 036	1 362	1 705	2 069	2 432	2 813	3 204	3 605
3	0.05	15.4	27.8	39.2	50.7	62.0	72.9	83.5	93.9	104	114	124
	0.01	47.5	85	120	151	184	216	249	281	310	337	361
4	0.05	9.6	15.5	20.6	25.2	29.5	33.6	37.5	41.1	44.6	48.0	51.4
	0.01	23.2	37	49	59	69	79	89	97	106	113	120
5	0.05	7.15	10.8	13.7	16.3	18.7	20.8	22.9	24.7	26.5	28.2	29.9
	0.01	14.9	22	28	33	38	42	46	50	54	57	60
6	0.05	5.82	8.38	10.4	12.1	13.7	15.0	16.3	17.5	18.6	19.7	20.7
	0.01	11.1	15.5	19.1	22	25	27	30	32	34	36	37
7	0.05	4.99	6.94	8.44	9.70	10.8	11.8	12.7	13.5	14.3	15.1	15.8
	0.01	8.89	12.1	14.5	16.5	18.4	20	22	23	24	26	27
8	0.05	4.43	6.00	7.18	8.12	9.03	9.78	10.5	11.1	11.7	12.2	12.7
	0.01	7.50	9.9	11.7	13.2	14.5	15.8	16.9	17.9	18.9	19.8	21
9	0.05	4.03	5.34	6.31	7.11	7.80	8.41	8.95	9.45	9.91	10.3	10.7
	0.01	6.54	8.5	9.9	11.1	12.1	13.1	13.9	14.7	15.3	16.0	16.6
10	0.05	3.72	4.85	5.67	6.34	6.92	7.42	7.87	8.28	8.66	9.01	9.34
	0.01	5.85	7.4	8.6	9.6	10.4	11.1	11.8	12.4	12.9	13.4	13.9
12	0.05	3.28	4.16	4.79	5.30	5.72	6.09	6.42	6.72	7.00	7.25	7.48
	0.01	4.91	6.1	6.9	7.6	8.2	8.7	9.1	9.5	9.9	10.2	10.6
15	0.05	2.86	3.54	4.01	4.37	4.68	4.95	5.19	5.40	5.59	5.77	5.93
	0.01	4.07	4.9	5.5	6.0	6.4	6.7	7.1	7.3	7.5	7.8	8.0
20	0.05	2.46	2.95	3.29	3.54	3.76	3.94	4.10	4.24	4.37	4.49	4.59
	0.01	3.32	3.8	4.3	4.6	4.9	5.1	5.3	5.5	5.6	5.8	5.9
30	0.05	2.07	2.40	2.61	2.78	2.91	3.02	3.12	3.21	3.29	3.36	3.39
	0.01	2.63	3.0	3.3	3.4	3.6	3.7	3.8	3.9	4.0	4.1	4.2
60	0.05	1.67	1.85	1.96	2.04	2.11	2.17	2.22	2.26	2.30	2.33	2.36
	0.01	1.96	2.2	2.3	2.4	2.4	2.5	2.5	2.6	2.6	2.7	2.7
∞	0.05	1.00	1.00	1.00	1.00	1.00	1.00	1.00	1.00	1.00	1.00	1.00
	0.01	1.00	1.0	1.0	1.0	1.0	1.0	1.0	1.0	1.0	1.0	1.0

表 B.4 F 分布

细体字表示 $\alpha=0.05$ 时的临界值，粗体字表示 $\alpha=0.01$ 时的临界值。

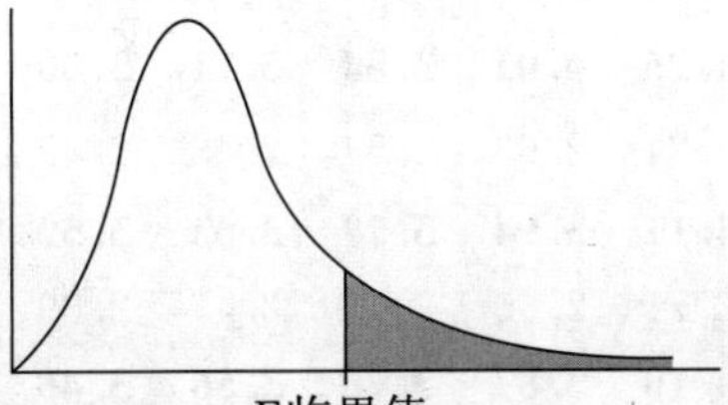

F临界值

自由度：分母	自由度：分子														
	1	2	3	4	5	6	7	8	9	10	11	12	13	14	15
1	161	200	216	225	230	234	237	239	241	242	243	244	245	245	246
	4 052	**5 000**	**5 403**	**5 625**	**5 764**	**5 859**	**5 928**	**5 981**	**6 022**	**6 056**	**6 083**	**6 106**	**6 126**	**6 143**	**6 157**
2	18.51	19.00	19.16	19.25	19.30	19.33	19.35	19.37	19.38	19.40	19.40	19.41	19.42	19.42	19.43
	98.50	**99.00**	**99.17**	**99.25**	**99.30**	**99.33**	**99.36**	**99.37**	**99.39**	**99.40**	**99.41**	**99.42**	**99.42**	**99.43**	**99.43**
3	10.13	9.55	9.28	9.12	9.01	8.94	8.89	8.85	8.81	8.79	8.76	8.74	8.73	8.71	8.70
	34.12	**30.82**	**29.46**	**28.71**	**28.24**	**27.91**	**27.67**	**27.49**	**27.35**	**27.23**	**27.13**	**27.05**	**26.98**	**26.92**	**26.87**
4	7.71	6.94	6.59	6.39	6.26	6.16	6.09	6.04	6.00	5.96	5.94	5.91	5.89	5.87	5.86
	21.20	**18.00**	**16.69**	**15.98**	**15.52**	**15.21**	**14.98**	**14.80**	**14.66**	**14.55**	**14.45**	**14.37**	**14.31**	**14.25**	**14.20**
5	6.61	5.79	5.41	5.19	5.05	4.95	4.88	4.82	4.77	4.74	4.70	4.68	4.66	4.64	4.62
	16.26	**13.27**	**12.06**	**11.39**	**10.97**	**10.67**	**10.46**	**10.29**	**10.16**	**10.05**	**9.96**	**9.89**	**9.82**	**9.77**	**9.72**
6	5.99	5.14	4.76	4.53	4.39	4.28	4.21	4.15	4.10	4.06	4.03	4.00	3.98	3.96	3.94
	13.75	**10.92**	**9.78**	**9.15**	**8.75**	**8.47**	**8.26**	**8.10**	**7.98**	**7.87**	**7.79**	**7.72**	**7.66**	**7.60**	**7.56**
7	5.59	4.74	4.35	4.12	3.97	3.87	3.79	3.73	3.68	3.64	3.60	3.57	3.55	3.53	3.51
	12.25	**9.55**	**8.45**	**7.85**	**7.46**	**7.19**	**6.99**	**6.84**	**6.72**	**6.62**	**6.54**	**6.47**	**6.41**	**6.36**	**6.31**
8	5.32	4.46	4.07	3.84	3.69	3.58	3.50	3.44	3.39	3.35	3.31	3.28	3.26	3.24	3.22
	11.26	**8.65**	**7.59**	**7.01**	**6.63**	**6.37**	**6.18**	**6.03**	**5.91**	**5.81**	**5.73**	**5.67**	**5.61**	**5.56**	**5.52**
9	5.12	4.26	3.86	3.63	3.48	3.37	3.29	3.23	3.18	3.14	3.10	3.07	3.05	3.03	3.01
	10.56	**8.02**	**6.99**	**6.42**	**6.06**	**5.80**	**5.61**	**5.47**	**5.35**	**5.26**	**5.18**	**5.11**	**5.05**	**5.01**	**4.96**
10	4.96	4.10	3.71	3.48	3.33	3.22	3.14	3.07	3.02	2.98	2.94	2.91	2.89	2.86	2.85
	10.04	**7.56**	**6.55**	**5.99**	**5.64**	**5.39**	**5.20**	**5.06**	**4.94**	**4.85**	**4.77**	**4.71**	**4.65**	**4.60**	**4.56**
11	4.84	3.98	3.59	3.36	3.20	3.09	3.01	2.95	2.90	2.85	2.82	2.79	2.76	2.74	2.72
	9.65	**7.21**	**6.22**	**5.67**	**5.32**	**5.07**	**4.89**	**4.74**	**4.63**	**4.54**	**4.46**	**4.40**	**4.34**	**4.29**	**4.25**
12	4.75	3.89	3.49	3.26	3.11	3.00	2.91	2.85	2.80	2.75	2.72	2.69	2.66	2.64	2.62
	9.33	**6.93**	**5.95**	**5.41**	**5.06**	**4.82**	**4.64**	**4.50**	**4.39**	**4.30**	**4.22**	**4.16**	**4.10**	**4.05**	**4.01**
13	4.67	3.81	3.41	3.18	3.03	2.92	2.83	2.77	2.71	2.67	2.63	2.60	2.58	2.55	2.53
	9.07	**6.70**	**5.74**	**5.21**	**4.86**	**4.62**	**4.44**	**4.30**	**4.19**	**4.10**	**4.02**	**3.96**	**3.91**	**3.86**	**3.82**
14	4.60	3.74	3.34	3.11	2.96	2.85	2.76	2.70	2.65	2.60	2.57	2.53	2.51	2.48	2.46
	8.86	**6.51**	**5.56**	**5.04**	**4.69**	**4.46**	**4.28**	**4.14**	**4.03**	**3.94**	**3.86**	**3.80**	**3.75**	**3.70**	**3.66**
15	4.54	3.68	3.29	3.06	2.90	2.79	2.71	2.64	2.59	2.54	2.51	2.48	2.45	2.42	2.40
	8.68	**6.36**	**5.42**	**4.89**	**4.56**	**4.32**	**4.14**	**4.00**	**3.89**	**3.80**	**3.73**	**3.67**	**3.61**	**3.56**	**3.52**
16	4.49	3.63	3.24	3.01	2.85	2.74	2.66	2.59	2.54	2.49	2.46	2.42	2.40	2.37	2.35
	8.53	**6.23**	**5.29**	**4.77**	**4.44**	**4.20**	**4.03**	**3.89**	**3.78**	**3.69**	**3.62**	**3.55**	**3.50**	**3.45**	**3.41**
17	4.45	3.59	3.20	2.96	2.81	2.70	2.61	2.55	2.49	2.45	2.41	2.38	2.35	2.33	2.31
	8.40	**6.11**	**5.18**	**4.67**	**4.34**	**4.10**	**3.93**	**3.79**	**3.68**	**3.59**	**3.52**	**3.46**	**3.40**	**3.35**	**3.31**
18	4.41	3.55	3.16	2.93	2.77	2.66	2.58	2.51	2.46	2.41	2.37	2.34	2.31	2.29	2.27
	8.29	**6.01**	**5.09**	**4.58**	**4.25**	**4.01**	**3.84**	**3.71**	**3.60**	**3.51**	**3.43**	**3.37**	**3.32**	**3.27**	**3.23**
19	4.38	3.52	3.13	2.90	2.74	2.63	2.54	2.48	2.42	2.38	2.34	2.31	2.28	2.26	2.23
	8.18	**5.93**	**5.01**	**4.50**	**4.17**	**3.94**	**3.77**	**3.63**	**3.52**	**3.43**	**3.36**	**3.30**	**3.24**	**3.19**	**3.15**
20	4.35	3.49	3.10	2.87	2.71	2.60	2.51	2.45	2.39	2.35	2.31	2.28	2.25	2.22	2.20
	8.10	**5.85**	**4.94**	**4.43**	**4.10**	**3.87**	**3.70**	**3.56**	**3.46**	**3.37**	**3.29**	**3.23**	**3.18**	**3.13**	**3.09**

续前表

自由度：分母	自由度：分子														
	1	2	3	4	5	6	7	8	9	10	11	12	13	14	15
21	4.32	3.47	3.07	2.84	2.68	2.57	2.49	2.42	2.37	2.32	2.28	2.25	2.22	2.20	2.18
	8.02	**5.78**	**4.87**	**4.37**	**4.04**	**3.81**	**3.64**	**3.51**	**3.40**	**3.31**	**3.24**	**3.17**	**3.12**	**3.07**	**3.03**
22	4.30	3.44	3.05	2.82	2.66	2.55	2.46	2.40	2.34	2.30	2.26	2.23	2.20	2.17	2.15
	7.95	**5.72**	**4.82**	**4.31**	**3.99**	**3.76**	**3.59**	**3.45**	**3.35**	**3.26**	**3.18**	**3.12**	**3.07**	**3.02**	**2.98**
23	4.28	3.42	3.03	2.80	2.64	2.53	2.44	2.37	2.32	2.27	2.24	2.20	2.18	2.15	2.13
	7.88	**5.66**	**4.76**	**4.26**	**3.94**	**3.71**	**3.54**	**3.41**	**3.30**	**3.21**	**3.14**	**3.07**	**3.02**	**2.97**	**2.93**
24	4.26	3.40	3.01	2.78	2.62	2.51	2.42	2.36	2.30	2.25	2.22	2.18	2.15	2.13	2.11
	7.82	**5.61**	**4.72**	**4.22**	**3.90**	**3.67**	**3.50**	**3.36**	**3.26**	**3.17**	**3.09**	**3.03**	**2.98**	**2.93**	**2.89**
25	4.24	3.39	2.99	2.76	2.60	2.49	2.40	2.34	2.28	2.24	2.20	2.16	2.14	2.11	2.09
	7.77	**5.57**	**4.68**	**4.18**	**3.85**	**3.63**	**3.46**	**3.32**	**3.22**	**3.13**	**3.06**	**2.99**	**2.94**	**2.89**	**2.85**
26	4.23	3.37	2.98	2.74	2.59	2.47	2.39	2.32	2.27	2.22	2.18	2.15	2.12	2.09	2.07
	7.72	**5.53**	**4.64**	**4.14**	**3.82**	**3.59**	**3.42**	**3.29**	**3.18**	**3.09**	**3.02**	**2.96**	**2.90**	**2.86**	**2.81**
27	4.21	3.35	2.96	2.73	2.57	2.46	2.37	2.31	2.25	2.20	2.17	2.13	2.10	2.08	2.06
	7.68	**5.49**	**4.60**	**4.11**	**3.78**	**3.56**	**3.39**	**3.26**	**3.15**	**3.06**	**2.99**	**2.93**	**2.87**	**2.82**	**2.78**
28	4.20	3.34	2.95	2.71	2.56	2.45	2.36	2.29	2.24	2.19	2.15	2.12	2.09	2.06	2.04
	7.64	**5.45**	**4.57**	**4.07**	**3.75**	**3.53**	**3.36**	**3.23**	**3.12**	**3.03**	**2.96**	**2.90**	**2.84**	**2.79**	**2.75**
29	4.18	3.33	2.93	2.70	2.55	2.43	2.35	2.28	2.22	2.18	2.14	2.10	2.08	2.05	2.03
	7.60	**5.42**	**4.54**	**4.04**	**3.73**	**3.50**	**3.33**	**3.20**	**3.09**	**3.00**	**2.93**	**2.87**	**2.81**	**2.77**	**2.73**
30	4.17	3.32	2.92	2.69	2.53	2.42	2.33	2.27	2.21	2.16	2.13	2.09	2.06	2.04	2.01
	7.56	**5.39**	**4.51**	**4.02**	**3.70**	**3.47**	**3.30**	**3.17**	**3.07**	**2.98**	**2.91**	**2.84**	**2.79**	**2.74**	**2.70**
35	4.12	3.27	2.87	2.64	2.49	2.37	2.29	2.22	2.16	2.11	2.07	2.04	2.01	1.99	1.96
	7.42	**5.27**	**4.40**	**3.91**	**3.59**	**3.37**	**3.20**	**3.07**	**2.96**	**2.88**	**2.80**	**2.74**	**2.69**	**2.64**	**2.60**
40	4.08	3.23	2.84	2.61	2.45	2.34	2.25	2.18	2.12	2.08	2.04	2.00	1.97	1.95	1.92
	7.31	**5.18**	**4.31**	**3.83**	**3.51**	**3.29**	**3.12**	**2.99**	**2.89**	**2.80**	**2.73**	**2.66**	**2.61**	**2.56**	**2.52**
45	4.06	3.20	2.81	2.58	2.42	2.31	2.22	2.15	2.10	2.05	2.01	1.97	1.94	1.92	1.89
	7.23	**5.11**	**4.25**	**3.77**	**3.45**	**3.23**	**3.07**	**2.94**	**2.83**	**2.74**	**2.67**	**2.61**	**2.55**	**2.51**	**2.46**
50	4.03	3.18	2.79	2.56	2.40	2.29	2.20	2.13	2.07	2.03	1.99	1.95	1.92	1.89	1.87
	7.17	**5.06**	**4.20**	**3.72**	**3.41**	**3.19**	**3.02**	**2.89**	**2.78**	**2.70**	**2.63**	**2.56**	**2.51**	**2.46**	**2.42**
55	4.02	3.16	2.77	2.54	2.38	2.27	2.18	2.11	2.06	2.01	1.97	1.93	1.90	1.88	1.85
	7.12	**5.01**	**4.16**	**3.68**	**3.37**	**3.15**	**2.98**	**2.85**	**2.75**	**2.66**	**2.59**	**2.53**	**2.47**	**2.42**	**2.38**
60	4.00	3.15	2.76	2.53	2.37	2.25	2.17	2.10	2.04	1.99	1.95	1.92	1.89	1.86	1.84
	7.08	**4.98**	**4.13**	**3.65**	**3.34**	**3.12**	**2.95**	**2.82**	**2.72**	**2.63**	**2.56**	**2.50**	**2.44**	**2.39**	**2.35**
65	3.99	3.14	2.75	2.51	2.36	2.24	2.15	2.08	2.03	1.98	1.94	1.90	1.87	1.85	1.82
	7.04	**4.95**	**4.10**	**3.62**	**3.31**	**3.09**	**2.93**	**2.80**	**2.69**	**2.61**	**2.53**	**2.47**	**2.42**	**2.37**	**2.33**
70	3.98	3.13	2.74	2.50	2.35	2.23	2.14	2.07	2.02	1.97	1.93	1.89	1.86	1.84	1.81
	7.01	**4.92**	**4.07**	**3.60**	**3.29**	**3.07**	**2.91**	**2.78**	**2.67**	**2.59**	**2.51**	**2.45**	**2.40**	**2.35**	**2.31**
75	3.97	3.12	2.73	2.49	2.34	2.22	2.13	2.06	2.01	1.96	1.92	1.88	1.85	1.83	1.80
	6.99	**4.90**	**4.05**	**3.58**	**3.27**	**3.05**	**2.89**	**2.76**	**2.65**	**2.57**	**2.49**	**2.43**	**2.38**	**2.33**	**2.29**
80	3.96	3.11	2.72	2.49	2.33	2.21	2.13	2.06	2.00	1.95	1.91	1.88	1.84	1.82	1.79

续前表

自由度：分母	自由度：分子														
	1	2	3	4	5	6	7	8	9	10	11	12	13	14	15
	6.96	**4.88**	**4.04**	**3.56**	**3.26**	**3.04**	**2.87**	**2.74**	**2.64**	**2.55**	**2.48**	**2.42**	**2.36**	**2.31**	**2.27**
85	3.95	3.10	2.71	2.48	2.32	2.21	2.12	2.05	1.99	1.94	1.90	1.87	1.84	1.81	1.79
	6.94	**4.86**	**4.02**	**3.55**	**3.24**	**3.02**	**2.86**	**2.73**	**2.62**	**2.54**	**2.46**	**2.40**	**2.35**	**2.30**	**2.26**
90	3.95	3.10	2.71	2.47	2.32	2.20	2.11	2.04	1.99	1.94	1.90	1.86	1.83	1.80	1.78
	6.93	**4.85**	**4.01**	**3.53**	**3.23**	**3.01**	**2.84**	**2.72**	**2.61**	**2.52**	**2.45**	**2.39**	**2.33**	**2.29**	**2.24**
95	3.94	3.09	2.70	2.47	2.31	2.20	2.11	2.04	1.98	1.93	1.89	1.86	1.82	1.80	1.77
	6.91	**4.84**	**3.99**	**3.52**	**3.22**	**3.00**	**2.83**	**2.70**	**2.60**	**2.51**	**2.44**	**2.38**	**2.32**	**2.28**	**2.23**
100	3.94	3.09	2.70	2.46	2.31	2.19	2.10	2.03	1.97	1.93	1.89	1.85	1.82	1.79	1.77
	6.90	**4.82**	**3.98**	**3.51**	**3.21**	**2.99**	**2.82**	**2.69**	**2.59**	**2.50**	**2.43**	**2.37**	**2.31**	**2.27**	**2.22**
200	3.89	3.04	2.65	2.42	2.26	2.14	2.06	1.98	1.93	1.88	1.84	1.80	1.77	1.74	1.72
	6.76	**4.71**	**3.88**	**3.41**	**3.11**	**2.89**	**2.73**	**2.60**	**2.50**	**2.41**	**2.34**	**2.27**	**2.22**	**2.17**	**2.13**
300	3.87	3.03	2.63	2.40	2.24	2.13	2.04	1.97	1.91	1.86	1.82	1.78	1.75	1.72	1.70
	6.72	**4.68**	**3.85**	**3.38**	**3.08**	**2.86**	**2.70**	**2.57**	**2.47**	**2.38**	**2.31**	**2.24**	**2.19**	**2.14**	**2.10**
400	3.86	3.02	2.63	2.39	2.24	2.12	2.03	1.96	1.90	1.85	1.81	1.78	1.74	1.72	1.69
	6.70	**4.66**	**3.83**	**3.37**	**3.06**	**2.85**	**2.68**	**2.56**	**2.45**	**2.37**	**2.29**	**2.23**	**2.17**	**2.13**	**2.08**
500	3.86	3.01	2.62	2.39	2.23	2.12	2.03	1.96	1.90	1.85	1.81	1.77	1.74	1.71	1.69
	6.69	**4.65**	**3.82**	**3.36**	**3.05**	**2.84**	**2.68**	**2.55**	**2.44**	**2.36**	**2.28**	**2.22**	**2.17**	**2.12**	**2.07**
1000	3.85	3.00	2.61	2.38	2.22	2.11	2.02	1.95	1.89	1.84	1.80	1.76	1.73	1.70	1.68
	6.66	**4.63**	**3.80**	**3.34**	**3.04**	**2.82**	**2.66**	**2.53**	**2.43**	**2.34**	**2.27**	**2.20**	**2.15**	**2.10**	**2.06**
∞	3.84	3.00	2.60	2.37	2.21	2.10	2.01	1.94	1.88	1.83	1.79	1.75	1.72	1.69	1.67
	6.64	**4.61**	**3.78**	**3.32**	**3.02**	**2.80**	**2.64**	**2.51**	**2.41**	**2.32**	**2.25**	**2.18**	**2.13**	**2.08**	**2.04**

表 B.5 标准化全距统计量（q）的临界值表

		k=比较的组数								
df	α	2	3	4	5	6	7	8	9	10
1	0.05	18	27	32.8	37.1	40.4	43.1	45.4	47.4	49.1
	0.01	90	135	164	186	202	216	227	237	246
2	0.05	6.08	8.33	9.8	10.88	11.73	12.43	13.03	13.54	13.99
	0.01	13.9	19.02	22.56	25.37	27.76	29.86	31.73	33.41	34.93
3	0.05	4.5	5.91	6.82	7.5	8.04	8.48	8.85	9.18	9.46
	0.01	8.26	10.62	12.17	13.32	14.24	15	15.65	16.21	16.71
4	0.05	3.93	5.04	5.76	6.29	6.71	7.05	7.35	7.6	7.83
	0.01	6.51	8.12	9.17	9.96	10.58	11.1	11.54	11.92	12.26

续前表

	k=比较的组数									
df	α	2	3	4	5	6	7	8	9	10
5	0.05	3.64	4.6	5.22	5.67	6.03	6.33	6.58	6.8	6.99
	0.01	5.7	6.98	7.8	8.42	8.91	9.32	9.67	9.97	10.24
6	0.05	3.46	4.34	4.9	5.3	5.63	5.9	6.12	6.32	6.49
	0.01	5.24	6.33	7.03	7.56	7.97	8.32	8.61	8.87	9.1
7	0.05	3.34	4.16	4.68	5.06	5.36	5.61	5.82	6	6.16
	0.01	4.95	5.92	6.54	7	7.37	7.68	7.94	8.17	8.37
8	0.05	3.26	4.04	4.53	4.89	5.17	5.4	5.6	5.77	5.92
	0.01	4.75	5.64	6.2	6.62	6.96	7.24	7.47	7.68	7.86
9	0.05	3.2	3.95	4.41	4.76	5.02	5.24	5.43	5.59	5.74
	0.01	4.6	5.43	5.96	6.35	6.66	6.91	7.13	7.33	7.49
10	0.05	3.15	3.88	4.33	4.65	4.91	5.12	5.3	5.46	5.6
	0.01	4.48	5.27	5.77	6.14	6.43	6.67	6.87	7.05	7.21
11	0.05	3.11	3.82	4.26	4.57	4.82	5.03	5.2	5.35	5.49
	0.01	4.39	5.15	5.62	5.97	6.25	6.48	6.67	6.84	6.99
12	0.05	3.08	3.77	4.2	4.51	4.75	4.95	5.12	5.27	5.39
	0.01	4.32	5.05	5.5	5.84	6.1	6.32	6.51	6.67	6.81
13	0.05	3.06	3.73	4.15	4.45	4.69	4.88	5.05	5.19	5.32
	0.01	4.26	4.96	5.4	5.73	5.98	6.19	6.37	6.53	6.67
14	0.05	3.03	3.7	4.11	4.41	4.64	4.83	4.99	5.13	5.25
	0.01	4.21	4.89	5.32	5.63	5.88	6.08	6.26	6.41	6.54
15	0.05	3.01	3.67	4.08	4.37	4.59	4.78	4.94	5.08	5.2
	0.01	4.17	4.84	5.25	5.56	5.8	5.99	6.16	6.31	6.44
16	0.05	3	3.65	4.05	4.33	4.56	4.74	4.9	5.03	5.15
	0.01	4.13	4.79	5.19	5.49	5.72	5.92	6.08	6.22	6.35
17	0.05	2.98	3.63	4.02	4.3	4.52	4.7	4.86	4.99	5.11
	0.01	4.1	4.74	5.14	5.43	5.66	5.85	6.01	6.15	6.27
18	0.05	2.97	3.61	4	4.28	4.49	4.67	4.82	4.96	5.07
	0.01	4.07	4.7	5.09	5.38	5.6	5.79	5.94	6.08	6.2
19	0.05	2.96	3.59	3.98	4.25	4.47	4.65	4.79	4.92	5.04
	0.01	4.05	4.67	5.05	5.33	5.55	5.73	5.89	6.02	6.14
20	0.05	2.95	3.58	3.96	4.23	4.45	4.62	4.77	4.9	5.01
	0.01	4.02	4.64	5.02	5.29	5.51	5.69	5.84	5.97	6.09
24	0.05	2.92	3.53	3.9	4.17	4.37	4.54	4.68	4.81	4.92
	0.01	3.96	4.55	4.91	5.17	5.37	5.54	5.69	5.81	5.92
30	0.05	2.89	3.49	3.85	4.1	4.3	4.46	4.6	4.72	4.82
	0.01	3.89	4.45	4.8	5.05	5.24	5.4	5.54	5.65	5.76
40	0.05	2.86	3.44	3.79	4.04	4.23	4.39	4.52	4.63	4.73
	0.01	3.82	4.37	4.7	4.93	5.11	5.26	5.39	5.5	5.6
60	0.05	2.83	3.4	3.74	3.98	4.16	4.31	4.44	4.55	4.65
	0.01	3.76	4.28	4.59	4.82	4.99	5.13	5.25	5.36	5.45
120	0.05	2.8	3.36	3.68	3.92	4.1	4.24	4.36	4.47	4.56
	0.01	3.7	4.2	4.5	4.71	4.87	5.01	5.12	5.21	5.3
∞	0.05	2.77	3.31	3.63	3.86	4.03	4.17	4.29	4.39	4.47
	0.01	3.64	4.12	4.4	4.6	4.76	4.88	4.99	5.08	5.16

表 B.6 皮尔逊相关系数的临界值表

样本相关系数 r 必须大于或等于表中的临界值才能得出显著的结论。

	单尾检验的显著性水平					
	0.25	0.1	0.05	0.025	0.01	0.005
	双尾检验的显著性水平					
$df=n-2$	0.5	0.2	0.1	0.05	0.02	0.01
1	0.707	0.951	0.988	0.997	0.9995	0.9999
2	0.500	0.800	0.900	0.950	0.980	0.990
3	0.404	0.687	0.805	0.878	0.934	0.959
4	0.347	0.608	0.729	0.811	0.882	0.917
5	0.309	0.551	0.669	0.754	0.833	0.875
6	0.281	0.507	0.621	0.707	0.789	0.834
7	0.260	0.472	0.582	0.666	0.750	0.798
8	0.242	0.443	0.549	0.632	0.715	0.765
9	0.228	0.419	0.521	0.602	0.685	0.735
10	0.216	0.398	0.497	0.576	0.658	0.708
11	0.206	0.380	0.476	0.553	0.634	0.684
12	0.197	0.365	0.458	0.532	0.612	0.661
13	0.189	0.351	0.441	0.514	0.592	0.641
14	0.182	0.338	0.426	0.497	0.574	0.623
15	0.176	0.327	0.412	0.482	0.558	0.606
16	0.170	0.317	0.400	0.468	0.543	0.590
17	0.165	0.308	0.389	0.456	0.529	0.575
18	0.160	0.299	0.378	0.444	0.516	0.561
19	0.156	0.291	0.369	0.433	0.503	0.549
20	0.152	0.284	0.360	0.423	0.492	0.537
21	0.148	0.277	0.352	0.413	0.482	0.526
22	0.145	0.271	0.344	0.404	0.472	0.515
23	0.141	0.265	0.337	0.396	0.462	0.505
24	0.138	0.260	0.330	0.388	0.453	0.496
25	0.136	0.255	0.323	0.381	0.445	0.487
26	0.133	0.250	0.317	0.374	0.437	0.479
27	0.130	0.245	0.311	0.367	0.430	0.471
28	0.128	0.241	0.306	0.361	0.423	0.463
29	0.126	0.237	0.301	0.355	0.416	0.456
30	0.124	0.233	0.296	0.349	0.409	0.449
40	0.107	0.202	0.257	0.304	0.358	0.393
50	0.096	0.181	0.231	0.273	0.322	0.354
60	0.087	0.165	0.211	0.250	0.295	0.325
70	0.081	0.153	0.195	0.232	0.274	0.302
80	0.076	0.143	0.183	0.217	0.257	0.283
90	0.071	0.135	0.173	0.205	0.242	0.267
100	0.068	0.128	0.164	0.195	0.230	0.254

表 B.7 卡方分布

表中的数值是χ^2临界值。

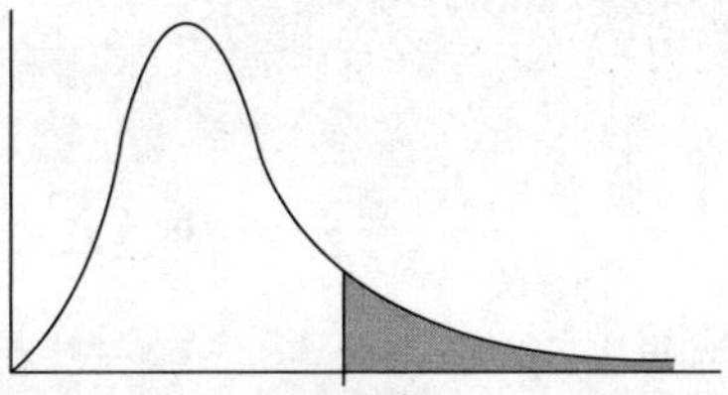

χ^2临界值

	临界区域的比例					
df	0.1	0.05	0.025	0.01	0.005	0.001
1	2.71	3.84	5.02	6.63	7.88	10.83
2	4.61	5.99	7.38	9.21	10.60	13.82
3	6.25	7.81	9.35	11.34	12.84	16.27
4	7.78	9.49	11.14	13.28	14.86	18.47
5	9.24	11.07	12.83	15.09	16.75	20.52
6	10.64	12.59	14.45	16.81	18.55	22.46
7	12.02	14.07	16.01	18.48	20.28	24.32
8	13.36	15.51	17.53	20.09	21.95	26.12
9	14.68	16.92	19.02	21.67	23.59	27.88
10	15.99	18.31	20.48	23.21	25.19	29.59
11	17.28	19.68	21.92	24.72	26.76	31.26
12	18.55	21.03	23.34	26.22	28.30	32.91
13	19.81	22.36	24.74	27.69	29.82	34.53
14	21.06	23.68	26.12	29.14	31.32	36.12
15	22.31	25.00	27.49	30.58	32.80	37.70
16	23.54	26.30	28.85	32.00	34.27	39.25
17	24.77	27.59	30.19	33.41	35.72	40.79
18	25.99	28.87	31.53	34.81	37.16	42.31
19	27.20	30.14	32.85	36.19	38.58	43.82
20	28.41	31.41	34.17	37.57	40.00	45.31
21	29.62	32.67	35.48	38.93	41.40	46.80
22	30.81	33.92	36.78	40.29	42.80	48.27
23	32.01	35.17	38.08	41.64	44.18	49.73
24	33.20	36.42	39.36	42.98	45.56	51.18
25	34.38	37.65	40.65	44.31	46.93	52.62
26	35.56	38.89	41.92	45.64	48.29	54.05
27	36.74	40.11	43.19	46.96	49.64	55.48
28	37.92	41.34	44.46	48.28	50.99	56.89
29	39.09	42.56	45.72	49.59	52.34	58.30
30	40.26	43.77	46.98	50.89	53.67	59.70
40	51.81	55.76	59.34	63.69	66.77	73.40
50	63.17	67.50	71.42	76.15	79.49	86.66
60	74.40	79.08	83.30	88.38	91.95	99.61
70	85.53	90.53	95.02	100.43	104.21	112.32
80	96.58	101.88	106.63	112.33	116.32	124.84
90	107.57	113.15	118.14	124.12	128.30	137.21
100	118.50	124.34	129.56	135.81	140.17	149.45

附录 C　奇数题目的参考答案

第 1 章　统计学入门

1. a. 总体是全组服用抗抑郁药物的青少年男生。

b. 样本是在这项研究中受测的 30 个男生。

3. 描述性统计是用来简化和总结数据的。推断性统计是用样本的数据来推断总体情况。

5. 一个相关研究只有一组个体，该组个体中的每个人测量两个不同的变量。虽然其他研究也评估变量间的关系，但其比较的是两（或更多）组分数。

7. 自变量是办公室设计中所进行的控制的数量。因变量是工作产量和幸福感。

9. a. 这是一个非实验研究。研究者只观测了两个变量。没有操纵任何变量来将样本分为两组。

b. 这是一个实验。研究者操纵了维生素 C 的用量并且通过对两组被试进行等组处理控制其他变量。

11. 这不是一个实验，因为没有操纵变量。实际上，这个研究比较的是两个现有的组（两个组分别是州立大学的学生和教会学校的学生）。

13. a. 时间是连续性的。

b. 离散的。

c. 离散的。

d. 潜变量是作为连续变量的知识。

15. a. 自变量是“打太极”和“不打太极”（控制组）。

b. 自变量是用称名量表来测量的。

c. 因变量是关节炎疼痛者的数量。

d. 因变量是使用等距量表或等比量表来测量的。

17. a. 自变量是激励性的标志是否被贴出，因变量是使用楼梯的数量。

b. 贴出和未贴出标志是使用称名量表来测量的。

19. a. $\sum X^2 = 48$

b. $(\sum X)^2 = 14^2 = 196$

c. $\sum (X-1) = 9$

d. $\sum (X-1)^2 = 25$

21. a. $\sum X = 4$

b. $\sum Y = 18$

c. $\sum XY = 11$

23. a. $\sum X^2 = 50$

b. $(\sum X)^2 = 12^2 = 144$

c. $\sum (X-3) = 0$

d. $\sum (X-3)^2 = 14$

第 2 章　频数分布

1.

X	f
7	2
6	3
5	1
4	1
3	4
2	6
1	3

3. a. $n=12$　b. $\sum X = 40$　c. $\sum X^2 = 148$

5.

X	f
50—54	2
45—49	2
40—44	2
35—39	1
30—34	3
25—29	5
20—24	3
15—19	6

X	f
50—50	2
40—49	4
30—39	4
20—29	8
10—19	6

7. a. 每个间距 5 个单位，共 7 个间距

b. 每个间距 2 个单位，共 9 个间距

c. 每个间距 10 个单位，共 8 个间距

9. 条形图的两个相邻的条形之间有空间，适用数据是称名量表或顺序量表。直方图中相邻的条形之间没有空间，彼此接触，用于展示等距或等比量表的数据。

11.

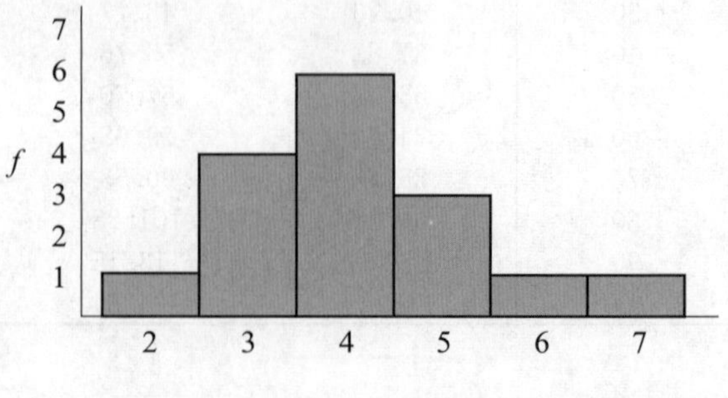

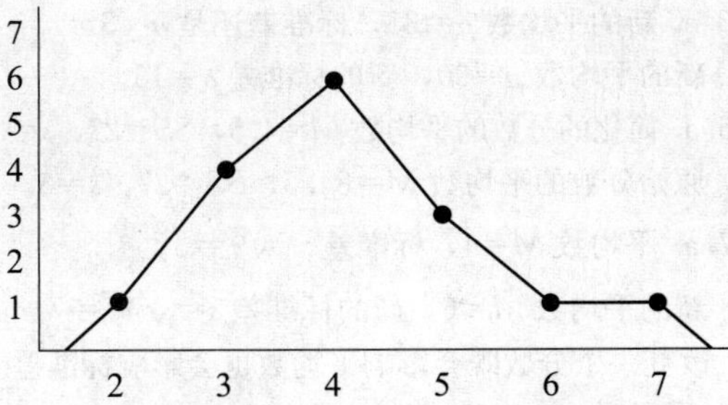

13. a. 直方图或者多边形图（等比量表）

b. 条形图（顺序量表）

c. 条形图（称名量表）

d. 条形图（称名量表）

15.

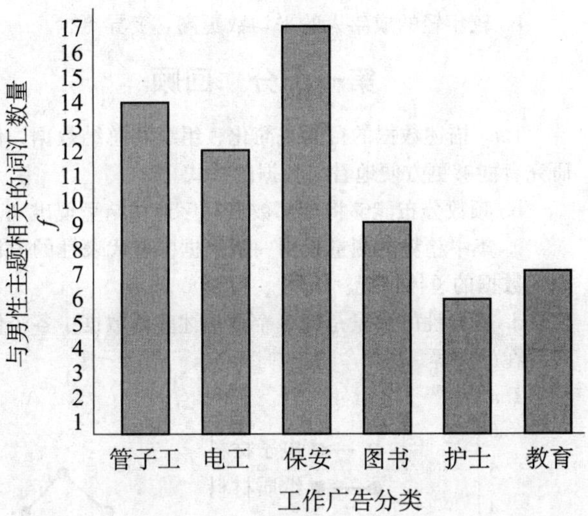

17. a.

X	f
9	1
8	1
7	4
6	5
5	7
4	2

b. 该分布是正偏态分布

19. a.

X	f
10	2
9	4
8	5
7	4
6	3
5	2
4	2
3	1
2	1

b.

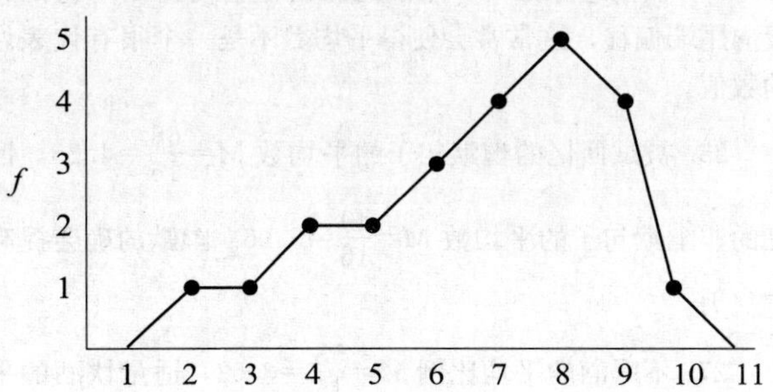

c. 1）该分布是负偏态分布

2）分数集中在 7 或者 8 附近

3）众数是图表中最高的数字

21.

X	$f_{低}$	$f_{高}$
5	1	5
4	2	6
3	4	3
2	5	1
1	3	0

高谈话数量父母的孩子的分数显著更高。

第 3 章　集中趋势的测量

1. 集中趋势的描述是为了确定最能够代表完整分布的一个分数，该分数通常位于分布的中心。

3. 平均数是$\frac{51}{9}=5.67$，中位数是 6，众数是 3

5. 平均数是$\frac{66}{3}=5.08$，中位数是 5，众数是 5

7. $\mu=\frac{12}{15}=0.8$

9. $N=5$

11. 原始样本中，$n=6$，$\sum X=78$。新的样本中，$n=5$，$\sum X=75$。新的平均数为 $M=15$。

13. 原始样本中，$n=10$，$\sum X=90$。新的样本中，$n=9$，$\sum X=90$。新的平均数为 $M=10$。

15. 原始样本中，$n=7$，$\sum X=112$。新的样本中，$n=7$，$\sum X=126$。新的平均数为 $M=18$。

17. 原始样本中，$n=8$，$\sum X=128$。新的样本中，$n=7$，$\sum X=105$。新的平均数为 $M=23$。

19. 原始样本中，$n=9$，$\sum X=180$。新的样本中，$n=9$，$\sum X=198$。总和增长了 18。如果 $X=7$，就增长到 $X=25$。

21. a. 总的样本平均数 $M=12$

b. 总的样本平均数为（24+80）/8=13

c. 总的样本平均数为（40+48）/8=11

23. 在偏态分布中，尾部的极端值会使得平均值的位置向尾端偏移，这常常会使得平均数不是一个很有代表性的数值。

25. 被试回忆的幽默句子的平均数 $M=\frac{68}{16}=4.25$，回忆的非幽默句子的平均数 $M=\frac{49}{16}=3.06$。幽默的确会提高记忆力。

27. 不喝酒的平均比例 $M=\frac{53}{15}=3.53$，适量饮酒的平均比例 $M=\frac{74}{15}=4.93$。当被试喝过酒之后，会认为更加有魅力。

第 4 章　变异性

1. a. SS 是指误差的平方和。

b. 方差指的是平均的误差平方。

c. 标准差指的是方差的平方根。它提供了分数与平均数的标准距离。

3. 方差和标准差总是大于等于 0 的。它们对距离的测量是基于变异的平方的，因此总是正值。

5. 方差的定义是，误差的平方的平均数，对于某一总体来说，方差就是计算变异量的平方的总和除以 N。但是，如果将该定义用于实际的样本中，样本的方差将会有误差，并且总是会低估所对应总体的方差。因此，样本方差的计算公式内还包括对偏差的调整，即除数不是 n 而是 $df=n-1$。

7. a. 当标准差为 $s=2$ 时，你处在平均数以上 3 个标准差的位置。

b. 当标准差为 $s=10$ 时，你在平均数以下半个标准差以内的位置。

9. a.

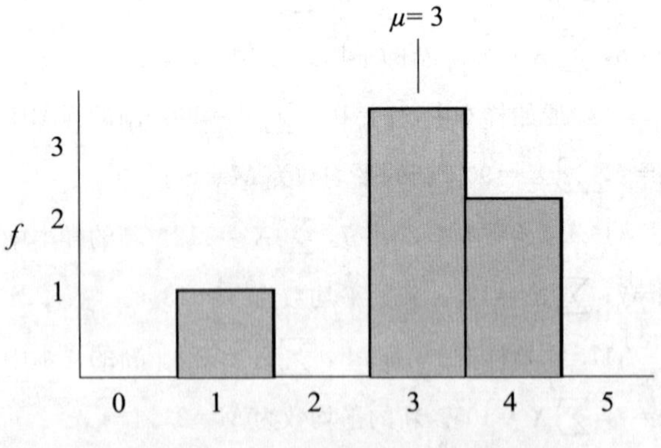

b. 平均数 $\mu=\frac{18}{6}=3$，标准差看起来大概是 1.5。

c. $SS=6$，$\sigma^2=1$，$\sigma=1$

11. a. 全距是 11 或者 12，标准差是 $\sigma=4$。

b. 在每个分数上加上 2 以后，全距还是 11 或 12，标准差还是 $\sigma=4$。给每一个分数加上一个常数不会影响分数的变异性。

13. a. 新的平均数 $\mu=35$，标准差还是 $\sigma=5$。

b. 新的平均数 $\mu=90$，新的标准差 $\sigma=15$。

15. a. 简化的分数的平均数 $M=4.5$，$SS=27$，$s=3$。

b. 原始分数的平均数 $M=84.5$，$SS=27$，$s=3$。

17. a. 平均数 $M=4$，标准差 $s=\sqrt{9}=3$。

b. 新的平均数 $M=6$，新的标准差 $s=\sqrt{49}=7$。

c. 改变一个分数既会影响平均数也会影响标准差。

19. 平均数 $\mu=1.50$，$SS=32$，$\sigma^2=4$，$\sigma=2$。

21. 平均数 $M=7$，$SS=24$，$s^2=6$，$s=\sqrt{6}=2.45$。

23. a. 年龄较大的成年人平均数 $M=5.47$，$SS=65.73$，$s^2=4.70$，$s=2.17$。较年轻的成年人平均数 $M=7.27$，$SS=18.93$，$s^2=1.35$，$s=1.16$。

b. 较年轻的成年人的平均数更高，变异更少。

第一部分　回顾

1. a. 描述数据的目的是简化、组织和总结数据，使得研究者能够更方便地看出数据的模式。

b. 频数分布能够将全部数据有序地总结呈现出来。

c. 集中趋势的测量是用一组数据中有代表性的值概括全部数据的总体情况。

d. 变异性的测量是用一个值描述整体数据中各个值之间存在的差异。

2. a.

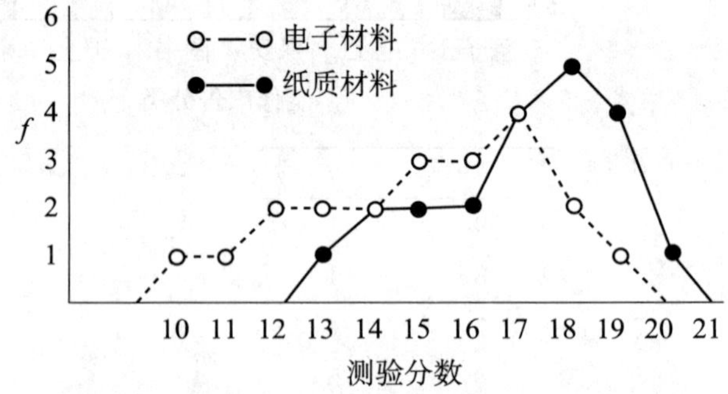

用纸质材料学习的学生比用电子材料学习的学生得到的分数更高。

b. 用纸质材料学习的学生的平均分数 $M=17$，用电子材料的学生的平均分 $M=15$。

c. 纸质材料组 $SS=74$，$s^2=3.7$，$s=1.92$。电子材料组 $SS=122$，$s^2=6.1$，$s=2.47$。电子材料组的变异性更大。

第 5 章　z 分数：分数的位置及标准化分布

1. z 分数的符号代表该分数的位置，它是高于（+）还是低于（−）平均数，它的大小则表示该数距离平均数多少个标准差。

3. a. 比平均数高出 40　b. 比平均数高 10

c. 比平均数低 20　d. 比平均数低 5

5.

X	z	X	z	X	z
45	0.36	52	1.09	41	0.09
30	−0.82	25	−1.36	38	−0.18

7. a.

X	z	X	z	X	z
69	0.75	84	2.00	63	0.25
54	−0.50	48	−1.00	45	−1.25

b.

X	z	X	z	X	z
66	0.50	78	1.50	30	−2.50
57	−0.25	54	−0.50	75	1.25

9.

X	z	X	z	X	z
27	0.40	31	1.20	35	2.00
21	−0.80	22	−0.60	18	−1.40

11. a. $X=41$ b. $X=42$ c. $X=44$ d. $X=48$

13. $\sigma=6$ 15. $M=53$ 17. $\sigma=4$

19. $\mu=50$，$\sigma=6$。两个分数之间的距离是 9，相当于 1.5 个标准差。

21. a. $\sigma=8$ b. $\sigma=4$

23. a. $X=52$（$z=0.20$） b. $X=60$（$z=1.00$）
c. $X=44$（$z=-0.60$） d. $X=30$（$z=-2.00$）

25. a. $\mu=5$，$\sigma=4$

b. & c.

原始分数 X	z 分数	转化后的 X
0	−1.25	75
6	0.25	105
4	−0.25	95
3	−0.50	90
12	1.75	135

第 6 章 概率和正态分布

1. a. $p=\frac{1}{50}=0.02$ b. $p=\frac{10}{50}=0.20$

c. $p=\frac{20}{50}=0.40$

3. 随机样本的两个条件是：(1) 每个个体被抽取的概率是相等的；(2) 如果需抽取多于一个的个体，则每次抽取的概率不发生变化。

5. a. 主体向左，$p=0.9938$
b. 主体向左，$p=0.7881$
c. 主体向右，$p=0.6915$ d. 主体向右，$p=0.7794$

7. a. $p=0.1974$ b. $p=0.4972$ c. $p=0.7698$

9. a. $z=-1.64$ or -1.65 b. $z=0.52$ c. $z=0.39$
d. $z=-0.84$

11. a. 尾部向右，$p=0.4013$
b. 尾部向右，$p=0.2266$
c. 尾部向左，$p=0.3085$
d. 尾部向左，$p=0.1056$

13. a. p（$z>0.50$）$=0.3085$
b. p（$z<0.80$）$=0.7881$
c. p（$-1.00<z<1.00$）$=0.6826$

15. a. $z=1.04$，$X=604$
b. $z=1.28$，$X=628$
c. $z=2.05$，$X=705$

17. a. p（$z>1.20$）$=0.1151$
b. p（$z<-1.60$）$=0.0548$

19. a. $z=0.60$，$p=0.2743$
b. $z=-1.40$，$p=0.0808$
c. $z=0.84$，$X=\$206$ 或者更多

21. p（$X>36$）$=p$（$z>2.17$）$=0.0150$ 或者 1.50%

第 7 章 概率和样本：样本均值的分布

1. 样本均值的分布在 $n>30$ 的时候会呈现正态分布，期望值 $\mu=40$，标准误 $\sigma_M=\frac{10}{\sqrt{100}}=1$。

3. 当样本量较小（$n<30$）且来自非正态总体，样本均值的分布将不会是正态分布。

5. a. $\frac{20}{\sqrt{4}}=10$ b. $\frac{20}{\sqrt{16}}=5$ c. $\frac{20}{\sqrt{25}}=4$

7. a. $n>9$ b. $n>16$ c. $n>36$

9. a. $\sigma_M=6$，$z=0.50$ b. $\sigma_M=3$，$z=1.00$
c. $\sigma_M=2$，$z=1.50$

11. a. 标准误为 9，$M=67$，对应的 $z=0.78$，不是极端值。
b. 标准误为 3，$M=67$，对应的 $z=2.33$，是极端值。

13. a. $\sigma_M=5$，$z=-0.60$，$p=0.7257$
b. $\sigma_M=3$，$z=-1.00$，$p=0.8413$

15. a. $z=-0.50$，$p=0.3085$
b. $\sigma_M=3$，$z=-1.00$，$p=0.1587$
c. $\sigma_M=1$，$z=-3.00$，$p=0.0013$

17. a. $\sigma_M=4$，$z=\pm1.96$，范围是 42.16 到 57.84。
b. $\sigma_M=4$，$z=\pm2.58$，范围是 39.68 到 60.32。

19. a. $z=0.33$，$p=0.3707$
b. $z=-3.00$，$p=0.0013$
c. p（$0<z<1.00$）$=0.3413$

21. a. 标准误 $\sigma_M=3.3$，$M=38.9$，对应的 $z=-0.42$，$p=0.3372$。这是一个正常的样本，能够代表总体水平。
b. 标准误 $\sigma_M=2.2$，$M=36.2$，对应的 $z=-1.86$，$p=0.0314$。样本平均值异常地小，不具有代表性。

23.

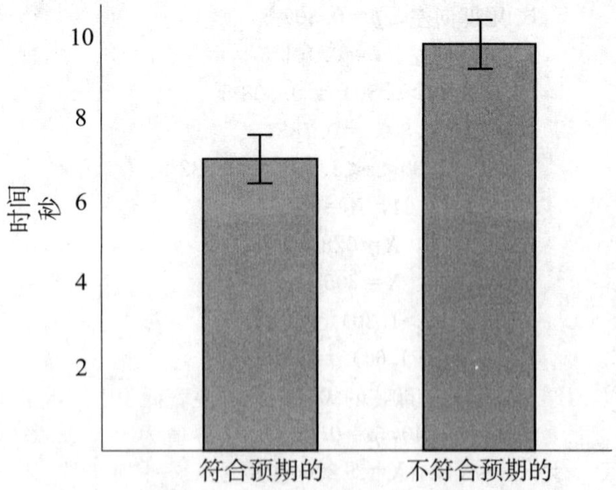

第8章　假设检验介绍

1. a. 较大的差异使分子数值较大，产生较大的 z 分数。

b. 较大的标准差使分母数值较大，产生较小的 z 分数。

c. 较大的样本使得分母上的标准误较小，产生一个较大的 z 分数。

3. a. 虚无假设为草药对记忆的分数没有影响。

b. H_0：$\mu=50$（即使服用草药，平均数仍然是 50）。

H_1：$\mu\neq 50$（平均数改变了）

拒绝域由超过 ± 1.96 的 z 分数组成。这个样本的标准误是 3，$z=4/3=1.33$。无法拒绝虚无假设。草药补充剂对记忆分数无显著影响。

5. a. H_0：$\mu=80$，$\sigma=12$，样本平均数对应的 z 分数为 $-4/3=-1.33$。不能拒绝虚无假设。不能得出课程有显著的效果的结论。

b. H_0：$\mu=80$，$\sigma=6$，样本平均数对应的 z 分数为 $-4/1.5=-2.67$。拒绝虚无假设并且得出结论：课程有显著的效果。

c. 样本和假设之间的差异为 4。在 a 部分，标准误为 3，数值为 4 的差异是不显著的。但是在 b 部分，标准误只有 1.5，数值为 4 的差异显著比随机的期望值要高。总体来说，标准差越大，标准误就越大，这样就减小了拒绝虚无假设的可能性。

7. a. $\sigma=5$，标准误为 1，$z=4/1=4.00$。拒绝虚无假设。

b. $\sigma=15$，标准误为 3，$z=4/3=1.33$。无法拒绝虚无假设。

c. 较大的变异性减小了拒绝虚无假设的可能性。

9. a. 当治疗效果的数值为 4，为了使 z 分数大于 1.96，标准误必须小于 2.03。那么样本量就必须比 96.12 大；因此，需要一个样本量大于等于 97 的样本。

b. 当治疗效果的数值为 2，为了使 z 分数大于 1.96，标准误就必须小于 1.02，那么样本数量就必须大于 384.47；因此，需要一个样本量大于等于 385 的样本。

11. a. 虚无假设认为对反应时间没有影响，$\mu=400$。拒绝域由超过 ± 1.96 的 z 分数组成。对于这个样本数据来说，标准误为 6.67，z 分数为 $-8/6.67=-1.20$。无法拒绝虚无假设。反应时间没有显著的改变。

b. Cohen's $d=8/40=0.20$

c. 咖啡因对于反应时间没有显著的影响。$Z=-1.20$，$p>0.05$，$d=0.20$。

13. $n=4$，标准误为 0.95，样本平均值对应的 $z=2.37$。z 值超过了拒绝域 1.96 的范围，拒绝虚无假设，得出结论：过去 4 年没有组成一个能够代表 $\mu=9.6$ 的总体的样本。

15. a. H_0：$\mu=45$（提供物没有显著影响），标准误为 2.25，$z=2.31$，超过了 1.96 的拒绝域。拒绝虚无假设，并得出结论：提供物对认知表现有显著的影响。

b. Cohen's $d=5.2/9=0.578$

c. 蓝莓对认知技巧的得分有显著的影响，$z=2.31$，$p<0.05$，$d=0.578$。

17. a. 没有治疗效果时，样本分布的平均数 $\mu=75$，标准误为 1.90。拒绝域的界限 $z=1.96$ 对应的样本平均数 $M=78.72$。治疗效果的数值为 4 时，样本分布的平均数 $\mu=79$。在这个分布中，平均值 $M=78.72$ 对应 $z=-0.15$。检验的检验力，即 z 分数比 -0.15 大的可能性为 $p=0.5596$。

b. 在单侧检验中，拒绝域 $z=1.65$ 对应的样本平均数 $M=78.14$。数值为 4 的治疗效果，样本分布的平均值 $\mu=79$。在这个分布中，平均数 $M=78.14$ 的值对应的 z 分数为 -0.45. 检验的检验力，即 z 分数比 -0.45 大的可能性为 $p=0.6736$。

19. a. 增大 x 能够提高统计检验力。

b. 从单侧变成双侧会降低统计检验力。

21. a. 样本 $n=16$，标准误为 5，拒绝域为 $z=1.96$ 对应的样本平均值 $M=89.8$。当效应值为 12 时，样本均值分布的平均数应当为 $\mu=92$。在这个分布中，拒绝域为 $M=89.8$ 对应的 $z=-0.44$。统计检验力为 $P(z>-0.44)=0.6700$ or 67%。

b. 样本 $n=25$，标准误为 4，拒绝域为 $z=1.96$ 对应的样本平均值 $M=87.84$。当效应值为 12 时，样本均值分布的平均数应当为 $\mu=92$。在这个分布中，拒绝域为 $M=87.84$ 对应的 $z=-1.04$。统计检验力为 $P(z>-1.04)=0.8508$ or 85.08%。

第二部分　回顾

1. a. $z=0.10$　b. $X=40$

c. 如果将总体的 X 值转换为 z 分数，那么该组 z 分数的平均数为 0，标准差为 1.00。

d. 标准误为 10，$z=-0.80$。

e. 标准误为 5，$z=-1.60$。

3. a. H_0：$\mu\leqslant 1.85$（不比平均值多）。对于男性来说，标准误为 0.2，$z=3.00$。临界值为 $z=2.33$，拒绝虚无假设。

b. H_0：$\mu\geqslant 1.85$（不比平均值少）。对于女性来说，标准误为 0.24，$z=-2.38$。临界值为 $z=-2.33$，拒绝虚无假设。

第 9 章　t 检验介绍

1. z 分数用在已经知道某个总体的标准差（或方差）的情况。t 分数则用在总体方差或标准差不知道的情况，t 统计量使用样本方差或者标准差来代替未知的总体情况。

3. a. 样本方差为 16，估计标准误为 2。

b. 样本方差为 54，估计标准误为 3。

c. 样本方差为 12，估计标准误为 1。

5. a. $t=\pm 2.571$　b. $t=\pm 2.201$　c. $t=\pm 2.069$

7. a. $M=7$，$s=\sqrt{24}=4.90$　b. $s_M=2$

9. a. $n=16$，$s_M=0.75$，$t=1.3/0.75=1.73$. 这个值比临界值 2.131 要小，因此没有显著效果。

b. $n=36$，$s_M=0.50$，$t=1.3/0.50=2.60$。这个值比临界值 2.042 要大（使用 $df=30$），因此拒绝虚无假设，并且得出结论：有明显的治疗效果。

c. 随着样本量增加，拒绝虚无假设的可能性增加。

11. a. 双侧检验中，拒绝域为 ±2.306，获得的值为 $t=3.3/1.5=2.20$，无法拒绝虚无假设。

b. 单侧检验中，临界值为 1.860，所以拒绝虚无假设并且得出结论：被试显著高估了注意到的人的数量。

13. a. $df=15$，临界值为 ±2.947。样本方差为 16，估计标准误为 1，$t=8.2/1=8.20$。拒绝虚无假设并且得出结论，焦虑的水平有显著的变化。

b. $df=15$，置信度为 90% 对应的 t 值为 ±1.753，置信区间从 21.547 到 25.053。

c. 数据表明焦虑水平有显著的变化，$t(15)=8.20$，$p<0.01$，95%置信区间 [21.547，25.053]。

15. a. $df=63$，临界值为 ±2.660（使用表格中的 $df=60$），估计标准误为 1.50，$t=7/1.50=4.67$。拒绝虚无假设并得出结论：智商的平均分数有显著变化。

b. $df=60$，80%置信水平的 t 值为 ±1.296，置信区间从 105.056 到 108.944。

17. a. 估计标准误是 1.9，$t=4.5/1.9=2.37$。双侧检验的临界值为 2.306。拒绝虚无假设，有电子书的学生的成绩有显著差异。

b. 90%置信水平对应的 t 值为 ±1.860。置信区间是 77.2±（1.860）1.9，从 73.666 到 80.734。

c. 结果表明有电子书的学生的测试成绩与其他学生有显著差异，$t(8)=2.37$，$p<0.05$，90% 置信区间 [73.666，80.734]。

19. a. $n=9$，估计标准误为 4，$t=4/4=1$，$r^2=1/9=0.111$。Cohen's $d=4/12=0.333$。

b. $n=16$，估计标准误为 3，$t=4/3=1.33$。$r^2=1.77/16.77=0.106$。Cohen's $d=4/12=0.333$。

c. 样本大小对 Cohen's d 的值没有影响，对 r^2 的值稍有影响。

21. a. H_0：$\mu\leqslant 4$（不高于中等水平）。估计标准误为 0.26，$t=2.04$，临界值为 1.753，拒绝虚无假设并得出结论：有好的幽默感的男性的评级显著高于中等水平。

b. H_0：$\mu\geqslant 4$（不低于中等水平）。估计标准误为 0.295，$t=-2.37$，临界值为 −1.753，拒绝虚无假设并得出结论：没有幽默感的男性的评级显著低于中等水平。

23. a. H_0：$\mu=50$。$df=9$，临界值为 $t=\pm 3.250$。$M=55.5$，$SS=162.5$，$S^2=18.06$，标准误为 1.34，$t=4.10$。拒绝虚无假设并得出结论：有过日托经历的儿童的数学成绩与其他儿童的有显著差异。

b. Cohen's $d=5.5/4.25=1.29$

c. 结果表明有过日托经历的儿童的数学测验的分数与没有日托经历的儿童的分数有显著差别，$t(9)=4.10$，$p<0.01$，$d=1.29$。

第 10 章　两个独立样本的 t 检验

1. 独立测量研究用于对不相关的样本进行不同水平的处理或者总体间进行比较。

3. a. 平均数间差异的大小是 t 统计量的分子，差异越大，t 值越大。

b. 两个样本的样本量大小影响着 t 统计量分母中的估计标准误的大小。随着样本量的增加，t 值也会变大（距 0 越来越远），拒绝虚无假设的可能性也增加。

c. 分数的变异性影响着 t 统计量分母中的估计标准误的大小。当分数的变异性增加，t 值反而会减小（趋近于 0），拒绝虚无假设的可能性减少。

5. a. 第一个样本的方差是 12，第二个样本的方差是 6。合并方差为 54/6=9（一半）。

b. 第一个样本的方差是 12，第二个样本方差为 3。合并方差为 54/9=6（接近大样本的方差）。

7. a. 合并方差是 15，估计标准误是 2。

b. 合并方差是 60，估计标准误是 4。

c. 大的变异量会造成大的标准误差。

9. a. 合并方差是 120　b. 估计标准误是 4.00

c. 平均数间差异为 8 使 t 值等于 2.00。在自由度是 28 的时候临界值是 ±2.048。选择虚无假设。

11. a. 样本平均差异的估计标准误是 6　b. 样本平均差异的估计标准误是 3

13. a. 两个样本量共有 27 名参与者

b. 当自由度为 25，$\alpha=0.05$ 时，t 值是 ±2.060。t 统计值在拒绝域以内。拒绝了零假设，说明有显著差异。

c. $r^2=4.29/29.29=0.146$ 或者 14.6%

15. a. 由于表格中没有 34 这个值，在临界值为 0.05，自由度为 30 的情况下，t 值的拒绝域为±2.042。合并方差为 81，标准误为 3，同时 t（34）＝7.6/3＝2.53。t 统计值在拒绝域内，拒绝零假设结果是具有显著性差异的。

b. 在 90％的置信水平下，t 值为±1.697（自由度为 30），置信区间从 2.509 到 12.691。

c. 有背景音乐的教室内的学生表现更好，t（34）＝2.53，p＜0.05，95％置信区间［2.509，12.691］。

17. a. 合并方差为 7 753，标准误为 12.45，t＝14/12.45＝1.12。自由度是 198 时，临界值是 1.98（自由度是 120）。接受零假设，在强制张贴后，卡路里消耗没有显著变化。

b. r^2＝1.25/199.25＝0.006 3 或者 0.63％

19. a. 合并方差是 7.2，估计标准误是 1.2，t（18）＝3.00。自由度为 18 时的单侧检验临界值是 2.552。拒绝零假设。两组间的差异显著。

b. 在 95％的置信度下，t 值为±2.101，男孩的区间在 1.079 到 6.121 之间。

c. 结论反映了男性青少年的自尊水平与女性相比显著更高，t（18）＝3.00，p＜0.01，单侧检验，95％置信区间［1.079，6.121］。

21. 合并方差为 63，估计的标准误是 3.00，t＝7/3＝2.33。在自由度为 26 的时候，临界值是 2.056。拒绝零假设，两种睡眠情况下的差异是显著的。

23. a. 零假设代表了运动类型不会影响到神经系统工作。单侧检验得到的临界值是 1.796。对游泳运动员，M＝9，SS＝44。对足球运动员，M＝6，SS＝24。合并方差是 6.18，t（11）＝2.11。拒绝零假设，这些数据表明，足球运动员的分数明显更低。

b. 依据这些数据得到 r^2＝0.288（28.8％）

第 11 章　两个相关样本的 t 检验

1. 重复测量是在所有的处理条件下使用同组被试。

3. 重复测量设计中，两种处理条件下使用的是相同的被试。配对样本设计中使用两组不同的被试。然而，在配对样本设计中，第一种处理情形下的每一个被试都会在一个特定的变量上与第二种处理下的一个被试对应匹配，所以两个独立的样本在所匹配的变量上是等价的。

5. a. 标准差是 4，测量个体分数和样本均值间的平均差异。

b. 估计标准误是 1.33，同时测量样本均值与总体均值之间的差异。

7. a. 估计标准误是 2，t（8）＝1.50。临界值为±2.306，接受零假设。

b. M_D＝12，t（8）＝6.00。临界值是±2.306，拒绝零假设。

c. 均值差异越大，结果为有显著性差异的可能性越大。

9. a. 样本方差是 9，估计标准误为 0.75，t（15）＝2.6/0.75＝3.46。临界值为±2.131，拒绝零假设。

b. Cohen's d 为 2.6/3＝0.867

11. a. 零假设代表的意义是对微笑和皱眉的判断没有区别。这些数据当中，样本方差是 6.25，标准误差是 0.5，t＝1.6/0.5＝3.20。在自由度为 24 的单侧检验中，临界值为 2.492。拒绝零假设。

b. r^2＝10.24/34.24＝0.299（29.9％）

c. 将笔放置在嘴唇上和牙齿上来测试这些卡通漫画的趣味性时，可以看出两者的差异是显著的。放在牙齿上时评价的趣味性更高。T（24）＝3.20，p＜0.01，单侧检验，r^2＝0.299。

13. 零假设描述的是有吸引力的照片和没有吸引力的照片在感知智力上不存在显著差异。这些数据中，估计标准误是 0.4，t＝6.75。自由度为 24 时，临界值为 2.064，拒绝零假设。

15. a. 不同的分数包括了 1、7、2、2、1 和 5。MD＝3。

b. SS＝30，样本方差是 6，估计标准误是 1。

c. 自由度是 5，显著性水平为 0.05 时，临界值是±2.571。用这些数据得出 t＝3.00。拒绝零假设，处理效应是显著的。

17. 零假设代表了背景颜色对吸引力的判断是没有影响的。数据有 MD＝3，SS＝18，样本方差为 2.25，估计标准误是 0.50，t（8）＝6.00。在自由度为 8，显著性水平为 0.01 时，临界值为±3.355，拒绝零假设，背景颜色有显著影响。

19. a. 合并方差为 6.4，估计标准误为 1.46。

b. 差异分数的方差是 12.8，估计标准误为 1.46。

21. a. 零假设描述的是答案的变化不会造成影响。在自由度为 8，显著性水平为 0.05 的情况下，临界值为±2.306，得到的数据中，MD＝7，SS＝288，估计标准误是 2，t（8）＝3.50。拒绝零假设，答案的变化对考试过程是有显著影响的。

b. 在 95％的置信水平下，t＝±2.306。取值范围在 2.388 到 11.612 之间。

c. 答案的改变会导致考试分数显著提高。t（8）＝3.50，p＜0.05，95％置信区间［2.388，11.612］。

23. 零假设代表了射击时的心跳速率没有显著差异。在 0.05 的显著水平之下，临界值为±2.306。MD＝3，SS＝36，s^2＝5.14，估计标准误 0.80，t（7）＝3.75。拒绝零假设并得出结论：射击的时机对神枪手的得分有显著影响。

第三部分　回顾

1. a. 标准误为 1.5，$t=\frac{7.7}{1.50}=5.13$。单侧检验中，临界值是 2.602。拒绝虚无假设，有日托经历的儿童的行为问题显著更多。

b. 90％的置信水平下，临界值 t＝±1.753。置信区间

为 $\mu=7.7\pm1.753$（1.5），从 5.07 到 10.33。

c. 结果显示与有日托经历的幼儿园儿童相比，其他儿童有显著更多的行为问题，t（15）=5.13，$p<0.01$，90%置信区间为［5.07，10.33］。

3. a. 估计的标准误为 2.5，t（19）=1.92，临界值为 1.729，拒绝虚无假设并得出结论：在用药情况下注意持续时间显著更长。

b. 置信区间是 $\mu_D=4.8\pm1.328$（2.5），从 1.48 到 8.12。

第 12 章　方差分析介绍

1. 当没有处理效应时，F 比值中的分子和分母所测量的变异有相同来源（随机的，来自抽样误差的非系统差异）。在这种情况下，F 比值是平衡的，应该在 1.00 上下。

3. 在 3 种或者更多的处理条件下，为了评估所有的均值差异需要进行三次或者更多次的 t 检验。每一次检验都有产生第一类错误的风险。做的检验越多，产生第一类错误的概率越大。方差分析只在一个固定的 α 水平上一次完成所有的检验。

5. a. 三个均值的平方和 $SS=14$

b. n（$SS_{均值}$）=112

c. 四个总数是 32、72、8 和 48。$G=96$。$SS_{处理间}=112$

7. a. 在均值差异更小的情况下，F 值与 η^2 都会比问题 6 中的要小。

b.

来源	SS	df	MS	
处理间	8	2	4	F（2，9）=1
处理内	36	9	4	
总和	44	11		

在 0.05 的显著性水平下，临界值 $F=4.26$。接受零假设，三个处理间没有显著性差异。如预测的那样，F 值要小很多。

c. 数据中，$\eta^2=8/44=0.182$，相比问题 6 中的值小了很多。

9. a. 样本方差是 2.67、3.33 和 6。这些数值相比问题 8 中的数值大了很多。

b. 大的方差会导致更小的 F 比值，拒绝零假设的可能性就会变小。

c。

来源	SS	df	MS	
处理间	32	2	16	F（2，9）=4.00
处理内	36	9	4	
总和	68	11		

在显著性水平为 0.05 时，临界值 $F=4.26$。无法拒绝零假设，结论为三种处理水平之间没有显著性差异。如预测的那样，F 值要小很多。

11. a. 大样本量会使 F 值变大。

来源	SS	df	MS	
处理间	50	2	25	F（2，72）=12.50
处理内	144	72	2	
总和	194	74		

F 值相比问题 10 中大了很多。

b. 样本量的增加对 η^2 的影响很小甚至没有影响。$\eta^2=50/144=0.258$，与问题 10 中的数值相同。

13. a.

来源	SS	df	MS	
处理间	72	2	36	F（2，21）=7.20
处理内	105	21	5	
总和	177	23		

在 0.05 的显著水平下，临界值 F=3.47。拒绝零假设，结论为三种类型间有显著差异。

b. 数据 $\eta^2=72/177=0.407$

c. 结果表明，对三种不同类型的老师来说，学生对欺骗的可接受度是有显著差异的，F（2，21）=7.20，$p<0.05$，$\eta^2=0.407$。

15. a. $k=4$ 种处理方法　b. 研究一共有 52 名参与者

17.

来源	SS	df	MS	
处理间	20	1	20	$F=4.00$
处理内	190	38	5	
总和	210	39		

19.

来源	SS	df	MS	
处理间	96	2	48	F（2，15）=9.01
处理内	80	15	5.33	
总和	176	17		

自由度为 2，15，显著性水平在 0.05 时，临界值是 3.68。拒绝零假设。

21. a. 合并方差是 2，估计的标准误为 0.894，t（8）=4.47。自由度为 8 时，临界值是 2.306。拒绝零假设。

b.

来源	SS	df	MS	
处理间	40	1	40	F（1，8）=20
处理内	16	8	2	
总和	56	9		

自由度为 1，8，临界值是 5.32。拒绝零假设。在误差允许的范围内，$F=t^2$。

23. a. 平均值和标准差是

不用	偶尔用	经常用
$M=3.71$	$M=3.46$	$M=3.01$
$s=0.302$	$s=0.298$	$s=0.268$

来源	SS	df	MS	
处理间	2.517	2	1.258	F（2，27）=14.98
处理内	2.265	27	0.084	
总和	4.781	29		

自由度为2，27时的临界值是3.35。拒绝零假设。

b. $\eta^2=2.517/4.781=0.526$

c. 结果表明，组间平均的GPA是有显著性差异的，$F(2,27)=14.98$，$p<0.05$，$\eta^2=0.526$。

第13章 重复测量和双因素方差分析

1. 对于独立测量设计，组内差异本身已是适当的误差项。然而对于重复测量，你必须从组内变异中减去因组内个体差异导致的变异，从而得到对误差的测量。

3. a. 共需要30个被试；三个独立样本，每个样本的 $n=10$。F 比值的 $df=2，27$。

b. 每个样本需10个被试，F 比值的 $df=2，18$。

5. a. 三种处理 b. 16个被试

7. a. 均值差异 $MD=4$，差异分数的 $SS=8$。估计标准误为0.378，$t(7)=10.582$。临界值为±2.306，拒绝零假设，处理之间有显著的差异。

b.

来源	SS	df	MS	
处理间	64	1	64	$F(1,7)=112.28$
处理内	36	14		
被试间	32	7		
误差	4	7	0.57	
总和	100	15		

$df=1，7$ 时，临界值为5.59。拒绝 H_0。两种处理之间有显著差异。注意：$t^2=(10.582)^2=111.98$，在 $F=112.28$ 的误差范围内。

9. a. 对于独立测量ANOVA，我们得到：

来源	SS	df	MS	
处理间	48	2	24	$F(2,15)=3.46$
处理内	104	15	6.93	
总和	152	17		

当 $\alpha=0.05$ 时，临界值 $F=3.68$。无法拒绝零假设。

b. 对于重复测量ANOVA，

来源	SS	df	MS	
处理间	48	2	24	$F(2,10)=12.00$
处理内	104	15		
被试间	84	5		
误差	20	10	2	
总和	152	17		

当 $\alpha=0.05$ 时，临界值 $F=4.10$。拒绝零假设。

c. 重复测量ANOVA将个体差异从误差中分离出来，从而增大了ANOVA的结果显著的可能性。

11.

来源	SS	df	MS	
处理间	2	1	2	$F(1,24)=4.00$
处理内	21	48		
被试间	9	24		
误差	12	24	0.5	
总和	23	49		

13.

来源	SS	df	MS	
处理间	12	2	6	$F(2,10)=15.00$
处理内	100	15		
被试间	96	5		
误差	4	10	0.4	
总和	112	17		

15. 四种测量天数的均值和标准差如下：

7天	5天	3天	1天
$M=39$	$M=40$	$M=46$	$M=55$
$s=3.61$	$s=4.73$	$s=3.67$	$s=3.32$

来源	SS	df	MS	
处理间	810	3	270	$F(3,12)=101.25$
处理内	240	16		
被试间	208	4		
误差	32	12	2.67	
总和	1050	19		

当 $\alpha=0.01$ 时，临界值为5.95。有显著差异。

17. 在两因素ANOVA的第二阶段，处理间的均值差异被分为两个主效应和一个交互作用。

19. a. $M=20$ b. $M=50$

21. a. $df=1，66$ b. $df=2，66$ c. $df=2，66$

23.

来源	SS	df	MS	
处理间	67	3		
成就需要	16	1	16	$F(1,56)=4.00$
任务难度	29	1	29	$F(1,56)=7.25$
交互	22	1	22	$F(1,56)=5.50$
处理内	224	56	4	
总和	291	59		

25. a.

来源	SS	df	MS	
处理间	260	5		
性别	120	1	120	$F(1,24)=24$
处理	80	2	40	$F(2,24)=8$
性别×处理	60	2	30	$F(2,24)=6$
处理内	120	24	5	
总和	380	29		

当 $df=1，24$ 时，临界值为4.26；$df=2，24$ 时，临界值为3.40。主效应和交互作用均显著。

b. 对于性别，$\eta^2=120/240=0.50$

对于处理，$\eta^2=80/200=0.40$

对于交互作用，$\eta^2=60/180=0.33$

27. a. 六组的均值如下：

	初中	高中	大学
非使用者	4.00	4.00	4.00
使用者	3.00	2.00	1.00

来源	*SS*	*df*	*MS*	
处理间	32	5		
使用	24	1	24	$F(1, 18)=14.4$
学习水平	4	2	2	$F(2, 18)=1.2$
交互	4	2	2	$F(2, 18)=1.2$
处理内	30	18	1.67	
总和	62	23		

当 $df=1$，18 时，临界值为 4.41；$df=2$，18 时，临界值为 3.55。使用 Facebook 的主效应显著，但是其他的主效应和交互作用均不显著。

b. Facebook 使用者的等级显著低。虽然交互作用不显著，但是三种等级水平之间均有差异，且均存在差异随着年龄增大而增大的趋势。

第四部分　回顾

1. 虚无假设认为，飞行方向对时差没有影响。$\alpha=0.05$ 时临界值为 3.68。

来源	*SS*	*df*	*MS*	
处理间	93	2	46.50	$F(2, 15)=41.15$
处理内	17	15	1.13	
总和	110	17		

拒绝虚无假设。

2. a.

来源	*SS*	*df*	*MS*	
处理间	28	2	14	$F(2, 10)=7.78$
处理内	28	15		
被试间	10	5		
误差	18	10	1.8	
总和	56	17		

$df=2$，10，临界值为 4.10，拒绝虚无假设，三种处理间有显著差异。

b. $\eta^2=28/46=0.609$

c. 数据说明处理间差异显著，$F(2, 10)=7.78$，$p<0.05$，$\eta^2=0.609$。

3. 交互作用说明一个因子的效应取决于另一个因子的水平。换言之，说明了一个因子的主效应在另一个因子的不同水平下是不同的。

4. a.

来源	*SS*	*df*	*MS*	
处理间	340	3		
A	80	1	80	$F(1, 76)=4.00$
B	180	1	180	$F(1, 76)=9.00$
A×B	80	1	80	$F(1, 76)=4.00$
处理内	1 520	76	20	
总和	1 860	79		

对 3 个 F 值来说拒绝值均为 3.98（$df=1$，70），主效应和交互作用皆显著。

b. 对于运动因素，$\eta^2=80/1\,600=0.050$。

对于年龄因素，$\eta^2=180/1\,700=0.106$。

对于交互作用，$\eta^2=80/1\,600=0.050$。

c. 对于游泳者，年轻组与年长组之间几乎无差异，但对于足球来说，年长者的分数显著低于年轻者的分数。

第 14 章　相关

1. a. 正相关表明 X 与 Y 有着相同的变化趋势。当 X 增加时，Y 也随之增加。负相关表现的是 X 与 Y 的变化趋势是相反的。当 X 增加时，Y 反而减小。

b. 皮尔逊相关系数表明了数据与直线的拟合程度。1.00 或者 −1.00 表示数据与直线的拟合度很好，相关为 0 表示无直线关系。

3. $SP=-2$

5. a. 散点图显示散点集中在向右下倾斜的直线附近。

b. $SS_x=10$，$SS_y=40$，$SP=-13$。

相关系数 $r=-13/20=-0.65$

7. a. 散点图的分布趋势是向右上方倾斜。

b. $SS_x=18$，$SS_y=18$，$SP=5$

相关系数 $r=5/18=0.278$

9. a. 体重的 $SS=20$，薪水的 $SS=7\,430$。

$SP=-359$，相关系数 $r=-0.931$

b. $n=10$，$df=8$，临界值是 2.306。$t(8)=7.22$。有显著的相关性。

11. a. $SS_{7分钟荧屏}=98$，$SS_{认知系列测验}=236$，$SP=127$，$r=0.835$

b. $df=7$，临界值 2.365，$t(7)=4.01$。相关显著。

c. $r^2=0.697$ 或者 69.7%

13. a. $r_{XY-Z}=0.38/0.57=0.667$

b. $r_{XZ-Y}=0.04/0.428=0.093$

15. a. $r=0.538$

b. $r^2=0.289$。在误差允许的范围内，这个值是与用第 10 章的 t 检验得到的 r^2 值相同的。

17.

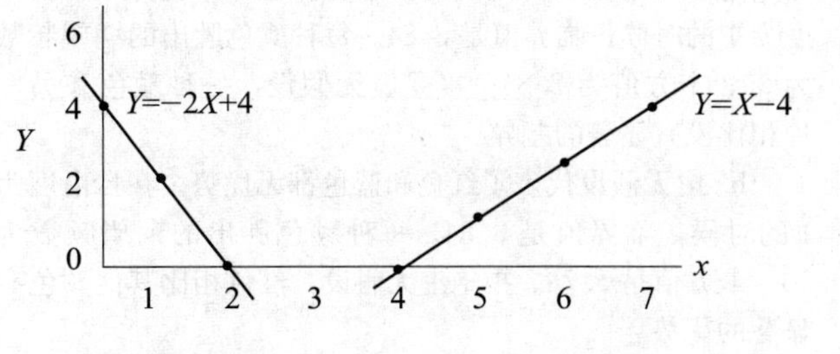

19. a. $r=0.80$

b. $\hat{Y}=2X+8$

21. $SS_X=32$，$SS_Y=8$，$SP=8$。回归方程式 $\hat{Y}=0.25X+3$

23. a. $SS_X=8$，$SP=-10$，$\hat{Y}=-1.25+8$

b.

X	$\hat{Y}$
3	4.25
6	0.50
3	4.25
3	4.25
5	1.75

25. a. $SS_{体重}=20$，$SS_{收入}=7\ 430$，$SP=-359$。$Y=-17.95X+119.85$

b. $r=-0.931$，$r^2=0.867$

c. $F=52.15$，自由度为1，8。回归方程在显著性水平$\alpha=0.05$和$\alpha=0.01$时是显著的。

27. a. 估计标准误是$\sqrt{36}/\sqrt{16}=1.50$

b. 估计标准误是$\sqrt{36}/\sqrt{36}=1.00$

29. a. $df=1$，23　b. $n=20$对分数

第15章　卡方检验：拟合优度和独立性检验

1. 非参数检验通常很少对获取数据的总体提出前提假设。例如，总体不需要符合正态分布，同一研究内的不同总体的方差也不需要相同（方差齐性假设）。参数检验需要使用等距或等比量尺上的数据。对于非参数检验，任何量尺上的测量数据都是可以接受的。

3. 虚无假设认为对两张面孔无明显的偏好。两个类别的期望频次是$f_e=20$，卡方$=3.60$。在自由度为1时，临界值为3.84，接受虚无假设选择无显著性的偏好。

5. 虚无假设陈述的是姓氏首字母相同的夫妻出现的频数并不比随机的概率高。对于一个200人的样本量，姓氏首字母相同的预期频数为13，姓氏首字母不同的预期频数为187，$df=1$时，临界值为3.84，卡方值为2.96，接受虚无假设。

7. 虚无假设认为样本分布具有与正态分布相同的比例，五个群体的期望频数为6.01、21.75、34.47、21.75和6.01。在自由度为4的时候，临界值为9.49。该样本的卡方检验结果是2.92。接受零假设，这个样本的分布与正态分布的差异不显著。

9. a. 虚无假设陈述的是红色和蓝色都无优势。在自由度为1的时候，临界值是3.84。每种颜色胜出的期望频数为25，卡方值为2.88。接受虚无假设，一种颜色和另一种相比没有显著的差异。

b. 虚无假设代表了红色和蓝色都无优势。在自由度为1的时候，临界值是3.84。每种颜色胜出的期望频数为50。卡方值是5.76。拒绝虚无假设，红色相比其他颜色有显著的优势。

c. 尽管两个样品的比例是相同的，b部分的样本量是a样本量的两倍。大的样本与小样本相比为红色的优势提供了更多的证据。

11. 虚无假设陈述的是所有组别的满意分数的分布是相同的。自由度为1时，临界值是3.84。期望频数是

	满意	不满意	
更低的赔偿	55	45	100
一致或更高的赔偿	33	27	60
	88	72	

卡方值是8.73，拒绝虚无假设。

13. a. 虚无假设陈述的是帮助行为和所玩的游戏类型没有关系。对于帮助的三个组，期望频数是$f_e=9$，没有帮助的三个组的期望频数$f_e=6$。在自由度为2时，临界值为5.99。卡方值为3.88。接受虚无假设。

b. $V=0.294$

15. a. 虚无假设陈述的是三个组中个体看到碎玻璃的错误记忆的比例应该是相同的。所有组别中说“是的”的期望频数是9.67，说“不是”的期望频数是40.33。在自由度为2时，临界值为5.99。数据中，卡方值是7.78。拒绝虚无假设，回忆起看到了碎玻璃的可能性取决于参与者被问及的问题。

b. $V=0.228$

c. 被问及“当两辆车撞上时，它们的速度大约有多快”的参与者更可能对是否撞碎玻璃产生错误记忆。

d. 卡方检验的结果表明问题的措辞对参与者回忆事故有显著的影响。χ^2（2，$N=150$）$=7.78$，$p<0.05$，$V=0.228$。

17. 虚无假设的陈述是智商和性别是相互独立的。男孩的智商分布与女孩的智商分布应该是一样的。在自由度为2，显著性水平为0.05时，临界值是5.99。男孩和女孩的期望频数都是15名低智商，48名中等水平，17名高智商。数据中卡方值是3.76。接受虚无假设，这些数据无法证明智商和性别之间的关系。

19. 虚无假设陈述的是女性预测的偏好分布和男性的实际分布没有区别。自由度为3，显著性水平在0.05时，临界值是7.81。期望频数是：

	有点轻	稍微轻	稍微重	有点重
女性	22.9	22.9	22.9	11.4
男性	17.1	17.1	17.1	8.6

卡方值是9.13，拒绝虚无假设，男性实际偏好分布和女性的预期分布是有差异的。

21. a. 虚无假设代表的是智商和志愿服务之间没有关系。在自由度为2，显著性水平为0.05时，临界值5.99。期望频数是：

	智商		
	高	中	低
自愿	37.5	75	37.5
非自愿	12.5	25	12.5

卡方值是4.75。在自由度为2，显著性水平为0.05时，接受虚无假设。

第五部分　回顾

1. a. 散点图的分布趋势是向右上方倾斜。

b. 相关性不强但是为正相关，相关系数在0.4到0.6之间。

c. $SS_X=32$，$SS_Y=8$，$SP=8$。相关系数是$r=8/16=0.50$。

3. a. 虚无假设陈述的是四个颜色间没有偏好，对所有类别来说$p=1/4$，期望频数是$f_e=15$，卡方值是4.53。在自由度为3时，临界值为7.81. 接受虚无假设，没有显著的偏好。

b. 结果表明对4个颜色没有显著的偏好，χ^2（3，$N=60$）$=4.53$，$p>0.05$。

附录 D

社会科学的统计包，即 SPSS，是一个用来进行统计计算的计算机程序，而且它在各个高校中也很容易获得。使用 SPSS 进行具体计算的细节指导在每一章的最后都有呈现。在每一章末尾的“资源”中寻找 SPSS 板块。在这部分附录中，我们提供了一份总的 SPSS 程序概要。

SPSS 由两个基础成分组成：一个数据编辑器和一系列的统计命令。数据编辑器是一个具有数行和数列的矩阵。在开始任何一个分析之前，你必须将你的数据输入数据编辑器。具体来说，分数以列的形式输入。在分数被输入之前，每一列的标签都为“var”。在分数被输入后，第一列变量变成 VAR00001，第二列变为 VAR00002，以此类推。为了将数据输入编辑器，这个数据显示标签必须在屏幕的左下角。如果你希望给列命名（替代 var00001），点击数据编辑器底部的变量显示标签。你会在编辑器中获得对每个变量的描述，包括一个名字。你可以输入一个新名字，最多 8 个字符（没有空格，没有连字符）。点击数据显示标签回到数据编辑器。

这些统计命令在屏幕上方工具栏中的分析中列出。当你选择一个统计命令，SPSS 将要求你确定具体分数位置和其他你将要使用的选项。这个是通过确定在数据编辑器中的包含所需信息的列完成。具体来说，你将看到一个和下方相似的图。在左侧的方框中列出了所有数据编辑器中包含信息的列。在这个例子中，我们在列 1、2、3 和 4 输入值。在右侧是一个空方框等待你去定义正确的列。例如，你想要用列 3 中的分数做统计分析，你要通过点击左侧方框对应的位置高亮 VAR0003，然后点击箭头将列标签移入右侧方框（如果你做错了，你可以高亮右侧盒子中的变量，然后点击箭头，你就可以将变量移回左侧盒子）。

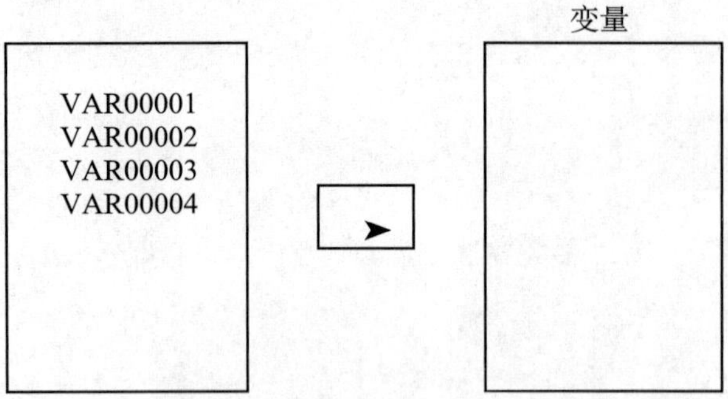

SPSS 数据形式

SPSS 程序使用两种基础的形式来将数据输入数据矩阵，下面将分别介绍：

第一种形式是当每个个体有多于一个数据的时候使用的。这个包括来自重复测量的研究，在其中，每一个人在不同的处理情境中都被测量了一次，也包括相关研究，这时，每个个体有两个分数 X 和 Y。表 D1 说明了这种数据，并展示了数据将在 SPSS 数据矩阵中如何呈现。注意，在数据矩阵中，分数和原始数据库有着完全相同的结构。具体来说，数据矩阵的每一行包括了一个被试的所有分数，每一列包括了一个处理情境的所有分数。

第二种形式用于独立测量研究的数据，这种研究在每一种处理情境中使用了不同的被试。这种数据以叠加的形式输入数据矩阵。和将不同处理的数据置于不同列不同，来自所有处理情境的所有的数据都被输入同一列，因此来自一种处理情境的数据将堆叠在另一种处理情境之上。编码数字将在随后输入第二列变量，每一个数字告诉计算机对应的分数属于哪一种处理情况。例如，你将在处理 1 的分数的旁边一列输入值 1，在处理 2 的分数的旁边一列输入值 2，以此类推。表 D2 展示了这种数据，表明了数据将如何被输入 SPSS 数据矩阵。

表 D1

重复测量或相关研究的数据，每个个体有几个分数。表 a 显示的是原始数据，每个人 3 个分数，表 b 表示输入 SPSS 数据矩阵后的分数。注意：SPSS 自动给每个分数加上了两位小数。例如，你输入 10，矩阵中显示的是 10.00。

(a) 原始数据

	Treatments		
Person	Ⅰ	Ⅱ	Ⅲ
A	10	14	19
B	9	11	15
C	12	15	22
D	7	10	18
E	13	18	20

(b) 输入 SPSS 数据矩阵后的数据

	VAR0001	VAR0002	VAR0003	var
1	10.00	14.00	19.00	
2	9.00	11.00	15.00	
3	12.00	15.00	22.00	
4	7.00	10.00	18.00	
5	13.00	18.00	20.00	

表 D2

独立测量研究的数据，每个处理条件下都有不同的被试。表的左边一半显示示的是原始数据，有 3 个组，每个组 5 名被试。表的右边一半显示的是输入 SPSS 数据矩阵后的数据。注意，数据矩阵在同一列列出了所有 15 个分数，然后在第二列用数字编码来表示每个分数对应的处理条件。

(a) 原始数据

Treatments		
Ⅰ	Ⅱ	Ⅲ
10	14	19
9	11	15
12	15	22
7	10	18
13	18	20

(b) 输入 SPSS 数据矩阵后的数据

	VAR0001	VAR0002	var
1	10.00	1.00	
2	9.00	1.00	
3	12.00	1.00	
4	7.00	1.00	
5	13.00	1.00	
6	14.00	2.00	
7	11.00	2.00	
8	15.00	2.00	
9	10.00	2.00	
10	18.00	2.00	
11	19.00	3.00	
12	15.00	3.00	
13	22.00	3.00	
14	18.00	3.00	
15	20.00	3.00	

统计的组织结构：为你的数据选择合适的统计方法

概述：三种基本的数据结构

当学生完成了一门统计课，他们常常面临该如何使用他们所学的统计方法。例如，在一个研究方法课中或者当作为一个研究助理时，学生常常被给予一个研究的研究数据，要求用适合的统计方法进行分析。但问题是，很多学生并不知道从哪里开始。虽然他们学习了许多独立的统计分析方法，但是他们不能针对一批数据选择适合的统计方法。统计的组织结构尝试通过提供一个对本书中大部分统计方法组织化的概述帮助你找到适合的统计方法。

我们假设你知道（或者可以预测）你的数据是什么样的。因此，我们由呈现一些数据的基本分类开始，由此，你可以找到符合你的数据的类别。对每一种数据类别，我们会指出可能适用的统计方法。大部分研究数据可以分成以下三类：

1. 每个被试有一个分数，有一组被试。
2. 每个被试有两个分数，有一组被试。
3. 有两组（或多组）分数，每一个分数测量的都是同一个变量。

在这一章节中，我们会给出每一个类别的例子。一旦你的数据和某一个例子的数据相符合，你可以翻看描述该例子的统计方法的章节。

测量的尺度

在我们开始讨论三类数据之前，在每一类别内有另外一个因素使数据不同，并帮助我们决定哪一种统计方法是合适的。在第1章中，我们介绍了四种测量尺度，不同的测量尺度适用不同的数学运算，得出检验不同的统计结果。对大部分统计方法来说，等比和等距量表是相同的，所以在下面的概述中，我们将它们归为一类。

等比和等距量表产生了和各类数学运算相容的数据分数。例如，英寸尺度上的身高测量、任务中的错误数量和IQ分数。

顺序量表包括等级或顺序性的分类。例如，将咖啡杯分为大、中、小三类，工作能力排为第一、第二、第三。

称名量表包括命名的类别。例如，性别（男/女）、专业或工作。

对于每一种类型，我们呈现三种测量尺度的例子并探讨统计方法的运用。

类别 1　每个被试有一个分数，有一组被试

这种类型的数据常常存在于描述自然存在的个体变量的研究。例如，最近一个新闻说，一半的美国12～17岁青少年每天至少发50条短信。为了获得这个数字，研究者需要测量大量青少年中每个个体所发的短信数量。这使数据由在一个群体中每一个被试的分数组成。

数据还可能描述一个测量了数个变量的研究。例如，一个大学管理者可能进行了一个调查，获得了描述饮食、睡眠和学习习惯的信息。虽然测量了数个变量，但是动机是在同一时间观察他们。例如，管理者将观察学生每天的学习时间，这些数据由一个群体中的每个个体的分数组成。然后这个管理者将注意力集中到每一个学生的睡眠时间上。这些数据也是由来自一个群体的每个个体的一个分数组成。这种研究（和这种数据）的特点是，研究者并不希望研究变量间的关系，而是一次描述一个个体变量。

表1呈现了这个类别的三个数据的例子。注意，三个数据集之间的差异在于分数的测量尺度。第一个数据集（a）表示通过等比和等距量表测量的数据分数。第二个数据集（b）由顺序或顺序性等级类别组成。第三个数据集（c）是用称名量表测量的。这类数据的统计方法在“第一部分”讨论。

类别 2　每个被试有两个分数，有一组被试

这类研究是为了检验变量之间的关系。注意，不同的变量将会被测量，所以每一个被试有两个或多个分数，每一个分数代表不同的变量。具体来说，这里没有操纵或控制变量，只是观察并记录自然存在的状态。

虽然会测量一些变量，但是研究者常常选择配对变量来检验具体的关系。因此，我们呈现的样本表示了配对变量，并关注估计变量间关系的统计方法。表2呈现了这个类别的四个样本。这四个数据集在测量尺度上也有所不同。第一个数量集（a）是数值型分数。第二个数据集（b）对第一个数据集进行了排序，并呈现了等级结果。第三个数据集（c）包括数值型分数和第二个变量的称名测量结果。第四个数据集（d）都是用称名量表测量的分数。这些数据适用的统计方法在“第二部分”讨论。

表 1　一组被试，每个被试一个分数的数据的 3 个例子。

(a) 过去 24 小时短信发送量	(b) 高中毕业时班级排名	(c) 上个季节是否得过流感
X	X	X
6	第 23	No
13	第 18	No
28	第 5	Yes
11	第 38	No
9	第 17	Yes
31	第 42	No
18	第 32	No

表 2　一组被试，每个被试两个分数的数据的 3 个例子。

(a) SAT 分数（X）和大一 *GPA*（Y）

X	Y
620	3.90
540	3.12
590	3.45
480	2.75
510	3.20
660	3.85
570	3.50
560	3.24

(b) 系列 a 中分数的等级

X	Y
7	8
3	2
6	5
1	1
2	3
8	7
5	6
4	4

(c) 年龄（X）和手表偏好（Y）

X	Y
27	数码的
43	模拟的
19	数码的
34	数码的
37	数码的
49	模拟的
22	数码的
65	模拟的
46	数码的

(d) 性别（X）和专业（Y）

X	Y
M	科学
M	人文学科
F	艺术
M	Professions
F	Professions
F	人文学科
F	艺术
M	科学
F	人文学科

类别 3　有两组（或多组）分数，每一个分数测量的都是同一个变量

检验两个变量关系的第二种方法是使用一个变量的类别来定义不同组，然后测量第二个变量来获得一个组内一系列的分数。第一个变量定义了这些组，常常是下面的类型之一：

A 被试特点：例如，性别或者年龄

B 时间：例如，处理前或处理后

C 处理情境：例如，有咖啡因或无咖啡因

如果一组的分数与另一组的分数始终不同，那么数据就说明变量之间存在特定的关系。例如，如果女性的表现一致地高于男性，那么这说明表现和性别之间有关系。

该类别中另外一个使数据集有差异的因素是独立测量和重复测量的差异。独立测量设计在第 10 章和第 12 章，讲了重复测量设计在第 11 章和第 13 章讲了。你应当能回忆起独立测量设计，它又被称为被试间设计，要求将被试分为多组，每组得出各自分数。例如，一个研究比较男生和女生的分数差异，这就要求两组被试。而重复测量设计又被称为被试内设计，它是从同一组被试中得到一系列分数。一个常见的重复测量设计的例子就是事前/事后研究，即一组个体在处理之前测一次，然后在处理之后再测一次。

表 3 呈现了这类研究的样本数据。这个表包括了独立测量和重复测量样本，以及来自不同测量量表的测量结

果。这类数据适合的统计方法将在“第三部分”讨论。

表 3 比较两组或多组测量同一个变量的数据。

(a) 一位女性在红色或白色背景的照片中的吸引力

白	红
5	7
4	5
4	4
3	5
4	6
3	4
4	5

(b) 在 24 小时的睡眠剥夺之前和之后的表现分数

被试	之前	之后
A	9	7
B	7	6
C	7	5
D	8	8
E	5	4
F	9	8
G	8	5

(c) 被试独立工作或团队协作的成或败

独立工作	团队协作
失败	成功
成功	成功
成功	成功
成功	成功
失败	失败
失败	成功
成功	成功
失败	成功

(d) 各个高中班级学生花费在社交网站上的时间量（小，中，大）

一年级	二年级	三年级	四年级
中	小	中	大
小	大	大	中
小	中	大	中
中	中	大	大
小	中	中	大
大	大	中	大
中	大	小	中
小	中	大	大

第一部分：单样本数据的统计方法（每个被试一个分数）

该类数据的特征之一是，研究者不想探测变量间的关系，而只是简单地想对已经存在的个体变量进行描述。因此，该类数据最常用的统计方法是描述统计，即对一组分数进行概括和描述的一种统计方法。

等比量表或等距量表分数：数值分数

当数据包含了从等比量表或等距量表得来的数值，就有有关描述统计和推论统计的多种选择。我们会提到最常出现的统计方法和其他一些可供替代的方法。

描述统计。对数值分数而言，最常用的描述统计值是平均数（第 3 章）和标准差（第 4 章）。如果存在一些极端值或者分布出现强偏态，中数在测量集中趋势上会比平均数好。

推论统计。如果是有关总体（从该总体中抽取样本）平均数的虚无假设，那么可以用单样本 t 检验（第 9 章）来评估假设。下面是一些虚无假设的可能来源：

1. 如果分数从一个严格控制中位点的量表得来，那么 t 检验就可以用来决定样本平均数是否显著不同于（高于或低于）中位点。比如说，在一个 7 点量表上，分数 $X=4$ 经常被看作中位点。虚无假设该这样表述：总体平均数等于 $\mu=4$。

2. 如果与之相比较的一个总体平均数是已知的，那么 t 检验就可以用来比较样本平均数是否显著不同于（高于或低于）已知值。例如，一个儿童标准阅读成就测验，一年级孩子得分平均数 $\mu=20$。如果研究者要用一个二年级儿童样本来确定两个年级间是否存在显著差异，虚无假设就该这样表述：二年级总体的平均数等于 20。已知的平均数也可以来自很久以前，比如说 10 年前。因此假设检验可以用来检验当前的从总体中获得的样本是否表明了过去十年间平均数的显著变化。

单样本 t 检验评估了结果的统计显著性。一个显著的结果意味着差异非常不可能（$p<\alpha$）是由随机的或偶然的因素产生的。但是，该测验并未测量效应的大小或强度。因此，t 检验应该辅以效应大小的测量，例如科恩 Cohen's d 系数或者变异系数 r^2。

顺序量表分数：排序或顺序类型

描述统计。有时原始分数是顺序量表的测量值，或者原始的数值分数被转换成排序或者顺序类型（如：小、中、大）。在以上任意一种情况中，中数是顺序量表描述集中趋势最恰当的统计值。百分数也可以用来描述个体在不同类型中的分布。例如，研究者可以报告 60%的学生属于高自尊范畴，30%属于中等自尊范畴，10%属于低自尊范畴。

推论统计。如果是有关总体（从该总体中抽取样本）各顺序类型的比例的虚无假设，那么可以用拟合优度卡方检验（第 15 章）来评估假设。例如，假设在总体中每个类型有同等机会出现，那么，该检验将决定样本比例是否存在显著差异。

称名量表分数

对于这类数据，分数只表明了每个个体所属的名称类型。例如，个体可以被分成男/女，或者不同的职业类型。

描述统计。用来描述集中趋势的唯一可行的描述统计值是众数（第 3 章）。也可以利用百分数或比例来描述各类型分布状况。

推论统计。如果是有关总体（从该总体中抽取样本）各顺序类型的比例的虚无假设，那么可以用拟合优度卡方检验（第 15 章）来评估假设。例如，假设在总体中，每个类型有同等机会出现，那么该检验将决定样本比例是否存在显著差异。如果用于比较的总体的比例或者之前的比例是已知的，那么虚无假设可以设定从样本数据推论而来的比例是相同的。例如，如果已知美国成人在每个季度患流感的比例是 35%，那么研究者可以选择一个大学生群体，然后计算有多少人得流感了，多少人没有（数据见表 1c）。卡方检验的虚无假设可以这样表述：大学生群体的分布与普通大众不存在显著差异。

图 1 总结了类别 1 数据使用的统计方法。

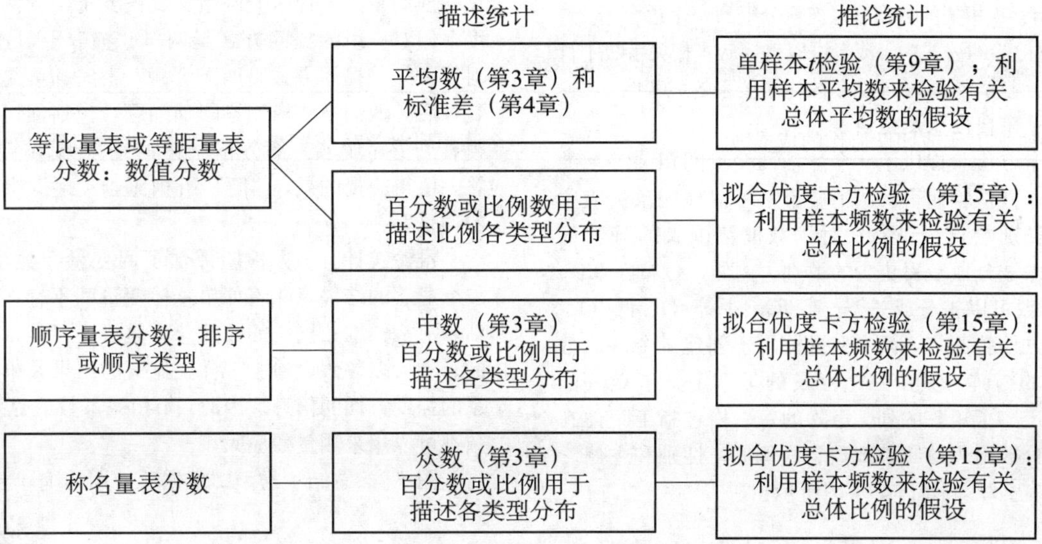

图 S—1　类别 1 数据的统计方法：单样本数据，每一个被试一个分数。目的是描述已经存在的变量。

第二部分：单样本两变量数据的统计方法（每个被试两个分数）

该类数据的统计分析目的就是描述和评估变量间关系，主要是在同一时间内关注两个变量。对于两个变量而言，恰当的分析方法是相关和回归（第 14 章），还有独立性卡方检验（第 15 章）。对三个变量而言，另一个可能选择是偏相关（第 14 章），即在控制第三个变量的情况下评估两变量间关系。

两数值变量：来自等比量表或等距量表

皮尔逊相关测量两变量间的线性相关的大小和方向（见例 14.3）。线性回归决定了散点图的最佳回归线性方程。对数据中的每一个 X 值而言，该方程提供了一个预测 Y 值，从而使得预测 Y 值和实际 Y 值之间的差异平方和最小。

描述统计。皮尔逊相关自身有描述统计作用。特别是，相关的正负和大小描述了两变量间的线性关系。线性回归方程提供了 X 值和 Y 值间关系的数字描述。斜率描述了当 X 值每增长 1 点时 Y 的变化量。常量值（Y 轴截距）描述了当 X 为 0 时的 Y 值。

推论统计。皮尔逊相关的统计显著性通过 t 分布评估，也可以比较样本相关值和临界值（在表 B.6 列出）。显著相关意味着与总体不一致的样本相关是非常不可能出现的（$p<\alpha$）。回归分析是一个用于评价回归方程显著性的假设检验方法。统计显著性意味着相比于 X 与 Y 之间没有真正潜在关系而言，这个等式可以预测 Y 分数的变异。

两顺序变量（排序或顺序类型）

斯皮尔曼相关用于测量从顺序量表得来的变量。如果其中一个变量或两个变量都包含从等比量表或等距量表得来的数值分数，那么数值分数可以转化成排序数据，然后计算斯皮尔曼相关系数。

描述统计。斯皮尔曼相关描述了单调相关的程度和方向，即持续向一个方向变化的相关程度。

推论统计。斯皮尔曼相关的统计检验未在本书呈现，但是可以从内容更深的书（Gravetter&Wallnau，2013）中找到。显著相关意味着与总体不一致的样本相关是非常不可能出现的（$p<\alpha$）。

一个数值变量和一个二分变量（一个有两个确定值的变量）

点二列相关测量了数值变量和二分变量间的相关。二分变量的两个类型被编码成数值，一般是 0 和 1，用于计算相关。

描述统计。因为点二列相关用任意的数值编码，所以相关的方向是无意义的。但是，相关大小或者相关的平方描述了关系的程度。

推论统计。点二列相关的数据可以重分组到一个适合

于独立测量 t 检验的公式中，也可以直接从点二列相关中计算出 t 值。假设检验 t 值决定了关系的显著性。

二个二分变量

4 相关系数用于两个变量都是二分变量的情况。对每个变量而言，两个类型都被编码成数值，最常见的是 0 和 1，用来测量相关。

描述统计。因为 4 相关系数利用任意的数值编码，因此相关的方向是无意义的。但是，相关大小或者相关的平方描述了关系的程度。

推论统计。4 相关的数据可以被重分组到一个适合于 2×2 独立性卡方检验的公式中，或者可以直接从 4 相关系数中计算出卡方值（见第 15 章）。卡方值决定了关系的显著性。

两变量：来自任意测量量表

独立性卡方检验提供了一个评估两变量间相关关系的方法。对于卡方检验而言，两个变量都可以在任意量表中获得，只要类别数目少就行。对于数值范围大的分数而言，它们可以被分成数目更少的类别。例如，分布在 93～137 的 IQ 分数可以被分成三类：高 IQ、中等 IQ、低 IQ。

对于卡方检验而言，两个变量被用于创建一个展示数据频数分布的矩阵。其中一个变量的类型定义了矩阵的行，另一个定义了矩阵的列。矩阵的每一格包括了个体在该行该列的分数出现的频数或数目。例如，性别和主修学业成绩间（表 2d）的矩阵如下图所示：

每一格的值是学生在该格所处的行与列所代表的性别和主修学科的学生数目。虚无假设可以这样表述：性别和主修学科间不存在显著差异。

描述统计。卡方检验是一种推论方法，不包括描述性统计的计算。但是，列出或展现出观测值的完整矩阵是一个常用描述。有时研究者通过指出格子里出现了超乎意料的大频数来描述结果。例如，在第 15 章中我们描述了一个测量目击者记忆的研究。被试观看一个车祸视频，我们询问他们看到了什么。两组被试被要求估计两车相撞的速度，但对一组的提问方式是两车“撞”上时速度是多少，对另一组的提问方式是两车“碰”上时速度是多少。一个礼拜后，他们被要求回答附加问题，包括回忆他们是否记得看见了碎玻璃。部分格子中的结果给出了“是”的回答。值得一提的是，“撞”组相比于“碰”组给出了更多的“是”。

推论统计。卡方检验评估了两变量间关系的显著性。一个显著的结果意味着如果总体变量间不存在潜在关系的话，那么样本数据中的频数分布是极不可能（$p<\alpha$）出现的。和大多数假设检验一样，显著的结果并未提供关于关系的强度方面的信息。因此，4 相关系数或克莱姆的 V 系数都可以用来测量效应大小。

图 S—2 总结了类型 2 数据所使用的统计方法。

	艺术	人文	科学	专业
女性				
男性				

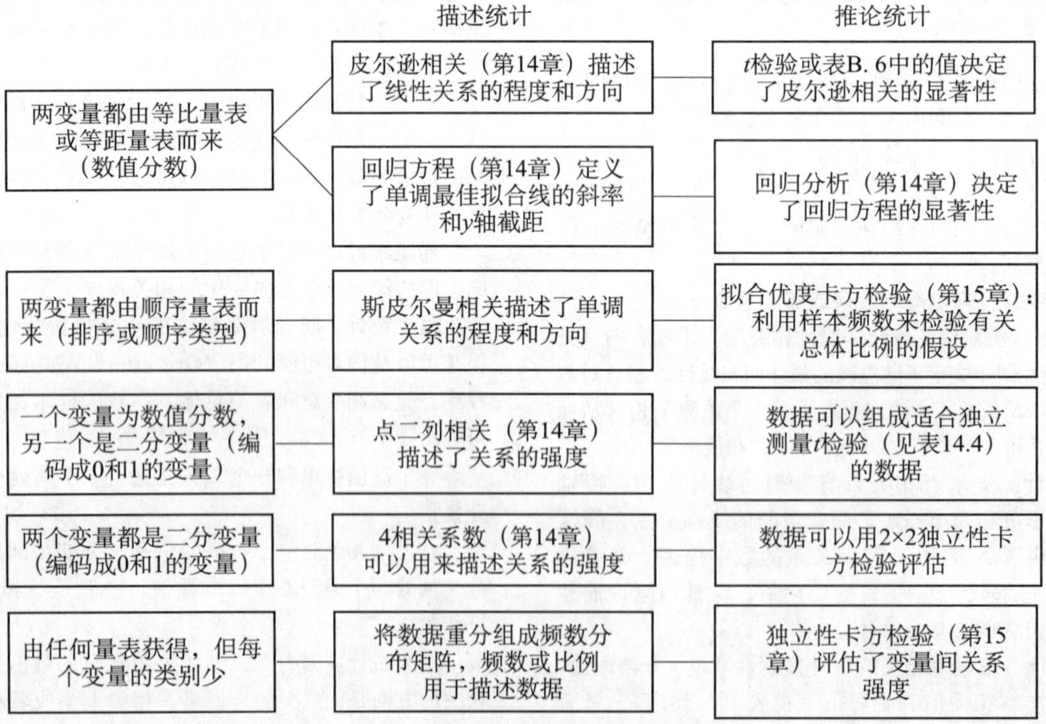

图 S—2　类型 2 数据统计方法：一组被试，每个被试测量两个变量。目的是描述和评估两变量间关系。

第三部分：两组（或更多组）数据的统计方法，每个分数测量相同变量

该类型数据包括单因素和两因素设计。在单因素研究中，一个变量的值用于定义不同的组别，另一个变量（因变量）的值用于获得每一组中的一系列分数。在双因素研究中，两个变量用于构建一个矩阵，其中一个变量值构成矩阵的行，另一个构成矩阵的列。第三个变量（因变量）是矩阵中每一格的分数值。为了方便讨论，这里我们主要关注单因素设计，在本章最后部分我们会对两因素设计进行讨论。

单因素研究设计的目的是通过展现两组间差异一致性来证明两变量间关系。每一组的分数可以是由等比量表、等距量表或顺序量表（排序）得来的数值分数或称名量表中简单的分类。不同的测量量表适用不同类型的计算而且会得出不同的统计分析结果。

由等比量表或等距量表得来的分数：数值分数

描述统计。每组中的分数都是数值分数。概括和描述每组的描述统计方法的标准程序就是输出平均数（第3章）和标准差（第4章）。对于重复测量研究而言，输出每个被试两分数间差异，然后报告该差异的平均数和标准差也是一个常见做法。

推论统计。方差分析（ANOVA）和 t 检验用于评估两组分数的平均数差异的统计显著性。对只有两组分数的数据而言，两个检验是同等的，可以用任意一个。多于两组分数的数据只能用 ANOVA 来评估平均数差异。对于独立测量设计（被试间设计），独立测量 t 检验（第10章）和独立测量 ANOVA（第12章）是常用方法。对于重复测量设计，重复测量 t 检验（第11章）和重复测量 ANOVA（第13章）是常用方法。对于所有检验来说，一个显著的结果意味着，如果总体数据中不存在一直的平均数差异，那么样本数据中的平均数差异是非常不可能（$p<\alpha$）出现的。对于比较两个以上均值的 ANOVA 来说，一个显著的 F 值意味着类似 Scheffé 或 Tukey 的事后检验是必需的，事后检验可以确定到底哪个样本平均数存在显著差异。从 t 检验而来的显著结果也要辅以效应大小测量，例如 Cohen's d 或者 r^2。对 ANOVA 而言，效应大小值是输出的变异解释系数 η^2。

称名量表或顺序量表分数

描述统计。对于称名数据或顺序数据，数据通常被描述成各类型个体的分布状况。例如，一组分数可以被分成一类或数类，另一组分数可以被分到不同的类别中。

推论统计。对于类别较少的称名数据，数据可以通过频数分布矩阵表现出来，即不同组定义行，不同称名类别定义列。每一格里的数字对应行和列出现的频数或者个体数目。例如，表3c展示了独立工作或团队协作成功或失败的情况，数据可以如下组织：

	成功	失败
独立工作		
团队协作		

对顺序数据的处理方法也是一样的。例如，研究者可以将高中学生通过年级分类（一年级、二年级、三年级、四年级），并且测量每个学生花在 Facebook 上的时间，以此将学生分成三个顺序类别（少、中等、多）。结果数据的一个展现方法如表3d所示。同时，相同的数据也可以被分成如下的频数分布矩阵：

花费在 Facebook 上的时间

	少	中等	多
一年级			
二年级			
三年级			
四年级			

对于以上每种情况，独立性卡方检验（第15章）可以用于评估组间差异。一个显著结果意味着，如果总体分布有相同的比例，那么样本分布是极不可能出现的（$p<\alpha$）。

来自等比量表或等距量表的两因素设计

有两个自变量（或准自变量）的研究设计被称作两因素设计。这类设计可以通过矩阵展现，其中一个因素定义矩阵的行，另一个定义列。第三个变量（因变量）测量的是每一格中的一组分数（见例13.4）

描述统计。每组中的分数是数值分数时，概括和描述每组的描述统计的标准程序是输出平均数（第3章）和标准差（第4章）。

推论统计。两因素 ANOVA 设计被用于评估每一格的平均数差异显著性。ANOVA 将平均数差异分成三个类别，每个类别对应不同的假设检验：

1. A 因素的主效应评估了第一个因素的总体平均数差异，就是矩阵的各行间均数差异。

2. B 因素的主效应评估了第二个因素的总体平均数差异，就是矩阵的各列间均数差异。

3. 两因素交互作用评估了未被主效应解释的每一格间的均数差异。

对于每个检验而言，结果的显著性意味着，如果没有与之相一致的总体平均数差异，那么样本平均数差异是极不可能（$p<\alpha$）出现的。对这三个检验中的任意一个而言，效应大小值是输出的变异解释系数 η^2。

图 S—3 总结了类型3数据所使用的统计方法。

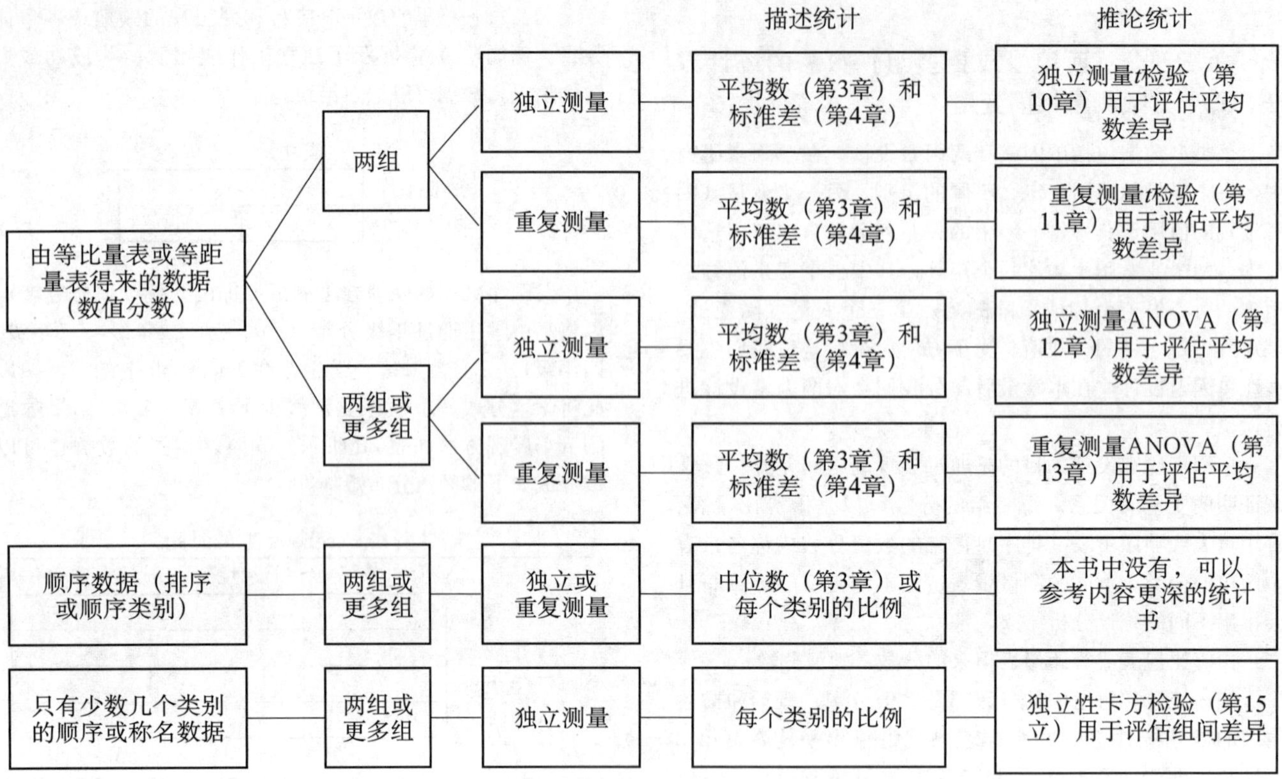

图 S—3　类型 3 数据的统计方法：两组或更多组分数，每个被试一个分数。目的是评估各组分数间的差异。

参考文献

Ackerman, R., & Goldsmith, M. (2011). Metacognitive regulation of text learning: On screen versus on paper. *Journal of Experimental Psychology: Applied, 17*, 18–32. doi: 10.1037/a0022086.

American Psychological Association (APA). (2010). *Publication manual of the American Psychological Association* (6th ed.) Washington, DC: Author.

Anderson, D. R., Huston, A. C., Wright, J. C., & Collins, P. A. (1998). Initial findings on the long term impact of Sesame Street and educational television for children: The recontact study. In R. Noll and M. Price (Eds.), A *communication cornucopia: Markle Foundation essays on information policy* (pp. 279–296). Washington, DC: Brookings Institution.

Arden, R., & Plomin, R. (2006). Sex differences in variance of intelligence across childhood. *Personality and Individual Differences, 41*, 39–48.

Athos, E. A., Levinson, B., Kistler, A., Zemansky, J., Bostrom, A., Freimer, N., & Gitschier, J. (2007). Dichotomy and perceptual distortions in absolute pitch ability. *Proceedings of the National Academy of Science of the United States of America, 104*, 14795–14800.

Bartus, R. T. (1990). Drugs to treat age-related neurodegenerative problems: The final frontier of medical science? *Journal of the American Geriatrics Society, 38,* 680–695.

Bélisle, J., & Bodur, H. O. (2010). Avatars as information: Perception of consumers based on the avatars in virtual worlds. *Psychology & Marketing, 27,* 741–765.

Belsky, J., Weinraub, M., Owen, M., & Kelly, J. (2001). Quality of childcare and problem behavior. In J. Belsky (Chair), *Early childcare and children's development prior to school entry.* Symposium conducted at the 2001 Biennial Meetings of the Society for Research in Child Development, Minneapolis, MN.

Blum, J. (1978). *Pseudoscience and mental ability: The origins and fallacies of the IQ controversy.* New York: Monthly Review Press.

Bradbury, T. N., & Miller, G. A. (1985). Season of birth in schizophrenia: A review of evidence, methodology, and etiology. *Psychological Bulletin, 98,* 569–594.

Broberg, A. G., Wessels, H., Lamb, M. E., & Hwang, C. P. (1997). Effects of day care on the development of cognitive abilities in 8-year-olds: A longitudinal study. *Development Psychology, 33,* 62–69.

Brunt, A., Rhee, Y., & Zhong, L. (2008). Differences in dietary patterns among college students according to body mass index. *Journal of American College Health. 56,* 629–634.

Callahan, L. F. (2009). Physical activity programs for chronic arthritis. *Current Opinion in Rheumatology, 21,* 177–182.

Candappa, R. (2000). *The little book of wrong shui.* Kansas City: Andrews McMeel Publishing.

Chandra, A., & Minkovitz, C. S. (2006). Stigma starts early: Gender differences in teen willingness to use mental health services. *Journal of Adolescent Health, 38,* 754.el–754.e8.

Cohen, J. (1988). *Statistical power analysis for the behavioral sciences.* Hillsdale, NJ: Lawrence Erlbaum Associates.

Cohn, E. J., & Rotton, J. (2000). Weather, disorderly conduct, and assaults: From social contact to social avoidance. *Environment and Behavior,* 32, 651–673.

Collins, R. L., Elliott, M. N., Berry, S. H., Kanouse, D. E., Kunkel, D., Hunter, S. B., & Miu, A. (2004). Watching sex on television predicts adolescent initiation of sexual behavior. *Pediatrics, 114,* e280–e289.

Cowles, M., & Davis, C. (1982). On the origins of the .05 level of statistical significance. *American Psychologist, 37,* 553–558.

Dodd, M. D., Hibbing, J. R., and Smith K. B. (2011) The politics of attention: Gaze-cuing effects are moderated by political temperament. *Attention, Perception, and Psychophysics, 73,* 24-29.

Downs, D. S., & Abwender, D. (2002). Neuropsychological impairment in soccer athletes. *Journal of Sports Medicine and Physical Fitness, 42,* 103–107.

Eagly, A. H., Ashmore, R. D., Makhijani, M. G., & Longo, L. C. (1991). What is beautiful is good but . . . : meta-analytic review of research on the physical attractiveness stereotype. *Psychological Bulletin,110,* 109–128.

Elbel, B., Gyamfi, J., and Kersh, R. (2011). Child and adolescent fast-food choice and the influence of calorie labeling: a natural experiment. *International Journal of Obesity, 35*, 493–500. doi: 10.1038/ ijo.2011.4.

Elliot, A. J., Niesta, K., Greitemeyer, T., Lichtenfeld, S., Gramzow, R., Maier, M. A., & Liu, H. (2010). Red, rank, and romance in women viewing men. *Journal of Experimental Psychology: General, 139,* 399–417.

Elliot, A. J., & Niesta, D. (2008). Romantic red: Red enhances men's attraction to women. *Journal of Personality and Social Psychology, 95,* 1150–1164.

Evans, S. W., Pelham, W. E., Smith, B. H., Bukstein, O., Gnagy, E. M., Greiner, A. R., Atenderfer, L. B., & Baron-Myak, C. (2001). Dose-response effects of methylphenidate on ecologically valid measures of academic performance and classroom behavior in adolescents with ADHD. *Experimental and Clinical Psychopharmacology, 9,* 163–175.

Fallon, A. E., & Rozin, P. (1985). Sex differences in perceptions of desirable body shape. *Journal of Abnormal Psychology, 94,* 102–105.

Flavin, P, and Keane, M. (2012). Life satisfaction and political participation: Evidence from the United States. *Journal of Happiness Studies, 13*, 63-78. Doi: 10.1007/s10902-011-9250-1.

Flynn, J. R. (1984). The mean IQ of Americans: Massive gains 1932 to 1978. *Psychological Bulletin. 95,* 29–51.

Flynn, J. R. (1999). Searching for justice: The discovery of IQ gains over time. *American Psychologist, 54,* 5–20.

Ford, A. M., & Torok, D. (2008). Motivational signage increases physical activity on a college campus. *Journal of American College Health, 57,* 242–244.

Fowler, J. H., & Christakis, N. A. (2008). Dynamic spread of happiness in a large social network: Longitudinal analysis over 20 years in the Framingham heart study. *British Medical Journal (Clinical Research ed.), 337*, pp a2338 (electronic publication).

Fryer, R. (2011). Financial Incentives and Student Achievement: Evidence from Randomized Trials; *The Quarterly Journal of Economics, 126,* 1755–1798.

Gaucher, D., Friesen, J., and Kay, A. C. (2011). Evidence that gendered wording in job advertisements exists and sustains gender inequality. *Journal of Personality and Social Psychology, 101*, 109–128.

Gilovich, T., Medvec, V. H., & Savitsky, K. (2000). The spotlight effect in social judgment: An egocentric bias in estimates of the salience of one's own actions and appearance. *Journal of Personality and Social Psychology, 78,* 211–222.

Gino, F. and Ariely, D. (2012). The dark side of creativity: original thinkers can be more dishonest. *Journal of Personality and Social Psychology, 102,* 445-459. doi: 10.1037/a0026406.

Gintzler, A. R. (1980). Endorphin-mediated increases in pain threshold during pregnancy. *Science, 210,* 193–195.

Greitemeyer, T., and Osswald, S. (2010). Effects of prosocial video games on prosocial behavior. *Journal of Personality and Social Psychology, 98,* 211-221. doi: 10.1037/a0016997.

Guéguen, N., & Jacob, C. (2010). 'Love is in the air': Effects of songs with romantic lyrics on compliance with a courtship request. Psychology of Music, 38, 303–307.

Güven, M., Elaimis, D. D., Binokay, S., & Tan, O. (2003). Population-level right-paw preference in rats assessed by a new computerized food-reaching test.

Hallam, S., Price, J., & Katsarou, G. (2002). The effects of background music on primary school pupils, task performance. *Educational Studies, 28,* 111–122.

Hill, R. A., & Barton, R. A. (2005). Red enhances human performance in contests. *Nature, 435,* 293.

Hunter, J. E. (1997). Needed: A ban on the significance test. *Psychological Science, 8,* 3–7.

Ijuin, M., Homma, A., Mimura, M., Kitamura, S., Kawai, Y., Imai, Y., & Gondo, Y. (2008). Validation of the 7-minute screen for the detection of early-stage Alzheimer's disease. *Dementia and Geriatric Cognitive Disorders, 25,* 248–255.

Jackson, E. M., & Howton, A. (2008). Increasing walking in college students using a pedometer intervention: Differences according to body mass index. *Journal of American College Health, 57,* 159–164.

Johnston, J. J. (1975). Sticking with first responses on multiple-choice exams: For better or worse? *Teaching of Psychology, 2,* 178–179.

Jones, B. T, Jones, B. C. Thomas, A. P., & Piper, J. (2003). Alcohol consumption increases attractiveness ratings of opposite sex faces: a possible third route to risky sex. *Addiction, 98,* 1069–1075. Doi: 10.1046/j.1360-0443.2003.00426.x.

Jones, J. T, Pelham, B. W., Carvallo, M., & Mirenberg, M. C. (2004). How do I love thee, let me count the Js: Implicit egotism and interpersonal attraction. *Journal of Personality and Social Behavior, 87,* 665–683.

Joseph. J. A., Shukitt-Hale. B., Denisova. N. A., Bielinuski, D., Martin, A., McEwen. J. J., &

Bickford, P. C. (1999). Reversals of age-related declines in neuronal signal transduction, cognitive, and motor behavioral deficits with blueberry, spinach, or strawberry dietary supplementation. *Journal of Neuroscience, 19,* 8114–8121.

Judge, T. A., & Cable, D. M. (2010). When it comes to pay, do the thin win? The effect of weight on pay for men and women. *Journal of Applied Psychology, 96,* 95–112. doi: 10.1037/a0020860.

Kadosh, R. C., Soskic, S., Iuculano, T., Kanai, R. and Walsh, V. (2010). Modulating neuronal activity produces specific and long-lasting changes in numerical competence. *Current Biology, 20,* 2016–2020.

Keppel, G. (1973). *Design and analysis: A researcher's handbook.* Englewood Cliffs, NJ: Prentice-Hall.

Killeen. P. R. (2005). An alternative to null-hypothesis significance tests. *Psychological Science, 16,* 345–353.

Kirschner, P. A., & Karpinski, A. C. (2010). Facebook and academic performance. *Computers in Human Behavior, 26,* 1237–1245. Doi: 10.1016/j.chb.2010.03.024.

Kling, K. C., Hyde, J. S., Showers, C. J., & Buswell, B. N. (1999). Gender differences in self-esteem: A meta-analysis. *Psychological Bulletin, 125,* 470–500.

Knight, C., Haslam, S. A., and England, A. H. (2010). The relative merits of lean, enriched, and empowered offices: An experimental examination of the impact of workspace management strategies on well-being and productivity. *Journal of Experimental Psychology: Applied, 16,* 158–172.

Kosfeld, M., Heinrichs, M., Zak, P. J., Fischblacher, U., & Fehr, R. (2005). Oxytocin increases trust in humans. *Nature, 435,* 673–676.

Kuo, M., Adlaf. E. M., Lee, H., Gliksman, L., Demers, A., & Wechsler, H. (2002). More Canadian students drink but American students drink more: Comparing college alcohol use in two countries. *Addiction, 97,* 1583–1592.

Levine, S. C., Suriyakham, L. W., Rowe, M. L., Huttenlocher, J., and Gunderson, E. A. 2010, What counts in the development of young children's number knowledge? *Developmental Psychology, 46,* 1309–1319.

Liger-Belair, G., Bourget, M., Villaume, S., Jeandet, P., Pron, H., & and Polidori, G. (2010). On the losses of dissolved CO2 during Champagne serving. *Journal of Agricultural and Food Chemistry, 58,* 8768–8775. DOI: 10.1021/jf101239w.

Liguori, A., & Robinson, J. H. (2001). Caffeine antagonism of alcohol-induced driving impairment. *Drug and Alcohol Dependence, 63,* 123–129. doi:10.1016/S0376-8716(00)00196-4.

Linde, L., & Bergstroem, M, (1992). The effect of one night without sleep on problem-solving and immediate recall. *Psychological Research, 54,* 127–136.

Loftus, E. F., & Palmer, J. C. (1974). Reconstruction of automobile destruction: An example of the interaction between language and memory. *Journal of Verbal Learning & Verbal Behavior, 13,* 585–589.

Loftus, G. R. (1996). Psychology will be a much better science when we change the way we analyze data. *Current Directions in Psychological Science, 5,* 161–171.

Madera, J. M., and Hebl, M. R. ((2011). Discrimination against facially stigmatized applicants in interviews: An eye-tracking and face-to-face investigation. Journal of Applied Psychology, *97,* 317–330. doi: 10.1037/a0025799.

McGee, E., & Shevliln, M. (2009). Effect of humor on interpersonal attraction and mate selection. *Journal of Psychology, 143,* 67–77.

McGee, R., Williams, S., Howden-Chapman, P., Martin, J., & Kawachi. I. (2006). Participation in clubs and groups from childhood to adolescence and its effects on attachment and self-esteem. *Journal of Adolescence, 29,* 1–17.

McMorris, B. J., Catalano, R. F., Kim, M. J. Toumbourou, J. W., and Hemphill, S. A. (2011). Influence of family factors and supervised alcohol use on adolescent alcohol use and harms: similarities between youth in different alcohol policy contexts. *Journal of Studies on Alcohol and Drugs, 72,* 418-428.

Montarello, S., & Martens, B. K. (2005). Effects of interspersed brief problems on students' endurance at completing math work. *Journal of Behavioral Education, 14,* 249–266.

Morse, C. K. (1993). Does variability increase with age? An archival study of cognitive measures. *Psychology and Aging, 8,* 156–164.

Miller, K. E. (2008). Wired: Energy drinks, jock identity, masculine norms, and risk taking. *Journal of American College Health, 56,* 481–490.

Mulvihill, B. A., Obuseh, F. A., & Caldwell, C. (2008). Healthcare providers' satisfaction with a State Children's Health Insurance Program (SCHIP). *Maternal & Child Health Journal, 12,* 260–265.

Murdock. T. B., Miller, M., & Kohlhardt, J. (2004). Effects of classroom context variables on high school students' judgments of the acceptability and likelihood of cheating. *Journal of Educational Psychology, 96,* 765–777.

Oishi, S. (2010). Residential mobility, well-being, and mortality. *Journal of Personality and Social Psychology, 98,* 980–994.

Pelton, T. (1983). The shootists. Science83, 4(4), 84–86.

Persson, J., Bringlov, E., Nilsson, L., & Nyberg. L. (2004). The memory-enhancing effects of Ginseng and Ginkgo biloba in health volunteers. *Psychopharmacology, 172,* 430–434.

Piff, P. K., Kraus, M. W., Cote, S., Cheng, B. H., and Keitner, D. (2010). Having less, giving more: the influence of social class on prosocial behavior. *Journal of Personality and Social Psychology, 99,* 771–784.

Resenhoeft, A., Villa, J., & Wiseman, D. (2008). Tattoos can harm perceptions: A study and suggestions. *Journal of American College Health, 56,* 593–596.

Rohwedder, S., & Willis, R. J. (2010). Mental retirement. *Journal of Economic Perspectives, 24,* 119–138. Doi: 10.1257/jep.24.1.119.

Rozin, P., Bauer, R., & Cantanese, D. (2003). Food and life, pleasure and worry, among American college students: Gender differences and regional similarities. *Journal of Personality and Social Psychology, 85,* 132–141.

Scaife, M. (1976). The response to eye-like shapes by birds. I. The effect of context: A predator and a strange bird. *Animal Behaviour, 24,* 195–199.

Schmidt, S. R. (1994). Effects of humor on sentence memory. *Journal of Experimental Psychology: Learning, Memory, & Cognition, 20,* 953–967.

Seery, M. D., Holman, E. A., and Silver, R. C. (2010). Whatever does not kill us: Cumulative lifetime adversity, vulnerability, and resilience. Journal of Personality and Social Psychology, 99, 1025–1041. doi: 10.1037/a0021344.

Shrauger, J. S. (1972). Self-esteem and reactions to being observed by others. *Journal of Personality and Social Psychology, 23,* 192–200.

Siegfried, T. (2010). Odds are, it's wrong. *Science News, 177,* 26–29.

Slater, A., Von der Schulenburg, C., Brown, E., Badenoch, M., Butterworth, G., Parsons, S., & Samuels, C. (1998). Newborn infants prefer attractive faces. *Infant Behavior and Development, 21,* 345–354.

Sol, D., Lefebvre, L., & Rodriguez-Teijeiro, J. D. (2005). Brain size, innovative propensity and migratory behavior in temperate Palaearctic birds. *Proceedings [Proc Biol Sci], 272,* 1433–441.

Stephens, R., Atkins, J., & Kingston, A. (2009). Swearing as a response to pain. *NeuroReport: For Rapid Communication of Neuroscience Research, 20,* 1056–1060. Doi: 10.1097/WNR.0b013e32832e64b1.

Stickgold, R., Whidbee, D., Schirmer B., Patel, V., & Hobson, J. A. (2000). Visual discrimination task improvement: A multi-step process occurring during sleep. *Journal of Cognitive Neuroscience, 12,* 246–254.

Strack, F., Martin, L. L., & Stepper, S. (1988). Inhibiting and facilitating conditions of the human smile: A non-obtrusive test of the facial feedback hypothesis. *Journal of Personality & Social Psychology, 54,* 768–777.

Trockel, M. T., Barnes, M. D., & Egget, D. L. (2000). Health-related variables and academic performance among first-year college students: Implications for sleep and other behaviors. *Journal of American College Health, 49,* 125–131.

Trombetti, A, Hars, M. Herrmann, F.R., Kressig, R. W., Ferrari, S., and Rizzoli, R. (2011). Effect of music-based multitask training on gait, balance, and fall risk in elderly people: a randomized controlled trial. *Archives of Internal Medicine, 171,* 525–533.

Twenge, J. M. (2000). The age of anxiety? Birth cohort change in anxiety and neuroticism, 1952-1993. *Journal of Personality and Social Psychology, 79,* 1007–1021.

U.S. Census Bureau. (2005). *Americans spend more than 100 hours commuting to work each year, Census Bureau reports.* Retrieved January 14, 2009, from www.census.gov/Press-Release/www/releases/archives/american_community_survey_acs/004489.html.

von Hippel, P. T. (2005). Mean, median, and skew: Correcting a textbook rule. *Journal of Statistics Education, 13,* 2.

Wegesin, D. J., & Stern, Y. (2004). Inter- and intra-individual variability in recognition memory: Effects of aging and estrogen use. *Neuropsychology, 18,* 646–657.

Weinstein, Y., McDermott, K. B., and Roediger, H. L. III (2010). A comparison of study strategies for passages: Rereading, answering questions, and generating questions.. *Journal of Experimental Psychology: Applied, 16,* 308–316.

Wells, G. M. (2010). The effect of religiosity and campus alcohol culture on collegiate alcohol consumption, *Journal of American College Health. 58,* 295–304.

Wilkinson, L., and the Task Force on Statistical Inference. (1999). Statistical methods in psychology journals. *American Psychologist, 54,* 594–604.

Winget, C., & Kramer, M. (1979). *Dimensions of dreams.* Gainesville: University Press of Florida.

Xu, F., & Garcia, V. (2008). Intuitive statistics by 8-month-old infants. *Proceedings of the National Academy of Sciences of the United States of America, 105,* 5012–5015.

Yan, D. and Sengupta, J. (2011). Effects of construal level on the price-quality relationship. *Journal of Consumer Research, 38,* 376–389. doi: 10.1086/659755.

Ye, Y. Beyond materialism: The role of health-related beliefs in the relationship between television viewing and life satisfaction among college students. *Mass Communication and Society, 13,* 458–478. Doi: 10.1080/15205430903296069.

Zhong, C., Bohns, V. K., & Gino, F. (2010). Good

lamps are the best police: Darkness increases dishonesty and self-interested behavior. *Psychological Science, 21,* 311–314.

Zhou, X., Vohs, K. D., & Baumeister, R. F. (2009). The symbolic power of money: Reminders of money after social distress and physical pain. *Psychological Science, 20,* 700–706.

推荐阅读书目

ISBN	书名	作者	单价（元）
	心理学译丛		
978-7-300-26722-7	心理学（第3版）	斯宾塞·A. 拉瑟斯	79.00
978-7-300-28545-0	心理学的世界	阿比盖尔·A. 贝尔德	79.80
978-7-300-29372-1	心理学改变思维（第4版）	斯科特·O. 利林菲尔德等	168.00
978-7-300-12644-9	行动中的心理学（第8版）	卡伦·霍夫曼	89.00
978-7-300-09563-9	现代心理学史（第2版）	C. 詹姆斯·古德温	88.00
978-7-300-13001-9	心理学研究方法（第9版）	尼尔·J. 萨尔金德	78.00
978-7-300-16579-0	质性研究方法导论（第4版）	科瑞恩·格莱斯	48.00
978-7-300-22490-9	**行为科学统计精要（第8版）**	**弗雷德里克·J. 格雷维特等**	**85.00**
978-7-300-22245-5	心理统计学（第5版）	亚瑟·阿伦等	129.00
978-7-300-13306-5	现代心理测量学（第3版）	约翰·罗斯特等	39.90
978-7-300-17056-5	艾肯心理测量与评估（第12版·英文版）	刘易斯·艾肯等	69.80
978-7-300-12745-3	人类发展（第8版）	詹姆斯·W. 范德赞登等	88.00
978-7-300-13307-2	伯克毕生发展心理学:从0岁到青少年(第4版)	劳拉·E. 伯克	89.80
978-7-300-18303-9	伯克毕生发展心理学:从青少年到老年(第4版)	劳拉·E. 伯克	55.00
978-7-300-29844-3	伯克毕生发展心理学（第7版）	劳拉·E. 伯克	258.00
978-7-300-18422-7	社会性发展	罗斯·D. 帕克等	59.90
978-7-300-21583-9	伍尔福克教育心理学（第12版）	安妮塔·伍尔福克	109.00
978-7-300-16761-9	伍德沃克教育心理学（第11版·英文版）	安妮塔·伍德沃克	75.00
978-7-300-29643-2	教育心理学：指导有效教学的主要理念（第5版）	简妮·爱丽丝·奥姆罗德	109.00
978-7-300-31183-8	学习心理学（第8版）	简妮·爱丽丝·奥姆罗德	118.00
978-7-300-23658-2	异常心理学（第6版）	马克·杜兰德等	139.90
978-7-300-17653-6	临床心理学	沃尔夫冈·林登等	65.00
978-7-300-18593-4	婴幼儿心理健康手册（第3版）	小查尔斯·H. 泽纳	89.90
978-7-300-19858-3	心理咨询导论（第6版）	塞缪尔·格莱丁	89.90
978-7-300-25883-6	人格心理学入门（第8版）	马修·H. 奥尔森等	98.00
978-7-300-14062-9	社会与人格心理学研究方法手册	哈里·T. 赖斯等	89.90
978-7-300-12478-0	女性心理学（第6版）	马格丽特·W. 马特林	79.00
978-7-300-18010-6	消费心理学：无所不在的时尚（第2版）	迈克尔·R. 所罗门等	79.80
978-7-300-12617-3	社区心理学：联结个体和社区（第2版）	詹姆士·H. 道尔顿等	79.80
978-7-300-16328-4	跨文化心理学（第4版）	埃里克·B. 希雷	55.00
978-7-300-14110-7	职场人际关系心理学（第12版）	莎伦·伦德·奥尼尔等	49.00
978-7-300-15678-1	社会交际心理学：人际行为研究	约瑟夫·P. 福加斯	39.00
978-7-300-13303-4	生涯发展与规划：人生的问题与选择	理查德·S. 沙夫	45.00
978-7-300-18904-8	大学生领导力（第3版）	苏珊·R. 考米维斯等	39.80

西方心理学大师经典译丛

978-7-300-17807-3	自卑与超越	阿尔弗雷德·阿德勒	48.00
978-7-300-17774-8	我们时代的神经症人格	卡伦·霍妮	45.00
978-7-300-17806-6	动机与人格（第3版）	亚伯拉罕·马斯洛	58.00
978-7-300-17739-7	人的自我寻求	罗洛·梅	48.00
978-7-300-20299-0	教育心理学简编	爱德华·桑代克	45.00
978-7-300-20342-3	心理物理学纲要	古斯塔夫·费希纳	49.00
978-7-300-18539-2	精神病学的人际关系理论	哈里·沙利文	45.00
978-7-300-20275-4	社会学习理论	阿尔伯特·班杜拉	59.00
978-7-300-20339-3	追求意义的意志	维克多·弗兰克尔	48.00
978-7-300-17738-0	当事人中心治疗：实践、运用和理论	卡尔·罗杰斯等	89.00
978-7-300-24518-8	理解人性	阿尔弗雷德·阿德勒	49.00
978-7-300-24517-1	寻找灵魂的现代人	卡尔·荣格	48.00
978-7-300-23941-5	动力心理学	罗伯特·伍德沃斯	45.00
978-7-300-23940-8	挫折与攻击	约翰·多拉德等	45.00
978-7-300-26138-6	性学三论与爱情心理学	西格蒙德·弗洛伊德	38.00
978-7-300-26033-4	人类的遗产："文明社会"的演化与未来	利昂·费斯汀格	55.00
978-7-300-26034-1	实现自我：神经症与人的成长	卡伦·霍妮	65.00
978-7-300-27774-5	压力：评价与应对	理查德·拉扎勒斯	85.00
978-7-300-27972-5	心理学与灵魂	奥托·兰克	48.00
978-7-300-28167-4	习得性无助	马丁·塞利格曼	58.00
978-7-300-27210-8	思维风格	罗伯特·斯滕伯格	49.00
978-7-300-29171-0	偏见的本质	戈登·奥尔波特	118.00
978-7-300-29478-0	理智、疯狂与家庭	R.D. 莱因等	69.00
978-7-300-29757-6	整合与完满：埃里克森论老年	埃里克·埃里克森等	69.00
978-7-300-30797-8	目击者证词	伊丽莎白·洛夫特斯	68.00
978-7-300-30919-4	超越自由与尊严	B.F. 斯金纳	58.00
978-7-300-30980-4	科学与人类行为	B.F. 斯金纳	79.80
978-7-300-31409-9	爱情关系	奥托·克恩伯格	59.80

当代西方社会心理学名著译丛

978-7-300-31154-8	道德之锚：道德与社会行为的调节	娜奥米·埃勒默斯	88.00
978-7-300-30024-5	情境中的知识：表征、社群与文化	桑德拉·约夫切洛维奇	68.00
978-7-300-30022-1	偏见与沟通	托马斯·佩蒂格鲁等	79.80
978-7-300-28793-5	偏见（第2版）	鲁珀特·布朗	98.00
978-7-300-28542-9	归因动机论	伯纳德·韦纳	59.80
978-7-300-28329-6	欲望的演化：人类的择偶策略（最新修订版）	戴维·巴斯	79.80
978-7-300-28458-3	努力的意义：积极的自我理论	卡罗尔·德韦克	59.90
978-7-300-13011-8	语境中的社会建构	肯尼斯·J. 格根	69.00
978-7-300-13009-5	社会认同过程	迈克尔·A. 豪格等	59.00

* * * *

Essentials of Statistics for the Behavioral Sciences，8e
Frederick J Gravetter，Larry B. Wallnau

Cengage Learning Asia Pte. Ltd.
151 Lorong Chuan，#02-08 New Tech Park，Singapore 556741

北京市版权局著作权合同登记号 图字：01-2013-6009

图书在版编目（CIP）数据

行为科学统计精要：第8版/（美）格雷维特（Gravetter，F. J.），（美）瓦尔诺（Wallnau，L. B.）著；刘红云等译．
—北京：中国人民大学出版社，2016.2
（心理学译丛·教材系列）
ISBN 978-7-300-22490-9

Ⅰ.①行… Ⅱ.①格…②瓦…③刘… Ⅲ.①行为科学-统计学 Ⅳ.①C

中国版本图书馆CIP数据核字（2016）第036553号

心理学译丛·教材系列
行为科学统计精要（第8版）
［美］弗雷德里克·J·格雷维特 拉里·B·瓦尔诺 著
刘红云 骆方 译
Xingwei Kexue Tongji Jingyao

出版发行	中国人民大学出版社		
社　　址	北京中关村大街31号	**邮政编码**	100080
电　　话	010－62511242（总编室）		010－62511770（质管部）
	010－82501766（邮购部）		010－62514148（门市部）
	010－62515195（发行公司）		010－62515275（盗版举报）
网　　址	http://www.crup.com.cn		
经　　销	新华书店		
印　　刷	涿州市星河印刷有限公司		
规　　格	215 mm×275 mm　16开本	**版　　次**	2016年4月第1版
印　　张	25 插页2	**印　　次**	2023年2月第10次印刷
字　　数	738 000	**定　　价**	85.00元

CENGAGE Learning™

Supplements Request Form（教辅材料申请表）

Lecturer's Details（教师信息）			
Name： （姓名）		Title： （职务）	
Department： （系科）		School/University： （学院/大学）	
Official E-mail： （学校邮箱）		Lecturer's Address / Post Code： （教师通讯地址/邮编）	
Tel： （电话）			
Mobile： （手机）			

Adoption Details（教材信息）　原版□　翻译版□　影印版 □			
Title：（英文书名） Edition：（版次） Author：（作者）			
Local Publisher： （中国出版社）			
Enrolment： （学生人数）		Semester： （学期起止时间）	
Contact Person & Phone/E-Mail/Subject： （系科/学院教学负责人电话/邮件/研究方向） （我公司要求在此处标明系科/学院教学负责人电话/传真及电话和传真号码并在此加盖公章。） 教材购买由　我□　我作为委员会的一部分□　其他人□［姓名：　　　］决定。			

Please fax or post the complete form to（请将此表格传真至）：

CENGAGE LEARNING BEIJING
ATTN：Higher Education Division
TEL：(86) 10-82862096/ 95 / 97
FAX：(86) 10 82862089
ADD：北京市海淀区科学院南路 2 号
融科资讯中心 C 座南楼 12 层 1201 室　100080

Note：Thomson Learning has changed its name to CENGAGE Learning

VERIFICATION FORM / CENGAGE LEARNING